西北大学"一带一路"研究成果汇编
——"一带一路"历史文化与发展战略研究

主　　编：郭立宏　卢山冰
副 主 编：黄孟芳
参编人员：冯　婷　赵政楠

西北大学出版社

图书在版编目(CIP)数据

西北大学"一带一路"研究成果汇编:"一带一路"历史文化与发展
战略研究／郭立宏,卢山冰主编.—西安:西北大学出版社,2016.12
ISBN 978-7-5604-3982-2

Ⅰ.①西…　Ⅱ.①郭…　②卢…　Ⅲ.①区域经济合作—国际合作
—研究—中国　Ⅳ.①F125.5

中国版本图书馆 CIP 数据核字(2016)第 324364 号

西北大学"一带一路"研究成果汇编

"一带一路"历史文化与发展战略研究

主　　编:郭立宏　卢山冰
出版发行:西北大学出版社
地　　址:西安市太白北路 229 号
邮　　编:710069
电　　话:029-88303059
经　　销:全国新华书店
印　　装:西安华新彩印有限责任公司
开　　本:787 毫米×1092 毫米　1/16
印　　张:32.5
字　　数:632 千字
版　　次:2016 年 12 月第 1 版　2016 年 12 月第 1 次印刷
书　　号:ISBN 978-7-5604-3982-2
定　　价:68.00 元

摘 要

在国际秩序发生深刻调整,中国全面深化改革展开的大背景下,习近平主席提出共建"丝绸之路经济带"和"21世纪海上丝绸之路"倡议,这一重大倡议迅速得到国际社会的高度关注和有关国家的积极响应。

建设"丝绸之路经济带",涵盖政策沟通、道路联通、贸易畅通、货币流通、民心相通等多个方面,涉及政治、经济、文化、社会、生态等多个领域,需要高校提供直接推动丝绸之路沿线区域发展的理论与技术成果和强有力的人才支撑,这必然对高校的科学研究和人才培养提出了新的更高要求。

从提出倡议到出台规划,再到逐步落实推进,距今已有四年多时间。为进一步落实"一带一路"国家战略,传承弘扬"和平合作、开放包容、互学互鉴、互利共赢"的丝绸之路精神,积极构建丝绸之路沿线国家文明互鉴和文化交流战略平台,西北大学结合其在"丝绸之路"相关领域的科研实际,组织相关学科研究人员,对"丝绸之路"历史文化、现实问题和发展战略等领域展开深入研究,同时涌现出一大批研究成果。

为整合传播高校学术研究机构在丝绸之路历史文化研究和人文交流领域的成果,本书对"一带一路"相关研究成果进行了汇编。由于"一带一路"战略涉及面广,内容宽泛,因此,本书主要着眼于"一带一路"战略的基本问题,在此基础上对我校已有研究成果进行梳理。本书主要包括经济与战略编及历史与文化编两部分内容,收录了西北大学近四年有关"一带一路"研究的重要成果。希望通过本书的出版,与广大专家、学者一起研究和探讨,进一步推进我国高校和科研机构在"一带一路"领域中的合作交流。

目　录

开　篇

经济与战略编

历史与文化编

开　篇

设立中国文化中心　重建中国文化自信
——高校要争做中国文化中心建设的先行者

郭立宏

中共十八大报告指出，"文化是民族的血脉，是人民的精神家园"，一定要"树立高度的文化自觉和文化自信"。习近平主席强调，文化自信是道路自信、理论自信、制度自信的基础。文化自信已经成为实现中华民族伟大复兴中国梦的重要内容和途径，实现文化自信关键在文化建设。

9月7日，在境内外媒体见面会上，娄勤俭省长提出"争取国家在陕建立中国文化中心"的倡议。这一倡议高瞻远瞩，与党和国家文化发展大局高度契合，为我省在国家文化建设大局中的定位指明了方向。

随着改革开放以来我国现代化进程的加快，"以经济建设为中心"的时代要求逐渐向经济建设与文化建设并举转变，文化建设在推动中华民族伟大复兴进程中的重要性日益凸显。一方面，国家需要通过文化建设对内提升民族文化自信、增强凝聚力和向心力，对外提升国家软实力和国际影响力，并促进"一带一路"建设中的民心相通。另一方面，社会需要通过文化建设完善价值体系，化解社会矛盾；民众需要通过文化建设丰富精神生活，增强文化归属感和认同感。适时成立中国文化中心，整合中国文化资源，活化中华遗产，将能够提升民族文化认同和文化自信，推动中国社会现代化进程和中华民族伟大复兴。

陕西是中华民族和中华文明的重要发祥地，孕育了中国周、秦、汉、唐四大盛世王朝，是华夏始祖炎黄根脉文化发源地、中华礼乐文化发祥地、中国红色革命文化策源地，有厚重的中国文化积淀。西安是中国第一大古都，也是古代丝绸之路的起点，在国内外有广泛的关注度和影响力。西安高校云集，具备建设中国文化中心、汇聚传播中国文化的各项条件。陕西是中国西北地区的门户，也是国家建设"丝绸之路经济带"的重要区域。在陕西建设中国文化中心，能够强化西安作为中国文化高地的地位，促进中国的区域均衡发展。

作为西北地区历史最为悠久的高校，西北大学长期秉持"发扬民族精神，融合世界思想，建设西北之重任"的办学理念，围绕"一山"（秦岭）、"一河"（黄河）、"一路"（丝绸之路）、"一家园"（中华民族精神家园）、"一开发"（西部大开发）展开研究，致力传承中华五千年灿烂文明、融汇世界优秀文化成果,守护中华民族的精神家园。

经过 113 年的办学发展,西北大学在中国思想文化、周秦汉唐历史文化、丝绸之路文明交往、文化遗产研究、世界文明领域具有深厚的学术传统和学科优势,西北大学前校长侯外庐和张岂之长期致力中国文化精神的阐发、中华文化价值的弘扬,在国内外影响深远。彭树智先生的"交往文明论"被公认为中国在当代世界文明理论上三大学派之一,长江学者黄民兴教授正在承担国家社科基金重大项目"文明交往视野下的中亚文明史研究",即将形成由中国人完成的多卷本《中亚文明史》。在西北大学开展中国文化中心研究,契合西北大学历史传统,具备坚实学术基础,符合长期办学理念。陕西开展中国文化中心的建设,首先就是要把中华民族几千年里形成的优秀历史文化遗产梳理清楚、提炼概括、统一认识、达成共识,在这些方面,西北大学不仅具有得天独厚的历史文化优势,也同时具有研究、分析、解读当代世界优秀文化成果的科研力量和研究实力。西北大学具备推动陕西建设中国文化中心的能力,我们也愿意积极整合校内资源,尽快形成一批能够支撑成果,为中国文化中心建设做出自己的努力。

中国文化博大精神,是中华民族的精神家园。习近平主席强调:"要讲清楚中华优秀传统文化的历史渊源、发展脉络、基本走向,讲清楚中华文化的独特创造、价值理念、鲜明特色,增强文化自信和价值观自信。"为落实习主席指示精神,响应娄勤俭省长倡议,西北大学将筹建"中国文化研究中心",致力汇聚中华文化资源,活化中国文化遗产;重建中国文化自信,传播中华文化价值;促进中外文化交流,打造人类命运共同体。西北大学将通过"中国文化研究中心"建设,为提升民族文化文化自信,推动中华民族伟大复兴,做出陕西高校应有的贡献。

（原刊于《陕西日报》2015 年 10 月 16 日第 014 版）

重新焕发丝绸之路的活力

方光华

丝绸之路是新航路开辟之前人类文明交流最重要的通道,是人类历史上最宝贵的文化遗产之一。首先,它是欧亚大陆不同地区商品贸易和生产技术交流之路。第二,它是欧亚大陆不同地区人类精神世界的交流之路。贸易在满足不同人群、民族和国家对商品的需要的同时,也为他们打开了了解其他民族精神世界的窗口。第三,它是欧亚大陆不同文明的相互借鉴之路。丝绸之路把华夏文明、印度文明、中亚文明、波斯—阿拉伯文明、希腊—罗马文明、非洲文明以及亚欧草原带的游牧文明连接起来,促进了东西方文明的交往以及人类文明的共同进步。

2013 年 9 月,习近平主席在中亚访问时提出建设丝绸之路经济带构想,希望通过加强政策沟通、道路联通、贸易畅通、货币流通、民心相通,共同建设"丝绸之路经济带"。丝绸之路已经成为世界各国共同关注的焦点。

回顾丝绸之路的历史,我们可以得出,要重新焕发丝绸之路的活力,需要关注以下方面:

第一,维护沿线国家政局的稳定和核心国家良好的政治关系。丝绸之路在地域上包括了东亚、中亚、南亚、西亚和欧洲、非洲。只有相关国家在更高的战略层面进行沟通,争取达成共识,其他问题才能迎刃而解。俄罗斯和中亚国家在丝绸之路重建中具有特别重要的地位。中亚地区是苏联国家,现在仍然在政治、经济、外交上受到俄罗斯的巨大影响。要畅通丝绸之路,必须获得俄罗斯的充分理解。

国际反恐斗争、尤其是阿富汗战争以来,为了构建以美国为中心的安全体系,美国积极拉拢中亚,给予中亚大量经济军事援助,试图增强其在中亚地区的政治军事影响。西方国家挑动的民主革命,曾先后引发中亚国家一系列严重事件。在西亚北非,始于 2010 年的"阿拉伯之春"造成了严重的地区动荡,即使是一向安定的土耳其也出现了不稳定局面。因此,维护沿线国家政局的稳定和核心国家良好的政治关系,还将面临复杂的形势。

第二,准确界定沿线国家在世界贸易体系中的地位。从广义范畴来看,丝绸之路经济带东边始于经济繁荣的东亚经济圈,西边直达经济发达的欧盟经济圈,中间是以中亚为中心的泛中亚经济圈。

"丝绸之路经济带"是一个地域辽阔、领域宽广的大型地区经济带,牵涉到整个欧亚大陆。作为丝绸之路核心区,中亚地区具有广阔的经济发展潜力。从自然资源禀赋来看,中亚地区矿产资源丰富,尤其是石油、天然气、贵金属和有色金属储量较大,这为经济发展提供了良好的资源条件;从经济发展基础来看,中亚地区采矿业、冶金业和加工业发达,乌兹别克斯坦等国家农业发展条件优越,这为经济发展奠定了良好的产业基础;从国外投资情况来看,中亚地区的自然资源和产业基础对外资的吸引力日益增强,2009—2012 年引进的外资额较 2000—2005 年增长逾 5 倍,这为中亚经济发展提供了充足的资金支持。重建丝绸之路,一方面可以促进泛中亚经济圈的经济发展,另一方面可以形成世界新兴增长区域,有助于带动欧亚大陆的经济增长。

第三,加强沿线国家的宗教与文化对话。中亚国家民族问题和宗教问题十分复杂,哈萨克斯坦、吉尔吉斯斯坦、乌兹别克斯坦、土库曼斯坦则均为阿尔泰语系突厥语族国家,与土耳其语言、文化较为接近。伊朗积极发展与同族塔吉克斯坦的政治、经济、文化关系,此外,还利用其国内拥有大量土库曼民族,积极拓展与土库曼斯坦的双边关系,包括交通基础设施、经贸投资等。土耳其号召建立大突厥经济圈,建立由土耳其主导的突厥国家联盟。中亚地区各国居民主要信仰伊斯兰教,由于紧邻阿富汗、伊朗与阿拉伯国家,在宗教复兴过程中,受到极端宗教势力的渗透。20 世纪 70 年代末以来,中亚伊斯兰激进主义逐渐抬头,出现一些极端组织,如乌兹别克斯坦的"乌兹别克斯坦伊斯兰运动"(乌伊运)和塔吉克斯坦的"伊斯兰复兴党",一些国际伊斯兰组织也进入中亚,如伊扎布特(伊斯兰解放党)、基地组织。它们致力建立伊斯兰国家,不断制造恐怖凶杀事件,挑起民族冲突,破坏社会稳定。在情况日趋复杂的今天,尤其要注重加强宗教与文化对话。①

（原刊于《中国宗教》2014 年第 7 期）

---

① 龙门石窟,位于河南洛阳,中国四大石窟之一。开凿于北魏孝文帝年间,之后历经东魏、西魏、北齐、隋、唐、五代、宋等朝代连续大规模营造达 400 余年之久。南北长达 1 千米,今存有窟龛 2345 个,造像 10 万余尊。

经济与战略编

"新丝绸之路经济带"一体化战略路径与实施对策[*]

王保忠　何炼成　李忠民

【摘　要】 "新丝绸之路经济带"一体化的八大战略路径是交通、能源、产业、城市、贸易、金融、文化、生态一体化。在一体化战略实施的初级阶段,应着重推进交通、能源、产业、城市一体化,高级阶段应重点关注贸易和金融一体化。当前,一体化战略的实施重点是能源一体化,实施的优先方向是交通运输一体化。为推进"新丝绸之路经济带"一体化战略实施,首先应加强政府间政治互信和务实合作,其次是加快推进操作层面的体制机制建设步伐。

【关键词】 新丝绸之路;新亚欧大陆桥;经济发展带;一体化战略

"丝绸之路"是指中国古代经中亚通往南亚、西亚以及欧洲、北非的陆上贸易通道,因大量中国丝绸和纺织品多经此路西运而得名。1877 年,德国地理学家、东方学家李希霍芬在其著作中首次提出这一称谓。此后,"丝绸之路"研究远远超越了"路"的地理范畴和"丝绸"的物质范畴。"丝绸之路"是沿线亚欧不同国家、不同地区的不同民族之间进行经济和文化平等交流、合作的对话之路,也是人类新文明成长和繁盛之路。历经两千多年的历史积淀,"丝绸之路"已由一条人类经济、文化、商贸交通的实质性道路,升华成为一种人类精神理念的象征——勇于探索、平等交流、友好合作、文化融合。[1]

20 世纪以来,随着经济全球化进程的不断推进和我国深化改革开放以及新一轮西部大开发战略的实施,重新构建一条横贯欧亚大陆的"新丝绸之路"势在必行。1990 年,我国北疆铁路与苏联土西铁路在阿拉山口接轨,一条新的连接太平洋与大西洋、横贯亚欧

* 注:本文受国家社科基金项目"2020 年前我国经济发展与实现减排目标的关系研究"(编号:10BJY012)、陕西省软科学项目"陕西低碳经济发展路径选择和政策设计研究"(编号:2011KRZ03)和陕西师范大学研究生培养创新项目"能源富集区低碳转型发展研究——以晋、陕、蒙三省为例"(编号:2013CXB018)的资助。

作者简介:王保忠(1975—),陕西师范大学国际商学院博士生,运城学院副教授,研究方向:人口资源与环境经济学;何炼成(1928—),西北大学经济管理学院名誉院长、教授、博士生导师,陕西师范大学国际商学院名誉院长,中华西方经济学研究会发展经济学分会名誉会长,中国《资本论》研究会常务理事,研究方向:资本论;李忠民(1966—),西北大学经济管理学院教授、博士生导师,研究方向:发展经济学。

两大洲的综合性国际运输干线全线贯通,新亚欧大陆桥由此形成,这也意味着以现代化的铁路和高速公路为标志的经由中亚通往欧洲的"新丝绸之路"的诞生。[2]新亚欧大陆桥正逐渐成为欧亚重要的国际运输和贸易大动脉、充满活力的经济发展轴线以及繁华的社会与文化交流走廊。[3]

在新时代背景下,通过经济合作探索"新丝绸之路"经济一体化发展战略,是推进"丝绸之路"沿线地区经济发展和繁荣的关键重要途径。新一轮西部大开发战略实施和新亚欧大陆桥经济带兴起,预示着古老的"丝绸之路"将重放异彩。2013年9月7日习近平主席在哈萨克斯坦以共建"丝绸之路经济带"为主题发表了重要演讲。尽管"丝绸之路经济带"的概念已经存在一段时间,学术界也有不少探讨,但由中国最高领导人在公开的国际场合正式提出,尚属首次。这表明,从中国向西开放的国际战略视野来看,开启共建"丝绸之路经济带"正当其时。区域经济一体化是开创现代"丝绸之路"的重要形式。当然,"丝绸之路"沿线经济合作是一个复杂、庞大的工程,要在充分论证的基础上,有步骤、分层次、按阶段逐步推进,更离不开政府在经济合作中所发挥的重要作用。本文以区域经济理论为基础,以新的国家战略为背景,着重对"新丝绸之路经济带"一体化战略路径与实施对策进行研究。

一、"新丝绸之路经济带"一体化战略路径

"新丝绸之路经济带"一体化战略的核心目标是"发展",但这一目标不同于传统的、狭隘的发展观,即仅将"发展"定位于纯经济发展,"发展"必须要求消除贫困,同时关注人与自然的和谐相处。因此,"新丝绸之路经济带"一体化发展的目标是在畅通战略和地区开发的基础上,实现区域经济增长,并最终实现"新丝绸之路"人与自然的和谐发展。在这一总目标的引导下,应系统、科学、完整地对"新丝绸之路经济带"一体化战略做出具体规划。规划应主要包括八个方面:交通一体化、能源一体化、产业一体化、城市(群)一体化、贸易一体化、金融一体化、民族文化多样性和生态低碳化。

"新丝绸之路经济带"一体化战略的八个方面构成了区域经济合作的一个全方位、多层次的有机整体。一体化战略的构筑是一个复杂的、系统工程,同时跨国区域经济合作更将面临一系列挑战。因此,"新丝绸之路经济带"一体化的实现必将是一个从较低形式向较高形式逐步发展的渐进过程。其中,交通、通信等基础实施一体化是先决条件,能源一体化是合作重点,交通和通信等基础设施、能源、产业一体化又形成了城市(群)一体化的基础,城市(群)经济一体化是经济全球化和区域经济一体化的必然选择。贸易和金融一体化是战略高级阶段的实现形式,对外贸易和跨境投资的快速增长,是经济全球化的主要特征,贸易和金融一体化的水平直接体现了区域经济一体化的水平和深度。"新丝绸之路经济带"一体化同时需要兼顾文化目标和生态目标,即民族文化多样性和生态低

碳化的构筑。

二、"新丝绸之路经济带"一体化战略实施步骤与重点

由于"新丝绸之路"沿线国家与地区成员构成非常复杂,在区域一体化的实践中,属于典型的异质结构成员,经济一体化是一个复杂的渐进过程,需要有步骤、有重点地推进。同时,"新丝绸之路经济带"是典型的陆桥经济带,又是在"古丝绸之路"的基础上延展而来,其一体化战略的实施步骤总体上可分为两大阶段:

(一)"新丝绸之路经济带"一体化战略实施的初级阶段

1. 推进交通、能源、产业一体化战略。交通一体化、能源一体化、产业一体化构成了"经济风车"的三个相互驱动的"桨叶",奠定了"新丝绸之路经济带"一体化战略的基础,体现了区域经济一体化进程中以交通、能源、产业合作为代表的实体经济一体化的内容,同时它们也为沿线城市一体化进程打下基础,共同构成"新丝绸之路经济带"一体化战略的重要支撑。

目前,新亚欧大陆桥沿桥综合交通基础设施建设已取得重要进展。连云港—霍尔果斯等公路干线竣工、精河—伊宁—霍尔果斯等铁路工程稳步推进,基本形成点线协调、交通顺畅的中亚运输网络。在通讯领域合作方面,中国同中亚国家具有较强的互补性。中国有着国际先进水平的通信设备和技术,而处于经济转型过程中的中亚国家正在全面推进电信行业的私有化和现代化进程,中国与中亚国家在通信领域、信息服务领域的成功合作必将进一步推动彼此经贸的往来和发展。[4]

能源一体化,是指在一个经济区内,各成员地区发挥其先天资源禀赋和后天技术管理等优势,实现优势互补、彼此照顾和实现各自诉求的能源发展新战略。"新丝绸之路经济带"一体化战略是中国能源战略的重要组成部分,能源合作是促进"新丝绸之路"经济发展重点所在。目前,中哈和中土石油天然气管道铺建工程均取得重大进展。

产业一体化,是指根据"新丝绸之路经济带"的产业现状,逐步打造一条产业链,实现分工明确、优势互补、各自发挥资源禀赋和比较优势的产业模式。产业一体化有利于交易成本内化,减少贸易壁垒,降低交易费用,实现高效率、低成本发展。目前,中国与中亚国家产业合作取得较大进展。双方三大产业的比较优势和分工初显眉目,分工合作的趋势加强,但因合作处于初级阶段,总体水平较低,并且存在多层次性和不平衡性。中国与中亚各国产业合作的基本思路是:以政府为主导,以农业和能源工业为基础,多层次、多角度、全方位的开放合作。

2. 强化沿线城市一体化战略。城市是"新丝绸之路"这条珠链上的明珠。城市一体化的核心目的是打造城市群,形成城市带、城市链。[5]"新丝绸之路经济带"发展城市

（群）一体化目标可概括为三个方面：[6]第一，形成空间布局合理、城市功能健全、基础设施完备、要素市场一体化、产业发展一体化的高效率、高品质的多中心型城市链。就"新丝绸之路"城市（群）中国段而言，至少要形成三个大的城市群：以西安为中心，主要包括咸阳、榆林等城市的城市群；以郑州为中心，包括开封、洛阳等城市的城市群；以青岛为中心，包括日照、连云港等城市的城市群。第二，形成以苏北经济区、中原城市群、关天经济区为增长核，以三大经济区间的快速交通设施（高速公路、快速路、轨道交通）为纽带的核心区组团，以铁路和高速公路为发展轴向周边地区放射的城镇网络群体。第三，形成经济繁荣、社会和谐、文化鲜明、环境友好、符合可持续发展理念的示范型城市带。

（二）"新丝绸之路经济带"一体化战略实施的高级阶段

1. 以交通和产业一体化战略为基础，加快推进贸易一体化进程。"新丝绸之路"是指将东亚、南亚、中亚和西亚以及欧洲连接起来的贸易、交通、经济网络。构筑新亚欧大陆桥，复兴"丝绸之路"，所启动的"新丝绸之路"内涵与外延都与古"丝绸之路"有很大的不同，且远远超出贸易之路和文化交流之路的范围。[7]为振兴出口市场，中国必须寻找有潜力的海外新市场，而"新丝绸之路"沿线国家和地区正是一个具有贸易潜力的巨大新兴市场。同时，随着新亚欧大陆桥的全线贯通，中国与中亚各国交通状况得以改善，贸易成本也会显著下降，这为"新丝绸之路"贸易一体化奠定了坚实基础。

欧盟的成立和成功运行为世界其他区域一体化合作提供了借鉴经验，但欧盟是一个"同质"成员结构的区域，而"新丝绸之路"区域是一个"异质"成员结构的区域，这种"异质"结构特征意味着其区域经济合作将有着自己独特的路径和特点。[8]"异质"结构成员间贸易一体化要经历不同的发展阶段：贸易一体化、共同市场、经济联盟以及共同体安排等阶段。与"同质"成员结构的区域相比，"异质"结构成员间进行区域一体化合作的最终目标只能是一种共同体制度安排，而不可能实现完全的政治经济一体化。

2. 以区域经济一体化为基础，加快区域金融一体化步伐。区域金融一体化，是指在一个特定的地理环境区域之内，金融资源、金融市场、金融活动的相互融合。推进"新丝绸之路"区域金融一体化建设的核心举措就是打造"新丝绸之路"区域国际金融中心。区域金融中心在优化资源配置、集散金融信息、进行风险防范、提升城市和地区核心竞争力、促进一国经济持续快速发展等方面有着重要的战略意义。西安市地处中国东、西结合部，承东启西，居于新亚欧大陆桥的中点，是黄河中、上游乃至中国的西部金融中心、制造中心、商贸中心、物流中心及科教中心，是"新丝绸之路"沿线中国段内最大的中心城市，[8]是西部大开发的桥头堡、增长极，也是跨国公司沿"新丝绸之路"由东向西产业转移的落脚点。西安市已具备了承接国际和东部地区产业转移，进而辐射西部的基础性条件，能够顺畅承接中国东部地区的资金、技术、人才及信息，成为东部地区生产要素流向西部的中转加压站，这些条件也为西安市建成"新丝绸之路"区域金融中心提供了客观基础。但是,我们也要认识到,我国西部地区发展滞后,东、西部差距仍有扩大趋势。由此,对于经济欠发达的西部地区,建立区域金融中心,以金融业作为撬动经济发展的支点,逐步缩小与东部地区的巨大差距,已成为一项非常迫切的任务。同时,"新丝绸之路经济带"的发展又对建设西部区域国际金融中心提出了紧迫的要求。为此,打造西安国际金融中心应当遵循"省内金融中心—跨省金融联动中心—西部金融中心—新丝路区域国际金融中心"的发展路径。[8]

(三)"新丝绸之路经济带"一体化战略实施的重点:能源一体化

在全面发展低碳经济的背景下,能源问题日益成为全球性热点问题。以能源一体化战略通道为重点的"新丝绸之路"建设成为沿线国家一面颇具影响力的旗帜。随着世界政治格局的动荡和全球能源危机的凸显,"新丝绸之路"沿线国家已在加强能源领域合作、应对能源挑战及保障能源安全方面达成共识。近年来,随着我国经济快速发展,能源需求不断增长,正逐渐成为最大、最稳定的国际油、气市场。而中亚地区作为世界三大能源中心之一,为中国的能源进口多元化战略与中亚能源出口多元化战略提供了一个良好的国家战略利益互补格局。"新丝绸之路"中国段沿线的西北地区与中亚国家地域相连,是"新丝绸之路经济带"的重要组成部分,不仅发挥着引进中亚能源的桥头堡作用,而且肩负着向中亚地区输出中国产品的重任。利益驱动是国家关系的基本要素之一,在中亚国家的能源外交实践中,中国政治稳定且能源需求旺盛的发展态势,成为中亚国家能源进入中国能源市场的战略新取向。[9]

三、"新丝绸之路经济带"一体化战略实施的对策

(一)加强政府间政治互信与务实合作是一体化战略实施的基本前提

当今世界,日益加深的市场化改革趋向为区域经济深化合作提供了体制基础。越来越多的国家认识到,只有融入区域经济,全球经济才能为市场化改革找到新的出路,而融入区域合作一体化进程,需要以政府间政治互信与务实合作为条件。[5]其具体内容包括:一是国家间谋求政治修好,缓解矛盾冲突,稳定地区局势。亚洲早在1999年东亚领导人关于东亚合作的联合声明中就明确提出了开展政治、安全对话与合作的议题。然而20世纪80年代以来,以东亚为代表、引领世界经济增长的亚洲地区,其经济一体化进程却从未取得突破性进展,其根本原因就是国家政府间缺乏政治互信。二是各国努力推进国内体制改革步伐。20世纪90年代,东欧转型国家与欧盟签署区域贸易协议的目的之一,就在于以此推动国内经济向市场经济转型。三是谋求区域层面的政治保护以抗衡其他区域集团经济冲击。当今世界,美国、欧盟、中国、日本、俄罗斯等经济体都在加紧组织和

巩固区域经济集团,加强区域经济内部协调与合作,以维护自身利益。

(二)加入 WTO 构筑双边、多边区域协定是一体化战略实施的基础平台

WTO 的核心理念是促进贸易自由化,区域经济合作深化离不开这一重要平台。当前,由于 WTO 谈判前景的不可预测性,为双边和区域性贸易协议提供了发展空间与机遇,也为更多的经济体参与全球竞争提供了更多的选择。区域经济一体化组织因其成员常常是地理位置相邻、社会政治制度相似、生产力发展水平相近、文化历史背景类似的国家,因而具有开展经济合作的诸多优势。因此,"新丝绸之路经济带"一体化战略实施的基础、基点与平台也应力求纳入到 WTO 框架之内。到目前为止,中亚国家只有吉尔吉斯斯坦加入了 WTO,其他国家仍在为入世而不断努力。中国政府也正在积极帮助中亚国家早日入世,以便尽快搭建起中亚区域经济合作的平台,争取早日实现区域繁荣。"新丝绸之路经济带"一体化的构筑也必然要求各成员国在积极加入 WTO 组织的同时,由核心成员国倡导缔结新的区域贸易协议或重新启动沉寂多年的区域经济合作谈判,各成员国应致力努力搭建一体化的合作平台,即积极加入 WTO 和开展其他双边、多边、区域性协定。

(三)突出新丝绸之路一体化战略实施重点,加速推进能源一体化进程

能源合作是国家关系之中的重中之重。加快推进"新丝绸之路"能源一体化进程符合中国与中亚各国的长远国家利益,是区域经济一体化战略的实施重点。然而,当前中亚地区的地缘政治环境严重阻碍着能源一体化的进程。大国地缘政治压力和地缘经济压力是能源合作深化的主要障碍之一,民族宗教问题、边界问题等多重矛盾交织,地缘安全形势较差,严重影响能源合作。另外,能源合作的一些具体问题,如技术问题、投资问题、规范问题及协调问题都亟待解决。因此,加快推进"新丝绸之路"能源一体化进程,需要与新一轮西部大开发战略密切配合,调整西部发展思路,改变西北由单纯的能源开发区向储备基地和能源战略大通道转变;强化本地能源开发与利用境外能源兼顾的能源战略;加快与中亚各主要产油国之间跨境石油管道的建设,为"新丝绸之路"能源一体化奠定基础。此外,应继续强化上海合作组织在能源合作与能源安全方面的协调和保障作用。弘扬"互信、互利、平等、协作,尊重多样文明,谋求共同发展"的"上海精神",为"新丝绸之路"能源一体化战略保驾护航。[9]

(四)明确"新丝绸之路"一体化战略实施优先方向,提升交通运输一体化水平

"新丝绸之路经济带"作为陆桥经济带,属于典型的交通经济带,畅通高效、保障运输是其基本目标。新亚欧大陆桥开通运营 20 年来,不仅促进了我国海铁联运的发展,使物流经济发展模式得以更新,推动了沿线城市的频繁交往和密切合作,带动了沿线经济带的较快发展,还强化了亚太地区与中亚乃至欧洲的经贸合作,但目前陆桥经济带交通运

输一体化程度仍然偏低,并存在许多突出问题:铁路运输能力和物流基础设施不能满足快速增长的物流需求;国际协调机制欠缺和国内协调机制不完善使瓶颈问题得不到有效解决;公共统计欠缺和基础研究不足影响国际、国内政府和官方组织的重视程度;国内外政策和法规建设严重滞后影响大陆桥物流行业的可持续发展;各部门信息系统不能互联互通,多个信息孤岛使物流信息化服务体系支持能力较弱。因此,应加快陆桥通道铁路运输能力建设和关键节点物流基础设施的建设速度;加快完善国内协调机制,尽快建立综合性的国际协调机制;逐步开展行业公共统计,建立官、产、学、研相结合的行业研究机制;尽快出台促进大陆桥物流行业发展的政策,推进行业保护的国内法规和国际公约的立法进程;加强信息化体系建设,实现全程信息系统互通互联。

(五)重视经济一体化战略实施的文化与生态目标,加强生态环境与文化多样性保护

"新丝绸之路"沿线地区民族文化具有地域性、多元性和原生态性。重启和发展"新丝绸之路经济带"必须把尊重各民族的文化习俗放在首位,争取在保护文化多样性的前提下,开展合作对话。在保护民族文化和促进文化融合过程中,各国、各级政府应起主导作用,尤其在法律法规、政策导向、宏观控制、资金投入、人才培养等方面,政府是不可代替的关键角色。开发"新丝绸之路"区域经济,对西部地区及沿线区域各民族文化资源的开发与利用是必不可少的。因此,保护是为了更好的开发,开发必须以不损害民族文化作为条件。当然,对于区域内民族文化资源的保护和开发不是哪一个人或一些人就能够解决的,它需要全民参与,政府在这一过程中,要充分发挥职能,加大宏观调控力度,发挥整体引导作用。同时,"新丝绸之路"的重启与开发必须符合生态低碳化目标。重启"新丝绸之路",不能以牺牲生态环境为代价,走过去高消耗、高污染之路,而是要谋求一条区域经济发展的新思路。[10]发展低碳循环经济,把区域经济发展的生态环境负荷降到最低,形成相对低碳状态,实现"新丝绸之路"经济与环境保护相协调的发展之路。

(六)加快推进操作层面的体制机制建设步伐

在本文提出的"新丝绸之路经济带"一体化战略路径与实施重点的基础上,应加快推进一些实质性的、操作层面的工作。应尽快完善"新丝绸之路"相关区域经济一体化战略实施的具体合作机制建设,构建经济一体化战略的次区域合作形式,充分发挥上海合作组织的功能与作用,为"新丝绸之路"沿线国家或地区营造良好的安全环境和经济协调平台。在区域反恐合作、双边与多边沟通机制等方面,上海合作组织已发挥重要作用,并取得了一系列成果;在经贸方面,上海合作组织推动能源合作取得显著成效,为区域经济一体化打下了良好基础。今后应推动上海合作组织成员国在其他方面的沟通与合作机制建立,力争为"新丝绸之路经济带"一体化战略实施提供更加完善的软环境。另外,应着

力完善新亚欧陆桥国际协调机制。该协调机制从 2000 年创立至今,已召开六次正式工作会议,并举办了五次新亚欧大陆桥区域经济合作国际研讨会。未来该协调机制的完善重点是与上海合作组织加强联系,推动"新丝绸之路"沿线各国跨国协调机制的建立。

四、总结与启示

新亚欧大陆桥交通走廊的逐步完善,为"新丝绸之路"沿线各国开辟了新的合作空间。从"交通走廊"向"经济发展带"的转型,不仅可以实现这一新兴优势区域的快速发展,还可以充分发挥其"增长极"的功能,带动相关区域和产业实现全面发展。[11] "十二五"之后,在新的对外开放的格局当中,"新丝绸之路"的建设也必将有新的内涵与新的意义。习近平总书记在哈萨克斯坦纳扎尔巴耶夫大学的演讲中提出共同建设"新丝绸之路经济带"的战略构想,并提出"以点带面,从线到片,逐步形成区域大合作"的思路,进而提出"五通"举措:加强政策沟通、道路联通、贸易畅通、货币流通、民心相通。这就为"新丝绸之路"逐步实现一体化指明了方向和基本路径,表明了国家战略层面上的政策导向。"新丝绸之路经济带"的建设有利于我国进一步对外开放,有利于实现区域协调发展。我们要充分利用好国际、国内两个市场,两种资源,努力实现内外联动、东西互动,力争把"新丝绸之路经济带"建设成为贯穿欧亚大陆的一个金色的经济走廊。在全新的历史背景下,本文提出"新丝绸之路经济带"一体化的八大路径,即交通、能源、产业、城市、贸易、金融、文化、生态一体化路径,是"交通走廊"向"经济发展带"转型的重要战略举措。八个方面构成了新丝路区域经济深化合作的一个全方位、多层次的有机整体。在一体化战略实施的初级阶段,应着重推进交通、能源、产业、城市一体化,高级阶段应重点关注贸易和金融一体化。当前,一体化战略的实施重点是能源一体化,实施的优先方向是交通运输一体化。为推进"新丝绸之路经济带"一体化战略实施,首先应加强政府间政治互信和务实合作,其次是加快推进操作层面的体制机制建设步伐。另外,"新丝绸之路经济带"一体化战略的推进,需要以和平发展为主题的政治环境,在当前中国周边地缘政治出现不确定性因素的情况下,需要加强政府间政治互信与务实合作,努力搭建一体化的平台,即 WTO 和其他双边、多边、区域性协定。同时,在明确一体化战略实施的重点和优先方向的基础上,加快推进一体化战略路径实施的操作层面的体制机制建设步伐。

【参考文献】

[1] 李明伟. 丝绸之路贸易史研究[M]. 兰州:甘肃人民出版社,1991.

[2] 张文尝,金凤君,樊杰. 交通经济带[M]. 北京:科学出版社,2002.

[3] 周励. 复兴"丝绸之路"计划[J]. 西部大开发,2008(1):17-22.

[4] 李忠民,刘育红,张强. "新丝绸之路"交通基础设施、空间溢出与经济增长——基于多维要素空间面板数据模型[J]. 财经问题研究,2011(4):116-121.

［5］ 张津梁.科学开发深度合作,共同打造现代丝绸之路大旅游格局［J］.大陆桥视野,2007(8):29－31.

［6］ 崔林涛.加强陆桥区域合作,共创现代丝路辉煌［J］.中国软科学,2001(10):1－3.

［7］ 张德广.新丝绸之路与上海合作组织［J］.西安交通大学学报(社会科学版),2007(6):1－3.

［8］ 王保庆,李忠民.金融中心形成机理研究——基于新制度经济学的视角［J］.现代经济探讨,2013(7):68－72.

［9］ 李琪.“丝绸之路”的新使命:能源战略通道——我国西北与中亚国家的能源合作与安全［J］.西安交通大学学报(社会科学版),2007(2):77－83.

［10］ 马明成.促进陆桥经济发展实现新丝绸之路繁荣［J］.大陆桥视野,2007(7):31.

［11］ 陆建人.论亚洲经济一体化［J］.当代亚太,2006(5):3－17.

（原刊于《经济纵横》2013 年第 11 期）

丝绸之路经济带:超越地理空间的
内涵识别及其当代解读*

卫　玲　戴江伟

【摘　要】　建设"丝绸之路经济带"是中国最新提出的对外开放战略。本文从界定丝绸之路经济带的空间范围入手,在根本动力、基本框架、存在根基、现实基础、战略目标层面上界定了丝绸之路经济带的内涵,并将区位理论、空间结构理论、空间相互作用理论、贸易理论作为丝绸之路经济带的理论基础和依据,探析这些理论对于丝绸之路经济带建设的借鉴意义。

【关键词】　丝绸之路经济带;对外开放战略;区位理论;空间结构理论;区域经济;西部大开发

一、问题的提出

"丝绸之路"曾一度是横贯整个亚欧大陆的政治、经济和文化中心。2013 年 9 月 7 日,习近平总书记在哈萨克斯坦纳扎尔巴耶夫大学发表演讲,首次提出共同建设"丝绸之路经济带",这为中国进一步对外开放勾勒了新的蓝图,也为新一轮西部大开发迎来了新的历史机遇。党的十八届三中全会审议通过的《中共中央关于全面深化改革若干重大问题的决定》明确提出"推进丝绸之路经济带、海上丝绸之路建设,形成全方位开放新格局",这使丝绸之路经济带建设上升到国家战略层面。

"丝绸之路经济带"的提出有着深刻的历史和现实背景。我国政府很早就开始酝酿这一区域的发展战略,中央于 20 世纪 90 年代启动"西部大开发战略",2007 年的欧亚经济论坛提出"丝绸之路复兴计划",《中共中央关于制定国民经济和社会发展"九五"计划和 2010 年远景目标的建议》提到形成以亚欧大陆桥为纽带的经济带。事实上,中国与中亚国家的合作有着广泛的基础,上海合作组织为双方的政治、安全、文化以及经济合作搭建了成熟的制度平台,中国与中亚国家的能源合作成效显著。这种背景下,"丝绸之路经

* 作者简介:卫玲(1970—),女,陕西西安人,博士,编审,博士生导师,从事区域经济研究。

济带"一经提出便引起学术界和社会极大反响,区域内的相关地区和城市围绕丝绸之路经济带纷纷布局。陕西提出打造丝绸之路经济带新起点和桥头堡,[1]西安提出着力打造"一高地六中心"①,把西安建成最具发展活力、创新能力和辐射带动作用的丝绸之路经济带新起点。[2]甘肃提出要打造丝绸之路经济带黄金段,拥有西北地区唯一的国家级新区—兰州新区的兰州市提出要建成丝绸之路经济带的核心节点城市和核心枢纽,[3]新疆依托与中亚毗邻的区位优势提出建成丝绸之路经济带核心区和能源枢纽,乌鲁木齐提出在丝绸之路经济带建设中发挥引领者作用。西安、兰州和乌鲁木齐在规划中均提出建成丝绸之路经济带的商贸中心、物流中心、金融中心。笔者认为,为了实现丝绸之路经济带的良性互动和可持续发展,区域内成员要避免陷入"要政策、争项目"的传统思维模式,避免无序竞争带来的重复建设和资源浪费,要充分认识到,"丝绸之路经济带"不仅是一个全新的概念,而且有着丰富的内涵和坚实的理论基础,区域各成员谋划发展战略必须建立在准确把握其内涵的基础上。

丝绸之路经济带的内涵是什么? 是否是简单的经济区划和区域开发模式? 它与一般的经济区域有什么区别,特殊背景是什么? 理论基础是什么……这些问题亟待解决。

二、相关研究综述

学术界尚未就作为专门术语的"丝绸之路经济带"形成研究成果,但是也开展了相关的研究工作。研究的视角可大体分为三条线索。

(一)"丝绸之路经济带"研究的雏形

朱显平,邹向阳在国内最早提出了"中国—中亚新丝绸之路经济发展带"的概念,并基于"交通经济带""成长三角"和"增长极"的概念界定其内涵,认为"新丝绸之路经济带"的展开空间是交通通道,依托是交通基础设施和中心城市,动力是贸易和要素自由流动,手段是区域一体化,目的是经济增长。[4]刘育红从实证角度研究了"新丝绸之路"经济带经济增长与交通基础设施投资的关系,并将"新丝绸之路"经济带的范围界定为陇海—兰新铁路沿线地区。[5]

(二)向西开放战略背景下的相关议题研究

陈铁军提出西部地区应利用丝绸之路和亚欧大陆桥等交通优势实施向西开放战略。[6]王习农提出以新疆为桥头堡、以中国—哈萨克斯坦自由贸易区建设为突破口,建设

---

① "一高地"为丝绸之路经济带开发开放高地。"六中心"分别为金融商贸物流中心、机械制造业中心、能源储运交易中心、文化旅游中心、科技研发中心、高端人才培养中心。

中国—中亚自由贸易区的构想。[7] 熊艾伦,蒲勇健构建了向西开放的评价指标体系,划分了西部省份向西开放的类型,并提出相应的战略实施重点。[8] 肖昭升基于我国向西开放的背景,提出以克(拉玛依)塔(城)综合运输通道为基础,完善"新亚欧大陆桥",建设向西开放新国际通道。[9] 王睿,陈德敏将以第二亚欧大陆桥为主轴的西北大通道建设确定为向西开放的战略重点。[10] 刘世庆,许英明认为新疆即将成为中国油库,也是连接中国与中亚地区的桥梁,应该成为向西开放的桥头堡,需要开发第二亚欧大陆桥的运力,开拓周边国家和区域市场。[11]

(三)关于相关概念的阐述

与"经济带"概念相近的代表性表述有:张国伍在国内首先界定了"交通经济带":一种具有特定的资源、产业和技术结构,以交通干线为主导,由沿线一定范围内的经济区域所构成的带状区域经济系统。何栋材从区域空间结构的视角指出经济带实质是核心—外围模式的一种特殊形式,其核心[12]是由通过交通基础设施串联的城市组成的产业轴,外围则是由同心圆式的圈层结构异化成与核心产业轴对称排列的条带状结构。[13] 与经济空间不同,经济带强调地理空间中地域的连续性。

与"丝绸之路经济带"相关的已有研究的共同特点是:研究的背景要么是中国与中亚地区的合作,要么是中国向西开放战略;研究的主题聚焦在交通基础设施建设与贸易、经济增长之间的关系;研究的空间范围要么局限于亚欧大陆桥的中国段(陇海—兰新铁路)区域,要么是局限于中国西部地区,特别是新疆等沿边地区。鉴于此,本文期望在以下几个方面取得新的进展:一是系统、准确地阐释"丝绸之路经济带"这一新概念的内涵,从战略层面界定丝绸之路经济带的空间范围,空间范围不应该只包括中国境内的陇海—兰新铁路沿线区域,这是开展相关研究的基础;二是拓展丝绸之路经济带的研究视角和框架,不仅仅是从中国能源安全的角度去思考丝绸之路经济带建设的现实意义;三是从理论角度阐释丝绸之路经济带存在的合理性,为建设丝绸之路经济带提供具有借鉴意义的理论基础。

三、丝绸之路经济带的内涵界定

(一)丝绸之路经济带空间范围的界定

广义的丝绸之路经济带覆盖范围在空间上基本与古"丝绸之路"重叠,是指沟通西太平洋与波罗的海和地中海的广大区域,根据现有欧亚铁路经过地区,由东到西经过的国家和地区包含中国、哈萨克斯坦、吉尔吉斯斯坦、塔吉克斯坦、乌兹别克斯坦、土库曼斯坦、伊朗、阿塞拜疆、亚美尼亚、格鲁吉亚、俄罗斯里海沿岸地区、土耳其、乌克兰、波兰等,其中土耳其作为地中海沿岸的端点,波兰作为波罗的海的端点,二者均能直通大西洋。

狭义的丝绸之路经济带空间范围仅限于中国与中亚五国的部分地域,分为四个层面:第一层次是国家层面,主要是指中国与中亚五国;第二层次是地域层面,主要是沿着现有交通干线(第二亚欧大陆桥)分布的地区,包含中国的江苏、河南、陕西、甘肃、青海、宁夏、新疆,以及哈萨克斯坦的阿拉木图省、塔吉克斯坦北部地区、土库曼斯坦西南部、乌兹别克斯坦东南部地区、吉尔吉斯斯坦中部地区;第三层次是地形单元:经济带的覆盖范围与一些特定的地理单元重合,从东向西依次为华北平原、关中平原及渭河谷地、祁连山北麓及河西走廊、吐鲁番盆地、天山南麓及塔里木盆地北缘、哈萨克丘陵南部边缘、图兰低地东南部边缘、里海沿岸地区,这是一个近似"W"的弧形地带;第四层次是城市层面,沿着中国陇海—兰新铁路分布的大中城市和中亚地区与中国连通的主要城市,包含连云港、徐州、商丘、开封、郑州、洛阳、三门峡、渭南、西安、咸阳、宝鸡、天水、兰州、武威、张掖、酒泉、哈密、乌鲁木齐、库尔勒、喀什、伊犁、阿拉山口、阿拉木图、比什凯克、塔什干、杜尚别、马雷、阿什哈巴德等。鉴于丝绸之路经济带的合作现状和相关研究进展,本文主要从狭义的空间范围开展研究。

(二)丝绸之路经济带的内涵

丝绸之路经济带的本质是一种特定的区域经济空间结构。应该从以下几个方面把握丝绸之路经济带的基本内涵:

1. 丝绸之路经济带形成的根本动力是产业和人口的"点—轴"集聚。经济区域发展的支柱是产业,产业的集聚会带来规模经济效应,人口的集聚一方面为产业提供了巨大的需求市场,另一方面为产业发展提供了丰富的劳动力供给市场,要形成一个充满活力的经济区域,产业和人口缺一不可。如果将丝绸之路经济带比作巨型列车,那么其车轮就是沿线的各个城市经济体,因为城市恰好是产业和人口集聚的空间,城市的本质就是集聚经济,在全球化的时代,各国、各区域的竞争归根到底是城市经济体之间的竞争。一方面,城市是经济带各种要素交流的枢纽和节点,城市集聚了本区域最优质的资源,是本区域对外交流的窗口;另一方面,城市是打造经济区域的支点,成功的城市是成功的区域的先决条件,丝绸之路经济带建设的主要抓手是沿线的城市之间的合作。

2. 丝绸之路经济带的基本框架是交通干线和自由流动的要素。第一,交通干线是丝绸之路经济带的动脉,完备的交通基础设施是建设丝绸之路经济带的先决条件,这种交通基础设施包括公路、铁路、民航、管道四种形式。面对复杂的地理环境和各国法律制度的差异,流畅的物流通道是首要挑战,也是建成丝绸之路经济带的关键步骤。第二,自由流动的要素是丝绸之路经济带的血液,包括货物、技术、劳动力、资金、信息、文化等,实现要素的自由流动首先要确立统一的制度框架,建立共同参与的协调机制。

3. 丝绸之路经济带存在的根基是中国与中亚地区的共同利益,二者将构成丝绸之路经济带的核心主体,脱离了这两个主体的任何经济带都不能称为"丝绸之路经济带"。第一,中亚地区是"丝绸之路"概念赖以存在的空间基础。作为欧亚大陆的腹地,中亚地区对任何大国来讲都具有至关重要的战略地位,这是丝绸之路经济带区别于其他各种版本的经济带的空间标志,脱离中亚地区,丝绸之路经济带将失去本身的意义。第二,中国是丝绸之路经济带的倡导者和推动者,从而也成为丝绸之路经济带的合作核心,是丝绸之路经济带的牵引,没有中国巨大的市场和良好发展势头,丝绸之路经济带将成为无水之井。总体上看,中亚地区深居内陆,各个国家都将寻找出海口作为国家的重要战略,同时中亚地区具有丰富的能源矿产资源,经济发展急需资金;中国具有面向太平洋的区位优势,快速的经济发展急需大量的能源,这一方面给中亚地区提供货物的出海通道,另一方为中亚地区的能源提供繁荣的需求市场,双方有合作的现实基础,而且前景是互利共赢的。

4.丝绸之路经济带的现实基础是地缘政治和能源合作。经济的发展总是跟政治有着千丝万缕的联系,中国与中亚五国中的四国领土接壤,双方有地缘上的依赖,双方在反恐、地区局势等方面有着共同关切,上海合作组织为丝绸之路经济带建设做了政治铺垫。中国与中亚地区广泛而深入的能源合作为丝绸之路经济带建设奠定了经济基础,以能源合作为纽带推动双方在基础设施领域的合作已经取得重大进展,能源合作将是双方全面的经济合作的先导。

5.丝绸之路经济带的战略目标是建立区域经济一体化组织。与一般的经济区域不同,丝绸之路经济带是实现贸易自由化的跨国经济区域,属于国际经济范畴,也不仅仅是一种国际经济活动的空间,其高级发展形态应该是旨在促进成员国经济增长和福利增加、建立区域内统一市场、统一经济政策步调的经济一体化组织,实现这个目标,丝绸之路经济带将从实体的空间结构上升为虚拟的制度模式。

基于上述分析,本文将丝绸之路经济带定义为:秉承古"丝绸之路"文化,由中国倡导、为实现欧亚大陆腹地复兴、在中国与中亚的政治和能源合作的基础上,通过交通便利联通和要素自由流动,促进人口和产业沿着"点—轴"集聚形成的带状空间经济结构和一体化经济组织。

四、建设丝绸之路经济带的理论基础

(一)区位理论与丝绸之路经济带产业布局和人口集聚

1.经典区位理论的演化及主要观点。在众多区位理论中具有代表性的是农业区位理论、工业区位理论以及中心地理论。由德国学者杜能(V. Thünen)和韦伯(A. Weber)开创的古典区位理论。尽管建立在各种严苛的假设基础上,却至今仍然是区域经济研究的基本范式,对当今区域经济发展仍具有深刻启发。杜能在《孤立国》中认为形成"杜能环"的决定性力量是农民对于地租和运费的权衡而寻求最大收益,[14]他构建了一个没有考虑规模收益递增的"单一中心城市模型",阿隆索(Alonso)用 CBD 和居住地分别替换了杜能模型中的城市和外围,构建了一个现代城市经济模型。韦伯的工业区位论基于最小成本角度认为工业企业的最优区位受到运输、劳动力及集聚等三个区位因子的影响,最初由运输成本确定的工业区位模式会因为劳动力费用发生第一次变形:当增加的运费小于节省的劳动力成本时,厂商会偏离运费最低点,而偏向劳动费用最低点;而集聚因素产生的集聚经济效益会使由运费和工资确定的工业区位模式发生第二次变形[15]。瓦尔特·克里斯塔勒(Walter Christaller)提出的中心地理论假定地域的同质性和交通体系的方向均质性,认为任何区域应该有其核心,也就是向周围地区提供所需的商品和服务的城镇,这个城镇位于其服务区域的中央,不同规模和等级的中心地排列遵循如下规律:第一,等级越高,城镇数量越少、规模越大;第二,中心地等级越高,提供的商品和服务种类越全;第三,等级越低,相邻的同一等级中心地距离越短;第四,不同等级中心地的市场区分布模式遵循市场最优、交通最优或行政最优原则。[16]廖什(A. Losch)提出了在交通干线影响下的中心地模式(也称廖什景观):市场区沿着交通干线延伸,干线两侧是工业、商业和人口的集中区,两条干线之间则会形成贫穷区。因此交通线路的布局应该因地而异,在富裕的市场区内交通网络稠密,在贫穷地区密度较低[17]。艾萨德(Walter Tsard)进一步修正了中心地模式:考虑人口的非均匀分布,人口密度对中心地市场区的大小产生重要影响,人口密度大的地区单位土地面积产生的需求量高,因而市场区范围较小,一定范围内的中心地数量越多。[18]

2. 区位理论对丝绸之路经济带的借鉴意义。第一,农业区位论和工业区位论表明合理的产业布局和人口集聚对丝绸之路经济带建设的关键作用。农业区位理论不仅是分析农业生产布局的工具,也是分析土地利用模式的基本模式,受特殊自然环境限制,丝绸之路经济带可利用的土地资源稀缺,建设过程中必须注重土地的高效集约利用,提高单位投入的效率;工业区位理论揭示了丝绸之路经济带存在的必要性和合理性,这种特殊的经济区域天然地要求人口和产业沿着交通干线集聚,因而在节约运输成本和劳动费用、发挥集聚经济效益方面具有优势,从而实现区域内经济效益的最大化,不断吸引产业和人口向丝绸之路经济带集聚,强化丝绸之路经济带存在的根基。第二,中心地理论表明合理的城市等级体系是丝绸之路经济带建设的内在要求。"等级越高城镇数量越少"的原理启示我们只有少数城市能担当丝绸之路经济带核心城市的功能,并不是所有城市具备成为经济带核心的条件,相当数量的城市必定成为为数不多的核心城市的腹地,各城市必须以城市群或城市区域的空间形态参与丝绸之路经济带区域分工。即使处于同一级别的城市在承担的功能上也应该有所区别,按照不同的功能组织以核心城市为轴心的城市体系,如政治中心应该按照行政最优原则布局市场区,经济中心应该按照市场最优的原则布局市场区,而交通枢纽应该按照交通最优原则布局城市体系。丝绸之路经济带地理环境多样,人口分布不均匀,进一步表明经济带城市群的分布是不均匀的。

(二)区域经济空间结构理论与丝绸之路经济带的空间组织与开发

1.区域空间结构理论的主要观点。不同的经济活动在地理空间上的形态存在差异,区域经济空间结构是指一定地域范围内各种社会经济客体之间的相互作用和空间位置关系,以及这些客体的空间组织形式和集聚规模,[19]它反映了各地区经济发展水平之间的关系。区域空间结构由点、线、面三种基本要素构成,点是最基本的组成要素,如城镇、工矿点、风景区、湖泊等;线由点组成,并且有起点、终点和方向,如交通运输线路;面是点和线存在的空间基础,具有明确的空间范围,如经济区等。基本要素的不同组合形成了不同的区域空间结构。具体的代表性区域空间结构理论有增长极理论,核心—边缘理论和点—轴理论。

增长极理论由法国经济学家弗郎索瓦·佩鲁(Francois Perroux)于1950年首次提出,此时的增长极概念与区域问题没有直接关系,只是纯粹的经济概念,与有形的地理经济空间不同,佩鲁将经济空间划分为规划的空间、作为力场的空间和同质类聚空间,空间由产生离心力和向心力的中心构成,经济空间存在若干中心、力场或极,增长极就是位于这个力场中具有支配效应的推进性单元,是围绕推进性的主导工业部门而组织的有活力的高度联合的一组产业部门,它不仅能迅速增长,而且能通过乘数效应推动其他部门的增长。因此,增长并非同时出现在所有地方,它以不同的强度首先出现在一些增长点或增长极上,然后通过不同的渠道向外扩散,并对整个区域的经济产生不同的最终影响[20]。佩鲁的增长极理论实质是关于区域经济增长的理论,还不是关于区域经济空间组织的理论,瑞典经济学家缪尔达尔(Myrdal)提出"累积因果循环理论","市场力的作用在于扩大而不是缩小地区间的差别的认识。"[21]一个地区的发展速度一旦超过了平均发展速度,就会获得累积的相对发展缓慢地区的优势,进一步遏制落后地区的发展,落后地区就会积累越来越多的不利因素,累积因果循环运动产生正负效应:回流效应和扩散效应,前者指发达地区对落后地区发展的阻碍作用,生产要素向增长极不断回流,拉大两地发展差距,后者是指发达地区对落后地区的推进作用,生产要素在一定阶段从增长极向周围地区扩散,从而缩小两地发展差距,与缪尔达尔类似,美国经济学家赫希曼(H. O. Hirschman)提出增长极对腹地的极化效应和涓滴效应,不同的是赫希曼认为长期涓滴效应最终会超过极化效应占据主导,足以缩小地区之间发展差距,因为累积性的集中不会无限进行,增长极最终会产生集聚不经济,分散的力量将带动周围地区发展。1960年,另一位法国经济学家布代维尔(J. R. Boudeville)将佩鲁的增长极概念转换到地理空间,认为增长极是具有推动性的主导产业和创新行业及其关联产业在地理空间上集聚而形成的增长中心。[22]

美国区域学家约翰·弗里德曼(J. R. Friedmann)于 1966 年提出关于区域经济空间结构演化的核心—边缘理论,将区域经济系统划分为由发展条件优越的核心部分和发展条件较差的外围部分构成的二元空间结构,区际不平衡具有长期演变趋势,随着区域经济发展,区域经济空间结构的变化分为四个阶段:前工业化阶段的离散空间结构;工业化初期阶段的聚集型空间结构;工业化成熟阶段的扩散型空间结构;工业化后期及后工业化阶段的均衡型空间结构。

20 世纪 80 年代,中国科学院陆大道院士提出点—轴渐进式扩散理论:在区域发展过程中,社会经济要素在"点"上聚集,并通过线状基础设施联系形成"轴",最终形成一个有机的空间结构体系。"点—轴系统"是区域发展的最佳空间结构,在最初的工矿点和城镇之间形成的交通线随着经济发展扩展成为线状基础设施束,基础设施束进一步发展成为具备集聚与扩散功能的"发展轴",基础设施束最终演变为密集产业带,带动区域经济发展。[23]

2. 空间结构理论对丝绸之路经济带的借鉴意义。第一,空间结构理论是丝绸之路经济带的重要的理论基础。丝绸之路经济带正是空间结构理论的具体应用,其本身就是一个特定的区域经济空间结构,由西安、兰州、乌鲁木齐等中心城市和能源矿产区代表的"点",由铁路、公路、管道、河流等代表的"线",由中原经济区、关中—天水经济区、河西走廊经济地带等代表的"面",共同构成了丝绸之路经济带的空间结构,它不是由点—面构成的城市区域,也不是线—线组合的交通网络,更不是面—面组合的经济开发区,而是一个一体化的经济空间结构体系。第二,与周围地区相比,丝绸之路经济带本身容纳了众多的区域经济增长极,成为一个巨大的增长极集合体。增长极理论强调一种非均衡的区域增长模式,核心—边缘理论揭示了工业化与空间结构之间的关系演变过程。可见,丝绸之路经济带在整体上处于核心位置,在发展的初期能够不断使周围各种经济要素向该经济区域集聚,促使经济带产生巨大的规模经济效应,不断累积发展的有利因素,实现快速发展,进而成为中国西部地区乃至亚欧大陆腹地隆起的发展区域。另一方面,也说明在丝绸之路经济带内部,并非所有地区能同时获得均等的发展机会,核心城市和产业集聚区能够实现超期发展,同时也存在产生成片贫困地区的可能性。此外,丝绸之路经济带内部工业化水平不平衡,处于工业化不同阶段的地区经济空间结构也将存在差异。第三,空间结构理论为丝绸之路经济带经济增长和空间开发模式提供了有益借鉴。首先,丝绸之路经济带整体经济社会不发达,资本有限,需要选择战略部门进行投资,创造发展机会,选择具有产业关联效应的主导产业,在经济带内部培育若干经济增长极,通过充分利用扩散效应,带动经济带内其他地区发展。其次,丝绸之路经济带内具有诸多的增长极,且增长极之间有现实的交通线联系,因此丝绸之路经济带可以借鉴"点—轴"开发模式,努力促使交通干线发展成为具有强大集聚和扩散效应的发展轴,最终形成丝绸之路经济带。

（三）空间相互作用理论与丝绸之路经济带经济关系的建立

1. 空间相互作用理论的基本观点。人类活动所需的资源在空间的不均匀分布,使得特定资源稀缺的地区的人们要通过放弃时间来获得资源的空间权利,需要通过交通工具和通信系统的辅助节约时间,需要城市提供交易场所以缩小交易范围,于是以城市和区域为主体的空间单元需要发生资源、劳动力、资金和信息等要素的交换和联系,也就是空间相互作用。空间相互关系的概念是由地理学家 E. L. Ullman 在 20 世纪 50 年代中期首次提出的,认为互补性(complementarities)、通达性(transferability)和介入机会(intervening opportunity)是空间结构形成与演化的基础[24]。互补性的实质是区域之间在产品、要素等方面的供求关系的实际存在,它体现了区域之间建立经济联系的必要性;可达性不仅受空间距离、运输成本和传输客体的可运输性影响,也受区域之间在政治、文化、政策和社会等方面的障碍,以及交通联系的影响,它决定了区域之间建立经济联系的可行性;介入机会是指两个区域之间的联系程度受到来自其他区域的干扰程度,在一个区域与多个区域之间发生联系的条件下,介入机会直接决定了最终建立互动关系的区域。最具代表性的空间相互作用理论是距离衰减法则和引力模型。被托布勒(Tobler)称为"地理学的第一法则"的距离衰减法则表明各种经济现象之间的相互作用强度将随距离的增加而降低。引力模型是借鉴牛顿的万有引力解释人类空间相互作用的产物,考虑了由人口规模、经济规模代表的规模因素和由空间距离、时间距离与心理距离代表的距离因素共同对区域之间相互关系的影响,Tinbergen 最早用引力模型研究国际贸易问题,结论认为:两国的贸易规模与两国的经济规模成正比,与距离成反比,后来的学者在引力模型中加入了人口和制度因素,丰富和完善了引力模型。作为引力模型的最早应用,赖利定律认为:两城市从一个分界点邻近地区的一个中间城镇所吸引的贸易额大致与两城市的人口成正比,与其到中间城镇距离平方成反比。

2. 空间相互作用理论对丝绸之路经济带的借鉴意义。第一,空间相互作用是丝绸之路经济带形成和发展的驱动力。空间相互作用表明在空间中任何区域孤立存在和发展是不可能的,因此建成联系紧密、互通有无、空间广阔的丝绸之路经济带是人类经济活动的必然要求。丝绸之路经济带是一个资源分布极不均衡的区域,各成员国在商品、劳动力、资金、技术、信息等方面存在供求关系,从而有必要在各成员国之间建立经济联系,这也是丝绸之路经济带建设的题中之意。交通联系、文化交流、政治互信和政策协调既是丝绸之路经济带合作的基础,也可以提高区域内的可达性,从而加强经济带的空间相互作用。丝绸之路经济带各成员国之间存在着有关资源、要素和发展机会的竞争关系,这种竞争关系一方面可以优化资源配置,同时也可能带来不利于经济带形成和发展的隐患,因此需要强化各成员国之间的互补性,促进良性竞争,实现丝绸之路经济带健康发展。第二,距离衰减法则和引力模型表明各节点的经济规模、人口规模和空间距离共同决定了丝绸之路经济带经济关系的紧密程度。在经济发达、人口密集,且距离较近的节点之间会形成较强的经济关系,因此各成员经济社会发展水平越高,经济带的发展水平也越高。另外,根据赖利定律,各中心节点的市场区存在边界,而且边界是可测度的,进而可以确定丝绸之路经济带的辐射范围和应该包含的城市经济体。

(四)区域经济一体化理论与丝绸之路经济带统一市场的建立

1. 区域经济一体化理论演进及代表性观点。荷兰经济学家 Jan Tinbergen 最先阐释了经济一体化:消除阻碍经济最有效运动的有关人为因素,以相互协作与统一的方式,构建最适宜的国际经济结构。区域经济一体化的核心是通过生产要素和商品自由流动降低区域内成员之间的交易成本,最终建立起统一市场,实现要素价格均等。在实践中,欧盟成为真正意义上成功的区域经济一体化的代名词,也成为众多相关理论的模型。按照由低级向高级发展的阶段,区域经济一体化依次分为自由贸易区(Free Trade Area)、关税同盟(Custom Union)、共同市场(Common Market)、经济同盟(Economic Union)以及完全一体化(Complete Economic Union)。自由贸易区是在两个或两个以上的关税主权之间通过降低或消除关税或其他贸易限制,实现贸易自由化。其显著特征是区域内各成员仍然保留独立的关税体制,区域对外实行贸易差别待遇。而关税同盟要求成员之间完全消除贸易壁垒,对外实行共同的关税政策,有效阻止了非成员国利用低关税出口或进口商品,这是关税同盟较自由贸易区进步之处。共同市场的成员国具有经济、政治、文化和社会方面的相似性,不仅实现贸易自由化,建立一体化的产品市场,也要实现要素的自由流动,建立一体化的要素市场。共同市场的基础上,区域有可能向着更高水平的经济同盟发展,要求成员国之间达成经济政策协议,实施统一的经济步调,实行统一的货币、财政、金融等所有经济政策。在经济同盟基础上,发展成为完全的经济一体化,要求设立一个超主权国家的中央权力机构,统一管理和协调各成员国的经济、社会政策。[25]

区域经济一体化理论在实践中不断发展和完善,现有的研究在理论上将区域经济一体化产生的经济效应分为静态效应和动态效应,其中静态效应包括贸易转移效应、贸易创造效应和社会福利效应;而动态效应包括规模经济效应、竞争效应和投资效应。[26]

美国经济学家 Jacob Viner(1950)开创了区域经济一体化效应的静态分析框架,由其系统整理和总结的关税同盟理论在区域经济一体化理论中居于主导地位,Viner 从生产的角度解释了关税同盟对成员国的影响,认为关税同盟的收益最终取决于贸易转移效应(Trade Diversion)和贸易创造效应(Trade Creation)二者的大小,前者是指一旦加入关税同盟意味着以前从区域外非成员国进口的低成本产品,而现在要转为从区域内高成本生产国进口,从世界范围看,低成本的生产将要放弃,高成本的生产将扩大,因此降低了成员国福利;后者是指一些成员国内部较高成本的产品被另一成员国低成本的产品替代,创造了过去不发生的新的贸易,实质上是特定产品的生产从高成本成员向低成本成员的转移,总体上提高了资源配置效率,因此可以增加成员国福利。而通常,转移效应大于创造效应,因此关税同盟会降低世界的福利水平,Viner 的理论奠定了关税同盟理论的坚实基础。后经 Meade 补充共同形成了 Viner-Meade 静态分析框架。[27]社会福利效应(Social Welfare Effect)是指建立关税同盟对成员国的福利产生的影响。Carsten Kowalczyk 认为,考虑产品之间的互补性时,贸易自由化可以提高成员国对区域外的进口需求,而当关税下降幅度足够弥补当前进口国和原进口国的价格差时,贸易转移效应不一定降低福利。[28]当加入关税同盟后价格下降的幅度足够大可以获得福利增加,贸易壁垒的消除会降低成员国之间贸易的交易成本,由本地市场效应引起的生产转移,区域内可购买的产品数量和种类增多,从而使价格指数下降,在名义收入一定的条件下,可以实现实际收入增加,也可以实现福利的增加。

区域经济一体化的动态效果是指通过市场扩大而实现规模经济,通过促进竞争实现生产效率提高,通过增加投资实现技术进步,最终实现经济增长的加速。具体而言,首先,通过关税同盟建立稳定的统一市场可以直接扩充市场容量,成员国生产者可以实现专业化生产,由此组织大规模的生产降低生产成本,最终使企业获得递增的规模收益。其次,以 Jan Tinbergen、T. Scitovsky 和 J. F. Deniau 为代表的大市场理论认为关税同盟的建立克服了封闭条件下互相分割的小市场与保守企业高垄断利润的恶性循环。各成员国市场相互开放,各国企业都可能面临着来自其他成员国类似企业的竞争,在竞争压力下,技术进步得以加快。最后,市场容量的扩大会使得区域内企业迫于生存压力增加投资,同时区域外企业为了绕开关税壁垒,会直接到关税同盟内开设工厂。

与自由贸易区理论和关税同盟理论的假定不同,共同市场理论的前提是要素在成员国之内自由流动,该理论探讨消除要素自由流动障碍后对成员国经济发展的影响,旨在消除贸易保护主义,建立统一的大市场。共同市场意味着生产要素,特别是资本要素可以按照利益最大化的原则跨区域流动,这种流动使得资本价格最终实现动态均等。

2.区域经济一体化理论的借鉴意义。第一,建立统一市场,实现产品和要素自由流动事关丝绸之路经济带的最终成效。丝绸之路经济带成员国同属发展中国家,同时具备经济结构的互补性,地理位置的接近性,并以丝绸之路为文化纽带,以上海合作组织为利益共同体,因此具备实现区域经济一体化的基本条件。丝绸之路经济带本质上要求建立有利于产品和要素自由流动的统一市场,消除贸易保护主义,实现交易成本的降低和要素价格趋于均等,增加成员国的福利水平。第二,丝绸之路经济带的战略定位不是简单的区域开发,也不是条块分割、各自为阵的区域经济增长,而应该是建立一个旨在实现经济一体化的合作框架,需要区域内各成员之间的互动。实施由自由贸易区、关税同盟,到共同市场、最终建立经济同盟的渐进式的经济一体化行动方案。着眼于一体化框架的丝绸之路经济带建设不再是在区域内布局若干重点项目、规划若干经济区、建成几条交通通道的传统模式,而是要构建一个制度框架,制定共同的行动纲领和合作准则,形成统一协调的宏观经济政策等,如成立丝绸之路经济带合作委员会(Cooperation Committee of Silk-Road Economic Belt,简称 CCSEB)统一协调丝绸之路经济带各成员国的利益,成立丝绸之路经济带建设银行(Development Bank of Silk-Road Economic Belt,简称 DBSEB)负责丝绸之路经济带建设的融资,以备在未来过渡成为丝绸之路经济带的"中央银行"。

(五)贸易理论与丝绸之路经济带地域分工的确定

1.贸易理论的演进及主要观点。18 世纪中叶,在批判重商主义的背景下产生了古典贸易理论,国际贸易理论发展先后经历了古典贸易理论、新古典贸易理论、新贸易理论和新兴贸易理论四个阶段。亚当·斯密(Adam Smith)的绝对成本学说认为由自然禀赋差异和先天生产条件差异决定的商品生产的劳动生产率和生产成本的绝对差异是引起国际贸易的基本原因,这样每个国家会专业化生产觉得有绝对优势的产品,交换具有绝对劣势的产品,最终实现资源最有效利用,获取了区域贸易利益。而现实中,即使在所有产品生产中均处于劣势的国家也在参与贸易,大卫·李嘉图(David Ricardo)的比较优势理论解释了引起国际贸易的另一原因:生产效率存在相对差异,各国都专业化生产本国具有比较优势的产品,并用该商品交换具有比较劣势的商品。比较优势理论尽管不能用来解释当今世界国际贸易主要发生在发达国家之间的现象,但是该理论为自由贸易提供了有力证据,至今对后起国家的发展战略提供重要的借鉴意义。这两种理论没有解释产生劳动生产率差异的原因,赫克希尔(Heckscher)和俄林(Ohlin)建立了要素禀赋理论(H－O 理论)认为要素禀赋差异和商品生产的要素密集度差异是产生比较优势的根本原因,因此各国应该专门化生产并出口本国相对丰裕的要素密集型产品,进口本国相对稀缺要素密集型产品。保罗·萨缪尔森(Palua A. Samuelson)用数学演绎了 H－O 理论,认为国际贸易会使不同国家间生产要素相对价格和绝对价格均等化。古典和新古典贸易理论均假定完全竞争的市场结构、要素不具有国际流动性。而保罗·克鲁格曼(Paul R. Krugman)认为要素禀赋差异决定着产业间贸易,而规模经济决定着产业内贸易,于是经济学者借用产业组织理论和市场结构理论的工具,用不完全竞争、规模报酬递增、外部性等概念和思想构建了以新生产要素理论、动态贸易理论、产业内贸易理论和国家竞争优势理论为代表的新贸易理论。其中最具代表性的是产业内贸易和动态比较优势理论,产业内贸易解释了要素禀赋相似、经济发展处于同一水平的国家之间发生贸易的原因,产业内贸易发生的根本原因是规模经济,为研究产业内贸易,日本的小岛清教授提出了协议性国际分工理论:处于同等发展水平的国家之间要实现专业化分工并相互占领对方市场,就需要双方达成有关提供市场的协议。当要素禀赋优势发生变化,需要及时调整产业结构和贸易模式,于是产生了动态比较优势理论,阐释了处于不同发展水平的地区在各产业之间的互相演替和转换的规律,代表性的是日本经济学家提出的雁形产业发展形态学说:一个具有发展潜力的产业要发展成为世界性生产性基地需要经过进口替代、国内规模化生产和大规模出口三个依次演进的阶段,实质是落后国家引进先进国家技术实现经济赶超的理论。

2. 贸易理论的借鉴意义。第一,在经济一体化目标实现之前,丝绸之路经济带各成员国之间开展贸易仍然属于国际贸易的范畴,随着一体化程度的提高将逐渐变成区域内贸易。无论是国际贸易范畴还是区域内贸易,比较优势理论和要素禀赋理论都具有指导作用,成员国在特定时点上要素禀赋和经济发展水平存在差异,因而具有各自的比较优势,实行基于比较优势的专业化生产,通过成员国之间的贸易获得比较利益,可以提高资源在经济带内的配置效率,增加经济带的整体福利水平。第二,由产业内贸易理论可见,具有相似要素禀赋结构和同等经济发展水平的丝绸之路经济带各成员国,特别是中亚地区部分国家之间可以在同一产业内(如能源化工)进行专业分工,实现规模经济,并通过贸易实现福利增加。第三,动态比较优势理论对于丝绸之路经济带地域分工格局具有很强的解释力,一方面产业在生命周期的不同阶段对生产要素的密集度不同,另一方面要素禀赋优势发生变化,各地区特定产业的比较优势会改变,因而需要更新产业结构,最终调整贸易结构。地区差异是地域分工的物质基础,比较利益是地域分工的经济动力,区际要素的空间转移是地域分工的必要条件,丝绸之路经济带各成员国应该清楚认识各自所处的位置,明确各自的要素禀赋优势和产业生命周期所处的位置,把握产业在区域间的梯度转移规律,实施产业储备战略,形成合理的地域分工格局。

【参考文献】

[1] 刘欢. 努力打造丝绸之路经济带的新起点和桥头堡[N]. 陕西日报,2013 – 09 – 30(1).

[2] 郝云菲. 西安市委、市政府《关于加快建设丝绸之路经济带新起点的实施方案》日前正式出台[N]. 西安晚报, 2013 – 11 – 26 (1).

[3] 赵建利. 努力打造"丝绸之路经济带"核心节点城市[N]. 兰州日报,2013 – 11 – 11(5).

[4] 朱显平,邹向阳. 中国 – 中亚新丝绸之路经济发展带构想[J]. 东北亚论坛,2006(5):3 – 5.

[5] 刘育红. "新丝绸之路"经济带交通基础设施投资与经济增长的动态关系分析[J]. 统计与信息论坛,2012(10):64 – 70.

[6] 陈铁军. 走向二十一世纪的西部向西开放方略[J]. 云南社会科学,1995(5):7 – 12.

[7] 王习农. 向西开放战略与建立中国 – 中亚自由贸易区[J]. 实事求是,2012(2):36 – 38.

[8] 熊艾伦,蒲勇健. 向西开放战略下西部省份开放类型比较与格局构建研究[J]. 经济问题探索,2013(2):61 – 68.

[9] 肖昭升. 我国向西开放新国际通道的战略构想[J]. 综合运输,2013(1):34 – 38.

[10] 王睿,陈德敏. 西部地区向西开放总体战略构想研究[J]. 中国软科学,2013(4):69 – 78.

[11] 刘世庆,许英明. 向西开放:中国新一轮西部大开发的重点与突破[J]. 经济与管理评论,2013(3):128 – 134.

[12] 杨荫凯,韩增林. 交通经济带的基本理论探讨[J]. 人文地理. 1999(2):1 – 5.

[13] 何栋材. 关中 – 天水经济区形成基础及空间结构优化[J]. 地域研究与开发,2009(4):40 – 45.

［14］ 杜能.孤立国同农业和国民经济的关系［M］.吴衡康,译.北京:商务印书馆,1986.

［15］ 阿尔弗雷德·韦伯.工业区位论［M］.李刚剑,陈志人,张英保,译.北京:商务印书馆,1997.

［16］ 克里斯塔勒.德国南部中心地原理［M］.常正文,等译.北京:商务印书馆,1998.

［17］ 奥古斯特·勒施.经济空间秩序:经济财货与地理间的关系［M］.王守礼,译.北京:商务印书馆,1995.

［18］ 孙久文,叶裕民.区域经济学教程［M］.2版.北京:中国人民大学出版社,2010.

［19］ 郭腾云,徐勇,马国俊,等.区域经济空间结构理论与方法的回顾［J］.地理科学进展,2009(1):111 – 118.

［20］ 安虎森·增长极理论述评［J］.南开经济研究,1997(1):31 – 37.

［21］ MYRDAL G. Economic Theory and Underdeveloped Regions［M］. London:Gerald Duckworth & Co. Ltd,1957.

［22］ BOUDVILLE J R. Problems of Regional Economic Plan［M］. Edinburgh:Edinburgh University Press, 1966.

［23］ 陆大道.关于"点 – 轴"空间结构系统的形成机理分析［J］.地理科学,2002(1):1 – 6.

［24］ ULLMAN E L. American Commodity Flow［M］. Seattle:University of Washington Press, 1957.

［25］ 金载映.区域经济一体化与区域经济 一体化理论［J］.世界经济文汇,1998(2):17 – 20.

［26］ 梁双陆,程小军.国际区域经济一体化理论综述［J］.经济问题探索,2007(1):40 – 46.

［27］ MEADE J E. The Theory of Customs Union［M］. Amsterdam:North – Holland,1955.

［28］ 李瑞林,骆华松.区域经济一体化:内涵、效应与实现途径［J］.经济问题探索,2007(1):52 – 57.

（原刊于《兰州大学学报(社会科学版)》2014 年第 42 卷第 1 期）

丝绸之路经济带的纵深背景与地缘战略*

白永秀　王颂吉

【摘　要】　丝绸之路经济带是在古丝绸之路影响深远、大国丝绸之路战略竞争激烈、亚欧国家合作日益密切的背景下提出的亚欧大陆带状经济合作构想。它从空间范围上可分为核心区、扩展区和辐射区三个层次。围绕丝绸之路经济带的国内起点及建设区域,相关城市和省份展开了激烈竞争。建设丝绸之路经济带,对于加强区域经济合作、促进世界经济发展、保障战略安全、推动经济重心西移、优化城市和人口布局具有重大意义。

【关键词】　丝绸之路经济带;西部经济;西部大开发战略

2013 年 9 月 7 日,习近平在哈萨克斯坦纳扎尔巴耶夫大学发表演讲时,倡议亚欧国家共同建设"丝绸之路经济带"。这一提议引起相关国家尤其是中亚各国的积极响应。2013 年 11 月,《中共中央关于全面深化改革若干重大问题的决定》明确提出"推进丝绸之路经济带"建设,形成"横贯东中西"的对外经济走廊。2013 年 12 月,中央经济工作会议把"不断提高对外开放水平"作为 2014 年经济工作的六大主要任务之一,并再次强调"推进丝绸之路经济带建设,抓紧制定战略规划,加强基础设施互联互通建设"。由此不难看出,建设丝绸之路经济带已成为中国经济发展和对外开放的重要内容。

一、丝绸之路经济带的提出背景

古丝绸之路作为东西方商贸往来和文明交流的大通道,至今仍对亚欧国家开展合作具有深刻影响。近年来,受美国金融危机和欧洲债务危机等因素的影响,世界经济复苏乏力,中国经济增长也存在下行压力,相关大国围绕丝绸之路沿线区域的战略竞争日趋激烈。中国作为古丝绸之路的起点和主要国家,在与亚欧国家合作日益密切的背景下,有必要通过共建丝绸之路经济带的形式进一步加强区域经济合作。

---

* 该标题为《改革》编辑部改定标题,作者原标题为《丝绸之路经济带:提出背景、内涵与战略意义》。

（一）古丝绸之路影响深远

丝绸之路是古代东西方之间经济、政治、文化交流的主要通道,对推动人类文明进步产生了深远影响。2100多年前,西汉张骞凿空西域,在亚欧大陆上形成了横贯东西的交通大动脉,由于丝绸是东西方交通大道上交易的重要商品,因此后世称之为"丝绸之路"。"丝绸之路"一词的由来和广为传播应归功于德国学者费迪南·冯·李希霍芬(Ferdinand von Richthofen)与阿尔伯特·赫尔曼(Albert Herrmann)。1877年,德国地理学家、地质学家李希霍芬在其所著的《中国——亲身旅行的成果和以之为依据的研究》一书中,首次将"自公元前114年至公元127年间连接中国与河中①以及印度的丝绸贸易的西域道路"称为"丝绸之路"(Seidenstrassen)。1910年,德国历史学家赫尔曼在其所著的《中国与叙利亚间的古代丝绸之路》一书中,主张把丝绸之路的含义"一直延长到通向遥远西方的叙利亚"。1915年,赫尔曼在《从中国到罗马帝国的丝绸之路》一书中,进一步把"丝绸之路"作为中国与希腊—罗马社会沟通往来的交通路线的统称。[1]在此之后,"丝绸之路"一词被普遍接受。改革开放之前,中国学者大多把丝绸之路称作"中西交通";20世纪80年代之后,国内学者开始广泛使用"丝绸之路"一词,"丝绸之路"在中国逐渐成为固定称谓。

通过丝绸之路,中国与中亚、西亚、南亚、欧洲、北非等地区建立起密切的商贸联系,促进了东西方文化交流和生产力发展。在商贸往来方面,从公元前126年张骞凿空西域到陆上丝绸之路衰落前,中国的丝绸、瓷器、茶叶等商品通过陆上丝绸之路源源不断地输往西方,西方的皮毛制品、珠宝、香料、核桃、胡萝卜等物产输入中国,丰富了亚欧国家的物质文化生活。在文化交流方面,丝绸之路连通了古中国文明、古罗马文明、古伊斯兰文明和古印度文明等世界主要文明体系,西方的佛教、伊斯兰教等宗教思想传入中国,中国的汉文化传播到西方,推动了人类文明的交流融合。在生产力发展方面,中国的造纸术、雕版印刷术等伟大发明传到西方,西方的天文历法、建筑工艺、制糖法、酿酒术等技艺输入中国,推动了沿途各国的经济社会发展和生产力水平的提高。尽管陆上丝绸之路在宋元之后逐渐衰落,但它作为亚欧大陆文明交流的典范,对当代亚欧国家的经贸合作仍有深刻影响。鉴于此,在推动中华民族伟大复兴、实现"中国梦"的时代背景下,建设丝绸之路经济带就具有重要意义。

（二）大国丝绸之路战略竞争激烈

由于丝绸之路沿线地区具有重要的区位优势、丰富的自然资源和广阔的发展前景,相关大国近年来纷纷提出了针对这一区域的战略构想,影响较大的有日本的"丝绸之路

---

① 河中是指中亚锡尔河、阿姆河以及泽拉夫尚河流域,包括今乌兹别克斯坦全境和哈萨克斯坦西南部。

外交战略"、俄印等国的"北南走廊计划"、欧盟的"新丝绸之路计划"和美国的"新丝绸之路战略"（表1）。

表1　相关大国提出的丝绸之路战略

提出国家	战略名称	提出时间	主要内容
日本	丝绸之路外交战略	1997 年	把中亚及南高加索8国称为"丝绸之路地区"，加强政治经济合作
俄罗斯、印度、伊朗	北南走廊战略	2002 年	修建从印度经伊朗、高加索、俄罗斯直达欧洲的国际运输通道
欧盟	新丝绸之路计划	2009 年	修建纳布卡天然气管线，加强与中亚及周边国家的全方位联系
美国	新丝绸之路战略	2011 年	建立美国主导的以阿富汗为中心的"中亚—阿富汗—南亚"经济体

资料来源：作者依据公开资料整理。

1. 日本的"丝绸之路外交战略"。1997 年，日本桥本龙太郎内阁开始重视与中亚及其周边国家的交往，把中亚及南高加索八国①称为"丝绸之路地区"，提出了"丝绸之路外交战略"。日本实施"丝绸之路外交战略"，一方面是为了加强日本与中亚国家的经济合作，提升中亚各国的经济发展速度和国际化水平；另一方面是为了增强日本在这一地区的政治和经济影响力，开发该区域丰富的油气资源，保障日本的能源供应安全。在此之后，日本对"丝绸之路地区"提供了大量政府开发援助，促进了相关国家的铁路、公路、电力等基础设施建设，加快了该区域的经济发展进程。自 2004 年开始，日本推动设立了"中亚 + 日本"外长定期会晤机制。通过这一机制，日本与中亚国家的联系得以加强。

2. 俄印等国的"北南走廊计划"。2002 年，俄罗斯、印度和伊朗三国共同发起了"北南走廊计划"，提出修建从印度经伊朗、高加索、俄罗斯直达欧洲的国际运输通道。该运输通道包括铁路、公路、海运等多种形式，可以降低沿途国家尤其是印度通往欧洲的货运成本，提高相关各国商品的国际竞争力。俄罗斯作为北南走廊计划的主导国家，意欲通过修建北南走廊，抗衡西方国家主张的绕开俄罗斯的东西"欧亚经济走廊"，保持俄罗斯在这一区域的传统影响力。该计划提出后，中国和中亚国家也对此表现出较大兴趣。但由于相关国家的分歧和资金短缺问题，北南走廊计划中的铁路和公路项目进展缓慢，甚至一度被搁置。此后，在 2012 年 1 月召开的"北南走廊"14 国专家会议上，印度表示可以承担伊朗境内的铁路与公路建设，[2] 该计划有向前推进之势。

3. 欧盟的"新丝绸之路计划"。为降低对俄罗斯油气资源的依赖，欧盟于 2009 年提

---

①　中亚及南高加索 8 国是指哈萨克斯坦、土库曼斯坦、乌兹别克斯坦、吉尔吉斯斯坦、塔吉克斯坦、格鲁吉亚、亚美尼亚、阿塞拜疆。

出了"新丝绸之路计划",即通过修建"纳布卡天然气管线"这一能源运输南部走廊,加强与中亚及周边国家在能源、商贸、人员、信息等方面的联系。"纳布卡天然气管线"全长3300千米,从中亚里海地区经土耳其、保加利亚、罗马尼亚、匈牙利延伸至奥地利,并把中东地区作为潜在的天然气来源区域,预计2014年建成通气。通过实施"新丝绸之路计划",欧盟一方面可以加强与中亚国家的油气资源合作,保障欧盟能源供应安全;另一方面可以拓展欧盟与中亚及其周边国家的全方位合作,增强欧盟在中亚地区的影响力。

4. 美国的"新丝绸之路战略"。2007年,美国学者弗雷德里克·斯塔尔(Frederik Starr)在其主编的《新丝绸之路:大中亚的交通和贸易》一书中,提出了"新丝绸之路"构想,主张通过加强交通联系建设"大中亚"经济圈。以这一构想为基础,时任美国国务卿希拉里于2011年7月提出了"新丝绸之路战略",力图在美国主导下,依托阿富汗连接中亚和南亚的区位优势,形成以阿富汗为中心的"中亚—阿富汗—南亚"交通运输与经济合作网络,促进这一区域的能源南下和商品北上。此后,美国将其中亚、南亚政策统一命名为"新丝绸之路战略",并积极向其盟友推介这一战略。[3] 美国实施"新丝绸之路战略",一是可以推动阿富汗融入区域经济一体化进程,促进阿富汗的经济发展,减轻美国的战略负担;二是可以提升印度的发展空间,加快印度经济崛起,使印度在地区和国际层面发挥更大作用;三是可以加强美国与中亚国家的经贸合作,开发中亚地区丰富的油气等矿产资源。由此可见,美国"新丝绸之路战略"的实施,可以削弱俄罗斯等大国在中南亚的影响力,建立美国主导的中亚和南亚新秩序。

此外,伊朗于2011年提出了"铁路丝绸之路"计划,力图将伊朗境内的铁路经阿富汗、塔吉克斯坦、吉尔吉斯斯坦与中国铁路连通。哈萨克斯坦于2012年开始实施"新丝绸之路"项目,积极完善交通基础设施。在区域经济联系不断加强、大国丝绸之路战略竞争日趋激烈的背景下,中国作为古丝绸之路的起点和主要国家,有必要提出自己的丝绸之路战略。

(三)亚欧国家合作日益密切

近年来,随着区域经济一体化和经济全球化进程的加快,中国与丝绸之路沿线国家的经贸往来和区域合作不断加强,亚欧国家共建丝绸之路经济带其时已到、其势已成。进入21世纪以来,在第二条亚欧大陆桥正常运营的基础上,中哈第二条过境铁路投入使用,丝绸之路复兴项目、中吉乌铁路、中国西部—欧洲西部公路建设加快推进,中国与丝绸之路沿线国家的交通联系日益紧密,古老的丝绸之路焕发出勃勃生机。在增进交通联系的同时,丝绸之路沿线国家的区域合作也不断加强。2001年6月15日,中国、俄罗斯、哈萨克斯坦、乌兹别克斯坦、吉尔吉斯斯坦、塔吉克斯坦在"上海五国"机制的基础上成立了上海合作组织,致力加强成员国之间的全方位合作。在此之后,印度、伊朗、巴基斯坦、阿富汗、蒙古五国成为上海合作组织的观察员国,土耳其、斯里兰卡和白俄罗斯三国成为对话伙伴国。此外,该地区还建立了以俄罗斯、白俄罗斯、哈萨克斯坦、吉尔吉斯斯坦和塔吉克斯坦五国为成员国,以亚美尼亚、乌克兰、摩尔多瓦三国为观察员国的欧亚经济共同体。上海合作组织和欧亚经济共同体的成员国、观察员国、对话伙伴国大多位于古丝绸之路沿线,以这两个组织为基础推进区域经济合作,可以密切亚欧国家的经济联系,进一步提升发展空间。

中亚地处连通中国与欧洲的枢纽位置,无论是从地理、历史还是当前合作关系来看,中国与中亚五国都有紧密联系,这为丝绸之路经济带建设提供了重要保障。一是在地理联系方面,中国与哈萨克斯坦、吉尔吉斯斯坦、塔吉克斯坦山水相连,共同享有长达3300千米的边界线,交通基础设施日益完善,并已开辟霍尔果斯国际边境合作中心,这是中国与中亚国家经济合作的地利之便。二是在历史联系方面,中亚作为古丝绸之路的枢纽和重要区间,中国历代都与中亚地区有着密切交流,各民族在这一区域共同创造了辉煌灿烂的古代文明,这是中国与中亚国家开展经济合作的历史基础。三是在当前合作方面,西部大开发战略的实施加强了中国西部与中亚国家的全方位联系。近年来中国把中亚作为外交优先方向,通过双边和上海合作组织框架在经贸往来、能源合作、交通建设等方面开展深入合作,目前已与哈萨克斯坦建立起全面战略合作伙伴关系,与乌兹别克斯坦、土库曼斯坦、吉尔吉斯斯坦建立起战略合作伙伴关系,以能源为中心的经贸往来方兴未艾,中国已成为中亚各国最重要的贸易伙伴或投资来源国,这是开展丝绸之路经济带建设的现实基础。此外,中亚及其周边国家具有丰富的自然资源、良好的经济基础和充足的国外投资,经济增长潜力巨大。在中国与丝绸之路沿线国家合作日益密切的背景下,通过共建丝绸之路经济带的形式,可以促进亚欧国家的经济社会发展,推动区域经济一体化。

二、丝绸之路经济带的内涵与空间范围

丝绸之路经济带是横贯亚欧大陆的新型区域经济合作模式,其目标是把亚欧国家打造成互利共赢的利益共同体。从空间范围来看,丝绸之路经济带可分为核心区、扩展区、辐射区三个层次。通过共建丝绸之路经济带,亚欧国家的经济联系将更为紧密,相互合作将更为深入,发展空间将更为广阔。

(一)丝绸之路经济带的内涵

丝绸之路经济带是以古丝绸之路为文化象征,以上海合作组织和欧亚经济共同体为主要合作平台,以立体综合交通运输网络为纽带,以沿线城市群和中心城市为支点,以跨国贸易投资自由化和生产要素优化配置为动力,以区域发展规划和发展战略为基础,以货币自由兑换和人民友好往来为保障,以实现各国互利共赢和亚欧大陆经济一体化为目

标的带状经济合作区。

丝绸之路经济带这一概念具有历史性、国际性、综合性三大特征。从历史性特征来看,古丝绸之路为亚欧国家开展全方位合作提供了历史纽带和文化象征,这使得丝绸之路经济带传承历史、关照现在、开启未来,具有丰富的历史内涵;从国际性特征来看,丝绸之路经济带地跨亚欧两大洲,有多个国家和地区参与其中,辐射带动功能显著;从综合性特征来看,丝绸之路经济带以经济合作为基础,同时在基础设施建设、政治互信、军事交流、文化往来、环境保护等领域开展合作,具有广泛的包容性。由此可见,丝绸之路经济带作为一个长期的全局性战略构想,为亚欧国家提供了一种全新的合作模式。

丝绸之路经济带辐射整个亚欧大陆,对于促进亚欧国家经济社会发展具有重大意义。从广义范畴来看,丝绸之路经济带东边始于经济繁荣的东亚经济圈,西边直达经济发达的欧盟经济圈,中间是以中亚为中心的泛中亚经济圈,在如此广袤的地域范围内,交通运输网络承担着连接丝绸之路经济带沿线国家的纽带作用。在丝绸之路经济带上,既要建设以航空、高压电网、信息传输为重点的"空中丝绸之路",又要建设以客运铁路专线、货运铁路专线、高等级公路为重点的"地面丝绸之路",还要建设以原油管道、天然气管道、成品油管道为重点的"地下丝绸之路"。通过立体综合交通运输网络,丝绸之路经济带把沿线城市群及中心城市连为一体,亚欧国家共同制定战略规划,加强贸易投资合作,促进货币自由兑换和人民友好往来,可以构成世界上距离最长、面积最大、人口最多、市场规模和发展潜力最广的经济一体化大走廊。

(二)丝绸之路经济带的空间范围

丝绸之路经济带横穿整个亚欧大陆,其空间范围可分为核心区、扩展区、辐射区三个层次(表2、图1),按照由近及远、由易到难的原则逐步开展建设工作。具体而言,丝绸之路经济带的核心区是上海合作组织和欧亚经济共同体的主要成员国,包括中国、俄罗斯和中亚五国,[①]地域面积3069.92万平方千米,2012年人口规模为15.60亿人,GDP总量为10.55万亿美元;丝绸之路经济带的扩展区是上海合作组织和欧亚经济共同体的其他成员国及观察员国,包括印度、巴基斯坦、伊朗、阿富汗、蒙古、白俄罗斯、亚美尼亚、乌克兰、摩尔多瓦等9个国家,这些国家地域面积892.20万平方千米,2012年人口规模为15.87亿人,GDP总量为2.87万亿美元;丝绸之路经济带辐射区包括西亚、欧盟等国家和地区,并且可连通日本、韩国等东亚国家,这些国家(地区)地域面积945.26万平方千米,2012年人口规模为9.24亿人,GDP总量为26.82万亿美元。

---

① 尽管土库曼斯坦作为永久中立国未加入上海合作组织和欧亚经济共同体,但它与周边国家有着密切的经贸合作关系。

区域①②③为广义丝绸之路经济带   区域①②为狭义丝绸之路经济带

图1 广义与狭义丝绸之路经济带的空间范围

表2 丝绸之路经济带的经济地理特征分析(2012 年)

层次	国家或地区	面积/万平方千米	人口/亿	GDP/万亿美元
核心区	中国	959.81	13.51	8.23
	中亚五国	400.29	0.65	0.30
	俄罗斯	1709.82	1.44	2.02
	合计	3069.92	15.60	10.55
扩展区	印度	328.73	12.37	1.84
	巴基斯坦	79.61	1.79	0.23
	伊朗	174.52	0.76	0.51
	阿富汗	65.21	0.30	0.02
	蒙古	156.65	0.03	0.01
	欧亚经济共同体其他国家	87.48	0.62	0.26
	合计	892.20	15.87	2.87
辐射区	欧盟	432.48	5.09	16.69
	西亚	465.06	2.38	3.04
	日韩	47.72	1.77	7.09
	合计	945.26	9.24	26.82
核心区与扩展区合计		3962.12	31.47	13.42
丝绸之路经济带总计		4907.38	40.71	40.24

注:中亚五国为哈萨克斯坦、土库曼斯坦、乌兹别克斯坦、吉尔吉斯斯坦、塔吉克斯坦;欧亚经济共同体其他国家为白俄罗斯、亚美尼亚、乌克兰、摩尔多瓦;欧盟包括欧洲28国;西亚包括沙特阿拉伯、土耳其、以色列、巴勒斯坦、伊拉克、叙利亚、阿联酋、卡塔尔、巴林、科威特、也门、阿曼、黎巴嫩、约旦、塞浦路斯、格鲁吉亚、阿塞拜疆等国家。资料来源:人口和GDP数据来源于世界银行数据库;国土面积数据来源于世界银行2009年世界发展报告《重塑世界经济地理》附表(清华大学出版社,2009年版,第332 – 334页)。

这里认为,基于合作基础和地缘政治等因素,丝绸之路经济带应有广义和狭义之分(图1)。狭义丝绸之路经济带包括核心区和扩展区,是丝绸之路经济带的主体和建设重点。狭义丝绸之路经济带所涉及的国家均为上海合作组织和欧亚经济共同体成员国(或观察员国),在相关国家的共同努力下,通过这两个组织加强合作,可以较为顺利地推进丝绸之路经济带建设。2012年,狭义丝绸之路经济带的地域面积为3962.12万平方千米,总人口31.47亿人,GDP总量为13.42万亿美元,各国之间经济互补性强,并且大都属于发展中国家,有着巨大的市场规模和发展潜力。广义丝绸之路经济带包括核心区、扩展区和辐射区,这是丝绸之路经济带的发展目标和理想状态。2012年,广义丝绸之路经济带的地域面积为4907.38万平方千米,占世界陆地面积的32.94%;总人口为40.71亿人,占全世界的57.42%;GDP总量为40.24万亿美元,占全世界的55.55%。由此可见,广义丝绸之路经济带具有无与伦比的市场规模和发展空间。如果广义丝绸之路经济带可以建成,将实现亚欧大陆经济一体化,促进整个世界繁荣发展。

三、丝绸之路经济带的国内起点与建设区域之争

在丝绸之路经济带提出之后,国内相关城市和省份围绕丝绸之路经济带的起点及建设区域展开了激烈竞争,其实质是对经济发展机遇和政策红利的争夺。

(一)丝绸之路经济带的国内起点之争

对于古丝绸之路的起点,历来就有"长安(西安)起点说"和"洛阳起点说"之争,这一竞争在丝绸之路"申遗"过程中愈演愈烈。2006年8月,在联合国教科文组织世界遗产中心和中国国家文物局召开的丝绸之路申遗国际协调会上,把西安和洛阳共同列为"丝绸之路中国段"的起点,但这并未消弭西安与洛阳的丝绸之路起点之争。2011年11月,重庆开通"渝新欧"国际铁路联运大通道,加强了与亚欧国家的联系。在丝绸之路经济带提出之后,西安、洛阳、重庆等国内多个城市围绕"丝绸之路经济带起点"展开了激烈竞争。

西安作为古丝绸之路的重要起点和西北中心城市,具有历史文化、产业基础、区位交通、科技教育、开发开放等综合优势,因而能够在丝绸之路经济带起点的竞争中抢占先机。2013年9月欧亚经济论坛期间,西安联合欧亚国家13个城市签署了《共建丝绸之路经济带西安宣言》,并把"丝绸之路起点"作为城市宣传名片,扩大了国际影响。与此同时,西安开通了直达中亚、欧洲的"长安号"国际货运专列,并积极向国家申报丝绸之路经济带自由贸易区,力图以打造丝绸之路经济带的物流中心、金融中心、商贸中心、文化交流中心、使领馆中心为依托,建设丝绸之路经济带起点和桥头堡。

洛阳作为汉唐时期的都城之一,与西安并列为古丝绸之路的起点,有3个遗产点入选中国丝绸之路首批申遗名单(共计22个),正是由于历史文化方面的优势,促使洛阳积

极竞争丝绸之路经济带"起点城市"。但洛阳作为河南所辖地级市,其行政地位、产业基础和综合经济实力相对较弱,城市品牌也不够响亮,因此很难与西安、重庆等区域性中心城市进行竞争。

重庆在丝绸之路经济带起点城市的竞争中表现得较为积极。2014年全国"两会"期间,重庆代表团讨论通过了《关于充分发挥重庆在丝绸之路经济带和长江经济带建设中重要作用的建议》,并将其作为全团建议提交给十二届全国人大二次会议,希望中央把重庆定位为丝绸之路经济带的起点。重庆竞争丝绸之路经济带起点的优势包括:第一,重庆率先开通"渝新欧"国际铁路联运大通道,并实现了常态化运行,在中西部城市向西开放中处于领跑位置;第二,重庆作为中西部地区唯一的直辖市,政治优势明显,城市建设和产业基础发展较好;第三,重庆公路、铁路、水路、空运交通便利,具备连通全国的区位交通优势。

除西安、洛阳、重庆之外,郑州、武汉、乌鲁木齐、成都、连云港等城市也对竞争丝绸之路经济带起点表现出浓厚兴趣。国内城市对丝绸之路经济带起点的竞争,体现了相关城市发展经济和提升形象的强大动力。

(二)丝绸之路经济带的国内建设区域之争

丝绸之路经济带提出以来,国家尚未划定丝绸之路经济带在国内的建设区域范围,国内17个省份为融入丝绸之路经济带展开了竞争。其中,陕西、甘肃、青海、宁夏、新疆等西北五省区在丝绸之路经济带建设中具有明显的地缘优势,并且与中亚国家有着良好的合作基础。为全面开展丝绸之路经济带建设,西北五省区各自提出了在丝绸之路经济带建设中的定位(表3),从而在融入丝绸之路经济带国内建设区域的竞争中脱颖而出。

表3　西北五省在丝绸之路经济带建设中的定位

序号	省份	定位
1	陕西省	丝绸之路经济带的新起点
2	甘肃省	丝绸之路经济带的黄金段
3	青海省	丝绸之路经济带的战略基地和重要战略支点
4	宁夏回族自治区	丝绸之路经济带的重要战略支点
5	新疆维吾尔自治区	丝绸之路经济带的桥头堡

资料来源:作者依据公开资料整理。

2013年12月,国家发展和改革委员会与外交部共同主持召开了推进丝绸之路经济带和海上丝绸之路建设座谈会,除西北五省区之外,重庆、四川、云南、广西等西南四个省份和江苏、浙江、广东、福建、海南等东部五省的相关部门负责人参加了座谈会,西部九个省份被视为列入了丝绸之路经济带国内规划建设范围。以此为契机,重庆、四川、云南、广西等西南省份积极参与丝绸之路经济带建设。尽管河南、内蒙古、山东、山西、湖南、湖北、贵州、江苏等省份未能参加国家部委主持召开的丝绸之路经济带建设座谈会,但也为融入丝绸之路经济带建设展开了竞争。例如,河南省于 2013 年 12 月联合亚欧八个国家召开了"丝绸之路经济带"中欧物流通道建设国际交流会,并计划于 2014 年开通郑州—阿拉木图、郑州—莫斯科、郑州—汉堡等三条通往亚欧国家的国际铁路货运班列,以此加强与亚欧国家的经贸联系。内蒙古作为中国参与"中亚区域经济合作组织"①的重要项目执行区域,不断加大与中亚国家的合作力度。山东、山西、湖南、湖北、贵州、江苏等省份借助交通或者地缘优势,也各自提出了融入丝绸之路经济带建设的战略构想,丝绸之路经济带国内建设区域范围之争日益白热化。

这里认为,在市场经济体制下,丝绸之路经济带的建设区域范围应该是开放的。以西北五省区为建设重点,丝绸之路经济带的国内建设范围可以沿交通大动脉向东、向南、向北延伸,形成横贯东中西的对外经济走廊,全面提升中国经济对外开放水平。

四、建设丝绸之路经济带的战略意义

丝绸之路经济带是顺应区域经济一体化潮流而提出的亚欧大陆带状经济合作构想,对于加强区域经济合作、促进世界经济发展、保障中国战略安全、推动中国经济重心西移、优化中国城市和人口布局具有重大意义。

(一)有助于构建新的区域经济合作组织,形成国际经济新格局

随着生产社会化和国家之间经济联系的加强,区域经济合作方兴未艾。在区域经济合作过程中,相关国家通过消除贸易壁垒,有助于扩大进出口规模,优化区域资源配置,并且可以增强区域大国的国际竞争力。基于此,世界大国均积极参与区域经济合作,目前已在世界范围内形成欧盟、北美自由贸易区、东盟等区域经济合作组织,这些区域经济合作组织对内推进经济一体化,对外开展经济竞争与合作,成为推动经济全球化和参与国际活动的重要力量。近年来,尽管中国积极参与区域和双边经贸合作,但东盟与中国(10+1)合作机制仍不够紧密,中日韩自由贸易区进展缓慢,并且美国积极构建把中国排除在外的"跨太平洋伙伴关系协议"(TPP)。在此背景下,中国除了巩固东盟与中国(10+1)合作机制外,还应加快向西强化区域经济合作。在中亚及其周边区域,上海合作组织和欧亚经济共同体的成员国、观察员国、对话伙伴国已经建立全方位联系,以这两个组织为基础推进区域经济合作,能够进一步提升相关国家的发展空间。通过表 4 可以看出,狭义丝绸之路经济带将成为世界范围内面积最大、覆盖人口最多、经济总量位居第三

① 1997 年,亚洲开发银行倡议成立了"中亚区域经济合作组织",目前有中国、巴基斯坦、蒙古、哈萨克斯坦、土库曼斯坦、乌兹别克斯坦、吉尔吉斯斯坦、塔吉克斯坦、阿塞拜疆、阿富汗等 10 个成员国,该组织已成为中国参与区域经济合作的平台之一。

的区域经济合作组织,并且其经济总量有很大的增长空间。更为重要的是,狭义丝绸之路经济带这一区域经济合作组织建成之后,可以与欧盟、北美自由贸易区形成"三足鼎立"的态势,有助于加快形成国际经济新格局。此外,通过狭义丝绸之路经济带、欧盟、北美自由贸易区、东盟等区域经济组织之间加强合作,将对亚欧经济一体化和经济全球化产生深远影响。

表4　狭义丝绸之路经济带与主要区域经济合作组织比较(2012年)

组织名称	成员国数量	面积/万平方千米	人口/亿人	GDP/万亿美元
北美自由贸易区	3	2158.11	4.70	19.24
欧盟	28	432.48	5.09	16.69
狭义丝绸之路经济带	16	3962.12	31.47	13.42
东盟	10	477.76	6.08	2.32

资料来源:人口和GDP数据来源于世界银行数据库;国土面积数据来源于世界银行2009年世界发展报告《重塑世界经济地理》附表(清华大学出版社,2009年版,第332－334页)。

(二)有助于形成世界新兴增长区域,摆脱世界经济低迷状态

近年来,受美国金融危机和欧洲债务危机等因素的影响,世界经济增长乏力,急需通过建设新兴增长区域带动世界经济走出困境。通过图2可以看出,丝绸之路经济带东侧是经济繁荣的东亚经济圈,日本和韩国2012年人均GDP高达40056.50美元;西侧是经济发达的欧盟经济圈,2012年人均GDP为32789.78美元;中间是中国和泛中亚经济圈,2012年中国人均GDP为6091.78美元,中亚五国为4615.38美元。由此可见,丝绸之路经济带在中间形成了一个经济凹陷区域。近年来,日本、韩国及欧盟经济增长乏力,而处于凹陷区域的发展中国家保持了较为强劲的发展势头。建设丝绸之路经济带,一方面可以促进中国中西部地区及泛中亚经济圈的经济发展,熨平丝绸之路经济带的凹陷区域;另一方面可以形成世界新兴增长区域,有助于带动丝绸之路经济带乃至全世界的经济增长。作为丝绸之路经济带核心区和经济凹陷区域的重要组成部分,中亚地区具有广阔的经济发展潜力。从自然资源禀赋来看,中亚地区矿产资源丰富,尤其是石油、天然气、贵金属和有色金属储量较大,这为经济发展提供了良好的资源条件;从经济发展基础来看,中亚地区采矿业、冶金业和加工业发达,乌兹别克斯坦等国家农业发展条件优越,这为经济发展奠定了良好的产业基础;从国外投资情况来看,中亚地区的自然资源和产业基础对外资的吸引力日益增强,2009—2012年引进的外资额较2000—2005年增长逾5倍,这为中亚经济发展提供了充足的资金支持。由此可见,中亚地区经济增长空间广阔,通过中国与中亚及其周边国家加强经贸合作,有望形成世界新兴经济增长区域,带动丝绸之路经济带联动发展,助推世界经济摆脱低迷发展状态。

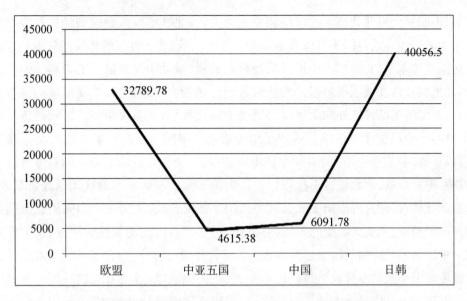

图2　丝绸之路经济带沿线国家(地区)2012年人均GDP(美元)

数据来源:依据世界银行数据库的GDP和人口数据计算。

(三)有助于保障国家战略安全,拓展中国战略空间

西部地区是关系中国战略安全的重要区域,建设丝绸之路经济带有助于加快西部地区发展,对于维护国防安全、拓展中国战略纵深、稳定能源供应、保障经济安全具有重大意义。从维护国防安全来看,西部是中国国防力量布局的重心,中国在西部地区与10多个国家接壤,存在边界争端等不稳定因素,通过与中亚及周边国家共建丝绸之路经济带,可以加强政治互信、经贸往来和文化交流,保障国防安全和边疆稳定。从拓展中国战略纵深来看,建设丝绸之路经济带可以使中国形成沿海、内陆、沿边全方位开放新格局,提升中国向西发展和开放水平,扩展中国的战略空间。从稳定能源供应来看,2012年中国石油对外依存度达到56.4%,能源安全已成为影响中国经济健康发展的重要问题,通过丝绸之路经济带建设,中国可以加强与油气资源丰富的中亚、西亚、俄罗斯的联系,形成以油气管道运输为主的地下"丝绸之路",提高中国能源安全水平。从保障经济安全来看,中国经济主要集聚在东部沿海一带,对海上交通的依赖性过大,近年来海上货运风险不断升高,在此背景下建设丝绸之路经济带,可以提升西部内陆地区的经济总量和经济份额,扩展陆上运输通道,保障中国经济安全。

(四)有助于培育中国新的经济增长极,推动经济重心西移

西北五省区作为古丝绸之路中国段的主体,是中国与中亚国家开展经贸合作的桥头堡,同时也是丝绸之路经济带中国段建设的重点区域。1999年西部大开发战略实施以

来,国家不断加大对西北地区的扶持和投入力度,西北基础设施建设和经济社会发展水平有了明显进步。通过图3可以看出,2000—2012年西北五省区的年均经济增长速度都高于全国平均水平,有望成为中国新的经济增长极,推动中国经济重心西移。但与此同时,西北地区整体发展水平与东部发达地区仍存在较大差距,尤其是受偏居内陆等因素的影响,西北各省区经济外向化程度长期处于较低水平,这不仅阻碍了区域经济协调发展,而且对于中国整体经济增长造成了消极影响。中国与亚欧国家共建丝绸之路经济带,可以形成"横贯东中西"的对外经济走廊,有助于全面提升西北地区的对外开放和经济发展水平。今后,西北地区不仅可以与国内的东北、中部、东部地区加强经济联系,向东承接产业转移,而且可以向中亚及其周边国家扩大开放,大力发展面向中亚及周边国家的外向型经济,在更大的空间范围内促进生产要素自由流动和优化配置,助推西北地区成为中国新的经济增长极。在丝绸之路经济带建设过程中,西北经济发展水平的提升一方面可以缩小其与东部发达地区的差距,促进中国区域经济协调发展;另一方面可以弥补东部地区经济增长乏力所造成的缺口,保障中国经济持续较快发展,推动中国经济重心西移。

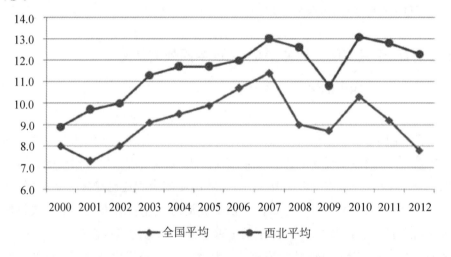

图3　2000—2012年西北与全国经济增速对比

数据来源:相关数据来源于全国和西北五省区理念国民经济和社会发展统计公报。

(五)有助于提高西部城镇化水平,优化中国城市和人口布局

改革开放以来,随着沿海地区经济发展水平的快速提升,西部人口大量向东部迁移,东部地区城镇化水平不断提高,在此背景下,东西部地区城市和人口分布不平衡日益加剧。目前,东部地区城镇化水平较高,人口密集,大城市和城市群发育较为完善,2012年珠三角、长三角和京津冀三大城市群以2.8%的国土面积集聚了18%的人口[4];而西部地区大城市较少,城镇化水平和城市群发育程度较低,57%的国土面积上仅聚集了23%

的人口[5]。城市和人口在区域之间分布不平衡,不仅会影响区域经济协调发展,而且不利于中国的战略安全。大城市和城市群是经济带的重要支点,通过丝绸之路经济带建设,可以促进大城市和城市群发育,提升西部尤其是西北地区的城镇化水平,这对优化中国城市和人口的区域空间布局具有重大意义。在丝绸之路经济带建设过程中,西北地区可以重点打造以西安为中心的关中城市群、以乌鲁木齐为中心的天山北坡城市群、以银川为中心的银川平原城市群、以兰州和西宁为双中心的兰白西城市群、河西走廊的酒嘉玉城市群,同时把西安建设成为国际化大都市和丝绸之路经济带的龙头城市,把兰州、乌鲁木齐等建设成为特大城市,把西宁、银川等建设成为区域性中心城市。随着上述城市群和大城市的建成,西部地区的城镇化水平将得到显著提高,这一方面可以为丝绸之路经济带提供有力支撑,使城镇化进程与丝绸之路经济带建设良性互动;另一方面可以优化西北地区的经济发展环境,提高西北地区的人口承载力,吸引其他区域的人口到西北地区就业,优化城市和人口的空间布局。

【参考文献】

[1] 李明伟.丝绸之路研究百年历史回顾[J].西北民族研究,2005(2):90-106.

[2] 何茂春,张冀兵.新丝绸之路经济带的国家战略分析——中国的历史机遇、潜在挑战与应对策略[J].人民论坛,2013(12):6-13.

[3] 赵华胜.美国新丝绸之路战略探析[J].新疆师范大学学报(哲学社会科学版),2012(6):15-23.

[4] 黄伟,曾妮,何又华.珠三角城市群,离世界级有多远[N].南方日报:2013-10-31.

[5] 胡鞍钢,马伟,鄢一龙."丝绸之路经济带":战略内涵、定位和实现路径[J].新疆师范大学学报(哲学社会科学版),2014(2):1-10.

(原刊于《改革》2014年第3期)

丝绸之路经济带的发展与合作机制研究*

马莉莉　王　瑞　张亚斌

【摘　要】　合作基础、"外围陷阱""大国威胁"和合作模式是摆在丝绸之路经济带建设和发展面前的四大现实问题。基于模块网络化这一全球新兴生产组织方式的发展逻辑和特点,提出主要应对方案:作为转型或发展中国家之间的合作尝试,有必要引入模块网络化机制以夯实合作基础;构筑自主转型系统是丝路国家能够长期合作的基本战略;建构"共生协同转型"机制是发展丝绸之路经济带、使丝路沿线国家走向共同繁荣的现实路径;在创新合作模式方面,需要转向弹性合作。

【关键词】　丝绸之路经济带;共生协同转型;模块网络化;自主转型系统;弹性合作模式

一、问题提出

2013 年 9 月,习近平总书记出访中亚,倡议用"创新的合作模式,共同建设'丝绸之路经济带'",随后上海合作组织比什凯克峰会上进一步阐明相关主张;发展"丝绸之路经济带"亦被十八届三中全会纳入中国构建开放型经济新体制战略的重要组成部分。海权时代,中国和中亚国家间形成经济凹陷带,作为转型或发展中国家间的国际合作尝试,如何振兴和发展"丝绸之路经济带"成为摆在各国面前的重大理论与实践课题。

信息化、全球化迅猛发展的当前时代,丝绸之路经济带作为主要涉及转型或发展中国家间的国际合作尝试,面对的主要问题和挑战包括:第一,合作基础。中国主张,多样

* 基金项目:国家社会科学基金项目"产品内分工深化视角下中国经济发展方式转变路径研究"(09JL010);西安市社会科学规划基金攻关项目"基于模块网络化的协同转型:丝绸之路经济带、关天经济圈、国际化大都市、省市共建大西安四位一体共生演化研究"(14J236);陕西省教育厅项目"西安:内陆型城市建设国际化大都市的特色路径研究"(2013JK0100);陕西省社科联项目"国内外产业转移背景下陕西构建'四化同步'协同机制研究"(2013C061);西北大学哲社繁荣发展计划重大培育项目"基于模块网络化的建构'四化同步'协同机制研究"(201308)。

性的丝绸之路国家应坚持团结互信、平等互利、包容互鉴、合作共赢,倡导基于命运共同体的新安全观,这一外交思想和理念是否具有相应的内在机制或经济基础,即各国是否存在必然的"共有利益",[1]从而使合作成为自觉行为选择?第二,"外围陷阱"。市场经济的中心—外围效应表明,自然资源丰富、工业基础薄弱的发展中国家很容易被锁定在国际分工的外围,并累积起日益严峻的可持续发展问题。21世纪以来,中国的发展水平和综合国力大幅攀升,对发展中小国的初级产品需求增长迅猛,对其工业基础亦形成一定冲击,与中国合作是否可能被锁定在外围,这引起中亚国家的普遍质疑。[2]第三,"大国威胁"。中国正快速崛起为亚洲大国,发展差距拉大使周边国家倍感发展压力及产生不安全感,甚至部分国家转向拉拢区域外力量,力图通过"大国制衡"来维护自身安全。对周边国家来讲,与崛起中的中国合作意味着威胁,还是存在广阔的发展空间?第四,合作模式。上海合作组织构建起主权国家间的合作框架,虽然是国际合作的通常模式,但它是否能满足丝绸之路经济带的发展要求却无法确定。因而合作模式创新是构建与发展丝绸之路经济带的一大挑战。

本文基于模块网络化这一全球新兴生产组织方式的内在机制和发展逻辑,提出:丝绸之路经济带所涉国家发展的特殊性决定,需要引入模块网络化以夯实合作基础;为规避"外围陷阱",基于模块网络化构建"自主转型系统"是根本发展战略;在此基础之上,形成丝绸之路经济带"共生转型机制"是应对"大国威胁"、实现各方共同发展的现实路径;而这一系列发展机制的建构有赖于弹性合作模式的创新。

二、模块网络化机制的发展逻辑

模块网络化就是通过模块化分解,使生产过程同时趋于专业化、分散化、网络化、联结化,而形成复杂生产系统的过程和发展机制。信息时代的到来,使模块网络化成为全球新兴生产组织方式,这为丝绸之路经济带发展构建于全新基础之上提供了可能。[3]

第一,从模块化技术到模块企业再到网络组织,构成了模块网络化的三个发展阶段。20世纪后半期,信息爆炸使消费需求变得更加多样化、个性化,异质产品需求的出现使以往主要通过规模经济实现生产效率的企业面临严峻考验。企业因而通过引入模块化技术,将多样化、个性化产品中的共有模块和零部件进行规模化生产,而后组合不同模块和零部件以产出异质产品。[4]这样做有三方面的好处:一是在模块生产中发挥规模经济效应;二是利用模块分解和灵活组合实现范围经济效应和满足多样化需求;三是可以通过各模块同步运作缩短市场响应时间。由此,企业转向各模块环节相互联结的组织结构。虽然各模块的规模化生产使企业规模大为扩张,但各模块的规模经济难以同时实现,而且市场需求的不确定还会使企业不得不延迟生产以确保有效供给,这都大幅增加了企业的成本压力。最终,在复杂而敏捷化的市场响应要求下,企业不得不将难以实现规模经济的模块外包,以强化自身的核心竞争力,[5]导致模块企业趋于独立。由此,彼此分立的模块企业因产出同一产品而内在联结,所形成的虚拟结构称为网络组织。[6]这种由模块化分解到形成网络组织的过程即为模块网络化。

第二,对异质产品的需求不仅使网络组织得以形成,后者还会进一步生产出更为苛刻的异质产品需求,从而使模块网络化成为自我累积循环的发展机制。首先,网络组织的运作,一方面使不同模块企业在"信息包裹"中走向不同的技术累积和规模发展道路,进而更加趋向专业化;另一方面使同一模块的不同企业在"背对背"的"淘汰赛"中呈现差异化,[7]由此,网络组织中的模块企业走向异质化。[8]其次,在反应敏捷、富于弹性的网络组织中,异质化的模块企业除加强专业化外,还需要具备高水平的柔性和弹性,由此趋向收窄经营范围、强化核心竞争力,这使异质企业一方面对所投入生产要素的要求不断提高,另一方面会逐渐减少生产要素甚至中间产品的自我供给并转向从外部获得。因此,异质企业的发展会进一步产生出更大规模、更高要求的异质要素,继而成为生产系统需要重新应对的异质产品需求。最后,由于模块化分解复杂系统后得到的模块本身仍然是复杂系统,当网络组织面临更趋异质和快速变化的市场需求,并最终传导至各模块时,各模块面临同样的模块化分解过程,新一轮生产分散化、企业异质化开始。如此循环,模块网络化成为内生累积强化的发展机制。

第三,公共服务供给网络构成模块网络化机制下全产业链的必要组成部分。随着生产趋于专业化和异质化,由于不同模块的异质企业间有很大关联性,以及同一模块的异质企业间有很大相似性,网络组织中产生一些可供网络成员共同使用的要素和中间产品,它们原本是私人品,现因网络成员共同使用或消费不排他而具有公共品属性,即私人品向公共品"变型";再加上日趋专业化的异质企业对公共设施、教育、医疗等公共服务需求攀升,以及异质企业收窄经营范围转向从外部获得公共品,结果导致多样且快速变化的公共服务需求——异质公共服务需求不断攀升,继而决定公共服务也需要转向模块化分解及形成网络组织来提高供给效率。这其中,一是由于专业化和创新在整个生产体系中越来越重要,这需要人的心智开发;二是心智开发要经历从幼儿到成年的复杂而漫长的过程;三是人员流动使人力资源易"变型"为公共品;四是异质企业同样收窄具有公共品属性的人力资源培育,由此,人力资本累积日趋成为占据主导地位的公共服务。总之,以人力资本累积为核心的公共服务在模块网络化机制下延伸为全产业链的上游,公共服务供给网络和私人品生产网络相互联结和协同而构成全产业链,成为模块网络化发展的内在要求和必然趋势。

第四,市场软硬件通达性与微观主体的自由地位构成模块网络化发展的重要条件和内在要求。模块化分解的前提是吸聚足够大规模的异质产品需求,而后要求异质企业具备自主专业化、自由发展的特性。特别是模块网络化衍生出来的公共品需求也兼具多样性和易变性,统一由政府提供势必难以满足敏捷供应的要求,因此需要异质公共服务供给组织能够自由发展,即由政府组织和非政府组织共同参与异质公共品的供给。当模块企业趋于独立化时,为实现自身的规模效应,各专业化的模块组织对吸聚更大市场范围内的产品需求愈加迫切。最终,越来越大的市场范围的软硬件通达性及更为灵活自由的微观主体不仅使模块网络化成为可能,也成为其发展的内在要求。

综上所述,模块网络化通过生产过程的模块化分解,形成分工渐趋细化、网络渐趋联结化、市场和政府趋于重构的循环累积发展机制,成为全球新兴生产组织方式。20世纪末以来,模块网络化的初步发展不仅在微观层面表现为香港利丰及其供应商体系间的网络组织,[9]还在宏观层面表现为新加坡公共服务供给网络的创新,[10]以及在国际层面表现为东亚产品内分工网络的快速崛起。[11]将模块网络化机制引入丝绸之路经济带的发展,既符合生产力发展的客观要求,也可为各国实现产业升级指明现实路径,更为基于模块网络化形成分工联系的各国展开合作奠定坚实的经济基础。

三、自主转型的必要选择

丝绸之路经济带主要涉及转型或发展中国家间的合作,问题的复杂性和模块网络化机制的特殊性表明,各方自主转型是发展丝绸之路经济带的基本战略。

作为上海合作组织框架内的区域发展构想,丝绸之路经济带目前主要涉及中国和中亚国家间的经济合作。与中国一样,从苏联独立出来的中亚五国亦处于向市场经济和后工业社会演进的转型阶段,且经济规模差别悬殊。表1给出了2002—2012年中俄和中亚五国的国内生产总值与产业结构数据(表1)。2012年中国GDP规模达8.1万亿美元,俄罗斯约为2万亿美元,乌兹别克斯坦和土库曼斯坦分别为513亿美元和309亿美元,塔吉克斯坦、吉尔吉斯斯坦分别仅为76亿美元和62亿美元;从人均GDP来看,俄罗斯和哈萨克斯坦分别达到人均1.4万美元和1.2万美元,中国和土库曼斯坦均为5980美元,其余三国处于人均900~2000美元之间。从产出结构来看,各国也存在显著差异。2011年,俄罗斯服务业产值占GDP的比重为58.7%,土库曼斯坦却仅为34%;中国、哈萨克斯坦、土库罗斯坦的工业产值比分别为46.6%、40.3%、54%,塔吉克斯坦、吉尔吉斯斯坦分别仅为27.6%、27.9%;俄罗斯的农业产值占GDP比重为4.3%,塔吉克斯坦、乌兹别克斯坦和吉尔吉斯斯坦的农业产值却仍高达21.6%、20.1%和19.7%。可见,各国向工业和后工业社会转型的任务仍然非常艰巨。

20世纪末期以来,模块网络化的初步发展使得以中国为加工制造轴心的东亚产品内分工网络快速兴起,而中亚国家正逐渐成为中国的初级产品供给国。2000年,俄罗斯对外出口的5.09%输往中国,到2012年升至6.4%,从中国进口占总进口比重由2.8%升至15.44%;哈萨克斯坦向中国出口比重由7.75%升至17.86%,进口比重从3.06%升至16.83%;吉尔吉斯斯坦对中国出口有所下滑,但进口比重升幅显著。在跟中国的贸易往来不断扩大的过程中,中亚国家在自由市场作用下逐步走向外围化。2012 年,俄罗斯向中国出口产品结构中,初级产品比重增至 66.36%,相较 2000 年的 18.99% 上升近 50 个百分点;哈萨克斯坦的初级产品出口占比也从 2000 年的 32.28% 升至 2012 年的 68.32%;吉尔吉斯斯坦的初级产品占比虽然有所下降,但 2012 年却维持在 64.63% 的高位(表2)。

表1 2002—2012 年中俄和中亚五国国内生产总值与产业结构

项目＼国家		中国	俄罗斯	哈萨克斯坦	乌兹别克斯坦	土库曼斯坦	塔吉克斯坦	吉尔吉斯斯坦
2012 年 GDP/亿美元		80944	19780	1999	513	309	76	62
2012 年人均 GDP/美元		5980	13816	12285	1796	5980	948	1130
2002—2012 年 GDP 年均增长率/%		10.8	4.7	7.4	7.5	9.1	7.8	3.7
2011 年产业结构/%	农业	10.0	4.3	5.4	20.1	12.0	21.6	19.7
	工业	46.6	37.0	40.3	33.1	54.0	27.6	27.9
	服务业	43.3	58.7	54.3	46.8	34.0	50.7	52.4

数据来源:UNCTADSTAT Database。

表2 2000、2012 年俄罗斯、哈萨克斯坦、吉尔吉斯斯坦向中国出口贸易概况

项目＼国家		俄罗斯		哈萨克斯坦		吉尔吉斯斯坦	
		2000	2012	2000	2012	2000	2012
向中国出口占总出口比重/%		5.09	6.40	7.75	17.86	8.75	3.65
向中国进口占总进口比重/%		2.80	15.44	3.06	16.83	6.65	22.53
向中国出口/%	初级产品	18.99	66.36	32.28	68.32	69.05	64.63
	半成品	68.73	27.18	64.93	31.64	27.87	19.07
	零部件	3.40	2.99	1.93	0.01	0	0.46
	资本品	3.18	0.49	0.70	0.01	2.43	13.42
	消费品	5.71	2.99	0.16	0.02	0.66	2.42

注:Kesenci(2002)提供的五阶段 BEC 分类,贸易商品分为:初级产品(111 + 21 + 31),含半成品(121 + 22 + 32)和零部件(42 + 53)的中间产品,含资本品(41 + 521)和消费品(112 + 122 + 51 + 522 + 61 + 62 + 63)的最终产品。因 UNCOMTRADE 数据库中不能获得塔吉克斯坦、乌兹别克斯坦和土库曼斯坦的 BEC 商品贸易分类统计,故未纳入计算。

数据来源:UNCOMTRADE BEC Database。

转向初级产品出口,意味着一国发展趋向于依赖自然资源禀赋,而非通过工业化来累积知识、技术和人力资源,难以实现后续的产业升级和社会转型。一旦自然资源陷入枯竭,该地区的经济发展难以持续,容易引发更为复杂的政治矛盾和社会动荡。因此,仅

仅依靠自由市场原则,并不适于丝绸之路经济带的长期合作和可持续发展。鉴于此,面对模块网络化的发展趋势,丝绸之路成员方不仅可能、而且有必要建构自主转型系统,以符合自身及时代发展需要。

第一,模块网络化使生产系统对异质产品产生巨大需求,任何多样化、小批量的"长尾市场"[12]都可能为模块网络化提供潜在发展空间,经济发展水平各异的丝绸之路国家均能纳入模块网络化发展体系。

第二,模块网络化使生产过程的分工不断细化、专业化,不仅生产制造领域走向技术升级,信息科技等生产性服务也在不断衍生,同时随着劳动者对农产品需求量和品质的提升,农业生产领域也走向现代化,即工业化、信息化和农业现代化在模块网络化机制下趋于共生演化。由于企业专业化和异质化的前提是创新,而这有赖于劳动者心智的开发,因此,高质素人力资源的供给成为"三化"共生演化的重要基础。模块网络化使生产系统愈趋复杂,也为越来越多企业走上各自的异质化方向提供可能。由此,任何国家和地区都能在模块多层级分解中选择不同的专业化和异质化方向,并通过人力资源的培育和供给,继而技术创新来实现各自的产业升级与转型。而且,基于模块分解的网络内在联结性,各国的异质化方向成为同一网络系统的不同组成部分,彼此只有通过密切合作实现联结才能共同发展。

第三,在模块网络化驱使生产分工不断细化过程中,能承受高租金的高新产业聚集在城市中心、租金承受能力下降的产业不断向外转移,空间调整过程产生内在联结的层级化产业聚集空间结构,即"三化"与城镇化趋于共生演进,模块网络化提供区域发展和转型的强大动力。

第四,不管是人力资源的培育,还是城镇空间的改造,在模块网络化发展中都日益表现出公共产品特性,需要由同样趋于网络化发展的公共服务生产和供给组织高效地提供相应服务。因而公共服务成为全产业链的重要组成部分,政府与所服务的市场形成协同关系并共生演化,两者不可分割。

第五,模块网络化的发展迫切要求更大范围的市场开放。对于转型或发展中国家来讲,幼稚产业的成长有个过程,其承受国际竞争挑战的范围会不断变化,而且各国能够达到的市场通达程度也取决于国际谈判。因此,影响国际市场运作的国际公共服务在开放环境下也构成全产业链的延伸部分,需要根据市场变化提供订制化、富有弹性的国际公共服务,以满足生产系统产业升级的需要。

可见,基于模块网络化,差异化的产业演进方向成为可能,且各产业演进方向内在联结;异质化的产业演进需要依托于各自国内外公共服务的供给,即形成本地化、自主的转型升级系统。由此,模块网络化的发展特性表明,其一,发展水平各异的丝绸之路成员方有可能找到各自的转型方向,且各发展方向内在联结;其二,丝绸之路成员方的发展及与外部合作关系的拓展,归根结底取决于自主的转型升级;其三,面对强大的转型压力,丝绸之路各成员方只有依托于各自的自主转型系统,才能巩固其可持续的分工地位,不至于陷入外围而难以自拔。总之,基于模块网络化的自主转型系统的建构,为各方自觉参与合作、实现共赢提供可能,是丝绸之路经济带得以可持续发展的根本。

四、丝绸之路经济带共生协同转型机制的建构

在陆权时代,古丝绸之路开辟了由亚洲的汉朝和欧洲的罗马帝国两大经济中心驱使,彼此商贸、文化互通带动诸如撒马尔罕城等丝路沿线欧亚非各驿站、集市、居民点、城市共同兴起和发展的国际交往与合作模式。[13]在模块网络化时代,丝绸之路经济带同样需要在扩大市场通达范围的前提下,基于全新理念和逻辑建构共生协同转型机制,从而为发展丝绸之路经济带指明现实路径。

首先,丝绸之路经济带沿线各国、各地区建构自主转型系统是根本。其一,任何地区基于模块网络化而展开的分工细化、专业化、异质化,都有赖于各自以人力资本累积为核心的国内外公共服务供给,市场与政府不可分割,且具有区域独立性;其二,自主转型系统为各国、各地区的主权独立奠定基础,从而使平等的国际交往和合作成为可能;其三,自主转型系统的构建使发展中国家和地区有可能突破外围陷阱,实现经济社会繁荣,由此为地区稳定和提升购买力创造条件,这有助于可持续地扩大国际市场规模以及夯实国际合作基础。

其次,提高延伸至欧亚的内外市场通达性是重要条件。市场通达性水平的提升,使各国、各地区的微观主体和组织得以最大程度的集聚异质产品需求,从而可以参与模块分解,实现各自模块的规模化生产,继而走向异质化和专业化。也就是说,提高市场软硬件通达水平为模块网络化的运作创造条件,也使各地区建构自主转型系统得以可能。由于欧洲和东亚两大经济圈之间的中间地带发展水平较低、经济规模较小,仅仅联通欧洲与中亚、或者东亚与中亚都难以达到集聚市场需求、重构生产系统的目的。因而联通欧亚变得确有必要,这使中亚在两大经济圈互通商贸过程中通过发挥联结功能参与其中,并逐步走向共同发展。自模块网络化初步发展的20世纪末以来,北美和东亚因跨越太平洋的运输相对便利等因素作用,彼此一体化程度较高;但欧洲国家却有六成以上的贸易活动是与区域内国家展开,这与欧洲与东亚间海洋运输路途遥远、陆路通道不通畅有一定关系。[11]因此,打通欧亚商贸通道、特别是陆路通道后,欧亚两大经济体驱动丝绸之路经济带的商贸往来和合作仍有广阔发展空间。当然,打通中亚联通欧洲的陆路通道在国际政治经济外交格局中,仍然面临多重障碍,故而将是一个缓慢的过程。联通俄罗斯、中亚成为当前阶段的工作重点。

再次,各地区走向差异化发展方向。由于各国、各地区的发展基础和地缘优势存在差异,在模块分解中,各地可以选择不同的专业化方向。如从中国参与丝绸之路经济带

的代表性地区来看,以喀什为代表的新疆地区有一定工业基础,且毗邻中亚国家,可发展面向中亚的商品贸易、加工制造和国际物流中心等;作为古丝绸之路起点的陕西,在中国东向开放中发展相对缓慢,并累积起多层面的发展问题,如工业亟待升级、能源利用和可持续开发、农业现代化发展、生产性服务衍生、环境保护、城乡协调、跨区域间政府合作等。陕西所面临矛盾的综合性和复杂性给创新自主转型系统、实现"四化同步发展"提供了典型的试验区,加之其在亚欧大陆桥中的地理位置也并不占优,因此陕西已不能像在古丝绸之路中那样,成为丝绸之路经济带的驱动端,但陕西在创新和建构自主转型系统中所累积的发展经验、知识和技术,可以成为服务贸易的核心产品,通过文化传播助推丝绸之路经济带的发展,并由此奠定陕西的独特地位。此外,上海在国际金融服务、生产制造基础、生产性服务供给等领域可以为丝绸之路经济带提供支撑;上海和北京分别作为上海合作组织的创立城市和秘书处所在地,可为上合组织成员国协商合作提供国际公共治理平台。

最后,丝绸之路经济带各参与方走向"共生协同转型"。一方面,在各国、各地区融入模块网络化并走向企业异质化、地区差异化过程中,模块分解与网络联结使企业、地区、国家成为国际全产业链的共同组成部分,彼此无法分割。只有不断强化合作,各参与方共同应对市场变化的弹性反应能力才能得以增强并实现共赢,否则或因网络体系无法有效联结而导致各方共同陷入发展困境。另一方面,各个自主转型系统的构建有利于扩大市场整体规模,在互联互通过程中,为丝绸之路经济带其他参与方提供更大的转型与发展空间。由此,基于自主转型系统的差异化发展,丝绸之路经济带成员方得以"共生协同转型"。

由于丝绸之路经济带主要是转型或发展中国家间的合作,初级产品相对丰富以及开发便利等因素很容易使这些国家感染"荷兰病"——初级产品部门繁荣导致其他部门衰落——而这从根本上不利于各成员方以及丝绸之路经济带整体的可持续发展。虽然建构"共生协同转型"机制是一个需要各成员方不断共同努力并艰难探索的过程,但它却为丝绸之路经济带的隆起指出现实可行的发展道路。

五、丝绸之路经济带的弹性合作模式

为促使"共生协同转型"机制在丝绸之路经济带得以建构,有必要从转型或发展中国家的国情出发,选择富于弹性的合作模式。

首先,构建"主权国家 + 中心城市 + 自由贸易区"三级合作框架。目前,从安全合作起步的上海合作组织已经建立起中国与中亚国家间日趋成熟的合作框架与机制;2005—2006 年,上合组织将合作范围进一步扩展到经贸领域,通过在西安设立"欧亚论坛"和举行"'丝绸之路'投资论坛"等促进各方的交流与磋商;2013 年 9 月,欧亚 9 国城市代表签署《共建"丝绸之路经济带"西安宣言》,就丝路沿线中心城市间合作达成共识;近来随着上海自由贸易区的设立,中塔喀什自由贸易区的规划也被提上议事日程。虽然由于丝绸之路经济带的探索尚处于起步阶段,上述各领域所取得的初步成果还较难看到其内在关联性。但是,从共生协同转型的发展机制来看,由于自主转型系统建构的必要性,丝路各方需要根据各自国情和发展需要,循序开放合作。因此,构建三级合作框架成为各国的现实选择。第一,以上海合作组织为主的主权国家间磋商和合作机制构成丝绸之路经济带发展的基本制度框架,是各方维护主权和国家根本利益的重要平台;第二,中心城市作为建构自主转型系统的主体,有必要构筑自我演进路径和维护其独立性,这需要了解、学习、形成自主建构的方式和方法。因而,中心城市间主要构筑知识、信息、文化交流合作的载体和平台;第三,共生协同转型机制的运作一方面有赖于丝路各方尽力开放本国市场需求、并融入专业化分工,另一方面又需要减少国际竞争带来的冲击,因而各国可以选取条件成熟地区作为自由贸易区先行开放,并作为参与共生协同转型机制的合作与运作实体。总体来说,通过三级合作框架,丝绸之路经济带在整体欠发达的背景下,各国既可以维护自身根本利益,又能够促进发展经验的分享,丝路沿线自由贸易区网络的运作还能使先进生产方式在欠发达地区得以付诸实践。

其次,构筑从硬件通达到软件通达的多重互通互联环境。通过上合组织各方的努力,当前新亚欧大陆桥沿线的交通运输通道建设正大力推进,硬件通达性将由铁路、公路、航空、能源管道等继续延伸至信息技术及网络建设。由于共生协同转型机制运作需要各模块化生产网络成员共享即时信息、同步运作以响应市场需求,因而:第一,在自由贸易区层面的合作实体中,除需要多元的交通基础设施实现联通外,对信息网络的通达性也提出更高要求。这要求在软环境建设中减少规管,保障企业运作效率;第二,在中心城市间合作层面,更侧重于知识信息文化传播的快捷性;第三,在国家层面,除各国达成互通互联的制度框架外,更主要是各国各自构筑中心城市与周边区域间的软硬件通达环境,以服务于自主转型系统中产业的空间调整,使本国落后地区得以分享中心城市发展成果。

再次,拓展从商品贸易到服务贸易的多层次合作领域。自主转型系统是建设与发展丝绸之路经济带的重中之重,提供国内外公共服务、开发人力资源、促进不同方向的专业化和异质化,不是与商品自由贸易相分割,而是需要同步推进。所以,不仅发达国家在适应生产方式的变革,逐步展开 TPP(《泛太平洋战略经济伙伴关系协定》)、TTIP(《跨大西洋贸易与投资伙伴协议》)和 PSA(《多边服务业协议》)等促进服务贸易自由化的磋商与谈判;发展中国家也有必要积极应对服务贸易自由化的发展形势。对于丝绸之路经济带来讲,主要适合分层开放格局,在不同的开发开放区开展从交通、能源、农业到金融、投资、文化往来,从商品贸易到服务贸易、甚至公共服务领域等的多层次的合作,以适应自身和丝路经济带整体发展需要。

最后,引入订制化的弹性国际合作协议。对于转型或发展中国家来讲,各国的开放程度和应对外部冲击的能力有很大差别,因而在利用开放环境实现自主转型升级的宗旨和目标下,各国不能用统一的开放标准"一刀切"解决所有国际经贸合作问题,而是需要由"管理""管治"理念转向"治理""服务"理念,针对全产业链不同环节的不同需要订制相应的国际合作协议,并随着市场环境变化,进行弹性调整和敏捷响应。多元化、多层次的国际合作协议网络之间并不一定是竞争关系,而是存在互补性,即共同满足于各国不同角度的发展需要以及整体一体化的推进。如上海合作组织和丝绸之路经济带在主权国家间合作与经济领域合作之间形成互补关系,俄罗斯所倡导的"欧亚联盟"和丝绸之路经济带之间有可能在不同国家和区域合作之间形成一定互补性,这都有利于欧亚一体化的拓展。为适应与达成弹性合作协议,丝路各国参与国际合作协议磋商的部门和机制均有待强化运作效率,即自身也需要充分利用模块网络化的潜在价值,通过多层次的模块分解,强化各领域、各方向的专业化研究;然后通过模块组合提供订制化的合作规则。参与国际公共治理部门的重构,是为丝绸之路经济带多层次国际合作协议网络的弹性制定和有效执行构筑组织基础。

总而言之,丝绸之路经济带的构建还处于初始阶段,全球新兴生产组织方式的兴起为丝路的创新发展创造有利条件,但重振路径如何规划、继而如何转变为现实等等,还需要更多的共识和实践。

【参考文献】

[1] 阮宗泽.中国崛起与东亚国际秩序的转型:共有利益的塑造与拓展[M].北京:北京大学出版社,2007.

[2] 李宁.中国与哈萨克斯坦经贸合作的风险分析[J].西安财经学院学报,2013(4):54 – 58.

[3] 马莉莉.网络化时代的公共服务模块化供给机制[J].中国工业经济,2013(9):95 – 106.

[4] PINE Ⅱ B J. Mass Customization: The New Frontier in Business Competition[M]. Boston: Harvard Business School Press,1992.

[5] 刘文涛.基于大规模定制的重调度[M].北京:社会科学文献出版社,2007.

[6] GEREFFI G, KSPLINSKY R. The Value of Value Chains:Spreading the Gains From Globalization[J]. IDS Bulletin,2001(32):3.

[7] 青木昌彦,安藤晴彦.模块时代:新产业结构的本质[M].周国荣,译.上海:上海远东出版社,2003.

[8] 曹虹剑.网络经济时代模块化组织治理机制研究[M].北京:经济科学出版社,2010.

[9] 利丰研究中心.供应链管理:香港利丰集团的实践[M].北京:中国人民大学出版社,2009.

[10] 严崇涛.新加坡发展的经验和教训[M].南京:江苏人民出版社,2014.

[11] 马莉莉.金砖国家合作机制发展基础与选择[J].国际问题研究,2012(6):50 – 61.

[12] 克里斯·安德森.长尾理论[M].乔江涛,石晓燕,译.北京:中信出版社,2012.

[13] 马可·波罗.马可波罗行纪[M].冯承钧,译.北京:中华书局,2004.

(原刊于《人文杂志》2014 年第 5 期)

丝绸之路经济带:形成机理与战略构想
——基于空间经济学语境[*]

卫　玲　戴江伟

【摘　要】　在中国形成全方位开放新格局的进程中,推进丝绸之路经济带建设具有重要战略意义。指出这种特定经济空间的形成具有其内在规律,即人口和产业的集聚机制和扩散机制共同构成内聚力,旨在优化空间资源配置的统一市场提供优化力,战略通道构成引导力。在分析现实基础和挑战的基础上,提出三阶段的建设步骤和具体目标,最后提出"两端点、三通道、四纽带、六核心"的建设丝绸之路经济带的空间战略构想。

【关键词】　丝绸之路经济带;形成机理;战略构想;空间经济学

当今国际政治、经济关系正在发生深刻变革,主动确定在全球政治、经济版图中的地位,以开放和积极的心态参与全球竞争成为中国面对的重大现实课题。向西开放已经成为中国部署对外开放新格局和协调区域发展的重大战略举措。中国于2013年正式提出建设"丝绸之路经济带",这不仅构成向西开放的实质行动,并且是站在更高战略层面和更宽国际视野上提出的全球战略,是和平发展外交战略的真实写照。党的十八届三中全会审议通过的《中共中央关于全面深化改革若干重大问题的决定》明确提出"推进丝绸之路经济带、海上丝绸之路建设,形成全方位开放新格局"。至此,丝绸之路经济带建设上升到国家战略层面。

丝绸之路经济带位居亚欧大陆中心腹地,战略地位极其重要,区域内地理、人文、政治环境复杂多样,地区经济社会发展水平与周边地区相比尚有差距,区域经济合作领域主要集中在能源以及为之服务的交通等领域,而且区域合作面临诸多困难,如被各国寄予厚望的"中吉乌铁路"项目遭遇了来自资金、技术、民意和政治各方面的困难,自1997年三方(中国、吉尔吉斯斯坦、乌兹别克斯坦)签署备忘录到2013年中方向吉尔吉斯斯坦

* 基金项目:教育部人文社会科学研究规划基金项目"丝绸之路经济带的形成机理及空间结构研究";陕西省社会科学基金项目(13SC030)

作者简介:卫玲,女,陕西西安人,西北大学编审,博士生导师,从事理论经济学研究。

提交可行性研究报告,仍然没有进入项目实施阶段,新亚欧大陆桥的经济效益没有得以充分发挥。①

对照愿景与现实,丝绸之路经济带建设任重道远。理论界迫切需要思考如下问题:为什么要推进丝绸之路经济带建设? 丝绸之路经济带形成的内在规律是什么? 如何从战略层面把握丝绸之路经济带建设的方向和路径? 这正是本研究的出发点。

一、相关文献综述

国内关于丝绸之路经济带的研究刚刚起步,一些相关议题的研究可以提供有益借鉴。

(一)关于经济带的形成机制

国内较早有学者阐释了产业带的概念。即相互配合密切协作的产业部门在特定经济空间中,聚集在资源密集区、中心城市或交通方便的区位(或节点)周围,相互连接的线状基础设施束和大小不等的中心共同组成了产业集聚区域。[1]交通基础设施对区域经济发展和布局有着深刻影响,通过交通运输与区域经济的相互作用,促使区域经济空间结构发生演化。快速运输线的辐射效应可以造就密集的区域性沿线经济走廊和经济带。[2]铁路干线不仅提高沿线区域的可达性,而且能成为区域内生产力布局的主轴,[3]形成铁路经济带(REB),其发展主轴是综合运输通道、依托是发展轴上紧密联系的城镇群。[4]高速公路具有强大的通运能力、快捷的运输速度和灵活的运输方式,以其为依托可以形成带状区域经济系统,即高速公路经济带。[5]地形和区位是经济带形成的自然基础,例如日本东海道交通经济带的形成受制于日本太平洋沿岸呈串珠状分布的几个平原的地形。此外,经济和文化交流与联系促成经济一体化的实现。[6]

(二)关于丝绸之路经济带建设的相关议题

在内涵上,丝绸之路经济带是指由中国倡导,秉承古"丝绸之路"文化,为复兴亚欧大陆腹地,以中国—中亚政治、能源合作为基础,实现交通便利联通和要素自由流动,促进人口和产业沿着"点轴"集聚形成的带状空间经济结构和一体化经济组织。[7]在战略上,产业、能源、交通和城市一体化构成了丝绸之路经济带一体化的初级阶段,文化、生态、贸易、金融一体化是丝绸之路经济带一体化的高级阶段。[8]在概念上,中亚经济带、环中亚经济带和亚欧经济带分别构成丝绸之路经济带的核心区、重要区和拓展区。[9]由于中国

---

① 中国和欧洲使用的是1435mm的标准铁路轨距,而中亚地区使用的是1520mm的宽轨距,中国出口欧洲的货物出了新疆要换宽轨道,增加了运输成本。西伯利亚铁路承运的货运量要大于新亚欧大陆桥。

在中亚地区的影响力相比俄美尚存在一定差距,且中亚地区地缘政治复杂,中国在上海合作组织框架内推进丝绸之路经济带建设切实可行,范围不应该过大;应该在巩固能源、贸易合作的基础上开展产业合作,标准不应该过高;应该照顾各国关切,循序渐进。[10]

综合来看,现有文献对一般意义上交通经济带的形成演化机制做了比较系统的研究,这对于丝绸之路经济带形成机理的研究有一定的借鉴意义。最新的关于丝绸之路经济带的代表性研究主要从宏观战略层面分析丝绸之路经济带建设的意义和路径,但较少就丝绸之路经济带形成机理做系统阐述,也较少提出丝绸之路经济带建设的具体战略阶段,本文试图重点解决上述问题。

二、丝绸之路经济带的形成机理与战略意义

(一)丝绸之路经济带的形成机理

丝绸之路经济带的本质是一种经济活动的空间格局,包含两个层次:人口和产业集聚的特定空间;跨区域的合作框架。研究丝绸之路经济带的形成机理,必须直面空间的概念,地理空间分异导致包括自然资源、人口等在内的资源禀赋的非均匀分布。[11-12] 因此,有必要建立空间联系。空间联系是形成区域空间结构的内在动力,而战略通道不仅降低空间联系的成本,也为空间结构的形成提供依托。[13] 基于此,可以将丝绸之路经济带的形成机理分为内聚力、优化力和引导力(图1)。

1. 丝绸之路经济带形成的内聚力。

人口和产业的集聚机制和扩散机制分别构成区域空间结构形成的向心力和离心力,这两种力量的动态平衡就是形成丝绸之路经济带的内聚力。

第一,外部经济引发经济活动的集聚。集聚经济本质上是一种外部性,是外部经济作用的结果。具体地,丝绸之路经济带内交通、供水、通信、能源等公共基础设施固定成本高,一定程度内的集聚可以降低这些设施供给的边际成本,同时,一定数量的厂商共享基础设施、要素市场、生产者服务以及信息,并通过分工协作实现生产成本降低。厂商追求集聚经济的动力使得产业倾向于集中在少数的点,如城市和矿产地,而不是均匀分布在区域内。在集聚因素的作用下,丝绸之路经济带形成了基本的产业集聚的点。

第二,外部不经济引发经济活动扩散。离心力来自于不可流动的生产要素、土地租金、运输成本、拥挤等外部不经济,[14] 人口和产业活动因为过度集中而导致成本的增加和预期收益的减少,从而形成集聚不经济,特别是一定的公共设施供给下,使用人数超过一定临界点造成拥挤成本,会提高企业的生产成本;同时,尽管存在运输成本,但在边际条件许可的范围内,资本和劳动力投入到新开发的土地上所产生的净收益通常仍然要比进一步投入到近处原有土地上所产生的净收益大,[15] 规模收益递减产生极强的离心力,使

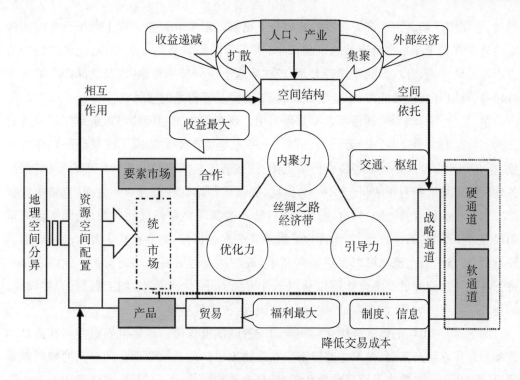

图1　丝绸之路经济带的形成机理

得产业部门和企业倾向于偏离原有区位实现分散布局。因此,丝绸之路经济带必然是一个由众多经济增长极组成的发展带。

可见,集聚存在最优规模,而扩散也存在最优边界,集聚和扩散二者之间的动态平衡共同决定了丝绸之路经济带的"带状"空间格局,这是丝绸之路经济带真实的空间经济意义。

2. 丝绸之路经济带形成的优化力。

资源禀赋的差异导致两个结果:一是各地区为了获得经济发展过程中的相对稀缺资源,需要与其他地区进行要素交换,也就是以时间换空间;二是旨在提高劳动生产率的劳动地域分工形成的地方专业化生产,需要跨空间的产品交换。丝绸之路经济带的核心功能是解决资源的空间配置问题,实现跨越空间的资源优化配置需要统一市场的建立,可见,优化力着眼于丝绸之路经济带制度框架的建设。这个层面上的丝绸之路经济带超越了孤立的、散点状的经济空间,而要强调经济带内各主体之间的相互作用,经济带的本质是一种合作的制度框架。

第一,贸易的动力机制是区域福利最大化。贸易产生的原因可归结为绝对优势、比较优势、要素禀赋和规模经济,为提高资源配置效率,成员国之间形成专业化生产格局,一方面通过贸易获取利益,另一方面通过贸易满足人们对于商品多样化的偏好,总体上增进成员国的福利。贸易不仅形成了丝绸之路经济带的商品流,强化了成员之间的经济联系,也促使丝绸之路经济带合理的地域分工格局的形成和调整。以上两个目标的实现需要建立有利于商品自由流动的产品市场,买卖合同是贸易的主要载体,丝绸之路经济带所跨地域广阔,自然禀赋差异较大,生产在地理上的分异明显,各成员之间产品的互补性较高,可以开展包括能源、工业制成品、轻工业商品等商品的贸易。

第二,合作的动力机制是要素收益最大化。要素跨空间的流动和重组是区域经济合作的实质范畴。资金、技术、劳动力、信息、企业家等生产要素构成了区域经济合作的对象,企业和地方政府是区域经济合作的主体,往往通过具体项目的实施实现合作的过程。各地区特定要素相对稀缺,程度不一。因此,要素的价格存在差异。一方面,价格机制促使要素寻找最佳收益空间,只有通过空间转移才能实现要素的最佳收益,进而实现要素的最有效率配置;另一方面,各地区为了实现经济发展目标,需要在特定要素的获得上展开竞争,要素的自由流动可以促进空间竞争,最终达成区域要素均衡价格。丝绸之路经济带各成员之间开展经济合作可以从以下几方面着手:生产合作、加工贸易、直接投资、信贷、证券、劳务贸易、信息咨询、旅游、科技研发、技术贸易等。

第三,统一市场的建立是优化空间资源配置的制度保障。现实世界里要素和商品的流动总是存在种种障碍,丝绸之路经济带在最初发展阶段必然要面临的最大的障碍就是国界。国界的存在带来了贸易壁垒和障碍,包含法律制度、关税制度、文化障碍等等。因此,统一市场的建立意义重大。完整的统一市场包括产品市场和要素市场两个方面,一体化的产品市场要求丝绸之路经济带区域内消除贸易壁垒,对外实行共同的关税政策,降低成员之间的交易成本。各成员市场的相互开放,一方面扩充了丝绸之路经济带的市场容量,扩大了商品生产和销售,另一方面促进了成员之间生产相似产品企业之间的竞争,提高了生产效率。

一体化的要素市场保证了要素价格的正确表达,提高了要素的使用效率。因此,各成员要充分认识自身的资源禀赋结构,并利用自身的比较优势,确定各自的主导产业,形成较高的专业化生产和合理的区际分工格局,进而强化丝绸之路经济带的经济联系。否则,在封闭的条件下,各成员为了扩大经济规模总量,容易形成"大而全、小而全"的产业结构,进而为了进一步保护这些不上规模的产业部门,导致市场割据,在丝绸之路经济带内部会形成激烈的贸易冲突,一旦各成员陷入自我循环的封闭发展状态,丝绸之路经济带就很难建立起紧密的经济联系。

3.丝绸之路经济带形成的引导力。

战略通道包含硬通道和软通道,前者是指依赖于自然地理环境的实体商贸和物流设施,包含公路、铁路、管道和航空等交通运输设施和航空港、物流港等集散和转运中心;后者是指不依赖于自然地理环境的有利于要素自由流动的通道,包含信息高速公路和制度通道,其中制度通道是指有利于发挥硬通道效率的海关、边检、货币兑换机制和交通运输协议。空间距离的客观存在主要沿着两条路径影响经济活动:一是要素禀赋的不均匀分布;二是运输成本的变化。当运输成本无限大时,区际贸易最终消失,从而出现杜能(J. H. von Thünen)的"孤立城市"景观;随着技术进步,运输成本逐渐降低,经济区域的等级层次结构趋于明显,就会出现集中式的生产区位,贸易路线和要素流动现象大体形成。战略通道是丝绸之路经济带发挥效率的物质基础和空间载体,是为产业和人口集聚提供向心力的"磁场"。战略通道构成了丝绸之路经济带的引导力,并能影响其优化力和内聚力的效果。

第一,战略通道强化丝绸之路经济带的空间相互作用。战略通道的主要作用在于克服空间距离摩擦,降低交易成本。一方面能节省资源稀缺地区获取合适价格资源的时间;另一方面能节省商品贸易的时间,扩大商品的市场范围。交通运输设施是丝绸之路经济带要素流和商品流的承载者,集散中心是运输区间的端点,信息高速公路是信息传输通道,制度决定了战略通道运行的效率,以上四个方面共同决定了经济带各成员之间相互作用的可达性,直接关系到经济带能否最终建立。倘若缺少战略通道,则各地区发展受制于自身条件,贸易格局将难以形成。

第二,交通基础设施是丝绸之路经济带空间延展的依托。廖什(A. Losch)认为市场区沿着交通干线延伸,干线两侧是工业、商业和人口的集中区。[16]交通干线往往贯穿于丝绸之路经济带的重要增长极,是形成经济发展轴的空间基础,核心城市往往成为要素流和商品流的重要节点,货物集散中心和要素交易中心一般也位于这些城市。至此,丝绸之路经济带将沿着交通干线实现空间延展,并以交通干线上的节点为中心形成若干环带状市场区。这样,由交通干线的发展轴和若干市场区共同组成了丝绸之路经济带的空间结构。

第三,战略通道建设是丝绸之路经济带建设的重要内容。战略通道建设不仅包括基础设施建设,还包括制度设计;不仅包括商贸物流,还包括信息传输与共享;不仅是区域合作基础,还是区域发展战略。其本身具有高投资、长周期的特征,建成一个全方位、一体化的丝绸之路经济带战略通道,最终形成从起点到终点一体联动的网络化通道,这对于丝绸之路经济带发展具有重大意义。一方面,在建设周期内能为区域内成员创造大量的就业机会,提高沿线居民的收入水平,而巨大的投资需求会有力拉动区域经济增长,促进丝绸之路经济带的协调发展。另一方面,战略通道的建成不仅为要素和商品流动提供更高效率的服务,而且会改变经济带内原有的交通格局,加速旧区位优势的衰退和新区位优势的形成,促进产业和人口的空间转移,引导经济带的空间结构演化。

(二)建设丝绸之路经济带的战略意义

1. 推动中国新一轮的西部大开发。

新一轮的西部大开发将有助于中国彻底解决贫困和区域协调发展两大难题。丝绸之路经济带建设对中国的西部地区是一个历史契机:第一,交通便利化的实现将彻底改变中国西部地区的交通格局,进而改变西部地区的区位。西部地区将不再是中国交通向西的末端,而是成为沟通太平洋与大西洋的陆上交通枢纽,成为中国开放的前沿,这将极大促进西部地区对外贸易的发展。第二,为西部地区的产业升级赢得转移空间。处于生命周期衰落阶段的产业需要寻找低一级的经济梯度去转移,从而引进成长期的产业部门,实现产业升级。在封闭条件下,西部地区只能被动接受中东部地区转移的落后产业。而丝绸之路经济带建设能使西部地区在短期内拥有经济发展的梯度优势,获得产业升级的战略空间。第三,西部大开发需要稳定的周边环境。长期以来,边境地区和民族地区经济社会发展水平相对滞后于全国,同时中亚地区的恐怖势力一直对中国西部地区构成实际威胁,制约了西部大开发的实施。通过丝绸之路经济带建设,可以形成有利于西部地区发展的经济社会环境。

2. 推进中国西进战略进入实施阶段。

中国的对外开放是从东部沿海开始的,全面的开放型经济需要中国的西部地区加快开放的步伐。中国西部有着绵长的陆上国界线,中亚、西亚、东欧地区具有很大的市场和发展潜力,丝绸之路经济带的建成将为中国提供一个更加便捷的向西通道,不仅关系到中国的能源安全,也有利于加强中国在欧亚大陆腹地的发言权。

3. 提升中亚地区对外经济格局。

一方面,对外联系的通道对中亚地区各国至关重要。通过丝绸之路经济带,中亚地区获得了通向太平洋的快捷通道,与世界上最具活力的亚太经济圈建立直接联系,加快了中亚地区融入全球化的进程。另一方面,丝绸之路经济带为中亚地区发展外向型经济创造了条件,必将带动区域内经济的发展。建设项目的启动,不仅可以改善中亚地区的基础设施,而且也为中亚地区人民创造了大量的就业机会,提高居民的生活水平,减少贫困人口,有利于缓和区域内矛盾,也有利于该地区局势的稳定。

三、建设丝绸之路经济带的现实基础与战略构想

(一)建设丝绸之路经济带的现实基础

1. 以能源为主的贸易和以管道为主的交通奠定了丝绸之路经济带坚实的物质基础。

一方面,区域能源合作成效显著。2010 年中国超过欧盟成为中亚的最大贸易伙伴,2012 年双边贸易总额达到 400 亿美元,其中石油、天然气占主要份额。截至 2013 年 8 月 21 日,中亚地区通过中国—中亚天然气管道已累计向中国输送天然气 600 多亿立方米,相当于中国 2010 年天然气总产量的一半。[17] 2006 年中哈原油管道投产以来,累计向中国输送原油超过 5700 万吨。[18] 2013 年中国与土库曼斯坦签署了 250 亿立方米天然气的购销合同,按照协议,未来土库曼斯坦每年将向中国提供 650 亿立方米的天然气。[19] 另一

方面,基于能源输送的交通基础设施具备一定基础。管道方面,全长 2800 千米的中哈石油管道于 2006 年通气投产,设计输气量为 300 亿~400 亿立方米的中土天然气管道已于 2009 年贯通,由此建成了中国—中亚天然气管道的 A 线部分,B 线已于 2010 年投产,C 线正在建设中,D 线正在规划中。[20] 铁路方面,20 世纪 90 年代初,中国兰新铁路西段与哈萨克斯坦土西铁路接轨,标志着东起连云港、西至荷兰鹿特丹的新亚欧大陆桥全线贯通。规划中的"中吉乌铁路"建成后,将打通新亚欧大陆桥的南部通道。公路方面,中国与中亚连接的主要干线公路加了亚洲公路网,经由西安的连霍高速公路与穿越中亚的欧洲 E40 号公路相连。航空方面,中国已经开通至阿拉木图、塔什干、塔杜尚别等地的直达航线。[21-22]

2. 经济社会发展不平衡。

塔吉克斯坦和吉尔吉斯斯坦是本地区经济欠发达的国家,而哈萨克斯坦和中国经济发展水平较高,塔吉克斯坦的人均国民收入仅相当于哈萨克斯坦的 10.5%(表1)。社会发展方面,2011 年塔吉克斯坦贫困人口比重为 46.7%,哈萨克斯坦仅为 5.3%;经济运行状态上,乌兹别克斯坦通货膨胀最严重,就业率最高的是哈萨克斯坦;对外经济方面,中国以 3.35 万亿的国际储备高居首位,而塔吉克斯坦仅为 6.6 亿美元,2012 年吉尔吉斯斯坦、塔吉克斯坦的贸易逆差额占 GDP 比重均在 20% 以上,哈萨克斯坦贸易顺差额占 GDP 比重为 22.4%,中国和乌兹别克斯坦贸易收支相对平衡。2012 年,商品出口增长最快的是土库曼斯坦。值得注意的是,吉尔吉斯斯坦出口增长最慢,进口却增长最快,其经常账户赤字额占 GDP 的比重高达 20.9%。另外,中国整体的东中西区域差异也投影到丝绸之路经济带中国段上,使得丝绸之路经济带的内部不平衡复杂化。

表1 丝绸之路经济带经济社会发展水平比较(2012 年)

	人均国民收入/美元	出口增长/%	进口增长/%	国际储备/百万美元	贸易收支(% of GDP)	经常账户赤字(% of GDP)	通货膨胀率/%	就业率/%(2011)	贫困线以下人口比重/%(2011)
中国	4940	8.0	4.4	3352300	3.9	2.6	2.6	—	11.8
哈萨克斯坦	8260	4.4	16.5	28280	22.4	4.3	5.1	67.8	5.3
吉尔吉斯斯坦	900	-13.1	26.2	2067	-46.2	-20.9	2.8	60.1	36.8
塔吉克斯坦	870	8.2	18.6	662	-32.2	-3.5	5.8	58.4	46.7
乌兹别克斯坦	1510	2.2	11.4	23000	6.9	4.7	12.9	—	17.7
土库曼斯坦	4800	19.3	24.4	—	15.0	1.5	5.3	—	29.9

注:人均国民收入为 Atlas 算法,贫困线以购买力平价计算的 1.25 美元/天为标准。

数据来源:Asian Development Bank:Basic 2013 Statistics.

http://www.adb.org/sites/default/files/pub/2013/basic-statistics-2013.pdf.

3. 产业结构存在差异。

根据世界银行数据,哈萨克斯坦的产业结构具备显著的软化特征,其农业比重最小,不到 5 个百分点,而服务业比重超过 50%;土库曼斯坦工业比重最高,服务业发展明显滞后;吉尔吉斯斯坦工业化比重最低,农业比重最高,是典型的传统产业结构,其他国家基本上属于"三二一"顺序的产业结构[23]。值得注意的是,中国的服务业比重仍然不足,中国西部地区服务业比重更低。

从动态的角度看,中国的工业和服务业增加值的增长速度正在减缓,其他国家服务业增加值正在加速增长,尤其是乌兹别克斯坦和塔吉克斯坦服务业增加值的年增长率在10% 以上。横向比较,哈萨克斯坦的工业增加值增长速度明显趋缓,且远低于同期的服务业;而中国的工业增长速度快于同期的服务业和农业(表 2)。

表 2　丝绸之路经济带国家各产业增加值的年增长率

	农业增加值/%			工业增加值/%			服务业增加值/%		
	2010	2011	2012	2010	2011	2012	2010	2011	2012
中国	4.3	4.5	4.5	12.2	10.6	8.1	9.5	8.9	8.1
哈萨克斯坦	−11.7	26.7	−17.8	9.6	3.3	1.2	6.0	7.7	9.8
吉尔吉斯斯坦	−2.8	2.3	1.2	0.6	8.8	−13.8	−1.8	5.2	6.2
塔吉克斯坦	6.8	7.9	10.4	9.7	5.9	10.4	4.6	13.5	14.5
乌兹别克斯坦	6.8	6.6	7.0	8.3	6.7	8.0	11.6	12.7	10.4

注:土库曼斯坦数据缺乏。

数据来源:Asian Development Bank:Basic 2013 Statistics.

http://www.adb.org/sites/default/files/pub/2013/basic-statistics-2013.pdf.

4. 地缘政治局势复杂。

首先,作为丝绸之路经济带的腹地,中亚地区处在欧亚大陆的"十字路口",尤其是里海地区重要的战略地位以及其丰富的能源矿产资源使其成为中国、俄罗斯、土耳其、美国、东欧各国利益的交汇点,地缘政治关系异常复杂。作为中亚陆上近邻的中国与中亚地区有着紧密的能源合作;2007 年欧盟对中亚地区出台新的发展战略,将中亚地区作为其周边战略的组成部分;2011 年美国提出"新丝绸之路"计划,意图将阿富汗作为连接中亚和南亚的核心。中国与中亚地区先后解决了历史遗留的边界问题,然而里海地区却复杂得多,为了竞争里海的油气资源,哈萨克斯坦、土库曼斯坦、伊朗、阿塞拜疆、乌克兰等里海沿岸五国都对自身在里海的现有法律地位不满意,希望实现里海水域的重新划界。持久的里海争夺不仅仅是沿岸国家的主权和资源争夺,其背后难免有大国势力的博弈。其次,恐怖主义和极端主义势力与民族矛盾交织。中亚地区地缘政治与民族关系问题相交织,[24]中亚地区均是多民族国家,尽管中亚各国独立后推行了民族和睦政策,然而却通过立法赋予了主体民族特权,有意突出主体民族的地位,加剧了主体民族与其他民族特别是俄罗斯民族的矛盾。[25]另外,阿富汗和巴基斯坦的恐怖势力渗透到中亚地区,中亚地区最危险的恐怖组织"乌伊运"与塔利班和"基地组织"勾结,试图组建泛中亚地区的恐怖势力网络。

5.地理环境兼具多样性与脆弱性。

首先,丝绸之路经济带地域辽阔,地貌复杂多样,境内交错分布着平原、高原、高山、盆地、草原和沙漠等地貌景观,同时也跨越了亚热带季风气候、温带季风气候、温带草原气候、温带沙漠气候及高山气候等气候带,地表植被景观呈现为亚热带阔叶林、温带阔叶林、温带草原、温带荒漠和山地垂直景观。地理环境的多样性增加了各过渡地带的环境脆弱性,区域深居内陆和周围多山的地貌特征,造就了地区气候明显的大陆性特征,除了经济带的东部地区外,大部分地区异常干燥,植被稀少,是全球荒漠化最严重的地区之一。

(二)建设丝绸之路经济带的空间战略

空间结构形态是地理环境、社会经济等因素综合作用的结果。地形直接制约交通、人口和产业布局的走向;各地经济社会发展水平决定了空间相互作用的强度,以致形成层级的城镇体系,搭建了丝绸之路经济带的整体框架。基于前面的分析,丝绸之路经济带可形成"两端点、三通道、四纽带、六核心"的空间战略结构(图2)。

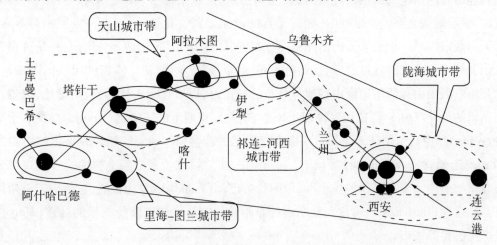

图2　丝绸之路经济带空间结构图

1."两端点":土库曼巴希和连云港构成了第一阶段丝绸之路经济带的端点,前者是里海和图兰平原石油、天然气等能源的启运港口城市,后者是丝绸之路经济带面向太平洋的出海口,尤其是连云港成为丝绸之路经济带和海上丝绸之路的交汇点。

2."三通道":由于地理分割自新疆乌鲁木齐通往中亚地区,形成了三条互有重叠的战略通道。

北部通道以中哈原油管道和新亚欧大陆桥主线为依托,新亚欧大陆桥自乌鲁木齐经阿拉山口到达哈萨克斯坦东部地区分为两条线路:一条向东北方向连接第一亚欧大陆桥;另一条向西南方向连接阿拉木图(Almaty),并通过塔什干北部的一个西北走向的分支到达莫斯科,最终到达波罗的海沿岸的圣彼得堡;中哈原油管道连接阿拉山口、阿塔苏(Atasu)、肯基亚克和哈萨克斯坦里海沿岸城市阿特劳(Atyrau)。

中部通道以中国—中亚天然气管道和新亚欧大陆桥南部支线为依托,自阿拉木图开始两条通道走向基本一致,在此基础上,借助 G30(连霍高速)- A353 - A2 公路,沿着伊犁河谷向西延展,以霍尔果斯为口岸城市,连接阿拉木图,向西南方向连接比什凯克、塔拉兹、奇姆肯特、布哈拉,穿过土库曼斯坦和乌兹别克斯坦边境,经过马雷、阿什哈巴德,最后到达里海沿岸城市土库曼巴希(Tukmenbasay)南部通道以南疆铁路和规划中的中吉乌铁路为依托,借助 S309 - A371 - M41 公路网,自乌鲁木齐沿着塔克拉玛干沙漠北部边缘延伸,到达喀什,经吉尔吉斯斯坦的奥什、乌兹别克斯坦的安集延,到达塔什干。

3. "四纽带":人口和产业沿着特定地形单元和交通网络布局,形成四大城市带,即陇海城市带、祁连—河西城市带、天山城市带和里海—图兰城市带。①陇海城市带分布在陇海铁路沿线,是一个超级城市区域,包括以郑州为核心的中原城市群、以西安为核心的关中—天水城市群,是丝绸之路经济带发展水平最高的地区。②祁连—河西城市带是依托祁连山和河西走廊的狭长经济区,以兰州为核心,包括西宁、敦煌、武威、酒泉、玉门等城市,位居丝绸之路经济带咽喉,拥有丰富的丝绸之路文化遗产,但经济发展相对落后。③天山城市带是一个沿着天山山脉走向分布的"C"形城市带,由两部分组成:一是分布在天山北麓平坦地带的城市群,包括乌鲁木齐、伊犁、阿拉木图、比什凯克(Bishkek)等城市;二是沿着天山山脉西南边缘山谷地带分布的城市群,以塔什干为核心,包括喀什、吉尔吉斯斯坦的奥什(Osh)、贾拉拉巴德(Jalabad)、乌兹别克斯坦的安集延(Andijon)、费尔干纳(Fergana)和撒马尔罕(Samarqand)、塔吉克斯坦的苦盏(Khujand),哈萨克斯坦的塔拉兹(Taraz)奇姆肯特(Shymkent)等城市。④里海—图兰城市带是沿着卡拉库姆沙漠边缘分布在里海沿岸和图兰平原的城市群,以阿什哈巴德(Ashkhabad)为核心,包括塔吉克斯坦首都杜尚别(Dushanbe)、乌兹别克斯坦的布哈拉(Buxoro)和土库曼斯坦的马雷(Mary)、土库曼巴希等城市。

4. "六核心":即丝绸之路经济带沿线的大座具备较强资源配置能力的战略核心城市。西安是中国西北唯一的副省级城市,资源配置能力强,也是关中—天水经济区的核心城市,城市规模和经济总量明显占优,并拥有丰富的科技、教育和历史文化资源和突出的区位优势,可称为丝绸之路经济带的经济中心、和创新中心;兰州依托国家级新区——兰州新区,又是陇海、兰新、青藏、包兰、兰渝(在建)铁路的交汇点,辐射范围可达中国的青海、宁夏、内蒙古等地区,是丝绸之路经济带重要的经济增长极,可成为丝绸之路经济带的战略高地;[26]乌鲁木齐是中国西部面向中亚地区的窗口,是中国能源通道的中枢,应该打造成丝绸之路经济带的能源交易中心;阿拉木图是中亚地区最重要的城市,是中亚的金融、科教和文化中心,自然环境优美,被称为全球绿化最好的城市之一,吸引了众多外资机构和国际会议,[27-28]有潜力成为丝绸之路经济带的休闲旅游之都和国际交流中心;塔什干是中亚地区人口最多的城市,也是中亚地区的重要交通枢纽[29],向北可辐射哈萨克斯坦大部分地区,进而通往莫斯科,向东可辐射吉尔吉斯斯坦和塔吉克斯坦腹地,乃至中国的喀什地区,是丝绸之路经济带南部通道和中部通道的交汇点,可建设成为丝绸之路经济带的交通枢纽;阿什哈巴德是土库曼斯坦首都,沿着西北—东南方向连接着里海沿岸、图兰平原和塔吉克斯坦腹地,是能源管道密集地区,可建设成为能源化工基地。

(三)建设丝绸之路经济带的战略步骤

丝绸之路经济带涉及区域较广,经济带内地理、人文状况迥异,且经济社会发展水平参差不齐。因此,建设之路必然不是一朝一夕的事情,而是一个长期的历史过程,需要有计划、有层次地分阶段逐步推进。

1. 初级阶段。

(1)战略目标:道路联通与贸易畅通。

第一阶段丝绸之路经济带建设的重点在于发展贸易,而发展贸易的前提条件是运输成本的降低。因此,道路、民航、通信等通道的建设至关重要。要积极探索交通运输基础设施建设的合作模式,特别是融资模式,这也是目前中国—中亚交通运输合作的主要障碍。要积极建设边境口岸信息的联通机制,实现进出关货物的一站式通关,提高货物通关效率。要开展交通运输基础设施的技术合作,特别是中—俄—欧铁路轨道标准的统一。

(2)战略重点:打造完全便利的战略通道。

战略通道是丝绸之路经济带建设的基础设施条件,包括客货流通、信息通讯、能源传输三个方面,客货流通是第一阶段最主要的目标,也是丝绸之路经济带发展的基本要素,是实现劳动力要素流动、人口向经济带集聚、商品和服务贸易的工具。这个基础设施建设的范围包括公路、铁路、机场、内陆货物集散中心和保税区;信息通讯是丝绸之路经济带成员国合作的前提,建设互联网布线的基础设施可以提高各国信息传输的效率,降低交易成本,对于促进经济带贸易繁荣具有重要意义;能源合作是基于经济带禀赋开展的最具成效的合作,输变电系统、能源运输管道等基础设施建设能显著提高能源合作效率。

在初级阶段,丝绸之路经济带在空间上的建设重点是中国—中亚第二亚欧大陆桥沿线的狭长区域。

(3)战略路径。

首先,成立丝绸之路经济带战略通道协调委员会(SCCCS-Strategy Channel Coordinating Committee of "Silk-Road economic belt"),委员由各成员国交通、能源、财政部长兼任,

SCCCS作为丝绸之路经济带一体化组织的初级形式,其在第一阶段的首要议题是统筹丝绸之路经济带战略通道建设,民主科学地规划线路,统一技术标准,积极推动"中—吉—乌铁路"建设进入施工阶段,建立经济带民用航空协调机制,在成员国主要航空港之间开通每日定期航班。其次,创新基础设施建设融资机制。在经济带交通基础设施建设工程项目上要实行公开的、面向全球的招标制度,在全球范围内寻求最具性价比的工程承包商来参与经济带基础设施建设,但是要搭建属于经济带的专属融资平台。使融资平台成为丝绸之路经济带基础设施的出资人和工程业主。这样的制度设计一方面可以保证工程建设的质量、控制建设成本,同时也保证基础设施的运营收益归经济带所有。再次,各成员国海关、边检部门之间要实现信息的联网,货物在经济带境内只需办理一次通关手续,这样可以大大简化通关手续,节省运输成本,增加经济带内货物流量,带动经济带的繁荣。

2.深化阶段。

(1)战略目标:增进了解、应对挑战。

经过第一阶段的建设,丝绸之路经济带初步具备了人员、货物畅通流动的条件。为了进一步深化丝绸之路经济带建设,需要成员国之间更加广泛和频繁地互动,即成员国之间加强民间交流,实现民心相通。如果说初级阶段的建设是由官方推动的,那么深化阶段则应该转向民间推动,民间交流的加强会促使成员国之间增进了解,为形成更加紧密的合作关系奠定深厚的民意基础。目前丝绸之路经济带最迫切的两大挑战是贫困和生态,因此经济带在深化阶段应该共同应对这些挑战,成员国经济发展水平要实现整体提高,特别是落后国家的经济发展水平要得到极大改善,贫困人口比重显著降低,改变经济发展水平"大裂谷"的现状。同时,要有效遏制荒漠化趋势,改善生态环境极端脆弱的状况。

(2)战略重点:文化交流、经济发展和生态保护。

首先,纵观全球成功的经济共同体无不通过文化纽带形成强大的凝聚力,民间交流是文化交流的最可持续和最具影响力的渠道。丝绸之路经济带重要的资源禀赋就是文化,经济带蕴藏着丰富的历史、人文和自然景观,"古丝绸之路"文化成为经济带共同的文化纽带,要充分重视文化多样性的保护。其次,发展问题始终是丝绸之路经济带的核心议题,增进成员国人民的福利是丝绸之路经济带建设的战略目标。因此,努力促进经济发展是应对丝绸之路经济带挑战的根本途径。经济发展一方面能够提高人民的生活水平,缩小贫富差距,促进社会稳定。另一方面能够提高基础设施水平,改善地区经济发展的基础条件,吸引更多的优秀要素流入,为地区经济发展获取长久的发展动力。再次,丝绸之路经济带相关国家和地区的生态环境现状不容乐观,直接制约了经济带经济社会的发展。因此,生态环境建设是深化阶段建设的重点。

（3）战略路径。

第一，创建丝绸之路文化产业博览会，在沿线城市之间轮流举办，作为文化交流的平台；成员国之间开展考古工作的合作，加强文化遗迹的考古、开发和保护工作；在中亚地区办好孔子学院，在西安建立"丝路交流学院"，方便各成员国青年互相学习，为沿线各国青年之间的文化交流构建一个制度化的平台。同时，各国科学家可以在此平台上开展跨国科技合作，共同完成一些科学研究项目。

第二，促进本地区的繁荣稳定。首先，促进经济发展本质上要发挥各国的比较优势，形成互补的产业结构，促进各种类型的产业集群的形成，实现经济带内的劳动地域分工，特别是促进中亚地区产业结构的升级，促进中亚地区的工业化和城市化。其次，深入开展区域贸易和区域合作，在巩固能源合作成果的基础上推进服务和技术贸易，以项目为平台深化资金、技术领域的合作，为本地区创造更多的就业机会和投资需求，拉动经济增长。最后，以上海合作组织为制度平台，进一步扫清中国与中亚合作的政治障碍，进一步构建丝绸之路经济带的安全机制。

第三，构筑欧亚大陆生态安全屏障。生态安全不仅是丝绸之路经济带第一阶段建设的重点任务，更是贯穿经济带建设全过程的重要举措。不能走"先破坏、后治理"的老路，在启动建设伊始就要建立共同的生态保护机制，成立生态评估机构，遏制地区荒漠化趋势。

3. 高级阶段。

（1）战略目标：实现一体化。

终极目标定位直接关系到丝绸之路经济带建设的价值取向和路径选择。丝绸之路经济带不仅仅是一个经济空间结构，还是超越空间的一体化组织，这就是制度层面丝绸之路经济带的内涵。一体化的实现基础是成员国经济社会发展的相似性和水平的接近性，其实现往往要经历相当长的历史时期。因此，一体化的目标只能是高级阶段的建设目标，而不能作为现阶段建设的目标。建立一体化的组织可以对外实施统一的政策步调，增强经济区域的整体实力，对内可以大幅度减少贸易成本，提高各成员国的福利。

（2）战略重点：建立关税同盟、扩充组织成员。

关税同盟是丝绸之路经济带一体化建设的关键步骤。关税同盟是自由贸易区的高级形式，成员国之间相互取消贸易壁垒，对外实行统一的关税。建立关税同盟有利于吸引外来投资，因为经济带以外的企业为了避免关税，会将生产地点迁移至经济带内，进而增加了对经济带的投资。同时，由于经济带内成员国市场相互开放，因此也促进了经济带内企业的竞争，有利于提高生产效率，促进技术进步。由于初级阶段丝绸之路经济带的空间范围局限于中国—中亚的狭长地带，随着经济带内发展与合作水平的提高，需要更加广泛和积极地参与全球竞争，并彻底打通向西通往大西洋的通道。

(3)战略路径。

第一,取消成员国之间的贸易壁垒,建成中国—中亚自由贸易区。实施共同的对外关税和对外贸易政策,建立关税同盟。实现生产要素的自由流动,特别是实现成员国之间互免签证,建立共同市场。这是立足丝绸之路经济带第二阶段建设成果而探索的更高的建设目标,这个路径需要做好各方面充分的准备,包括制度、文化和经济发展等。

第二,逐步探索对外统一协调的宏观经济政策,建立经济联盟性质的丝绸之路经济带,为最终的完全一体化奠定基础。

【参考文献】

[1]　费洪平.产业带边界划分的理论与方法——胶济沿线产业带实例分析[J].地理学报,1994,(3):214-215.

[2]　赵庆国.高速铁路缩小我国区域差的作用机理分析[J].当代财经,2013(4):106-112.

[3]　武伟,宋迎昌.论铁路干线对沿线地区经济开发的影响[J].经济地理,1997(1):92-96.

[4]　武伟,宋迎昌.论铁路经济带的组成因素及其作用机制[J].地理学与国土研究,1997(2):18-23.

[5]　韩增林,尤飞,张小军.高速公路经济带形成演化机制与布局规划方法探讨[J].地理研究,2001(4):471-478.

[6]　张文忠.日本东海道交通经济带形成和演化机制研究[J].世界地理研究,2001(1):12-19.

[7]　卫玲,戴江伟.丝绸之路经济带:超越地理空间的内涵识别及其当代解读[J].兰州大学学报(社会科学版),2014(1):31-39.

[8]　王保忠,何炼成,李忠民."新丝绸之路经济带"一体化战略路径与实施对策[J].经济纵横,2013(11):60-65.

[9]　胡鞍钢,马伟,鄢一龙."丝绸之路经济带":战略内涵、定位和实现路径[J].新疆师范大学学报(哲学社会科学版),2014(4):1-10.

[10]　胡波.构建"丝绸之路经济带"的三大原则[J].中国经济周刊,2013(37):17-18.

[11]　MARSHALL A. Principles of Economics:A Introductory Volume[M]. London:Macmillan,1999.

[12]　阿尔弗雷德·韦伯.工业区位论[M].李刚剑,陈志人,张英保,译.北京:商务印书馆,1997.

[13]　孙久文,叶裕民.区域经济学教程[M].2版.北京:中国人民大学出版社,2010.

[14]　梁琦.空间经济学:过去、现在与未来——兼评《空间经济学:城市、区域与国际贸易》[J].经济学季刊,2005(4):1067-1086.

[15]　沃尔特·艾萨德.区位与空间经济:关于产业区位、市场区、土地利用、贸易和城市结构的一般理论[M].杨开忠,等译.北京:北京大学出版社,2011.

[16]　奥古斯特·勒施.经济空间秩序:经济财货与地理间的关系[M].王守礼,译.北京:商务印书馆,1995.

[17]　蔡国栋.中亚天然气管道累计向中国输气600亿立方米[EB/OL](2013-08-27)[2013-12-13].http://news.xinhuanet.com/2013-08/27/c-117114055.htm.

[18]　乌鲁木齐晚报.中哈管道进口原油破5700万吨成西部能源大动脉[EB/OL](2013-06-28)[2013-12-13].http://www.chinanews.com/sh/2013/06-28/4981735.shtml.

[19] 陈晓晨,王琳.中土签署年增供250亿方天然气协议[N].第一财经日报,2013 – 09 – 15(6).

[20] 占豪.丝绸之路经济带上的中亚[J].社会视窗,2013(10):62 – 64.

[21] 朱显平,邹向阳.中国—中亚新丝绸之路经济发展带构想[J].东北亚论坛,2006(9):3 – 6.

[22] 杨恕,王术森.丝绸之路经济带:战略构想及其挑战[J].兰州大学学报(社会科学版),2014,42(1):23 – 30.

[23] 文亚妮.中国新疆与中亚五国产业结构高级化比较[J].俄罗斯中亚东欧市场,2011(11):25 – 33.

[24] 李淑云.地缘政治与中亚五国民族问题[J].俄罗斯中亚东欧研究,2005(4):19 – 27.

[25] 陈联璧.中亚五国的民族关系问题[J].世界民族,2001(2):31 – 38.

[26] 邓生菊.兰州在"丝绸之路经济带"中的地位和作用[N].兰州日报,2013 – 10 – 09(5).

[27] 董立斌.阿拉木图:都市与自然完美融合[N].文汇报,2013 – 03 – 01(6).

[28] 孙力.哈萨克斯坦"南都"阿拉木图[N].人民日报,2002 – 08 – 19(3).

[29] 李垂发.美丽的乌兹别克斯坦首都——塔什干.[EB/OL](2010 – 06 – 08)[2013 – 12 – 13].http://news.163.com/10/0608/11/68LDUQHN000146BD.html.

(原刊于《西北大学学报(哲学社会科学版)》2014 年第 44 卷第 4 期)

丝绸之路经济带:中国走向世界的战略走廊[*]

白永秀　王颂吉

【摘　要】　丝绸之路经济带是推进区域经济一体化和经济全球化的重要平台,它具有历史性与现实性、区域性与全球性、经济性与综合性相统一的特征。建设丝绸之路经济带,对于推动全球经济增长、加强区域经济合作、优化中国经济布局具有十分重要的意义。作为中国走向世界的战略走廊,丝绸之路经济带的建设与完善需要一个较为长期的过程,提出应分三个阶段依次构建丝绸之路经济带的核心区、扩展区和辐射区的战略构想。

【关键词】　丝绸之路经济带;战略走廊;经济一体化

一、丝绸之路经济带的战略内涵

丝绸之路经济带是一个承古开新的战略构想。2100 多年前,西汉张骞从长安出发出使西域,在亚欧大陆上形成了横贯东西的交通大动脉,这条交通动脉长期承载东西方商品贸易和思想文化交流,对推动人类进步产生了深远影响。1877 年,德国地理学家费迪南·冯·李希霍芬(Ferdinand von Rich-thofen)首次用"丝绸之路"指代这一交通动脉,后经德国历史学家阿尔伯特·赫尔曼(Albert Herrmann)进一步阐释,"丝绸之路"一词被社会各界普遍接受。作为古代东西方商贸往来和文明交流的主要通道,丝绸之路至今仍对亚欧国家开展合作具有积极意义,这是建设丝绸之路经济带的历史基础。

丝绸之路经济带是提升中国经济国际化水平、推进区域经济一体化和经济全球化的重要平台。按照空间范围,丝绸之路经济带可分为核心区、扩展区、辐射区三个层次。其中,核心区包括中国、俄罗斯和中亚五国(哈萨克斯坦、土库曼斯坦、乌兹别克斯坦、吉尔吉斯斯坦、塔吉克斯坦),这是建设丝绸之路经济带的主体和基础;扩展区包括南亚、西亚、东亚、北亚、东南亚的相关国家;辐射区主要是欧洲大陆,并延伸至非洲、美洲等地区。

---

*　作者简介:白永秀,男,陕西清涧人,西北大学教授、博士生导师,从事市场经济和区域经济理论研究。

建设丝绸之路经济带具有国内和国际两个层面的影响。一方面,丝绸之路经济带是中国走向世界的战略走廊,对于优化中国区域经济布局、全面提升中国对外开放水平具有积极作用;另一方面,丝绸之路经济带是一个辐射全球的经济合作平台,对于推动亚洲经济一体化、亚欧经济一体化乃至全球经济一体化具有深远影响。

从战略内涵来看,丝绸之路经济带是在相关国家统筹制定区域发展规划和发展战略的基础上,以古丝绸之路为文化象征,以立体综合交通运输网络为纽带,以沿线城市群和中心城市为支点,以经济、政治、社会、文化、生态等全方位合作为内容,以跨国贸易投资自由化和生产要素优化配置为动力,以货币自由兑换、政治高度互信、人民友好往来为保障,以实现亚欧大陆经济一体化和全球经济一体化为目标的带状合作区域。[1]通过建设丝绸之路经济带,可以有力推动国际经济合作,提升中国经济的国际化水平和影响力,形成一个长期、稳定、紧密、繁荣的经济共同体和命运共同体。我们认为,丝绸之路经济带这一概念具有历史性与现实性、区域性与全球性、经济性与综合性相统一的特征。具体如下:

第一,丝绸之路经济带不仅是一个历史性概念,而且是一个现实性概念。从历史性来看,古代中国通过丝绸之路与中亚、西亚、南亚、欧洲、北非等地区建立起密切的商贸联系,促进了中西文化交流和生产力发展,这为亚欧国家在现代社会加强合作提供了历史纽带。从现实性来看,随着第二条亚欧大陆桥、中哈过境铁路、中吉乌铁路、丝绸之路复兴项目、中国西部—欧洲西部公路等项目的建成或加快推进,中国与丝绸之路沿线国家的经贸往来不断加强,政治互信日益提升,这为亚欧国家共建丝绸之路经济带提供了现实基础。由此可见,丝绸之路经济带传承历史、关注现在、开启未来,不仅具有丰富的历史内涵,而且为亚欧国家当前和今后开展全方位合作提供了重要平台。

第二,丝绸之路经济带不仅是一个区域性概念,而且是一个全球性概念。从区域性来看,丝绸之路经济带以中国、俄罗斯和中亚五国为主体,其建设区域主要涉及古丝绸之路沿线国家,包括东亚、中亚、西亚、南亚、北亚、欧洲等地区,这使得丝绸之路经济带具有明显的区域性特征,是实现区域经济一体化的重要平台。从国际性来看,丝绸之路经济带连接中国、欧盟、日本、俄罗斯、印度等世界主要经济体,并且随着交通联系的日益紧密和互联网的快速发展,丝绸之路经济带还可以向非洲、美洲等地区延伸,在世界范围内具有强大的辐射带动功能,这使得丝绸之路经济带成为经济全球化背景下的宇观经济组织①和国际合作平台。由此可见,丝绸之路经济带同时具有区域性和全球性特征,是区域经济一体化和经济全球化相统一的重要表现形式。

第三,丝绸之路经济带不仅是一个经济性概念,而且是一个综合性概念。经济合作

---

① 从系统论的角度看,我们把经济组织分为四个层次:企业属于微观经济组织,国家内部的区域经济单位属于中观经济组织,一国范围的经济单位属于宏观经济组织,超越一国范围的国际性经济单位属于宇观经济组织。

是建设丝绸之路经济带的基础和主要内容,中国目前已成为俄罗斯和中亚五国最重要的贸易伙伴或投资来源国,亚洲是中国对外经济活动的主要区域,欧洲则是中国第一大贸易伙伴。通过共建丝绸之路经济带,中国与亚欧国家的经济合作仍有广阔的发展空间。但在建设丝绸之路经济带过程中,相关国家除了加强经济合作之外,还可以在基础设施建设、政治互信、军事交流、社会管理、文化往来、环境保护等领域开展合作。由此可见,丝绸之路经济带不仅是一个经济性概念,而且其内容具有广泛的包容性,是一个综合性概念。

二、丝绸之路经济带的战略意义

丝绸之路沿线地区拥有重要的区位优势、丰富的自然资源、灿烂的民族文化,通过亚欧国家加强合作,这一区域有望成为新的世界经济增长动力,具有广阔的发展前景。作为横贯亚欧大陆的新型经济合作模式,丝绸之路经济带的目标是把亚欧国家打造成互利共赢的利益共同体,这对于推动全球经济增长、加强区域经济合作、优化中国经济布局具有重要意义。

第一,有助于形成新的经济增长区域,推动全球经济增长。受美国次贷危机和欧债危机等因素的影响,全球经济形势低迷。通过表1可以看出,七国集团在2008—2009年均遭遇了经济衰退,2010年以来尽管基本走出了经济困境,但七国集团经济增长速度明显放缓,对世界经济的带动作用有所减弱。与此同时,尽管金砖五国2010—2013年的经济增长速度大都高于七国集团,但同样未恢复到经济危机之前的水平。在此背景下,世界各国都认识到通过加强合作促进经济发展的必要性,亟须在全球范围内共同构建新的经济增长区域,建设丝绸之路经济带就成为必然选择。具体而言,丝绸之路经济带东边始于经济繁荣的日本、韩国和中国东部沿海地区,西边直到经济发达的欧盟经济圈,中间则在中亚和中国西部地区形成了一个经济凹陷区域。从资源禀赋、产业基础、政策扶持等条件来看,这一凹陷区域具有广阔的经济增长空间。近年来,中国不断加大对西部地区的扶持和投入力度,西部基础设施建设和经济社会发展水平有了明显进步,具备了向东承接产业转移和向西扩大开放的条件。与中国西部毗邻的俄罗斯、中亚地区拥有丰富的石油、天然气、有色金属等矿产资源,采矿业、冶金业和加工业发达,吸引国外投资的规模不断扩大。基于此,通过中国、俄罗斯、中亚及周边国家共建丝绸之路经济带,一方面可以推动中国西部地区及泛中亚经济圈的经济增长,提升该区域的经济发展水平;另一方面可以形成横贯亚欧、繁荣发达的带状经济合作区域,对于推动全球经济增长具有重大意义。

表 1　2006—2013 年七国集团和金砖五国 GDP 增长率　　　　单位/%

国家		2006 年	2007 年	2008 年	2009 年	2010 年	2011 年	2012 年	2013 年
七国集团	美国	2.7	1.9	−0.4	−3.1	2.4	1.8	2.8	1.9
	英国	2.6	3.6	−1.0	−4.0	1.8	1.1	0.1	1.4
	法国	2.5	2.3	−0.1	−3.2	1.7	2.0	0.0	0.2
	德国	3.7	3.3	1.1	−5.1	4.2	3.3	0.7	0.5
	日本	1.7	2.2	−1.0	−5.5	4.7	−0.4	1.4	1.6
	意大利	2.2	1.7	−1.2	−5.5	1.7	0.6	−2.6	−1.8
	加拿大	2.8	2.2	0.7	−2.8	3.2	2.5	1.7	1.7
金砖五国	俄罗斯	8.2	8.5	5.3	−7.8	4.5	4.3	3.5	1.6
	巴西	4.0	6.1	5.2	−0.3	7.5	2.6	1.0	2.4
	印度	9.3	9.8	3.9	8.5	10.6	6.2	5.0	4.7
	南非	5.6	5.6	3.6	−1.5	3.1	3.1	2.5	1.9
	中国	12.7	14.2	9.6	9.2	10.4	9.3	7.7	7.7

资料来源:2006—2010 年数据来源于国家统计局网站中的国际数据库;2011—2013 年数据来源于国家统计局.2013 年世界经济回顾及 2014 年展望[EB/OL].国家统计局网站,http://www.stats.gov.cn/tjsj/zxfb/201402/t20140227 − 516899.html.

　　第二,有助于加强区域经济合作,提升中国经济的国际影响力。随着经济全球化的深入发展,各国之间经济联系日益密切,区域经济合作方兴未艾。目前,世界上已经形成了欧盟、北美自由贸易区、东盟等涉及国家和覆盖人口较多、经济总量和国际影响较大的区域经济合作组织。这些区域经济合作组织对内加强合作,对外开展竞争,已成为参与国际活动的重要力量。但受地缘政治等因素的影响,中国融入区域经济合作组织的程度相对较低。近年来,随着中国经济崛起,美国及其盟国加紧构筑针对中国的战略围堵,积极构建把中国排除在外的"跨太平洋伙伴关系协议"(Trans-Pacific Partnership Agreement,简称 TPP)。在此背景下,中国除了巩固东盟与中国(10 + 1)合作机制、适时推进中日韩自由贸易区谈判,还应积极向西开拓区域经济合作。近年来,中国与俄罗斯、中亚国家共同建立了上海合作组织,在经贸往来、基础设施建设、能源合作、打击"三股势力"等领域的合作不断加深,中国目前已成为俄罗斯、中亚国家最重要的贸易伙伴或投资来源国。以中国、俄罗斯、中亚五国为主体建立新的区域经济合作组织,在经济规模方面将与北美自由贸易区、欧盟形成"三足鼎立"的局面(表 2),①并且在地域面积和覆盖人口等方面具有明显优势。随着丝绸之路经济带的形成和不断扩展,这一区域经济合作组织的地域面

---

　　①　东盟经济规模相对较小,与北美自由贸易区、欧盟、丝绸之路经济带不是一个量级,难以承担推进亚洲经济一体化的重任。

积、覆盖人口、经济总量还将进一步提升。更为重要的是,丝绸之路经济带可以把中亚、东亚、东南亚、西亚、南亚、北亚等地区连为一体,借助丝绸之路经济带这一区域经济合作平台,中国可以进一步融入区域经济一体化和经济全球化,提升中国经济的国际竞争力和影响力。在此过程中,丝绸之路经济带通过与北美自由贸易区、欧盟、东盟等世界主要经济合作组织加强合作,将对全球经济一体化产生深远影响。

表2　丝绸之路经济带与主要区域经济合作组织比较(2012年)

组织名称	成员国数量	面积/万平方千米	人口/亿	GDP/万亿美元
北美自由贸易区	3	2158.11	4.70	19.24
欧盟	27	432.48	5.09	16.69
丝绸之路经济带	7	3069.92	15.60	10.55
东盟	10	477.76	6.08	2.32

注:表2中的丝绸之路经济带包括中国、俄罗斯和中亚五国;2013年7月1日,克罗地亚成为欧盟第28个成员国。

资料来源:人口和GDP数据来源于世界银行数据库;国土面积数据来源于世界银行2009年世界发展报告《重塑世界经济地理》附表(清华大学出版社,2009年版,第332-334页)。

第三,有助于提升西部对外开放水平,优化中国经济布局。西部大开发战略实施以来,西部经济增长速度高于全国平均水平,有望成为中国新的经济增长极,推动中国经济增长重心西移。但受偏居内陆等因素的影响,西部发展水平仍与东部发达地区存在较大差距,尤其是经济外向化程度长期处于较低水平(表3),这不利于中国整体经济增长。更为重要的是,由于西部地区经济发展水平相对较低,使得中国的城市和人口区域分布极不平衡。2012年东中西三大区域的城镇化水平分别为56.4%、53.4%和44.9%,[2]西部落后于东部发达地区10多个百分点;珠三角、长三角和京津冀三大城市群以2.8%的国土面积集聚了18%的人口,创造了36%的GDP;[3]而西部地区57%的国土面积上仅聚集了23%的人口。[4]由此可见,西部地区的城镇化和人口集聚水平还有很大的发展空间。我们认为,建设丝绸之路经济带对于中国经济发展具有以下三方面意义:其一,提升西部地区对外开放水平,使中国形成全方位对外开放格局。建设丝绸之路经济带为深化西部大开发战略提供了重要机遇,西部地区今后不仅可以向东承接产业转移,而且可以向西扩大开放,大力发展面向中亚及周边国家的外向型经济,从而在更大的空间范围内优化生产要素配置,全面提高西部对外开放和经济发展水平。其二,促进西部地区城镇化发展,优化中国城市布局。建设丝绸之路经济带有助于城市群和大城市发育,加快形成以西安为中心的关中城市群、以成都和重庆为中心的成渝城市群、以兰州和西宁为中心的兰白西城市群、以乌鲁木齐为中心的天山北坡城市群、以银川为中心的银川平原城市群,这不仅可以为建设丝绸之路经济带提供有力支撑,而且能够促进中国各区域城镇化协调发展。其三,加快西部人口集聚,优化中国人口分布。随着对外开放和城镇化水平的不断提高,西部地区的经济发展环境将得以优化,人口承载力逐步增强,有助于改变中国历史上形成的人口地域分布不均衡的状况,促进不同地区人口布局的协调。[5]

表3　中国三大区域对外贸易发展情况

地区	2013 年前三季度		出口额占全国比重		
	进口额/亿美元	出口额/亿美元	2011 年	2012 年	2013 年 1—9 月
东部	26649.7	13768.0	88.8	85.9	85.3
中部	2045.3	1169.5	6.1	6.8	7.2
西部	1908.5	1211.0	5.1	7.3	7.5

注:东部地区包括北京、天津、河北、辽宁、上海、江苏、浙江、福建、山东、广东、海南等11个省(直辖市);中部地区包括山西、吉林、黑龙江、安徽、江西、河南、湖北、湖南等8个省;西部地区包括内蒙古、广西、四川、重庆、贵州、云南、西藏、陕西、甘肃、青海、宁夏、新疆等12个省(自治区、直辖市)。

数据来源:商务部综合司.2013年前三季度对外贸易运行情况[EB/OL].中国商务部网站,http://zhs.mofcom.gov.cn/article/Nocategory/201310/20131000371565.shtml.

三、建设丝绸之路经济带的战略步骤

丝绸之路经济带是一个多元、开放的合作平台,亚欧大陆乃至全球数十个国家参与其中,涉及经济、政治、社会、文化、生态环境等多个领域,它的建设与完善必将是一个较为长期的过程。我们认为,应分三个阶段依次构建丝绸之路经济带的核心区、扩展区和辐射区,逐步推进泛中亚经济一体化、亚洲经济一体化、亚欧经济一体化进程(图1),形成中国走向世界的战略走廊。

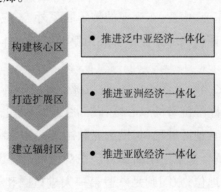

图1　丝绸之路经济带建设的三个阶段

第一阶段:构建丝绸之路经济带核心区,推进泛中亚经济一体化。在这一阶段,中国应主要加强与俄罗斯、中亚五国的经贸合作,为建设丝绸之路经济带提供基础和示范。中国、俄罗斯、中亚五国地域面积占亚欧大陆的五分之三,人口占世界四分之一,这一区域加强合作具有重要意义。2001年6月15日,中国、俄罗斯、哈萨克斯坦、乌兹别克斯坦、吉尔吉斯斯坦、塔吉克斯坦在"上海五国"机制的基础上成立了上海合作组织,致力加强成员国之间的全方位合作,推动建立国际政治经济新秩序。近年来,通过双边和上海合作组织框架,中国与俄罗斯、中亚五国之间的全方位合作日益密切,目前已与俄罗斯、哈萨克斯坦建立起全面战略合作伙伴关系,与乌兹别克斯坦、土库曼斯坦、吉尔吉斯斯坦、塔吉克斯坦建立起战略合作伙伴关系,中国对俄罗斯和中亚国家的投资额不断增加(图2)。总体来看,中国与俄罗斯、中亚国家的经济互补性强,能源合作需求旺盛,这为加强泛中亚区域经济合作、建设丝绸之路经济带提供了基本条件。今后一段时期,中国通过与俄罗斯、中亚国家共同建设丝绸之路经济带,在经济上扩大开放、互惠互利,在政治上高度互信、平等协商,并增进社会、文化、生态环境等领域的交流与合作,这不仅可以形成丝绸之路经济带核心区,推进泛中亚经济一体化,而且可以为建设整个丝绸之路经济带提供示范效应。

第二阶段:打造丝绸之路经济带扩展区,推进亚洲经济一体化。中国在与俄罗斯、中亚国家建成丝绸之路经济带核心区的基础上,应进一步加强与亚洲其他区域的联系,将丝绸之路经济带向南亚、西亚、东亚、北亚、东南亚延伸,推进亚洲经济一体化。亚洲是中国对外经贸合作的主要区域。2012年中国对外直接投资总额的73.8%流向了亚洲国家,对外投资存量的68.5%分布在亚洲,已在亚洲设立企业近1.2万家,[6]几乎遍布亚洲所有国家。通过图4可以看出,2004—2013年亚洲国家(地区)在中国进口中所占比重始终保持在55%以上,在中国出口中所占比重也达到45%以上。但值得注意的是,目前中国在亚洲的经贸合作主要集中于东亚和东南亚。2013年前三季度,日本、韩国、中国香港、中国台湾、东盟占中国在亚洲出口比重的80.39%,进口比重占65.89%,[①]这表明中国与亚洲其他区域的经贸合作还有广阔的发展空间。这一阶段中国在丝绸之路经济带建设过程中,除了强化与东亚、中亚、东南亚的传统联系外,还应加强与南亚、西亚、东亚、北亚、东南亚的经贸往来,使丝绸之路经济带成为亚洲经济一体化的重要平台,进一步提升中国经济在亚洲的影响力。

第三阶段:建立丝绸之路经济带辐射区,推进亚欧经济一体化,提升全球经济一体化水平。中国在构建丝绸之路经济带的核心和扩展区的基础上,应密切同欧洲之间的联系,并向非洲、美洲等世界其他区域辐射,推进亚欧经济一体化和全球经济一体化。近年来,中国与欧盟之间的经贸合作水平不断提升。在双边贸易方面,欧盟2004年以来长期处于中国第一大贸易伙伴地位,中国则是欧盟第一大进口国和第三大出口国。通过图5可以看出,2004—2013年欧盟占中国出口比重的20%左右,进口比重占10%以上,外贸总额所占比重长期高于15%;在对外投资方面,2005—2012年中国对欧盟直接投资存量由7.68亿美元增至31.54亿美元,[5]在欧盟设立直接投资企业近2000家,雇佣当地员工

① 依据中国商务部综合司撰写的《中国对外贸易形势报告(2013年秋季)》相关数据计算。

4.2万人。[6]中欧之间经贸合作的日益加强,对于促进中欧乃至世界经济社会发展起到了积极作用。以建设丝绸之路经济带为平台,中国与欧盟之间的交通和经济联系将更为紧密,亚欧经济逐步融为一体,形成东起日韩、西到欧盟、辐射全球的带状经济合作区,推进世界经济一体化步伐。

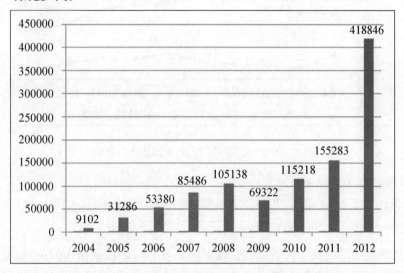

图2　2004—2012年中国对俄罗斯和中亚五国的投资情况

资料来源:中华人民共和国商务部,中华人民共和国国家统计局,国家外汇管理局.2012年度中国对外直接投资统计公报[M].北京:中国统计出版社,2013.

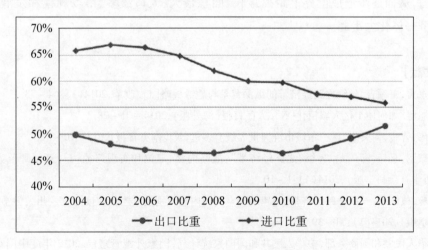

图3　2004—2013年亚洲国家(地区)占中国进出口比重

注:2013年数据为2013年1—9月。

数据来源:中国商务部综合司.中国对外贸易形势报告(2013年秋季)[EB/OL].中国商务部网站. http://zhs. mofcom. gov. cn/article/cbw/201310/20131000372883. shtml.

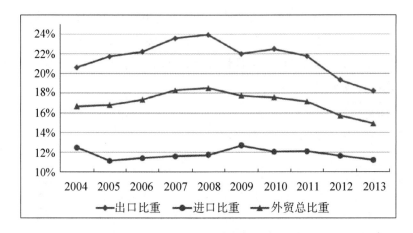

图4 2004—2013 年欧盟占中国进出口比重

注:2013 年数据为 2013 年 1—9 月。

数据来源:中国商务部综合司.中国对外贸易形势报告(2013 年秋季)[EB/OL].中国商务部网站。
http://zhs.mofcom.gov.cn/article/cbw/201310/20131000372883.shtml.

　　丝绸之路经济带的核心区、扩展区、辐射区三者之间是逐步深入的关系,应分阶段有序推进。当前的重点工作是加强交通基础设施建设,实现丝绸之路经济带沿线国家互联互通。中国与丝绸之路沿线国家连为一体,大力发展商贸投资、观光旅游和文化交流,在资源开发、科技教育、社会管理、环境保护等领域开展广泛合作,进一步加强战略协调和政策沟通,从而逐步形成世界上距离最长、面积最大、人口最多、市场规模和发展潜力最广的经济一体化大走廊。

【参考文献】

[1] 白永秀,王颂吉.丝绸之路经济带的纵深背景与地缘战略[J].改革,2014(3):64−73.

[2] 潘旭涛.如何使 1 亿人城镇化[N].人民日报(海外版),2014−01−28.

[3] 黄伟,曾妮,何又华.珠三角城市群世界级有多远[N].南方日报,2013−10−31.

[4] 胡鞍钢,马伟,鄢一龙."丝绸之路经济带":战略内涵、定位和实现路径[J].新疆师范大学学报(哲学社会科学版),2014(4):1−10.

[5] 卫玲,戴江伟.丝绸之路经济带:超越地理空间的内涵识别及其当代解读[J].兰州大学学报(社会科学版),2014(1):31−39.

[6] 中华人民共和国商务部,中华人民共和国国家统计局,国家外汇管理局.2012 年度中国对外直接投资统计公报[M].北京:中国统计出版社,2013.

(原刊于《西北大学学报(哲学社会科学版)》2014 年第 44 卷第 4 期)

丝绸之路经济带战略构想：依据、目标及实现步骤*

白永秀　吴　航　王泽润

【摘　要】　自国际贸易活动出现以来，国际经济交往总体呈现出加速发展的特征。回顾人类发展历史并展望未来，国际经济交往按先后阶段可分为三个层次：初级层次是以传统国际货物贸易为主要交往平台；中级层次是以区域经济一体化及经济全球化合作为主要平台；高级层次是以全球经济一体化合作为主要平台。在区域经济一体化加速发展但不平衡的背景下，丝绸之路经济带建设不仅在理论上可行，而且具有一定的现实基础。丝绸之路经济带的战略目标是：实现全球经济一体化的重要战略平台；高度开放型经济合作网络；灵活务实的经济合作安排；和谐世界建设平台；经济高度自由化和便利化的统一制度体系。丝绸之路经济带战略构想可用大约50年的时间推进，以实现中国—中亚—俄罗斯经济一体化、搭建欧亚经济一体化基本框架和形成全球经济一体化战略平台为三个阶段性目标，分起步阶段、扩展阶段和完善阶段三大阶段有序推进。

【关键词】　丝绸之路经济带；战略构想；国际经济交往；经济一体化；经济全球化

丝绸之路在历史上因其代表性贸易物"中国丝绸"而闻名天下，但中国历史上并没有提出这个概念。提出"丝绸之路"概念的是德国地理学家费迪南·冯·李希霍芬（Ferdinand von Richthofen，1833—1905）。他把联结西土耳其斯坦与中国的中亚丝绸贸易路线称作 Seidenstrassen（丝绸之路，Silk Road 是其英译），这是从远古以来联结亚洲、欧洲、非洲东西交通道的雅称。[1]学术界普遍认为，丝绸之路真正形成于2000多年前中国西汉使者张骞出使西域之后，并在历史进程中衍生出南方丝绸之路及海上丝绸之路等多条线路。历史上，这条贯穿中原与西域的丝绸之路创造了联通东西方的国际贸易通道，在中国盛唐时期达到繁荣顶峰，在宋代以后趋于衰落，在清代中叶后陷于沉寂。[2]自20世纪90年代初苏联解体后，世界政治经济格局进入大调整时代，中亚各国因脱离苏联版

---

* 基金项目：陕西省重点学科建设专项资金（世界经济）（ZDXKW00504）资助。

图而使其地缘重要性日益凸显,有关丝绸之路概念的区域经济合作重新引起了各国的关注。日本、美国、俄罗斯等国,以及欧盟、联合国等国际组织都已设计了相关发展计划。2013 年 9 月,中国国家主席习近平出访中亚国家,强调要以创新合作模式构建"丝绸之路经济带"。在此背景下,加强对丝绸之路经济带战略构想相关问题的研究具有重要而紧迫的意义。

一、丝绸之路经济带战略构想的依据

(一)理论依据

自从人类有了国家的概念,国际经济交往活动就伴随发展起来。随着生产力水平的不断提高,国际分工日益细化和深化,国际经济交往活动的内容不断丰富、范围不断扩大、政府间协调的力度不断加大。从国际经济交往发展的历史视角分析,人类社会将在国家间产生经济交往活动后,经历经济国际化、区域经济一体化和经济全球化,以及全球经济一体化三大阶段。① 这是国际经济发展的历史规律,是不以人的意志为转移的。在这三大阶段,国际经济交往将对应地表现为三个层次:初级层次、中级层次及高级层次。在不同层次上,国际经济交往的主要平台、内容、组织化程度及对世界的影响会有显著的不同(表1)。

1. 初级层次。

在人类生产力发展水平较低的情况下,社会分工及国际分工相应地处于较低的水平。在简单的物物交换基础上发展起来的传统国际货物贸易,对国际分工的要求相对较低,因而也就成为国际经济交往的最初形式。在该层次上,国与国之间以各自资源禀赋的丰裕程度及劳动生产率的高低为主要依据进行具体项目的贸易活动。在该层次上国际贸易在世界经济中所占比重不高;跨国界的生产经营活动基本没有或相当有限;国家间总体缺乏制度性的经济交往机制;协调国际经济交往活动的国家机构及国际经济合作组织很少;对世界经济发展的影响范围有限,影响程度较低。

---

① 这里,经济国际化是指世界经济摆脱了国家间经济没有交往的状态,商品贸易和生产要素流动得以在国家间进行,但经济交往尚未在全球范围内广泛开展;区域经济一体化是指在政府间协定的推动下,一定区域内的国家建立了紧密的经济交往关系,形成了相互支持的共同交往准则;经济全球化是指生产要素得以在全球范围内流动和配置,国际贸易及投资等活动在全球范围内广泛开展,但世界经济尚未整合为一个统一的经济体;全球经济一体化是指世界经济在一个超国家组织协调下,在全球统一的经济交往制度保证下,生产要素在全球范围内得以自由流动与配置,各国经济真正连接成为一个整体。

表1　国际经济交往的层次

国际经济交往层次	国际经济交往的主要平台	国际经济交往的主要内容	国际经济交往的组织化状况	国际经济交往的世界影响
初级层次	国际货物贸易	以各国资源禀赋为主要依据的传统货物贸易	组织化程度低;缺乏制度性的合作机制	影响范围有限;影响程度低
中级层次	区域经济一体化及经济全球化	国际贸易(货物贸易与服务贸易);国际投资;国际经济合作	组织化程度较高;区域性组织蓬勃发展;各国经济交融度较高;主要国家全面介入	影响范围较大;影响程度较高;贸易、投资的自由化及便利化程度较高
高级层次	全球经济一体化	涵盖国际贸易、国际投资、生产要素流动在内的全方位经济交往与合作	组织化程度很高;各国在全球统一的组织机构下交往;制度性合作机制健全;基本涵盖世界所有国家和经济体	影响全球整体经济发展;影响程度很高;贸易、投资在全球范围实现了自由化及便利化

　　回顾人类发展历史,在奴隶社会,随着剩余产品的增多及货物交换跨越国界,简单的国际贸易随之出现,但总体处于零星状态。进入封建社会后,以丝绸之路为代表的国际贸易有所发展,在局部区域还呈现出繁荣的特点,但远没有形成世界性市场。15世纪末至16世纪初地理大发现后,随着西方国家资本主义的大发展,国际贸易的规模和领域不断扩大,各国经济通过国际贸易平台在世界范围内有机地联系在了一起,世界性市场开始形成。随着西方资本主义的大发展,在国际贸易基础上发展起来的国际投资活动于18世纪末开始出现并得到了一定发展,但两次世界大战的爆发使得国际投资活动陷于了停顿、甚至倒退的状态,国际上也缺乏协调国家间经济交往活动的组织和机构。学术界形成的共识是:第二次世界大战以前,传统的国际货物贸易是国际经济交往的最主要形式。据此可以认为:自国际贸易出现至第二次世界大战,国际经济交往处于以传统国际货物贸易为主要交往平台的初级层次。

　　2.中级层次:以区域经济一体化及经济全球化合作为主要平台。

　　随着人类生产力水平的不断提高,社会分工及国际分工的水平也在不断提高,生产要素的跨国界流动与配置变得频繁,并使得国际投资等国际交往活动的重要性开始超越国际贸易,尽管国际贸易也在以远比以往更高的速度向前发展。国际分工的日益深化对国际经济协调提出了更高要求,既推动着以政府为主导的区域经济一体化的快速发展,也推动着经济全球化的快速发展。区域经济一体化合作及经济全球化合作成为推动世界经济发展的主要形式。与此相对应,区域经济一体化及经济全球化合作取代传统国际货物贸易,成为国际经济交往的主要平台,国际经济交往进入中级层次。

在该层次上,国际投资,包括服务贸易在内的国际贸易,以及相关的国际经济合作活动频繁而活跃。与此相适应,国际区域性经济合作组织及世界贸易组织等蓬勃发展;国际经济交往的组织化程度不断提高;世界主要国家全面介入到国际经济交往活动中;国际经济交往对世界经济的发展影响范围较大、程度较高;国际贸易与投资活动的自由化及便利化程度较高。

从现实情况看,第二次世界大战后,以欧盟为代表的区域经济一体化合作在全球范围内蓬勃发展,世界就此进入区域经济一体化时代。20世纪90年代初中西方冷战的结束则标志着世界经济正式进入经济全球化时代。在这样的时代背景下,人类生产力取得了飞跃式发展,国际分工程度不断提高,经济合作活动得到广泛开展,国际经济交往无论在广度还是深度方面都大大超过了以往的国际经济交往。国际经济合作强调:为实现不同国家(国际组织)间的共同利益,要在生产领域对生产要素的高效跨国配置提供国际协助。当前的国际经济交往正处于区域经济一体化和经济全球化并行发展的时代。根据当前的发展趋势,可以判断,中级层次的国际经济交往尚需发展50年左右的时间。也就是说,自第二次世界大战结束至2065年左右,人类将处于国际经济交往的中级层次。

3.高级层次:以全球经济一体化合作为主要平台。

随着人类生产力的高度发展,区域经济一体化及经济全球化的程度也将不断提高。当前,二者处于并行发展状态。从理论上讲,区域经济一体化和经济全球化的发展起点和最终归宿都是相同的,即二者的发展起点都是经济国际化,最终归宿都是全球经济一体化。其中的逻辑关系是:随着区域经济一体化和经济全球化的深入推进,政府间的合作将不断消除阻碍一体化的因素并推动区域一体化组织规模的扩大,市场的力量将使各国及各区域经济实现更为紧密的联系,世界经济将最终在政府与市场两股力量的推动下实现全球经济一体化。与此相对应,全球经济一体化合作将取代区域经济一体化合作及经济全球化合作,成为国际经济交往的主要平台,国际经济交往进入高级层次,这也是人类国际经济交往的终极层次。

在该层次上,国际经济交往高度繁荣,并实现世界所有国家参与(不排除有极个别经济小国和地区被排除在外)、涉及面广、组织化程度高、影响大的效果。具体讲:全球经济一体化将对世界经济发展产生全面而深刻的影响;贸易、投资等活动将在全球范围实现高度的自由化及便利化;国际经济交往活动将处于由全球统一协调组织及世界各国共同营造的一个简化的、协调的、透明的、可预见的环境之中。根据当前的发展趋势,可以判断,大约在2065年以后,人类将处于国际经济交往的高级层次。

根据以上对国际经济交往三个层次的理论分析可见,当前的国际经济交往处于中级层次,推进区域经济一体化是当前世界各国重要的时代主题。可见,大力推进丝绸之路经济带建设具有充分的理论依据。

（二）现实依据

中亚五国（哈萨克斯坦、乌兹别克斯坦、吉尔吉斯斯坦、塔吉克斯坦、土库曼斯坦）是古丝绸之路沿线的重要国家，占据着重要的地缘位置和丰富的能源、矿产资源。在整个丝绸之路经济带的版图上，中亚地区是关键纽带、是必经之地、是战略重心；丝绸之路经济带虽然横贯亚欧大陆，却必须以中亚为中心；经营中亚，涉及中国政治、经济、能源、安全等多重利益，具有极大的战略意义。[3]毫无疑问，从中国的角度出发，当前建设丝绸之路经济带的重点和关键是加强与中亚国家的经济合作。对处于经济繁荣的欧洲经济圈和亚太经济圈之间，经济发展相对滞后的中亚和中国西部地区这一"经济凹陷带"而言，建设丝绸之路经济带不仅具有紧迫的现实意义，而且具有良好的发展基础。

1. 具有一定的组织化合作基础。

2001年6月，中国、俄罗斯联邦、哈萨克斯坦、吉尔吉斯斯坦、塔吉克斯坦、乌兹别克斯坦六国共同成立上海合作组织。该组织强调成员国共建睦邻友好合作关系，加强在各领域的有效合作，致力建立国际政治经济新秩序。这与建设丝绸之路经济带的构想并行不悖。上海合作组织尽管不是一个以经济合作为主要目标的组织，但在推动成员国之间经济合作方面发挥着卓有成效的作用，它强调丝绸之路核心地区共同的利益和安全诉求，促进了成员国合作共识与机制的不断增多和完善，有助于夯实及拓展丝绸之路的合作基础。欧亚经济共同体的运作也有助于夯实丝绸之路经济带建设的基础，它通过俄罗斯独联体政策下联合地区各国的关税协调机制，提高了俄罗斯、白俄罗斯和中亚之间经济合作的组织化程度。此外，经过20多年的建设，中国与俄罗斯及中亚五国已全部成为重要的战略合作伙伴，沿线国家间良好的政治、文化交往关系对于建设丝绸之路经济带具有重要的助推作用。

2. 具有一定的产业合作基础。

尽管"中亚—中国西北"这一区域经济发展水平低，人均GDP远远落后于欧洲和东亚发达经济体，但这一带自然资源及人文资源富集，经济增长潜力巨大。2004年以来，中亚五国和中国的经济增速平均保持在5%以上，各国相互间的经济依存度不断提高。中俄两国作为对世界经济政治格局有重大影响的大国，从1991年苏联解体后保持了健康平稳的战略协作伙伴发展关系。中俄两国及中国与中亚各国间的双边贸易额近年来不断攀升，现已互为重要贸易伙伴，相互间的投资也呈现出良好的发展势头。随着上合组织的发展，中国与中亚各国在能源、交通等各方面展开了广泛合作。采矿业、建筑业、制造业、批发和零售业、金融业、航空运输业等产业，是中国企业对中亚五国直接投资的主要产业。[4]可以预计，中国与俄罗斯及中亚各国的经济交往将在现有产业合作的基础上，不断提高经济合作质量并扩大合作领域，这对推动丝绸之路经济带建设具有积极作用。

3.具有一定的软硬件设施基础。

近年来,在联合国"丝绸之路复兴"计划等多种国际计划的引导下,丝绸之路沿线国家加大了在基础设施方面的投资力度。相比过去落后的基础设施状况,欧亚大陆通道在公路、铁路、港口、入关等软硬件方面的条件已经或即将发生重大改善。目前,新亚欧大陆桥沿桥综合交通基础设施建设已取得重要进展。在通讯领域合作方面,中国同中亚国家具有较强的互补性,中国的通讯技术与中亚各国的市场需求有很大的契合度,这为双方的合作提供了很大的机遇。此外,中国与中亚相关国家在石油天然气领域的管道铺建合作也取得了重大进展。可以说,以铁路为主体,包括公路、航空、管道、通讯和口岸设施在内的连接中国—中亚的交通走廊硬件设施已经初显规模。[5] 随着基础设施的改善,经由中亚地区的欧亚大陆桥将不断显示其比欧亚海洋运输成本低、时间短、风险低的优势,并有力推动丝绸之路经济带涵盖区域的经济社会发展。

二、丝绸之路经济带战略目标

丝绸之路经济带建设是一个庞大的战略性系统工程,将对全球经济版图产生重大影响,并有利于构建和谐世界发展的世界经济新格局。目前,丝绸之路经济带的建设还处在战略构想阶段。国内不少学者已开始对此展开研究。胡鞍钢等认为,"丝绸之路经济带"将集沿边开发与区域经济一体化功能于一体,既促进西部开发,也推动区域一体化。在性质上,它是集政治经济、内政外交与时空跨越为一体的历史超越版;在内容上,它是集向西开放与西部开发为一体的政策综合版;在形成上,它是历经几代领导集体谋划国家安全战略和经济战略的当代升级版。[3] 何茂春等认为,新丝绸之路构想突破了传统的区域经济合作模式,它主张构建一个开放包容的体系,以开放的心态接纳各方的积极参与,最大限度地减少运行阻力,扩大支持的基础,并且充分调动各种资源。[6] 霍建国认为,共建丝绸之路经济带的核心内涵是发展经济,即以丝绸之路沿途各经济体的主要发展地区为依托,发挥各自经济的优势,通过彼此相互开放,形成公平、统一的市场竞争环境,促进各种资源的自由流动,调动各类经济主体发展积极性,形成互利共赢的发展模式,共同努力振兴丝绸之路经济带;丝绸之路经济带的基本内容和发展重点是形成互联互通、以点带面、从线到片,逐步形成大区域大合作的发展格局。[7] 马莉莉等认为,建构"共生协同转型"机制是实现丝绸之路经济带各方繁荣的现实路径,需要通过引进模块网络化合作机制、建立各方自主转型系统与订制化的弹性国际合作机制等措施,为丝绸之路经济带战略构想创造条件,继而转变为现实。[8]

因此可以认为,丝绸之路经济带是以古丝绸之路为文化象征,以上海合作组织和欧亚经济共同体为合作平台,以立体综合交通运输网络为纽带,以沿线城市群和中心城市为支点,以跨国贸易投资自由化和生产要素优化配置为动力,以区域发展规划和发展战略为基础,以货币自由兑换和人民友好往来为保障,以实现各国互利共赢和亚欧大陆经济一体化为目标的带状经济合作区。从广义范畴来看,丝绸之路经济带的区域范围以古丝绸之路路线为基础,始于东亚、途经中亚、延至欧洲,辐射蒙古、南亚、俄罗斯、西亚、北非等周边区域,形成以中亚为中心,世界上距离最长、面积最大、人口最多、发展潜力最大的经济走廊。就长远而言,丝绸之路经济带作为一个洲际间宇观合作的经济网络,可以多方向延伸,且海陆空并进。

丝绸之路经济带的战略目标应包括以下内容:

一是最终成为实现全球经济一体化的重要战略平台。如前所述,全球经济一体化将是世界经济高度发展的必然结果。随着世界洲际间宇宙观合作理念深入人心,丝绸之路经济带将从海、陆、空三个维度多方向延伸,影响区域不断扩大,最终使亚洲、欧洲及非洲经济连为一体。在一定意义上,"丝绸之路经济带"将成为"亚欧非经济一体化"概念的代名词。同时,随着美洲经济一体化、跨太平洋经济合作及跨大西洋经济合作的推进,丝绸之路经济带将在东西两个方向加速与北美洲、南美洲及大洋洲的经济融合,成为实现全球经济一体化的重要战略平台。

二是成为高度开放型经济合作网络。"丝绸之路经济带"的倡议不搞排他性制度设计,体现了高度的开放性。开放型的区域经济组织强调区域利益与全球利益的融合。市场经济为世界各国普遍接受经济全球化深入发展打下了坚实的体制基础,经济全球化的不断推进则使发展开放型经济成为世界各国的主流选择。丝绸之路经济带的高度开放特征有利于其与现有国际经济组织的衔接,并吸引更多的国家融入其经济合作网络。

三是成为多个合作组织交织、多种合作形式并举的灵活务实的经济合作安排。丝绸之路经济带建设前景光明,但也面临复杂的国际协调问题。对此,"丝绸之路经济带"倡议展现了高度的灵活性和务实性。在此理念指引下,丝绸之路经济带建设既可在双边层面展开,也可通过多边合作进行,同时不排除美国等国在"丝绸之路经济带"框架内开展合作的可能性,进而实现同区内外多个合作组织及多种合作形式的融合,形成灵活务实的经济合作安排。

四是成为惠及世界各国的和谐世界建设平台。"丝绸之路经济带"倡议尊重区内各国人民自主选择发展道路的权利,主张通过加强政治沟通和战略互信,营造超越传统国际关系模式、文明属性、制度差异、发展差距的新型国家关系,使参与丝绸之路经济带建设的国家成为共同发展、共同安全的"好邻居、好伙伴、好朋友"。据此,丝绸之路经济带将发展成为惠及世界各国的和谐世界建设平台。

五是形成被各国普遍接受的经济高度自由化和便利化的统一制度体系。就当今世界各区域已有的经济一体化实践看,无论是欧盟、北美自由贸易区,还是其他区域经济合作组织,都是以区内国家协商形成的制度化体系为引导。而且经济一体化的程度越高,制度化合作的重要性就越突出。随着丝绸之路经济带国际合作的不断推进,区内各国将通过制度合作逐步消除阻碍经济交往有效进行的各种人为因素,形成被各国普遍接受的、保证生产要素在区内高度自由流动与便利化配置的统一制度体系。

三、丝绸之路经济带战略构想的实现步骤

丝绸之路经济带建设是一个涵盖区域广泛的庞大战略性系统工程,实现其战略构想目标需要稳步而长期的推进。本文认为,从构建全球经济一体化重要战略平台的长远目标看,丝绸之路经济带战略构想的实现可用大约50年的时间,以实现中国—中亚—俄罗斯经济一体化、搭建欧亚经济一体化基本框架和形成全球经济一体化战略平台为三个阶段性目标,分起步阶段、扩展阶段和完善阶段三大阶段有序推进。

(一)起步阶段:中国—中亚—俄罗斯经济一体化(2015—2025)

中亚地区是丝绸之路经济带的战略中心。同时,中国、中亚各国与俄罗斯相互之间有着千丝万缕的经济联系,且具备较为成熟的合作基础。因此,实现中国—中亚—俄罗斯经济一体化是丝绸之路经济带建设的起步阶段。这一阶段也是确保丝绸之路经济带健康发展最重要的夯实基础阶段,可按10年左右时间来规划。

这一阶段,在中国—中亚—俄罗斯经济一体化整体框架下,中国—中亚经济一体化、俄罗斯—中亚经济一体化及中俄经济一体化要同时推进。为实现这一阶段的目标,一个重要的任务是继续深化中国与俄罗斯的战略互信关系。其中一个问题是:努力化解"中国+中亚国家一体化"与"俄罗斯+中亚国家一体化"的矛盾,争取两机制合作共谋发展,而不是相互排斥。[9]为此,加强上海合作组织及俄罗斯主导的欧亚经济共同体的经济协调功能就变得十分重要。

从中国的视角看,这一阶段应在"五通"(政策沟通、道路联通、贸易畅通、货币流通、民心相通)理念的指引下,强化与中亚国家及俄罗斯的政策沟通工作,营造良好的政策环境;在继续改善铁路与公路交通条件的同时,提高区内空中航线、能源管道及信息网络等基础设施水平,打通从太平洋到波罗的海的海上运输大通道,形成高效、便利的互联互通网络;加强在能源产业、工业制造业、建筑业、高新技术产业及旅游业等方面的贸易和投资活动,并不断提高自由化和便利化程度;加强在本币结算方面的合作,降低对美元结算的依赖程度,增强区内经济国际竞争力及整体抵御金融风险的能力;进一步加强人民友好往来,为中国—中亚—俄罗斯经济一体化合作奠定坚实的民意基础和社会基础。同时,中国在国内应继续大力推进西部大开发战略,尤其要加强"西—兰—乌"产业带①及黄

---

① "西—兰—乌"产业带,是设想以西安、兰州、乌鲁木齐为三大节点,形成以点连线、以线带面,连通西北、西南,辐射华中、华北,连接东部与西部的带状经济走廊。

河流域经济带①的建设,以形成丝绸之路经济带中国区域发展的支撑体系。

(二) 扩展阶段:欧亚经济一体化基本框架(2025—2045)

中国—中亚—俄罗斯经济一体化的实现,将使东亚经济与西亚、南亚及欧盟经济对接具备良好的基础和条件。自此,丝绸之路经济带建设将进入扩展阶段,目标是实现欧亚经济一体化。这一阶段是实现丝绸之路经济带战略构想承上启下的重要阶段,可按20年左右时间来规划。

这一阶段,丝绸之路经济带将向东扩展至韩国、日本,向西扩展至地处亚、非、欧三洲交界地带的阿富汗、伊朗、土耳其、沙特阿拉伯等西亚国家及欧盟国家,向南扩展至东盟以及印度、巴基斯坦等南亚国家。欧亚经济交往的经济壁垒基本消除,欧亚经济一体化基本框架确立。

从中国的视角看,这一阶段应在东亚经济合作既有基础上继续加强与日本、韩国及东盟各国的经济合作,提升东亚经济整体一体化水平;在金砖国家及G20合作机制的基础上,强化与印度、巴基斯坦等国的一体化合作;在能源矿产、先进制造业、高新技术等重点领域加强与西亚国家的一体化合作;切实利用成熟的欧亚大通道强化与欧盟国家的全方位经济合作。

(三) 完善阶段:全球经济一体化战略平台(2045—2065)

欧亚经济一体化基本框架的确立,将使全球经济联系的紧密度得到极大提高。自此,丝绸之路经济带建设将进入完善阶段,目标是形成全球经济一体化的战略平台。这一阶段是丝绸之路经济带战略构想全面实现阶段,可按20年左右时间来规划。

这一阶段,丝绸之路经济带将深刻影响非洲地区,亚、非、欧三洲的经济一体化程度大为提高。澳大利亚、新西兰等大洋洲国家也将深入融合到丝绸之路经济带之中。同时,丝绸之路经济带在跨太平洋经济合作、跨大西洋经济合作深入发展的基础上,将从东、西两个方向进一步密切与包括美国、加拿大等发达国家在内的北美洲、南美洲经济的联系。世界各国在区域经济一体化与经济全球化高度发展的基础上开始推进全球经济一体化合作。丝绸之路经济带成为推动全球经济一体化发展的战略平台,丝绸之路经济带战略构想全面实现。

在推动全球经济一体化发展的进程中,各类区域经济一体化组织及各国政府相互之间的制度化合作将变得十分重要。通过全球性的制度合作,世界各国将开始探索建立一

---

① 黄河流域经济带,是设想以黄河和陇海—兰新铁路为纽带,在黄河中上游开发优势能矿资源,发展能源深加工产业;在黄河中下游,依托中原经济区,发展现代农业打造全国粮食生产基地,发展现代物流业,打造全国综合交通枢纽;在黄河三角洲地区,依托环渤海经济圈发展高效生态经济区,促进区域可持续发展。

个统一引导全球经济发展的世界性组织。国际经济交往中存在的各类经济壁垒将从根本上得到消除,各国经济将在一个公开、公平、公正的全球统一大市场中运行,全球经济也将在一个新的起点上向前发展。

【参考文献】

[1] 安成谋.从丝绸之路到我国对外贸易的再度繁荣[J].科学·经济·社会,1986(2):116 – 119.

[2] 杜玉文.唐末五代时期西北地缘政治的变化及特点[J].人文杂志,2011(2):141 – 147.

[3] 胡鞍钢,马伟,鄢一龙."丝绸之路经济带":战略内涵、定位和实现路径[J].新疆师范大学学报(哲学社会科学版),2014(2):1 – 10.

[4] 冯宗宪.中国向欧亚大陆延伸的战略动脉——丝绸之路经济带的区域,线路划分和功能详解[J].人民论坛·学术前沿,2014(2):79 – 85.

[5] 杨恕,王术森.丝绸之路经济带:战略构想及其挑战[J].兰州大学学报(社会科学版),2014(1):23 – 30.

[6] 何茂春,张冀兵.新丝绸之路经济带的国家战略分析——中国的历史机遇,潜在挑战与应对策略[J].人民论坛·学术前沿,2013(23):6 – 13.

[7] 霍建国.共建丝绸之路经济带与向西开放战略选择[J].国际经济合作,2014(1):7 – 10.

[8] 马莉莉,王瑞,张亚斌.丝绸之路经济带的发展与合作机制研究[J].人文杂志,2014(3):38 – 44.

[9] 王海运.建设"丝绸之路经济带"促进地区各国共同发展[J].俄罗斯学刊,2014(1):5 – 10.

(原刊于《人文杂志》2014 年第 9 期)

丝绸之路经济带背景的中亚五国发展模式

刚翠翠　　任保平

【摘　要】　丝绸之路经济带上中亚五国增长模式有如下异同之处:哈萨克斯坦与吉尔吉斯斯坦按照"华盛顿共识",接受了西方全面私有化的改革,属于自由市场下的工业化发展模式;而乌兹别克斯坦、塔吉克斯坦、土库曼斯坦在改革中虽也借鉴"华盛顿共识",但改革较为保守,因此属于政府指导下的工业化发展模式。由于增长的主要动力不同,这两种模式的效果也不同,哈萨克斯坦成功走上了工业化道路,而中亚其他四国仍处于初级发展阶段。因此,中亚国家急需依托丝绸之路经济带,开展区域经济合作,解决长期经济增长动力不足的问题。

【关键词】　中亚五国;丝绸之路经济带;经济全球化

第二次世界大战以来,区域集团化的过程愈发明显,随着欧洲、北美区域经济一体化的进程加快,东南亚国家联盟、西非经济共同体、中美洲共同市场也逐渐加快一体化进程,亚太合作的范围不断加深。世界市场生产的国际化与国际分工的日渐纵深需要区域间加强合作与交流。在此背景下,旨在加强亚洲与欧洲之间共同繁荣与发展的丝绸之路经济带模式便显得愈发重要。新亚欧大陆桥的建成,以及我国经济的崛起,使得振兴丝绸之路经济带成为可能。各国也都意识到了只有通过区域合作才能加强不同国家经济、政治、文化之间的交流,促进各国经济长期平稳发展。

与我国接壤或相邻的中亚五国是丝绸之路历经之地,然而由于中亚国家位居内陆,气候干燥,经济发展的先天条件不足,加之苏联模式对于中亚国家制度的深刻影响,使中亚国家的经济发展并不理想。《中亚国家发展报告(2013)》认为,中亚国家未来发展并不是一帆风顺,在政治权利的交叠更替与社会转型之路的艰难背景下,区域内的安全形势不容乐观,致使中亚国家在经济发展中充满了各种挑战[1]。我国与中亚国家之间的经济贸易交往有着较多的困难与障碍,也因此有了广泛的合作空间。为加深我国与中亚国家之间的经济联系,必须厘清中亚国家的经济发展模式,通过分析中亚国家在资源、产业结构上的优势与不足,探寻我国与中亚国家经济合作的空间,实现双方经济共同繁荣的目标。

一、中亚五国的发展态势

苏联解体后,中亚五国开始进行政治与经济改革,企图摆脱苏联计划经济的体制,实现自由市场经济。经过 20 多年的发展,中亚五国在经济改革上表现出不同的情况,有些国家走上了依靠资源禀赋的市场化模式,有些国家则加强政府指导,摆脱资源困扰。这里将从资源禀赋、中亚国家发展阶段、产业结构、需求结构四大方面分析中亚五国目前发展现状,以总结其经济发展模式。

(一)资源禀赋:资源分布不均衡

中亚国家的资源禀赋分布极不平衡。从人口资源上来看,由于地处山地内陆,自然条件较差,中亚五国大部分地区地广人稀,仅乌兹别克斯坦人口较为稠密。哈萨克斯坦与乌兹别克斯坦总人口占中亚人口的 70%,因此这两国最可能具有人口资源优势,可通过发挥劳动力成本低廉优势获得增长。

中亚五国自然资源分布也极为不均衡。从能源来看,哈萨克斯坦、土库曼斯坦和乌兹别克斯是中亚五国内部油气产量较高的国家,仅 2010 年三国石油产量达 9575 万吨,天然气产量达 1331 亿立方米,而吉尔吉斯斯坦和塔吉克斯坦能源主要依赖进口。哈萨克斯坦与吉尔吉斯斯坦曾是苏联重要的煤炭资源基地,年产量稳定在 1.1 吨左右,主要出口俄罗斯和乌克兰。而在矿产资源分布上,哈萨克斯坦与乌兹别克斯坦有全球产量 1/3 的铀矿,且开采量呈逐年增加的趋势,并由国家完全控股。这两国也是中亚国家内铜矿产量较高的国家,2010 年两国铜产量为 49.2 万吨。哈萨克斯坦也是世界上铬铁、锰铁、硅锰等铁合金的重要生产国之一,锌、铝土产量位居世界前列。除土库曼斯坦外,中亚四国黄金产量较高,占全球 4.63%。[2]

(二)经济发展阶段:发达工业国和欠发达农业国并存

在丝绸之路经济带上,中亚五国并非经济大国。表 1 列出了 1986—2012 年中亚五国及我国 GDP 总量情况。从中可以看到,以 1991 年为分界线,中亚五国国民生产总值出现了大幅波动,此后经济总量不断增加。中亚国家的经济总量依然较小,2012 年中亚五国 GDP 总量不到我国的 3%;从地区内部情况来看,中亚五国之间发展不均衡。以 2005 年美元不变价计算,作为中亚最大国家的哈萨克斯坦 GDP 从 1990 年的 5020 亿元上升至 8720 亿元,而中亚最小的山地国家吉尔吉斯斯坦和塔吉克斯坦 2012 年 GDP 总量不及哈萨克斯坦的 1/30。土库曼斯坦与乌兹别克斯坦属于中亚五国中发展较一般的国家,GDP 总量约为哈萨克斯坦的 1/3。中亚五国较低的经济发展水平,严重限制了与周边大国合作的空间。

表1　中亚以及我国 GDP 总量变化(十亿美元,2005 年不变价格)

国别 年份	吉尔吉斯斯坦	塔吉克斯坦	土库曼斯坦	乌兹别克斯坦	哈萨克斯坦	中国
1986	24	36	—	—	—	3917
1987	25	36	56	98	—	4371
1988	28	41	62	107	—	4865
1989	29	38	59	110	—	5064
1990	31	38	80	112	502	5257
1991	28	35	77	112	447	5740
1992	24	25	65	99	423	6556
1993	21	21	66	97	385	7473
1994	16	17	55	92	336	8452
1995	16	14	51	91	308	9374
1996	17	12	54	93	310	10311
1997	18	12	48	97	315	11270
1998	19	13	51	102	309	12149
1999	19	13	60	106	318	13072
2000	20	14	63	110	349	14170
2001	22	16	66	115	396	15347
2002	22	18	66	119	435	16743
2003	23	20	68	124	475	18417
2004	25	22	72	134	521	20278
2005	25	23	81	143	571	22569
2006	25	25	90	154	632	25435
2007	28	27	100	168	689	29047
2008	30	19	115	183	711	31836
2009	31	30	122	198	720	34765
2010	31	32	133	215	772	38380
2011	32	34	152	233	830	41949
2012	32	37	169	252	872	45221

图 1 为中亚国家与亚洲主要国家人均 GDP 对比图。从 2011 年数据来看,哈萨克斯坦 2011 年人均 GDP 为 11245 美元,土库曼斯坦为 4722 美元,乌兹别克斯坦为 1546 美元,吉尔吉斯斯坦为 1075 美元,塔吉克斯坦为 935 美元。哈萨克斯坦在 20 年内人均 GDP 增长约为之前的 8 倍,土库曼斯坦增长约 4 倍。依据表 2 钱纳里对于工业化阶段的划分,

结合各国人均 GDP,哈萨克斯坦已进入工业化后期阶段,是中亚五国发展水平最高的国家;土库曼斯坦进入工业化中期,而其余三国依然处于工业化的起始阶段。

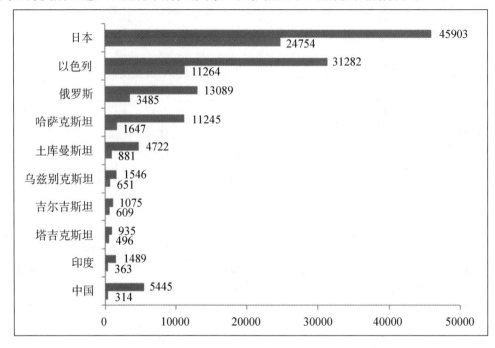

图1　中亚国家与亚洲主要国家人均 GDP(美元,现价)

表2　钱纳里工业化阶段(人均收入)　　　　　　　单位/美元

人均 GDP 阶段 / 年份	工业化起始阶段	工业化实现阶段			后工业化阶段
		初期阶段	中期阶段	后期阶段	
1970	140～280	280～560	560～1120	1120～2100	2100 以上
1996	620～1240	1240～2480	2480～4960	4960～9300	9300 以上
2011	875～1750	875～1750	3500～7000	7000～13125	13125 以上

注:根据《美国统计概要(2009)》公布的物价指数变动情况,2007 年美元与 1970 年美元的换算因子为 5.34,根据历年 CPI 换算为 2011 年为 6.25。由此,对应工业化不同阶段的标志值发生变化。

图2 为中亚四国城镇化率变化对比图,哈萨克斯坦城镇化率水平最高,约为 53% 左右,塔吉克斯坦城镇化率水平最低,平均水平不到 30%。乌兹别克斯坦城镇化率水平从 2008 年跃至 51%,达到了工业化国家的一般水平。从城镇化率数据可以看到,塔吉克斯坦和吉尔吉斯斯坦农村人口仍占大多数,尚未达到工业化的标准。

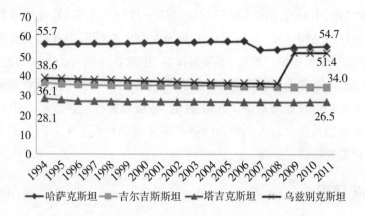

图2　中亚国家城镇化率

注:由于土库曼斯坦数据缺失,故未能在图中出现。

数据来源:亚洲开发银行(2013)。

(三)产业结构

中亚五国不仅工业化进程缓慢,而且工业化水平也并不高。图3为中亚国家1994年与2011年三次产业结构的对比图,同时反映了各国三次产业产值的变化水平。可以看出,作为中亚五国之中较发达的哈萨克斯坦,其工业结构符合一般工业化高级阶段的工业结构;吉尔吉斯斯坦在1994年时以农业为主,经过20年发展,农业占比已降至19%左右,但工业占比较小,而服务业占比较大,反映了其工业发展水平不高的事实;乌兹别克斯坦是中亚五国中传统农业较发达的国家,经过20年发展,这一情况仍然未变;土库曼斯坦在20年发展之中工业一直为其主要支柱产业,农业占比大幅下降;值得注意的是塔吉克斯坦,在1994年时工业结构良好,而到2011年,农业占比大幅提高,工业占比大幅减少,工业结构呈现倒退趋势,成为中亚五国中农业占比最高的国家。

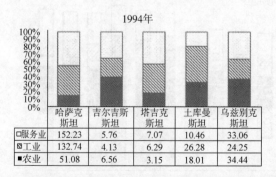

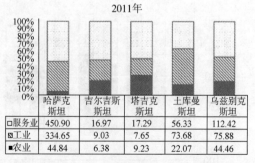

图3　中亚国家三次产业结构对比及产值变化(1994年与2011年)(十亿美元,2005年不变价)

数据来源:Agency on Statistics of the Republic of Kazakhstan (ASK). Official Communication,5 May 2012. Asian Development Bank(ADB). Staff Estimates.

在未解体之前,中亚五国由苏联计划经济统一进行分工布局,按照地理优势与能源分布,造成各国经济结构单一,如以重化工业为主的土库曼斯坦和以农业为主的乌兹别克斯坦经济结构都较为简单。然而,苏联解体后,中亚各国失去了苏联的经济支持,独立走上了发展之路,由于资金、技术以及市场等严重匮乏,各国基本上以资源和原材料作为增长的动力,工业仍以农业与资源类产业为主,易形成资源陷阱。而高附加值的工业缺乏、过多依赖外贸以及侨汇收入仍然是中亚各国发展的短板。中亚国家迫切需要发展工业,提高资本存量发展国民经济。

(四)需求结构

图4、图5给出了中亚五国需求占GDP的比重,以消费需求、政府购买、投资需求,以及进出口需求划分为两大类增长模式:一类是以出口为主的增长模式,在这种增长模式下,进出口占GDP的比重较大,且一般为贸易顺差。哈萨克斯坦与土库曼斯坦属于以出口为主的增长模式,从贸易结构来看,以资源类的商品贸易为主,服务贸易一般为逆差,金融项目以外商直接投资为主。另一类是以国内消费为主的增长模式,在这种增长模式下,国内消费占GDP较大比重,且一般为贸易逆差(乌兹别克斯坦除外),进口结构主要为基本轻工业产品,金融项目以外商投资为主。吉尔吉斯斯坦、乌兹别克斯坦与塔吉克斯坦属于这种增长模式。

由于资源禀赋和产业结构的限制,中亚五国的出口贸易结构较为单一,主要以初级产品如能源、矿产资源以及棉花等原材料商品为主;进口则以工业加工用品、服务等为主。以中亚最大的贸易伙伴之一的中国为例,中亚五国一般进口物美价廉的轻工业加工品、机电用品等。近几年,随着经济的发展,中亚国家对高新技术产品进口量也在上升,但总体来说仍然以加工业商品为主,且短时间内难以改变这种格局。

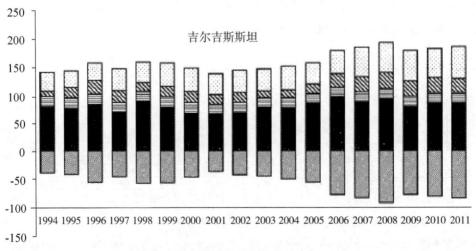

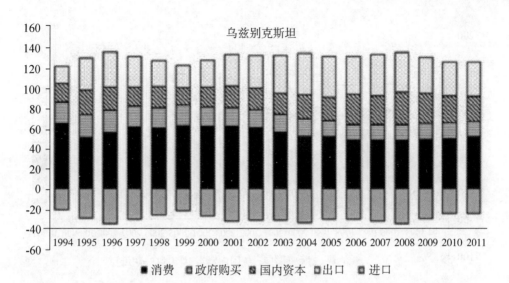

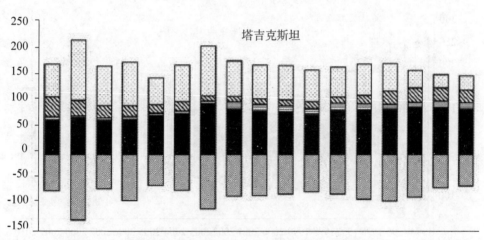

图 4　中亚五国需求结构（占 GDP 百分比）：以国内消费为主的增长模式

二、中亚五国的经济发展模式

一国经济增长模式决定了该国未来的经济发展走向以及与周边国家合作的空间，因此，对于探究丝绸之路经济带上中亚五国的经济发展模式无疑是重要的。通过对中亚五国经济发展的历史与现状分析，这里总结这五个国家的经济发展模式，并详细探讨这几种发展模式的差异和可能出现的问题。

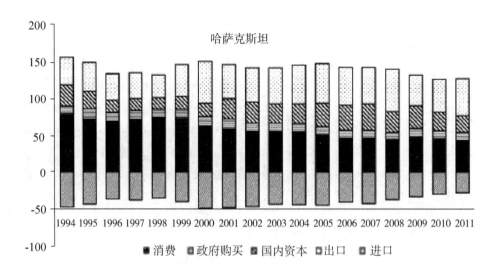

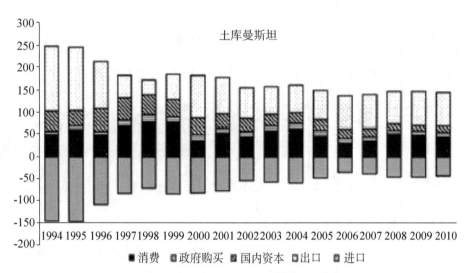

图5　中亚五国需求结构(占 GDP 百分比):以出口为主的增长模式

(一)中亚五国经济发展模式分类

刘世锦对踏入工业化国家的发展模式进行分类,一是依靠技术创新增长的国家,如老牌发达国家英国、美国等,其通过几次工业革命已将要素作用发挥到极致,现阶段通过技术变革实现全要素生产率的增长;二是成功追赶技术前沿的欧洲后发国家,这些国家通过马歇尔计划,由美国扶持在战后得到强劲的发展;三是通过要素禀赋与自生能力,发挥后发优势成功赶超的东亚新兴工业化国家;四是基于"华盛顿共识"发展模式的拉美国家,实行进口替代战略曾得到发展,但最终落入"中等收入陷阱";五是中国通过"挤压式"增长实现经济发展;六是实行计划经济体制并实现快速增长,一度也落入"中等收入陷阱"的苏联和东欧诸国[3]。对于解体后的独联体国家,其发展模式并未有论述,在这里,对于经济发展模式,主要通过三个要素进行分类。

1. 如何发展市场经济。

国内学者一般将独立后的中亚各国经济发展模式归于"社会市场经济模式"[4],中亚五国自独立后便开始从计划经济模式向市场经济模式转变。根据姚大学的研究,在建立市场经济过程中一般采取两种发展模式,一类是基于"华盛顿共识"下的经济发展模式,即世界银行等国际性金融组织以巨额投资、援助为交换条件在发展中国家实现资本完全流动、完全私有化的经济发展道路,即对资本主义经济制度的复制,因而其具有自由市场的特征;另一类则是基于本国国情,艰苦创新,独立自主走向经济发展的道路,因为其不受制于发达国家经济制度的控制,强调采取有步骤的改革,调整产业结构,而非激进的对资源实现完全自由的配置,因而带有政府干预的色彩[5]。

2. 增长的源泉。

关于增长的动力有两种:一类是基于资源禀赋的增长,这类增长往往出现在工业化初期,资源、生产要素等边际收益不为零的情形下,不断加入要素便能实现增长;另一类则是基于技术创新、制度变革的增长,这类增长往往是在第一类增长出现乏力后,由粗放式的增长模式走向集约式的增长模式,依靠创新驱动和制度变革带来全要素增长率的提高。

3. 国家发展的阶段。

不同阶段下国家增长的目标可能不同。通过对比一国的人均国民生产总值,可以确定该国是处于工业化初级阶段还是工业化高级阶段。在工业化初级阶段,由于迫切需要发展本国经济,一般遵循比较优势;而进入工业化高级阶段,更多的是重视产业结构调整与生产方式的提高。

表3 中亚五国的增长模式

增长 动力 市场化道路	自由化(基于华盛顿共识)	政府指导
资源型增长(出口型增长)	哈萨克斯坦	土库曼斯坦
非资源型增长(内需型增长)	吉尔吉斯斯坦	塔吉克斯坦、乌兹别克斯坦

根据上述三个标准,结合中亚国家本身的发展特征,这里定义了中亚国家的发展模式,即自由市场下的工业化发展模式与政府指导下的工业化发展模式(表3)。在按照社会主义制度进行治理的国家中,中亚五国与海隔绝的地理位置与气候条件使其经济发展状况不佳,按照苏联工业化的整体规划,这里仅仅是苏联工业化的原材料提供基地。世界各国的工矿业城市发展都前途坎坷,中亚五国也并不例外。哈萨克斯坦与吉尔吉斯斯坦按照"华盛顿共识"接受了西方全面私有化的改革,因此,在发展模式中这两国是一致

的,即为自由市场下的工业化发展模式;而其他三国改革虽也借鉴"华盛顿共识",但改革较为保守,因此属于政府指导下的工业化发展。这也表现在中亚国家在改革过程的不同:第一,哈萨克斯坦为保证改革成果,提出"加速工业创新发展规划",努力在非资源领域行业进行工业化道路;同时保证"农业畜牧业发展计划"的落实,促进食品工业等相关产业的发展;努力节约能耗,改善商业环境以及实现区域一体化等。[①] 第二,乌兹别克斯坦在工业、基础设施、交通以及金融行业实行改革,保证国内生产总值在 2011—2015 年提高 50%,同时加速现代化改造,发展服务业和农业等保障人民生活生产领域。[②] 第三,塔吉克斯坦则在发展战略中尽量减少对国际市场的依赖,降低贫困程度,并采用招商引资建立水电站等。[③] 第四,吉尔吉斯斯坦主要将财政投入到农业生产建设,并将其作为战略性经济行业,同时在服务业以及工业领域组建现代化企业。[④] 第五,土库曼斯坦确定了2030 年经济优先发展战略,兼顾宏观经济调整与市场引入机制,对工业生产进行现代化改造,加大引进技术创新的力度,推动轻工业、建材工业和农业生产潜力的快速增长。[⑤]

(二)自由市场下的工业化发展模式

哈萨克斯坦与吉尔吉斯斯坦在独立后采取了激进式的改革方式,基于"华盛顿共识",两国在独立初期就通过了一系列私有化的政策与法律文件,除比较重要的战略产业(如能源、铁路)外,几乎在经济领域的各个方面都放松了管制。但是这两国的增长方式还是有所差异,哈萨克斯坦依靠丰富的资源成功摆脱了贫穷,走上依靠出口增长之路。哈萨克斯坦发展模式具有拉美特点:第一,完全私有化为私人企业发展提供法律基础和制度保障;第二,基于金融、财政、法律等一系列自由市场下的政策,政府完全退出市场;第三,鼓励对外贸易吸收外国资本;第四,增长主要是"国富"而非"民富";第五,过于依靠资源行业,农业发展几度欠缺。

吉尔吉斯斯坦从改革伊始便采取了全盘私有化的方式。吉尔吉斯斯坦在 1993 年发行国家货币,并通过控制货币发行量调节市场经济。在贸易方面,优化国内投资环境,积极引进外资,并将内资企业与外资企业一视同仁,实现完全的资本流动与汇率浮动制度。1998 年,加入世界贸易组织,取消进口税,参与国际无关税贸易。但由于资源匮乏,经济发展水平较低,虽然吉尔吉斯斯坦采用"华盛顿共识",但也仅仅是依靠外部援助维持本国经济,未来增长方向依然具有不确定性,但值得注意的是吉尔吉斯斯坦的中小企业与外资企业发展较快,发展前景较好。

---

① 参见 2012 年《哈萨克斯坦 2050 年发展战略规划》国情咨文。
② 参见 2010 年《2011—2015 乌兹别克斯坦发展纲要》。
③ 参见 2007 年《塔吉克斯坦 2000—2015 年社会经济发展规划》。
④ 参见《2013—2017 年吉尔吉斯斯坦稳定发展战略》。
⑤ 参见《2003 年土库曼斯坦至 2020 年经济、政治和文化发展战略》国家纲要。

（三）政府指导下的工业化发展模式

出于经济安全的考虑，在推进市场化方面，乌兹别克斯坦、塔吉克斯坦与土库曼斯坦并未像上述两国一样完全敞开私有化的大门，而是保持了较强的政府监管，进行循序渐进的经济改革。在经济开放的程度上不如哈萨克斯坦与吉尔吉斯斯坦，比如，外国公司在土库曼斯坦境内从事经营活动必须由总统亲自批准。在价格改革上也实行谨慎的态度，全国商品价格放开的步伐要慢于哈萨克斯坦与吉尔吉斯斯坦。此外，这三国在市场化进程中分阶段进行，从易入手的部门开始改革，对私有化进行严格的宏观调控，注重社会保障，因而这三国尤其是乌兹别克斯坦，由于其以"促进社会公正、加强政治稳定"为主要目标结合国内实际，在经济发展模式上更偏向于东亚国家的发展模式。

但是，这三国在增长模式上仍有一定差距。土库曼斯坦由于资源丰富，其GDP增长主要依靠资源出口，资源行业表现出国家高度垄断经营的特征，与油气资源有关的行业几乎都为国家所有。在经营模式上采取粗放式的经营方式，生产率较低，因此在国际市场上缺乏竞争力。但土库曼斯坦仍积极探索适合本国的发展道路，与国家经济发展相协调，采取了"积极中立"的外交政策。乌兹别克斯坦和塔吉克斯坦油气资源都非常匮乏，矿产资源以金、银、铝、钨、铀为主，但数量有限，加之水电资源难以开发，农业产品结构单一，主要以棉花为主。现阶段增长主要依靠外部援助，远没有达到国家发展的目标，因此还需要探索新的增长模式。

（四）中亚五国增长模式的问题

从中亚五国的增长模式中可以看到，中亚五国在增长中存在的问题如下：第一，基于"华盛顿共识"背景下全盘私有化的哈萨克斯坦与吉尔吉斯斯坦有着与拉美模式相同的问题，即其经济发展受国际组织的影响较大，以致失去本国独立自主发展的特征，且全面市场化造成严重的后果，即经济波动较大、三角债较严重、收入差距拉大，可能陷入"中等收入陷阱"等。第二，经济结构依然不合理。中亚五国几乎都存在消费品生产较小，仅依靠资源经济拉动增长的问题，这在资源丰富的哈萨克斯坦和土库曼斯坦尤为严重，并将长期困扰着这些国家的进一步发展。依靠资源出口增长的哈萨克斯坦与土库曼斯坦可能会陷入"资源诅咒"陷阱，或者在这种威权统治的国家，统治者容易利用这些易寻租的收益去建设一些所谓提升国家声誉的融资项目，从而使国家受损，因此其很难走向东亚的发展模式。而乌兹别克斯坦、吉尔吉斯斯坦与土库曼斯坦并不以资源出口为增长的主要动力，从而能够仿照东亚发展模式，通过与大国间的组织合作等得到发展。第三，资本匮乏，国内储蓄率较低，投资较少，无法拉动本国经济增长，限制了中亚五国经济结构的改善，因此，需要进一步吸引外资。第四，增长方式过于粗放，中亚五国都存在高耗能低产量的情况，重视产量而忽视生产质量，因此，需要为中亚五国发展提供制度支持，从而改变中亚五国经济发展模式的弊端。

三、中亚五国参与丝绸之路经济带的发展前景

丰富的资源优势和战略性的地理位置,使中亚五国在世界经济格局中保留了自己独特的地位。中亚国家丰富的能源使其成为各经济大国争相合作的对象,成为世界市场的一部分。同时,主观上,中亚国家追求繁荣富强的目标促使中亚五国积极走向世界,参与世界市场分工,从而提高本国经济发展水平。因此,未来中亚五国的发展方式应当是与世界走向融合。我国则应通过丝绸之路经济带,积极与中亚五国展开合作交流。

中亚五国发展模式上的弊病归因于以下几点:第一,内陆的地理环境使其参与世界分工的交易成本增加,造成市场狭小;而欧亚国家在经济一体化过程中往往忽视中亚国家,致使中亚五国一体化水平较低。第二,中亚五国受苏联模式的影响,缺乏市场经济层面上的制度建设。因而需要通过其参与世界分工使市场一体化来扩大中亚五国的市场。然而,扩大以国界边界的市场并非易事,完全遵从经济上的比较优势将使市场交换受到限制,需要通过国家间制度层面上的安排,扩大交易范围。

丝绸之路经济带为中亚国家与亚欧经济一体化提供了一种非正式制度模式。中亚国家在参与欧洲一体化过程中达成的协议较多,包括了独联体经济联盟(CIS)、欧亚开发银行和欧亚经济共同体、经济合作组织、中亚经济体(SPEC)、中亚和南亚运输和贸易论坛(CSATTF)、中亚区域经济合作(CARES)以及上海合作组织,这些正式制度层面上的合作组织大多作为政府首脑间的沟通平台。丝绸之路经济带作为非正式制度模式,其引领着世界上最活跃的经济带——欧洲联盟与环太平洋经济带,丝绸之路经济带沿线国家则是发展水平参差不齐的亚欧国家,其中又以中亚五国为主要对象。借横跨亚欧与中国的天然优势,中亚五国重新获得了地理优势,通过依靠沿线国家自身发展特征,制度与资源禀赋,合作形成一体化模式,而非在协议上强制引进一套标准来让各国参与竞争,成为中亚五国自主发展经济的动力。因而,丝绸之路经济带为中亚五国提供了"造血功能"。中亚五国应在扩大本国经济市场的同时,与沿线地区国家实现战略沟通,打造互利共赢的丝绸之路经济带。

(一)总体合作战略规划前景

丝绸之路经济带上的合作都是双赢互利的,依据中亚国家发展模式与现状,结合我国经济发展诉求,围绕习近平总书记提出的"政策沟通、道路联通、贸易畅通、货币流通、民心相通",我国与中亚五国合作可采取如下模式:通过我国与中亚五国之间基础设施建设,改善丝绸之路经济带上的交通状况;强化上海合作组织对加强中亚国家与我国政治经济联系的功能。我国应帮助中亚五国恢复"造血功能",从资源能源贸易上升到工业现

代化贸易,那时中亚地区经济结构必将发生变化,我国与中亚五国间的经济合作也会从单纯的能源输出到技术、贸易、金融间的合作,进而开拓中亚市场,提升我国企业竞争力,为新型工业化提供资源支持(图6)。

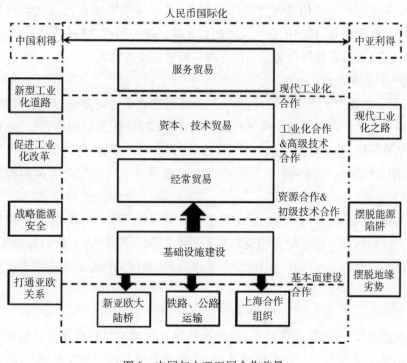

图6　中国与中亚五国合作前景

(二)合作前景预测与展望

从上述分析可以看到,中亚国家经济增长率从大幅周期波动走向平稳小周期波动。利用亚洲开发银行1986—2012中亚各国GDP数据(以2005年为基期的美元价格)进行时间序列预测可以发现,2014—2016年,中亚五国的经济增长率为5%左右。中亚国家的经济波动主要由于国际市场能源、矿产品以及原材料价格的波动导致,资源主导型的地位仍未改变。与此同时,各国重视发展优势产业,推动经济改革,取得了一些成效,一直以来不受重视的农业生产也有了一定的发展。这些国家正处于改革进程当中,预计丝绸之路经济带的建设对于提升中亚国家的工业增长具有良性作用。借助丝绸之路经济带,未来可以合作的领域有三方面。

1. 经济贸易合作。

现阶段,我国企业在中亚国家的投资仍以能源为主,由于中亚五国纷纷提出要大力发展农业,中资企业进入中亚五国的农业或食品加工业将成为可能。已成功在中亚地区建厂的食品加工企业有哈萨克斯坦索菲亚有限公司、黑龙江大西江农场等。

在工业方面,中亚与我国主要合作的领域有能源与矿产勘探、建筑与建材业、交通运输与信息通讯。在能源与矿产方面,中亚与我国逐渐开始走向"绿色"能源的战略合作,如哈萨克斯坦、乌兹别克斯坦引进风能和太阳能技术,欲代替化石能源,近年来我国对可再生能源的开发投入巨大,双方合作前景广阔。

由于中亚五国产业结构正在发生深刻变化,未来能够发展且具有优势前景的产业有:机械制造、电力工业、轻纺工业以及民用工业等。基于丝绸之路经济带上的经济示范效应,食品工业、旅游业和科教文卫合作也将得到进一步的发展。

2. 金融、服务业合作。

金融、服务业是中亚国家的短板,需要我国通过建立多边的金融机构与融资平台,解决中亚各国资金匮乏以及金融风险等问题。2008 年以来,中国人民银行与中亚国家签署双边本币结算协议,并对哈萨克斯坦货币展开挂牌交易。以后,这种货币跨境服务会更多,中国与中亚国家也会加强对金融业的监管并鼓励金融机构为双边金融提供更好的服务。

此外,我国在物流、金融、餐饮、旅游等服务业具有较为明显的优势,丝绸之路经济带构想伊始,兰州、西安等地区纷纷构建以"新丝绸之路经济带"为主题的旅游发展规划。借鉴这种模式以及中亚五国独特的民俗与地理位置,我国同样也能在旅游业上与中亚国家进行合作。

3. 技术合作。

较之中亚国家,我国在先进技术、科研设备以及管理上更具有优势。未来可通过项目合作、FDI 以及人员互访与技术培训等,加强国家间技术合作。在农业领域,以粮食安全为目标,重点进行区域优势农业技术开发以及绿色食品的合作;在工业发面,以不断提高生产率和资源使用效率为目标,在能源领域以及建筑、制造业等工业间展开合作。

【参考文献】

[1] 孙力.中亚国家发展报告(2013)[M].北京:社会科学文献出版社,2013.

[2] 李恒海,邱瑞照.中亚五国矿产资源勘查开发指南[M].北京:地质出版社,2010.

[3] 刘世锦.中国经济增长模式评估与转型选择[J].改革,2012(2):5 – 11.

[4] 常庆.中亚五国经济体制与发展模式探讨[J].新疆社会科学,2001(1):65 – 71.

[5] 姚大学,王泽壮.中亚五国经济发展模式[J].俄罗斯中亚东欧市场,2004(6):23 – 26.

(原刊于《改革》2015 年第 1 期)

以"欧亚经济联盟"为标志的独联体经济一体化发展及对"一带一路"建设的启示

黄孟芳　卢山冰　余淑秀

【摘　要】 2015 年 1 月 1 日独联体范围内的"欧亚经济联盟"正式成立并运行,这是独联体经济一体化具有里程碑意义的成果。本文对独联体经济一体化发展过程和阶段进展进行研究,提炼出独联体经济一体化发展中形成的主要特征,分析了"欧亚经济联盟"形成的过程和组织功能;认为政治考量是独联体经济一体化发展的外部推动因素,经济问题是独联体经济一体化发展的内在需求因素;认为随着"欧亚经济联盟"的正式启动,独联体经济一体化发展将向综合发展型经济转变,经济一体化发展能力日趋加强,区域影响力和引导力将逐渐凸显;中国在开展"一带一路"建设中,应该积极加强与一体化组织机构的密切联系,在尊重"欧亚经济联盟"客观存在的基础上,有选择地对接一体化中的项目需求,加强与该组织及成员国合作,考虑和重视中亚国家的俄罗斯因素,务实推进能源及其他项目合作,才能在中亚地区持续稳步推动"一带一路"建设。

【关键词】 独联体;经济一体化;发展特征;未来走向;"一带一路"务实合作

现代经济理论认为,区域经济一体化实现的基本过程包括由"自由贸易区"开始,到构建"关税同盟",形成"统一市场",进而建立"经济联盟"四个发展阶段。独联体国家在推动经济一体化过程中,曾经做过许多尝试和探索,既持续开展和广泛吸纳相关国家参与的自贸区建设,也同时开展从关税同盟、统一市场和经济联盟的一体化推进和持续探索,尽管遇到许多困难和曲折,但是在主导一体化国家推动下,已经产生了区域经济合作的成效。2015 年 1 月 1 日由俄罗斯、白俄罗斯、哈萨克斯坦三国发起的"欧亚经济联盟"正式运行,吉尔吉斯斯坦和亚美尼亚积极跟进参与此组织。全面研究以"欧亚经济联盟"为标志的独联体经济一体化问题,对于我们正在开展的"一带一路"建设有着积极意义。

一、独联体自贸区建设推动过程

独立国家联合体(Commonwealth of Independent States, CIS),是由苏联的一些主要共

和国组成的旨在开展多边合作的主权国家的松散联合体组织,简称"独联体"。成立时,除波罗的海三国外,其他12个苏联加盟共和国白俄罗斯、格鲁吉亚、土库曼斯坦等均为独联体正式成员国。[1] 1993年9月俄罗斯等独联体国家就建立经济联盟签署过协议。1994年4月,独联体国家就开展自由贸易区建设问题达成协议,协议中明确各参加成员国要逐步取消国与国之间的关税,共同建立统一信贷体系,向关税同盟过渡。1994年10月,成员国签署了《独联体一体化发展的基本方针》《独联体一体化发展的前景计划》等文件。1996年3月,俄罗斯、白俄罗斯、哈萨克斯坦和吉尔吉斯斯坦四个国家领导人签署了《在经济和社会领域加深一体化条约》。同年4月,俄白两国签署了《主权共和国共同条约》,确立两国将逐步实现经济一体化,建设共同市场。与此同时,乌克兰、摩尔多瓦、格鲁吉亚和阿塞拜疆四国于1996年建立"古阿姆集团"。[2] 为了应对离心倾向,俄罗斯领导人于2000年10月召集哈、亚、塔、吉领导人在比什凯克举行会议,推进加强联系和推动经济一体化进程工作。

早在1994年独联体国家曾初步签订自由贸易区条约,但包括俄罗斯在内的部分国家没有批准该条约。2011年10月18日在俄罗斯圣彼得堡举行的独联体国家政府首脑理事会签署了新的《独联体自由贸易区协定》。新条约共有八个国家签署,新条约简化了法律条款,修改涉及自由贸易制度的双边和多边法律法规文件100多项。[3] 独联体执委会经济司司长库什尼连科认为:自贸区协定的条款尽可能接近世贸组织规则,各个参加国均承诺最终取消进口配额并过渡到零关税,但是各国亦均同意暂时保留酒和糖类商品关税。2012年5月30日,俄总理梅德韦杰夫表示,"独联体进一步一体化的重要保障就是加快批准独联体自由贸易区条约,推动发展独联体自贸区"。在2012年俄、白、哈、亚、吉、塔和摩陆续批准了独联体自由贸易区协议书。[4]

二、从关税同盟向欧亚经济一体化的推进

欧亚经济共同体起源于俄罗斯、白俄罗斯和哈萨克斯坦三国关税同盟协议。1994年哈萨克斯坦纳扎尔巴耶夫总统在莫斯科大学演讲时第一次提出欧亚联盟思想。1996年1月20日,俄、白、哈三国领导人共同签署关税同盟协议,同年3月29日,俄、白、哈、吉四国签订了《在经济和人文领域深化一体化合作条约》,并确认成立独联体内区域合作组织——"关税同盟"。1999年2月26日,塔吉克斯坦宣布加入关税同盟,五国签署《关税同盟和统一空间条约》。2000年10月10日,俄、白、哈、吉、塔五国总统签署《关于成立欧亚经济共同体协议》,目的是进一步促进五国经济一体化。2001年5月31日,欧亚经济共同体跨国委员会第一次会议召开,宣布欧亚经济共同体正式成立,继续深入开展经贸、人文和法律合作,2006年乌兹别克斯坦加入,但于2008年11月退出。2009年11月27日,俄、白、哈三国总统共同签署《海关联盟法典》,标志着"俄白哈三国海关联盟"正式成

立,这意味着从此三国之间"使用统一的海关编码,彼此不设立海关,货物实行自由流动","三国之间制定统一的标准和规则"。[5]根据俄罗斯有关研究部门推算,在关税同盟正式运行之后,第一年便会推进三国经济发展,三个国家撤销了海关屏障之后,预计各国之间贸易额每年将平均增长 40% 左右,每个国家 GDP 年均提高 15% 左右。对于原来经济往来极少的哈、白之间,在海关联盟建立后,两国的贸易量也将会增加两倍左右。国际观察人士分析时,发现在此次谈判中俄罗斯专家谢·格拉济耶夫是俄共著名经济学家,尤其擅长计划经济理论,普京安排其担任推进关税联盟谈判高官,具有非常深刻的意义。

欧亚经济一体化从构思到持续推进历经 17 年的协调和谈判,到 2011 年才有了实质意义上的突破。2011 年 11 月 18 日,俄、白、哈三国总统正式签署了欧亚经济一体化宣言,并宣布 2012 年 1 月 1 日关税同盟将过渡到统一经济空间,逐步扩大三个国家之间产品销售市场,促进市场开放,最后实现商品、服务、资本和人员的自由流动。三国领导人表示,努力在 2015 年前统一与关税同盟和经济联盟一体化相关的各项法律,并且在此基础上建立欧亚经济联盟。在这次会晤中,俄、白、哈三国签署了《欧亚经济委员会条约》和《欧亚经济委员会工作条例》,明确在 2012 年 7 月 1 日欧亚经济委员会正式成立并取代关税同盟委员会,各成员国将向委员会移交主权范围内的 175 项职能。委员会总部设在莫斯科,内设理事会和联席会议两大机构。在这一过程中,俄罗斯发挥了举足轻重的作用,其运用政治、经济、外交、能源等综合战略和策略,加速推进独联体地区一体化进程,促成从欧亚共同体向欧亚经济联盟的跃进。

三、欧亚经济联盟的成立推动经济一体化的深化合作和持续进程

2013 年 9 月 6 日欧亚经济委员会主席赫里斯坚科在俄国家杜马表示《欧亚经济联盟协议》为俄、白、哈三国在建立经济联盟过程中,提供了设立三国之间统一的金融、证券市场发展路线图。据此,已经显示出俄、白、哈三国未来推出统一货币的可能性。2014 年 5 月 9 日,三国总统签署成立欧亚经济联盟的法律文件,意味着从欧亚共同体即将华丽转身为"欧亚经济联盟"。[6]《欧亚经济联盟条约》由两部分组成,第一部分阐述了建立联盟的目的和任务,将联盟定位于全方位发展的国际组织。第二部分规定了联盟内部经济协作机制,明确了一体化的具体义务。联盟总部设在莫斯科,联盟法院设在明斯克,金融监管机构设在阿拉木图。联盟成员国将在 2025 年实现商品、服务、资本和劳动力的自由流动,终极目标是建立类似于欧洲经济联盟的联盟,形成一个拥有 1.7 亿人口的统一市场。欧亚经济委员会是三国经济一体化的直接主要职责机构。

欧亚经济委员会主要有三个职责:①协调经济政策;②统一经贸政策;③负责统一三国立场,作为谈判团队对成员国之外展开谈判。欧亚经济委员会由理事会负责委员会运行和管理,欧亚经济委员会理事会由各成员国副总理级理事会和部长级理事会构成。首

任理事会主席赫里斯坚科从俄工贸部长职位上卸任后担任该职务,负责欧亚经济委员会具体工作。部长理事会由 8 名部长级委员组成,理事会下设 22 个司局。理事会主席和委员都下设有秘书处。2012 年 2 月 1 日起,所有部长理事会委员开始履行职责,每周召开理事会会议,讨论市场内关税调节、贸易救济措施问题及相关立法。相关工作人员由 2012 年的 600 人增至 2013 年的 1000 人。

从目前进展来看,在关税同盟构建上,俄罗斯、白俄罗斯和哈萨克斯坦三个国家已经从实施统一关税、非关税措施以及技术标准等方面促成合作。[7]从经济总量来看,俄白哈三国的经济总量占世界经济总量的 2.6%,贸易额占世界贸易额的 4%,探明石油储量占世界总量的 9%,天然气总储量占世界总量的 25%。三国经济一体化之后,在促进三国贸易活跃增加贸易量的同时,在能源领域的话语权将更加集中,能源合作上的协调力度将更大,带动示范效应会逐渐凸显。

四、独联体经济一体化发展的特征

独联体是在苏联地域形成的松散度较高的联合体,苏联留下的经济结构、产业模式、文化、习惯能够凝聚独联体国家,也对已经形成的联盟体未来发展带来模式带来影响,从而表现出与其他经济一体化区域组织机构所不同的特征。

1. 独联体国家资源丰富,经济一体化以资源输出为基础,形成资源依赖型的一体化产业结构。

独联体国家在石油、天然气、黑色和有色金属、铀、黄金以及矿产品出口在全球占有重要地位。在全球战略矿产资源储备中,独联体占有 5% ~ 10% 的份额,有些矿产种类(比如:铀、锌、铅等)超过 10% 的储藏量。油气资源主要分布在乌兹别克斯坦、哈萨克斯坦、土库曼斯坦和阿塞拜疆四国境内。[8]据西方专业杂志报道的统计数据,截至 2013 年,整个中亚—里海地区剩余探明石油储量超过 52 亿吨,大约相当于全球剩余探明总储量的 2.5%。该地区的石油蕴藏高度集中,探明储量的九成以上位于哈萨克斯坦和阿塞拜疆两国境内。与石油储量相比,该地区的天然气储量更为丰富,全球占比也更高。[9]2013 年探明储量超过 12 万亿立方米,大致相当于同期全球探明总储量的 6.6%。该地区天然气最富有的国家是土库曼斯坦,哈萨克斯坦位居第二,乌兹别克斯坦位居第三。最近 10 年时间里伴随全球能源价格不断上涨,阿塞拜疆的 GDP 从 2000—2008 年,8 年期间迅速增长了 2.5 倍,哈萨克斯坦 GDP 同期也增加了 2 倍,土库曼斯坦 GDP 的增长则是 10 年前的 2.9 倍。独联体国家产业结构过度依赖于能源产品,产业结构非常不合理,出口结构严重失衡,这些国家出口的主要产品都是能源、矿产、化肥以及其他工业和农业原料。[10]独联体国家由于产业结构中资源产业比重过大,许多国家没有形成完备的系统的工业体系,即使开展经济一体化建设,产业缺口和产业价值链不完备以及低端和低附加值产业雷同,对于后续一体化也缺乏持续动力和竞争力。从俄罗斯、白俄罗斯和哈萨克斯坦已经形成的一体化雏形来看,三个国家对于能源产业的过度倚重所形成一体化经济对于向外部开放、接纳工业化体系完备国家进入和相互竞争上明显缺乏竞争优势。任何初级产品包括能源产品的提供者与工业制成品提供者相比在关贸协定框架内无论其增量空间扩大或利润获得上都不具有竞争力。

2. 独联体经济一体化在政治集团利益角力过程中曲折前行。

恩格斯在论述到社会历史发展时,指出人类历史的发展是许多力的平行四边形合力的结果。独联体经济一体化进程,正是在多种力量角力平衡中发展形成的。

(1)俄罗斯出于自身政治及经济因素考虑,不遗余力地推动独联体经济一体化。作为独联体内最具影响力的国家,俄罗斯自认为具有天然的政治义务和责任,为独联体经济一体化最积极的推动者。俄罗斯的核心利益和战略目标集中在"控制能源、巩固国防、解决就业和促进贸易"四个方面。首先,获取和控制中亚能源,推动开发独联体国家矿产资源,巩固资源核心优势,获取稀缺的战略矿产资源,提高在世界矿产资源市场和国际能源的影响力和控制力。其次,巩固国防安全开展战略合作,在与俄罗斯具有战略利益的国家和领域开展安全信息管理并提供安全保障。2014 年 3 月,俄罗斯总统普京批准有关独联体成员国边防部门联合专家小组协议,其中核心要义就是保卫俄罗斯边境安全。再次,面向独联体开放俄罗斯人才和劳务市场,广泛吸引独联体国家人才进入俄罗斯(加入国籍),以人才战略推动国内创新发展。最后,以贸易便利化促进经济一体化,以共同经济空间建设向独联体国家开放市场,积极推动独联体范围内边境贸易,不断促进和提升俄罗斯边境地区经济发展和合作水平。

俄罗斯为维护核心利益和战略目标也付出了相当高的经济代价,在主动承担苏联债务基础上,对于独联体内相关国家给予优惠、免税、免费、经济援助政策。1991 年苏联解体后,新俄罗斯联邦承担了 1030 亿美元的苏联外债和相关义务。随后,俄罗斯以免税或优惠价格向独联体国家出口石油和天然气能源,这实际上是一种隐性补贴。俄罗斯从 2005 年 1 月 1 日起实施新的税收政策,保证相关国家进口俄罗斯能源更加便宜,在此方面和给予相关国家能源管道免费使用上俄罗斯每年预计损失 2 亿美元左右。近年来,俄罗斯对于独联体国家直接投资与经济援助量不断提升,2014 年上半年,俄向白投资 36 亿美元,其中 30 亿美元为直接投资。2008 年国际金融危机爆发后,俄罗斯向独联体国家共计提供 100 多亿美元的财政援助。可见,俄罗斯在独联体经济一体化发展上,既有地缘战略意图,也为独联体国家做了许多实实在在的事情,在引领一体化发展上具有不可替代的地位。

(2)美国不断对中亚进行政治经济文化渗透,以扩大自己在中亚地区的影响力,同时试图在中亚打造一个将俄、中排除在外的以美国为主导的经济体系。从 2009 年开始,美国开辟了北方运输网。随后,哈、塔和吉等 11 个国家加入了"北方配送网络"。自 2011

年7月美国从阿富汗开始撤军,随即又调整了对中亚的政策思路,通过推行对中亚地区各个领域的渗透,以扩大其在中亚地区的政治影响力和发展引导力。美国所采取的主要政策措施是开展"北方配送网络"建设和"新丝绸之路愿景"实施,其目的是达到有效遏制和排斥俄罗斯、中国、伊朗在中亚的影响,借机实现控制中亚的能源及其运输系统的战略。[11]2011年10月,美国政府将对中亚和南亚政策命名为"新丝绸之路战略",制定了路线图和规划,国务卿希拉里迅即分别对巴基斯坦、阿富汗、塔吉克斯坦、乌兹别克斯坦四国进行了巡回访问开展密集外交,推销"新丝绸之路愿景"战略计划。该战略既包括公路、铁路、电网和油气管线等基础设施,又包括减少税率,简化通关手续,清除影响贸易障碍法律等软件配套。

美国在中亚地区推进自己主导的经济一体化计划面对的困难也是显而易见的。首先,地缘劣势。毕竟美国离中亚地区距离遥远,仅凭"新丝绸之路远景"推广,其地缘政治和地缘经济战略意图很难完全达到。其次,因素复杂。由于地区不稳定、恐怖主义威胁等问题导致美国"新丝绸之路愿景"计划的实现困难重重。在美国战略布局中中亚既是遏制中国、俄罗斯和伊朗的战略支点,也是其实现全球战略的重要地缘政治区域。[11]当然,对于美国近年来在中亚地区不断挤压俄罗斯的战略空间做法,俄罗斯方面也采取了针对措施。例如,吉政府宣布2014年将关闭美国在中亚地区唯一一个军事基地,这实际就是大国角力博弈结果。从地缘政治和对中亚经济一体化发展角度来讲,俄罗斯对美国在中亚地区推行的"新丝绸之路远景"计划表现出明显排斥。

(3)日本谋求推动中亚地区经济发展以体现经济大国地位。自1991年苏联解体中亚国家独立以来,日本一直是该地区主要的捐助国之一,也是来这些国家开展工作的NGO最多输出国之一,这自然为日本在中亚地区赢得较多好感和较好声誉。[12]自1999年以来日本一直是仅次于美国的对中亚国家的最大援助国。在相互的科技合作上,日本科研机构和专家积极向中亚国家传授能源应用技术,为中亚各国培养石油储存专业人才。日本政府和基金会组织还以专项形式对中亚的文化教育给予大量资助。在2005年东京大学曾在中亚国家做过一次调查,调查结果显示:有40%的哈萨克斯坦被调查者认为日本对自己的国家有"好的"或"相当好的"影响;有52.2%的乌兹别克斯坦被调查者认为日本对自己国家有"好的"或"相当好的"影响。这一调查显示,哈萨克斯坦国民偏好度高的前两位国家是俄罗斯、日本,乌兹别克斯坦国民偏好度高的前三位为俄罗斯、韩国、日本。[13]尽管日本有意将能源资源作为外交目的,地理隔绝和间距使得日本很难实现开发中亚能源资源的战略目标。1997年日本首相桥本龙太郎提出日本"丝绸之路战略",2006年小泉纯一郎实现日本首相首次访问中亚,但是在能源合作上没有实质突破。从日本方面来看,除了想发挥对区域经济发展的影响力之外,另一层面考虑,就是自认为一旦获得了中亚国家的好感,在"入常"等问题上,也将获得更强大的支持,从而有助于日本"普通国家"战略的最终实现。

3. 独联体国家经济一体化发展受到多方面阻碍。

独联体国家经济一体化符合全球经济一体化发展规律,尽管在区域一体化上出现了"欧亚经济联盟"这样的推动组织机构,但是在一体化进一步发展上面临的困难也十分明显。

(1)各国经济结构不合理,没有一体化合作的产业分工基础。由于苏联所做的计划经济布局在各国遗留差异和各地自然禀赋的限制,独立后的独联体(除俄罗斯之外)国家原来的工业基础随着俄罗斯专家和技术人才的纷纷离去,在短短两三年里迅速坍塌。[14]以吉尔吉斯斯坦为例,国家独立后 100 万左右俄罗斯技术力量的离开,使得国内工厂停工歇业,工业体系基本崩溃,国家发展遇到前所未有的困难,直到现在仍然没有恢复到苏联时期工业经济水平的可能。其他独联体国家基本上都没有完备的工业生产体系和适合现代化发展的多元化的成品制造体系,也没有找到在经济一体化自己所处产业价值链的地位和环节,在经济一体化中没有清楚的发展定位和产业竞争优势,经济领域中彼此的排他性显著。

(2)独联体内产业类似度高,缺乏经济互补性,直接影响到推进一体化的经济动力。从经济总量来看,除了俄罗斯之外的独联体国家在世界经济所占份额极小,产业结构很不合理,在贸易体系中以能源和原材料等初级产品为主,在与制成品贸易竞争中明显缺乏优势,商品和服务贸易占全世界的份额不到 1.5%在出口商品种类和结构上,石化能源和矿产原料占绝对比例,出口贸易受国际市场价格影响巨大。许多国家经济总量很小,比如吉尔吉斯斯坦 2013 年的经济总量 65 亿美元(近 400 亿人民币)。这些国家在国际经济和贸易体系接轨程度不同,这无疑成为独联体经济一体化进展中悖向因素。[15]2014年上半年独联体国家间贸易额同比下降 9%,为 1110 亿美元。贸易额下降的主要原因是部分成员国改变了贸易优先方向。独联体国家内部经济结构雷同产业发展极其相似,国与国企业相互之间不是合作者,而是竞争对手,这对于一体化进程十分不利。

(3)全球能源大需求背景下独联体内部外交博弈,也阻碍了一体化的步伐。当今国家间的地缘政治争夺主要是以海洋、陆地和空中这些地理空间为主导,围绕对石油、天然气、矿产、粮食等资源的支配权和对战略要地、海陆通道等的控制权所展开的。[16]在全球能源战略问题上,国际社会的注意力均聚焦于里海的大型油气项目开发和出口通道上。这些项目开发合作将取决于五个沿海国家,即阿、俄、伊、哈、土的外交博弈,也取决于独联体内部国家之间、独联体国家与体外国家和主要国际能源集团能否在复杂的外交博弈中寻求利益的平衡。

独联体国家经济一体化发展从一开始就存在多方面的障碍,但是这并没有阻止其一体化步伐。[17]在谋求内部团结合作形成合力拥有谈判权和话语权的同时,正视存在的问题,积极谋求解决问题的渠道、方法措施,才能推动经济一体化持续发展。

五、独联体经济一体化发展的未来走向

独联体经济一体化随着"欧亚经济联盟"建立将呈现稳定发展态势,其在独联体内的示范效应会逐渐显现出来,会吸引一些条件具备的国家加入进来。从今后一段时期独联体经济一体化发展来看,应该具有趋向性路径选择。

1. 由资源主导型经济向综合发展型经济转变,实现经济结构由一元向多元化转变。

独联体内国家经济模式大多为资源主导型经济,主要以自然资源的开采和初级产品的贸易来推动经济增长。这种单一的经济增长方式,势必导致经济发展具有不平衡性,遇到经济困难后的经济自我恢复力很弱。2008 年始于美国的金融危机在全球蔓延,独联体国家经济受到了沉重的打击,资源主导型经济弊端凸显。根据世界银行的统计数据显示,2009 年受金融危机影响 GDP 减幅最大的 10 个国家中有 6 个是独联体国家。金融危机使得独联体国家经济遇到许多困难,恢复经济能力和发展动力严重不足,社会问题频发,2014 年乌克兰危机就与这些原因密不可分。从独联体经济一体化发展来看,除了在"欧亚经济联盟"基础上凝聚成员国力量一致对体外开展交流合作之外,按照经济一体化规律要求,实现由资源主导型经济模式向综合发展型转变,才有可能走出危机并应对未来的不可预见性问题。2013 年中亚国家在保持能源生产与出口稳定增长的基础上,都加强了国民基础设施建设,纷纷投入巨额资金修建铁路、公路、发电站,同时大力发展建筑业,增加住房建设,加速发展服务业和旅游业。[18] 2013 年中亚国家经济呈现出工业增速普遍加快、建筑业和服务业成为拉动经济新增长点、国外劳务收入大大促进经济发展等特点。当然,能源资源仍是拉动经济增长的主力军,但经济增长点的多元化已是不容忽视的趋势。

2. "引进产业和资本"构造具有竞争优势产业以推动独联体国家经济整体发展,继续以能源项目合作为核心围绕资源开采做实产业价值链。

在独联体一体化发展上,解决国家经济结构失衡和产业不完备问题,既要考虑自然禀赋又要平衡计划体制下遗留下的"进口替代"问题,通过开展"产业技术引进"和"资本引进"提高制造业水平,调整产业结构,盘活资源存量,做大发展增量,形成核心竞争优势。考虑到独联体国家在能源上的优势,今后一段时间里必须深化能源合作和产业开发,构建能源产业价值链。[19] 从 2014 年开始,独联体国家陆续引进了一系列石油天然气深度合作项目,与中国、韩国、日本等能源企业开展产业合作,将所形成的能源产品,规划出口到欧盟和亚洲国家。

近年来,中亚—里海地区油气生产国比任何时候都更加关注能源事业的发展,不约而同地加强了对自身能源资源和发展需求的研究,结合国际形势和地缘特性重新给自己做出了定位,相继制定了能源发展战略。首先,改变原来出口一元化,寻求能源出口市场

的多元化。独联体国家在稳定传统欧洲市场的同时积极开拓亚洲市场,借助迅速增长的亚洲经济强劲动力带动本国经济发展。[20]其次,改变原来合作对象一元化,寻求能源合作对象的多元化。独联体国家在继续加强与俄罗斯能源合作同时,在勘探、采掘、加工、贸易、运输等各个方面扩大与独联体以外能源大国合作,力图摆脱对俄罗斯在资金、技术、运输通道上的过度依赖。

3. 力求构建政治上具有相对独立性,经济发展不依赖某一个国家,资源开发和出口上不受单一势力控制的经济模式,每个国家都着力提高世界范围内的政治经济地位。

独联体国家期望通过充分发挥自然禀赋优势、地缘优势和竞争优势,利用自己的石油和天然气资源积极参与国际竞争,努力提高本国在世界范围内的政治经济影响力,在国际事务中争取更多的话语权和议程设置权。独联体国家将充分利用独联体跨国议会大会,审慎和规划政治事务,协调成员国的政治立场,在各国政治改革过程中制定统一的方案,步伐一致、相互协调。[19]独联体国家在政治上一定不会依赖体外国家,永远会把体内国家摆在第一位。独联体国家在经济领域合作中,将努力实现资源上不受控于体外国家,以实现独联体经济利益最大化为原则制定资源出口价格,力争建立覆盖整个独联体每个国家都在内的自由贸易区,以便消除独联体内部贸易壁垒,吸引所有独联体国家尽快加入关税同盟和经济联盟。通过独联体经济一体化组织机构对非独联体进行贸易谈判,对非独联体国家贸易采取一致的法律条款和关税政策。预期独联体所有成员国会在经济联盟的框架下,构建起独联体经济一体化组织框架下资本和劳动力自由流动的长效机制。

独联体经济一体化从概念提出至今已经有20年历史,从关税同盟到欧亚经济联盟形成和运行也有十余年的过程。独联体经济一体化坚定不移走下去的趋势毋庸质疑,在发展过程中经济结构调整、产业优化和多元化转型发展一定是备选路径,通过积极引进产业技术和金融资本深化资源项目合作开发,提升独联体一体化能力,逐步形成独联体区域经济一体化。

六、独联体经济一体化发展路径对我国建设"一带一路"的启示

在我国"一带一路"战略提出之前,独联体已经开始经济一体化发展探索,并且形成了具有借鉴价值的经验。我国建设"一带一路"有自己的战略构想和规划,可以按照国家制定的战略规划实施落实,同时也要主动了解和掌握独联体经济一体化未来走向,通过平等合作机制对接有效推动"一带一路"国家战略,共同推动"一带一路"建设。

1. "一带一路"资金支持以能源、基础设施项目为主,同时寻求多元化经贸合作。

中亚国家为尽快摆脱危机,在制定经济发展规划时,强调在保持能源生产与出口稳定增长的基础上,加强国民基础设施建设。而中国当前外汇储备总额巨大,已接近四万

亿美元。长期以来,美国国债一直是中国外汇投资的主要方向,因为纵观全球金融市场除了美国国债之外,各个主要外汇储备国家都没有找到一个更为安全稳妥的保值和增值投资渠道。肇始于美国的金融危机,因为美元贬值造成中国购买美国国债的外汇储备遭受了巨大损失。如果中国将外汇储备由购买美国国债转而投向支持中亚地区的能源、基础设施项目,无疑寻找到了中国巨额外汇储备新的投资和获益渠道。中国相继推出的一系列国际金融体系举措,包括成立金砖国家开发银行、亚洲基础设施投资银行,设立"丝绸之路基金",已经明确分别向金砖国家以及其他发展中国家,包括"一带一路"沿线国的基础设施、资源开发、产业合作等有关项目提供投融资支持,这是极好的中国外汇保值增值的投资路径。

根据中亚国家未来建设规划,亚洲基础设施投资银行、"丝绸之路基金"首批可投向丝绸之路沿线国家的铁路、公路、发电站项目。这对于改善丝绸之路沿线国家基础设施,促进经济发展将带来积极效应。实际上,基础设施建设带来的投资乘数正向外部效应,已经在许多发展国家得到了充分验证。与此同时,中国在"一带一路"沿线国家开拓市场的企业,可以进一步寻求多元化合作,例如住房建设、服务业和旅游业领域等项目合作,介入到沿线国家生产生活服务领域,为当地提供就业岗位,富裕当地人民生活,促进当地经济发展。

2. "一带一路"是国内产能过剩企业"走出去"与中亚国家"引进来"实现对接的纽带。

统计数据显示,目前中国30%的制造业产能利用率仅为75%甚至更低。过剩产能对经济的运行造成了很大的问题,在国内消费加速启动难以推进的情况下,国内产能过剩企业急需"走出去"。中国传统的出口国较为单一和狭窄,美欧日占据出口的核心国位置,但这些传统的出口市场已经开拓得较为充分,增量空间已经不大,国内的过剩产能很难通过他们进行消化,通过"一带一路"来开辟新的出口市场是很好的抓手。与此同时,新兴经济体与中亚国家的基础设施建设仍然欠缺,"一带一路"恰好成为国内产能过剩企业"走出去"战略与中亚国家"引进来"战略实现对接的纽带,中国可以利用积累的外汇储备作为拉动中亚地区乃至全球增长的资本,同时通过资本输出带动消化过剩产能。

中国可以通过对外的工业和资本输出,给新兴经济体和中亚国家创造发展机会。这是基于中国既有资本,又有工业建设能力,还有消费市场的基础,这种基础可以让中国低成本、高效率地帮助相关国家发展,取得发展共赢,从而能带来彼此的共同发展。针对目前中亚国家能源产业特色,中国"一带一路"战略可以和四类产业加强合作,以消化国内制造业过剩产能。①油气产业。这一产业链具体产业环节为"油气钻采""油气设备""油气管道""油气输送""油气服务""环境评估"等项目。②电力产业。这一产业链具体产业环节为"电网建设""电力设备制造""电力设备物流""电力设施维护""电力技术培训"等。③交通物流业。在"一带一路"战略的实行中,先行的交通基础设施互联互通,具体化为"公路""铁路""航运""互联网"等领域的联通项目。④基建业。这一产业链可以具体化为"民用设施""公共设施""发电站"等基础设施建设项目。

值得注意的是在国内产能过剩企业"走出去"战略实施之前,一定要作好当地国政治法律和经济环境调查研究工作,掌握好基本信息,形成可行性的战略方案以及危机预案。企业要与专业研究机构紧密结合,解决好制造业过剩产能转移到沿线国的适度投资规模问题,包括国内制造业产能过剩度的测度和评价,产能转移与有效市场容量的关系,中亚各国与制造业相关市场调查分析,过剩产能转移的时间频度和程度等,这些问题的调查与分析对于顺利开展合作具有非常重要的作用。

3. 强调和突出"一带一路"经济功能,但开展投资和建设规划时要充分考虑中国与中亚国家关系的"俄罗斯因素"。

中国提出"一带一路"战略构想可以有多个层次、多个纬度、多个视角的解读和诠释,最完整和最核心的内涵就是"经济",这从"丝绸之路经济带"的命名中可以清楚显示出来,而"21世纪海上丝绸之路"关键点也是经济问题。离开了经济问题讨论任何其他问题都没有准确把握"一带一路"内涵精髓。当今世界市场经济是主流经济,按照市场交换原则开展经济活动已经成为普遍遵守的准则,解决市场供需问题、开展市场等价交换是现代社会中公平公正的体现。经济学家张维迎在论述市场功能时,一再强调"市场经济就是价值规律经济",等价交换是最纯洁的交往方式,是迄今为止在资源配置最有效率的机制。纵观自20世纪90年代中期以来西方国家在中亚推行的形形色色"丝绸之路战略",每个国家都表面打着经济合作或援助的招牌,大行政治和意识形态之实,无论是地缘政治战略也好,抑或是民主和人权意识宣贯渗透也好,都把经济合作和政治问题搅和在一起,引起中亚国家人民不满,也令世界人民不满。中国在推进"一带一路"战略时,不设政治前提,不去搅地缘政治混水,不搞文化输出,以产业技术和资本服务当地国家经济,牢牢抓住经济合作这个主题开展务实合作,直接造福于沿线国家人民,才能赢得合作国家和企业的拥护和支持,为推动沿线经济一体化做出贡献。

中国领导人提出"一带一路"战略后,沿线国家都表示了响应、支持和拥护,这无疑是良好开端。但是,也要清楚地意识到中国企业无论是产业技术走出去还是资本走出去,都没有足够的经验可以参考和借鉴,加之各个国家政治社会经济文化环境具有的独特性,大国势力提前进入后在当地政府企业和国民中先入为主及其既成的影响力,中国企业后进面临市场格局调整带来的困难等等,对开展经济合作都是严峻挑战。苏联解体后,美国、日本和欧洲国家迅即进入中亚,至今已经经营多年,中国进入后的经济角色、合作定位就显得非常重要。俄罗斯在中亚国家的影响力依然最大,这些影响力集中在军事安全、政治协调、国际事务领域,反倒是经济领域影响力最小。在与俄罗斯关系最密切、最为友好的国家中分别是哈萨克斯坦、吉尔吉斯斯坦和塔吉克斯坦,土库曼斯坦宣布为中立国,得到国际世界认可,与俄罗斯的关系为一般友好国,乌兹别克斯坦与俄罗斯的关系表现得时好时坏、若即若离。[21]可见,"俄罗斯因素"在中亚国家的影响力,特别是俄罗斯主导的"欧亚经济联盟"客观存在和正式运行,在实际合作中多寻找利益共同点,采取灵活策略妥善处理利益分歧点,对于最容易发生矛盾的经济领域,中国不能因为俄罗斯而轻易放弃,但是又必须照顾俄罗斯的经济利益,这就要求中国在"一带一路"建设中必须承认和尊重俄罗斯在中亚的存在,认真研究和对接独联体经济一体化进程带来新问题,精心对接实现有效合作。因此,中国必须处理好与俄罗斯的关系,在保证中国经济利益不受损害的前提下,尊重俄罗斯和中亚国家密切合作的历史和现实,建立充分交流协商机制和管道,化解误解和矛盾,采取包容性合作方式,开展中俄在中亚地区合作。

七、结语

独联体国家在经济一体化的道路上经过十余年的探索,从原来类似"抱团取暖共渡难关的组合"到形成松散同盟,直到在部分国家之间形成紧密联合构建起"欧亚经济联盟"并开始运行,显示出中亚人民发展社会经济的坚韧努力。中国的"一带一路"思路在本质上属于经济一体化的战略思维,是中国作为世界第二大经济体作出的正确选择,是推动区域经济发展的战略举措。在开展"一带一路"建设过程中,要结合独联体经济一体化尤其是"欧亚经济联盟"的战略规划,提出既保证中国经济利益不受损失,又能够满足独联体国家能源战略调整需要,既能够有助于推动中国经济转型企业和资本走出去战略实施,又有助于实现中亚国家多元化产业发展需求。在开展"一带一路"建设中,应吸取前期一些国家推进丝绸之路战略或计划中教训,坚持换位思考,尊重他们为了自身利益已经形成的规划和路径设计,尊重前期一些国家和组织在中亚所做的积极的具有建设性的被当地人民认可的工作,继续坚持不设前提、不搞文化和意识形态输出,积极巩固和优化能源合作成果,紧密对接当地国家基础设施建设项目,为当地国家多做经济上的实事和惠民实事,中国的"一带一路"战略才会赢得沿线国家和人民的拥护和支持,中国也一定能够在推动区域经济一体化发展上,在推动全球经济一体化进程中,在维护世界和平发展上,发挥更大的作用。

【参考文献】

[1] 李新.俄罗斯推进欧亚经济一体化战略分析[J].学术交流,2010(10):86 - 91.

[2] 丁东兴.俄白哈关税同盟概况及应对建议[J].国际经济合作,2012(8):62 - 64。

[3] 冯绍雷.俄白哈三国关税同盟意味着什么[N].东方早报,2011 - 08 - 02.

[4] 李新.中国与俄罗斯在中亚的经济利益评析[J].俄罗斯中亚东欧研究,2012(5):39 - 49.

[5] 徐韶颖.中亚五国与邻国开展过境运输的现状和建议——联合国秘书长在联合国大会第49次会议上的报告[J].中国软科学,1996(3):6 - 17.

[6] 马博.中国沿边地区区域经济一体化研究[D].北京:中央民族大学,2011.

［7］ 海米提·依米提,黄蓉蓉,潘志刚.上合组织框架下中国与中亚区域经贸合作制度建设［J］.新疆大学学报(哲学人文社会科学版),2009(4):96－100.

［8］ 王志强.新疆物流产业发展研究［D］.乌鲁木齐:新疆财经大学,2010.

［9］ 于慧敏.中国与哈萨克斯坦国际物流法律合作研究［D］.乌鲁木齐:新疆大学,2008.

［10］ 美娜.哈萨克斯坦加入世界贸易组织［D］.杭州:浙江大学,2009.

［11］ 王婷.论美国在中亚地区的外交战略及其阻碍因素［J］.前沿,2013(20):43－44.

［12］ 朱永彪,杨恕.简论日本的中亚战略及其对中国的影响［J］.外交评论,2007(6):26－32.

［13］ 蔡巍巍.日本的中亚战略评析［D］.乌鲁木齐:新疆大学,2011.

［14］ 阿斯夫.能源与国际政治及阿塞拜疆的能源政策［J］.经营管理者,2011(2):37,36.

［15］ 王媛媛.试论近年来俄美在独联体地区的势力消长及深刻原因［D］.乌鲁木齐:新疆大学,2010.

［16］ 蔡雅洁.欧洲大事记(2001年5月5日—2001年7月10日)［J］.欧洲,2001(4):107－108.

［17］ 陈玉荣.中国与中亚地区经济合作［J］.国际问题研究,2004(4):50－53。

［18］ 辛万翔.重新思考日本的中亚外交战略［J］.社科纵横,2009,24(4):65－68.

［19］ 李垂发.中亚经济实现稳定增长［N］.经济日报,2013－12－19(13).

［20］ 文慧.中亚经济实现稳定增长［J］.中亚信息,2014(1):19.

［21］ 赵常庆.论影响中国与中亚关系的"俄罗斯因素"及中俄关系的"中亚因素"［J］.新疆师范大学学报,2011(7):3－12.

（原刊于《人文杂志》2015年第1期）

丝绸之路经济带建设与西部城镇化发展升级

王颂吉　白永秀

【摘　要】　丝绸之路经济带是横贯亚欧大陆的新型区域经济合作模式,它从空间范围上可分为核心区、扩展区、辐射区三个层次,建设丝绸之路经济带为西部城镇化发展升级提供了重大战略机遇。西部地区在城镇化发展过程中,存在现代产业发展乏力、空间结构不够协调、公共服务供给不足、生态环境压力加大等问题。建设丝绸之路经济带有助于西部地区加快经济发展和提升对外开放水平,为西部地区夯实产业发展基础、促进空间结构协调、加强公共服务供给、保持生态环境美好创造有利条件,西部大中城市的自生发展能力和辐射带动作用将逐步增强,由此推动西部地区由"被动城镇化"向"主动城镇化"升级。

【关键词】　丝绸之路经济带;西部城镇化;被动城镇化;主动城镇化

城镇化具有集聚效应和扩散效应,可以通过促进人力资本积累、加快现代农业发展、拉动消费以及缩小城乡差距等途径促进经济社会发展。西部大开发战略实施以来,西部地区的城镇化率由 2000 年的 24.1% 提升至 2012 年的 44.26%,区域中心城市和城市群发展日益成熟,但与东部地区 64.41%[①] 的城镇化率相比仍有较大差距,西部城镇化仍有很大发展空间。2013 年 9 月,习近平主席倡议亚欧国家共建丝绸之路经济带,这一倡议得到丝绸之路经济带沿线国家的积极响应,并已成为中国经济发展和对外开放的重要内容。建设丝绸之路经济带为西部地区城镇化发展升级提供了重大战略机遇,有助于解决西部城镇化建设中存在的问题,助力西部地区夯实产业发展基础、促进空间结构协调、加强公共服务供给、保持生态环境美好,增强大中城市的自生发展能力和辐射带动作用,推动西部地区由粗放型工业化引领的"被动城镇化"向城镇自生协调发展的"主动城镇化"升级[1],并使"主动城镇化"成为带动西部发展的强大引擎。

---

① 依据《中国统计年鉴 2013》(中华人民共和国统计局编,中国统计出版社,2013 年版,第 99 页)相关数据整理。

一、丝绸之路经济带的提出背景与内涵

作为古代东西方之间商贸、文化和政治交流的重要通道,丝绸之路对推动人类文明进步产生了深远影响,近年来亚欧国家经贸合作日益密切,建设丝绸之路经济带的历史基础和现实条件基本形成。丝绸之路经济带是横贯亚欧大陆的新型区域经济合作模式,它从空间范围上可分为核心区、扩展区、辐射区三个层次。

(一)丝绸之路经济带的提出背景

2100 多年前,西汉张骞从长安出发凿空西域,在亚欧大陆上形成了横贯东西的交通大动脉。通过这条交通大动脉,中国与中亚、西亚、南亚、欧洲、北非等地区建立了密切的商贸联系,促进了东西方文化交流和生产力发展。1877 年,德国地理学家费迪南·冯·李希霍芬(Ferdinand von Rich-thofen)首次用"丝绸之路"代指这一交通动脉,后经德国历史学家阿尔伯特·赫尔曼(Albert Herrmann)进一步阐释,"丝绸之路"一词被社会各界普遍接受。作为亚欧大陆商贸往来和文明交流的典范,丝绸之路至今仍对亚欧国家开展经贸合作具有文化象征意义,这为建设丝绸之路经济带提供了历史基础。

近年来,中国与丝绸之路沿线国家的经贸合作日益紧密,建设丝绸之路经济带的现实条件基本成熟。2001 年 6 月 15 日,中国、俄罗斯、哈萨克斯坦、乌兹别克斯坦、吉尔吉斯斯坦、塔吉克斯坦在"上海五国"机制的基础上成立了上海合作组织,致力加强成员国之间的全方位合作,推动建立国际政治经济新秩序。在此之后,印度、伊朗、巴基斯坦、阿富汗、蒙古五国成为上海合作组织的观察员国,土耳其、斯里兰卡、白俄罗斯三国成为对话伙伴国。近年来,通过双边和上海合作组织框架,中国与俄罗斯、中亚五国(哈萨克斯坦、土库曼斯坦、乌兹别克斯坦、吉尔吉斯斯坦、塔吉克斯坦)及亚欧其他国家之间的全方位合作日益密切,目前已与俄罗斯、哈萨克斯坦建立起全面战略合作伙伴关系,与乌兹别克斯坦、土库曼斯坦、吉尔吉斯斯坦、塔吉克斯坦建立起战略合作伙伴关系,中国对俄罗斯和中亚国家的投资额不断增加(图 1)。此外,在第二条亚欧大陆桥正常运营的基础上,中哈第二条过境铁路投入使用,丝绸之路复兴项目、中吉乌铁路、中国西部—欧洲西部公路建设加快推进。中国与丝绸之路沿线国家的交通联系日益紧密,经贸合作不断加强,古老的丝绸之路焕发出勃勃生机,这表明亚欧国家共建丝绸之路经济带其时已到、其势已成。

(二)丝绸之路经济带的内涵

作为横贯亚欧大陆的新型区域经济合作模式,丝绸之路经济带的建设目标是把亚欧大陆打造成互利共赢的利益共同体。从概念内涵来看,丝绸之路经济带是在相关国家统筹制定区域发展规划和发展战略的基础上,以古丝绸之路为文化象征,以立体综合交通运输网络为纽带,以沿线城市群和中心城市为支点,以经济、政治、社会、文化、生态等全方位合作为内容,以跨国贸易投资自由化和生产要素优化配置为动力,以货币自由兑换、政治高度互信、人民友好往来为保障,以实现亚欧大陆经济一体化为目标的带状合作区域[2]。通过建设丝绸之路经济带,可以有力推动西部经济社会发展和城镇化建设,加强亚欧国家的互利合作,形成一个稳定繁荣的经济共同体和命运共同体。

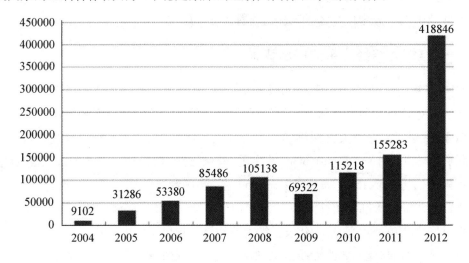

图1 2004—2012 年中国对俄罗斯和中亚五国的投资情况

资料来源:中华人民共和国商务部、中华人民共和国国家统计局、国家外汇管理局,《2012 年度中国对外直接投资统计公报》,中国统计出版社,2013 年,第 34 - 38 页。

从空间范围来看,丝绸之路经济带可分为核心区、扩展区、辐射区三个层次。其中,核心区包括中国、俄罗斯和中亚五国,这是建设丝绸之路经济带的主体和基础,该区域土地面积 3069.92 万平方千米,2012 年人口规模为 15.60 亿人,GDP 总量为 10.55 万亿美元①,具有广阔的发展空间;扩展区包括南亚、西亚、东亚、北亚、东南亚的相关国家;辐射区主要是欧洲大陆,并延伸至非洲、美洲等地区。在如此广袤的地域范围内,交通运输网络承担着连接丝绸之路经济带相关国家的纽带作用。在丝绸之路经济带上,既要建设以航空、高压电网、信息传输为重点的"空中丝绸之路",又要建设以客运铁路专线、货运铁路专线、高等级公路为重点的"地面丝绸之路",还要建设以原油管道、天然气管道、成品油管道为重点的"地下丝绸之路"。通过立体综合交通运输网络,丝绸之路经济带把沿线城市群及中心城市连为一体,可以构成世界上距离最长、面积最大、人口最多、市场规模和发展潜力最广的经济一体化大走廊。

---

① 人口和 GDP 数据来源于世界银行数据库;国土面积数据来源于世界银行 2009 年世界发展报告《重塑世界经济地理》附表(清华大学出版社,2009 年,第 332 - 334 页)。

二、建设丝绸之路经济带对西部城镇化的意义

西部大开发战略实施以来,西部经济增长速度高于全国平均水平,有望成为中国新的经济增长极,推动中国经济增长重心西移。近年来,在工业化发展的带动下,西部地区的城镇化水平不断提升。通过图2可以看出,西部地区的城镇化率由2008年的38.53%提高到2012年的44.26%,增长幅度高于东部地区和全国平均水平。

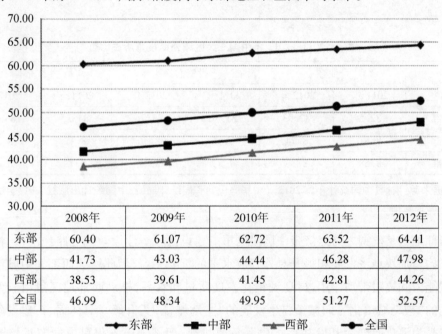

	2008年	2009年	2010年	2011年	2012年
东部	60.40	61.07	62.72	63.52	64.41
中部	41.73	43.03	44.44	46.28	47.98
西部	38.53	39.61	41.45	42.81	44.26
全国	46.99	48.34	49.95	51.27	52.57

—◆— 东部　—■— 中部　—▲— 西部　—●— 全国

图2　2008—2012年中国三大区域城镇化率变动情况

注:东部包括北京、天津、河北、辽宁、吉林、黑龙江、上海、江苏、浙江、福建、山东、广东、海南等13个省(市);中部包括山西、安徽、江西、河南、湖北、湖南等6个省;西部包括内蒙古、广西、重庆、四川、贵州、云南、西藏、陕西、甘肃、青海、宁夏、新疆等12个省(市、自治区)。本文提到的东中西部划分方法均与此处相同。

数据来源:依据《中国统计年鉴2013》(中华人民共和国统计局编,中国统计出版社,2013年,第99页)相关数据整理。

但2012年东部地区的城镇化率已达到64.41%,是西部城镇化水平的1.5倍。这表明,西部地区的城镇化仍有很大提升空间,城镇化仍是西部加快经济发展和扩大对外开放的题中应有之义。

受历史、地理、经济政策等因素的影响,西部经济发展水平与东部发达地区存在较大差距。2012年,西部12个省(市、自治区)的GDP总量占全国的19.76%,东部13个省(市)则占60.08%。更为重要的是,由于偏居内陆,西部地区的经济外向化程度长期处于

较低水平。从对外贸易情况来看,2012 年西部地区的出口额仅占全国总量的 7.3%[①],且出口商品的技术含量相对较低;从外商投资情况来看,2012 年,西部地区的外商投资企业数量、投资总额、注册资本均只占全国总量的 8% 左右,总体处于较低水平(表 1)。西部经济发展水平和对外开放程度较低,导致西部城镇化发展不足,东西部地区人口集聚水平存在很大差距。在东部地区,珠三角、长三角和京津冀三大城市群以 2.8% 的国土面积集聚了全国 18% 的人口,创造了全国 36% 的 GDP[②],而西部地区 71.5% 的国土面积上仅聚集了 27% 的人口[③]。鉴于此,必须加快提升西部经济发展和对外开放水平,促进城镇化发展升级。

表 1　2011—2012 年中国三大区域外商投资所占比重　　　　　　单位/%

区域	企业数		投资总额		注册资本	
	2011 年	2012 年	2011 年	2012 年	2011 年	2012 年
东部	82.5	82.93	83.76	83.26	84.15	83.60
中部	8.81	8.74	8.45	8.56	8.12	8.34
西部	8.68	8.33	7.79	8.17	7.73	8.06

数据来源:依据《中国统计年鉴 2013》(中华人民共和国统计局编,中国统计出版社,2013 年,第 249 页)相关数据整理。

　　西部地区是丝绸之路经济带中国段的重点建设区域。建设丝绸之路经济带,将为西部地区构建加快经济发展和提升对外开放水平的重要平台,借此增强西部大中城市的自生发展能力和辐射带动作用,提高城镇化发展质量和水平,推动西部地区由粗放型工业化带动的"被动城镇化",向城镇自生发展的"主动城镇化"升级。具体而言,建设丝绸之路经济带为深化西部大开发战略提供了重要机遇,西部地区不仅可以向东承接产业转移,而且可以向西扩大开放,大力发展面向中亚及周边国家的外向型经济,从而在更大的空间范围内优化生产要素配置,全面提高对外开放和经济发展水平[3]。在此过程中,西部地区将加快形成以西安为中心的关中城市群、以成都和重庆为中心的成渝城市群、以兰州和西宁为中心的兰白西城市群、以乌鲁木齐为中心的天山北坡城市群、以银川为中心的银川平原城市群,城市群内部及城市群之间逐步实现合理分工,大中城市的自生发展能力和辐射带动作用日益显现,这不仅可以为建设丝绸之路经济带提供战略支撑,而且能够促进中国东中西部城镇化协调发展。

---

　　① 数据来源于商务部综合司:2013 年前三季度对外贸易运行情况,中国商务部网站 http://zhs. mofcom. gov. cn/arti-cle/Nocategory /201310/20131000371565. shtml.

　　② 数据来源于黄伟、曾妮、何又华:《珠三角城市群,离世界级有多远》,《南方日报》,2013 年 10 月 31 日。

　　③ 数据来源于蒋秋丽、王发曾:《城镇网络化:我国西部地区城镇化的新途径》,《河南大学学报》(自然科学版),2014 年第 1 期。

三、西部城镇化发展中存在的问题

改革开放之后尤其是西部大开发战略实施以来,西部地区的城镇化得到了较快发展,城镇化水平不断提高。但这一时期,西部地区的城镇化在很大程度上是粗放型工业化带动的"被动城镇化",城乡产业发展、空间联系、公共服务供给、生态环境保护等方面出现了一系列问题。

(一)现代产业发展乏力

从西部地区产业发展情况来看,第一产业和第二产业所占比重过高,第三产业发展不足,难以支撑城镇化健康发展。2012 年,西部地区第一产业增加值所占比重为12.2%,高出全国均值2.1 个百分点,广西、云南、新疆更是高达16% 以上(表2),这说明西部地区现代农业发展滞后,农业现代化与城镇化未能实现协调发展;2012 年,西部地区第二产业增加值所占比重为48.3%,高出全国均值3 个百分点,内蒙古、陕西、青海更是高于55%,这说明西部地区工业增加值所占比重过高,并且过于依赖重工业,由此所带动的城镇化是一种典型的"被动城镇化",引发了一系列负面问题;2012 年,西部地区第三产业增加值所占比重为39.5%,低于全国均值5.1 个百分点,四川、陕西、青海更是在35% 以下,这表明西部地区现代服务业发展不足,难以为城镇化发展提供有力支撑。总体而言,当前西部地区产业结构不尽合理,低端重工业产值比重过高,现代服务业和现代农业发展缓慢,不利于西部城镇化健康发展。

表2　2012 年西部12 个省(市、自治区)三次产业增加值所占比重　　单位/%

省份	第一产业增加比重	第二产业增加比重	第三产业增加比重
内蒙古	9.1	55.4	35.5
广西	16.7	47.9	35.4
重庆	8.2	52.4	39.4
四川	13.8	51.7	34.5
贵州	13.0	39.1	47.9
云南	16.0	42.9	41.1
西藏	11.5	34.6	53.9
陕西	9.5	55.9	34.7
甘肃	13.8	46.0	40.2
青海	9.3	57.7	33.0
宁夏	8.5	49.5	42.0

续表

省份	第一产业增加比重	第二产业增加比重	第三产业增加比重
新疆	17.6	46.4	36.0
西部平均	12.2	48.3	39.5
全国平均	10.1	45.3	44.6

数据来源:根据《中国城市统计年鉴2013》(国家统计局城市社会经济调查司编,中国统计出版社,2014年,第60页)相关数据整理。

(二)空间结构不够协调

近年来,西部地区城镇化水平不断提高,但空间结构不够协调,主要表现在以下三个方面:第一,西部地区各省(市、自治区)城镇化发展不平衡。2012年,内蒙古、重庆、陕西、宁夏的城镇化率已高于50%,但贵州、云南、西藏、甘肃的城镇化率尚低于40%,西部地区城镇化水平最低的西藏(22.75%)与最高的内蒙古(57.74%)相差30多个百分点,表明西部各省份之间城镇化发展极不协调。第二,区域中心城市对周边城镇的带动能力不足。近年来,西部地区的重庆、西安、成都等大城市得到快速发展,关中城市群、成渝城市群等西部城市群初具规模,但城市群内部以及城市群之间缺乏合理分工,区域中心城市孤立发展,缺乏次级城市支撑[4],大城市的辐射带动作用难以扩散到周边中小城市,不利于西部城镇化健康发展。第三,城市对农村的带动作用不强,城乡空间分割严重。西部地区国土面积占全国的71.5%,但建制城市数量仅占全国的26%(表3),加之受地理环境、经济发展水平、政策等因素的影响,西部地区以城带乡、以工促农的机制尚不完善,城镇对农村的辐射带动作用不强,导致西部地区城乡分割较为严重。总体而言,西部地区各省(市、自治区)之间、城镇之间、城乡之间空间结构不协调,需要通过大力推进城镇化来解决。

表3　中国三大区域城市行政区划及其分布　　　　　单位/个

区域	所辖省份	城市合计	按行政级别分组			
			直辖市	副省市级	地级市	县级市
东部	13	317	3	12	107	195
中部	6	169	0	1	79	89
西部	12	171	1	2	84	84
全国总计	31	657	4	15	270	368

数据来源:根据《中国城市统计年鉴2013》(国家统计局城市社会经济调查司编,中国统计出版社,2014年,第3页)相关数据整理。

（三）公共服务供给不足

西部大开发战略实施以来,西部地区经济得到了快速发展,但社会建设相对滞后,公共服务供给相对不足,这在城市内部和城乡之间都可以得到反映。在城市内部,受地方财政收入不足等因素的制约,西部一些省(市、自治区)的城市用水普及率、城市燃气普及率、每万人拥有公交车辆、人均城市道路面积、人均公园绿地面积等尚未达到全国平均水平(表4),影响了城市人居条件的改善;受户籍制度等的限制,大部分农业转移人口难以享受到附着在城镇户籍之上的相关公共服务,产生了"半转型的农民工"和"半截子的城镇化"问题。在城乡之间,由于政府长期对城市和农村实行两套不同的公共服务供给体制,农村居民所能享受到的公共服务水平严重低于城市居民。西部地区城乡基本公共服务均等化任重而道远。要解决公共服务供给不足问题,西部地区必须在城镇化过程中注重统筹经济社会发展,推进农业转移人口市民化和城乡基本公共服务均等化。

表4　2012年西部12个省(市、自治区)城市设施发展水平

省(市、自治区)	城市用水普及率/%	城市燃气普及率/%	每万人拥有公交车辆/标台	人均城市道路面积/平方米	人均公园绿地面积/平方米
内蒙古	94.43	84.39	7.05	17.67	15.52
广西	95.30	93.26	9.18	14.74	11.42
重庆	93.84	93.32	9.00	10.67	18.13
四川	92.04	87.96	13.34	12.72	10.79
贵州	92.07	71.35	8.80	6.80	9.38
云南	94.32	66.46	10.25	11.92	10.43
西藏	75.39	29.79	8.59	14.22	9.40
陕西	96.15	94.11	15.58	14.71	11.58
甘肃	92.77	77.81	10.04	12.56	9.52
青海	99.90	92.65	16.60	11.17	9.81
宁夏	92.30	79.67	12.46	17.56	15.71
新疆	99.13	96.60	13.91	14.16	10.00
全国	97.16	93.15	12.15	14.39	12.26

数据来源:依据《中国统计年鉴2013》(中华人民共和国统计局编,中国统计出版社,2013年,第430页)相关数据整理。

（四）生态环境压力加大

西部地区地形复杂,自然灾害多发,生态环境极为脆弱。近年来,西部地区在城镇化建设过程中对生态环境的破坏较大,导致西部生态环境压力日益增加,对城镇持续发展

造成巨大隐患。西部地区的城市发展过度依赖于重工业,高能耗、高污染、高排放的"三高"产业在经济结构中占有较高比重,严重破坏了西部地区的生态环境;近年来,西部地区大城市人口剧增,并且土地城镇化的速度快于人口城镇化,粗放型城镇化模式导致西部地区人口、资源与环境矛盾日益突出,污染物排放、垃圾围城、交通拥堵、资源过度消耗等问题凸显[5]。2012 年,西部地区 GDP 总量占全国比重 19.76%,但废气排放量占全国比重却高达 32.73%,高出 GDP 比重 12.97 个百分点;工业固体废物排放量占全国比重高达 33.36%,高出 GDP 比重 13.60 个百分点(表5)。污染物排放量过高,表明重工业在西部经济结构中占有较高比重,这对西部城市环境造成了巨大压力。此外,西部地区煤炭、石油、天然气等矿产资源较为富集,但在资源开发过程中,一些人对自然环境缺乏起码的敬畏[6],破坏性开发和掠夺性开发矿产资源的现象层出不穷,导致西部地区水土流失、地面沉降、泥石流、土地荒漠化等问题愈加严重,西部地区原本脆弱的生态环境雪上加霜[7],不利于城镇化持续健康发展。

表 5　2012 年中国三大区域主要污染物排放占全国比重　　　　　　单位/%

区域	GDP 占比	主要污染物排放		
		废气占比	废水占比	工业固体废物占比
东部	60.08	43.15	56.94	41.37
中部	20.17	24.12	23.19	25.27
西部	19.76	32.73	19.87	33.36

数据来源:依据《中国统计年鉴 2013》(中华人民共和国统计局编,中国统计出版社,2013 年,第272 - 278 页)相关数据整理。

四、丝绸之路经济带助推西部城镇化升级的路径

西部地区城镇化建设过程中出现的现代产业发展乏力、空间结构不协调、公共服务供给不足、生态环境压力加大等问题,都与粗放型工业化带动的"被动城镇化"紧密相关。

在建设丝绸之路经济带的时代背景下,西部大中城市的自生发展能力和辐射带动作用将逐步增强,助力西部地区夯实产业发展基础、促进空间结构协调、加强公共服务供给、保持生态环境美好(图3),推动西部地区由粗放型工业化带动的"被动城镇化"向城镇自生发展的"主动城镇化"升级。

(一)夯实产业发展基础

建设丝绸之路经济带为西部地区发展现代产业提供了重要机遇,在此过程中,西部地区应夯实带动城镇化健康发展的产业基础。今后,西部地区一方面可以向东承接产业转移,大力发展符合西部地区比较优势的现代农业、工业产业和现代服务业;另一方面,

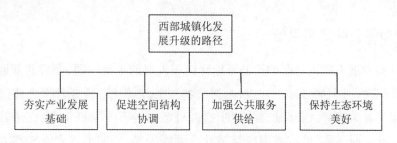

图3　西部城镇化发展升级的路径

西部地区可以发挥临近中亚、南亚的地缘优势,大力发展面向丝绸之路经济带沿线国家的外向型经济,吸引内资和外资企业在西部地区投资,提升西部地区的产业发展和对外开放水平。在建设丝绸之路经济带的过程中,西部地区应充分发挥旱作农业方面的技术优势,加强与丝绸之路经济带相关国家的农业技术合作,同时在城镇周边大力发展设施农业和生态观光农业,鼓励进城农民有序流转承包地,加快改造传统农业,不断提升农业产业化水平。此外,西部地区应以新型城镇化为载体,加强与丝绸之路经济带相关国家的产业协作,加快新型工业和现代服务业发展步伐,实现西部地区现代产业与城镇化融合发展。

(二)促进空间结构协调

城市群和中心大城市是丝绸之路经济带的战略支点,在建设丝绸之路经济带的过程中,西部地区应把重庆、西安、成都、乌鲁木齐、兰州打造成面向丝绸之路经济带沿线国家的国际化大都市,加快形成以西安为中心的关中城市群、以成都和重庆为中心的成渝城市群、以兰州和西宁为中心的兰白西城市群、以乌鲁木齐为中心的天山北坡城市群、以银川为中心的银川平原城市群,同时积极发展中小城市和小城镇。随着大城市自生发展能力的逐步提高,大城市对周边中小城市及小城镇的辐射带动作用将不断增强,城市群内部及城市群之间实现合理分工,这不仅可以为建设丝绸之路经济带提供有力支撑,而且能够形成以城市群为主体形态[8],大中小城市及小城镇协调发展的"多中心网络化"城镇空间格局,全面提升西部城镇化发展水平。在加快城市群和中心大城市发展的同时,西部地区应加快构建以工促农、以城带乡、工农互惠、城乡一体的新型城乡关系,促进城乡空间协调发展。受发展战略和制度安排等因素的影响,西部地区在经济、社会、政治、文化等方面都存在城乡分割问题,这对西部"三农"发展造成了严重的消极影响。在丝绸之路经济带建设过程中,大城市自生发展能力和辐射带动作用的不断增强,将有助于实现城乡建设规划、市场发育等方面的一体化。在城乡建设规划方面,要统筹城乡道路、公共基础设施和信息网络等的规划设计,改善农业和农村发展环境;在城乡市场体系方面,要加快发展城乡互动的现代化市场体系、仓储物流体系和新型流通业态,促进城乡空间协调发展。

（三）加强公共服务供给

经济社会发展不协调是影响西部城镇化健康发展的重大问题,今后西部地区在重视经济发展的同时,必须加强社会建设,推进公共服务均等化。依托丝绸之路经济带建设的经济成果和政策优势,西部城市应逐步提高科教文卫事业发展水平,促进城市功能不断完善。与此同时,西部城市应顺应经济社会发展要求,有序推进农业转移人口市民化进程。对于已进入城市的农业转移人口,必须消除对他们的各种歧视,使之平等享受基础教育、医疗卫生、养老、就业、住房保障等城镇基本公共服务,同时鼓励在城市有稳定工作的农业转移人口有序流转承包地,使他们在生活方式、生活理念上成为真正的市民,提升西部城镇化发展质量。

长期以来,由于政府在城乡之间实行两套不同的公共服务供给体制,农村居民与城市居民所能享受的公共服务存在较大差距,这是导致西部"三农"问题难以解决的重要原因之一。在建设丝绸之路经济带过程中,西部地区应提高公共财政覆盖农村的范围和水平,以新型社区为载体加强农村公共服务供给,推进城乡基本公共服务均等化。在农村基础教育方面,应充分利用国家对西部教育发展的各项优惠政策,提高广大青少年的人力资本水平,为西部城镇化建设培养合格的劳动者;在农村医疗卫生方面,应加强对农村三级卫生服务网络建设的支持力度,提高农民医疗费用报销比例,推进城乡医疗卫生制度一体化;在农村基础设施建设方面,应构建多元化筹资机制,改善农村道路和农田水利设施,使"美丽乡村"与"美丽城镇"交相辉映。

（四）保持生态环境美好

西部地区生态环境脆弱,在推进城镇化过程中尤其需要加强生态环境保护,实现城镇化的可持续发展。西部城市应树立"绿色城市"理念,在产业发展、城市建设中实现与生态环境的良性互动。对于产业发展而言,西部城市应加快产业结构调整和工业产业优化升级,逐步降低对重工业的依赖,淘汰高耗能、高污染、高排放的"三高"产业,减少污染物排放,大力发展现代服务业,使服务业成为支撑城市经济发展的主要力量;在城市建设上,西部城市应适度增加城市绿地面积,改善城市人居环境,同时还应加大对环境保护的宣传力度,增强广大市民的环境保护意识,形成全民共建生态、宜居、绿色城市的新格局。

西部地区资源富集,应充分发挥资源优势促进城镇化发展。但在资源开发过程中,应摒弃粗放式、掠夺式、破坏式的资源开发模式,注重在资源开发过程中保护脆弱的生态环境,同时拉长资源产业链条,实现资源开发、产业发展、城镇建设的良性互动。西部地区拥有丰富的自然生态景观和民族文化景观,可以通过发展无污染的旅游产业保护生态环境。此外,西部地区在丝绸之路经济带建设过程中,应加强与中亚等地区在环境保护和生态修复领域的合作,共同推进生态环境保护事业,为西部城镇化可持续发展营造良好的生态环境条件。

【参考文献】

[1] 白永秀,王颂吉.由"被动城市化"到"主动城市化"——兼论城乡经济社会一体化的演进[J].江西社会科学,2011(2):81-86.

[2] 白永秀,王颂吉.丝绸之路经济带的纵深背景与地缘战略[J].改革,2014(3):64-73.

[3] 白永秀,王颂吉.丝绸之路经济带:中国走向世界的战略走廊[J].西北大学学报(哲学社会科学版),2014(4):32-39.

[4] 白燕.新一轮开发中的西部城镇化思考[J].宏观经济管理,2011(8):35-37.

[5] 李晓曼.中国西部新型城镇化动力若干问题研究[J].改革与战略,2014(3):97-101.

[6] 曹宗平.西部地区城镇化面临的问题及其模式解构[J].改革,2009(1):62-67.

[7] 邓祥征,钟海玥,白雪梅,等.中国西部城镇化可持续发展路径的探讨[J].中国人口·资源与环境,2013(10):24-30.

[8] 魏后凯.中国城镇化进程中的两极化倾向与规模格局重构[J].中国工业经济,2014(3):18-30.

（原刊于《宁夏社会科学》2015年第1期）

丝绸之路经济带的能源合作与环境风险应对[*]

石　莹　何爱平

【摘　要】　丝绸之路经济带沿线资源能源丰富,但生态环境先天脆弱。能源产业具有环境污染特性,区域能源合作将进一步强化和放大环境污染效应,蕴含较高的环境风险。这将影响丝绸之路经济带战略设想的实施与区域经济社会的可持续发展。诱发能源合作环境风险的根本原因在于以能源为代表的经济利益与环境利益的冲突,因此借鉴发展的政治经济学分析范式,通过利益矛盾—行为方式—制度安排—激励机制的分析框架,深入剖析丝绸之路经济带能源合作中环境风险的发生机理,从完善区域对话协商机制、构建区域环境规制机制、建立市场化的运行机制等方面提出防范与应对丝绸之路经济带环境风险的路径。

【关键词】　丝绸之路经济带;"一带一路"战略;经济全球化

2014年11月,在亚太经济合作组织工商领导人峰会开幕式上,习近平发表主旨演讲指出,"随着综合国力的上升,中国有能力、有意愿向亚太和全球提供更多公共产品,特别是为促进区域合作深入发展提出新倡议新设想。中国愿同各国一道推进'一带一路'建设,更加深入参与区域合作进程,为亚太互联互通、发展繁荣作出新贡献。"这与习近平出访中亚及东盟国家相继提出共建丝绸之路经济带和21世纪海上丝绸之路建设一脉相承,标志着"一带一路"战略构想进入务实合作、全面推进的新阶段,也凸显了"一带一路"建设问题已上升到国家重大战略部署层面。丝绸之路经济带建设,旨在加强中国与中亚[①]等国在交通贸易、金融投资、旅游文化等方面的合作,促进沿线各国经济联系与共同发展。在诸多合作领域中,能源合作是中国与中亚国家经济合作的一个重要方面。中亚国家油气资源丰富,迫切希望能源兴国、能源强国,普遍确立了以能源工业为优先重点

*　该标题为《改革》编辑部改定标题,作者原标题为《丝绸之路经济带能源合作的环境风险及其应对:基于发展的政治经济学视角》。基金项目:国家社会科学基金项目"我国生态文明建设策略和路径的政治经济学研究"(批准号:13BJL091)。

①　中亚包括哈萨克斯坦、吉尔吉斯斯坦、塔吉克斯坦、乌兹别克斯坦以及土库曼斯坦五国的地理范围。

领域的国家战略。而中国能源消费需求量很大，是中亚能源出口的强大市场。自 1997 年中哈油气合作以来，丝绸之路沿线先后运营了 30 多个中亚油气合作项目，中哈原油管道、中国—中亚天然气管道 A、B、C 段等大型能源合作项目相继建成并投入运营，为区域经济发展注入新动力。据统计，从 2009 年年底到 2013 年，中国—中亚天然气管道已累计向中国输送天然气 600 多亿立方米，相当于中国 2010 年天然气总产量的一半。2014 年上海亚信峰会期间，中国与塔吉克斯坦签署协议，正式启动中国—中亚天然气管道 D 线塔国段建设项目，将进一步强化中亚能源合作。中亚能源合作不仅是丝绸之路经济带建设的最大引擎，更是我国经济持久发展的有益设计。

然而，丝绸之路经济带生态环境先天十分脆弱，随着能源合作的开展，能源产业的环境污染效应将进一步强化和放大，加重生态环境承载负担。环境具有较强的"负外溢效应"，若不加以防范管理，潜在的环境风险将转化成现实的环境灾害，沿线各国都将深受其害而难以"独善其身"。这将破坏中东部地区的生态屏障，威胁我国的生态安全，也会影响到丝绸之路经济带战略设想的实施，给区域经济社会发展带来不利影响。因此，实现长久、可持续的区域能源合作，必须规避和减免环境风险的发生。这其中兼顾各国经济利益与区域环境利益是问题的核心所在，因此可以借鉴发展的政治经济学分析范式，通过利益矛盾—行为方式—制度安排—激励机制的理论框架来分析。[1] 发展政治经济学的分析框架要义在于："经济发展的过程是社会变革和政策调整的过程，任何社会变革和社会政策的调整都会引起利益格局的变化，随着利益格局的变化，各社会经济主体的行为博弈也会随之发生变化，与此相适应的制度安排也需要作出调整，并通过制定激励机制来规范主体行为。"这里从丝绸之路经济带的资源能源禀赋与潜在环境风险出发，从利益矛盾、行为方式、制度安排、激励机制四个维度阐释能源合作中环境风险的发生机理，进而在理论分析的基础上提出防范与应对区域环境风险的路径。

一、丝绸之路经济带的资源能源禀赋与潜在环境风险

丝绸之路经济带的核心区域包含中国西部的陕西、宁夏、甘肃、青海、新疆、重庆、四川、广西、云南等省市，外接哈萨克斯坦、吉尔吉斯斯坦、塔吉克斯坦、乌兹别克斯坦与土库曼斯坦中亚五国。构成以新亚欧大陆桥的中亚段沿线为线，以西安、重庆、兰州、银川、西宁、乌鲁木齐、阿拉山口等我国城市以及阿拉木图、比什凯克、杜尚别、塔什干、阿什哈巴德等中亚城市为点，辐射带动我国西部地区与中亚地区的协调发展的区域经济发展带。[2] 能源合作是"丝绸之路经济带"经济合作的核心内容，该区域拥有丰富的资源能源，为能源合作提供了自然基础，然而经济带沿线的生态环境较为脆弱，使能源合作蕴含环境风险。

（一）丰富的资源禀赋为能源合作提供了自然基础

丝绸之路经济带中亚区域的资源能源十分丰富，特别是石油、天然气资源以及水电资源，近些年来的产量相当可观（表1），是世界三大"能源富集区"之一。其中，哈萨克斯坦是中亚油气田最为丰富国家，据 BP Statistical Review World Energy 的统计数据显示，截至 2010 年年底，哈萨克斯坦石油剩余探明可采储量为 41.1 亿吨，居世界第 12 位；天然气剩余探明可采储量为 1.8 万亿立方米，居世界第 17 位。

2010 年，哈萨克斯坦产油 8160 万吨，而本国人口数仅为 1600 多万，消费需求远不及石油供给，因此 80% 以上的石油产量用于出口。土库曼斯坦和乌兹别克斯坦以天然气为主要优势资源，其中，土库曼斯坦的天然气储量就达世界储量的 1/9 之多。吉尔吉斯斯坦与塔吉克斯坦的水电资源十分丰富。此外，吉尔吉斯斯坦、塔吉克斯坦以及哈斯克斯坦的多种有色金属与稀有金属储量也相当可观。其中，吉尔吉斯斯坦拥有钨、锡、锑、金等稀有金属或贵金属；哈萨克斯坦拥有钨、铀、铬、锰、金、铝、铀等有色金属；塔吉克斯坦拥有铅、锌、锡、锑等重金属，金、银等贵金属，钼、钨等稀有难熔金属，以及岩盐、萤石等矿物资源。

表1　中亚五国的优势能源 2001—2011 年产量

年份	哈塞克斯坦		土库曼斯坦	乌兹别克斯坦	吉尔吉斯斯坦	塔吉克斯坦
	石油/千吨	煤炭/千吨	天然气/亿立方米	天然气/亿立方米	水电/百万千万时	水电/百万千万时
2001	36060	79135	464	520	13667	41382
2002	42068	73731	484	519	11922	15302
2003	45376	84906	535	520	14021	16509
2004	50672	86875	528	542	15141	16491
2005	50870	86617	570	540	14891	17090
2006	54339	96231	604	545	14523	16935
2007	55265	98384	654	591	14830	17494
2008	58646	111072	661	622	11766	16147
2009	64354	100854	364	600	11083	16117
2010	68084	110929	424	596	12114	16410
2011	67735	102875	595	570	15223	16219

数据来源：世界银行数据库，BP Statistical Review of World Energy, June 2012。

丝绸之路经济带的中国境内区域石油、天然气及煤炭的能源储量十分丰富，全国四大天然气田西部地区就包含了陕北的陕甘宁盆地、新疆的塔里木盆地和柴达木盆地三大天然气田，还有长庆油田、玉门油田、准东油田以及克拉玛依油田等丰富的石油资源，全国大于 1 亿吨的油田资源储量中,该地区占到 41%。并且,陕西、宁夏、新疆、重庆的煤炭资源储量位居全国前茅。与此同时,该区域还拥有丰富的矿产资源、有色金属资源及水资源。其中铁、锰、铜、铝、铬、金、镍、汞、锰、钡储量大,品质好;大理石、石灰石、重晶石等资源丰富,且质量好。其中西南的钒、锡、钛储量居世界首位,云南的磷矿石储量达 200 亿吨,居全国第一;新疆的金矿资源比较丰富,工业原料矿产钠硝石储量全国第一,芒硝储量全国第五;陕西的盐矿位居全国首位,钼、石棉、镁盐等具有全国开发优势。但该区域水资源分布不均衡,总体水资源短缺,重庆、四川、广西的水资源则十分丰富,仅重庆市年平均水资源总量就达 5000 亿立方米,理论水能蕴藏总量 1440 万千瓦,其中可供开发的水能资源 750 万千瓦,且有丰富的地下热矿泉水和饮用矿泉水资源。

(二) 先天脆弱的生态环境导致能源合作存在潜在环境风险

丝绸之路经济带沿线地质地貌复杂多样,生态环境先天脆弱。随着经济发展特别是能源合作的开展,生态环境的承载负担将日益加重,若不注重环境保护就会引发区域环境风险,导致不可逆转的灾难性后果。丝绸之路经济带中亚区域地质地貌复杂多样,几乎涵盖了高原、沙漠、绿洲与盆地等所有形态,其中沙漠面积多达 100 万平方千米,占区域总面积 1/4 以上。地势总体来看两边高,中间低,其中东部又比西部海拔高。东南部高山区主要包括塔吉克斯坦和吉尔吉斯斯坦两国,东南部有昆仑山、阿尔金山和祁连山,东北部有阿尔泰山和乌拉尔山,海拔大致 3000 米;中部的丘陵区域则包括土库曼斯坦、乌兹别克斯坦和哈萨克斯坦三国的主要区域,分布着费尔干纳盆地、图兰低地、图尔盖洼地、巴丹吉林沙漠、古尔班通古特沙漠、库姆塔格沙漠、腾格里沙漠、卡拉库姆沙漠和克孜勒库姆沙漠及中亚戈壁,中亚的西北部则由图尔盖高原和丘陵山脉构成。由于南部高山阻碍了太平洋和印度洋湿润气流的进入,使得该区域为干旱或极端干旱的区域。且气温的季节变化和日变化都很大,是全球气候变化研究中备受关注的生态环境脆弱区域。受温带大陆性气候条件的影响,该区域常年干燥少雨,绝大部分地区年降水量仅为 150~250mm,不足世界上年降雨量最多地区之一的乞拉朋齐的 1/5。气候的干旱少雨导致该区域的人均水资源拥有量远远低于国际人均水资源 1700 立方米的紧张警戒线。世界银行统计数据显示,中亚的乌兹别克斯坦人均水资源量仅为 702 立方米,土库曼斯坦则为 217 立方米。20 世纪五六十年代以来,由于对地表水资源超强度、大规模的开发,并未实行有效的保护,该地区曾出现了河流干涸、地下水位下降、水质恶化、土地沙漠化、草场退化、绿洲萎缩、农田盐碱化面积扩大、植被面积缩小以及生物多样性大幅下降的生态环境危机,其中哈萨克斯坦濒危动物物种几乎超于一半,[①]严重影响了该地区的生产生活(陈才、毛汉英,1987)。虽然政府加大了环境治理力度,但生态环境问题并未得到有效遏制,

---

① 资料来源:United Nations Environment Programmer, Environment in Central Asia 2000.

目前仍然面临严重的生态环境问题。该区域干旱、地震、滑坡等自然灾害频发,影响面积及受灾损失不断上升。据统计,过去十年间中亚地区因自然灾害的死亡人数为 2500 人,受灾人数高达 55 万,接近中亚人口总数的 10%。[①]

丝绸之路经济带中国境内区域生态环境状况与中亚五国比较相似,生态环境也较为脆弱。西北地区从地理环境上可以划分为三段,分别是东段的黄土高原地区、中段的甘肃河西走廊地区以及西段的塔里木盆地与准格尔盆地。除黄土高原与河套平原外,大部分地区属于干旱或极干旱区,生态环境恶劣。黄土高原地区包括关中盆地、陇东高原与陇西高原,地貌均为黄土塬或黄土丘陵,黄土质地疏松,水土流失严重,高原呈现千沟万壑、支离破碎的状态;受大陆季风气候影响,降水变化大,特别是夏季受强降水及洪峰冲击,容易造成土壤侵蚀,河道侧蚀也较为强烈。中段的河西走廊地处祁连山与内蒙古高原之间,形成一条东西长 1000 千米,南北宽仅 10 千米的狭长平原地带,是沟通中原与西北边疆的要道。该地区地质地貌以砂砾戈壁为主,中部为绿洲,靠近新疆地区为半固定沙地与流动沙地,地质条件复杂且脆弱,且土地沙化荒漠化严重,沙尘暴多发。西部的塔里木盆地与准格尔盆地周围被高山环抱,内部比较平坦,盆地边缘的高山山麓地带由于有天山与昆仑山的水源灌溉,形成一连串的小块绿洲,是古代丝绸之路的"绿色通道"。而盆地周围有成片的沙漠和戈壁,盆地内部的塔克拉玛干沙漠是我国最大的沙漠,也是世界上最大的流动沙漠,不适当加以保护就会对"绿色通道"构成威胁。西南地区河流纵横、峡谷广布,地形地貌包括四川盆地、云贵高原等,还有广泛分布的喀斯特地貌、河谷地貌和盆地地貌等,地势起伏大。年均气温分布不均匀,水土流失严重,部分地区水土流失率高达 44%。加上土地石漠化不断蔓延和加重,且影响面大,导致土地生产力低下,部分严重地区的生态环境恶化,已丧失基本的人类生存条件,严重制约当地的经济社会发展。

二、丝绸之路经济带能源合作的环境风险发生机理

丝绸之路经济带能源合作蕴含的环境风险有先天脆弱的生态环境因素,但诱发的根本原因在于能源合作,具体表现在:能源产业本身就具有污染特性,粗放的能源合作行为将进一步加剧区域生态环境的承载负担,这和能源合作中能源利益和环境利益的冲突直接相关。而现有的能源合作制度框架并不能规范与调节各国的能源合作行为,加上生态环保激励不足,环境污染监管机制效率低下,先天脆弱的能源富集区可能不堪重负,区域环境风险"一触即发"。

---

① 资料来源:European Commission-Humanitarian Aid Office (ECHO), Commission Funds Disaster Preparedness Actions in Central Asia Worth EUR 2.5 Million. May 28, 2004.

（一）环境风险的根本诱因：各国能源利益与区域环境利益相冲突

能源是一国工业、农业、国防、科技以及人民生活所必需的燃料与动力来源，能源安全关系国计民生及工业生产，是国家安全体系的重要组成部分。美国作为世界上的能源需求大国，通过增加在该地区的经济援助及高层访问，特别是在塔吉克斯坦建立军事基地，控制该国的能源生产与出口。俄罗斯则利用地缘优势，经常与哈萨克斯坦进行油气合作会晤，通过租借通往欧洲的石油管道来间接控制。欧盟、日本等能源缺乏的发达国家，急需能源供给来源以充实能源储备。而韩国、新加坡及印度等新兴国家由于处于工业化快速发展阶段，对能源需求十分迫切，以期通过能源合作获得长期能源供给，维护本国能源安全。"从国家财富生产的角度来看，经济利益获得必须通过对资源能源的占有，并在其不断利用与消耗中得以实现"，因此各国都最大限度地追逐能源利益。但资源能源并非无限，"经济利益的资源占有导向"必然导致对资源能源的盲目竞争以及掠夺性的不可持续开采行为，[3] 从而加重区域生态环境的承载压力，破坏区域环境利益，引发环境风险。

各国为获得能源给经济发展注入动力必将相互博弈，从而在能源合作中展开竞争并产生冲突，以争取油气开发、运输等能源权益。而各国在合作项目持股比例、资源交易价格、资源输送管道走向设计等利益敏感问题上缺乏相互理解与信任，则使丝绸之路经济带能源合作面临着更加复杂的利益分配格局。从能源的供需关系角度来看，能源出口国迫切希望通过"能源计划"带动地区经济发展，但现有的以输出石油、天然气等初级产品换取消费工业品的合作方式，使其能源产业处于世界产业链的中下游，表面看是沦为原材料的供应国，在经济合作中被边缘化，实则损失了本国的能源收益，降低了本可通过能源深加工所获得的更大经济收益。[4] 能源进口国则可利用其资金与技术优势，在能源出口国投资环境污染较重的低端能源产业，降低其能源进口成本。例如在煤炭开采区投资煤炭加工产业，使其转化成清洁电力后再经管道输出，从而间接保护了本国的生态环境。也就是说，能源合作可能潜藏着环境污染的"空间转移"，使能源出口国被迫沦为能源进口国的"污染避难所"，损害能源出口国的环境利益，加重能源开采地的环境污染，诱发环境风险。

（二）环境风险的直接成因：能源合作行为粗放

丝绸之路经济带能源合作环境风险的直接成因是能源合作行为粗放。该区域处在全球产业价值链的低端，导致区域能源合作的层次较低，能源合作形式单一。

一是能源产业处在全球价值链低端。该区域拥有丰富的能源矿产资源，资源禀赋决定发展能源产业成为比较优势。但该区域工业化进程落后，能源制造业的基础配套能力较差，企业的创新意愿和创新能力明显不足，有着强烈的"逐利取向"。自然禀赋与历史条件共同决定了该区域产业结构以生态环境污染最为严重的低端油气化工业占产业比重最大。其中哈萨克斯坦的石油及天然气工业约占其 GDP 的 1/4;我国新疆的重工业产业也约占工业总产值的一半。[5]而能源产业的主要形态则是具有资源禀赋优势的能源矿产初级产品输出,即资源能源产品贸易型,能源产业的价值附加值普遍较低。资料显示,哈萨克斯塔原油出口占到其对华出口总额的 60% 左右;土库曼斯坦的天然气出口占其对华出口总额的 80% 以上;吉尔吉斯斯坦对华出口金、锡等贵金属占其对华出口总额的 33% 以上;而我国进口的铀矿砂有 70% 以上都来自哈萨克斯坦。

二是能源合作层次较低。现阶段,区域能源合作主要停留在油气开采及运输上,较少涉及能源与化工原料的深加工与转化合作,能源的国家市场分销合作几乎没有。究其原因,有流入该区域 FDI 的"资源寻求"取向,也有该区域希望利用资源禀赋实现经济发展的迫切诉求面,从而在区域环境管理体系不够完善的背景下,加速 FDI 流向低层次的能源开采业。根据哈萨克斯坦中央银行的统计数据显示,2012 年哈萨克斯坦利用外资总额中,流向采矿业的资金占比高达 60% 以上;截至 2013 年上半年,我国在哈萨克斯坦的投资有 66% 以上流向采矿业。这将加重区域环境承载负担,存在较大的环境风险。

三是能源合作形式单一。能源合作主要以政府为主导,通过投资油气管道修建、贷款收购资源能源企业或协议联合开发等形式展开,市场的资源配置作用及民间企业的自主参与作用难有发挥之处。加上各国政府以本国利益为出发点制定政策措施彼此存在冲突,给投资企业在当地的项目实施以及企业间能源开采技术与设备合作造成障碍,这将导致更加粗放的能源开采行为,加速能源消耗与浪费,强化能源产业的环境污染效应,引起环境灾变,陷入各国利益均受损的"囚徒困境"。

(三)环境风险的现实起因:区域生态环保制度供给不足

能源合作蕴含环境风险的根本原因在于经济利益的驱动,而现实原因则是经济制度上的缺陷,对环境保护缺乏应有的、严密的制度制约。[6]

一是法律规范的不完善。在能源合作中,关于生态环境保护的法律规范缺乏与设计不合理将导致资源的错配,难以使各经济主体实现合作性均衡。丝绸之路经济带生态环境保护的依据主要有 WTO 有关自由贸易区的规定、上海合作组织有关区域一体化的文件,中国—中亚国家间的双边经贸协定中涉及资源、环境的有关规定。比如我国与塔吉克斯坦、乌兹别克斯坦签订的《中塔环境保护合作协定》《中乌环境保护合作协定》等,但多停留在提高环保意识的软性约束层面,不具有强制约束力。缺少站在区域高度统一、专门性的资源与生态环境保护的法律规范与措施,尚未建立针对生态环境保护的制度性框架体系,存在环境保护责任不清晰的问题。中亚五国同为经济转型国家,环境保护法律法规并不完善,相关政策措施随意性较强,难以实现对本地区生态环境的有效保护。

二是生态保护制度缺失。按照国际贸易协定的有关规定,各国应生产具有比较优势的产品,通过在国际市场上相互交换使双方都获得最大的收益。但这没有考虑到资源能源型初级产品的出口对于区域生态环境的影响,加上环境产权的模糊,市场机制自身难以有效保护生态环境。特别是,区域生态补偿方式尚在探索与补充阶段,由于能源合作开采的收益分配并不明确,利益补偿与成本分担往往导致受益者不用承担或很少承担污染成本,而利益受损者得不到相应的补偿,缺乏保护生态环境的动力。

三是环境保护的技术合作缺乏保障。该区域在资源能源开采和环境保护中的技术比较落后,容易造成资源开采的低效率和环境污染。虽然我国与哈萨克斯坦等国签订了若干技术合作协议与条款,但具体合作项目与规定比较分散,没有统一有效的技术合作框架来调节与规范,由于缺乏强有力的技术交流与合作制度保障,制约了环境保护的技术交流与合作,不利于先进环保技术的应用与推广。现阶段的合作主要为单边的"功能性"合作,多边的"制度性"合作薄弱,已达成的协议执行力不强。[6] 具体的环境保护合作项目范围仅限于自然资源保护区及沙尘暴预报等几个方面,对于能源合作可能带来的区域共同环境问题未有实质性的技术交流合作,具有一定的局限性。

(四)环境风险的潜在原因:环保激励监管机制不健全

丝绸之路经济带的生态环境是一项区域公共物品,具有非竞争性与非排他性的特点。由于非竞争性的特点,良好的生态环境将使区域各方都深受其益;而若不注意生态环境保护,破坏生态平衡,一旦发生环境灾变,每一方都难以"独善其身"。由于其非排他性的特点,不管是否参与区域生态环境保护,任何国家都不会被排除在区域环境保护所带来的收益之外,这就难免产生只愿享受而不愿支付成本的"搭便车"问题。正因为此,每个国家参与生态环境保护的激励被减弱了,因为无法排除他国分享本国为生态环境所努力的成果。这一"搭便车"问题反映出了国家行为与区域利益乃至全球利益之间的偏离。因而生态环境建设单纯依靠区域各国难以"落到实处",需要有独立于各国的第三方组织站在更高的层面以区域整体利益的角度来约束与规范各国行为。

现阶段,虽然已有包括诸如上海经济合作组织、中亚合作组织、区域经济合作组织、亚洲开发银行下属的中亚组织区域的经济合作机制、中西亚经济合作组织等区域经济合作组织,但组织之间的分工与权责不明确,彼此之间缺少有效的沟通与协调(秦放鸣,2010)。虽然在上海经济合作组织的框架下签订了一系列合作协议与纲要,但针对资源与环境保护的缺少实质性的内容、行之有效的措施与具体可操作的办法,对破坏生态环境行为缺乏约束力。

此外,中国与中亚五国的环保监督管理机制也不健全,缺乏有效的仲裁解决机制。生态保护主要依靠有关可持续发展的系列国际公约及协定来进行,涉及领域主要有产品生产方法和环境补贴,不具有针对性。缺少基于区域公约统一框架下的环境保护激励机制设计以及针对生态环境保护的责任考核指标,监督力与执行力不强。

三、防范与应对丝绸之路经济带环境风险的路径选择

环境风险是能源合作行为与环境相冲突的极端表现。防范与应对能源合作的环境风险,应以完善环保制度框架为保障,以健全激励监管机制为手段,以转变能源合作方式为关键,以协调能源与环境利益为核心,促进能源合作的健康、可持续开展。

(一)减免环境风险的保障:完善区域环保制度框架

区域环保制度框架具有相对强制力与威慑力,能够规范和约束能源合作中的环境污染行为,是减免环境风险发生的保障。

一是完善区域性公约与制度框架,探索环保新模式。针对区域资源开发与生态环境保护,建立切实可行的协议框架以及方便操作的实施规定。制度框架作为长期目标,将引导以短期目标为着力点的实施规定的展开,从而以明确的形式严格规范各国的行为。可以山脉河流等天然联系对生态环境保护作出整体规划,以区域的地质地貌及生态环境为基础,严格限定禁止开发地区,重点保护生态脆弱地区,整治能源开发区及工业园区的生态环境。进一步完善区域环保合作框架,建立健全碳交易市场,并逐步进行排污权交易试点,探索区域排放总量联合控制的合作模式,共同承担节能减排的责任,减少"公地悲剧"的出现。

二是成立专门机构,设立环保共同基金。由于生态环境问题的负外部效应,市场力量并不能消弭这种影响,因此,各国之间能否达成具有约束力的自动实施协议,关键在于能否调动各国参与环境保护的积极性。通过由各国共同出资投入设立丝绸之路经济带的环境保护"共同基金",有利于实现重复的"合作博弈"。为保障基金的合理使用,可设立基金管理委员会,制定《环保共同基金使用管理规定》,以明确基金的投入来源以及具体项目的支持规划。可以考虑成立由各国派专家学者组成丝绸之路经济带的项目规划研究审核机构,评估资源合作项目的环境影响与可行性,符合区域环保规定方可投入,避免国际贸易中以比较优势为驱动的资源开发对区域生态环境的不利影响。

三是加强技术交流,展开多元化能源合作。罗伯特·欧基汗(1988)指出,当一方所遵循的政策被另一方认为能够促进各自目标的实现,也就是说当一国调整其行为以适应他国期望时,才能产生合作,因而合作需要通过谈判的过程将各方的行动变得互相一致起来。因此,要进一步增进对区域环境问题的研究与协作,构建有利于区域技术交流的合作框架,推动新技术、新设备的采用,加强资源深加工技术与机器设备、油气资源的联合勘探及能源运输项目的合作。积极探索除政府间合作以外的多种合作方式,增加企业间合作以及民间组织合作,增进沟通与协作。具有技术优势的资源能源企业可以采取直

接投资、合作研发或技术转让的方式与技术相对比较薄弱、亟待提高的企业展开合作,进一步加强在煤炭、石油、天然气及矿产等方面的项目合作,并积极展开在节能环保、新能源开发方面的双边及多边项目培育(耿晔强、马志敏,2011)。与此同时,建立区域资源环境动态监测网络信息共享平台并开展技术合作,及时预警和评估区域生态环境安全问题,加强区域环境灾害预防与突发环境事件的处理能力。[7]

(二)应对环境风险的手段:健全环保激励监管机制

市场政策工具能够引导和调节能源合作行为,是应对能源合作环境风险的手段。

第一,完善区域对话协商机制。只有规定了所有国家的共同目标且有稳定的国际协商基础,好的措施才能发挥效果。应尽快在上海合作组织的框架内构建常设性的能源资源合作协调机构,以求同存异、增进沟通为指导,既可以采取单项协议的方式加以处理,也可通过单项协议推进多边协议的方式进行,增进各参与方在能源、技术及投资领域的相互理解与信任,协调各方利益(胡鞍钢等,2014)。进而以"合作共赢"为基本原则,以上海合作组织为依托,以能源合作论坛及能源合作会议为形式,通过谈判过程来达成一致性意见,加强能源合作领域的发展战略规划与对策交流。

第二,构建区域环境规制机制。依托上海合作组织等区域组织,尽快建立维护区域生态平衡、限制区域环境污染规制体制,通过制定相应的约束公约与协议,限制发达国家将环境影响大或有毒有害废物排放的产业向该区域转移,对损害区域整体利益、不利于区域可持续发展的短视行为加以约束,必要时对不履行有关环保协议规定的成员给予经济制裁,并加大制裁力度,在制裁量的规定上要使得短期内规避环保所得的收益小于长期遭受惩罚所致的损失,从而使各国在权衡利弊后自愿参与环境保护行为。

第三,建立市场化的运行机制。以市场化的能源合作运行机制,提高资源能源开发与生态环境管理的科学性与有效性,以灵活多样的经济手段,有效促进环境保护合作。要清除政策障碍,以市场调节为主要手段,充分发挥市场机制的自我调整和修正作用,促进健康、有序、高效的能源合作。通过完善资源环境要素市场,治理区域环境的外部性,使环境"外溢效应"内部化。加快完善能将区域各参与方利益融为一体的、促进各国参与的能源合作运行机制,明确区域能源合作的战略目标,实施计划、利益分成及具体方式。同时配合建立多边的融资平台与融资机构,进行多渠道融资,从而加大投资力量,强化环境规制,通过资金援助,增强加入国际协议的激励效果(伯特尼等,2004)。

(三)防范环境风险的关键:转变能源合作方式

能源合作的环境污染行为直接诱发环境风险的发生,因此防范环境风险的关键在于转变能源合作行为方式。丝绸之路经济带建设,各参与方盲目竞争资源、低层次勘探开采能源不可取。以廉价商品换取能源的传统经济合作方式不利于推动区域各国实现经济现代化,不利于区域经济社会的可持续发展。因而,要清除非合作博弈使每个参与国的利益均受损的不良后果,以区域经济良性可持续发展为共识协调各方行为。要升级能源产业链,建立现代化的能源产业体系。一是将能源开发与能源深加工相结合,二是积极发展能源装备制造业,三是利用金属矿产等自然资源优势,扩大在新材料、新能源方面的合作。通过能源产业升级,强化能源合作内容,夯实能源合作基础,转变能源合作方式。特别是,政府要退出市场能够起作用的领域,充分体现市场对资源配置的决定性作用。在市场失灵或市场存在缺陷的领域,则要通过适当的制度安排以及相应的机制来约束发展行为以及明确发展方向。政府要扮演"引导者"的角色,通过加大对企业的财政补贴力度,引导企业改进生产工艺,加快由资源产品贸易型向资源能源深加工合作型转变。与此同时,积极探寻多元化的能源合作形式,通过建立国家间的能源联合企业,在勘探开采、加工运输及新能源开发技术等方面开展合作,充分发挥各自在能源开发及环境保护上的比较优势,实现优势互补。与此同时,企业要配合政府的政策优惠引导进行技术创新,把生态环保理念融入到日常生产经营管理中,实现企业经济效益获得与环保社会责任承担相统一。

(四)规避环境风险的核心:矫正能源与环境利益关系

能源合作中的利益冲突问题是诱发环境风险的根本诱因,因此,矫正能源合作中的利益关系是防范环境风险的核心所在。丝绸之路经济带区域内国家的经济发展水平与社会文化虽有差异,但寻求经济社会可持续发展的共同目标是一致的。经济合作特别是能源合作能够实现各国优势互补,是区域经济发展的有效路径。[8]这是新型的区域经济合作模式,其目标是把沿线各国打造成互利共赢的利益共同体。[9]良好的区域环境是丝绸之路经济带建设的共同目标之一。也就是说,能源是经济合作的支撑,环境是经济合作的承载。生态环境作为区域公共产品,对区域各参与方来讲有着共同的利益。这要求各国站在区域经济可持续发展的战略高度,在能源合作中以长远利益和全局利益为出发点,把握好能源的经济利益分配,矫正经济利益与环境利益的关系,减少"公地悲剧"的出现,减轻市场失灵对生态环境带来的压力。

要以平等互信、协商互利为契合点展开合作,充分体现各参与国的利益诉求,将各方利益"协调到位"。以实现区域经济社会的可持续发展为目标,既要实现区域经济的发展,又要维护区域的生态环境。以"节约能源、提高能源使用效率、保护区域生态环境"原则为指导,防范过度开发资源能源可能诱发的区域生态环境风险,共建良好的自然与人居环境。通过达成广泛的共识,强化合作意愿,充分发挥各参与方的比较优,相互支持、相互借力,促进丝绸之路经济带经济与自然的协调、可持续发展。

【参考文献】

[1] 何爱平.发展的政治经济学:一个理论分析框架[J].经济学家,2013(5):5 – 13.

[2] 郭爱君,毛锦凰.丝绸之路经济带:优势产业空间差异与产业空间布局研究[J].兰州大学学报,2014(1):40 – 49.

[3] 郑功成.灾害经济学[M].北京:商务印书馆,2010.

[4] 聂志强,马凤云,刘婧.新疆与周边国家在石化工业领域合作的现状及走势[J].科技管理研究,2012(19):34 – 37.

[5] 李宁."丝绸之路经济带"区域经济一体化的成本与收益研究[J].当代经济管理,2014(5):53 – 56.

[6] 李子先,孙文娟,何伦志.推动"上合组织"区域经济一体化夯实"丝绸之路经济带"基础[J].开发研究,2014(1):59 – 62.

[7] 陈英姿.中国—中亚五国环境合作探析[J].环境保护,2012(12):74 – 75.

[8] 朱显平,邹向阳.中国—中亚新丝绸之路经济发展带构想[J].东北亚论坛,2006(5):3 – 6.

[9] 白永秀,王颂吉.丝绸之路经济带的纵深背景与地缘战略[J].改革,2014(3):64 – 73.

（原刊于《改革》2015 年第 2 期）

丝绸之路经济带区域货币合作与人民币
区域化的现实困境及实现路径[*]

倪明明　　王满仓

【摘　要】　丝绸之路经济带建设已是中国促进区域经济一体化的重要举措和战略构想,丝绸之路经济带区域合作的不断深化离不开货币的流通与结算,在此形势下加强丝绸之路经济带区域货币合作势在必行,同时这也是推进人民币区域化的良好机遇。本文从区域货币合作的视角出发,探讨了在丝绸之路经济带推动区域货币合作的经济学效益及其可行性、必然性,并以此为基础进一步提出了人民币区域化的现实困境和突破困境的实现路径。

【关键词】　丝绸之路经济带;区域货币合作;人民币区域化;现实困境;实现路径

古丝绸之路曾经是欧亚之间贸易交往的主要通道,对当时社会发展起到了巨大的推动作用。2013 年,习近平主席在哈萨克斯坦访问时提出建设丝绸之路经济带的战略构想,[1]随后又在上海合作组织成员国元首理事会第十三次会议上提出建设丝绸之路经济带要"加强政策沟通、道路联通、贸易畅通、货币流通、民心相通,以点带面,从线到片,逐步形成从中国、中亚到西亚及欧洲的区域大合作"。党的十八届三中全会也明确提出"推进丝绸之路经济带建设,形成全方位开放新格局"。此外,国内相关省市一方面在争取成为丝绸之路经济带的国内起点、建设区域,以获得国家的政策、财政支持;另一方面则在经济、文化、旅游等各方面努力加强与丝绸之路经济带国家的交流与合作。不难看出,建设丝绸之路经济带已是中国促进区域经济一体化的重要举措和战略构想,其经济意义和战略意义不可估量。随着丝绸之路经济带合作的开展,有关贸易结算货币的确定、金融一体化的推进等问题逐渐提上日程,而中国作为经济带中综合经济实力最强的国家,如何把握机遇将人民币推向区域性货币,以维持区域金融稳定和实现经济带国家间的互利共赢,已成为推动丝绸之路经济带金融体系建设的首要任务。那么,推进丝绸之路经济

*　基金项目:国家社会科学基金"双重二元结构约束下我国金融资源配置效率研究"(13CJY130);西北大学金融学"三秦学者"岗位支持项目。

带区域货币合作的经济学效益如何？其可行性和必然性是什么？突破人民币区域化现实困境的具体实现路径该如何确定？这是本文拟探讨的主要问题。

一、文献回顾与理论基础

（一）货币的区域化与国际化

货币突破国界限制在境外流通主要有区域化和国际化两种路径，学者们的研究视角货币区域化、货币国际化或将二者结合起来考察，国内对此问题的多数研究已结合中国实际深入到对人民币区域化与国际化的探讨之中。如李超对中国贸易基础支持人民币区域化的研究，[2] 姚晓东、孙钰对人民币跨境流通与区域化问题的研究[3] 以及朱孟楠、叶芳对人民币区域化影响因素的研究[4] 等，这些研究都是对人民币区域化发展进程的有益探索。有的学者则从资本开放视角研究人民币的国际化进程，[5] 此外，韩骏与朱淑珍对我国汇率制度改革的研究也是从人民币国际化的视角出发。[6] 亦有研究将人民币区域化与国际化结合起来，如徐明棋从日圆国际化的经验分析人民币的区域化与国际化进程，[7] 朱孟楠、张乔从金融危机视角对于人民币区域化与国际化进行了探讨。[8] 显然，人民币区域化与国际化是两种不同的货币扩张路径，二者的内涵也不尽相同。货币区域化是某一区域内出现新的货币和形成这种新货币区域的过程，也是这种货币被某一特定区域逐步接受和认可、走向国际货币的一个必要阶段。[9] 关于货币国际化的界定，Cohen 认为货币国际化是货币职能由国内延伸至国外，被私人部门和官方部门所使用的一种过程；[10] Mundell 则认为当货币跨越政治联盟的界限或者被其他货币效仿时可称之为这种货币的国际化。[11] 货币国际化其实质是一国货币跨越国界从国内货币变成国际货币，并发挥计价、结算、储备和市场干预工具功能的进程。从货币区域化和国际化的内涵界定不难看出，货币区域化与国际化是货币突破本国流通地域的一种扩张，然而，二者的区别在于区域化只是货币突破国界限制所进行的货币职能的小范围扩张，这种扩张往往受到地域、政治、经济等多种因素制约；货币国际化则一般都会突破政治、经济、文化、宗教等多种复杂因素的约束，从而获得更广袤范围上的流通和货币职能的全面发挥，美元、英镑的国际化就体现了这些世界货币不仅仅是在狭小区域内的流通，它们在美洲、欧洲之外的其他地域也有广泛的市场，并且这些国际化的货币所执行的货币功能也已突破了简单的交易媒介功能，发挥了记账单位和价值储藏的作用。毋庸置疑，货币的国际化是推进货币发展的高级阶段，然而货币国际化并不能一蹴而就，它需要层层推进同时把握世界金融发展步伐并以国家强大的经济实力为保障，这其中区域化是首要步骤。纵观世界货币进程，不难发现，区域化应该先于国际化而行，推进人民币的发展进程应首先推进人民币的区域化；直接推进人民币国际化而跳过区域化在实践中可能会效果欠佳甚至以失败告终。此外,本文研究丝绸之路经济带货币合作是一个地域内的货币推动过程,所以本文对于人民币以区域化研究为主题,在丝绸之路经济带的地域范围内对此问题进行探讨。

(二)区域货币合作的理论基础

虚拟经济与实体经济之间互相促进、协同发展,金融全球化和区域化极大地促进了全球经济的增长,同时又增加了各国金融市场和金融体系的不稳定性。各国在分享经济发展带来的诸多利益时不得不面对这种不稳定带来的损失,各国政府也在寻求和采取各种宏观经济政策以尽量避免和减少由此带来的金融动荡,然而效果却并不佳。欧洲一体化进程的极大推进,尤其是欧元的出现为各国解决金融动荡和金融危机提供了一种进行区域货币合作的新思路。

区域货币合作的实践推动了区域货币合作理论的发展,而这些理论研究同时又给予了区域货币合作实践以指导。最早提出区域货币合作问题的起因是在布雷顿森林体系下"特里芬"难题的出现,这在某种程度上说明了世界范围内不能完全由一种优势货币主导,应该寻求区域内的主导货币,这种思想经过逐步发展成为了最优货币区理论,关于此理论的讨论都是围绕最优货币区的标准确定展开。标准之一是由蒙代尔提出的,他认为生产要素的高速流动性可以作为确定最优货币区的标准,生产要素在区域内的自由流动能够作为一种平衡机制调节经济干扰出现时需要的人为调节,而区域内外之间的平衡机制则依靠弹性汇率机制;[12]标准之二是经济开放度,随着国家开放度的提高,浮动汇率机制的作用将不断减弱,而相似开放度的几个国家之间就可以组成最优货币区;[13]标准之三是由 Kenen 提出的产品多样化,产品出口多样性的提高可以使一国遭受外部经济冲击的力度降低,多样化程度相近的国家之间就可以组成最优货币区;[14]标准之四是 Ingrain 提出的金融高度一体化,但是这种标准由于偏重于资本账户忽视了经常账户而显得片面。[15]以上四种标准在判断货币最优区时成为了主流标准,还有一些其他标准也具有一定的影响力,如通货膨胀相似性主张将具有相近通货膨胀率的国家或地区纳入一种最优货币区范围之内;还有从政治或者财政因素考虑最优货币区的。这些最优货币区标准各有侧重,都为一些国家或区域以经济、政治或财政上的共同点为基础建立最优货币区提供了理论基准。

二、丝绸之路经济带发展区域货币合作的背景分析

近年来,中国与丝绸之路经济带国家间的经贸往来和区域合作不断加强。着眼长远,实现经济带国家间紧密合作和经济协同发展必须谋求一种长期的制度安排,这其中推进区域货币合作是主要的方向之一。中国作为丝绸之路经济带,尤其是丝绸之路经济

带核心区和重要区①中经济实力最强的国家,与经济带其他国家间的经济互补性日益增强,人民币在此区域内也逐渐受到欢迎,应该借此加速推进人民币区域化进程,增强人民币的区域乃至国际影响力。

(一)丝绸之路经济带推进区域货币合作的经济学效益分析

丝绸之路经济带进行区域货币合作的效益分析由成本分析和收益分析构成,正是基于这两方面考量才能形成货币区域化是否可行的正确判断。经济带实行区域货币合作面临多种成本,而且随着区域货币合作的不断深化所面临的成本也会不同,总的来讲区域货币合作的成本主要存在于区域经济走向一体化的高级阶段,所以本文的成本分析主要考虑的是区域货币合作的高级阶段,此时经济带中不同国家之间已经形成高级的货币联盟,国家间货币政策的实施采取协同方式且要考虑区域经济的整体利益,一般使用区域内某个国家的货币或者发行联盟货币,此时区域内各个国家面临的成本主要有两方面。第一,各种独立的货币政策工具受到限制或作用减弱。独立的货币体系下,由于不存在货币合作机制,每个国家根据本国经济发展情况可以采取独立的货币政策进行调节以保证本国经济平稳发展,例如某国为了实现增加出口或减少对外债务,可以对本国货币进行贬值,而一旦形成货币联盟,由于存在一系列框架性协议,各个国家将失去独立使用货币政策的自主权,不能进行反周期的货币政策操作。这一选择在"不可能三角"原理中也得到解释,一个国家不可能同时实现固定汇率制、资本自由流动和独立的货币政策,在货币联盟下保证了汇率稳定和资本的自由流动,成员国必将失去货币政策的独立性。[16]第二,铸币税大量损失。每个发行货币的央行都会享有一定的铸币税收入,而在货币联盟下由于放弃货币的发行权必将损失可以用于弥补财政赤字的铸币税。铸币税是由储备货币与 GDP 的比值决定的,储备货币越多而 GDP 越少的国家就会损失越多的铸币税。[17]在丝绸之路经济带国家采取某国货币作为联盟货币时,该国必将因此受益而其他国家将会遭受一定的铸币税损失,解决此问题的方案是可以商定一系列的制度将铸币税进行合理的再次分配。

经济带区域货币合作固然存在诸多成本,然而着眼长远其收益是远大于成本的。首先,货币合作制度能够降低金融风险,防范金融危机的发生。当前世界经济格局下,任何国家独自应对金融风险和金融危机都显得力不从心,中国和其余地处丝绸之路经济带的那些本就经济基础薄弱的发展中国家为应对国际间复杂的资本流动和经济形势的千变万化,区域货币一体化显然是最优选择。丝绸之路经济带国家联合起来将具有大量的外

---

① 借鉴胡鞍钢等学者的划分方法,本文认为丝绸之路经济带核心区和主要区包括上海合作组织和欧亚经济共同体国家,具体包括中国、中亚五国(哈萨克斯坦、土库曼斯坦、乌兹别克斯坦、吉尔吉斯斯坦、塔吉克斯坦)、俄罗斯、印度、巴基斯坦、伊朗、阿富汗、蒙古和其他欧共体国家(白俄罗斯、亚美尼亚、乌克兰、摩尔多瓦)。

汇储备防范金融危机,必能降低金融危机爆发的可能性,稳定各国经济使其平稳发展。其次,货币联盟有利于汇率市场的稳定和资本市场的完善。在区域货币合作的高级阶段,区域内单一的货币形式减少了区域内的货币兑换和不同货币在不同国家之间的流动,区域内交易成本和汇率风险大幅降低。同时,由于稳定的汇率市场的出现,地区资本市场的发展也将加速,债券市场和股票市场也会逐步完善。最后,货币合作制度可促进企业间竞争,加速区域经济发展。金融市场的发展是实体经济发展的基础,统一的货币市场的出现方便了企业的融资和投资,降低了企业的成本,使企业能在公平、透明的市场环境中进行竞争。同时,虚拟经济和实体经济的发展相辅相成,在这种良性循环当中,区域经济会处于稳态的持续发展之中。

(二)丝绸之路经济带发展区域货币合作是一种现实需要

1.经济带国家对金融稳定要求不断提高。金融业发展的突飞猛进带来金融工具创新的加速化和国际资本流动的复杂化,金融危机的产生往往与资本过多、过快涌入和快速撤离相联系。从历史经验看,处于快速发展中的国家容易忽略金融风险而酿至金融危机,东南亚金融危机的发生一方面与资本的快速流动相关,另一方面也是东南亚国家疏于金融风险防控的后果。丝绸之路经济带国家处于发达的东亚经济圈和欧盟经济圈之间,发展潜力巨大,对外投资的吸引力在不断增强,在此过程中尤其应该吸取东南亚国家经验教训,确保金融稳定,加强区域内各国之间的政策协调及货币合作。

2.经济带国家之间贸易依存度不断增加。2012年中国的石油对外依存度为56.4%,而中亚地区的石油、天然气等油气资源是中国能源安全的重要保障。[18]随着中国和丝绸之路经济带其他国家经贸往来的日益紧密和贸易依存度的增加,对区域内支付结算货币提出要求,多种货币之间的支付结算不仅带来了巨大的交易成本,而且降低了贸易效率。区域经济发展良好的欧盟、北美自由贸易区等无不是有自己的区域内主导货币,经济带内主要结算货币的确定对于促进区域内经济的快速发展十分重要。

3.区域内经济一体化进程加快。全球化和区域化是当今世界经济发展的两大主题,上海合作组织成立以来,中国已经成为丝绸之路经济带核心区域中亚国家的重要战略合作伙伴。区域经济合作的加强带动了货币合作的发展,但中国与丝绸之路经济带国家之间的货币合作还仅停留在与个别国家签订人民币跨境支付、结算的初级阶段,人民币也只能在经常项目下实现自由兑换。[19]日益紧密的经济合作必然要求更高层次的货币合作安排,要逐步推动其区域化进程,使人民币与美元、欧元等国际货币一样发挥更大的作用。

(三)丝绸之路经济带人民币区域化的基础条件已经具备

第一,中国的经济实力是人民币区域化的基础。在2010年中国成为世界第二大经济体之后,中国经济并没有进入低速发展轨道,反而从高速发展转为稳步增长阶段,经济的平稳增长是人民币成为区域货币的基础。纵观美元、欧元这些国际化货币,它们在世界或者区域范围内的地位无不与本国的经济实力紧密相连,中国经济30年来的表现及当今的经济实力具备了这种成为区域货币的条件。随着丝绸之路经济带区域合作的深入,中国与这些国家之间的联系将日益紧密,这将极大地推动人民币的区域化进程。第二,区域内人民币优势明显。丝绸之路经济带中各个国家经济发展水平差异较大,处于两端的东亚经济圈和西欧经济圈是经济发达地区,但核心区域中亚的经济发展较为落后,[20]这些国家的货币自然不具备成为区域内主导货币的条件。而人民币近些年来保持了币值的基本稳定性,在复杂的经济形势下承受了各种考验,为区域内国家经济发展做出了重要贡献,在区域内众多国家之中,一方面人民币有强大的经济实力作为保障,另一方面人民币币值具有长期稳定性,具备了成为区域内主导货币的基础。第三,区域经济发展必须有一种货币充当区域核心货币。长期以来,经济带中所有国家都以美元作为结算货币,美元在丝绸之路经济带国家处于霸主地位,而要使区域内经济长期健康、快速发展必须有自己的区域货币,否则在竞争中受制于人的被动局面不会改变。所以,从丝绸之路经济带众多国家的经济发展历程和区域发展实际考量,人民币作为区域货币将是区域内的一种必然选择。

三、丝绸之路经济带人民币区域化的现实困境

促进丝绸之路经济带区域经济协同发展,实现经济带中国家之间的互利共赢是人民币区域化的一大目标。经济带国家众多,各个国家的实际发展情况差距较大,加之外部因素干扰人民币区域化进程,使得丝绸之路经济带中推行人民币区域化面临着重重阻力,这也是人民币突破现实阻力,成为世界货币的现实困境。当然,任何货币在走向世界货币舞台的过程中都不是一蹴而就的,都会面临各种阻力,而克服阻力、突破困境也是人民币逐步扩大影响力成为区域货币的必经过程。

(一)区域内国家间经济发展水平差异较大是人民币成为经济带区域性货币的首要障碍

区域内货币一体化的首要条件是区域经济发展的趋同性,欧元作为区域货币保持了良好的发展势头与欧盟内经济发展水平相近紧密相关。丝绸之路经济带国家众多,各国之间经济发展水平差异巨大,仅从2013年丝绸之路经济核心区和主要区各国GDP及增长率情况看,GDP总量最大的中国在当年达到9.2403万亿美元,仅次于以16.8万亿排在世界第一的美国,而经济总量最小的吉尔吉斯斯坦只有0.0072万亿美元;蒙古以11.7%的GDP增长率居榜首,而伊朗的增长率为−5.8%,是经济带所有国家中唯一出现负增长的国家。同时,受制于经济体制差异以及战争、民族、宗教等问题的影响,各国经济发展具有很大的波动性,从长期看只有中国、印度等少数国家的GDP增长比较稳定,大

多数国家 GDP 增长波动性很大。① 经济发展差异性问题的存在使得各国之间的贸易量相对较小,难以优势互补,而贸易量小又会减少对区域性货币的需求,这是人民币成为区域货币的阻碍条件。

(二)人民币区域化对美元构成一定的威胁,美国阻挠也是一大障碍

任何现有体制的受益者都不可能自动退出利益体系或减少既得利益,美国从美元霸主地位中获益良多,在一定程度上控制着世界经济局势,人民币区域化是国际化的必要步骤,这将会对美国构成一定的威胁,美国从自身利益出发会采取各种手段加以阻挠。[21] 在构建丝绸之路经济带的过程中也体现了这一点,美国学者弗雷德里克·斯塔尔在 2007 年提出美国的"新丝绸之路"构想,国务卿希拉里于 2011 年重提构建"新丝绸之路"的战略构想,力主在美国主导下形成"中亚—阿富汗—南亚"交通运输和经济网络并竭力推广其构想。那么,在丝绸之路区域货币合作过程中要推广人民币而弱化美元地位,必将遭受美国的阻挠。然而,经济发展区域化是一大趋势,欧盟在美国的阻挠下也产生了欧元且运行良好;只要对地区经济发展有益,人民币区域化终将成为经济带中众多国家的选择。

表1 2013 年丝绸之路经济带核心区和主要区国家 GDP 及 GDP 增长率

国家或地区	GDP/万亿美元	GDP 增长率/年百分比
中国	9.2403	7.7
哈萨克斯坦	0.2244	6.0
土库曼斯坦	0.0419	10.2
乌兹别克斯坦	0.0568	8.0
吉尔吉斯斯坦	0.0072	10.5
塔吉克斯坦	0.0085	7.4
俄罗斯	2.0968	1.3
印度	1.8768	5.0
巴基斯坦	0.2366	6.1
伊朗	0.3689	5.8
阿富汗	0.0207	4.2
蒙古	0.0115	11.7
白俄罗斯	0.0717	0.9
亚美尼亚	0.0104	3.5
乌克兰	0.1774	1.9
摩尔多瓦	0.0079	8.9

① 由于篇幅关系,文章未给出丝绸之路经济带各国历年 GDP 增长率,但此结论也是根据世界银行数据库数据整理分析得出。

（三）人民币没有实现完全市场化运作

人民币区域化要求利率市场化、汇率市场化和资本项目实现自由兑换。一方面，我们的利率没有实现完全市场化，目前银行存款利率上限还存在管制，这对人民币区域化是一大阻力，亦是金融改革的一大方向；另一方面，我们的汇率制度实行的是钉住一篮子货币、有管理的浮动汇率制度，完全浮动汇率制度还没有实现，这是汇率市场化的重要步骤；最后，中国只实现了经常项目的可兑换，而资本项目没有实现完全可兑换，这是对金融市场改革提出的又一要求。任何一种货币的区域化或者国际化都离不开利率和汇率的市场化以及资本的自由流动，虽然短期会对国内造成一定影响，宏观经济政策和货币政策的独立性和有效性会减弱，但长期来看大有裨益。[22]

（四）与中亚等国家贸易规模偏小，人民币区域化基础有待夯实

货币区域化初级阶段离不开以贸易为基础的本币结算，这是推行本币的区域影响力的重要阶段。

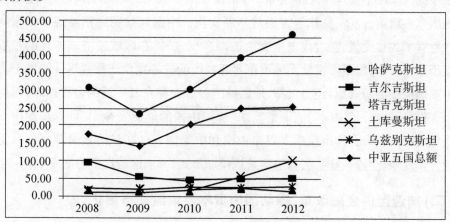

图1　中国与中亚五国 2008—2012 年贸易额（单位/亿美元）

数据来源:2009—2013 年的《中国统计年鉴》。

在人民币区域化初级阶段，与经济带中其他国家形成稳定且逐渐增长的贸易关系至关重要，中国在 2009 年首次成为世界第一大出口国，在 2012 年成为世界第一大货物贸易体，对外贸易额达到3.87 万亿美元，而当年与中亚五国贸易额仅为 460 亿美元，仅占中国对外贸易总额的 1.12%。虽然从总体趋势来看中国与中亚五国的贸易额呈上升趋势，但是贸易总量还是偏小。中塔之间的贸易额中国与中亚五国之中一直保持在首位，除 2009 年受金融危机影响外，其他年份的贸易额一直处于迅速上升之中，但在 2012 年也才仅为 257 亿美元。不难发现，中国与丝绸之路经济带国家尤其是中亚国家贸易规模偏小，人民

币区域化还缺乏坚固的贸易基础。① 这与中亚国家整体经济水平较低、工业体系不健全且区域经济发展不平衡密切相关,应促进中国与丝绸之路经济带其他国家在其优势项目如自然资源开采与利用等方面的深入合作,逐步增加双方之间的贸易量,在此基础上于贸易之中推行人民币的计价货币和交易媒介功能,促进人民币在区域内的结算功能,将人民币结算逐步纳入到银行体系之中,形成实质性的区域货币。

四、丝绸之路经济带人民币区域化的实现路径

针对人民币成为经济带区域货币的现实阻力,应从多方面寻找解决之道,具体应该从国际交流、国内改革、加强人民币的区域地位、扩大人民币的结算业务、构建经济带国家的协调合作机制五方面出发,逐步实现人民币区域化。

(一)加强经济带国家之间的交流,促进区域经济协同发展

逐步提高人民币在丝绸之路经济带中的地位需要强大的基础支持,这些基础离不开区域内国家在政治、经济、文化等方面的不断交流。中国与丝绸之路经济带国家间从汉代就开始有了各种交流,而近代以来交流逐渐减少,虽然在区域经济一体化的过程中联系又逐步紧密起来,但是要推动人民币在此区域内的核心地位还需要进一步的努力。中国和中亚国家在能源资源、经济贸易、地区稳定等方面存在着广泛的合作基础,以此为契机加强合作既可以缓解中国对能源的需求、保障中国的能源安全,又可以加速中亚国家的工业化进程。上海合作组织成立以来中国和中亚国家已在经济贸易等方面取得了一系列的合作成果,应进一步扩大双边贸易规模和形式,寻求区域经济协同发展。

(二)加速国内金融改革,推动国内资本要素流动市场化

任何一种货币区域化或国际化的基础都是这种货币的完全市场化,货币在市场化条件下才可能突破流通界限在国际间自由流动。对于人民币来说,首先面对的问题是中国的金融业还没有完全市场化,因此推进人民币区域化的首要步骤就是推进国内金融改革。一般来说,金融改革涉及三方面:利率市场化、汇率市场化和资本项目可兑换。中国的利率市场化改革自 1996 年开始,目前已经放开对存款利率下限的管制,但利率市场还存在对存款利率上限的管制,下一步的改革方向应为逐步取消对金融机构存款利率上限的管制。汇率市场目前还没有完全市场化,而是采取一种以市场供求为基础、参考一篮子货币进行调节、有管理的浮动汇率制度,这种特殊的汇率制度安排弱化了货币政策的主动性,使货币的投放和增长呈现较快趋势,长期来看应逐步扩大人民币汇率的浮动区

---

① 数据来源:2009—2013 年的《中国统计年鉴》。

间,向放开汇率转变。国际兑换中,目前实行的是经常项目可兑换,而对资本项目的可兑换存在一定的限制,长远来看放开对资本项目的管制是必然的,但必须逐步进行,否则有诱发金融危机的危险。应该看到中国的金融改革已经逐步展开并且取得了一定的成效,然而与世界其他经济发达国家相比还有相当长的路程,这也是人民币区域化的必要步骤。

(三)逐步扩大人民币影响力,提高人民币的区域地位

作为一种货币制度安排,区域内的核心货币起着锚定货币的作用。周边的其他国家增加或者减少货币供应时,国际储备货币将会流入或者流出核心国,这样核心国家将通过相反的货币操作来减少或者增加国内货币的供应,熨平区域内货币的波动。通过反向公开市场操作,核心国不仅稳定了本国货币市场而且也降低了区域内货币的供求波动。丝绸之路经济带国家众多,我们可以采取先中亚国家后其他地区的分步策略逐渐扩大人民币的影响力,一是要加强与区域内国家的经贸往来,中国与中亚五国的贸易规模虽然有所增加,但是总体规模还是偏小,这是以后进一步发展的方向;二是加强人民币的区域地位离不开人民币在区域内自由流动,而人民币资本项目是受到严格管制的,所以放开资本项目的管制亦是一大方向。总之,要实现人民币区域货币的核心地位,就要通过各种方式不断扩大人民币在丝绸之路经济带中的流通,这其中不仅要通过实体经济的"走出去"战略,而且还要对货币制度做出不断的调整和优化。

(四)推动人民币结算业务,扩大人民币的货币功能

在国际贸易中,结算货币的选择一般考虑汇率风险和交易成本两方面因素,而主要存在本币、对方货币和第三国货币三种选择,且一旦选定结算货币就会形成货币惰性。从目前世界范围看,已经成为结算货币的主要有美元、英镑、欧元、日元等。由于中国经济发展的稳定性以及中国对外贸易额的巨大规模,从2008年国家开始推广人民币作为跨境贸易结算货币以来,人民币结算的发展规模迅速,态势良好。人民币本币业务的扩展应该按照由近及远,由毗邻国家到区域其他国家的原则逐步展开,这是扩大人民币区域影响力的重要步骤。可以先与丝绸之路中毗邻国家的边境贸易中扩大人民币的使用,推广人民币本币业务结算,再逐步推广到其他毗邻国家的贸易中大范围使用,最终将人民币本币结算纳入到银行体系之中。人民币成为区域结算货币是人民币区域化的逻辑起点,然后再作为金融交易货币、国际储备货币,最终走向区域货币的地位。

(五)构建经济带国家间的协调合作机制,从制度上确认人民币的区域性地位

丝绸之路经济带国家之间的合作不仅在于企业之间的贸易往来,政府更要发挥统筹

协调的作用,从高层推动合作机制的建立和持续的沟通协调。[23]目前,区域内已经建立的上海合作组织,在推动区域内经济、政治、文化交流与合作等方面提供了良好的平台,应以此为基础形成更加深化和密切的协调机制,要推动人民币区域化,应从三方面入手建立协调机制。首先,建立汇率协调机制。应该逐渐将钉住美元的汇率体系向钉住一篮子的汇率体系转变,并在一篮子货币中逐步提高人民币的比例,扩大人民币的影响,最后形成区域内的钉住人民币汇率制度,减少区域内贸易的汇兑成本和降低汇率风险。[24]其次,建立区域内开发银行,协调区域资本流通机制。发展中国家在发展过程在中往往受制于资本短缺,所以建立区域内的开发银行为各个国家投融资提供资金,协调区域内的资本流通意义重大。目前,金砖国家已经建立由各个国家平等共同出资的金砖国家银行,这是值得借鉴的模式。最后,形成框架性的政策协调机制。在汇率协调和资本流动协调机制的基础之上要逐步建立国家间的政策协调机制,以经济带中国家间协同发展为原则,寻求利益的切合点,逐步实现人民币区域化的发展目标,可以使人民币先在较小范围内履行货币计价和交易媒介的功能,再逐步扩大其结算贸易的范围,最后形成实质性的区域性货币。

总之,在丝绸之路经济带推进人民币区域化意义重大,应从内而外分步骤推进。首先,要推动经济带国家之间贸易往来和进行国内金融市场改革,为人民币区域化打好基础;其次,通过贸易结算中扩大人民币的使用进一步提升人民币的国际影响;最后,各国之间在政策形成方面应加强沟通、协调,从制度上逐步确立人民币的区域地位。

【参考文献】

[1] 习近平.弘扬人民友谊共创美好未来——在纳扎尔巴耶夫大学的演讲[N].人民日报,2013 – 09 – 08(3).

[2] 李超.中国的贸易基础支持人民币区域化吗?[J].金融研究,2010(7):1 – 17.

[3] 姚晓东,孙钰.人民币跨境流通的影响与人民币区域化进程研究[J].经济社会体制比较,2010(3):23 – 30.

[4] 朱孟楠,叶芳.人民币区域化的影响因素研究——基于引力模型的实证分析[J].厦门大学学报(哲学社会科学版),2012(6):102 – 109.

[5] 李向阳,丁剑平.人民币国际化:基于资本项目开放视角[J].世界经济研究,2014(5):10 – 16.

[6] 韩骏,朱淑珍.人民币国际化进程中我国汇率制度改革[J].人文杂志,2014(4):40 – 46.

[7] 徐明棋.从日圆国际化的经验教训看人民币国际化与区域化[J].世界经济研究,2005(12):39 – 44.

[8] 朱孟楠,张乔.金融危机视角下人民币区域化、国际化的路径[J].河北大学学报(哲学社会科学版),2010(5):55 – 60.

[9] 国务院发展研究中心"人民币区域化与边境贸易发展政策研究"课题组.开拓正规金融渠道——人民币区域化发展现状研究[J].国际贸易,2003(5):4 – 7.

[10] COHEN B J. The Future of Sterling as an International Currency[M]. London：Macmillan,1971.

[11] MUNDELL R A. The International Economics:Past,Present and Future[M]. London:Macmillan,2003.

[12] 蒙代尔. 汇率与最优货币区[M]. 向松祥,译. 北京:中国金融出版社,2003.

[13] MC KINNON R L. Optimum Currency Areas[J]. American Economic Review,1963,53(3):457 - 477.

[14] KENEN P B. The Theory of Optimum Currency Areas:An Eclectic View,in Funerary Problems of the International Economy[M]. Chicago:University of Chicago Press,1969.

[15] INGRAIN J C. Comment:The Currency Area Problem,in Monetary Problems of the International Economy[J]. Edited by Robert A. Mun-dell and Alexander,Swoboda. Chicago:University of Chicano Press,1969.

[16] 李富有. 区域货币合作:理论、实践与亚洲的选择[M]. 北京:中国金融出版社,2004.

[17] 周元元. 中国—东盟区域货币合作与人民币区域化研究[J]. 金融研究,2008(5):163 - 171.

[18] 白永秀,王颂吉. 丝绸之路经济带的纵深背景与地缘战略[J]. 改革,2014(3):64 - 73.

[19] 高超,张然. 构建"丝绸之路经济带"能源金融一体化研究[J]. 对外经贸,2014(4):68 - 69.

[20] 马莉莉,王瑞,张亚斌. 丝绸之路经济带的发展与合作机制研究[J]. 人文杂志,2014(5):38 - 44.

[21] 李明伟. 丝绸之路研究百年历史回顾[J]. 西北民族研究,2005(2):90 - 107.

[22] 姚晓东. 人民币区域化合作之最佳模式探讨[J]. 现代财经,2010(1):24 - 30.

[23] 胡鞍钢,马伟,鄢一龙."丝绸之路经济带":战略内涵、定位和实现路径[J]. 新疆师范大学学报(哲学社会科学版),2014(2):1 - 10.

[24] 何慧刚. 东亚区域货币合作的模式和路径选择[J]. 经济与管理研究,2007(7):89 - 94.

（原刊于《人文杂志》2015 年第 2 期）

丝绸之路经济带中国段集聚现象透视
——基于城市位序—规模分布的研究

卫　玲　戴江伟

【摘　要】　丝绸之路经济带建设的一个重要成效在于其集聚效应能否得以充分发挥,这其中的引擎正是经济带中的城市。运用 2002 年、2007 年和 2012 年西北五省(区)30 个地级以上城市的市辖区人口规模数据,利用位序—规模分布法则,检验了丝绸之路经济带城市体系规模分布的集聚程度。研究结果表明,丝绸之路经济带的城市体系集聚程度较低,城市的人口分布较分散,大城市发展并不突出。西安、兰州、乌鲁木齐等大城市远没有达到一定的规模,其集聚效应很有限,进而提出要特别重视培育丝绸之路经济带特大城市的建议。

【关键词】　丝绸之路经济带;城市规模;信息效应;位序—规模分布;西安;兰州;乌鲁木齐

现实的经济版图是倾斜的,经济集聚是当今世界经济活动的重要特征之一,无论从全球尺度到国家尺度还是到区域尺度,经济活动在空间上的非平衡分布是不容争辩的事实。而各种数据表明,经济活动正愈发集中于一些中心地带,世界银行 2012 年公布的数据显示,全球经济总量的 68% 集中于美国、中国、日本、德国、法国、英国、印度、巴西、俄罗斯、意大利这 10 个经济体。沈体雁等[1] 提出的泛产出密度计算(人均 GDP 是人口经济密度),中国香港、中国澳门、日本、韩国、新加坡、瑞士、英国、卢森堡、马耳他和百慕大群岛每平方米陆地上集中的 GDP 超过 10000 美元,中非共和国、民主刚果、毛利塔利亚、蒙古、尼日尔不到 10 美元。而进一步来讲,全球经济在空间上的不平衡与其说是关于国家的还不如说是关于城市的。2012 年全球有 52.6% 的人口居住在城市,20 世纪 70 年代出现的逆城市化也并没有成为一般的和普遍的趋势,城市已经成为国家参与全球竞争的主体。OECD 数据显示,2010 年全球有 156 个城市对国家经济的集中度超过 1% ,有 31 个城市超过 10% ,其中著名的国际城市如纽约、伦敦、东京、巴黎、首尔、墨西哥城、雅典、赫尔辛基、哥本哈根对国家经济的贡献率分别为 7.26% 、27.82% 、31.86% 、29.93% 、44.56% 、22.92% 、45.09% 、37.21% 、41.6% 。因而可以说,当今经济也是属于城市的时代。

丝绸之路经济带建设的战略构想正是在这种深刻的背景下提出来的,然而无论从全球尺度还是国家尺度看,丝绸之路经济带并未处在经济活动的中心地带,而丝绸之路经济带建设的预期效果是要发挥集聚效应和辐射作用,带动整个欧亚经济板块"裂谷"的发展,对中国而言是打通中国向西开放的战略通道,同时撬动整个中国区域经济板块的协调发展。那么,丝绸之路经济带建设的一个重要增长点在于其集聚效应能否发挥,这其中的引擎正是经济带中的城市,我们认为大城市犹如"发动机",中等城市犹如"车轮",而大中小城市构成的城市体系犹如丝绸之路经济带的"经脉",因此可以说,城市兴则可带动丝绸之路经济带兴。

为此,要全局把握丝绸之路经济带城市体系的总体分布状况,本文将研究对象限定于丝绸之路经济带中国段的部分。

一、相关文献综述

(一)关于丝绸之路经济带的空间范围及其内涵界定

近两年不少学者为确定丝绸之路经济带的空间范围进行研究。郭爱君等、卫玲等不谋而合均在空间范围上对丝绸之路经济带进行了广义和狭义的划分,二者均对狭义的丝绸之路经济带做了几个层次的阐释,包括国家层面、地域层面、地形层面和节点(城市)层面。随后,胡鞍钢等在战略层面上指出,中亚经济带与环中亚经济带、亚欧经济带三者构成[2-3]了丝绸之路经济带的核心区、重要区和拓展区。[4]与之类似,白永秀等提出,中国、中亚五国和俄罗斯构成丝绸之路经济带的核心区,印度、巴基斯坦、伊朗、阿富汗、蒙古和欧亚经济共同体其他国家构成丝绸之路经济带的扩展区,欧盟、西亚和日韩构成丝绸之路经济带的辐射区。这些研究为本文开展关于城市体系的研究提供了重要基础。鉴于目前多数研究符合狭义[5]空间范围界定,而中亚地区城市数据很难保证完整性,在考虑数据和地域相关性的基础上,本文将研究的地域范围限定为中国的西北五省(区)。

关于丝绸之路经济带的内涵,卫玲等基于区域空间结构和形成机理的视角提出了丝绸之路经济带的定义:即秉承"古丝绸之路"文化、由中国倡导、为实现欧亚大陆腹地复兴,在中国和中亚的政治和能源合作的基础上,通过交通便利流通和要素自由流动,促进人口和产业沿着"点轴"集聚形成的带状空间经济结构和一体化经济组织。[3]白永秀等提出丝绸之路经济带是以古丝绸之路为文化象征,以上海合作组织和欧亚经济共同体为主要合作平台,以立体综合交通运输网络为纽带,以沿线城市群和中心城市为支点,以跨国贸易投资自由化和生产要素优化配置为动力,以区域发展规划和发展战略为基础,以货币自由兑换和人民友好往来为保障,以实现各国互利共赢和亚欧大陆经济一体化为目标的带状经济合作区。[5]而赵华胜认为"丝绸之路经济带"目前只是一个概念,其内涵需要在实践中不断丰富和完善,对于中国的外交政策而言,丝绸之路经济带超越了上海合作组织框架,并且与学术界的"西进战略"和官方的"向西开放"有相通之处,其目标虽以经济为核心,但也是综合性的和软性的。[6]

(二)对丝绸之路经济带形成机理的阐释

卫玲等运用空间经济学的相关理论,阐述了丝绸之路经济带的形成机理,指出丝绸之路经济带的形成机理包含内聚力、优化力和引导力。[7]首先,人口和产业的集聚机制和扩散机制分别构成区域空间结构形成的向心力和离心力,这两种力量的动态平衡就是形成丝绸之路经济带的内聚力,由于集聚存在最优规模,而扩散也存在最优边界,集聚和扩散二者之间的动态平衡共同决定了丝绸之路经济带的"带状"空间格局,这是丝绸之路经济带真实的空间经济意义;其次,资源禀赋的差异导致丝绸之路经济带的核心功能是解决资源的空间配置问题,而实现跨越空间的资源优化配置需要统一市场的建立,可见,优化力着眼于丝绸之路经济带制度框架的建设。丝绸之路经济带超越了孤立的、散点状的经济空间,强调的是经济带内各主体之间的相互作用,经济带的本质是一种合作的制度框架;最后,战略通道构成了丝绸之路经济带的引导力。战略通道包含硬通道和软通道,前者是指依赖于自然地理环境的实体商贸和物流设施,包含公路、铁路、管道和航空等交通运输设施和航空港、物流港等集散和转运中心;后者是指不依赖于自然地理环境的有利于要素自由流动的通道,包含信息高速公路和制度通道。战略通道是丝绸之路经济带发挥效率的物质基础和空间载体,是为产业和人口集聚提供向心力的"磁场"。

(三)丝绸之路经济带的战略设计

战略问题是丝绸之路经济带研究的热点,诸多学者提出了丝绸之路经济带的战略构想。其中胡鞍钢等提出在战略框架方面以上海合作组织为主、多机制并举;在战略步骤方面先易后难、稳扎稳打;在战略内容方面,以经贸为主、多维度推进[4]。王保忠等提出了"新丝绸之路经济带"一体化战略路径,即在交通、能源、产业、城市、贸易、金融、文化、生态等八个方面实现一体化,而实现产业、能源、交通和城市一体化则构成了丝绸之路经济带一体化的初级阶段,实现文化、生态、贸易、金融一体化构成丝绸之路经济带一体化的高级阶段。[8]卫玲等提出了丝绸之路经济带建设"两端点、三通道、四纽带、六核心"的空间战略构想:其中,土库曼巴希和连云港构成了第一阶段丝绸之路经济带的两个端点;以中哈原油管道和新亚欧大陆桥主线为依托的"北部通道"、以中国—中亚天然气管道和新亚欧大陆桥南部支线为依托的2"中部通道"、以南疆铁路和规划中的中吉乌铁路为依托的"南部通道"构成了丝绸之路经济带的三个战略通道;陇海城市带、祁连—河西城市带、天山城市带和里海—图兰城市带构成了丝绸之路经济带的"四大纽带";西安、兰州、乌鲁木齐、阿拉木图、塔什干和阿什哈巴德构成了丝绸之路经济带的六大核心。并提出了丝绸之路经济带建设的初级阶段、深化阶段和高级阶段的战略步骤。[7]

综上,目前有关丝绸之路经济带的研究主要是集中在战略设计和内涵阐释两个方面,鲜有研究深入中观层面对丝绸之路经济带展开研究,本文希望能实现突破。

二、城市对丝绸之路经济带的作用机制

(一)城市构成人口和产业集聚的空间场域

经济区域发展的支柱是产业,产业的集聚会带来规模经济效应,人口的集聚一方面为产业提供了巨大的需求市场,另一方面为产业发展提供了丰富的劳动力供给市场,要形成一个充满活力的经济区域,产业和人口缺一不可。如果将丝绸之路经济带比作巨型列车,那么其车轮就是沿线的各个城市经济体,因为城市恰好是产业和人口集聚的空间,城市的本质就是集聚经济,在全球化的时代,各国、各区域的竞争归根结底是城市经济体之间的竞争。一方面,城市是经济带各种要素交流的枢纽和节点,城市集聚了各个区域的优质资源,是各区域对外交流与合作的窗口。另一方面,城市是打造经济区域增长极的支点,成功的城市是成功的区域的先决条件,丝绸之路经济带建设的主要抓手是沿线的城市之间的合作。[3]

区域空间结构的向心力和离心力分别由人口和产业的集聚机制和扩散机制构成,向心力和离心力的动态平衡形成了丝绸之路经济带的内聚力。集聚和扩散二者之间的动态平衡共同决定了丝绸之路经济带的“带状”空间格局。[7]而城市本身就是集聚经济的象征,城市是集中承载这种向心力和离心力的作用点。因此,城市对于丝绸之路经济带的建设起着关键作用。

(二)城市是沟通战略通道的关键节点

城市之间基于功能联系的人流、物流、技术流、信息流、资金流等要素的流动推动了城市区域内次级节点与顶级节点关系的重构。包括经商、会务、求学、旅游、文化交流、务工为主要内容的城际功能联系主要是通过区域内的交通来完成的。因此城市区域形成网络化的交通格局对于多中心区域结构的形成至关重要。丝绸之路经济带建设的物理依托是战略通道的形成。战略通道是丝绸之路经济带物质流、信息流、技术流、资金流等要素流动的“轴”,而城市则构成这些要素汇聚的“点”,因为大城市往往是主要铁路、公路、管道、民用航线的站点和中枢,是区域内空间相互作用的着力点。因此,战略通道的建设有赖于城市的繁荣,只有城市繁荣了,才会产生各种要素流动的需求和动力,进而使战略通道发挥最大的效用。

（三）城市是经济活动空间倾斜的主要表现

如同人口一样，经济活动在空间上的分布也极不均匀，并表现出显著的聚合特征，而这种聚合正是发生于城市层面，城市构成的聚合体成为丝绸之路经济带经济增长的"发动机"，亦成为丝绸之路经济带范围内的差异的具体体现，只有用空间的维度来看待丝绸之路经济带，才能有效把握丝绸之路经济带建设的全局；唯有把握丝绸之路经济带建设的战略重点，才能准确把握丝绸之路经济带内各个区域单元之间的空间相互作用，才能有效把握各区域单元的特征和比较优势，这是最终确定丝绸之路经济带劳动地域分工的基础，也是基于产业生命周期认识丝绸之路经济带区域生命周期的关键步骤，最终把丝绸之路经济带的建设落到实处，而不仅仅止步于战略构想层面。

三、丝绸之路经济带城市位序—规模分布演变

（一）位序—规模：区域经济集聚程度的透视

城市体系的基本结构特征，即规模不同的城市的有序聚集，是经济活动区位的一个重要规律。合理控制各层次城市的数量及人口规模，将直接关系到城市经济结构的转变和城市社会结构的分异，关系到区域经济的可持续发展。[9] 为了合理规划区域城市布局，优化城市体系的功能、结构，需要对城市体系规模的分布特征加以研究，对其规模结构演变的规律性加以探析。[10] 关于城市体系规模分布的研究主要包括瓦尔特·克里斯塔勒（Walter Christaller）提出的中心地理论，假定地域的同质性和交通体系的方向均质性，认为任何区域均有其核心，即向周围地区提供所需的商品和服务的城市。不同规模和等级的城市分布一般遵循以下规律：①等级越高，城市数量越少、规模越大；②城市等级越高，提供的商品和服务种类越全；③等级越低，相邻的同一等级中心地距离越短；④不同等级城市的市场区域分布模式遵循市场最优、交通最优或行政最优原则。[11]

位序—规模法则是指城市规模与位序之间存在的规律性关系，真正最早对城市分布的位序—规模特征进行研究的正是法国经济学家奥尔巴克（F. Auerbach），[12] 并于1913年最早提出了位序—规模分布规律，后经罗特卡（A. J. Lot-ka）、①辛格（H. W. Singer）[13] 进行了发展，1949年齐普夫（G. K. Zipf）[14] 对城市位序与规模之间的关系进行了拟合，提出了著名的"齐普夫定律"，认为城市的规模分布符合"位序—规模法则"，即第一大城市规模约为第二大城市的2倍，约为第三大城市规模的3倍，以此类推。我们将一个城市体系内所有城市按规模从大到小排序后，对位序和规模取对数，根据位序—规

① 周一星，宁越敏编著《城市地理学》，商务印书馆，1995年版第255－257页，第287－294页。

模分布,它们大致呈线性关系,具体如下:

$$Ln(M_j) = c - qLn(R_j) \tag{1}$$

其中,c 为常数,M_j 为 j 城市的规模(以人口计算),R_j 是 j 城市位序(位序 1 表示最大城市,位序 2 表示第二大城,以此类推),在实证研究中,q 是估计参数,城市规模大小和城市位序之间呈对数线性关系,如 $q = 1$,则齐普夫定律成立,最大的城市正好是第 n 大城市的 n 倍,这是理想状态下的最优城市规模分布,但在现实中很难找到证据;如果 q 小于 1,那么城市人口分布比较分散(如果 q 等于 0,那么所有城市规模相等),大城市集聚效应不足,小城市发育较好;若 q 大于 1,则大城市将比齐普夫定律预测得更大,高位序的城市规模很突出,也就是表明更多城市的集聚。

位序—规模分布是城市体系分布的一个显著的经验性规律,是反映区域内经济集聚效应的重要手段,是表现区域内城市规模与其在整个城市体系中的能量等级的相关性的定量方法,通过这种技术方法可以获得区域内城市体系规模分布的特征和发展趋势,表明经济在城市层面上的集聚程度,即城市规模分布均匀与否,各城市之间的差距明显与否,首位城市的集聚程度显著与否等。通过位序—规模的分布,我们可以发现区域内的城市之间在规模上的分布体系,城市的人口规模和经济规模随着城市的位序而发生的变化,从而发现在区域内经济集聚在城市层面上的经验证据。

(二) 丝绸之路经济带城市位序—规模的演变

本文的研究对象是丝绸之路经济带中国段的地域,具体包括陕西省、甘肃省、宁夏回族自治区、青海省和新疆维吾尔自治区等西北五省(区)[①],包含 30 个地级城市,城市规模用市辖区总人口表示。

2002 年到 2012 的 10 年间,西安始终保持着西北地区的首位城市地位,兰州由第二大城市下降至第三大城市,西宁由第五大城市降至第 10 大城市,而宝鸡则由 10 名以外迅速晋升至第四大城市,至少在关中地区,宝鸡成为除西安之外集聚能量最大的城市,关中地区其他城市在城市体系中的能级正在下滑,如咸阳和铜川相继被挤出 10 名以外。从整个城市体系来看,2002 年西北地区 200 万以上规模的城市只有西安一个,100 万以上规模城市有 5 个,而到 2012 年,200 万以上城市增加至 3 个,100 万以上规模城市增加至 8

[①] 将整个西部甚至是东部地区纳入丝绸之路经济带的提法是不科学的,也是不理性的,必须要考虑到地缘联系、交通通道和历史渊源等因素,西北地区自古就是丝绸之路经济带的核心地带,至今也是通往中亚地区的陆上要道,从现实的合作上看,西北五省区与中亚各国的联系更加紧密。2014 年 7 月国务院副总理张高丽在西北调研丝绸之路经济带建设,在与西北五省区省级政府官员的座谈会上,张高丽要求各地要找准自身定位,科学确定本地在全局中的"角色"和"职责"。他提出西北五省区是建设丝绸之路经济带的重要依托。中国社科院工业布局与区域经济研究室主任陈耀表示,丝绸之路经济带重点在西北。

个,而且对比 2007 年的数据,可以发现,100 万以上规模的城市数量在 2007 年前没有变化,在 2007 年实现了突破,2007 年后,200 万以上规模的城市数量并没有变化,这一方面表明该地区城市能量等级正在迅速提升,城市体系趋于完善,集聚效应更加明显;另一方面表明,200 万以上规模的特大城市发展速度要逊于 100 万以上规模的大城市(表1)。

表1　丝绸之路经济带中国段十大集聚城市的位序变化(2002—2012)

2002 年			2007 年			2012 年		
城市	规模	位序	城市	规模	位序	城市	规模	位序
西安	497.38	1	西安	549.19	1	西安	572.80	1
兰州	191.70	2	兰州	222.31	2	兰州	251.80	2
乌鲁木齐	167.40	3	乌鲁木齐	208.03	3	乌鲁木齐	206.40	3
天水	120.05	4	天水	124.41	4	天水	143.40	4
西宁	115.72	5	西宁	107.17	5	西宁	132.40	5
武威	98.42	6	武威	99.85	6	武威	101.90	6
安康	93.93	7	安康	97.92	7	安康	101.80	7
渭南	90.52	8	渭南	94.39	8	渭南	100.20	8
咸阳	82.33	9	咸阳	87.97	9	咸阳	98.50	9
铜川	74.53	10	铜川	86.91	10	铜川	91.80	10

数据来源:《中国城市统计年鉴》(2003 年、2008 年、2012 年)。

同时,我们发现即使是在十大集聚城市之内,城市之间存在着规模上的巨大差异,从而可以推测整个丝绸之路经济带中国段的人口密度也存在着很大的差距。2012 年,人口数量从最大的集聚城市西安的 572.8 万到第十大城市西宁的 91.8 万,第一大城市是第十大城市的 6.23 倍,对比 2002 年,第一大城市的人口规模是第十大城市的 6.67 倍,这与齐普夫定律存在出入,理论上讲,第一大城市的人口规模应该是第十大城市人口规模的 10 倍,这说明首位城市并没有发展到超乎寻常的规模。

经济活动的分布规律可以在城市层面上获取一些验证。我们将丝绸之路经济带中国段 30 个地级以上城市按照市辖区人口规模由大到小依次排列,最大的城市位序为 1,第二大城市位序为 2,以此类推。同时,我们对人口规模和位序分别取自然对数,最后,我们将城市排名位序的自然对数值和人口规模的自然对数值绘制在图上,并选取 2002、2007 和 2012 年的数据进行了对比(图1、图2、图3)。采用 2002 年数据拟合的直线解释力很低,只能说明城市之间差距的 66.96%,而采用 2007 年数据以后拟合的直线解释力提高了,可以说明城市之间大小 94.45% 的差异性。而采用 2012 年的数据绘制的对数线几乎是一条直线,沿着这条直线简单往后退,估计可以出现下面的位序—规模分布:

$$\ln(人口) = 6.214 - 0.8115 \times \ln(位序) \tag{2}$$

这个推测可以说明城市大小 98.4% 的差异性。例如,我们可以预测丝绸之路经济带中国段第26位城市的预测人口为36.49万,这比较接近于第26位城市(克拉玛依市)的实际人口——37.6万。

通过三个时段的线性拟合结果可以找到以下信息:

第一,对于首位城市西安而言,由于其特殊的历史地位和影响力,以及明显的区位优势和集聚效应,往往不按照位序—规模分布发展。按照拟合的模型预测,2002年首位城市西安的实际规模跟预测规模相差最大(尽管此时的拟合优度很低)(图1),预测值为1344万人,而实际人口为497.38万人,2007年预测人口为475万人,实际人口为549.19万,到2012年,预测值为513万,实际人口为572万,但同时可见,西安这个首位城市正在逐渐靠近位序—规模分布。

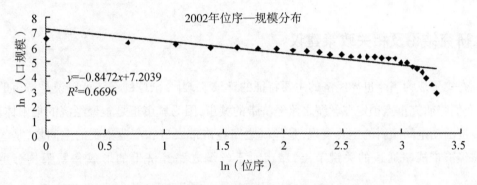

图1　丝绸之路经济带中国段城市位序—规模分布(2002)

第二,丝绸之路经济带中国段的城市正在不断趋近于位序—规模分布,但是分布比较分散。按照齐普夫定律,估计参数q(2012年)仅为0.8115,小于1的阀值,这明确说明,丝绸之路经济带中国段的城市人口分布比较分散,大城市的集聚效应不足,小城市集聚人口的能力反而比较好,同时,图3也表明,越是向着横轴的右边移动(城市位序越低),则城市规模差异越小,分布也越密集。总体而言,该区域特大城市的集聚能量尚未充分发挥,这与表1显示的现象一致,第1大城市的规模要远小于第n大城市人口规模的n倍,而同时第29大城市和第30大城市的人口规模远未达到位序—规模预测的水平,发展水平不足,存在进一步提升的空间。

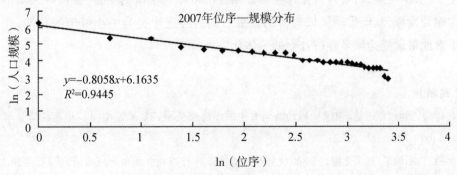

图2　丝绸之路经济带中国段城市位序—规模分布(2007)

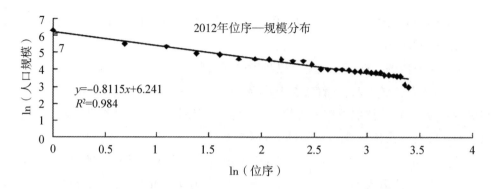

图3　丝绸之路经济带中国段城市位序—规模分布(2012)

四、研究结论及相关政策建议

在集聚成为当今世界经济的主要特征的背景下,当今全球的经济可以说是城市的时代,我们将研究重点锁定在丝绸之路经济带的城市,因为城市正是集聚经济的集中体现,是经济活动空间倾斜的主要表现,是丝绸之路经济带人口和产业集聚的空间场,是丝绸之路经济带战略通道的关键节点,城市对于丝绸之路经济带的形成和繁荣具有重要意义。

而城市体系是否合理直接关系到丝绸之路经济带区域网络的经济效应的发挥,也关系到具体的产业布局的科学性和经济性。我们使用位序—规模方法对丝绸之路经济带中国段的城市体系进行了考察,试图发现丝绸之路经济带集聚程度的经验证据。分析结果发现,丝绸之路经济带的城市体系正在趋于完善,特别是中等城市的发展比较迅速,整体的城市规模分布符合位序—规模分布法则。然而,我们也发现,丝绸之路经济带的城市体系没有充分发挥集聚效应,或者说城市的集聚程度比较低,城市的人口分布比较分散,大城市发展并不突出,中小城市发展相对比较好。作为首位城市的西安,远远没有达到一定的规模,其集聚效应很有限。

鉴于此,本文建议,要特别重视丝绸之路经济带特大城市的培育,要让特大城市的集聚效应充分发挥,从而带动区域经济的发展。同时要逐步提升中小城市的功能,让中小城市更多地带动周边城乡经济社会的一体化发展。

【参考文献】

[1] 沈体雁,劳昕,张进洁.中国区域经济研究中的经济密度研究框架建构[J].华东经济管理,2013(9):64－70.

[2] 郭爱君,毛锦凰.丝绸之路经济带:优势产业空间差异与产业空间布局战略研究[J].兰州大学学报(社会科学版),2014(1):40－49.

[3]　卫玲,戴江伟.丝绸之路经济带:超越地理空间的内涵识别及其当代解读[J].兰州大学学报(社会科学版),2014(1):31–34.

[4]　胡鞍钢,马伟,鄢一龙."丝绸之路经济带":战略内涵、定位及实现路径[J].新疆师范大学学报(哲学社会科学版),2014(2):1–10.

[5]　白永秀,王颂吉.丝绸之路经济带的纵深战略及地缘战略[J].改革,2014(3):64–73.

[6]　赵华胜.丝绸之路经济带的关注点和切入点[J].新疆师范大学学报(哲学社会科学版),2014(3):27–35.

[7]　卫玲,戴江伟.丝绸之路经济带:形成机理及战略构想——基于空间经济学语境[J].西北大学学报(哲学社会科学版),2014(4):39–50.

[8]　王保忠,何炼成,李忠民."新丝绸之路经济带"一体化战略路径与实施对策[J].经济纵横,2013(11):60–65.

(原刊于《兰州大学学报(社会科学版)》2015年第2期)

丝绸之路经济带建设中区域经济一体化的战略构想[*]

任保平

【摘　要】　区域经济一体化是丝绸之路经济带建设的基本思路,丝绸之路经济带建设就是要在东亚经济一体化的基础上,促进中亚经济一体化,进而推进亚洲经济一体化;就是要在东亚及其周边国家之间,推进区域经济一体化进程。丝绸之路经济带的区域一体化目标就是把新丝绸之路建设成为欧亚大陆经济一体化的纽带。丝绸之路经济带区域一体化的战略思路是加强亚洲国家经济、贸易、交通、能源、文化和实业界联系,建立开放、平等和互利基础上的地区一体化。丝绸之路经济带区域一体化的战略内容包括空间一体化、经济一体化、市场一体化、基础设施一体化。丝绸之路经济带区域一体化的战略重点在于推进区域经济贸易合作和区域交通一体化建设。地区安全局势不稳定、地区经济社会发展不平衡、基础设施水平参差不齐,文化、宗教差异性大是丝绸之路经济带区域一体化面临的制约因素。各个经济体应该在多边或双边各个领域,以多种途径推动丝绸之路经济带区域经济一体化建设。

【关键词】　丝绸之路经济带;区域经济一体化;发展战略

习近平主席指出,丝绸之路经济带的建设要以点带面,从线到片,逐步形成区域大合作。丝绸之路经济带是一个长期战略,从实施的重点和时序来看,首要的是积极参与并推动区域经济一体化。因此,在丝绸之路经济带的研究中要以区域一体化的战略推进丝绸之路经济带的建设。

一、区域经济一体化是丝绸之路经济带建设的基本思路

区域经济一体化是 20 世纪 50 年代以来国际经济发展的一种新趋势,区域经济一体化是国家之间市场一体化的过程,从产品市场一体化、生产要素市场一体化向经济政策

＊　作者简介:任保平(1968—),男,陕西凤县人,西北大学经济管理学院院长,教授,博士生导师,研究领域为西方经济学、发展经济学、区域经济学。

一体化逐步深化。世界可以分为许多地带,并由具有不同经济特色的地区组成,在这个多国经济区域内,通过区域一体化使得贸易壁垒被削弱或消除,生产要素趋于自由流动。从 20 世纪 90 年代开始,区域经济一体化出现了新的趋势。区域经济一体化组织大量地在全球涌现,形成了一股强劲的新趋势。在这股新浪潮的推进下,区域合作之深入、内容之广泛、机制之灵活、形式之多样,都是前所未有的。

进入新世纪以来,全球范围内日益加深的市场化,为区域经济一体化的发展奠定了体制基础。各国各地区之间的依赖日益加深,生产社会化、国际化程度不断提高,使各国的生产和流通及其经济活动进一步越出国界。这就必然要求消除阻碍经济国际化发展的市场和体制障碍,推进一体化进程。当前越来越多的国家认识到,只有选择和参与一体化战略,才能加快本国经济发展的速度,提高经济的运转效率和国际竞争力。通过改革,各国消除了商品、生产要素、资本以及技术在国家之间进行流动的经济体制上的障碍,促成了区域经济一体化的发展。

在区域经济一体化的潮流中,建立了不同的合作机制,在不同时间推进了不同形式的区域一体化。区域经济一体化组织的雏形——经济同盟在 1921 年就产生了,当时比利时与卢森堡结成经济同盟,后来荷兰加入,组成比荷卢经济同盟,经济同盟为后来的欧盟以及欧洲经济一体化奠定了基础。在经济同盟发展的同时,区域经济一体化又产生了新的组织——特惠关税区。1932 年,英国与英联邦成员国组成英帝国特惠区,成员国彼此之间相互减让关税,但对非英联邦成员的国家仍维持着原来较高的关税,形成了一种特惠关税区。20 世纪 80 年代中期以来,特别是进入 90 年代后,世界政治经济形势发生了深刻变化,区域经济一体化又产生了新的组织——欧洲共同体。欧共体的这一突破性进展,产生了强大的示范效应,极大地推动了其他地区经济一体化的建设。目前,区域经济一体化覆盖了世界范围内的大多数国家和地区。据世界银行统计,全球只有 12 个岛国和公国没有参与任何区域贸易协议。174 个国家和地区至少参加了一个,最多达 29 个区域贸易协议,平均每个国家或地区参加了 5 个。

从区域范围来看,新丝绸之路经济带是在古丝绸之路概念基础上形成的一个新的经济发展区域。陆上丝绸之路经济带东边连着亚太经济圈,中间串着资源丰富的中亚地区,西边接着发达的欧洲经济圈。国内部分包括西北地区的陕西、甘肃、青海、宁夏、新疆和西南地区的重庆、四川、云南、广西。从丝绸之路经济带的区域范围来看,以古丝绸之路的路线为基础,始于东亚,途经中亚,延至欧洲,辐射蒙古、南亚、俄罗斯、西亚、北非等周边国家和区域,形成以中亚为中心,世界上距离最长、面积最大、人口最多、发展潜力最大的经济合作走廊。海上丝绸之路不仅使中国与东盟连接,而且能够辐射南亚和中东,将中国和东南亚国家临海港口城市串联起来,通过海上互联互通、港口城市合作机制以及海洋经济合作等途径,形成海上新丝绸之路经济带。在空间范围上,新丝绸之路经济带可以划分为核心区、扩展区、辐射区三个层次,其中核心区包括中国、俄罗斯和中亚五国,扩展区包括上海合作组织和欧亚经济共同体的其他成员国及观察员国,辐射区包括西亚、欧盟等国家和地区,核心区与拓展区构成狭义的丝绸之路经济带,核心区、拓展区与辐射区构成广义的丝绸之路经济带。

因此,区域一体化是丝绸之路经济带建设的基本思路,丝绸之路经济建设就是要在东亚经济一体化的基础上,促进中亚经济一体化,进而推进亚洲经济一体化。新丝绸之路经济带一体化战略的实施可以促进中国和欧亚,特别是中亚地区的区域经济一体化,在区域经济一体化的基础上实现一系列合作,这些合作领域包括:①基础设施的互联互通。近年来,中国与中亚地区在铁路、公路、航空、电信、电网和能源管道六大方面的互联互通建设对中亚国家而言,不仅摆脱了传统线路出口单一、易被卡断或要挟的弊端,也使其直接和一个国际能源需求大户"无缝对接",并有助于改善其基础设施落后的现状;对中国而言,有助于实现油气来源多元化,以及带动优势产业走出国门。②能源合作领域。中国作为世界第二大经济体,以及世界上最大的发展中国家,不管是为了满足当前国内能源需求,还是为了保障未来发展的能源供给,都将面临巨大的挑战;与此同时,俄罗斯与中亚五国都是新兴经济体,更是身处世界的能源富集区,经济发展潜力巨大,大都希望依靠丰裕的油气资源,实现经济的快速增长。丝绸之路经济带的能源合作,不仅能达到能源供求对接,更能实现区域能源产业互补,各国经济协同发展。中国与俄罗斯及中亚五国应在"亲、诚、惠、容"的创新理念下,树立新型能源合作观,共建新型能源合作关系。③产业合作领域。丝绸之路经济带是欧亚各国合作日益深入、中国经济整体转型升级、对外开放与对内改革协调背景下提出的亚欧大陆带状经济合作战略。基于新结构经济学视角对丝绸之路经济带产业转型与合作进行分析发现,产业承接与转型合作的关键是要素禀赋升级与比较优势培育、硬性与软性基础设施改善以及科学技术与工业合作。将技术创新、金融体系与产业结构调整相结合是推动丝绸之路经济带产业合作与转型的现实路径。④贸易合作领域。中国与中亚地区的经贸关系非常密切,且存在着很大的提升空间,贸易潜力巨大。因此,深入发展中国—中亚的贸易合作将有利于丝绸之路经济带贸易的繁荣和稳定,有利于以线带面,实现全面发展。⑤物流合作领域。从物流通道的发展来看,中国目前已经与丝绸之路经济带沿线国家连通公路、铁路、航空和管道等多方面的交通运输线路;从物流节点发展来看,中国西部地区面向丝绸之路经济带的物流节点建设已经初见成效,建立了综合保税区、综合物流园区(物流交易中心)和边境合作中心等综合性的物流节点。⑥旅游合作领域。中亚五国旅游资源丰富,近年来也取得长足进步,从总的方面看,中亚五国旅游发展潜力和空间还很大,但还有不少合作的空间。⑦教育合作领域。在建设丝绸之路经济带过程中,中国与中亚的教育合作方式或构想主要包括建立孔子学院、成立上海合作组织大学,以及构建中亚教育经济圈;中国与俄罗斯的教育合作主要包括合作办学、人才交流和学术交流。⑧科技合作领域。随着中国与中亚各国之间交流的进一步深入,丝绸之路经济带沿线各国在农业科技、能源科技和气候环境合作等领域有不少的合作空间。

二、丝绸之路经济带建设中区域经济一体化的战略构想

丝绸之路经济带是一个全新的概念,为此,必须以创新的思维方式与合作理念推动经济带建设。丝绸之路经济带涵盖欧亚大陆 30 余个国家,总人口近 30 亿,文化、民族及宗教信仰纷繁多样,构建经济带将是一个庞大的系统工程,也将面临巨大挑战。构建丝绸之路经济带并不是单纯的国内政策,而是为了促进中国与中亚、欧洲等地区开放合作的总体战略布局。因此,丝绸之路经济带建设就是要在东亚及其周边国家之间,推进区域经济一体化进程。

(一)丝绸之路经济带区域一体化的战略目标

丝绸之路是指将东亚、中亚、南亚与地中海沿岸国家,包括北非和欧洲连接在一起的、纵横交错的泛亚贸易交通网络。[1] 随着全球化的不断深入,亚洲经济体得以迅速成长。大多数亚洲经济体通过商品、服务和资本的交换,成了不断扩大的国际经济网络中的一部分。丝绸之路经济带的一体化目标就是把新丝绸之路建设成为欧亚大陆经济一体化的纽带,新的丝绸之路将通过具体倡议来加强新兴经济体之间的贸易合作及和平友谊。亚洲丝绸之路的复兴将会使这个地区成为推动全球经济增长的更为重要的推动力。

(二)丝绸之路经济带区域一体化的战略思路

自古以来,丝绸之路就是一条国家之间彼此开放交往的通道,是一座民间经济文化交融的桥梁。一体化的战略思路是加强亚洲国家经济、贸易、交通、能源、文化和实业界的联系,建立开放、平等和互利基础上的地区一体化。围绕基础设施、能源、环保、商贸和文化旅游领域合作进行交流。以"丝绸之路"精神引领区域经济合作发展,使其在丝绸之路经济带的框架下形成合力。

(三)丝绸之路经济带区域一体化的战略内容

1. 空间一体化。三个层次:中亚一体化,中国与中亚的一体化,中国、中亚与欧洲的一体化。"陆空港"全方位的开放思路,全力打造丝绸之路经济带新起点。丝绸之路经济将在空间上形成串联中外的轴线,成为促进中国与周边国家和地区互惠互利、交流合作的纽带。从长期发展看,建设丝绸之路经济带可进一步推动欧亚大陆各国的经济合作,促进各国经济发展,进一步改变整个欧亚大陆的经济版图。

2. 经济一体化。交通、能源、产业、城市、贸易、金融、文化、生态一体化。[2] 在一体化战略实施的初级阶段,应着重推进交通、能源、产业、城市一体化,高级阶段应重点关注贸

易和金融一体化。当前,一体化战略的实施重点是能源一体化,实施的优先方向是交通运输一体化,使各国经济更加紧密地结合起来,推动各国基础设施建设和体制机制创新,创造新的经济和就业增长点,增强各国经济内生动力和抗风险能力。

3.市场一体化。其内容应该主要包括三个层次:一是国内市场一体化建设,即在政府的支持下,建立完善的内部市场,增强基础设施能力,发展优势产业,提升人力资源质量;二是扩大向西开放,主要内容应该包括互联互通、跨境铁路、航空、资金流、服务、信息流等,边境开放措施包括贸易投资自由化和便利化;三是加强市场制度构建。1999 年西部大开发以来;所采取的举措基本上是发展式的,缺少市场制度的构建,在未来的向西开放中,这些发展式的举措必然会遭遇瓶颈,必须加强市场构建。

4.基础设施一体化。新丝绸之路经济带构想充分兼顾了国际、国内两方面的战略需求。从国际角度看,丝绸之路经济带两端是当今国际经济最活跃的两个主引擎:欧洲联盟与环太平洋经济带。从国内角度看,我国当前的发展需要兼顾地区平衡,并着力开拓新的经济增长点。复兴丝绸之路能带动经济实力较为薄弱的西部地区,有望形成新的开放前沿。因此,随着欧亚地区整体实力的上升以及现代交通运输体系建设的加强,丝绸之路经济带建设取得丰硕成果。

5.中心城市体系构建的一体化。城市是丝绸之路经济带的主要依托,是共建丝绸之路经济带的核心力量,在丝绸之路经济带的建设中发挥着现代性、集聚性和辐射性作用。在丝绸之路经济带建设中推进中心城市体系构建的一体化,打造丝绸之路经济带核心节点城市,围绕丝绸之路经济带战略构想使沿线各城市在产业节点、平台节点以及交通节点等方面实现一体化。推动丝绸之路经济带沿线各城市在发展战略、产业规划、资源开发、项目建设等方面的合作。

(四)丝绸之路经济带区域一体化的战略重点

古代丝绸之路是商贸之路,今天的丝绸之路建设把经贸合作放在重要位置。围绕经济贸易合作实现政策沟通、道路联通、贸易畅通、货币流通、民心相通,以经济与人文合作为主线,坚持开放性的区域发展,使各类合作创意和机制各得其所、相得益彰、联动发展。为此,丝绸之路经济带一体化的战略重点在于推进区域经济贸易合作和区域交通一体化建设,进一步促进区域的基础设施建设,建立更好的交通运输网络,包括道路、公路、铁路和航空航线。

(五)丝绸之路经济带区域一体化的战略步骤

丝绸之路经济带的一体化是空间跨度最大、建设周期最长、难度最大的区域一体化,因而丝绸之路经济带的一体化战略应当是一项长期战略,不是短时间能够完成的。因此,促进丝绸之路经济带一体化可以采取分步走的战略:第一步,以旅游和经济贸易为先导,通过交通基础设施建设,加强国内与中亚地区的交流,打通丝绸之路经济带的交通走廊。第二步,在产业、金融、市场、能源等方面逐步推进一体化进程。第三步,进行一体化的提升,扩大一体化的范围,提升一体化的层次。

三、新丝绸之路经济带建设中一体化战略的制约因素

丝绸之路经济带涉及区域极为广阔,沿线国家众多,区域内各国政策多有分歧,外部影响力错综复杂,地区安全局势不稳定,地区经济社会发展不平衡,基础设施水平参差不齐,文化、宗教差异性大,这是丝绸之路经济带一体化战略面临的制约因素。

(一)自然条件差异的制约

丝绸之路经济带沿线地区土地虽然广阔,但是自然条件差,高山、沙漠、戈壁阻隔了城市间的交流,各城市之间过远的距离也使得区域要素市场呈现相对独立、封闭的特点,城市间要素流动慢,而要建立跨区域的经济带,实现区域一体化需要付出很高的经济成本。自然条件决定了丝绸之路是最艰难的经济带,区域一体化也是空间跨度最大、建设周期最长、难度最大的区域一体化。

(二)各国经济体制差异的制约

丝绸之路经济带区域内的各国都属于转型国家,和中国一样都是20世纪90年代开始由计划经济体制向市场经济体制转型的,中亚五国10多年的经济体制转轨基本摆脱了计划经济体制,构建了以私有制为主体的多种所有制经济并存的市场经济框架。但是由于转型的方向、速度和深度有差异,因此各国市场经济体制具有一定的差异性。首先是体制方面的差异,"中亚五国普遍注重国家在构建市场经济和体制转轨过程中不可或缺的作用,借鉴和选择了德国式的社会市场经济模式,而俄罗斯更倾向于美国式的自由市场经济模式"。[3]其次是体制转轨方式的差异,中亚五国中除吉尔吉斯斯坦选择了"休克疗法"外,其他四国都选择了渐进式模式。由于各国体制上的差异,市场经济的发育程度不同,在市场一体化方面面临着制约。

(三)各国利益差异的制约

目前,丝绸之路经济带区域内存在多个次区域经济合作组织,其国别构成、区域分布、合作范围与合作机制均存在一定差异。而且传统丝绸之路是各国合作的天然纽带,它将各次区域经济合作组织联系起来,将共同利益做大做强,最终使各国从中获得裨益。但由于沿线国家条件不一,利益诉求或有不一致,各次区域经济合作组织以及各国利益的差异甚至存在利益冲突。同时,中国和西亚由于社会、经济、宗教、文化、国家体制等方

面的差异性,整合国家利益和目标,确认共同归属感的难度较大。

(四)各国政策差异的制约

丝绸之路经济带的中亚各国,和我国一样都是由过去实行计划经济的国家向市场经济转型的国家,各国转型的进程不同、体制不同,导致政策的差异性比较大。丝绸之路经济带区域一体化不管是在护照、签证,还是复杂的关税政策方面,都需要我们在政策制定和政策应用方面面对一些困难。因此,这种体制和政策的差异性构成了丝绸之路经济带区域一体化的制约。

(五)各国文化差异制约

丝绸之路经济带区域是一个多民族、多宗教的交汇地区,丝绸之路经济带区域一体化是多元文化在全球化背景下的一体化,各国文化、宗教都存在差异性,这种文化差异构成了丝绸之路经济带区域一体化的制约。在文化差异背景下实现区域一体化要做到求同存异,趋利避害,寻求有效对策,加强互利合作,这是丝绸之路经济带区域一体化迫切需要解决的一个问题。

四、新丝绸之路经济带建设中一体化战略的实施路径与政策

丝绸之路经济带区域经济一体化是欧亚大陆世界经济发展的必然结果。在全球经济一体化的大背景下,欧亚大陆在这 30 年分别历经了欧盟经济一体化、东亚经济一体化、独联体经济一体化,在此背景下,欧亚大陆经济一体化将迎来最佳推动时机。它将促进中国的西进战略,在欧美市场普遍不景气的背景下,拓展中亚、西亚和南亚市场。丝绸之路经济带上各个经济体应该在多边或双边各个领域,以多种途径推动丝绸之路经济带区域经济一体化建设。

(一)以双边促多边,逐步推进丝绸之路经济带一体化

中亚国家虽然大多加入了欧亚经济共同体的一体化进程,但是他们也非常看重中国的资金、技术和通向亚太的通道。因此,在逐步推进丝绸之路经济带一体化时,可以首先考虑与中亚国家进行双边自贸区谈判。在一体化建设的早期阶段,中国可以给予一些单方面优惠政策,消除中亚国家的顾虑,增强彼此的相互认同感以及相互需求的程度,为在双边的基础上促进多边自贸区建设创造基础条件。

(二)建立丝绸之路经济带区域经济一体化的新机制

在建设丝绸之路经济带的过程中,影响中国—中亚经贸发展的一个重要因素是双方

经济合作中所建立的机制还不完善,目前只是官方层面达成某些共识,但并没有在企业层面得到落实。因此,必须加强双方企业的长期合作,双方政府应进一步制定政策,向合作企业倾斜,推动双方企业合作向纵深发展,在竞争中谋求合作与发展,以灵活多样的方式推动合作进程。在治理机制方面,政策沟通应基于理念共识、决策共商;在交通网络方面,道路联通应实现设施共建、资源共享;在制度设计方面,贸易畅通应推动关税共同、规则共议;在金融合作方面,货币流通应规划汇率共浮、信息共享;在文化交流方面,民心相通应追求文化共存、价值共惠。

(三)创新丝绸之路经济带区域经济一体化的合作新模式

以市场经济原则为基础建立互惠互利的创新合作模式,是建设丝绸之路经济带大区域经济合作的客观要求。中国将与沿线国家对接发展战略,推进贸易、产业、投资、能源资源、金融以及生态环保合作,深化城市、港口、口岸、产业园区合作,实现中国与沿线国家的共同发展。目前,丝绸之路经济带沿线各国政治制度不同,发展水平差距很大,同时,丝绸之路经济带是开放型合作带,不适合采取欧盟竞争导向的一体化模式,可以采取合作导向的一体化模式[4],古老的丝绸之路的繁荣来自于共赢合作的精神,新丝绸之路的一体化也需要通过共赢的努力来实现和平与安全。依靠区域主体自身的文明特点、发展特征、资源与制度禀赋的优势来形成发展的合力,促进合作导向的一体化。提倡不同发展水平、不同文化传统、不同资源禀赋、不同社会制度国家间开展平等合作,共享发展成果,通过合作与交流,把地缘优势转化为合作优势。用丝绸之路的理念和精神把区域中各种各样的合作整合起来,相互连接,相互促进,加快各自发展。

(四)做好国内政策对接,形成内外互动的局面

在国内政策上,要采取相应政策措施予以统筹支持,努力打造西部重镇,形成我国西部对外开放的桥头堡和丝绸之路经济带的领袖城市。在丝绸之路经济带战略框架下,中国与中亚继续拓展区域内公路、铁路、电力、通信、信息等基础设施互联互通的合作,提出系统性的可操作的协调政策,双方可制定相应的基础设施建设项目清单和投资指南,引导企业向重点领域和优先领域投资。无论西部地区各省之间,还是丝绸之路沿线国家和地区之间,都需要重视和加强政策协调,就经济发展战略和对策进行充分交流,协商制定推进区域合作的规划和措施,形成合力。丝绸之路经济带区域政策要按照市场经济的规律,突破行政区的限制,在更大的范围、更大的空间内推动资源要素的流动,提高资源配置效率,实现各地区经济的优势互补。

【参考文献】

[1] 刘小雪. 重修丝绸之路:迈向亚洲一体化[J]. 当代亚太,2009(3):38-58.

［2］ 王保忠,何炼成,李忠民."新丝绸之路经济带"一体化战略路径与实施对策[J].经济纵横,2013
　　　 (11):66-71.

［3］ 张养志,郑国富.中亚5国经济体制转轨的新制度经济学分析[J].俄罗斯中亚东欧研究,2007
　　　 (1):52-56.

［4］ 李建民."丝绸之路经济带"合作模式研究[J].中国党政干部论坛,2014(5):87-91.

（原刊于《开发研究》2015 年第 2 期）

金融支持"丝绸之路经济带"建设的
重点方向及对策研究[*]

王保忠　　何炼成　　李忠民　　王铁山

【摘　要】　"丝绸之路经济带"作为全新的国家经济发展战略,其将在基础设施投资、能源、特色产业、人民币国际化等诸多经济领域产生深刻的结构性影响。金融支持"丝绸之路经济带"建设在当前阶段应以开发性金融形态为主导,同时积极培育商业性金融。金融支持"丝绸之路经济带"建设的三大战略路径包括基础设施建设、新型城镇化建设、新型资源工业化建设。在操作层面,应加快金融支持"丝绸之路经济带"建设步伐,建立和完善开发性金融机构,设立"丝绸之路开发银行";加快推进"丝绸之路区域性国际金融中心"的建设;提早规划"丝绸之路经济带"区域资本市场。

【关键词】　丝绸之路经济带;金融支持;开发性金融;新型资源工业化

自 2013 年"丝绸之路经济带"战略构想提出以来,沿线省份均将"丝绸之路经济带"建设列为政府工作重点,并积极展开实际行动,围绕发展规划、桥头堡、起点城市等诸多方面争取发展机遇。党的十八届三中全会通过的《中共中央关于全面深化改革若干重大问题的决定》提出,建立开发性金融机构,加快同周边国家和区域基础设施互联互通建设,推进"丝绸之路经济带""海上丝绸之路"建设,形成全方位开放新格局。这表明"丝绸之路经济带"作为国家经济发展战略,将在基础设施投资、能源、特色产业、人民币国际

＊　作者简介:王保忠,西安工程大学管理学院副教授;何炼成,西北大学经济管理学院教授、博士生导师;李忠民,陕西师范大学国际商学院教授、博士生导师;王铁山,西安工程大学管理学院副教授。

注:本文是西安工程大学博士科研启动基金项目"丝绸之路经济带科技交流合作的模式与机制研究"(编号:BS1439)、陕西省教育厅专项科研计划项目"陕西生产性服务业集聚及其对创新能力的影响研究"(编号:2013JK0112)、陕西省软科学项目"陕西生产性服务业集聚与协同创新的互动机制研究"(编号:2014KRM25)、陕西省高校哲学社会科学重点研究基地项目"生产性服务贸易对陕西制造业竞争力的影响研究"(编号:14JZ017)、陕西省普通高校哲学社会科学特色学科建设项目"陕西纺织经济管理研究中心"资助项目、西安工程大学哲学社会科学研究项目"协同创新的互动机制研究"(编号:2013ZXSK24)、西安工程大学博士科研启动基金资助项目"中国区域服务业技术效率的时空变动及其影响机制研究"(编号:BS1423)的成果。

化等诸多经济领域产生深刻的结构性影响。目前,"丝绸之路经济带"建设的金融支持实践已展开,但相关理论研究仍比较欠缺,尤其缺乏对金融支持"丝绸之路经济带"建设的机理剖析,也很少有文献结合西部金融的现状来研究这一问题。基于此,本文尝试对金融支持"丝绸之路经济带"建设的机理进行剖析,结合西部金融的现状,以金融地理学等为基础,提出金融支持"丝绸之路经济带"建设的重点方向,以期推进"丝绸之路经济带"战略的稳步实施。

一、金融支持"丝绸之路经济带"建设的机理

(一)金融支持"丝绸之路经济带"建设的内涵

建设"丝绸之路经济带",核心是经济发展,而金融是经济发展很重要的推动因素,但金融的推动作用不是完全外生的力量。金融与经济发展更多地表现为相互促进、相伴共生的关系。从根本上说,社会经济发展对金融的客观需求导致金融的发展。世界经济金融发展的实践表明,经济发展的黄金时期都伴随着金融制度、金融过程、金融功能的复杂化和高级化;相反,当世界经济衰退停滞不前时,都反映为金融秩序和金融活动在一定程度上的混乱和无序。[1]可见,金融对经济发展也具有类似"双刃剑"的效果。

一方面,金融支持"丝绸之路经济带"发展就是要充分利用金融在便利交易、动员储蓄、配置资源、促进公司治理和风险管理等方面对经济发展的促进功能,同时避免金融无序、金融抑制等对经济发展的负向作用。[2]另一方面,金融支持"丝绸之路经济带"建设,不能简单地理解为短期内大量金融资源的投入,当然金融资源或信贷资金的支持是非常重要且必不可少的,但金融支持更重要的是要具备战略视野和前瞻意识,以国家和区域层面的长远战略规划为基础,深入研究"丝绸之路经济带"金融基础设施建设问题,研判哪些领域将产生全新的金融服务需求、如何进行金融工具创新及如何构建金融机构自身发展战略等。

(二)金融支持"丝绸之路经济带"建设的阶段性特征和规律

研究一国或地区不同时期经济发展的阶段性特征和规律,能为落后经济实现快速发展找到可行的方向和路径。经济发展通常会经历建设产业、消费三大阶段。[3]建设阶段由于经济发展刚刚起步,基础设施建设任务艰巨,各类产业的发展处于上升期和成长期。当前,"丝绸之路经济带"的经济发展总体上处于建设阶段。经济发展阶段不同所对应的金融形态也不能相互错位。当经济发展处于建设阶段时,开发性金融更为有效。经济发展在产业阶段则主要依托资本市场,在消费阶段则主要对应消费金融。"丝绸之路经济带"地处我国西北地区,从中国大区发展的视角看,东、中、西三大区域中西部地区发展落

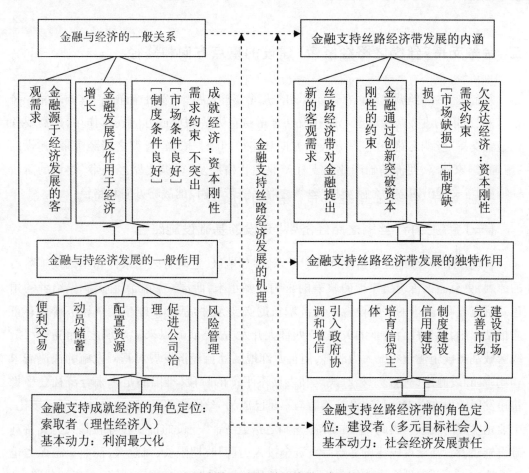

图1 金融支持"丝绸之路经济带"建设的机理

后。为此,在2000年国家提出"西部大开发"战略,时隔十多年后又提出"丝绸之路经济带"战略,可谓是"西部大开发"战略的升级版。当前,"丝绸之路经济带"区域发展阶段具有以下典型特征:一是城镇化是重要特征和实质内容,需要加速推进;二是城镇化与工业化具有前所未有的同步性;三是"丝绸之路经济带"在建设阶段面临资本、技术、制度等瓶颈制约。在基础设施、基础产业和支柱产业领域的建设任务刚刚起步。由于信用和市场落后,信用缺失、制度缺损,商业金融无力对"两基一支"领域产生高效的支持。而开发性金融则是连接政府和市场的纽带,能更好地适应"丝绸之路经济带"沿线区域市场缺失及制度落后的发展现状,通过开发建设市场、完善市场,实现"丝绸之路经济带"建设阶段的高效率金融支持。[4]从长远看,当"丝绸之路经济带"建设进入更高的产业阶段和消费阶段时,开发性金融则隐于市场,并逐渐退于次要的地位。同时,在未来"丝绸之路经济带"建设的高级阶段也将会有与之更相适应的金融形态为之服务。

二、金融支持"丝绸之路经济带"建设的重点方向和路径

对金融支持"丝绸之路经济带"建设的机理分析表明,开发性金融是"丝绸之路经济带"建设阶段的主要金融形态。而开发性金融将在哪些领域或方向发挥作用,即需要探讨金融支持"丝绸之路经济带"建设的方向和路径问题。依据"丝绸之路经济带"建设的"五通"国家战略,西部基础产业和支柱产业现状格局及"丝绸之路经济带"建设的阶段性特征,本文提出四方面金融支持"丝绸之路经济带"建设的战略方向和路径:

(一)金融支持"丝绸之路经济带"建设的基础设施路径

长期以来,西部地区经济发展落后于东、中部地区,这既有区位条件和基础设施落后的原因,更有国家传统出口导向政策的影响。多年来,西部一直扮演着资源供给者的角色。研究表明,先进的基础设施是经济增长的必要条件,基础设施建设对经济增长有正向推动作用,也是社会进步的关键。"西部大开发"战略实施以来,"丝绸之路经济带"沿线区域基础设施建设状况大为改善,但与西部地区社会经济发展对基础设施的快速需求相比,基础设施建设仍处于相对缺乏和发展不平衡的阶段,难以满足未来经济社会平稳快速发展的根本需求。基础设施落后与不足已成为"丝绸之路经济带"沿线地区城镇化、工业化发展的瓶颈。因此,金融支持"丝绸之路经济带"建设的首要任务就是大力支持基础设施建设。基础设施建设需要巨大资金投入,且回收期限长、风险大,商业金融无力也不愿涉入。而开发性金融能优化运用政府信用,且可紧密结合国家战略,在支持公路、高铁、民航、管道、电网等基础设施建设方面发挥重要作用。另外,"丝绸之路经济带"基础设施建设水平的大幅提升一方面可增强对我国东、中部地区产业和资金向此转移的吸纳能力,另一方面也会增强对中亚国家招商引资的吸引力。

(二)金融支持"丝绸之路经济带"建设的新型城镇化路径

城镇化是当今世界经济社会发展的主要趋势。一国或地区的经济现代化主要依托于工业化和城镇化这两个过程来完成。一般认为,工业化以城镇化为基础,而城镇化则依赖工业化推动,在经济现代化过程中,工业化创造供给,而城镇化创造需求。[4-5]城镇化不仅是城市地理空间扩张的过程,同时更应是人的全面发展提升的过程。人的城镇化首先要解决的是就业和社会保障,其次是加快城市硬件基础设施和软件基础设施的建设,为人的城镇化提供软硬件保证。"丝绸之路经济带"地处西部地区,城镇化水平相比于东、中部地区较落后。"丝绸之路经济带"沿线省份的城镇化建设的推进,需要开发性金融的大力支持。开发性金融在"丝绸之路经济带"城镇化建设过程中主要在两大方向发挥作用;一是加大开发性金融在西部省会城市和中小城镇的基础设施建设中的投资力

度;二是加强开发性金融在产业转化(农业为主向工商业为主的有效转化)非农就业进程中的扶持力度。

(三)金融支持

"丝绸之路经济带"建设的产业化路径区域经济发展的起步阶段,基础设施建设通常先行。大规模基础设施建设必然会吸引产业投资,因此,经济发展的产业化也是城镇化发展到更高阶段的必然要求。在新的时代背景下,提出"丝绸之路经济带"建设的产业化路径,必然要有新的方向和内涵。西部具有矿产资源、能源资源优势,但长期以来由于诸多原因导致这种优势带来的反而是"资源诅咒"、环境污染和生态破坏。在低碳经济时代,反思过去西部地区传统工业化老路,需重新设计度量工业技术和效率,推进新型资源工业化道路。新型资源工业化一开始就要"大"字当头,需要在大资本、大技术、大市场、大制度框架下发展,只有这样的"发展"方式,才能保证资源工业化是有效的、健康的和可持续的,才能避免小煤窑、小资本、小技术、小市场所带来的"资源诅咒"问题。[6]新型资源工业化需要大的资本体系、大的技术体系、大的市场体系、大的企业体系、大的交通和物流体系等来解决,而这些体系的完善所需要的是相对成熟的市场机制。但目前"丝绸之路经济带"沿线省份的市场机制还很不成熟,只有依靠开发性金融来解决新型资源工业化所依赖的大的体系基础。因此,金融支持"丝绸之路经济带"的产业化发展,不仅体现在为基础产业和支柱产业发展融资方面,更体现在新型资源工业化发展所依托的支撑体系建设都需要大量金融资源的配置和投入。

(四)金融支持

"丝绸之路经济带"建设的区域发展路径共建"丝绸之路经济带"既是国家战略,又是西部地区经济发展战略。改革开放至今30多年,我国东、中、西部地区的经济发展水平绝对差距有所缩小,但发展不平衡状况和矛盾依然突出。为解决发展的矛盾和降低发展的风险,我国在大区经济发展战略上已做出重大调整。新一轮"西部大开发"战略、"中部崛起"战略等国家战略都已取得明显成效。在此背景下,共建"丝绸之路经济带"战略既是原有国家战略的继承,更是新常态下国家发展战略的升华。"丝绸之路经济带"的建设需要在国家开发战略中寻找到最佳的金融支持方向和路径。结合"丝绸之路经济带"建设的阶段性特征,金融支持沿线区域经济发展的重点方向也会各不相同,沿线不同区域需要根据城镇化、产业化进程的具体特征选择相适应的金融支持路径。从经济地理学和金融地理学角度看,"丝绸之路经济带"是个宽泛的地域概念,金融资源不可能平均散布于各区域,需要有重点的支持,需要寻找基础设施、城镇化、产业化路径的着陆点,才能产生集聚、扩散、辐射等经济发展的效果。"丝绸之路经济带"是个珠链型经济带,经济带上分布着大小不一的诸多节点城市。因此,必须在这些节点城市中找到哪些可成为经济带的增长极点、哪些是经济带的支撑点、哪些是辐射点。不同的区域着陆点,对应的金融支持路径和方向也不同。目前,有关"丝绸之路经济带"的"新起点"之争的背后实质是争夺"丝绸之路经济带"建设的重大利好,这其中金融资源的争夺即是一个重要方面。这也从侧面说明金融支持"丝绸之路经济带"建设的区域路径将会对沿线城市的发展产生重要影响。

依据金融支持"丝绸之路经济带"建设的机理分析,可得出金融支持"丝绸之路经济带"建设的战略方向和路径(图2)。

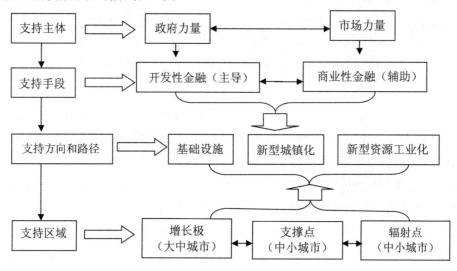

图2　金融支持丝绸之路经济带建设的重点方向和路径

三、加快金融支持"丝绸之路经济带"建设步伐的对策建议

金融支持"丝绸之路经济带"建设不能仅简单理解为短期内金融资源的大幅增加,更应具备战略视野和前瞻意识,以国家和区域层面的长远战略规划为基础,深入研究开发性金融支持在"丝绸之路经济带"建设中的阶段性角色定位,才能发挥开发性金融在经济带建设中的独特作用。在"丝绸之路经济带"的建设阶段应以开发性金融形态的支持为主导,同时努力培育商业性金融的支持能力。根据"丝绸之路经济带"建设现状,开发性金融支持的重点方向和路径应集中于基础设施建设、新型城镇化、新型资源工业化三大方面,同时金融支持还要在增长极、支撑点、辐射点等特定区域找准支持着力点。如何在操作层面加快金融支持"丝绸之路经济带"建设步伐,本文提出以下对策建议。

(一)建立和完善开发性金融机构,设立"丝绸之路开发银行"

中国将出资400亿美元成立开放性"丝路基金",然而管理配置这些金融资源就需要大量高素质专业的开发性金融机构跟进,建议在国家层面上设立"丝绸之路"开发银行,其主要职能应包括：承担政策性转移支付和承接原来由商业银行承担的一部分支持西部区域发展的职能，以"丝绸之路开发银行"为纽带向"丝绸之路经济带"沿线开发基础设施和基础产业等开发项目提供长期信贷资金，以"丝绸之路开发银行"为龙头，通过各类开发政策引导商业银行和非银行金融机构广泛参与"丝绸之路经济带"建设，最终形成以"丝绸之路开发银行"为引领，各类型金融机构共同参与的多元化融资与开发格局。另外，从区位条件、经济总量、经济安全、国家安全等多种因素考量，建议国家将"丝绸之路开发银行"总部机构设于西安市。

（二）加快推进"丝绸之路区域性国际金融中心"的建设

从世界金融中心发展的历程看，每个金融中心的诞生既是经济自然发展的结果，又都离不开政府强力主导的作用。综合分析各方面因素，西安市最具潜力成为"丝绸之路区域国际金融中心"。因此，将西安建设成为"丝绸之路区域性国际金融中心"，离不开政府的强力支持。依据"丝绸之路经济带"的资源禀赋条件，西安区域性国际金融中心的核心着力点在能源金融。西安市要发展能源金融，不仅是加大对能源产业和行业支持力度的问题，更是金融服务方式、金融产品乃至整个金融市场面向国内和中亚国际能源产业和市场的金融创新问题。从发达国家的发展实践观察，能源金融中心建设有其内在规律，其形成是一个演进的过程，它通过金融机构和市场的集聚，将能源金融的功能辐射到周边地区，最终形成能源投融资中心、能源定价中心、能源金融产品中心和能源金融风险管理中心。西安市建设能源金融中心的突破口应是建立煤炭交易平台，并积极打造中国向中亚开放的能源交易中心和结算中心。

（三）规划"丝绸之路经济带"区域资本市场

开发性金融在"丝绸之路经济带"的建设阶段将发挥主导作用，但随着"丝绸之路经济带"加速建设必将进入产业化等更高级的发展阶段，也必将需要与之相适的金融形态支持。借鉴上交所、深交所的经验，建议提早培育"丝绸之路经济带"区域性资本市场，可在西安市设立我国第三家证券交易中心。交易证券可重点从煤炭、石油、天然气等能源矿产资源产品起步。资本市场是为实体经济服务的，因此，西安市要成为证券交易中心，发展实体经济和加快金融产业集聚是首要基础，同时也要着力提升西安市作为证券交易中心的信息化建设水平。西安市应在原有的通信网络、互联网、广电网络建设基础上，通过改扩建等方式完善信息化基础设施建设。在基础通信、互联网、物联网、大数据、云计算技术等方面提升软、硬件的技术水平，为"丝绸之路经济带"区域金融中心和资本市场的构建打造先进的现代化信息化平台。

【参考文献】

[1]　王保庆,李忠民.金融中心建设的一般路径研究[J].现代经济探讨,2012(4):63-66.

[2]　王保忠,何炼成,李忠民.金融支持低碳经济发展的一般机理与多维路径研究[J].现代经济探讨,
　　　2013(12):39-43.

[3]　陈元.开发性金融与中国经济社会发展[J].经济科学,2009(4):5-14.

[4]　陈元.开发性金融与中国城镇化发展[J].经济研究,2010(7):4-14.

[5]　工业化与城镇化协调发展研究课题组.工业化与城镇化关系的经济学分析[J].中国社会科学,
　　　2002(2):44-55.

[6]　李忠民.资源工业化与中国能源经济增长极的构建[C]//中国经济转型与发展模式创新:第三届
　　　张培刚奖颁奖典礼暨2010中国经济发展论坛文集.武汉:华中科技大学出版社,2011.

（原刊于《经济纵横》2015年第5期）

东亚生产网络兴起背景下共建丝绸之路经济带的战略选择[*]

马莉莉　张　彤　黄文学

【摘　要】　东亚生产网络兴起是 20 世纪末以来全球经济变迁的主要内容之一,它不仅使模块网络化这一新兴生产组织方式得以发展,而且重构了全球分工格局,深刻影响了中国、东亚、欧洲、北美、非洲等国的国际地位。丝绸之路经济带就是在全球分工格局的内在矛盾激化后,中国做出的现实选择。根据东亚生产网络发展提供的经验和丝绸之路经济带沿线地区资源条件,共建丝绸之路经济带需要选择特定的发展战略。

【关键词】　丝绸之路经济带;东亚生产网络;互联互通

20 世纪末的一系列因素使东亚生产网络快速兴起,不仅孕育着新兴生产方式,也重构了全球分工图谱,中国的国际地位和角色更是发生了巨大变迁。在此背景下"一带一路"成为中国走向"新常态"、实现可持续转型与发展的必要选择,东亚兴起的经验可为"一带一路",特别是丝绸之路经济带建设提供重要的战略指引。

一、东亚生产网络的兴起与经验

20 世纪 90 年代以来,东亚既往的雁形分工格局发生深刻变迁,在信息科技革命兴起、跨国公司积极推动、东亚各国不断推进贸易自由化,特别是中国入世带动庞大的廉价劳动力进入国际市场的过程中,以往主要在跨国公司内部发展的基于生产过程内部展开的分工——产品内分工,开始在东亚演化为新兴的国家间分工格局,形成东亚生产网

---

　*　基金项目:国家社会科学基金项目"产品内分工深化视角下中国经济发展方式转变路径研究"(09JL010);西安市社会科学规划基金攻关项目"基于模块网络化的协同转型:丝绸之路经济带、关天经济圈、国际化大都市、省市共建大西安四位一体共生演化研究"(14J236);陕西省教育厅项目"西安:内陆型城市建设国际化大都市的特色路经研究"(2013JK0100);西北大学哲社繁荣发展计划重大培育项目"基于模块网络化的建构'四化同步'协同机制研究"(201308)。

络。[1]新兴的东亚生产网络具有鲜明的特征：

第一，中间产品贸易构成东亚区域内贸易的主要组成部分。从东亚各国（地区）的分工和贸易关系来看，以零部件为代表的中间产品成为生产和贸易的主导产品。2002年东亚中间产品贸易比重为62.5%，到2008年金融危机前达到65.7%的高水平，危机后有所下降，2012年仍为62.8%。①

第二，东亚以中国为加工制造轴心而内在联结。战后，东亚主要以日本为领头雁和贸易中心展开国际分工：东亚生产网络兴起以后，中国逐渐取代日本，成为中亚的经济中心，大部分东亚国家以中国为最大的区域内出口市场和进口品来源地，并围绕中国展开在全球产业链不同环节的分工。从东亚整体经济联系来看，中国已经成为区域内初级产品、半成品和零部件，甚至资本品的最大进口国，同时还是区域内资本品和消费品占据绝对主导地位的出口国，2011年中国向区域内出口的资本品和消费品分别占区域内总出口的42.2%和48.4%，中国利用廉价劳动力成为东亚生产网络中的加工制造轴心。[2]

第三，贸易规模、特别是区域内贸易规模快速攀升。战后到90年代中期，东亚雁形分工格局的发展使东亚国家间主要呈现竞争关系，各国以着重发展区域外贸易为主要特征。东亚生产网络兴起后，东亚国家间不断加大区域内贸易，并由于频繁的生产过程中贸易带动贸易总量上升。从东亚区域内、各国及世界贸易的比较来看，东亚总进出口均超过世界贸易增长，且占世界贸易的份额持续攀升。1998年，东亚10国和地区区域内出口总额占世界总出口的8.2%，2012年升至13%，区域内总进口占世界总进口比重由7.9%升至11.1%。东亚10国和地区总出口占世界总出口比重则由1998年的21.7%持续升至2013年的27.9%，总进口比重由16.9%升至27.3%。②

在中间产品分工基础上形成紧密生产网络，使东亚在短短十余年时间内快速发展，东亚的发展经验主要包括：第一，软硬件互联互通是东亚生产网络兴起的重要条件。从硬件联通来看，在远洋运输领域，20世纪60—70年代兴起的集装箱化运输大大提高了远洋运输效率，随着大型、巨型远洋轮船的研制与应用，大宗货物运输费用和运输时间被大幅节省。在航空运输领域，规模经济的实现降低了航空运输成本，为人员、商品快速高效流动提供了条件。在铁路、公路领域，高速公路、高速铁路的建设与发展大大加速了要素商品流动和国内市场整合。20世纪80—90年代，亚洲国家经济建设与发展使现代交通运输技术得以日益广泛地普及与应用，大大压缩了亚洲国家内部、相互之间以及与世界市场之间的时空距离和运输成本。从软件联通来看，自90年代新自由主义浪潮席卷新兴国家始，韩国、泰国、印尼、新加坡等亚洲国家纷纷推进经济自由化和开放化，中国则加速市场经济改革；东亚国家大幅开放贸易、资本市场，为进一步融入全球分工体系创造条

---

① 本文所指东亚10国和地区包括：中国、中国香港、日本、韩国、印度尼西亚、马来西亚、菲律宾、新加坡、泰国和越南。数据来源：UN COMTRADE Datebase BEC 数据库。

② 数据来源：UN COMTRADE Datebase BEC 数据库。

件。此外,亚洲金融危机之后,东亚国家在加强合作、有序开放过程中继续推进贸易自由化与投资便利化。2001 年后,随着中国加入 WTO,以及 3 个"10 + 1"、CEPA、APEC 等区域性合作框架与机制的启动,东亚区域内商品、要素流动的关税、非关税壁垒不断下降,要素可流动性得以提高。日益扩大的市场为各国加速各自产业集聚创造了条件。

第二,选择差异化产业集聚方向,并在产业链中实现分工合作,由此构建起东亚较为稳固的、可持续的合作机制。在大市场作用下,东亚各国因各自要素禀赋差异,而逐步选择经模块化分解的产业链的不同环节进行专业化分工。一方面市场扩大带来生产的规模化效应,生产效率得以提升;另一方面各国因只生产整个产业链的一个或几个环节,而与其他国家的不同生产环节形成密不可分的合作关系,依此原理构建起的分工关系具有稳固性和可持续性。深入参与这一分工模式的国家因此获得较快发展,如中国、韩国、新加坡、马来西亚等;而没有抓住这一分工特点、顺势促进本国产业升级的国家,则逐步累积深层矛盾,且矛盾在一系列外因作用下有所激化,如日本、菲律宾等,他们在 21 世纪以来的东亚分工格局变迁中地位大幅下降。

第三,各国保持较高的独立自主性,并着力于为本国经济发展创造环境与条件,通过与其他国家签订多层次的合作协议,营造有益的国际市场环境。东盟的建立与发展以平等和合作为宗旨,各国不寻求结盟或针对第三国,政府以促使本国经济转型与发展为主要任务。像新加坡、韩国、中国等,政府在改善市场环境、培育人力资源、鼓励新兴产业、促进对外交往等方面都发挥着积极作用;在对外交往方面,各国分别与不同国家签订多层面的自由贸易协定并创建自由贸易区,以使对外交往适合本国发展需要,由此实现最大利益。这一尊重彼此主权、保持独立性、通过合作谋求发展的模式,充分激了发各国、各方力量的积极性,为东亚生产网络的形成提供了重要动力和环境,也使东亚建立在平等互利、合作共赢的发展根基之上。

二、东亚生产网络兴起的深远影响

东亚生产网络的兴起,的确有其多方面的特殊性,然而,其影响却并不仅仅限于东亚本身,而是在短短十余年时间内,开辟出全球社会经济发展的崭新空间。

第一,东亚生产网络的兴起表明模块网络化这一新型生产组织方式的强劲动力。20世纪末以来,消费规模扩张与需求多元化并行发展,即产品需求规模扩大以产品差异化、多样化及小批量需求为基础。面对这一需求趋势,制造企业主要将多样化、小批量产品进行零部件与管理流程的模块分解,将共享零部件及管理流程实行标准化,实现模块生产与管理流程规模化,不同模块组合形成差异化产品,由此解决多样化产品小批量需求与规模化生产之间的矛盾,所产生的零部件生产模块、业务流程模块和组织架构模块构成模块化技术的三个基本层面。通过标准零部件及管理流程的模块化生产,企业既能增加产品多样性,又能降低制造管理成本,还能加速产品设计与开发,市场适应能力得以提高。在模块化生产管理技术基础上,企业一方面倾向于将有限资源集中于能够发挥自身优势的模块和生产经营环节,以实现规模经济和巩固垄断竞争优势;另一方面将非核心生产经营模块采用大规模定制方式外包。由此,生产分工从企业内部转化为企业之间,并通过跨国公司全球布局和更广泛国家的企业参与,形成国际层面的产品内分工。东亚实践的显著进展表明,生产流程的模块分解,到模块企业和网络组织形成,再到各模块企业产生更趋差异化的需求,使生产系统走向循环累积的模块网络化发展,这一发展机制已经初步成型,并通过东亚生产网络兴起表现出强大生命力。利用模块网络化促使分工细化,以及各国、各方选择差异的专业化方向,使彼此更紧密、高效的联结,会创造出更大生产力,进而为全球经济走向未来开辟可选择的道路。[3]

第二,东亚生产网络的兴起使全球分工细化到生产流程内部,服务环节衍生与贸易即将上升为主流。商品贸易一直是全球贸易的主流,关贸总协定的谈判主要以降低商品贸易的关税与非关税壁垒为核心;20 世纪 80 年代启动的乌拉圭回合谈判取得的显著成果在于商品贸易进一步自由化,同时开始涉及服务贸易、知识产权保护、投资便利化等议题;21 世纪启动的多哈回合谈判大量的议题是有关服务贸易,然而各国根本利益的巨大差异与冲突,使多哈回合谈判屡屡受挫。东亚生产网络的兴起,打开了产业链条,使之跨越国界、覆盖于多国,由此不仅使许多本来内生于生产过程之中的服务环节独立出来,并逐步跨越国界,以联结分散的生产环节,这使得服务业、服务贸易已经成为国际经济联系中不可或缺且日益重要的组成部分。面对服务贸易领域国际协调机制的匮乏,东亚生产网络基础之上形成"意大利面条碗"似的自由贸易协议,这些协议依据参与国可接受程度,在商品贸易、服务贸易等领域实行不同程度的自由开放,由此使定制的国际协议更符合各国切身利益。随着分工越来越细化,服务领域的自由开放将成为东亚国家及其贸易方的迫切需求,诸如 TTP(《泛太平洋战略经济伙伴关系协定》),TTIP(《跨大西洋贸易与投资伙伴协定》)和 PSA(《多边服务业协议》)等以服务贸易自由化为主要内容的谈判机制,其启动虽夹杂不少政治因素,但从全球经济发展形势来看,有其客观必要性。

第三,东亚生产网络的兴起深刻改变了全球分工图谱。通过对占世界商品和服务贸易总额约83% 的 37 国和地区①1995—2012 年商品和服务贸易关系及变化的实证分析,②可以看到21 世纪以来全球分工的变迁为:中美引领东亚和北美区域在产品内分工层面

---

① 37 国和地区包括:东亚 10(中国、中国香港、日本、韩国、新加坡、印度尼西亚、马来西亚、泰国、菲律宾和越南);欧洲 17(德国、法国、英国、意大利、比利时、荷兰、匈牙利、波兰、爱尔兰、捷克、奥地利、丹麦、瑞典、西班牙、瑞士、挪威和俄罗斯);北美 3(美国、加拿大和墨西哥);外围 7(巴西、阿根廷、智利、印度、澳大利亚、南非和土耳其)。

② 数据来源:联合国商品贸易统计(UNCOMTRADE)和联合国贸易与发展会议统计(UNCTAD-STAT)。

强化融合上升为主流。如图 1 所示,当前的全球分工图谱为:全球分别以德国、美国和中国为中心的欧洲、北美和东亚构成全球三大贸易区域;通过中国和美国的紧密联结,东亚和北美的一体化水平显著提升,美国依托北美和东亚两大生产体系成为生产性服务等先进分工环节聚集地,占据全球产业演进领先地位;欧洲以区域内一体化为主,区域外经贸往来相对较少,整体的生产分工细化程度落后于亚太,德国、英国等中心国家的先进产业演进程度相较美国滞后。

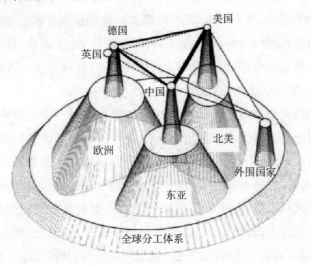

图 1　全球分工体系总图谱

总而言之,东亚生产网络的兴起,是新兴生产组织方式发展的初步表现,它不仅加速推动了全球产业演进,还深刻重构着全球经济联系和分工图谱;既掩埋下了内在矛盾,也预示着各国发展前景。

三、丝绸之路经济带的产生及严峻挑战

在东亚生产网络加速重构全球分工格局的过程中,全球形成基于产品内分工的广泛的产业链网络。其中,来自欧美和东亚的较领先国家将资本、技术投资于中国,中国成为加工制造轴心,并通过香港中转各种贸易品;中国庞大生产体系所需能源、原材料由澳大利亚、俄罗斯、中东、拉美等国供给;中国产出的最终产品再主要销往欧美,所得美元投向美国政府债券,美国处于产业链高端获得较多回报,以及资本市场繁荣的财富效应,给最终品消费提供强大消费力,由此驱动全球经济链条的运转。

在这一全球格局下,发达国家因吸聚高端生产环节而不断向本国拉升消费力,并逐步演化为由过度消费拉动全球产业链运转;发展中国家则因聚集中低端生产环节,所创造的价值和财富在国际竞争机制下被大量转移。由此,一方面使发展中国家技术与产业

升级乏力;另一方面还在不断累积日益恶化的环境污染和社会发展问题。当美国因金融泡沫破灭而消费复苏乏力时,发达国家和发展中国家共同面临难以驱动全球经济运转的困境;而中国面对消费力疲软,实体经济迅速陷入衰退,并进而传播到初级产品供给国。对于中国来讲,加工制造基地的强化还使内部的不平衡不断加剧,主要表现为经济增长日益依靠投资和贸易拉动,东西部差距拉大,对能源、原材料的需求和消耗大幅攀升等。

2008年,世界经济不平衡矛盾不断累积并趋于激化,最先引爆的是美国次贷危机,随后欧洲陷入主权债务危机,继而中东、北非等被边缘化国家引发政治冲突和社会动荡、甚至局部战争。中国也在国际市场萎缩背景下,经济矛盾、地区矛盾、社会矛盾、民族矛盾等均有不同程度的激化表现,如何在全球化不可扭转的背景下实现可持续发展,成为中国迫切需要面对的现实挑战。

东亚生产网络兴起对全球的重构表明:第一,亚太加深一体化带来巨大的市场规模经济效应,由此促使分工细化、产业演进;第二,亚非拉等外围国家目前仍主要以初级产品供给的方式参与全球化,工业化存在广阔空间;第三,欧洲以东扩方式有限地促使内部一体化,对外则相对封闭,并不适合社会生产力的现代发展,欧洲分工演进的相对滞后从另一侧面反映未极大扩展市场、未驱动模块网络化机制带来的潜在损失,也意味着欧洲与外部市场合作具有巨大需求;第四,中国作为加工制造基地在全球分工格局中扮演中枢环节的角色,中国有必要也有可能在进一步重构全球分工格局方面,发挥重要作用。

在内在需求和外部形势共同作用下,向欧洲拓展、向亚非拉外围国家拓展的国际化战略,成为中国摆脱现实危机、寻求突破和发展的必要选择。2013年9月,习近平总书记在哈萨克斯坦倡议,通过加强"政策沟通、道路联通、贸易畅通、货币流通、民心相通",共建"丝绸之路经济带"。[4]随后,中国又相继提出建设深化中国与东盟合作的"21世纪海上丝绸之路",联结中国西南和缅甸、孟加拉国和印度的"孟中印缅经济走廊",联结中国新疆与巴基斯坦的"中巴经济走廊"等。由此,海陆双线联结亚非发展中国家、通向欧洲市场的"一带一路"战略初现雏形。

在"一带一路"中,丝绸之路经济带主要是陆路联结通道,由于横贯亚欧大陆,沿线国家与地区经济发展水平不高,对外拓展能力有限,大多依赖于能源原材料生产和出口,要实现这一相对外围、内陆地区的转型发展,无疑成为巨大的历史考验与难题。

在初步的设计中,所谓丝绸之路经济带,是在各参与国达成发展共识前提下,依托高速铁路等现代交通技术,以亚欧大陆桥等交通互联为基础,通过贸易畅通、货币流通等方式,提高沿线各地区市场潜力,促使产业集聚与转型,以实现各自发展与共同繁荣的带状开发开放和发展模式。其中三条亚欧大陆桥分别从毗邻太平洋的符拉迪沃斯托克、连云港和深圳出发,最终均抵达荷兰鹿特丹,实现横跨亚欧大陆、联结太平洋和大西洋的目标。根据建设进程的差异,狭义的丝绸之路经济带包括中国、俄罗斯和中亚五国,它们是建设的起点;中义的丝绸之路经济带包括三条亚欧大陆桥沿线的中亚、西亚、南亚和中东欧国家,它们是建设的重点;广义的丝绸之路经济带目标是延伸向欧洲。三条亚欧大陆桥的远景设计也使陆上丝绸之路与海上丝绸之路相互联结、互相支撑。[5]

丝绸之路经济带是中国向西开放战略的陆路途径,沿线国家和地区发展与合作的复杂性对这一思路提出严峻挑战。

第一,安全形势不容乐观。近年来,境内外"恐怖主义、分裂主义、极端主义"相互勾结,对中国,特别是西北部如新疆等地的安全形势构成一定威胁,近期更有蔓延恶化之势,仅2014年以来,3月1日云南昆明火车站恐怖袭击、4月30日乌鲁木齐火车南站爆炸、5月22日新疆暴恐案等恶性恐怖事件接连发生,严重影响到新疆及全国的局势稳定。作为向西开放的主要门户,新疆在联结丝绸之路经济带向中亚、西亚延伸过程中,发挥着促进经济交往、人员流动的重要作用,对外开放程度提高的同时也使境外敌对势力乘虚而入,这给丝绸之路经济带建设带来两难抉择。

第二,欠发达地区市场容量小,影响合作可行性。丝绸之路经济带在由中国向西延伸的过程中,主要涵盖中国西部,以及中亚西亚等国家和地区,这些地区发展水平比较低、经济总量小,除了能源天然气等初级产品往来,对于构筑统一的市场空间以支撑沿线国家和地区的产业聚集以及分工深化来说,难度相对较大,这将使各方合作的经济动力不足,从而影响丝绸之路经济带的经济一体化建设。

第三,建设成本高昂,影响经济可行性。丝绸之路经济带横跨欧亚地区,为促进经贸和人员往来,公路、铁路和管道等交通基础设施的互联互通是首要建设内容,其中,发展高速铁路等现代化的交通技术对于缩小时空距离意义重大。然而,这些地区地域广阔、人员稀少、自然地理条件较差,从而使交通基础设施的建设成本高昂;再加上沿线地区经贸活动的频繁度不足以形成规模效应,从经济可行性的角度将影响沿线国家的参与积极性。[6]

第四,自由市场的惯性作用导致中心—外围风险加剧。地处中亚、西亚的欠发达国家普遍拥有较为丰富的石油、天然气、矿产等初级产品,从自由市场的自发作用来看,这些国家和地区普遍依赖初级产品出口来参与国际分工,从而走向外围化。在欠发达国家经济发展水平难以有较大起色的背景下,促进丝绸之路经济带沿线国家的市场开放,很可能使自由市场依旧发挥惯性作用,并日益把初级产品出口国锁定在外围地位。中心—外围趋势的强化无疑将侵蚀丝绸之路经济带的合作根基,使得丝路沿线国家难以实现可持续交往和发展。

第五,欧亚合作形势复杂,增加诸多变数。丝绸之路沿线的欧亚国家大多历史悠久,是世界几大宗教和文明的诞生地与主要传播区域,由此也累积起复杂尖锐的国家、民族、宗教、文化、种族、政治、军事、领土等矛盾关系。近年来"颜色革命""阿拉伯之春"等使欧亚部分国家间的局部冲突加剧,"乌克兰危机"加剧使俄欧关系恶化,这都严重侵蚀着丝绸之路经济带沿线国家与地区的政治互信和合作根基,特别是当囊括沿线更多国家时,欧亚合作的未来发展存在很多变数。

四、共建丝绸之路经济带的战略选择

东亚国家和地区在合作中促分工深化,在差异化产业转型中夯实合作基础,实现共赢和发展,这一模式可为丝绸之路经济带的建设提供有益借鉴。丝绸之路经济带主要涉及发展中或转型国家间的合作,它们经济发展水平较低,大多属于内陆国家,由此决定共建丝绸之路经济带的基本思路。

第一,依托高速铁路等现代交通技术实现道路联通是重要前提。在海洋时代,陆路交通因耗时长、成本高而逐步退出国际贸易重要交通方式;进入新世纪后,高速铁路技术渐趋成熟,给应对陆路交通不便带来契机。而且,对于丝绸之路经济带沿线的欠发达国家而言,通过道路联通增强市场潜力,是使沿线地区产业趋于集聚的先决条件。

第二,沿线地区有必要充分利用有限条件,选择差异化的产业集聚方向。不同于东亚地区地域临近、人口众多、资源丰富、气候温暖等自然因素,陆路通道衰落后,丝绸之路经济带沿线国家地域广阔、人口稀少、环境脆弱、经济总量有限,这些因素的作用使沿线地区难以开展大规模的生产制造领域的分工细化。然后,从启动区域中亚的资源享赋条件来看,能源、农业、基础设施、生态开发等领域的产业演进具有巨大潜力和现实需要,因而各地区可以在这些产业中进一步选择差异的专业化方向,以实现自主独立发展与可持续合作。

第三,通过国际合作,提高软环境的通达性。丝绸之路经济带沿线国家和地区文化差异悬殊、社会发展进程各异、制度环境复杂,都给市场联通带来挑战;而且沿线地区在致力促进自身产业演进过程中,需要完善基础设施、提供公共服务、培育人力资源等,也就是不仅需要商品贸易,更需于要服务贸易领域的自由开放;再加上沿线地区经济承受能力差异显著,对各领域开放的需求不同,这使各国对国际合作和协议的签订将呈现多样化和多层次性。由此,丝绸之路经济带有必要拓展从商品贸易到服务贸易的多层次合作领域,通过商品和服务交往并进的方式促进各地区产业演进;同时,需要引入订制的、弹性化的国际合作协议,也就是不用统一的开放标准来"一刀切"解决所有国际经贸合作问题,而由"管理""管治"转向"治理""服务"理念,针对全产业链不同环节、不同需要订制相应的国际合作协议,并随着市场环境变化,进行弹性调整和敏捷响应。作为国际公共服务范畴的国际协议,由此也面临差异化供给、弹性演进的现实压力。但究其目标而言,是应沿线地区不同发展条件,提高软环境的通达性,为各地产业合作和分工深化创造条件。

第四,分阶段、循序推进的共建方式。南南合作由来已久,但是发展中国家经济发展规模小、彼此间政治经济等关系复杂,往往难以通过共享市场空间,驱动强劲的产业发展和经济增长,因此,南南合作一直未有突破性进展。东亚生产网络的兴起也表明发达市场间的紧密联结将有力驱动分工深化。根据 21 世纪以来全球分工格局的变化,丝绸之路经济带的最终目标应当是实现东亚与欧洲更紧密的联结。然而,这一联结过程将相当漫长和艰难,由此需要从突破点入手,循序推进。从中国国内来说,主要是西部地区率先建立转型升级的示范区、促进开发开放的内陆自贸区,寻求相对落后地区崛起的可行路径;从国外来说,寻找最具合作诚意和潜力的国家展开重点建设,形成可资借鉴的突破口和示范效应,对于进一步推动丝绸之路经济带建设具有重要意义。因此,从当前的初始阶段来看,以俄罗斯和中亚国家作为启动区域,寻找合作突破口,致力创新发展模式,形成示范效应,是近期工作的重中之重。在先行区建设取得初步经验基础上,再逐步向前推进,以实现共建丝绸之路经济带的长远目标。

第五,积极应对非传统安全,求同存异,在寻求和扩大共同关切基础上推进合作,夯筑利益共同体,以走向共同繁荣和可持续发展。丝绸之路经济带沿线国家和地区间各领域矛盾错综复杂,再加上"三股势力"的现实考验,合作基础被严重侵蚀。然而,在欠发达国家普遍处于被外围化这一国际背景下,各国均面临严峻的经济安全、金融安全、生态环境安全、信息安全、资源安全、恐怖主义、疾病蔓延等非传统领域的安全问题。并且,这些问题正日益尖锐地挑战着各国政府和民众的应对能力,跨国合作、寻求发展成为各方无法回避的现实选择。因此,面对丝绸之路经济带沿线地区较广泛的应对非传统安全的共同关切和挑战,各国有必要求同存异、扩大共识、形成合作;并在加强沟通和经贸往来过程中,提高社会经济发展的内在联结性,培育共同利益,最终使合作和共赢走向可持续。

总体来说,丝绸之路经济带是构建国际经济新秩序的积极探索与尝试,即世界经济外围国家通过合作共同创造开放的大市场空间,各自通过自主、独立的转型升级与发展努力,跻身全球分工网络中不可或缺的重要节点,并实现主权独立、民族平等与互利共赢。然而,丝绸之路经济带的构建还处于初始阶段,根据东亚生产网络兴起提供的经验借鉴,全球新兴生产组织方式的兴起将为丝路的创新发展创造有利条件,但重振路径如何规划、继而如何转变为现实等等,还需要更多的共识和实践。

【参考文献】

[1] 王峰. 垂直专业化分工、外部需求与东亚区域内贸易扩张——基于中国数据的面板协整分析[J]. 世界经济与政治论坛,2008(3):11 – 19.

[2] 马莉莉. 金砖国家合作机制发展基础与选择[J]. 国际问题研究,2012(6):50 – 61.

[3] MITSUYO A, FUKUNARI K. The Formation of International Production and Distribution Networks in East Asia[M]// NBER Forthingcoming Book. Chicago:University of Chicago Press,2004.

[4] 习近平. 创新合作模式共同建设"丝绸之路经济带"[EB/OL]. (2013 – 09 – 07)[2015 – 10 – 11]. http://cpc. people. com. cn/n/2013/0907/c164113 – 22840646. html.

[5] 马莉莉,任保平. 丝绸之路经济带发展报告 2014[M]. 北京:中国经济出版社,2014.

[6] 李忠民,刘育红,张强. "新丝绸之路"交通经济带经济增长的实证研究——基于人力资本等 6 个因素的面板数据模型[J]. 经济问题,2011(1):77 – 80.

（原刊于《人文杂志》2015 年第 5 期）

价值链分工视角下丝绸之路经济带
核心区工业经济协同发展研究*

白永秀　王颂吉

【摘　要】　随着国际分工由"产业间分工""产业内分工"深化到"产品内分工",以发达国家为龙头、跨国公司为载体的价值链在全球范围内不断拓展,价值链分工日益成为区域产业分工的发展方向。丝绸之路经济带核心区包括中国、中亚五国和俄罗斯,近年来该区域工业发展较为迅速,但仍然存在工业分工水平较低、资源环境压力加大等问题,构建工业价值链成为丝绸之路经济带核心区工业协同发展的必由之路。丝绸之路经济带核心区具备良好的合作基础、广阔的市场空间和层级互补的工业体系,这为构建以中国东部沿海地区为"龙头"、以中国中西部地区为"枢纽"、以中亚五国及俄罗斯为重要组成部分的丝绸之路经济带工业价值链创造了条件。这将有助于中亚及周边国家与中国形成紧密的工业分工关系,推动相关国家实现工业经济协同发展升级。

【关键词】　丝绸之路经济;价值链;工业经济

当前,建设丝绸之路经济带成为中国经济发展和对外开放的重大战略。作为贯穿亚欧大陆的带状区域合作走廊,丝绸之路经济带的建设目标是打造亚欧国家利益共同体和命运共同体。依据相关国家的既有合作基础,遵循由近及远的建设原则,可以将丝绸之路经济带的空间范围划分为核心区、拓展区、辐射区三个层次(图 1)。[1]其中,丝绸之路经济带核心区包括中国、中亚五国和俄罗斯,这是建设丝绸之路经济带的主体和基础;拓展区包括南亚、西亚、蒙古、东欧等国家和地区;辐射区包括韩国、日本、欧盟等国家和地区。20 世纪中期以来,随着国际分工由"产业间分工""产业内分工"深化到"产品内分工",以发达国家为龙头、跨国公司为载体的价值链在全球范围内不断拓展,价值链分工日益成为区域产业分工的发展方向。丝绸之路经济带核心区具备良好的合作基础、广阔的市场空间和层级互补的工业体系,这为构建以中国东部沿海地区为"龙头"、以中国中

---

　*　基金项目:2014 年西北大学哲学社会科学繁荣发展计划重大培育项目。
　作者简介:白永秀,男,陕西清涧人,西北大学教授、博士生导师,从事市场经济和区域经济理论研究。

西部地区为"枢纽"、以中亚五国及俄罗斯为重要组成部分的丝绸之路经济带工业价值链创造了条件,有助于这一区域提升工业分工水平,进而实现工业经济协同发展升级。

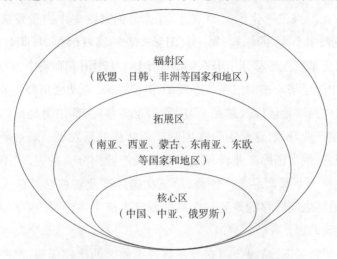

图1　丝绸之路经济带的空间范围示意图

一、国际分工深化与价值链升级

第二次世界大战以来的国际发展实践表明,随着经济全球化和区域经济一体化的不断深入,任何一国或地区的产业发展都不可能在封闭的环境下运行,只有积极参与国际产业分工,发展中国家才能逐步提升产业竞争力,进而跻身经济强国之列。20世纪中期以来,国际产业分工经历了"产业间分工→产业内分工→产品内分工"的演进历程,各国之间的产业分工水平日益提升,价值链在全球范围内不断拓展。具体而言,产业间分工又称垂直分工,是指不同要素密集度的行业之间的生产分工。例如,资本密集型与劳动密集型行业、资本密集型与技术密集型行业、劳动密集型与技术密集型行业之间的分工,都属于产业间分工。产业内分工又称水平分工,是指同一产业内部的两种要素密集度相同或相似的产品之间的分工。[2]产品内分工是在标准化大生产的基础上,由于中间产品的空间分散化生产,使得某一特定产品的不同生产工序或生产区段分布在多个地区(国家),从而形成的一种全新的跨区域或跨国性的生产链条。[3]20世纪80年代,尤其是进入新世纪以来,国际产业分工深入到产品工序层面,产品内分工成为国际产业分工的主要形式,促进了国际产业转移和价值链的全球拓展。

随着国际产业分工的深入和长期科技进步的积累,发达国家的工业结构逐步转向技术、知识和资本密集型产业,淘汰下来的劳动密集型产业则向相对欠发达的国家转移。迄今为止,世界范围内已经开展了三次国际产业转移。第一次国际产业转移发生在20世纪五六十年代,美国等发达国家将纺织、钢铁等劳动密集型产业转向相对欠发达的日本、西德等国家,美国则集中力量发展资本和技术密集型产业,这推动了日本、西德经济的崛起;第二次国际产业转移发生在 20 世纪 60 年代末至 80 年代,日本、西德将劳动密集型产业转移到东亚新兴工业化国家和地区,日德等国家则集中力量发展技术密集型产业,这推动了"亚洲四小龙"的崛起;第三次国际产业转移发生在 20 世纪八九十年代,发达国家将劳动密集型产业转移到中国东部沿海地区,发达国家则集中力量发展知识密集型产业,推动了中国经济奇迹的出现。进入 21 世纪以来,劳动密集型产业从我国东部沿海地区进一步向中西部地区以及越南、印度等国家转移,东部沿海地区的产业结构则向技术、知识密集型产业升级,这是第三次国际产业转移的新发展。通过研究三次国际产业转移可以发现,前两次国际产业转移是产业间或产业内分工的表现,不同国家或地区之间转移的是某一产业或产品生产流程;第三次国际产业转移已经深入到产品工序层面,不同国家或地区之间转移的是某一产品的特定生产工序,产品内分工成为第三次国际产业转移的主要动因。[4]

在产品内分工背景下,跨国公司充分发掘各个地区的比较优势,把产品的不同生产工序分布到世界最具竞争优势的区域,越来越多的国家参与到特定产品的不同生产工序之中。这样,特定产品的生产流程被划分成若干个具有不同增值能力的生产环节,这些连续、可分割的增值环节共同构成了产品内分工价值链。[5]目前,世界范围内已经形成了以发达国家为龙头、跨国公司为载体的全球价值链(Global Value Chain,简称 GVC)。按照增值能力和要素密集度的不同,价值链有高端与低端环节之分。在工业各行业的全球价值链分布中,由于发达国家具备品牌、技术研发等领域的比较优势,因此发达国家的工业部门往往占据着增加值较高的价值链高端环节;与此相对应,发展中国家的比较优势体现在自然资源、廉价劳动力等领域,主要承担资源密集型和劳动密集型生产工序的分工任务,因此发展中国家的工业部门大多被限制在增加值较低的价值链低端环节。图 2展示的是某机械制造跨国企业的全球价值链分布。其中,增加值较高的研发设计、发动机制造、关键零部件制造等资金和技术密集环节,以及市场营销、售后服务等管理和信息密集环节主要布局在发达国家,增加值较低的一般零部件制造和整机组装等劳动密集型环节则主要布局在发展中国家。从图 2 中可以发现,价值链的不同增值环节构成了一条"微笑曲线"。

发展中国家通过参与全球价值链分工,不仅有助于国内经济增长,而且可以借鉴发达国家的先进管理经验和生产工艺,逐步实现价值链位置由低端向高端升级。改革开放以来,中国凭借劳动力、土地等生产要素成本低廉的优势,积极承接国际范围内的劳动密集型产业转移,创造了中国经济奇迹,成为第二次世界大战之后经济全球化的最大赢家之一。进入 21 世纪以来,中国东部沿海地区的劳动力、土地等生产要素成本不断提高,发展劳动密集型产业的优势日益削弱;与此同时,越南、印度等相对欠发达国家的要素价格优势不断凸显。在此背景下,中国东部沿海地区以低端要素参与全球价值链分工的局

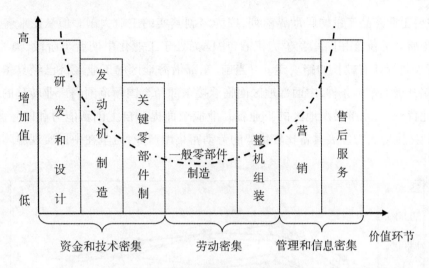

图2　某机械制造跨国企业的价值链分布

面难以持续,[6]亟须向价值链高端升级。价值链升级是一项复杂的系统工程,发达国家出于保护自身利益的考虑,会尽力将后发国家锁定在价值链低端环节。由于技术水平难以在短期内得到显著提高,中国参与全球价值链分工的低端锁定倾向日益明显,[7]这要求中国加快寻求价值链升级之道。刘志彪等、刘友金等、赵放等研究认为,中国在产业升级过程中应发挥大国优势,东部地区通过产业内迁和产业链延伸,能够在参与全球价值链分工的基础上着力构建国内价值链,这对于东部沿海地区的产业升级和区域经济协调发展具有重要意义。[4,8-9]从这一思路出发,我们认为在建设丝绸之路经济带过程中,相关国家应充分发挥合作基础良好、市场空间广阔和工业体系互补的优势,积极在丝绸之路经济带核心区乃至更大的空间范围构建工业价值链,这将有助于中亚及周边国家与中国形成紧密的工业分工关系,推动相关国家实现工业经济协同发展升级。

二、丝绸之路经济带核心区工业发展现状与问题

丝绸之路经济带核心区包括中国、中亚五国和俄罗斯,其中西北地区是丝绸之路经济带国内段的重点建设区域。我们对丝绸之路经济带核心区的工业发展现状及存在的问题进行分析,论证丝绸之路经济带核心区加强工业分工、促进工业经济协同发展的迫切性和现实可行性。

(一)丝绸之路经济带核心区工业发展现状

1. 中国(西北)工业发展现状。

改革开放以来,中国工业经济保持了持续快速增长,成为推动经济社会发展的强大引擎。到2011年,中国工业产值跃居世界第一位[10],制造业产值占全球比重达到20%

左右,主要工业产品产量均居世界前列,成为名副其实的工业大国。但从工业各行业在价值链中所处的位置和国际竞争力来看,中国尚处于工业化中期后半阶段,离"工业强国"的发展目标还有较长的路要走。[11] 当前,东部沿海地区的工业经济已经具备了向价值链高端升级的基本条件,中西部地区面临承接东部乃至国际范围内产业转移的良好机遇。在此背景下,东部沿海地区的工业各行业应全面提升自主创新能力和国际竞争力,中西部地区则应大力发展具备比较优势的劳动密集型产业,力争在中国实现雁阵式产业升级。[12]

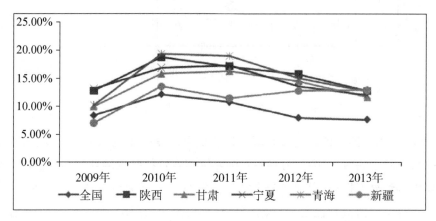

图 3 2009—2013 年西北五省区与全国工业增加值增速比较

数据来源:相关数据来源于全国和西北五省区历年国民经济和社会发展统计公报。

表 1 西北五省区工业经济发展状况

省份	支柱工业行业	2013 年规模以上工业增加值
陕西	能源化工、装备制造、有色冶金、食品、非金属矿物制品、医药制造、纺织服装、计算机和通信及其他电子设备制造	7258.56 亿元
甘肃	石化、有色、电力、冶金、食品、煤炭、装备制造	1931.37 亿元
宁夏	煤炭采掘与加工、有色金属冶炼	907.22 亿元
青海	新能源、新材料、盐湖化工、有色金属、油气化工、煤化工、装备制造、钢铁、轻工纺织、生物	1019.70 亿元
新疆	石油、煤炭、化工、电力、纺织、有色、钢铁、汽车、装备制造	2895.95 亿元

资料来源:相关数据来源于西北五省区 2013 年国民经济和社会发展统计公报。

西北地区是丝绸之路经济带国内段的重点建设区域,包括陕西、甘肃、宁夏、青海、新疆等五个省份。西部大开发战略实施以来,西北地区的工业发展驶入了快车道。2009—2013 年西北五省区的工业增速大都快于全国平均水平,成为拉动全国工业经济增长的重要力量(图3)。2013 年,西北五省区工业增加值达到 18151.91 亿元,形成了以能源化工、采矿、有色冶金、装备制造、煤炭、非金属矿物制品业、食品、电力等为代表的工业体系,其中能源化工对区域经济发展的带动作用最为明显。2013 年能源化工产业在陕、甘、新三省区工业总产值中占比均超过 30%,其中陕西高达 60.01%。表 1 展示了西北五省区的支柱工业行业及规模以上工业增加值增长情况。

2. 中亚五国工业发展现状。

中亚位于亚欧大陆腹地,毗邻中国西北地区,包括哈萨克斯坦、乌兹别克斯坦、土库曼斯坦、吉尔吉斯斯坦、塔吉克斯坦五国。自 1992 年相继独立以来,依托丰富的能源矿产资源,中亚五国工业经济均得到了恢复和发展(表 2)。分国别来看,哈萨克斯坦的主要工业行业为油气工业和煤炭工业;乌兹别克斯坦的主要工业行业为能源、机械制造、食品加工和有色金属;土库曼斯坦的主要工业行业为油气工业和棉毛纺织;吉尔吉斯斯坦的主要工业行业为采矿业、金属及非金属制品加工业;塔吉克斯坦的主要工业行业为采矿业、轻工业和建材工业。总体而言,丰富的油气等矿产资源对中亚经济社会发展起到了显著的带动作用,但该地区工业发展水平相对较低,工业化尚处于初级阶段。

表 2　中亚五国优势自然资源及工业发展状况

国家	优势自然资源	主要工业行业
哈萨克斯坦	油气:陆上石油探明储量为 48 亿~59 亿吨,天然气 3.5 万亿立方米;所属里海地区石油探明储量 80 亿吨,天然气可采储量超过 1 万亿立方米 煤炭:储量 1767 亿吨,占世界总储量 4%,居世界第 8 位 铀:占世界储量 25%,居世界第 2 位 金:占世界黄金储量 3%~4%,居世界第 8 位 锌:占世界总储量 9.5%,居世界第 4 位 铬:占世界储量的 1/3,居世界第 2 位	油气工业、煤炭工业
土库曼斯坦	天然气:远景储量为 22.8 万亿立方米,居世界第 3 位 碘和溴:储量占苏联 70%	能源、机械制造、食品加工、有色金属
吉尔吉斯斯坦	锑:产量居独联体第 1 位和世界第 3 位 锡:产量居独联体第 2 位 汞:产量居独联体第 2 位	油气工业、棉毛纺织工业
乌兹别克斯坦	油气:储量在中亚居第 2 位 铀:探明储量 5.5 万吨,居世界第 7 位 金:探明储量 2100 吨,居世界第 4 位 钼:储量居世界第 8 位 镉:开采量居世界第 3 位	采矿业、金属及非金属制品加工业
塔吉克斯坦	银:储量在中亚国家居第 1 位 锑:储量居中亚第 2 位 铅锌:储量居中亚第 1 位	采矿业、轻工业、建材工业

资料来源:陈正,蒋峥.中亚五国优势矿产资源分布及开发现状[N].中国国土资源报,2012 - 07 - 14.

3. 俄罗斯工业发展现状。

俄罗斯幅员辽阔,工业化水平较高,重工业实力雄厚2013年实现工业总产值7970亿美元,主要工业部门为燃料动力工业、冶金及机器制造工业、国防军事工业。燃料动力工业领域,俄罗斯石油和天然气储量丰富,2013年原油产量达到5.233亿吨,位居世界首位;全年油气(包括成品油)出口创汇达3556亿美元,占当年俄罗斯出口总收入的67.6%,经济发展高度依赖油气产品出口。此外,俄罗斯2013年出口煤炭1.429亿吨,发电量为10450亿千瓦时。

冶金工业是俄罗斯的传统工业部门,俄罗斯拥有丰富的铁矿,2013年生产钢铁近6900万吨,钢产量位居世界第五。钢铁行业目前在俄罗斯工业生产中占据10%的份额,占GDP的比重达到5%左右。

军事工业是俄罗斯近年来为数不多的取得巨大发展的部门之一。作为世界第二大军火出口国,2013年俄罗斯的武器出口交付额为157亿美元,出口面向中国、印度、印度尼西亚、委内瑞拉、阿尔及利亚和马来西亚等60个国家。其中,军用飞机占全部武器出口约40%的份额,防空系统所占份额超过25%。

(二)丝绸之路经济带核心区工业发展中存在的问题

从丝绸之路经济带核心区的工业经济发展现状来看,近年来相关国家的工业发展较为迅速,工业对经济社会发展的带动作用不断增强,从中国东部沿海地区到中西部地区再到中亚五国,工业经济发展水平呈明显的阶梯状分布。当前,丝绸之路经济带核心区相关国家的工业发展存在分工水平较低、资源环境压力加大等问题,具体体现在以下两个方面:

一方面,丝绸之路经济带核心区工业分工水平较低,相关国家产品同质化现象严重。在西部大开发战略的支持下,西北地区的工业有了较快发展,但西北地区的工业发展水平与东部地区相比仍有较大差距。西北地区以重工业为主,在重工业内部,矿产采掘业和原材料工业所占比重较大,这一重型工业结构决定了西北地区主要工业产品大多属于基础性的上游产品,产业链条短、加工程度低、产业辐射效应较差,工业行业大多处于价值链低端。中亚五国工业发展水平各有差异,除哈萨克斯坦的工业水平相对较高之外,其余国家的工业发展水平相对较低。中亚五国产业结构类似,没有形成优势与特色,产品同质化较为严重。俄罗斯重工业基础雄厚,但同样未与周边国家建立起有效的工业分工。总体来看,丝绸之路经济带核心区未形成有效的工业价值链,工业分工水平较低,产品同质化问题突出,这亟须在建设丝绸之路经济带过程中予以解决。

另一方面,丝绸之路经济带核心区工业发展面临的资源环境问题突出。丝绸之路经济带核心区地形复杂,自然灾害多发,生态环境极为脆弱。近年来,丝绸之路经济带核心区在工业发展过程中对生态环境的破坏较大,导致生态环境压力日益增加,不利于工经济的持续发展。以我国西北地区为例,这一区域的经济发展过度依赖重工业,高能耗、高污染、高排放的"三高"产业在经济结构中占有较高比重,使得工业发展所面临的资源环境问题日益突出。2012年,西部地区 GDP 总量占全国比重为 19.76%,但废气排放量占全国比重却高达 32.73%,高出 GDP 比重 12.97 个百分点;工业固体废物排放量占全国比重高达 33.36%,高出 GDP 比重 13.60 个百分点(表3)。此外,丝绸之路经济带核心区矿产资源较为富集,但在资源开发过程中,破坏性开发和掠夺性开发矿产资源的现象层出不穷,这使该地区相对脆弱的生态环境雪上加霜。在此背景下,丝绸之路经济带核心区今后应积极推动工业产业协同发展,在发挥各地比较优势的基础上降低资源消耗,减轻对生态环境的破坏,实现工业经济可持续发展。

表3　2012 年中国三大区域主要污染物排放占全国比重　　　　　单位/%

区域	GDP 所占比重	主要污染物排放		
		废气占比	废水占比	工业固体废物占比
东部	60.08	43.15	56.94	41.37
中部	20.17	24.12	23.19	25.27
西部	19.76	32.73	19.87	33.36

注:东部包括北京、天津、河北、辽宁、吉林、黑龙江、上海、江苏、浙江、福建、山东、广东、海南等 13 个省份;中部包括山西、安徽、江西、河南、湖北、湖南等 6 个省份;西部包括内蒙古、广西、重庆、四川、贵州、云南、西藏、陕西、甘肃、青海、宁夏、新疆等 12 个省份。

数据来源:依据《中国统计年鉴 2013》(中华人民共和国统计局编,中国统计出版社,2013 年版,第 272 - 278 页)相关数据整理。

三、丝绸之路经济带核心区构建工业价值链的条件及设想

在产品内分工背景下,地理因素对国际产业分工的影响力不断上升,[13] 区域内部的产业分工向价值链分工深化,[4] 构建区域工业价值链成为区域工业协同发展的必由之路。中国、俄罗斯和中亚五国的地域面积占亚欧大陆的五分之三,人口占世界接近四分之一,这一区域对世界经济发展举足轻重。在建设丝绸之路经济带过程中,相关国家通过积极构建工业价值链,不仅有助于区域工业协同转型升级,而且有助于带动亚欧大陆乃至世界经济可持续发展。

(一)丝绸之路经济带核心区构建工业价值链的条件

丝绸之路经济带核心区具备良好的合作基础、广阔的市场空间和层级互补的工业体系,这为丝绸之路经济带核心区构建工业价值链创造了基本条件。

第一,丝绸之路经济带核心区具备良好的合作基础。2001 年 6 月 15 日,中国、俄罗

斯、哈萨克斯坦、乌兹别克斯坦、吉尔吉斯斯坦、塔吉克斯坦在"上海五国"机制的基础上成立了上海合作组织,致力加强成员国之间的全方位合作,推动建立国际政治经济新秩序。通过双边和上海合作组织框架,近年来中国与俄罗斯、中亚五国之间的全方位合作日益密切,目前已与俄罗斯、哈萨克斯坦建立起全面战略合作伙伴关系,与乌兹别克斯坦、土库曼斯坦、吉尔吉斯斯坦、塔吉克斯坦建立起战略合作伙伴关系,这为中国与相关国家开展合作奠定了政治基础。在经济合作方面,中国与俄罗斯、中亚国家的经济互补性强,能源合作需求旺盛,近年来贸易投资额不断增加(图4),中国已成为俄罗斯、中亚国家最重要的贸易伙伴或投资来源国。在交通联系方面,第二条亚欧大陆桥正常运营,中哈第二条过境铁路投入使用,丝绸之路复兴项目、中吉乌铁路建设加快推进,中国与中亚及俄罗斯之间的交通联系日益密切。丝绸之路经济带核心区的良好合作基础,为相关国家加强工业分工提供了条件。[14-16]

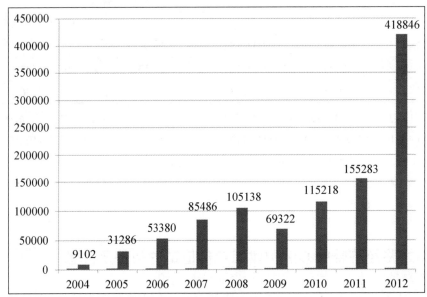

图4 2004—2012 年中国对俄罗斯和中亚五国的投资情况

资料来源:中华人民共和国商务部,中华人民共和国国家统计局,国家外汇管理局.2012 年度中国对外直接投资统计公报.北京:中国统计出版社,2013:34-38.

表4 丝绸之路经济带核心区的市场空间(2012 年)

国家或地区	面积/万 km²	人口/亿	GDP/万亿美元
中国	959.81	13.51	8.23
中亚五国	400.29	0.65	0.30
俄罗斯	1709.82	1.44	2.02
合计	3069.92	15.60	10.55

资料来源:人口和 GDP 数据来源于世界银行数据库;国土面积数据来源于世界银行 2009 年世界发展报告《重塑世界经济地理》附表(清华大学出版社,2009 年版,第 332-334 页)。

第二,丝绸之路经济带核心区具备广阔的市场空间。市场规模与分工专业化程度密切相关,市场规模的扩大有助于提升分工专业化水平。通过表4可以看出,包括中国、中亚五国、俄罗斯在内的丝绸之路经济带核心区地域面积为3069.92万平方千米,占世界陆地面积的20.61%;2012年人口规模15.60亿人,占全世界人口总量的22%;GDP总量为10.55万亿美元,占全世界经济总量的14.56%。丝绸之路经济带核心区的庞大市场规模可以为相关国家的工业企业提供规模经济效益,一方面有助于具有竞争优势的工业企业在区域范围内做大做强,提高应对国际竞争的能力;另一方面有助于充分利用广阔的市场空间来优化要素配置,加快丝绸之路经济带核心区工业价值链的形成。

第三,丝绸之路经济带核心区具备层级互补的工业体系。一般而言,只有不同国家或地区在工业产业特定产品的不同工序具备比较优势,才能通过构建工业价值链形成分工优势。丝绸之路经济带核心区涉及7个国家,这些国家的工业经济处于不同发展阶段,通过工业价值链跨区域重构,可以推动丝绸之路经济带的工业产业实现协同发展升级。具体而言,中国东部沿海地区已经具备了向技术和知识密集型产业升级的条件,劳动密集型产业则需要向外转移;中国中西部地区具备承接国际范围内劳动密集型、技术密集型产业的条件,而能源化工、钢铁、纺织等过剩产能则需要向外输出;中亚国家工业基础较为薄弱,但石油、天然气、金属矿产等资源丰富,面临发展能源化工产业和矿产加工业的机遇,同时可以承接部分劳动密集型产业;俄罗斯具备良好的重工业基础,一些工业行业处于价值链高端,可以为丝绸之路经济带核心区构建工业价值链提供技术支持。由此可见,丝绸之路经济带核心区具备构建工业价值链的产业互补基础。

(二)丝绸之路经济带核心区构建工业价值链的设想

基于丝绸之路经济带核心区良好的合作基础、广阔的市场空间和层级互补的工业体系,各相关经济体应充分发挥比较优势,积极构建以中国东部沿海地区为"龙头"、以中国中西部地区为"枢纽"、以中亚及俄罗斯为重要组成部分的丝绸之路经济带核心区工业价值链(图5)。在这一工业价值链中,各相关经济体对工业增值环节的定位立足于比较优势,使丝绸之路经济带核心区的工业产业具备可持续发展的现实基础,通过错位发展和互补发展,可以逐步实现工业经济协同发展升级。

具体设想如下:中国东部沿海地区应向外转移劳动密集型生产工序,积极发展技术、知识密集型生产工序,争当丝绸之路经济带工业价值链的"链主",发挥"龙头"引领作用;中国中西部地区应向外转移过剩的能源化工、钢铁、纺织等过剩产能,积极承接中国东部沿海地区转移出的劳动密集型生产工序,同时承接国际范围内转移出的技术、知识和资本密集型生产工序,争当丝绸之路经济带工业价值链的"枢纽";中亚各国的工业基础相对薄弱,应积极承接中国转移出的部分劳动密集型生产工序,同时大力发展资源开采及初加工、能源化工、棉毛纺织等工业产业,充分发挥自然资源尤其是油气资源富集的

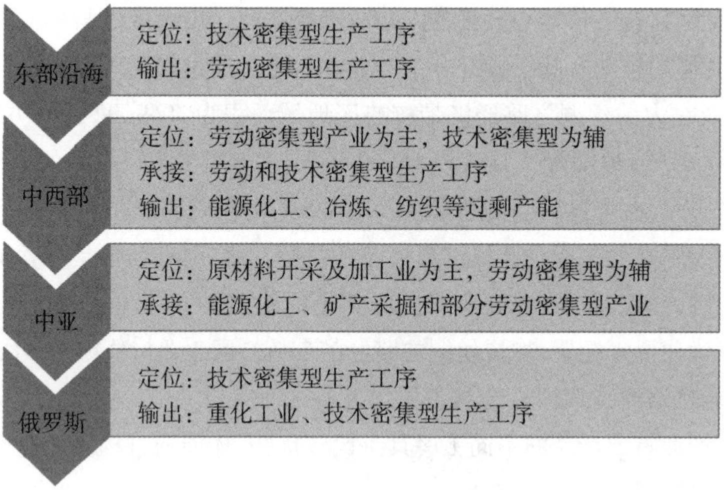

图5　丝绸之路经济带核心区工业价值链示意图

比较优势,提升工业经济发展水平;俄罗斯应为丝绸之路核心区工业价值链的构建提供技术支持,大力发展技术密集型生产工序,输出部分重化工业和技术密集型生产工序,与中亚国家共同作为重要组成部分全面融入丝绸之路经济带工业价值链。随着丝绸之路经济带核心区工业价值链的形成,各相关经济体的工业分工和经济联系将更为紧密,逐步建成利益共同体和命运共同体。

【参考文献】

[1] 白永秀,王颂吉.丝绸之路经济带的纵深背景与地缘战略[J].改革,2014(3):64－73.

[2] 马莉莉.香港之路——产品内分工视角下的世界城市发展[M].北京:人民出版社,2011.

[3] 卢锋.产品内分工[J].经济学季刊,2004(1):55－82.

[4] 刘友金,胡黎明.产品内分工、价值链重组与产业转移——兼论产业转移过程中的大国战略[J].中国软科学,2011(3):149－159.

[5] 唐海燕,张会清.产品内国际分工与发展中国家的价值链提升[J].经济研究,2009(9):81－93.

[6] 刘志彪.基于内需的经济全球化:中国分享第二波全球化红利的战略选择[J].南京大学学报(哲学·人文科学社会科学版),2012(2):51－60.

[7] 国家发展和改革委员会.产业经济与技术经济研究所中国产业发展报告(2013—2014)——我国工业发展的阶段性变化研究[M].北京:经济管理出版社,2014.

[8] 刘志彪,张少军.中国地区差距及其纠偏:全球价值链和国内价值链的视角[J].学术月刊,2008(5):49－55.

[9] 赵放,曾国屏.全球价值链与国内价值链并行条件下产业升级的联动效应——以深圳产业升级为案例[J].中国软科学,2014(11):50－59.

[10] 江飞涛,武鹏,李晓萍.中国工业经济增长动力机制转换[J].中国工业经济,2014(5):5－17.

[11] 黄群慧.中国的工业大国国情与工业强国战略[J].中国工业经济,2012(3):5－16.

[12] 蔡昉,王德文,曲玥.中国产业升级的大国雁阵模型分析[J].经济研究,2009(9):4－14.

[13] 徐康宁,王剑.要素禀赋、地理因素与新国际分工[J].中国社会科学,2006(6):65－79.

[14] 白永秀,王颂吉.丝绸之路经济带:中国走向世界的战略走廊[J].西北大学学报(哲学社会科学版),2014(4):32－39.

[15] 卫玲,戴江伟.丝绸之路经济带:超越地理空间的内涵识别及其当代解读[J].兰州大学学报(社会科学版),2014(1):31－39.

[16] 王颂吉,白永秀.丝绸之路经济带建设与西部城镇化发展升级[J].宁夏社会科学,2015(1):51－59.

(原刊于《西北大学学报(哲学社会科学版)》2015年5月第45卷第3期)

丝绸之路经济带产业一体化:问题、障碍与对策[*]

高 煜

【摘　要】　在丝绸之路经济带的核心区中,我国与中亚各国在产业联系与合作中存在规模偏低、结构单一、区域失衡、方式低端等突出问题。导致当前我国与中亚各国产业联系与合作初级化、低端化的原因在于,推进我国与中亚各国产业联系与合作深化与升级存在诸多障碍,包括既有产业分工格局导致区域产业发展指向分离化,集聚优势缺失导致新型区域产业分工基础弱化,交易费用高昂导致产业一体化成本攀升等。因此,应当采取多种措施持续推动我国与中亚各国产业联系与合作的深化与升级,并最终实现丝绸之路经济带核心区的产业一体化。

【关键词】　丝绸之路经济带;产业一体化;区域;产业合作

习近平主席提出的丝绸之路经济带建设是我国一项重大的战略任务和目标。其中,区域经济合作是丝绸之路经济带的核心内涵,以产业一体化为标志的区域产业合作就成为丝绸之路经济带建设的重要内容和核心环节。丝绸之路经济带包括核心区——中亚经济带、重要区——环中亚经济带以及拓展区——亚欧经济带,[1]"在地理上以中亚、南亚、西亚和欧亚为指向,而中亚无疑首当其冲"。[2]因此,本文重点研究丝绸之路经济带建设中我国和中亚各国产业合作与一体化的问题、障碍与对策。

一、我国与中亚各国产业联系与合作的现存问题

中亚各国自 1991 年相继独立以来,经济发展经历了缓慢回升、骤降、持续稳定回升以及增长的历程。21 世纪以来,中亚各国经济纷纷走出低谷,开始恢复性增长。[3]随着中亚各国经济的恢复,我国与中亚各国的经济联系日益密切。2002—2012 年,我国和中亚五国双边贸易总额年均增速达 36.4%,显著高于我国对外贸易总额年平均增速。2012

＊　作者简介:高煜(1973—),男,陕西白水人,西北大学经济管理学院教授,博士生导师,数理经济与统计学系副主任,研究方向为产业经济学。

年,我国和中亚五国的双边贸易总额合计高达 459.43 亿美元。[4]但是,在我国与中亚各国的经济联系中,产业联系与合作一直处于低端水平,存在诸多问题。

(一)产业联系规模偏低

我国与中亚五国产业联系与合作的规模总体偏低,体现在对外贸易和对外投资两个方面。

从表 1 中可以看出,虽然我国与中亚各国贸易增长迅速,但是由于基数较低,其在我国对外贸易中的比重仍然很小,体现出我国与中亚各国的产业联系的规模在我国整体对外经济发展中的份额仍然很少。

表 1   我国对中亚五国贸易情况及比重

年份	对中亚五国的贸易总额/亿美元	增速/%	对外贸易总额/亿美元	增速/%	对中亚五国的贸易占对外贸易比重/%
2004	58.43	43.39	11545.54	35.70	0.51
2005	87.27	49.36	14219.06	23.20	0.61
2006	120.58	38.17	17604.39	23.80	0.68
2007	196.62	63.06	21765.72	23.60	0.90
2008	308.23	56.76	25632.60	17.80	1.20
2009	237.44	−22.97	22075.35	−13.90	1.08
2010	301.34	26.91	29740.01	34.70	1.01
2011	396.51	31.58	36418.64	22.50	1.09
2012	459.48	15.88	38670.75	6.20	1.19

资料来源:"对中亚五国的贸易总额"一项数据引自袁丽君、高志刚,《依托"跨国丝绸之路"加强区域经济合作》,《开发研究》2014 年第 1 期,增速由笔者计算;"对外贸易总额"及其增速来源于国家商务部网站 http://zhs. mofcom. gov. cn/article/cbw/201304/20130400107526. shtml;"对中亚五国的贸易占对外贸易比重"一项由笔者计算。

从表 2 中可以看出,在对外投资中,我国对于中亚各国的投资,虽然整体处于增长状态,但是波动较大,而且在我国对外投资中所占份额仍然较小,突出体现出我国对中亚各国产业联系与合作的基础仍不稳定,且在我国整体对外经济发展中的份额仍然很少。

表2　我国对中亚五国直接投资及比重

年份	对中亚五国投资/万美元	增速/%	对外投资/万美元	增速/%	对中亚五国投资占对外投资比重/%
2003	610	—	285465	—	0.21
2004	1371	124.75	549799	92.60	0.25
2005	10953	698.91	1226117	123.01	0.89
2006	8165	−25.45	1763397	43.82	0.46
2007	37725	362.03	2650609	50.31	1.42
2008	65615	73.93	5590717	110.92	1.17
2009	34500	−47.42	5652899	1.11	0.61
2010	57983	68.07	6881131	21.73	0.84
2011	45398	−21.70	7465404	8.49	0.61
2012	337705	643.88	8780353	17.61	3.85

资料来源:"对中亚五国投资"一项引自李悦、杨殿中,《中国对中亚五国直接投资的现状、存在的问题及对策建议》,《经济研究参考》2014年第21期;"对外投资"一项引自中国统计年鉴2005—2013年各年;"增速"和"对中亚五国的投资占对外投资比重"一项目由笔者计算。

(二)产业联系结构单一

我国与中亚各国产业联系的结构十分单一,具体在我国与中亚五国的主要贸易商品中有所体现。

表3　2013年我国与中亚五国贸易额及主要贸易商品

国家	贸易额/亿美元	贸易额占中亚五国比重/%	从我国进口的商品	向我国出口的商品
哈萨克斯坦	285.00	67.86	机电产品、贱金属及其制品、运输设备及橡胶	矿产品、石油、粮食
乌兹别克斯坦	45.32	10.79	推土机、筑路机、平地机、铲运机、空调、钢制品、电机、电器、音响设备及其附属零件	天然气、棉花、天然铀
土库曼斯坦	14.35	3.42	机械设备、运输工具	天然气
塔吉克斯坦	19.59	4.66	机电、机械设备、建筑材料以及纺织等各类用品	矿产品、棉花、生皮及皮革等
吉尔吉斯斯坦	55.74	13.27	机械设备、服装、贱金属及其制品	黄金

资料来源:中国驻外使馆经济商务参赞处。转引自王冕,《中国与中亚五国经贸合作探析》,《对外经贸》2014第5期。其中,贸易额占比为笔者计算。

从表3中可以看到,我国对中亚各国出口的商品以工业制成品为主要类型,包括机电产品、金属及其制品、运输设备、机械设备、家电、建筑材料、纺织服装等,而中亚各国向我国出口的商品更为单一,主要以能源、矿产品和棉花、黄金等为主。因此,从中可以看出我国和中亚各国的产业联系,仅局限于上述一般制造业、机械制造业和能源产业等劳动密集型与资源类产业,高端制造业、信息产业、新材料、新能源等资本密集型,与高新技术产业、金融、法律、研究与开发、通信、文化艺术等现代服务业的产业联系严重欠缺,因而产业联系覆盖范围十分有限,结构极为单一。

同时,在产业投资方面,我国对中亚各国投资也主要以资源类产业为主。以我国在中亚投资最多的哈萨克斯坦为例,根据哈萨克斯坦中央银行最新统计数据称,截至2013年6月,我国在哈萨克斯坦投资存量中2/3以上流向采矿业,其他主要流向建筑、金融、房地产、商务等行业,流入制造业的规模很小。[4]因此,从产业投资方面也突出地表现出我国与中亚各国在产业联系方面的结构严重单一化。

(三)产业联系区域失衡

我国和中亚各国产业联系在区域分布上呈现较明显的失衡现象,主要表现在两个方面。

一是我国与中亚的产业联系在各国间差异十分显著。2013年,哈萨克斯坦作为我国在中亚最大的贸易伙伴国,贸易额占中亚五国与我国贸易总额的67.86%,吉尔吉斯斯坦占13.27%,乌兹别克斯坦占10.79%,我国与塔吉克斯坦和土库曼斯坦的贸易额较低,分别占4.66%和3.42%。同时,我国与中亚的产业投资在各国间也有显著差异(表4)。

表4　我国对中亚五国直接投资存量的国别分布比重　　　　　单位/%

年份	哈萨克斯坦	吉尔吉斯斯坦	塔吉克斯坦	土库曼斯坦	乌兹别克斯坦
2003	44.70	35.81	11.61	0.45	7.42
2004	35.39	27.51	30.77	0.29	6.04
2005	75.40	13.85	7.01	0.06	3.68
2006	61.88	27.95	6.78	0.04	3.35
2007	69.24	15.86	11.24	0.16	3.50
2008	72.21	7.56	11.70	4.54	4.00
2009	67.21	12.58	7.22	9.22	3.78
2010	54.51	13.51	6.57	22.57	2.84
2011	70.87	13.02	5.37	6.86	3.88
2012	79.90	8.46	6.09	3.68	1.78

资料来源:李悦、杨殿中,《中国对中亚五国直接投资的现状、存在的问题及对策建议》,《经济研究参考》2014年第21期。

从表4中的产业投资可以看出,我国与中亚各国在产业联系上存在显著的国别差异,我国对哈萨克斯坦的产业投资比重较大且稳定,而对其他国家的产业投资比重较小且波动加大。

二是我国各省区与中亚的产业联系严重失衡。在我国,与中亚各国经贸交流最密切的省区是新疆。2011年和2012年,新疆对中亚五国贸易总额分别为169.84亿美元和175.83亿美元,占我国对中亚五国贸易总额的比重分别为42.83%和38.27%。① 从中可以看出,我国各省区与中亚的产业联系严重失衡。

(四)产业联系方式低端

我国与中亚各国产业联系的方式呈现低端化特征。以我国与中亚各国经贸联系最密切的省区新疆为例,虽然近年来逐步形成了以边境贸易为主,一般贸易、加工贸易、补偿贸易、易货贸易、旅游贸易、转口贸易等多种方式并存的格局。但其中,边境贸易仍然是最重要的方式。② 据海关统计,2012年新疆的边境小额贸易额为130亿美元,占外贸总额的51.6%,一般贸易进出口额为84.5亿美元,占进出口总额的33.6%。[5]

从以上诸多问题可以看出,我国与中亚各国产业联系与合作的主要方式是以进口中亚国家能源、矿产、农产品等资源类产品和初级产品,向中亚国家出口劳动密集型工业制成品与一般机械工业产品等为主,同时主要投资于中亚国家的能源、资源类产业,强化能源、资源类产品贸易,双方产业联系与合作的范围狭窄,规模有限,增长波动性较大,产业联系与合作水平较低。从本质上看,我国与中亚各国的产业联系与合作属于基于资源享赋和劳动生产率差异的产业间分工,更高水平的基于规模经济和产品差别化的产业内分工和基于生产纵向分解的产品内分工尚未形成。因此,我国与中亚国家产业联系与合作尚处于以特定产业为主要对象,以产品贸易为主要方式,以产业间分工为内涵,以内部市场为指向的产业联系与合作的初级化、低端化阶段。

二、推进我国与中亚各国产业联系与合作深化与升级的障碍

导致当前我国与中亚各国产业联系与合作初级化、低端化的原因除了中亚国家的"逆一体化"倾向性等复杂的战略、政治、社会等因素外,在经济方面,还存在着阻碍我国与中亚各国产业联系与合作深化及升级的诸多障碍。

---

① "新疆对中亚五国的贸易总额"一项根据赵萍《新疆与中亚贸易合作的新机遇新问题与对策》,《现代经济信息》2014年第1期的数据计算,"我国对中亚五国的贸易总额"一项见表3"新疆占我国对中亚五国的贸易总额比重"一项由笔者计算。

② 具体数据参见朱金鹤、崔登峰《新疆与中亚五国对外贸易:优势、障碍与对策研究,《新疆农垦经济》2010年第12期。

(一)障碍一:既有产业分工格局导致区域产业发展指向分离化

在新中国成立之后的计划经济时期,我国产业发展长期采取重工业优先,区域均衡的内向型发展方式。20世纪90年代中后期以来,我国产业发展经历了由计划向市场,由内向型向外向型的重大转变。在生产纵向分解和全球生产网络构建的大背景下,东部沿海地区凭借优越的初始享赋条件及基于FDI的出口导向的工业化战略条件,大量吸收FDI,以国际代工的外包方式嵌入全球价值链,实现了产业的迅速发展,建立了"加工贸易型"国际代工模式的产业发展方式。在东部地区产业发展方式转变的推动下,我国区域产业分工格局发生了重大转变,由计划经济时区域产业体系均衡发展转变为区域产业体系非均衡发展,即能源和资源从中西部地区大量运输到东部地区,机器设备和部分零部件、原材料从国外进口到东部地区,东部地区进行生产/加工/装配,产品再以贴牌方式出口国外。在目前这种区域产业分工格局下,西部地区向东部地区加工制造业提供能源、资源、劳动力等,东部地区加工制造业则指向欧美发达国家市场。

而中亚各国,在国家独立之前,其产业体系的建立基本按照在苏联体系下为俄罗斯等配套发展的目标进行,因而能源产业、资源产业等实力突出。在国家独立之后,正寻求产业多元化、高端发展途径。

因此,从以上可以看出,在各自现有的产业分工格局下,我国东、西部产业发展的重点指向欧美发达国家市场,而中亚各国处于为俄罗斯配套的发展指向转变过程中,因而双方产业发展指向分离化特征十分显著。因此,既有产业分工格局导致区域产业发展指向分离化是导致当前我国与中亚各国产业联系与合作初级化、低端化的根本原因。

(二)障碍二:集聚优势缺失导致新型区域产业分工基础弱化

我国和中亚各国产业联系与合作深化及升级的根本方向在于改变当前产业分工的局面,建立新型产业分工体系。但是在经济发展水平、收入水平、产业发展水平差异巨大的情况下,以规模经济和产品差别化为基础的产业内分工将遇到巨大障碍。因此,在生产纵向非一体化的全球产业发展大背景下,寻求以产业集聚为形式,以产品内分工为内涵的区域产业分工新方式就成为我国和中亚各国产业联系与合作深化、升级的选择与方向。

然而,集聚优势缺失导致新型区域产业分工基础弱化。从以资源禀赋和劳动生产差异为内涵的比较优势向包含产品竞争优势、企业竞争优势、产业竞争优势和国家竞争优势为内涵的竞争优势转变,[7]对于特定区域而言,通过产业集聚获取集聚优势是一条重要途径。马歇尔(1920)指出了产业集聚外部性优势,即劳动市场共享,中间产品供给以及技术外溢。其中,劳动市场共享优势是指产业集聚有助于专业技术工人公共市场的形成,有利于劳动力共享,降低企业劳动力成本。中间产品供给优势是指产业集聚有助于促进专业化中间产品供应商的形成,特别是在不可贸易的特殊投入品的供给方面,有助于降低企业中间产品成本。技术外溢优势是指产业集聚中独特的非正式信息扩散方式有助于知识和技术的外溢,降低企业知识技术成本。

然而由于多种原因,上述集聚优势获取的条件在中亚地区受到极大限制。在劳动市场共享方面,中亚国家注重提高本国员工在外资企业的就业比重。例如,哈萨克斯坦的《资源法》《劳动法典》等都规定"执行合同过程中雇用本地不同等级员工与外国员工的比例",外企中本地员工比率不低于95%,并对引进外国劳务提出受教育水平、工龄和工作经验等要求,且劳务许可证审批手续繁杂。乌兹别克斯坦、土库曼斯坦也都有类似规定。中方企业在当地的劳动用工问题逐渐凸显。最为突出的是,受对方制约,中方企业难以保证全员在岗,一般情况下在岗率多则为50%,少则为1%~2%,大大抵消了劳动市场共享优势。[8]在中间产品供给优势方面,受苏联时代国民经济区域布局的影响,中亚五国缺乏综合完整的产业结构,加工工业的发展严重滞后,无法形成较为完善的产业配套,因而难以获得中间产品供给优势。在技术外溢方面,中亚国家总体科学技术水平有限,技术吸收、利用等的能力严重制约了技术外溢优势的发挥。集聚优势的缺失,使得我国与中亚各国新型产业分工的基础被大大弱化。

(三)障碍三:交易费用高昂导致产业一体化的成本攀升

东道国交易费用水平直接影响区域产业一体化的成本。中亚各国交易费用高昂主要体现在三个方面。

一是基础设施建设落后导致交通运输、物流成本等交易费用高昂。中亚各国基础设施较为落后,由于地形多山,交通设施以公路为主,且建设难度大,各国境内基本没有高速公路,通信、互联网体系仍不够发达,部分国家和地区存在严重电力短缺。[4]虽然中亚各国在一些基础设施建设方面存在较大差异,例如哈萨克斯坦作为传统的中亚地区交通枢纽,铁路相对发达,塔吉克斯坦和吉尔吉斯斯坦公路运输相对发达,乌兹别克斯坦航空业相对发达等,但是总体而言,在包含交通运输、通信、互联网、电力等在内的基础设施建设方面,中亚各国水平有限,①这大大增加了产业发展的交易成本。例如,在进口成本中,塔吉克斯坦、乌兹别克斯坦、哈萨克斯坦、吉尔吉斯斯坦每一标准集装箱进口成本分别高达4500美元、4050美元、2780美元、2450美元,而我国仅为430美元,中亚各国的进口成本是我国的5~10倍。[9]

二是法律制度、市场制度、政策法规不完善导致交易费用高昂。中亚各国市场经济体制尚未完全确立,各项法律、法规不完善且变化频繁,对外经济政策调整频繁,缺乏连

---

① 中亚四国基础设施具体情况参见李悦、杨殿中《中亚四国公共服务环境比较研究》,《东北财经大学学报》2014年第2期。

贯性和稳定性。[10]在贸易立法、管理体制、投资环境、金融服务、法律保障、政府管理等方面还存在诸多不符合市场经济要求和国际惯例的障碍和问题,[11]一些针对国际合作与开发的文件约束性不强,缺乏有效的监督管理机制和仲裁解决机制,协议落实难度大,影响了区域经济合作。[12]

三是政府运行效率较低导致的公共服务质量的交易费用高昂。在公共服务方面,中亚各国普遍存在企业注册、办理签证、劳务许可申请程序复杂等问题。[13]平均进口时间是我国的3~4倍。[9]同时,中亚各国金融体系发展相对滞后,外资企业在当地融资面临较大困难,且换汇程序复杂,效率低。[4]《2012年全球商业环境报告》显示,哈萨克斯坦、吉尔吉斯斯坦、塔吉克斯坦、乌兹别克斯坦的商业环境在全球183个国家中分列第47位、第70位、第147位和第166位。[14]因此,较高的交易费用成为制约我国与中亚各国产业联系与合作的重要障碍。

三、丝绸之路经济带产业一体化的发展方向与对策

丝绸之路经济带建设的目标是推动和形成高水平和高层次的区域经济合作,并在此基础上实现区域内经济发展水平的整体提升。区域产业合作与发展作为区域经济合作的重要内容对于推动区域贸易、投资、金融、科技、文化等的合作与发展具有重要的作用。因此,丝绸之路经济带建设中,我国与中亚各国产业联系与合作的方向应当是在现有基础上,持续推动产业联系与合作的深化与升级,并最终实现丝绸之路经济带核心区的产业一体化,即以集聚优势为途径,实现从比较优势向竞争优势的转化;从贸易一体化、投资一体化、金融一体化向以生产一体化,设计、研发一体化,市场一体化为核心的产业一体化转化;从制造业一体化向制造业、服务业、流通业等多种产业一体化转变。为了实现丝绸之路经济带产业一体化的发展目标,必须从多方面采取相关对策和措施。

(一)以产品内分工为基础,构建新型区域产业分工体系

实现丝绸之路经济带核心区产业一体化的关键在于以价值链为纽带,构建以产品内分工为基础的新型区域产业分工体系,其核心在于构建涵盖我国东部地区、西部地区和中亚各国的新型国际价值链,其关键在于我国企业对于构建新型国际价值链的主导和中亚各国的广泛参与与租金分享。因此,必须采取有效方法培育和提升我国企业主导构建新型国际价值链的能力。我国企业应当在深化和提升嵌入全球生产体系的过程中,专注提升自身研究与开发、设计、高端制造、营销渠道建设、品牌发展等多方面的能力,以流程升级和产品升级为基础,培育自身功能升级和部门间升级所需的研发能力、技术能力、品牌能力、营销能力、关系能力、治理能力等,为主导构建新型国际价值链奠定基础。同时,在新型国际价值链构建中,注重形成新型价值链参与和租金共享方式。

（二）创新合作方式，开拓产业一体化多元领域

在制造业一体化的同时，创新合作方式，积极开拓与中亚各国产业一体化多元领域，实现制造业一体化和多种产业一体化的共同促进，协同发展。采取贸易合作、科技合作、技术贸易合作、劳务合作、资源开发合作等多种合作形式，积极开展与中亚各国的商品、投资、加工、服务、对外援助、工程承包、合作研发等多元化方式，延伸和拓展合作领域，不断创新合作方式，构建多成分、多层次、多形式、多渠道、全方位的产业合作模式，将产业合作由单一合作方式向多元合作方式提升，由产品合作向产业合作提升，由第二产业合作向服务业合作和新型产业合作提升，不断开拓产业一体化多元领域。

一是在能源产业中，一方面提升以油气资源开发为主要内容的传统能源产业合作方式，由传统的产品贸易合作向新技术合作研发等新型合作领域提升；另一方面，积极拓展风能、太阳能等新型能源产业的合作领域。二是在农业产业中，不断创新合作方式，拓展包括绿洲节水灌溉、农产品加工合作等在内的合作领域，尤其注重现代新型农业的合作发展，包括农产品新品种培育和研发，现代观光旅游农业开发等。三在是现代生产者服务业中，与中亚各国积极开展高技术研发与产业化开发，创业投资，区域国际金融中心建设，新一代通信技术应用与运营，互联网建设，国际法律、会计、商务咨询，劳动力培训等方面的合作。四是在文化、卫生、体育产业方面，积极开展跨境旅游、国际文艺演出、电影制作与发行、图书出版发行、医疗卫生合作、国际体育赛事等方面的合作；五是在生态环保产业方面，积极开展沙漠治理、生态环境保护、生态环保技术开发等方面的合作。

（三）强化政府推动与发挥市场基础作用有效结合

在国家层面，应当依托地缘优势，加强国家层面的顶层设计和外交推动，推进贸易与投资的便利化，创新区域合作模式与机制，实施能源大通道建设战略、贸易便利化战略、投资便利化战略、区域经济合作战略、产业转移与产品提升战略、边境自由贸易区战略等，加快建设边境自由贸易区，努力建设双边自由贸易区，[15]同时大力提高跨国和国内跨省区铁路、公路、航空、电力等大型基础设施建设力度，为产业一体化创造基础条件。积极推动在我国西部地区以及中亚各国建设丝绸之路经济带产业开发区，鼓励和吸引各国企业投资建设，并给予多种政策支持，建立丝绸之路经济带产业开发区绿色通道，提高开发区政府效率和公共服务质量，提高我国西部地区和中亚各国产业配套能力。

在地方政府层面，应当不断完善市场机制，大力培育市场主体，转变政府职能，减少审批壁垒，提供基础条件、政策和法律环境，释放市场活力，发挥民间产业的创造性和灵活性，推动丝绸之路经济带产业一体化建设。[16]

（四）不断完善产业一体化的贸易、金融、投资等的配套措施

在贸易领域，加大国内对中亚各国出口口岸建设，扩大对中亚各国的开放力度。加

快推进和中亚各国在海关管理、检验检疫、签证颁发、资格互认以及边境贸易管理等领域的制度性合作,在此基础上逐渐降低各类关税和非关税壁垒,实现自由贸易区建设目标。[4]

在金融领域,充分发挥开发性金融合作机制的作用,由我国和中亚各国联合出资组建开发性国际金融机构,并联合亚洲开发银行、世界银等国际金融机构,支持中亚各国的基础设施建设。[4]建立与中亚各国的多边清算体系,鼓励我国银行加强与中亚各国金融机构的合作和创新双边国际支付结算工具等。[6]

在投资领域,为在中亚各国直接投资的我国企业提供财政支持。包括引导和支持中央企业对中亚各国开展投资;设立"中亚开发基金",支持我国企业对中亚各国的投资合作;鼓励地方政府设立中小企业发展专项资金,支持对中亚各国的直接投资。鼓励对中亚各国直接投资所带动的进出口贸易。包括鼓励国内企业到中亚各国生产并返销国内的经济活动;支持母公司向中亚各国分支机构销售产品的经济活动等。加强对在中亚各国投资的我国企业的金融支持力度。包括加强国内金融机构对在中亚各国直接投资的我国企业的融资支持力;鼓励在中亚各国直接投资的我国企业充分利用境外金融资源等。[17]

【参考文献】

[1] 胡鞍钢,马伟,鄢一龙."丝绸之路经济带":战略内涵、定位和实现路径[J].新疆师范大学学报(哲学社会科学版),2014(2):1-10.

[2] 赵华胜."丝绸之路经济带"的关注点及切入点[J].新疆师范大学学报(哲学社会科学版),2014(3):27-35.

[3] 王海燕.上海合作组织框架下的中亚区域经济合作[J].新疆师范大学学报(哲学社会科学版),2008(2):76-83.

[4] 李大伟.我国和中亚五国经贸合作现状、问题与对策[J].宏观经济管理,2014(1):56-58.

[5] 赵萍.新疆与中亚贸易合作的新机遇、新问题与对策[J].现代经济信息,2014(1):128-129.

[6] 李金叶,舒鑫."丝绸之路经济带"构建中新疆经济定位的相关思考[J].新疆大学学报(哲学人文社会科学版),2013(6):18-22.

[7] 李晓钟.从比较优势到竞争优势——理论与实证研究[M].杭州:浙江大学出版社,2004.

[8] 李琪.中国与中亚创新合作模式、共建"丝绸之路经济带"的地缘战略意涵和实践[J].陕西师范大学学报(哲学社会科学版),2014(4):5-15.

[9] 胡颖.中亚国家贸易便利化发展及其评价[J].新疆财经,2009(2):55-60.

[10] 刘浪琴.新疆与中亚各国区域经济合作研究[D].长沙:中南民族大学,2009.

[11] 朱金鹤,崔登峰.新疆与中亚五国对外贸易:优势、障碍与对策研究[J].新疆农垦经济,2010(12):35-40.

[12] 袁丽君,高志刚.依托"跨国丝绸之路"加强区域经济合作[J].开发研究,2014(1):55-58.

[13] 胡颖.新疆与中亚国家贸易便利化发展的探讨[J].对外经贸实务,2011(9):30-32.

［14］ 李悦,杨殿中. 中国对中亚五国直接投资的现状、存在的问题及对策建议［J］. 经济研究参考,
2014(21):62 - 75.

［15］ 高志刚. "丝绸之路经济带"框架下中国(新疆)与周边国家能源与贸易互联互通研究构想［J］.
开发研究,2014(1):46 - 50.

［16］ 秦重庆,王东. "丝绸之路经济带"框架下的财政支出、空间溢出和全要素生产率——基于8省区
而板数据的实证检验［J］. 开发研究,2014(2):50 - 54.

［17］ 李悦,杨殿中. 中亚四国公共服务环境比较研究［J］. 东北财经大学学报,2014(2):32 - 36.

（原刊于《开发研究》2015 年第 3 期）

丝绸之路经济带背景下西安迈向
国际城市的路径选择

卫 玲 戴江伟

【摘 要】 丝绸之路经济带是西安建设国际城市的时代背景,也为西安提供了历史机遇。通过与区域内中心城市以及代表性国际城市进行比较,发现西安建设国际城市面临诸多障碍,不仅与有代表性国际城市的差距较大,还面临来自区域内其他城市的激烈竞争。西安需要在建设丝绸之路经济带的背景下选择适合的国际化路径,即以丝绸之路经济带为空间依托,打造中国内陆型改革开放新高地,进而成为丝绸之路经济带的创新策源地、文化交汇地和信息传播中心。

【关键词】 丝绸之路经济带;西安;国际城市;创新策源地

自丝绸之路经济带成为国家级的重要战略构想以来,包括西安在内的西部中心城市均提出了相应的目标和规划,都在积极争取成为丝绸之路经济带的核心城市。2015 年两会期间,更有消息称国家级"一带一路"合作平台将落户西安。[1] 国务院于 2015 年 3 月 28 日授权发布的《推动共建丝绸之路经济带和 21 世纪海上丝绸之路的愿景与行动》中,明确提出要加强丝绸之路经济带沿线中心城市的核心影响力,推进丝绸之路经济带沿线中心城市的建设。丝绸之路经济带作为中国向西开放的重要战略布局,沿线城市积极参与国际合作、加入国际分工体系是丝绸之路经济带建设的题中之意,而早在 2009 年出台的《关中—天水经济区发展规划》中就提出建设西安国际化大都市的目标,丝绸之路经济带建设为西安走向国际城市提供了前所未有的历史机遇。然而,就现实而言,西安与国际大都市的目标还存在较大的差距,鉴于此,需要在建设丝绸之路经济带的背景下重新思考西安建设国际大都市,打造内陆型改革开放新高地的定位和路径选择。

一、问题的提出与相关文献综述

(一)国际城市理论及其研究进展

国内文献基本上借鉴了国外关于"国际城市"的概念,《伦敦新闻画报》于 1886 年用

"国际城市"一词来形容利物浦这类不合比例地左右全球商业态势的城市。总体上,有关"国际城市"内涵的代表性观点有两类:一是以 Friedmann 和 Saskia Sassen 为代表的学者主要基于等级体系的视角界定国际城市的内涵,Peter Hall 认为国际城市首先是现代化的一流国际大都市,是政治、贸易、金融、人才、信息、财富和服务中心,国际城市还应该包括城市区域,强调影响全球的、综合的城市功能。[2] Friedmann 以其构建的"核心—边缘"理论为基础提出"国际城市假说",认为国际城市处于全球城市体系的最高层级,通过集聚和扩散全球资本,整合和控制全球生产和市场,从国际分工的角度认为世界城市是全球金融、技术和市场中心。[3] 荷裔美籍学者 Saskia Sassen 首创"全球城市"(Global City)概念:具有高度集中的生产者服务业和管理、协调全球经济的战略能力的控制中心、服务中心、金融中心、创新中心和消费中心,[4] 与 Friedmann 不同,Sassen 特别强调生产者服务业的重要性,认为全球城市是高级生产者服务业的最佳场所,但却不一定是跨国公司总部所在地,也并不是所有城市都能成为国际城市,只有那些有能力生产和出口金融产品以及高度专业化的服务的城市才能成为国际城市。[5] 二是以 P. J. Taylor 为代表的学者从动态的视角界定了国际城市,提出"国际城市网络"概念,强调城市之间的合作而非竞争关系,国际城市只是这个网络体系的主体,对全球发挥作用有赖于网络中的服务业机构,在这个网络化的动态过程中所有城市都有可能进入国际城市网络。

自西安提出建设国际化大都市以来,学者围绕西安建设国际化大都市的议题进行了大量研究,渠然、王艳从经济实力、基础设施和国际交往方面分析了西安的现状,认为西安在国际化大都市建设中存在如下问题:经济实力有待提高,财政投入不足,市政基础设施规划滞后,人口和市民素质需提高,城市管理水平较低。因此,需要制定明确的短期和长期发展规划。[6] 陈鼎藩、王林雪、杨开忠系统阐述西安建设国际化大都市的原因和意义,根据西安资源禀赋与发展现状,从经济发展、城市建设、科技资源统筹、对外交流、文化软实力、民生改善、西咸新区和低碳城市八个方面探析西安建设国际化大都市的基本路径选择。指出西安的定位理应是建设富有历史文化特色的现代国际文化旅游大都市。[7] 王丽梅阐述了西安建设国际化城市背景下文化产业的发展方式。[8] 裴成荣从城市空间布局的视角探讨了西安建设国际化大都市的功能定位。[9]

(二)丝绸之路经济带相关文献回顾

在空间范围上,郭爱君和毛锦凰、[10] 卫玲和戴江伟[11]均在空间范围上对丝绸之路经济带进行了广义和狭义的划分,二者均对狭义的丝绸之路经济带做了几个层次的阐释,包括国家层面、地域层面和节点(城市)层面。胡鞍钢等在战略层面上指出,中亚经济带、环中亚经济带和亚欧经济带分别构成了丝绸之路经济带的核心区、重要区和拓展区。[12] 白永秀和王颂吉提出,中国、中亚五国和俄罗斯构成丝绸之路经济带的核心区,印度、巴基斯坦、伊朗、阿富汗、蒙古和欧亚经济共同体其他国家构成丝绸之路经济带的扩展区,欧盟、西亚和日韩构成丝绸之路经济带的辐射区。[13]在内涵上,卫玲和戴江伟基于区域空间结构和形成机理的视角给出了明确的定义:秉承"古丝绸之路"文化、由中国倡导、为实现欧亚大陆腹地复兴,在中国和中亚的政治和能源合作的基础上,通过交通便利流通和要素自由流动,促进人口和产业沿着"点轴"集聚形成的带状空间经济结构和一体化经济组织。[11]赵华胜认为"丝绸之路经济带"学术界的"西进战略"和官方的"向西开放"有相通之处。[14]卫玲和戴江伟从空间经济学的视角阐述了丝绸之路经济带的形成机理,包含了人口和产业的集聚机制和扩散机制、资源禀赋的差异导致资源的空间配置问题。[15]更多学者从战略层面对丝绸之路经济带进行了研究。王保忠,何炼成,李忠民提出了"新丝绸之路经济带"一体化战略路径,即在交通、能源、产业、城市、贸易、金融、文化、生态八大方面实现一体化,其中产业、能源、交通和城市一体化构成了丝绸之路经济带一体化的初级阶段,文化、生态、贸易、金融一体化是丝绸之路经济带一体化的高级阶段。[16]

在丝绸之路经济带建设的可行性和必要性方面,程贵和丁志杰分析了中国与中亚地区在经济贸易合作上的互补性。[17]罗钢强调了交通物流体系建设的重要性,并指出交通物流体系的对接与协同是建设丝绸之路经济带的先决条件。[18]李宁从成本—收益的视角分析了丝绸之路经济带区域经济一体化的可行性,指出西北地区在丝绸之路经济带建设中获得的收益。[19]董锁成等从区域经济学的视角详细分析了丝绸之路经济带的两端高中间低的发展格局,提出核心—边缘合作共赢模式、交通经济带模式和丝绸之路经济共同体模式。[20]高新才等从城市流强度的视角分析了我国丝绸之路经济带沿线城市的空间经济联系。[21]

综上可见,目前还少有文献将丝绸之路经济带建设与西安建设国际大都市结合起来,而事实上,二者有着时间和空间的契合,首先在时间上,西安建设国际大都市与丝绸之路经济带建设是同一时代的产物,其次在空间上,西安作为丝绸之路经济带上极其重要的沿线中心城市,其国际化进程必然离不开丝绸之路经济带建设的时代背景。研究西安的问题有利于将战略与实践结合起来,将丝绸之路经济带的研究推向应用的层次。

二、国际城市的内涵与基本框架

明确国际城市的基本要素是判断一个城市能否成为国际城市的标准,也是衡量西安与国际城市差距的重要参考。对国际城市的基本内涵主要从以下几个方面理解:

首先,国际城市必须具有高度的开放性。对"国际化"的认识基于两个方面:一是 internationalization,强调城市的国际化成长过程,即国际特征的发展趋势;二是 international,强调国际要素在城市发展中发挥主要作用。两方面的关键词是"国际",核心要素是城市的各项指标具备的国际程度,即开放性,包含经济、文化和社会三个方面。其中,经济开放度主要体现在进出口贸易流量,包含资本、劳动、技术和知识在内的国际要素流动性;

文化的开放度或者称文化的包容性主要体现在优秀文化的输出能力、城市培育文化品牌的能力、文化的多元化、双语标识的普及率等;社会的开放度主要体现在移民特别是国际移民的融入难度、非政府组织发展情况等。

其次,国际城市必须是杰出的现代化城市。"城市"的本质是高水平的集聚经济,强大的经济实力是迈向国际化的基础。具体体现为:一是经济实力强大,其经济总量能够影响到整个国家的经济走势;二是基础设施的现代化,包含硬件和软件两个方面,软件主要是指城市治理;三是高度的文明共享,城市必须能给城市居民提供共享文明的机会,包括物质文明和精神文明,同时又要能将现代文明扩散到周边区域,促进社会的进步,促进区域乃至国家的进步。

最后,国际城市强调辐射范围不仅是区域的还要是跨国界的。国际城市不仅仅是一个区域的中心城市,而且对跨国界乃至洲界的广大地区经济和社会发展产生重大影响。它是国际性经济、文化资源和能量集聚与释放的空间节点,特别是在信息化的时代,这种影响理应是世界性的,在跨国界生产活动、贸易、文化传播方面应该充当枢纽的作用。国际城市的三个核心要素是:经济影响力、现代化水平以及国际开放度。

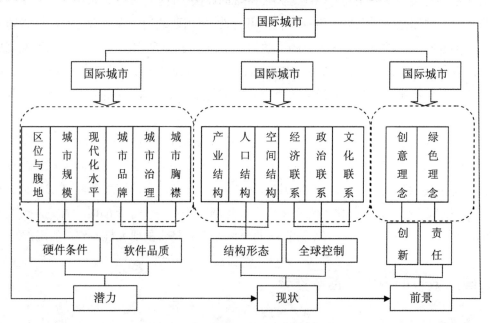

图 1　国际城市基础框架图

国际城市的基础框架需由在逻辑上依次渐进的三个层次搭建(图1),其中代表国际城市成长潜力的基础能力包括硬实力和软实力。硬实力由城市规模、城市区位。城市现代化构成,这是一个城市能否成为国际城市的必要条件,缺乏这项能力意味着不具备建设国际城市的可行性。软实力由城市品牌、城市治理和城市胸襟三部分构成,这是成为国际城市的内在品质,深层次的城市全球化是理念的全球化和胸襟的全球化,这项能力的缺乏意味着建设国际城市缺乏内涵;代表国际城市成长现状的核心能力包括结构特征和全球联系。结构特征由产业结构、人口结构和空间结构组成,体现了国际城市的基本形态,全球联系由经济联系、政治联系、文化联系三部分构成,体现了国际城市在全球的控制力和影响力;体现国际城市成长前景的发展能力包括创意理念和绿色理念,强调内涵式的国际城市之路,城市走向真正的国际化要摆脱"开发区"模式的政绩思维和"标签式"的全球化道路。

三、西安成为国际城市的制约因素和主要障碍

(一)面临来自区域内城市的激烈竞争

首先,西安的经济总量在中西部地区相对落后(图2)。截至2013年年底,西安的经济总量为4884亿元,远低于中西部其他三个中心城市,且西安与其他三个城市的绝对差距逐年拉大。重庆早在2008年经济总量就超过了5000亿元,2013年武汉、成都经济总量均突破9000亿元,西安的经济总量分别相当于武汉、成都和重庆的53.9%、53.6%和38.6%。

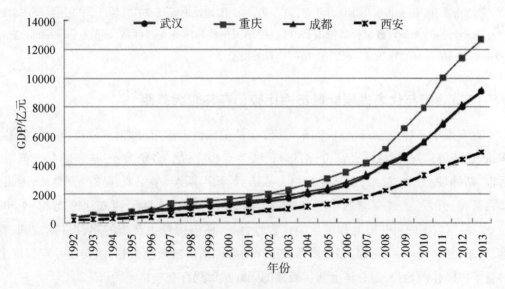

图2　西安与中西部其他三个中心城市经济总量的比较

数据来源:中国统计年鉴(2014)。

其次,西安的国际化程度在中西部地区并不具备空间优势(表1)。由于组织的最高管理机构在空间分布上只有唯一的位置,决定均衡位置的是投资收益率和组织成本,市场规模越大的城市越能够带来集聚效应,企业布局在这里可以获得更多的回报,为了追

求规模经济,提高信息交换效率和共享公共基础设施,最高管理部门倾向于集中于某一个城市。跨国公司和国际组织选择的这个城市不仅能在地理区位上方便组织区域内的各种要素,而且具有能够支撑起国际要素使用和产品消费的市场规模,这决定了在特定区域内,行使国际要素管理职能的城市只有一个,并且因为这些优势,会不断积累发展的优势,国际化特征成长更快。数据显示,更多的国际要素流向成都、重庆,而不是西安。这种局面会产生正向反馈作用,越来越多的国际要素将会选择已经集聚了较多国际要素的城市。

表1　西安成为国际城市的空间优势比较

城市	人口集中度/%（2012）	经济集中度/%（2012）	外国领事机构（2013）	外资银行（2013）	对外贸易依存度/%（2012）	实际利用外资/亿美元（2012）	世界500强落户数（2013）	区域
西安	0.59	0.84	2	3	20	31.3	123（2010）	内陆
武汉	0.61	1.54	4	6	20	52.5	200	内陆
成都	0.87	1.57	9	13	40	87.58	252	内陆
重庆	2.47	2.20	8	8	50	105.97	230	内陆

数据来源:国家统计局.中国统计年鉴[M].北京:中国统计出版社,2013;各市2013国民经济与社会发展统计公报(2013);成都投资指南(2014);中华人民共和国外交部网站(http://www.fmprc.gov.cn/mfa－chn/fw－602278/lbfw－602290/lsgmd－602308/)。

(二)西安与代表性国际城市相比较仍存在较大差距

在实践中,国际城市被分成四个等级,一是全球性大都市,即世界城市:纽约、伦敦、东京、巴黎等;二是区域性大都市:洛杉矶、法兰克福、悉尼、多伦多;三是新崛起大都市:香港、新加坡、台北、首尔;四是崛起中大都市:约翰内斯堡、圣保罗、曼谷、吉隆坡、孟买、墨西哥城、开罗。[22]《全球城市竞争力报告(2011—2012)》显示西安居全球排名302位。[23]根据数据的可获得性和区域的代表性,结合西安国际大都市的建设目标,选取香港、首尔、新加坡、法兰克福、多伦多等城市作为参照系。从数据来看,西安在一定程度上具备了国际化的趋势,但总体上与代表性的国际城市仍存在一定差距(表2)。

首先,西安的经济总量偏小,城市集聚效应不高。一是西安占国家经济总量的比重仅为0.85个百分点,说明西安在中国经济生活中扮演的分量较轻,还没有形成一定的经济规模,对国际要素的吸引力受到限制。二是西安的经济发展水平较低,按照人均GDP衡量,其经济发展水平与代表性国际城市的差距较大,说明居民的生活水平与还没有达到国际城市的标准。三是城市集聚能力有限,全市人口密度为787人每平方千米,仅相当于首尔的4.5%;城市土地使用集约化程度并不高,高度超过90米的建筑数量与首尔、香港、新加坡和多伦多差距较大。

其次,现代化水平较低,国际通达性受限。国际城市一个重要的基础设施就是国际机场,因为国际机场的生产能力决定了城市与全球的交流效率,国际人员往来主要依靠航空运输,机场旅客吞吐量体现了城市的国际化程度。西安咸阳国际机场的旅客吞吐量偏小,分别相当于韩国首尔、中国香港、新加坡、德国法兰克福和加拿大多伦多最大机场的62%、44%、48%、45%和72%。另外,轨道交通在很大程度上代表了城市交通基础设施的现代化水平,西安的轨道交通运营总里程与中国香港、新加坡和韩国首尔的差距较大。

表2 西安与代表性国际城市的比较

城市	西安	首尔	香港	新加坡	法兰克福	多伦多
人均 GDP	9357.00	26243.01	53000.00	59711.00	48801.78	35553.40
GDP 对国家贡献率	0.85	44.56 (2010)	100	100	4.48 (2010)	18.54 (2010)
人口密度/(人每平方千米)	787	17254	6544 (2011)	7315	2826	3972 (2011)
高度超过 90 米的建筑物数量/幢	51	339	3086	442	40	322
最大国际机场旅客吞吐量/万人	2604	4168	5961	5373	5804	3604
轨道交通运营里程/千米	52.2	347.5	214.5	148.9	65.0	68.3
世界 500 强企业总部(2014)	1	19	4	2	4	8
举办国际会议次数	10	125	89	175	21	69

数据来源:西安统计年鉴(2014);国际机场理事会(http://www. aci. aero/Data-Centre);国际会议组织 ICCA(http://www. iccaworld. com/npps/index. cfm);Skylines&Scrapers(http://tudl0867. home. xs4all. nl/skyline2. Html)。

最后,国际政治、经济联系较弱,对全球资源的控制较少。当今全球经济格局中,跨国企业集团将城市纳入了全球分工体系和价值链,跨国企业在城市的集聚程度反映了城市对国际资本的集聚能力,体现了城市参与国际经济联系的水平。国际会议的召集能力体现了城市在国际上的政治联系程度。而西安在这两项上显得较滞后。表明西安在国际上的经济、政治话语权有限,尚未成为要素的重要汇集点。

四、丝绸之路经济带背景下西安建设国际城市的路径选择

(一)以丝绸之路经济带为空间依托,建设中国内陆型改革开放新高地和向西开放的门户城市

由于丝绸之路经济带有特定的空间范围,而西安的特殊地理位置决定了其在丝绸之

路经济带中必要而关键的作用。因此,西安建设国际城市必须与丝绸之路经济带这一国家战略紧密结合。一方面,面对建设国际城市的多重障碍,西安建设国际城市的突破口在于丝绸之路经济带建设,西安建设国际城市实质上被纳入了丝绸之路经济带战略的整体框架内,丝绸之路经济带建设为西安建设国际城市提供了战略支撑,使西安获得了向丝绸之路经济带范围内国家开放的先发优势,有利于西安与经济带沿线城市之间的交流与合作,有利于沿线国际要素流向西安。另一方面,作为沿线中心城市,西安建成国际城市可以带动丝绸之路经济带建设,相比较而言,西安是丝绸之路经济带上城市规模最大的城市,也是经济发展水平相对较高的城市,并且历史文化底蕴深厚,在国际上知名度较高,西安国际化水平的提高可以辐射带动经济带内国际要素向西安及周边地区流动,进而发展成为经济带内城市之间互动的引擎。为此,西安应该准确定位,将城市国际化的初级阶段锁定在丝绸之路经济带上,争取成为丝绸之路经济带国际交往中心和合作平台。同时,支持西安本地企业集团将丝绸之路经济带作为首选市场,鼓励本地企业走出去,在丝绸之路经济带各国设立分支机构,并实施优惠的税收政策,优化投资环境,吸引丝绸之路经济带内重要的企业和经济组织在西安设立区域分支机构,使西安掌握丝绸之路经济带的经济话语权。

(二)培育创意经济形态,打造丝绸之路经济带创新策源地

现代产业,特别是以金融、保险、房地产和商业服务业为代表的现代服务业的高度发达是国际城市的主要特征。例如,法兰克福是世界上最小的都市区,同时是欧洲大陆最大的金融中心、欧洲的金融管理中心,是欧洲中央银行和德意志联邦银行总部所在地,汇聚了世界上最大的 20 家银行中的 16 家,法兰克福证券交易所是全球最大的证券交易中心之一,经营德国 85% 的股票。同时是世界图书业的中心,以出版业闻名世界,每年举办世界规模最大、最著名的书展,集中了约 500 家出版公司。此外,法兰克福集中了德国最盈利的 25 家广告公司中 8 家的总部,法兰克福车展位列全球五大车展之列。而多伦多是加拿大五大银行、85% 的外资银行、最大的 6 家保险公司的总部所在地,多伦多证券交易所是加拿大最大的证券交易所。此外,多伦多是北美五大 ICT 研发中心之一,也是多家传媒、通讯、零售和酒店公司的总部所在地区,如宏利金融、哈德逊湾公司和四季酒店等。香港的产业结构上都市化经济形态显著,第一产业对经济的贡献和就业比重极低,制造业对经济的贡献率由 1991 年的 14% 下降为 2011 年的 2%,而第三产业对经济的贡献率在 2012 年增加至 93%,香港尤其以进出口贸易、批发零售和住宿膳食服务业为特色,被称为"东方之珠"和"购物天堂"。[24]首尔的网游和动漫产业具有全球竞争力,是世界五大国际动漫节举办地之一。体现创新能力的设计、创意产业代表了城市未来在全球的地位,创意能力将决定城市引领新兴产业的能力。西安应通过税收减免、加大扶持创意产业等新兴产业的力度,成为丝绸之路经济带的创新策源地,从而促进产业转型,拉动就业

和 GDP 的增长。

（三）培育开放包容的城市气度，成为丝绸之路经济带多元文化交汇地

丝绸之路经济带遵循的"共商、共建、共享"的原则从根本上要靠文化来支撑。作为中国十三朝古都、古丝绸之路的起点，西安有着丰厚的文化底蕴和与中亚、西亚各国交流的历史传统。思想观念从更深层次、更长时期塑造了人们的思维方式，城市的国际化进程最终由人推动。因此，思想观念通过两个途径影响着国际化水平：一是城市治理理念的现代化和国际化；二是市民的开放度和包容度。这两方面共同决定了城市的胸襟和气度。由于处在特殊的地理位置，加上浓厚的历史情结，西安深受大陆思维和黄土文化影响，族系纽带观念、地方本位意识、风险厌恶取向强烈，地方政府的服务意识不强，经济运行的市场化程度低，市民对外来事物持谨慎态度，本地企业、民众对外交流的积极性不高，缺乏国际视野，国际要素进入西安成本较高，这不仅从根本上限制了城市经济的发展，也阻碍了城市国际化的制度环境建设。

（四）增强本地传播媒介的影响力，打造丝绸之路经济带信息传播中心

媒体传播是国际城市发挥文化影响力的重要途径，而国际城市往往也是全球报业媒体的中心，如香港是亚太区的传媒枢纽，不少国际通讯社、行销全球的报纸和海外广播公司在香港设立亚太区总部或者办事处，拥有 47 份日报（包含 13 份英文日报，5 份日语报），《金融时报》《亚洲华尔街日报》《今日美国》国际版、《国际先驱论坛报》《日本经济新闻》等国际传媒机构的区域基地设在香港。新加坡新传媒集团下属的亚洲新闻台覆盖范围超过 20 个亚洲国家和地区。多伦多是北美继纽约市、洛杉矶和芝加哥后的第四大媒体中心，《多伦多星报》和《多伦多太阳报》是市内的主要报纸，而全国性报纸《环球邮报》和《全国邮报》的总部亦设于多伦多市内，亦是加拿大国营频道和 CTV 电视网的总部所在。相比较而言，西安目前还没有形成具备国际影响力的新闻媒体，西安发行量最大的《华商报》日发行量仅约为 66 万份，70% 的发行量集中于西安本地，辐射范围很有限，且没有外文报纸发行。因此，应采取措施增强传播媒介的影响力，使西安成为丝绸之路经济带的新闻媒体中心，成为丝绸之路经济带的信息传播源泉，有利于扩大西安在国际上的知名度和文化话语权。

五、结论与政策含义

文章将丝绸之路经济带建设与西安建设国际城市结合起来，赋予了西安建设国际城市全新的时代背景，结论认为西安建设国际城市面临诸多障碍，不仅与代表性国际城市的差距较大，还面临来自区域内其他城市的竞争。而丝绸之路经济带战略却为西安建设

国际城市提供了难得的历史机遇,西安有着成为国际城市的天然优势。因此,西安要重新思考其国际城市建设的定位和路径。即以丝绸之路经济带为空间依托,打造中国内陆型改革开放新高地和向西开放的门户城市,打造成为丝绸之路经济带的创新策源地、文化交汇地和信息传播中心。要实现这个目标主要从以下几个方面付诸行动。

首先,紧紧围绕丝绸之路经济带规划建设以西安为中心向外辐射的现代化交通运输网络。第一,西安要以建设成为丝绸之路经济带交通枢纽为目标,以高速铁路和城际快速铁路为骨干,加快规划建设西安面向国内主要城市之间的交通网络,如西安—武汉,西安—成都,西安—重庆,西安—兰州,西安—包头等高速铁路网络。其中,以西安为核心的南北高速铁路干线,如包头—西安—重庆—海口或者防城港的高速铁路大动脉有效连接了丝绸之路经济带和21世纪海上丝绸之路,这将直接决定了西安在国家"一带一路"战略中的核心地位。这样,有利于西安与国内主要城市之间的交通联系,降低了其他区域要素向西安转移的成本,能够加快西安对区域内要素的吸引与集聚。第二,以航空运输为基础,加快建设西安与中亚、西亚、东欧和西欧主要城市的航空运输网络。其中西安咸阳国际机场应该积极开展与经济带内其他城市的磋商,积极与国际主要航空公司合作,开拓西安到这些城市的直航线路,并将现有国际航班常态化。

其次,发挥西安的文化优势和文化吸引力,加强西安与丝绸之路经济带城市间的文化交流,使西安成为丝绸之路经济带的文化中心。文化优势是西安最大的比较优势,西安应该成立由民间组织的西安文化协会和由政府牵头的文化产业基金,开展西安历史遗迹的挖掘保护,并与经济带上其他城市开展相关的历史文化研究,为政府进行城市规划提供有力的指导。

再次,坚持绿色、创意的内涵式国际化道路,打造西安的核心竞争力。一个成功的、可持续的国际城市应该成为全球城市发展模式的引领者,依托创意形成的新兴产业城市成为国际城市经济增长新的动力。西安拥有显著的科技、教育资源优势,人力资本存量丰富,应该竭力发展创意产业,进而提升西安的品牌效应,构建绿色的经济发展模式,以绿色统领城市规划、经济发展。

最后,西安要对外来移民实施开放和鼓励的政策,培育开放包容的城市气度。成为国际城市不仅仅取决于城市规模、经济实力,而更是对世界文明的兼收并蓄,国际城市的内涵不仅仅在于硬件基础的国际化,更重要是在于理念的国际化,即应该具有开放的视野、包容的胸襟。外来移民往往带有冒险和进取精神,多样性的人口和文化结构对一个城市的发展是大有益处的,是一个城市发展宝贵的资源,而并不是所谓的挑战。在政策上,要鼓励而不是限制外来移民在西安安居乐业,如就业政策不应该设置户籍和出生地限制,医疗和教育等政策要对外来移民和本地居民一视同仁;在市民观念上,要培育友好开放的市民文化,市民不应该对外来移民持怀疑态度和排斥态度,要弘扬和平、合作、开放包容、互建互学的丝路精神。此外,西安应该走内涵式的国际城市之路,首先要实现治理模式的国际化,其次要实现市民的观念的国际化。应该依靠市场和规划构建国际城市框架,着重培养成熟的市民社会,切实提高市民在国际城市建设过程中的参与度。

【参考文献】

[1] 郝云菲.国家级"一带一路"合作平台将落户西安[N].西安晚报,2015 – 03 – 08(6).

[2] HALL P. The world cities[M]. London:Heinemann,1966.

[3] FRIEDMANN J. The world city hypothesis[D]. Developmentand Change,1986.

[4] 丝奇雅沙森.全球城市:纽约、伦敦、东京[M].周振华,等译.上海:上海社会科学院出版社,2001.

[5] 周振华.城市转型与服务经济发展[M].上海:格致出版社/上海人民出版社,2009.

[6] 渠然,王艳.西安国际化大都市建设中存在的问题研究[J].经济研究导刊,2012(2):80 – 81.

[7] 陈鼎藩,王林雪,杨开忠.西安建设国际化大都市的路径探析[J].科技和产业,2012(11):1 – 5.

[8] 王丽梅.基于建设国际化大都市背景下的西安文化产业发展方式研究[J].生态经济,2012(2):319 – 322.

[9] 裴成荣.西安城市空间布局及国际化大都市发展战略研究[J].人文杂志,2011(1):186 – 189.

[10] 郭爱君,毛锦凰.丝绸之路经济带:优势产业空间差异与产业空间布局战略研究[J].兰州大学学报(社会科学版),2014(1):40 – 49.

[11] 卫玲,戴江伟.丝绸之路经济带:超越地理空间的内涵识别及其当代解读[J].兰州大学学报(社会科学版),2014(1):31 – 39.

[12] 胡鞍钢,马伟,鄢一龙."丝绸之路经济带":战略内涵、定位及实现路径[J].新疆师范大学学报(哲学社会科学版),2014(2):1 – 10.

[13] 白永秀,王颂吉.丝绸之路经济带的纵深战略及地缘战略[J].改革,2014(3):64 – 73.

[14] 赵华胜.丝绸之路经济带的关注点及切入点[J].新疆师范大学学报(哲学社会科学版),2014(3):27 – 35.

[15] 卫玲,戴江伟.丝绸之路经济带中国段的集聚现象透视——基于城市位序—规模分布的研究[J].兰州大学学报(社会科学版),2015(2):1 – 7.

[16] 王保忠,何炼成,李忠民."新丝绸之路经济带"一体化战略路径与实施对策[J].经济纵横,2013(11):60 – 65.

[17] 程贵,丁志杰."丝绸之路经济带"背景下中国与中亚国家的经贸互利合作[J].苏州大学学报(哲学社会科学版),2013(3):119 – 125.

[18] 罗钢."丝绸之路经济带"建设中交通物流制度协同与推进探讨[J].开发研究,2014(2):45 – 49.

[19] 李宁."丝绸之路经济带"区域经济一体化的成本与收益研究[J].当代经济管理,2014(5):53 – 56.

[20] 董锁成,黄永斌,李泽红,等.丝绸之路经济带经济发展格局与区域经济一体化模式[J].资源科学,2014,36(2):2451 – 2458.

[21] 高新才,杨芳.丝绸之路经济带城市经济联系的时空变化分析——基于城市流强度的视角[J].兰州大学学报(社会科学版),2015(1):9 – 18.

[22] 屠启宇,金芳.金字塔尖的城市:国际大都市发展报告[M].上海:上海人民出版社,2007.

［23］ 倪鹏飞.全球城市竞争力报告(2011—2012)［M］.北京:社会科学文献出版社,2012.

［24］ 香港特区政府.香港政府年报 2012. Government Yearbook［EB/OL］.［2013 – 02 – 03］http://www. yearbook. gov. hk/.

（原刊于《西北大学学报(哲学社会科学版)》第 45 卷第 4 期）

新丝绸之路经济带建设:国家意愿与策略选择

郭立宏　任保平　宋文月

【摘　要】　新丝绸之路经济带是中国经济发展新阶段国际战略的重要战略构想,这一构想形成了丝绸之路经济带建设的国家意愿。丝绸之路经济带国家意愿的基本逻辑是:外交是目标,多边政治关系是核心,欧亚区域经济一体化是平台,文化是民心相通的导向。围绕这一意愿,现实的策略选择是构建周边外交战略,维护国家主权、安全和发展利益。构建区域一体化的经济格局,推进我国和周边国家的经济贸易合作。构建全方位的开放格局,扩大向西开放,完善全方位的地缘政治合作格局。把历史性与现实性融为一体,促进丝绸之路经济带沿线文化教育交流。依据丝绸之路经济带建设的国家意愿和现实选择,丝绸之路经济带建设的关键问题在于:建立丝绸之路经济带的合作机制,加快西部内陆型改革开放新高地建设,以丝路国家人才培养为核心促进“民心相通”战略,加强丝绸之路经济带资源、环境、能源、经济社会发展的信息系统建设,开启丝绸之路经济带的互联网时代。

【关键词】　丝绸之路经济带;国家意愿;策略选择

2013 年 9 月 7 日国家主席习近平在中亚演讲时提出了丝绸之路经济带建设的思路。2013 年 11 月在十八届三中全会上提出“促进丝绸之路经济带、海上丝绸之路经济带建设,形成全方位的格局。”2015 年 3 月 28 日国家发展改革委、外交部、商务部经国务院授权联合发布了《推动共建丝绸之路经济带和 21 世纪海上丝绸之路的愿景与行动》。此后“一路一带”升级为国家战略,“新丝绸之路经济带”“一路一带”是中国经济发展及外交战略的一大战略构想。因此,在丝绸之路经济带建设中,首先要理解新丝绸之路经济带建设的国家意愿,依据国家意愿,进行策略选择。

一、新丝绸之路经济带建设的国家意愿

“新丝绸之路经济带”“一路一带”是中国经济发展及外交战略的一大重要构想,“是集政治经济、内政外交与时空跨越为一体的历史超越版”,[1]这一构想的基本逻辑是:外

交是目标,多边政治关系是核心,欧亚经济一体化是平台,文化是民心相通的导向。新丝绸之路经济带的国家意愿体现在以下几个方面。

(一)外交意愿

"新丝绸之路经济带构想体现了鲜明的独立自主的和平外交思想",[2]通过"一路一带"处理好周边外交关系,有利于实施新的开放战略。我国始终秉持独立自主的和平外交思想。通过"一路"实现中国与东盟国家的海上合作,使用好中国政府设立的中国—东盟海上合作基金,发展好海洋合作伙伴关系,共同建设21世纪"海上丝绸之路",维护西南地区的安全与稳定。海上丝绸之路涉及包括东盟国家在内的诸多南亚、东南亚国家,尽管其国土面积较小,综合国力有限,国家发展相对滞后,抵御国际市场风险能力弱,但其在全球贸易中至关重要的地理位置,为其经济发展和综合国力提升提供了地缘优势。因此,作为新兴经济体,利用外交合作谋求共同发展,是东盟国家推进经济快速增长,促进社会高速发展的重要发展战略意愿。通过"一带"与中亚国家实现交流合作。以"丝绸之路经济带"为依托,通过打造连通亚欧国家的陆路大通道,以经贸发展促进全面合作着力深化互利共赢格局,加强与中亚、欧洲的经济交流与合作。"新丝绸之路经济带"主要涉及中国、俄罗斯、中亚五国、伊朗、土耳其以及欧盟等国家。其中以中亚五国为代表的内陆国家是经济带建设的重要合作国家。苏联解体后,中亚五国积极寻求突破原有发展方式的弊端,通过增强对外合作和交流,为自身的发展和改革汲取经验,探索符合本国的发展路线。作为丝绸之路经济带的终点——欧洲,为了缓解欧债危机后各国经济持续低迷的发展现状,通过外交合作,积极寻求新的发展机遇,丝绸之路经济带建设也符合欧洲各国的发展意愿。

对我国而言,过去30年的发展,受地理区位、历史沿革、资源禀赋等因素的影响,中国对外开放总体呈现"东快西慢、海强路弱"的格局,贸易和投资合作的相当一部分比重集中于欧美发达国家。面对当前美国重返亚太战略的逐步推行所造成的海域压力,为了有效化解海域领土争端,我国积极寻求通过平等互利的外交原则与更多国家确立良好的外交关系。因此,新丝绸之路经济带的建设不仅为推进与新兴经济体和发展中国家的合作提供条件,还有助于带动中国西部地区向西开放,维护西北地区的安全和稳定。

(二)政治意愿

进入21世纪以来,随着全球经济一体化的不断深入,亚洲—太平洋地区得到了快速的发展,以亚洲四小龙为代表的国家(地区)已成功实现经济社会转型,跻身发达国家(地区)前列。同时以中国、印度为代表的发展中国家,也成为推动国际贸易的重要新兴经济体。因此,亚太地区正逐步成为世界主要的政治经济中心,面对日益复杂的地缘政治关系,"相互依存,相互合作,共同发展"成为丝绸之路经济带处理多边政治关系的基本原则。

我国始终坚持不干涉国家内政原则,与相关国家在长期相处的过程中建立起普遍的政治互信。构建"新丝绸之路经济带"更大的挑战来自于政治协调,特别是大国之间的协调。经济带沿线地区地缘政治形势复杂多变,存在各种各样的矛盾。因此,"新丝绸之路经济带"的建设强调在"团结互信"的政治基础上,通过双边、多边协调合作,充分发挥各国优势,形成区域互补,强化地区的一体化趋势,为所谓"塌陷地区"的国家创造重新融入世界经济主流的机会,逐步消除贫困与落后。此外,地缘政治多元化使中亚国家在建立跨欧亚安全体系方面具有重要意义。中亚地区处于地缘战略要冲,其稳定对我国西北边疆安定影响重大,然而中亚地区的宗教极端主义、极端民族主义、国际恐怖主义的活动猖獗,尤其是近年来东突分裂主义、边疆地区分裂主义、伊斯兰运动等恐怖分子将中亚地区作为发动针对我国西北边疆的恐怖袭击活动的前沿阵地。因此,强调通过大国之间的政治合作,尤其是在抵制反恐问题和地区稳定问题上的合作,加强边界互信、阻止民众分裂,才能有效保护各民族人民的根本利益,为各国营造良好的周边政治、国防、民族环境,也对稳定国际政治局势和地区稳定都有着重要的意义。

(三)经济意愿

"新丝绸之路经济带"的构想是我国根据区域经济一体化和经济全球化的新形势提出的跨区域经济合作的创新模式[3],是新时代对古老丝绸之路的复兴计划。因此,从经贸合作角度来看,一方面,由于中国的经济仍需保持中高速的增长,这使得对进口能源的需求不断扩大,依赖程度不断增强,这与中亚国家推行经济能源出口型的经济发展战略互补。另一方面,由于中亚国家不仅在关系民生的基础设施建设、通信领域方面,而且在以能源产业作为支柱型产业的优化升级方面,都缺乏技术和资金的支持。而我国在基础设施建设、制造业、通信领域以及卫星定位等方面的技术和管理能力不断增强,可为中亚和东盟国家的基础设施建设、工业化进程发挥积极作用。巨大的外汇储备也可以为其发展提供资金支持。因此,"一带一路"是通过区域间要素互补,产业互补,以能源合作为重点,以基础设施建设为基础,实现跨区域的经济合作模式,不仅能有效解决我国日益严重的产能过剩、能源匮乏、外汇储备巨大等发展困境,还能促进中亚国家完善基础设施建设、构建完整的工业体系,优化升级能源产业。与此同时,改革开放战略虽然推动了我国东部沿海地区的快速发展,但也导致了区域发展失衡,西部地区在配套基础设施、要素配置、市场结构和产业结构均落后于东南部地区。"新丝绸之路经济带"的建设对于改善我国西部地区的发展环境,加快西部地区的基础设施建设有着重要意义。通过政策扶持、资金支持等方式,一方面要加快西部地区承接东部地区的产业转移;另一方面还应充分发挥西部在丝绸之路经济带上的空间战略意义,特别是在能源合作上的地缘优势,把西部地区的开发同周边国家的经济合作紧密地结合起来,形成新的对外开放格局,通过区域要素互补,建立跨国的经济合作,在推进自身发展的同时实现区域经济一体化。[4]

(四)文化意愿

包容互鉴是丝绸之路繁荣发展的文化基础。新丝绸之路经济带是建立在文明融合的基础上的,不仅强调政治协调、经济交流,更突出民心相通。由于宗教信仰、文化传统和种族结构对各国所秉持的治国、外交、经济发展理念均有重要影响,直接决定了各国的发展道路和策略选择。而作为新丝绸之路经济带的核心区域的中亚国家也是东西方文化的交汇点,受到基督教、伊斯兰教和东亚儒家文化三种不同价值观的影响,阿拉伯—伊斯兰文明作为古代中东文化的集大成者,和中华儒家文明与欧洲的宗教文明均存在较大差异。

因此,只有加强文化交流,促进沿线各国各族民众之间的人员往来,通过人文交流促进东西方的经济交流,夯实各国经济交流的民间基础,促进不同文化间的包容互鉴,反对歧视偏见,倡导文明宽容,促进各国民众之间的相互理解和地区稳定,才能为各民族的长远发展奠定基础。此外,由于中国和中亚各国都曾按照苏联的计划经济模式发展国民经济,并均是新兴经济体和发展中国家,但我国的经济发展和改革先于中亚国家,且在探索自我发展道路上取得了初步的成果,居民生活水平和综合国力均得到了巨大提升,中国在改革进程中积累的经验和教训对中亚国家而言,均有极大的借鉴意义。因此,"新丝绸之路经济带"所秉持的包容互鉴的文化交流,不仅有助于各地区各民族友好相处,长远发展,还有助于支持丝绸之路经济带沿线各个国家坚持走自己道路,促进各国综合国力的提升。

二、国家在丝绸之路经济带建设中的策略选择

"经济带"强调在地域分工的基础上,形成不同层次、各具特色的带状经济合作区域,依托一定的交通运输干线,以其为发展轴,以轴上几个相对发达的城市或经济区为核心。一方面,经济带内不同经济体需保持长期稳定的合作关系,另一方面,随着产业结构对外经济关系的变化,也要进行调整区域的外延,强调跨国的区域经济合作模式。"新丝绸之路经济带"的构想,是以经济合作为先导与基石,以政治合作为前提与推进手段,以促进文化交流、化解安全风险为重要目标,是具有前瞻性的综合战略规划。因此,在国家层面,需要从外交、政治、经济、文化四大方面进行策略选择,以求实现区域共同发展,维护地区安全稳定、促进经贸合作、推进文化交流。

(一)构建周边外交战略,维护国家主权、安全和发展利益

"新丝绸之路经济带"是我国面临新的国际局势,为推进周边地区一体化,谋求多边

共赢的外交战略。应秉持亲诚惠容的周边外交理念,坚持与邻为善、以邻为伴,坚持睦邻、安邻、富邻,通过互利合作和互联互通,深化与经济带相关国家,特别是俄罗斯、中亚五国、伊朗、土耳其以及欧盟诸国的友好关系,构建与周边邻国的命运共同体和健康稳定的大国关系框架。通过大国间的跨区域合作,共同应对边疆问题,维护地区安全稳定。同时,还应加强同发展中国家的团结合作,推进多边外交,切实加强在经济、文化、政治等多领域的务实合作,把我国发展与广大发展中国家共同发展紧密联系起来,努力寻求同各方利益的汇合点,促进合作共赢。

(二)构建区域一体化的经济格局,推进我国和周边国家的经济贸易合作

"丝绸之路经济带要打造区域合作新模式"[5],在经济上、贸易上要充分互补,深化沿线国家、地区利益融合,努力实现双赢、多赢、共赢,最终实现共同发展的目标,推动双边贸易,努力实现领导人达成的增长目标。区域经济一体化主要包含交通运输、能源开采、贸易投资、金融服务等四大领域的一体化。[6]第一,交通运输一体化是基础,由于经济带覆盖区域主要以陆路交通为主,且铁路运输成本较航运和公路运输更具成本优势。而我国具有国际领先水平的基础设施建设技术设备,能够为打通丝绸之路的铁路、公路和石油管道等贸易交通运输提供支持。推动新的交通运输项目建设,把中亚的铁路与外部更多地联系起来,推进新亚欧大陆桥沿桥的综合交通基础设施建设。在此基础上,还应通过一些跨境运输合作项目,充分发挥现有的过境潜力,推动口岸设施的建设,提升陆路口岸的运输效率,发挥跨境铁路联运的优势,消除现有公路运输网互联互通方面的障碍。随着基础设施条件的改善,经由中亚地区的欧亚陆路交通比欧亚海洋运输成本时间短、成本低、风险小等优势会逐渐凸显,为经济带的兴起奠定基础条件。第二,能源开采一体化是构建一体化的经济格局的突破点,应以能源合作为主轴,深化油气领域全产业链合作,维护能源运输通道安全,构建互惠互利、安全可靠、长期友好的能源战略合作伙伴关系。在建设石油天然气管道项目的同时,加强对跨国管道的维护和安全保障;推进在能源勘探、开采、加工以及运输等多领域的能源合作,从政府合作、企业合资两个层面共同推进能源合作,建立能源共同体,在能源的生产、市场、运输等方面形成集约化,实现共赢。第三,贸易投资一体化是构建一体化经济格局的关键,跨区域的经济合作,强调发挥各地区的比较优势,通过自由贸易等形式构建统一的市场环境,[7]促进要素的自由流通和高效配置。推行双向投资,提高贸易自由化和便利化程度。扩大经贸合作领域,不仅要增强油气资源的开采和利用方面的能源合作,还应增强在农业发展和农产品加工、制造业、建筑业以及高技术产业、旅游服务业等多领域的贸易和投资,特别是,通过在中亚国家开展投资和经济技术合作,有效带动我国机械设备、高新技术产品的出口,提升双边经济技术合作水平。[8]在此基础上,推行设立跨境经济合作区,实现产业对接,充分发挥各国的要素禀赋,优化国际分工协作、开创互通有无的区域合作关系。第四,金融服务作

为构建一体化经济格局的支持条件。一方面,强调通过建立多边金融机构和融资平台,解决项目的融资问题,为相互投资提供优惠条件,有效保护投资者的利益;另一方面,应加强在本币结算方面的合作,降低对美元结算的依赖程度,增强区域内的国家竞争力,以及整体抵御金融风险的能力,共同应对国际资本流动带来的难题。

(三)构建全方位的开放格局,扩大向西开放,完善全方位的地缘政治合作格局

由于我国在东亚地区的发展空间受到美国亚太战略的限制,但与西北地区接壤的中亚、南亚地区不在美国的严格控制下。因此,以开放包容的地缘政治合作策略,扩大向西开放,是突破我国现阶段发展限制的重要举措。"新丝绸之路经济带"作为我国向西开放的关键战略,正是一个非排他性的制度设计,具有高度开放性,这有助于与包括世贸组织、国家货币基金组织以及世界银行在内的世界性经济组织进行有效的协调和对接,吸收更多国家融入其经济合作。此外,还应充分发挥我国西部地区的地缘优势、资源优势和文化优势,积极推进与相关国家开展经贸合作,发挥区域合作的桥头堡作用。为了配合向西开放,应加快完善西北地区的基础设施建设,优化西部地区的产业结构和市场环境,提升承接东部产业转移的能力,培育新的经济增长点,促进区域经济发展,缩小区域间差距,这也是我国新一轮改革开放的重要策略。通过加强我国同邻近国家之间的经济文化交流,多采取民间文化交流、人才联合培养等方式巩固互信基础,不仅有助于维持边疆地区的稳定发展,还为内陆区域的协调发展奠定基础。

(四)历史性与现实性融为一体,促进丝绸之路经济带沿线文化教育交流与合作

文化方面的相互尊重、相互融合是经济合作的前提条件。在丝绸之路经济带建设中,促进沿线区域合作需要沿线国家之间形成思想共识,就要继承和发扬古丝绸之路不同文化之间的相互融合以及相互尊重的精神,着力构建新的文化交流合作机制。以文化交流合作为引领,构建沿线国家的丝绸之路共识,为丝绸之路经济带沿线国家加强区域合作创造人文环境。为此,需要把历史性与现实性融为一体,促进丝绸之路经济带沿线文化教育交流。深入发掘丝路文化内涵,以旅游为先导,全面开展旅游等领域的合作。充分借助文物、文化资源优势,将历史性与现实性融为一体,大力推进经济带文化、旅游、商贸等交流合作。进一步围绕文化合作搭建多元交流平台,组织关于丝绸之路经济带沿线国家相关的各类演艺、画展、摄影、文学采风等活动,促进新丝绸之路沿线文化教育交流。同时广泛开展教育合作,打牢民心相通的长久基础。建设好中亚教育培训基地,组建中国与中亚各国大学的合作联盟,并设立面向外国留学生的奖学金,把教育合作不断引向深入。

三、丝绸之路经济带建设策略实施的关键问题

扩大内陆沿边开放是新时期中央为实施全方位对外开放做出的重大战略部署。建设"丝绸之路经济带"的战略构想正是"扩大内陆沿边开放"最为重要的抓手之一。丝绸之路经济带建设在经济上主要是构建西部对外发展通道,推进带上各国之间的区域市场一体化,构建丝绸之路经济带共同体。依据丝绸之路经济带建设的国家意愿和现实选择,丝绸之路经济带建设应该注意以下关键问题。

(一) 建立丝绸之路经济带的合作机制

整个经济带深处亚欧大陆内陆腹地,难以大规模承接产业转移以进入国际经济链,而仅凭这些地区自身的制度环境和创业基础,又不具备自我发展和提升其在国际产业分工体系中地位的现实可能。应本着"政策沟通、道路联通、贸易畅通、货币流通、民心相通"的原则,发挥各自城市优势,建立合作机制,创新合作模式,深化经贸、旅游、科技、环保、教育、文化等方面的合作,共同建设"丝绸之路经济带"。而且丝绸之路经济带是一个经济合作带,合作的内容包括:一是能源与安全合作。建立与中亚地区的能源合作机制,拓展能源合作领域的广度和深度,保障中国能源供给安全。二是交通基础设施等通道建设方面的合作。新亚欧大陆桥是连接亚欧两大洲的纽带,能够促进中国与沿桥国家的经贸合作,形成全方位、多元化的贸易体系,在丝绸之路经济带建设中中国与亚欧国家在交通互联互通领域的合作将不断深化,规模也将进一步扩大。三是贸易与投资领域的合作。共建丝绸之路经济带,深化与中亚国家的经贸合作,推动中国—中亚自由贸易区与跨境经济合作开发区的建设,带动中国与周边邻国共同发展。四是科技、文化与旅游等领域的合作。科技进步与创新在经济发展中的作用越来越重要,丝绸之路经济带的建设将为亚欧各国开展科技合作与交流带来新的机遇,科技合作将成为亚欧国家合作的重点领域。因此,在丝绸之路经济带建设中,中国与沿线国家有广泛的合作内容,需要努力加强政策措施的沟通与协调,建立长期稳定的区域经贸合作机制,提升区域一体化程度,促进区域稳定与繁荣。

(二) 加快西部内陆型改革开放新高地建设

国家发展改革委、外交部、商务部经国务院授权于 2015 年 3 月 28 日联合发布了《推动共建丝绸之路经济带和 21 世纪海上丝绸之路的愿景与行动》。《愿景与行动》中提出"发挥陕西、甘肃综合经济文化和宁夏、青海民族人文优势,打造西安内陆型改革开放新高地,加快兰州、西宁开发开放,推进宁夏内陆开放型经济试验区建设,形成面向中亚、南亚、西亚国家的通道、商贸物流枢纽、重要产业和人文交流基地。"这进一步明确了向西开

放的目标。内陆省市由于不沿边、不靠海,在过去向东开放战略中处于劣势,向西开放的目的是深入发掘内陆地区的比较优势,通过丝绸之路经济带推进区域市场一体化进程,实现要素在全球范围内的最优配置,形成新的经济增长点,提高丝绸之路经济带城市体系的集聚度。[9]西部地区经过数十年的开发,随着基础设施的逐步完善、生态建设和环境保护的改善、特色优势产业快速发展及自我发展能力的显著增强,向西开放不仅成为可能,而且也是我国实现全面开放战略的现实选择,必将成为新时期我国整个开放战略的重中之重。一是要完善体制机制,在丝绸之路经济带建设中推动向西开放,加快内陆市场一体化进程,进一步推进贸易投资的自由化,扩大对外开放领域,建立与丝路国家内外对接的开放、自由、稳定的贸易与投资体制。二是在丝绸之路经济带建设中积极推进内陆与沿线国家的区域经济合作,向西开放是开放型经济的进一步拓展和延伸,需要把引进来与走出去相结合,拓展我国内陆发展的外部空间。三是培育内陆开放型产业体系。在丝绸之路经济带建设中要实现向西开放,要努力培育建立既适应内陆地区特点、又有国际竞争力的产业体系,优先发展现代服务业和高新技术产业,限制低端产业的发展,以集群化为导向优化产业空间布局。

(三) 加强丝路国家人才培养,实施"民心相通"战略

丝绸之路经济带建设离不开人才和智力支持,丝绸之路经济带建设具有特殊性,目前急需各类丝路人才。丝路国家目前普遍缺乏先进的实用科技,对现代科技人才的需求旺盛。而且国内建设丝绸之路经济带也需要对丝绸之路经济带建设熟悉的各类人才,如信息通讯、铁路、旅游行业均有人才迫切需求。因此,目前需要加强丝路国家人才培养,实施"民心相通"战略。一是要加强和中亚国家的教育合作。按照五通需要,在交通、铁路、能源、土建、信息通讯、旅游经济、电子商务、经济贸易等专业吸收丝路国家的留学生,为中亚各国培养"中国通"的人才。二是加强校企合作。通过校企联合办学,委托定向培养等方式为希望在丝绸之路发展的国内企业,如信息通讯、铁路、旅游等行业培养人才。三是支持有条件的高校在中亚设立中国文化中心,增强中国文化在中亚地区的影响力,为民心相通服务。设立上合组织培训基地,承担中亚国家企业管理人员和学生的来华培训工作。

(四) 加强丝绸之路经济带资源、环境、能源、经济社会发展的信息系统建设

经济贸易交流合作是区域合作关系的最主要内容,而贸易交流合作的关键在于信息通畅。但由于历史原因,国内对中亚各国缺乏了解。交通不畅、语言不通、情况不明是目前丝绸之路经济带建设的主要障碍和瓶颈。企业、投资者缺乏对中亚五国国情、投资环境的了解和把握。[10]这种信息不对称影响了我国与中亚五国的经济合作和贸易往来,使得我国与中亚五国不能实现优势互补,从而形成了丝绸之路经济带建设的信息制约。为

此,目前需要加强丝绸之路经济带资源、环境、能源、经济社会发展的信息系统建设,充分利用互联网、大数据和信息技术手段,建立丝绸之路经济带资源、环境、能源、经济社会发展的信息系统建设、信息发布平台和多语言的综合信息服务中心。开启丝绸之路的互联网时代,建立丝绸之路经济带的数据库,为各级政府参与丝绸之路经济带建设提供决策服务。推进丝绸之路经济带大型商用云计算中心建设,努力构建集科学计算、工程计算和密集数据运算为一体的丝绸之路经济带高效能共享式计算架构,为企业的投资、消费者行为选择和旅游合作提供决策支持。

【参考文献】

[1] 胡鞍钢,马伟,鄢一龙."丝绸之路经济带":战略内涵、定位和实现路径[J].新疆师范大学学报(哲学社会科学版),2014(2):1-10.

[2] 何茂春,张冀兵.新丝绸之路经济带的国家战略分析——中国的历史机遇、潜在挑战与应对策略[J].学术前沿,2013(12):6-13.

[3] 王保忠,何炼成."新丝绸之路经济带"一体化战略路径与实施对策[J].经济纵横,2013(11):60-65.

[4] 任保平.丝绸之路经济带建设中区域经济一体化的战略构想[J].开发研究,2015(2):1-4.

[5] 孙壮志."丝绸之路经济带":打造区域合作新模式[J].新疆师范大学学报(哲学社会科学版),2014(3):36-41.

[6] 任保平,马莉莉,师博.丝绸之路经济带与新阶段的西部大开发[M].北京:中国经济出版社,2015.

[7] 刘志中."新丝绸之路"背景下中国中亚自由贸易区建设研究[J].东北亚论坛,2014(1):113-119.

[8] 高新才,杨芳.丝绸之路经济带城市经济联系的时空变化分析——基于城市流强度的视角[J].兰州大学学报(社会科学版),2015(1):9-18.

[9] 卫玲,戴江伟.丝绸之路经济带中国段的集聚现象透视——基于城市位序—规模分布的研究[J].兰州大学学报(社会科学版),2015(2):1-7.

[10] 方光华,任保平.丝绸之路经济带与陕西对策[M].北京:中国经济出版社,2015.

(原刊于《西北大学学报(哲学社会科学版)》第45卷第4期)

丝绸之路经济带战略实施:目标、重点任务与支持体系[*]

白永秀　王颂吉

【摘　要】　丝绸之路经济带是中国经济发展和对外开放的重大战略,其建设目标是通过开展更大范围、更高水平、更深层次的区域合作,形成区域经济一体化新格局。要加快推进丝绸之路经济带区域经济一体化战略,必须识别其重点建设任务,并构建有效的支持体系。在区域经济一体化目标下,把中心城市建设、产业分工合作、贸易投资便利化作为丝绸之路经济带战略实施的重点任务,并从设施互联互通、发展战略统筹、合作机制构建、风险辨识与防范等四个方面,构建丝绸之路经济带战略实施的支持体系。

【关键词】　丝绸之路经济带;区域经济一体化;战略目标;重点任务;支持体系

2013 年 9 月 7 日,习近平同志在哈萨克斯坦访问期间倡议亚欧国家共建"丝绸之路经济带",这一倡议得到丝绸之路沿线国家和地区的广泛响应。2013 年 11 月,党的十八届三中全会通过的《中共中央关于全面深化改革若干重大问题的决定》明确指出:"推进丝绸之路经济带、海上丝绸之路建设,形成全方位开放新格局",这表明建设丝绸之路经济带上升为国家战略。经过一年多的理念设计和规划编制工作,国家发改委、外交部、商务部于 2015 年 3 月 28 日联合发布了《推动共建丝绸之路经济带和 21 世纪海上丝绸之路的愿景与行动》(以下简称《愿景与行动》),标志着建设丝绸之路经济带正式进入务实合作阶段,今后的工作重点是积极稳妥地推进丝绸之路经济带战略实施,使国家愿景逐步成为现实。为此,本文在明确丝绸之路经济带战略实施目标的基础上,对丝绸之路经济带战略实施的重点任务和支持体系进行研究,以期推进丝绸之路经济带区域经济一体化战略的顺利实施。

　　* 基金项目:国家社科基金重点项目"全球经济新格局背景下丝绸之路经济带建设的战略研究"(15AJL011);西安市科协资助课题"促进丝绸之路经济带城市经济合作对策"(201512)。
　　作者简介:白永秀(1955—),男,陕西清涧人,教授,博士生导师,从事市场经济和区域经济理论研究。

一、丝绸之路经济带战略实施的目标

建设丝绸之路经济带是一项复杂的系统工程,涉及经济、社会、政治、文化、生态环境等多个层面的内容。从经济视角来看,丝绸之路经济带是中国经济发展和对外开放的重大战略,其建设目标是通过开展更大范围、更高水平、更深层次的区域合作,形成区域经济一体化新格局。

随着经济全球化的深入发展,区域经济合作方兴未艾。据统计,在关税及贸易总协定(GATT)运行期间(1948—1994),共计收到124个与货物贸易相关的区域贸易协定通知;但从1995年世界贸易组织(WTO)成立到2014年1月31日,已收到583项区域贸易协定通知,[1]这表明全球范围内区域经济合作日益深入。目前,世界上已经形成了欧盟、北美自由贸易区、东盟等涉及国家和覆盖人口较多、经济总量和国际影响较大的区域经济合作组织。这些区域经济合作组织对内加强合作、对外开展竞争,已成为参与国际活动的重要力量。但受地缘政治等因素的影响,中国融入区域经济合作组织的程度相对较低。近年来,随着中国经济崛起,美国及其盟国加紧构筑针对中国的战略围堵,积极推进把中国排除在外的"跨太平洋伙伴关系协议"(Trans Pacific Partnership Agreement,简称TPP)。在此背景下,中国除了巩固东盟与中国(10+1)合作机制、适时加快中日韩自由贸易区谈判之外,还应积极向西拓展区域经济合作。[2]

近年来,中国与丝绸之路沿线国家的合作不断加强,为推进丝绸之路经济带区域经济一体化奠定了坚实基础。从交通基础来看,在第二条亚欧大陆桥正常运营的基础上,中哈第二条过境铁路投入使用,丝绸之路复兴项目、中国西部—欧洲西部公路建设加快推进,中国与丝绸之路沿线国家的交通联系日益紧密;在组织基础方面,中国、俄罗斯、哈萨克斯坦、乌兹别克斯坦、吉尔吉斯斯坦、塔吉克斯坦在"上海五国"机制的基础上,于2001年成立了上海合作组织,致力加强成员国之间的全方位合作,此后印度、伊朗、巴基斯坦、阿富汗、蒙古五国成为上海合作组织的观察员国,土耳其、斯里兰卡和白俄罗斯三国成为对话伙伴国,这为相关国家加强合作提供了组织条件;从经贸合作基础来看,中国与丝绸之路沿线国家的贸易规模不断扩大,中国已成为许多国家和地区的最大贸易伙伴或投资来源国,并且仍有广阔的发展空间。在新的时代背景下,无论是发展经济、改善民生,还是应对危机、加快调整,丝绸之路沿线国家均有共同利益、通过共建丝绸之路经济带,亚欧国家可以实现更大范围、更高水平、更深层次的区域合作,形成开放、包容、均衡、普惠的区域经济一体化合作架构。

丝绸之路经济带沿线相关国家通过加强区域经济合作,共同构建新的区域经济一体化组织,在经济规模方面将与北美自由贸易区、欧盟形成"三足鼎立"的局面,并且在地域面积和覆盖人口方面具有明显优势(表1)。更为重要的是,丝绸之路经济带可以把东亚、中亚、东南亚、西亚、南亚、北亚等连为一体,借助丝绸之路经济带这一区域经济合作平台,中国可以进一步融入区域经济一体化和经济全球化之中,提升中国经济的国际竞争力和影响力。在此过程中,丝绸之路经济带通过与北美自由贸易区、欧盟、东盟等世界主要经济合作组织加强合作,将对全球经济一体化产生深远影响。[3]

表1　丝绸之路经济带与主要区域经济合作组织比较(2012年)

组织名称	成员国数量	面积/万平方千米	人口/亿	GDP/万亿美元
北美自由贸易区	3	2158.11	4.70	19.24
欧盟	27	432.48	5.09	16.69
丝绸之路经济带	7	3069.92	15.60	10.55
东盟	10	477.76	6.08	2.32

资料来源:人口和GDP数据来源于世界银行数据库;国土面积数据来源于世界银行2009年世界发展报告《重塑世界经济地理》附表(清华大学出版社,2009年,332－334页)。

注:该表中的丝绸之路经济带包括中国、俄罗斯和中亚五国;2013年7月1日,克罗地亚成为欧盟第28个成员国。

二、丝绸之路经济带战略实施的重点任务

丝绸之路经济带要形成区域经济一体化新格局,必须通过中心城市建设构建区域经济合作的战略支点和空间载体,同时需要通过产业分工合作构建丝绸之路经济带区域经济协同发展的产业载体;要加强中心城市建设和产业分工合作,还应以区域范围内的贸易投资便利化为条件,促进商品和生产要素有序自由流动、资源高效配置和市场深度融合。为此,我们把中心城市建设、产业分工合作、贸易投资便利化作为丝绸之路经济带战略实施的重点任务。

(一) 中心城市建设

中心城市是丝绸之路经济带战略实施的重要支点和空间载体,通过加强丝绸之路经济带沿线的中心城市建设,提升中心城市之间的分工合作水平,可以为丝绸之路经济带战略的顺利实施提供有力支撑。近年来,西部地区的重庆、西安、成都、兰州、乌鲁木齐、西宁、银川等大城市发展较为迅速,以西安为中心的关中城市群、以重庆和成都为中心的成渝城市群初具规模,这对带动西部经济社会发展发挥了积极作用。但与此同时,西部中心城市之间、城市群之间缺乏合理分工,区域中心城市对周边中小城市的辐射带动效果不显著,并且尚未建立起以工促农、以城带乡、工农互惠、城乡一体的新型城乡关系,这不利于西部城镇化的健康发展,难以有效支撑丝绸之路经济带区域经济一体化战略的推进。[4]

在建设丝绸之路经济带过程中,首先必须大力加强丝绸之路经济带国内段的中心城市建设。具体而言,西部地区应把重庆、西安、成都、乌鲁木齐、兰州等城市打造成面向丝绸之路经济带沿线国家的国际化大都市,加快形成以西安为中心的关中城市群、以成都和重庆为中心的成渝城市群、以兰州和西宁为中心的兰白西城市群、以乌鲁木齐为中心的天山北坡城市群、以银川为中心的银川平原城市群,同时积极发展中小城市和小城镇,增强城乡空间经济联系。随着大城市自身发展能力的逐步提高,大城市对周边中小城市、小城镇及广大农村地区的辐射带动作用将不断增强,中心城市之间、城市群内部及城市群之间逐步实现合理分工,从而全面提升西部城镇化发展水平。

除了加强丝绸之路经济带国内段中心城市建设之外,还应进一步加强国内段中心城市与中亚及周边国家中心城市之间的分工合作关系,尤其要加强西安、兰州、乌鲁木齐与阿拉木图(哈萨克斯坦最大城市)、塔什干(乌兹别克斯坦首都)、阿什哈巴德(土库曼斯坦首都)等区域中心城市之间的分工合作,构建丝绸之路经济带城市发展轴,充分发挥丝绸之路经济带沿线中心城市的增长极带动作用,以点带面,从线到片,逐步实现丝绸之路经济带的大合作、大发展、大繁荣,推进丝绸之路经济带区域经济一体化。

(二)产业分工合作

产业是丝绸之路经济带战略实施的载体,丝绸之路经济带主体区域具备良好的合作基础、广阔的市场空间和层级互补的产业体系,这为丝绸之路经济带相关国家加强产业分工合作、构建区域价值链创造了良好条件。以工业为例,改革开放以来中国工业经济保持了持续快速增长,成为推动经济社会发展的强大引擎。经过三十多年的发展,中国工业产值跃居世界第一位,主要工业产品产量均居世界前列,成为名副其实的工业大国。但从工业各行业在全球价值链中所处的位置和国际竞争力水平来看,中国尚处于工业化中期后半阶段,面临着工业产业结构转型升级的艰巨任务。当前,中国经济进入中高速增长的"新常态",要在"新常态"下推动工业结构转型升级,必须把"大规模走出去"与"高水平引进来"结合起来,通过建设丝绸之路经济带全面推进国际产能合作。

作为"丝绸之路经济带"的重要组成部分,中亚及周边国家的工业化尚处于初级阶段,工业产业体系与中国存在很强的互补性,并且具有丰富的能源资源和广阔的市场潜力,强烈希望搭乘中国发展的快车促进本国经济发展。通过与"丝绸之路经济带"沿线国家加强工业产能合作,向"丝绸之路经济带"沿线国家输出优势产能,中国可以把产业、资金优势与相关国家的市场需求结合起来,这不仅有助于中国工业产业结构转型升级,而且可以加快相关国家的工业化进程,进而提升"丝绸之路经济带"区域经济融合水平。

基于丝绸之路经济带相关国家的工业现状及其发展趋势,我们认为应积极构建以中国东部沿海地区为"龙头"、以中国中西部地区为"枢纽"、以中亚及周边国家为重要组成部分的丝绸之路经济带工业价值链,各经济体通过分工合作实现协同发展(图1)。[5]

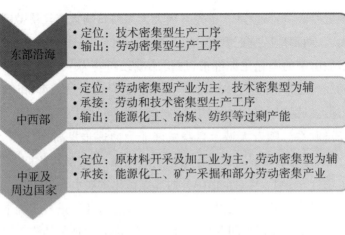

图 1　丝绸之路经济带工业价值链示意图

具体设想如下：中国东部沿海地区应向外转移劳动密集型生产工序，积极发展技术、知识密集型生产工序，争当丝绸之路经济带工业价值链的"链主"，发挥"龙头"引领作用；中国中西部地区应向外转移的能源化工、钢铁、纺织等过剩产能，积极承接中国东部沿海地区转移出的劳动密集型生产工序，同时承接国际范围内转移出的技术、知识和资本密集型生产工序，争当丝绸之路经济带工业价值链的"枢纽"；中亚及周边国家的工业基础相对薄弱，应积极承接中国转移出的部分劳动密集型生产工序，同时大力发展资源开采及初加工、能源化工、棉毛纺织等工业产业，充分发挥自然资源尤其是油气资源富集的比较优势，提升工业经济发展水平。随着丝绸之路经济带工业价值链的形成与拓展，相关国家的产业合作将更为紧密，逐步建成利益共同体和命运共同体。

(三) 贸易投资便利化

贸易投资合作是丝绸之路经济带建设的重点内容，同时是丝绸之路经济带沿线中心城市建设和产业分工合作的重要条件。相关研究认为，贸易投资便利化是由封闭经济向开放经济转变的过程，是经济全球化和区域经济一体化对贸易投资领域的必然要求。[6]通过合作解决贸易投资便利化问题，有助于消除丝绸之路经济带相关国家的投资和贸易壁垒，在丝绸之路经济带区域范围内构建良好的营商环境，深化中国同丝绸之路经济带沿线主要国家的贸易投资合作，提升丝绸之路经济带区域经济一体化水平。

近年来，中国与丝绸之路经济带沿线主要国家的贸易投资合作不断加强，已成为丝绸之路经济带沿线多个国家最重要的贸易伙伴或投资来源国。通过图 2 可以看出，2005年以来中国对俄罗斯和中亚五国的投资额不断增加，投资存量从 2005 年的 79084 万美元提升至 2013 年的 1647458 万美元，增加了近 21 倍。但受经济发展水平、社会制度、法律法规等因素的影响，丝绸之路经济带相关国家的贸易投资壁垒仍然较多，不利于各国之间经贸合作水平的提升。我们认为，应从以下三方面采取措施，推进丝绸之路经济带贸易投资便利化：一是协调"丝绸之路经济带"相关国家的贸易投资法规及政策，建立符合相关国家共同利益、有助于贸易投资便利化的制度法规；二是建立"丝绸之路经济带"贸易投资争端协调机构，处理丝绸之路经济带相关国家在贸易投资领域存在的利益纠纷问题；三是建立应对贸易投资风险的管控机制，及时向丝绸之路经济带相关国家通报可能出现的贸易投资风险，提高"丝绸之路经济带"贸易投资风险应对能力。

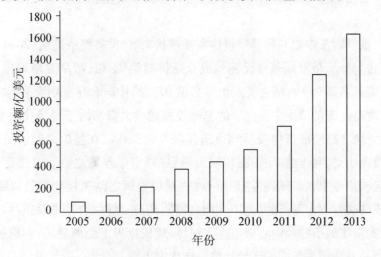

图2　2005—2013 年中国对俄罗斯和中亚五国的投资存量情况[①]

三、丝绸之路经济带战略实施的支持体系

在推进丝绸之路经济带重点建设任务、实现区域经济一体化的过程中，面临诸多风险和挑战，必须构建有效的支持体系。具体而言，丝绸之路经济带沿线国家只有加强基础设施互联互通，才能提供有效的设施保障；只有统筹发展战略，才能朝着区域经济一体化的目标相向而行；只有建立有效的合作机制，才能为相关国家共同推进合作项目提供平台；只有辨识和防范区域合作过程中可能出现的风险，才能使区域经济一体化平稳有序推进。为此，我们从设施互联互通、发展战略统筹、合作机制构建、风险辨识与防范等四个方面，构建丝绸之路经济带区域经济一体化战略实施的支持体系。

（一）设施互联互通

健全的基础设施有助于实现生产要素跨区域优化配置和提升市场效率，对于经济增

---

① 资料来源：中华人民共和国商务部、中华人民共和国国家统计局、国家外汇管理局：《2013 年度中国对外直接投资统计公报》，中国统计出版社，2014 年，46 - 50 页。

长、社会进步和区域协调发展具有重要意义。丝绸之路经济带东边始于活跃的东亚经济圈,西边直达发达的欧洲经济圈,中间以中亚为中心的泛中亚经济圈具有巨大的发展潜力。在如此广袤的地域范围内,基础设施网络承担着连接丝绸之路经济带沿线国家的纽带作用。通过基础设施互联互通,有助于促进中国中西部地区及泛中亚经济圈的经济发展,熨平丝绸之路经济带的经济凹陷区域,同时有助于带动整个丝绸之路经济带乃至全世界的经济增长。

从中国、俄罗斯及中亚五国基础设施发展现状来看,世界经济论坛《2014—2015 年全球竞争力报告》显示,俄罗斯基础设施状况全球排名第 71 位,哈萨克斯坦排名第 62 位,吉尔吉斯斯坦排名第 96 位,塔吉克斯坦排名第 107 位,中国和乌兹别克斯坦也位居中游,这表明丝绸之路经济带沿线主要国家的基础设施建设大都滞后于经济社会发展需要,必须通过建设丝绸之路经济带加快基础设施互联互通工作。在丝绸之路经济带建设过程中,既要建设以航空、高压电网、信息传输为重点的"空中丝绸之路",又要建设以客运铁路专线、货运铁路专线、高等级公路为重点的"地面丝绸之路",还要建设以原油管道、天然气管道、成品油管道为重点的"地下丝绸之路",通过立体综合基础设施网络,丝绸之路经济带可以把沿线城市群及中心城市连为一体,建成世界上距离最长、面积最大、人口最多、市场规模和发展潜力最广的区域经济一体化大走廊。

(二)发展战略统筹

《愿景与行动》指出:"'一带一路'建设是一项系统工程,要坚持共商、共建、共享原则,积极推进沿线国家发展战略的相互对接"。我们认为,丝绸之路经济带发展战略统筹涉及以下三个层次的内容:一是"丝绸之路经济带"与"21 世纪海上丝绸之路"战略之间的统筹协调;二是丝绸之路经济带沿线不同国家、地区之间发展战略的统筹兼顾;三是丝绸之路经济带国内段建设过程中,相关省份之间发展战略的统筹对接。在上述三个层次的内容之中,丝绸之路经济带不同国家及地区之间的发展战略统筹最为关键。

丝绸之路经济带战略与俄罗斯"欧亚经济联盟"战略、哈萨克斯坦的"光明之路"战略的统筹对接工作进入操作阶段,我们认为上述发展战略统筹可以为丝绸之路经济带相关国家之间的战略统筹提供示范。一方面,做好"丝绸之路经济带"战略同俄罗斯"欧亚经济联盟"建设战略的统筹对接。欧亚经济联盟是由俄罗斯、哈萨克斯坦、白俄罗斯、塔吉克斯坦、吉尔吉斯斯坦等国家为加强经济、政治合作而建立的合作组织,战略目标是推进该区域的经济一体化。通过加强"丝绸之路经济带"战略同俄罗斯"欧亚经济联盟"战略之间的统筹对接,有助于深化中俄两国之间的全面战略协作伙伴关系,促进"丝绸之路经济带"与"欧亚经济联盟"相关国家的经济社会发展,加快区域经济一体化进程。

另一方面,做好"丝绸之路经济带"战略同哈萨克斯坦"光明之路"战略的统筹对接。哈萨克斯坦地处欧亚大陆交接的枢纽位置,为发挥优越的地理区位优势,哈萨克斯坦总统纳扎尔巴耶夫在 2014 年的国情咨文中提出了"光明之路"经济发展战略,力图通过加强国内的物流、交通、通讯等领域的基础设施建设,打造欧亚大陆交通枢纽,发展过境物流产业,促进本国经济发展。"丝绸之路经济带"战略与"光明之路"战略高度吻合,通过加强这两大战略之间的统筹对接,有助于深化和拓展中哈两国的经贸合作,实现共同发展繁荣。此外,中国还应与丝绸之路经济带其他主要国家就经济发展战略进行对接,保障丝绸之路经济带区域经济合作战略的有序推进。

(三) 合作机制构建

"丝绸之路经济带"沿线国家众多,并且各国在历史文化、民族宗教、社会制度等方面具有明显差异,要深化丝绸之路经济带沿线国家之间的经贸合作,必须充分借助现有的双边和多边合作机制,协调推进丝绸之路经济带合作项目的顺利实施。具体而言,可从以下三方面构建丝绸之路经济带合作机制:

一是构建有效的双边合作机制。目前,中国已与巴基斯坦建立起全天候战略合作伙伴关系,与俄罗斯、哈萨克斯坦等国建立起全面战略合作伙伴关系,与乌兹别克斯坦、土库曼斯坦、吉尔吉斯斯坦、塔吉克斯坦等国建立起战略合作伙伴关系。依托业已建立的紧密的双边合作关系,有助于协调推进丝绸之路经济带合作项目的实施。例如,中国与巴基斯坦就共建"丝绸之路经济带"达成广泛共识,提出把中巴经济走廊建成"丝绸之路经济带"的旗舰项目,这为丝绸之路经济带双边合作机制的构建提供了示范。

二是完善多边合作机制。上海合作组织成立于 2001 年 6 月 15 日,其宗旨是致力加强成员国之间的全方位合作,目前拥有六个成员国、五个观察员国和三个对话伙伴国,这些国家均是参与丝绸之路经济带建设的主要国家,并且已通过上海合作组织框架建立了良好合作关系。通过进一步发挥上海合作组织的作用,可以加快推进丝绸之路经济带建设。此外,还可以发挥中阿合作论坛、中亚区域经济合作等现有多边合作机制的作用,并且可以探讨构建新的多边合作机制,共同推进丝绸之路经济带区域经济一体化战略。

三是搭建国际间合作平台。在丝绸之路经济带建设过程中,可以依托欧亚经济论坛、中国国际投资贸易洽谈会、中国—阿拉伯博览会、中国西部国际博览会、中国—俄罗斯博览会等平台,广泛开展贸易、投资等交流活动,并且可以合作建立丝绸之路经济带国际高峰论坛,探讨建立其他新的国际合作平台,充分发挥国际间合作平台在丝绸之路经济带建设中的积极作用。

(四) 风险辨识与防范

丝绸之路经济带涉及亚欧非三大洲数十个国家,面临的国际环境复杂多变,必须科学识别经济带区域经济一体化过程中可能诱发的经济风险、政治风险和社会风险,并制定行之有效的预警机制和响应方案。[7]其中,丝绸之路经济带建设中的经济风险主要是指一国经济运行的脆弱性和经济危机发生的可能性;政治风险主要反映一国政权的稳定性、腐败情况以及政府管理的有效性;社会风险主要反映一国的社会冲突、法律健全水平和种族宗教矛盾。

要保障丝绸之路经济带战略的顺利实施,必须建立风险评估、预警和响应机制。在风险未发生时,对丝绸之路经济带可能出现的各类风险进行评估;在风险发生之前,对即将出现的风险进行预警;在风险发生之后,通过响应机制来管控风险,有效降低风险带来的损失。通过识别和防范丝绸之路经济带战略实施中的各类风险,有助于支撑区域经济一体化的顺利推进。

【参考文献】

[1] 申现杰,肖金成.国际区域经济合作新形势与我国"一带一路"合作战略[J].宏观经济研究,2014(11):30-38.

[2] 白永秀,王颂吉.丝绸之路经济带的纵深背景与地缘战略[J].改革,2014(3):64-73.

[3] 白永秀,王颂吉.丝绸之路经济带:中国走向世界的战略走廊[J].西北大学学报(哲学社会科学版),2014(4):32-38.

[4] 王颂吉,白永秀.丝绸之路经济带建设与西部城镇化发展升级[J].宁夏社会科学,2015(1):51-59.

[5] 白永秀,王颂吉.价值链分工视角下丝绸之路经济带核心区工业经济协同发展研究[J].西北大学学报(哲学社会科学版),2015(3):41-49.

[6] 郭飞,李卓,王飞,等.贸易自由化与投资自由化互动关系研究[M].北京:人民出版社,2006:3.

[7] 董锁成,黄永斌,李泽红.丝绸之路经济带经济发展格局与区域经济一体化模式[J].资源科学,2014(12):2451-2457.

(原刊于《兰州大学学报(社会科学版)》2015年第4期)

中国与俄罗斯及中亚国家深化经济合作策略探析
——以"丝绸之路经济带"建设为中心[*]

卢山冰　黄孟芳

【摘　要】　"丝绸之路经济带"谋划属于经济一体化战略思维,应当遵循经济一体化发展规律,坚持包容性原则,积极发挥"上合组织"作用推动区域经济合作,重视欧亚经济联盟的客观存在,尊重其正在发挥的价值功效;在启动亚太自贸区建设的同时,从中国和俄罗斯、中亚自贸区建设入手,促进国家间贸易流通,逐步推动区域经济发展;进一步完善能源合作模式,积极对接中亚区域基础设施等项目,深化务实交流合作,共同推动丝绸之路经济带建设。

【关键词】　"上合组织";功能转型;自贸区建设;战略项目;合作开发;对策研究

2015 年 3 月 28 日,国家发改委、外交部、商务部联合发布的《推动共建丝绸之路经济带和 21 世纪海上丝绸之路的愿景与行动》(以下简称《愿景与行动》),系统揭示了中国政府在共建"一带一路"中的战略和行动方向,并使之步入具体落实和实施阶段。"一带一路"涉及区域广泛、国家众多,各个沿线国家面临的问题不尽相同,实难采用单一模式加以推进。本文立足于"丝绸之路经济带"建设中国与俄罗斯及中亚国家开展经济合作的方式,探讨中国在丝绸之路经济带建设过程中的推进策略。

一、利用"上合组织"开展丝绸之路经济带建设,作好"上合组织"在区域经济合作上的转型,与欧亚经济联盟建立沟通机制,共促中亚经济发展

"一带一路"战略提出后,中国领导人多次表示,"一带一路"建设不设新的组织,不建新的机制,充分发挥上海合作组织等已有机制的功能和作用表示。《愿景与行动》明确表示,"强化多边合作机制作用,发挥上海合作组织(SCO)、中国—东盟'10 + 1'、亚太经

---

　* 作者简介:卢山冰(1966—),男,河北石家庄人,西北大学丝绸之路研究院、现代学院教授、博士生导师,主要从事经济发展战略研究。

　黄孟芳(1972—),女,陕西岚皋人,西北大学新闻传播学院讲师,西安交通大学人文学院在读博士生,主要从事经济伦理、经济发展战略研究。

合组织(APEC)、亚欧会议(ASEM)、亚洲合作对话(ACD)、亚信会议(CICA)、中阿合作论坛、中国－海合会战略对话、大湄公河次区域(GMS)经济合作、中亚区域经济合作(CAREC)等现有多边合作机制作用",[1]其中,上海合作组织被置于首要位置,显示出其在"一带一路"战略中的重要地位。针对"丝绸之路经济带"建设中处理好与俄罗斯及中亚国家的关系而言,将区域经济引导和经济合作功能引入上海合作组织中并予以强化,十分现实也相当必要,必须在理论和实践中达成共识。

在2009年6月举行的"上合组织"峰会上,俄国代表曾提出建立成员国内共同结算货币的建议,但由于"上合组织"框架内经济合作总体上比较薄弱而未能实施。在经济合作上,"上合组织"仍然停留在贸易和投资"便利化"的低水平阶段,至今仍未把建立"自由贸易区"这种"入门级"一体化形式作为"上合组织"的经济合作目标,这大大限制了成员国之间开展贸易和投资工作。"丝绸之路经济带"建设对于"上合组织"提高经济功能是一个非常好的机遇和契机,一旦将经济功能加入其中,将有助于促进各成员国之间的多边经贸合作,对于在更广泛领域集中与整合成员国的人才、资本和资源优势,推动中国与俄罗斯、中国与中亚各国的经济合作,能够发挥更加积极的作用。对此,一些成员国专家已经提出了许多建设性意见,且普遍认为在"丝绸之路经济带"建设上充分利用已经存在十余年的"上合组织"是"务实的选择",也是"成本最小选择"。俄罗斯中国问题专家亚历山大·卢金明确表示,"上合组织"完全可以作为推动"丝绸之路"建设的重要组织机构,以其十多年来积累的成员国之间合作经验,十分有利于助推"丝绸之路"经济共建工作,而"丝绸之路经济带构建也为'上合组织'发展开辟了更加广阔的天地"。[2]

俄罗斯推动独联体经济一体化的做法,值得"丝绸之路经济带"建设借鉴。2015年1月1日,由俄罗斯、白俄罗斯和哈萨克斯坦组织的欧亚经济联盟正式成立并运行,三国在大踏步推进区域经济一体化进程中,从"关税同盟(2010)"到"经济一体空间(2014)"再到"欧亚经济联盟(2015)",稳扎稳打、持续推进,同时不断吸引吉尔吉斯斯坦、塔吉克斯坦和亚美尼亚陆续加入,形成以俄罗斯为主导的中亚区域经济合作组织。

"丝绸之路经济带"建设对接欧亚经济联盟是对俄罗斯和中亚地区经济一体化工作的肯定,也是"丝绸之路经济带"建设的"成本最小路径"。中国与俄罗斯及欧亚经济联盟的合作完全可以利用"上合组织"予以推进,强化"上合组织"的经济功能,提高"上合组织"的经济合作水平。普京总统2012年6月在《人民日报》发表署名文章中表示,开展"上合组织"与欧亚经济联盟的经济合作价值巨大,不仅能够使两者相互补充、共同发展,而且其合作前景广阔。[3]哈萨克斯坦管理经济战略研究院教授詹尼斯·坎巴耶夫提出,"丝绸之路经济带建设"理念得到"上合组织"所有成员的大力支持和积极响应,各成员国可以在各个领域加强务实合作、增强对话、增进互信,"把合作议程从主要面向安全性问题扩展到包含深度和广度的经济合作"。[4]这意味着,"上合组织"必须由地区安全事务的组织者、管理者转型为地区经济合作建设、经济一体化发展的有力推动者。"上合组织"转型问题也存在相当大的困难,原因是中国没有加入中亚任何经济组织,长期徘徊在中亚经济一体化进程之外。因此,中国可以通过推动"上合组织"自贸协定谈判,结合"丝绸之路经济带"建设来拓展参与中亚地区经济一体化的路径,开展中国与中亚国家经济合作活动。2014年6月29日,哈萨克斯坦通讯社刊发专题文章《上合组织转型才能促丝路经济带取得成功》,可见在中亚国家对于"上合组织"转型的期盼。

开展"丝绸之路经济带"建设,须依靠已有的"上合组织"等机制,最大限度地发挥其机制的功能。而"丝绸之路经济带"建设客观上要求已有的组织增进、扩展和强化经济功能,因此,"上合组织"须顺应时代潮流,适时作出经济转型,以发挥其在共建"丝绸之路经济带"主导作用。考虑到欧亚经济联盟已经从"抱团取暖"到"规划经济一体化"持续推进,尤其是2015年1月1日欧亚经济联盟成立和运行,"上合组织"须尽快与刚刚成立的欧亚经济联盟建立沟通机制,及时沟通政策信息,传递加强经济合作、发挥经济功能的转型信息,赢得其认同和信任。

二、从赋予最惠国待遇和开展自贸协定谈判入手,建立中国与欧亚经济体紧密联系平台,持续推进亚太自由贸易区进入实质谈判阶段,是"丝绸之路经济带"建设稳妥和有效率的途径

"丝绸之路经济带"建设属于中国实施西部大开发战略的重要举措,也是中国经济对外开放战略的重要内容,以及中国经济走出去与沿线国家开展深入合作的重要路径。考虑到沿线国家经济发展态势、规模、水平和阶段,在落实"丝绸之路经济带"战略措施的过程中,必须有针对性地对接沿线国家客观需求,制定不同的合作路径,采取灵活多样的推进措施,开展共同建设工作。

1.从赋予相关国家最惠国待遇入手,加强中国与相关沿线国家经济紧密程度,推动经济一体化发展进程。最惠国待遇是实现经济一体化的有效形式,也是在自由贸易区启动前的常用机制。两者的共同之处均为推动经济一体化发展,所不同的是"最惠国待遇"属于一种双边关系机制,经济联盟是一种多边组织构架,两者可以并行发展,也可以先后推进。针对沿线国家经济发展和开放程度,考虑其与世贸组织的关系,从赋予相关国家最惠国待遇入手,加强经济合作关系,属于比较稳妥同时又是可行的实施策略。习近平在杜尚别上海合作组织元首峰会上强调,中国在与组织成员国合作中以赋予最惠国待遇的方式推动经济一体化。这是充分考虑到俄罗斯主导的即将成立欧亚经济联盟在先这一客观事实后中国领导人的明确表态,这无疑为中国与该组织成员国的现实合作指明了方向。此次会议上,俄罗斯总统普京强调俄罗斯支持加强成员国之间建立更加紧密的双边关系,这也是考虑到了中国希望通过推进"丝绸之路经济带"建设中降低贸易壁垒的愿望与要求。

2.推进中国与相关国家的自由贸易区谈判,为"丝绸之路经济带"积累自贸协定谈判

经验。中国应大力营造与相关国家自贸合作氛围,以自贸协定推动经济一体化。截至2014年12月,中国已与相关国家和地区组织签署自贸协定13个,涉及20个国家和地区,有的在"一带一路"沿线,有的则不在。在"丝绸之路经济带"建设过程中,我们可以把丝绸之路沿线国以及非沿线国自贸协定谈判工作统筹起来,全盘谋划,系统策划,整体部署,既推动与沿线国自贸协定谈判和成果落实,也积极总结与非沿线国自贸协定谈判的经验和成功做法,以借鉴和应用到丝绸之路沿线国谈判工作中,以自贸协定谈判和落实推动丝绸之路沿线互联互通及经济合作。在与各国开展自贸协定谈判上,政府有关部门必须进行总体规划布局,统筹协调,稳步推进,实现在自贸协定框架内共同开展"丝绸之路经济带"建设目标。

3. 在"丝绸之路经济带"建设上,俄罗斯是中亚地区和独联体中具有举足轻重地位的国家,并在"上合组织"中地位相当重要。从长远战略和地区经济一体化发展角度看,中俄两国应高瞻远瞩携手共同维护地区稳定和推进经济一体化进程,在两国自贸协定谈判中,可以中国西北与俄国西伯利亚地区为试点建立两国自贸区,对接丝绸之路经济带建设,也可以在中国东北地区和俄罗斯接壤城市之间共同建立自由贸易园区,开展经济一体化建设。此外,中国政府一直在"上合组织"中倡导自贸区建设,早在2002年5月"上合组织"成员国经贸部长的会晤中,中国商务部负责人就曾公开表示,"在海关程序、商务流动等方面存在的壁垒阻碍了成员国间贸易规模的扩大",[5]阻碍了区域经济一体化发展的进程,而自贸协定是推动国与国之间开展经济合作的有效路径,也是区域经济发展的必由之路。如何才能在尽快在中国与中亚、俄罗斯之间实现自贸区的突破?笔者认为,2015年1月1日欧亚经济联盟已经成立,中国可与该联盟成员国谈判代表建立常态联系,与该联盟建立沟通机制,协商拿出推进中国与欧亚经济联盟谈判的时间表,把推动中国与欧亚经济联盟自贸区建设作为一项重要工作。根据关税同盟条约,只要中国与该联盟中任何一个国家进行谈判就意味着与该联盟所有国家进行了谈判,中国产品进入任何一个国家,即意味着进入到该联盟所有国家。通过自贸区可消除国与国之间的经济壁垒,开展自贸区建设是世界经济潮流大势,须顺势而为,大力促进经济合作发展。因此,建立与俄罗斯和中亚国家自由贸易区,应该成为上海合作组织在地区经贸合作领域的重要任务和核心目标之一。

4. 全面研究和谋划亚太自贸区,从战略层面统筹和推动亚太自贸区研究,争取早日启动谈判机制,以亚太自贸区合作促进"丝绸之路经济带"建设。2014年11月11日,亚太经合组织第22次经济体领导人非正式会议在北京举行,会议发表联合声明,一致同意共同推动亚太自贸区路线图制定工作。会议明确,为推动亚太自贸区建设,APEC将从本次会议起正式启动为期两年的亚太自贸区建设战略研究,共促亚太自贸区建设,推动形成亚太自贸区路线图战略构思。成型后的研究报告将被提交给将于2016年年底召开的APEC部长级会议作为核心议题予以讨论和研究。启动亚太自贸区建设战略研究标志着

FTAAP 进入前期规划阶段,意味着亚太国家区域经济一体化合作进入到一个新的历史时期。《愿景与行动》"合作机制"部分,在强调强化多边合作机制作用时,视"亚太经合组织(APEC)"为重要机制之一。[1] 我们要高度重视从亚太自贸区战略规划层面与"丝绸之路经济带"建设进行对接和融合,不能仅就亚太自贸区谈自贸区和"丝绸之路经济带"谈经济带建设,开展两者的配合研究和合作研究属于重要的基础工作。国内一些专家在几年前曾建议,参照美国和欧盟的做法,结合"丝绸之路经济带建设"中的发挥"上合组织"的作用,提出建立"上合组织"自贸区的设想,[6] 并认为要实事求是地承认欧亚经济联盟区域经济主导作用,中国和俄罗斯、"上合组织"和欧亚经济联盟要站在全球经济一体化进程上来定位双方的合作及未来发展。笔者认为,"丝绸之路经济带"建设应该以"上合组织"和欧亚经济联盟为基础,在"丝绸之路经济带"上建立跨欧亚的战略经济合作伙伴协定,构建"丝绸之路经济带欧亚自由贸易区",也可能或可以是未来的发展备选途径。

三、深化能源领域合作,充分发挥亚洲基础设施投资银行和丝路基金功能对接基础设施建设,鼓励企业合作拓展新的产业领域,积极对接欧亚经济委员会已经设计出的基础设施投资路线图,开展务实合作

中国与俄罗斯、中亚国家在能源合作上已经建立起了长效机制,取得了良好的效果。在"丝绸之路经济带"建设中,能源专项合作依然占据核心地位,强化能源合作领域,深化能源合作机制,创新能源合作模式对于双方和多方都具有战略价值。2002 年与这些国家处于推动经贸便利化阶段时,中国就"上合组织"框架内开展与俄罗斯、中亚合作提出了具体领域和项目类型,即优先在能源、交通和与民众就业有关的经济领域开展合作,深化互惠互利的能源运输通道开发建设。令人欣喜的是,十余年来在上述领域"上合组织"成员国之间合作成效显著。正是基于上述成效,《愿景与行动》明确"加强能源基础设施互联互通合作,共同维护输油、输气管线等通道安全",[1] 为中国与俄罗斯、中亚国家进一步开展能源合作指明了路径。

1. 在"上合组织"框架内开展能源合作规划和设计,促进成员国之间能源合作。俄罗斯专家卢金在 2009 年就建议在上海合作组织框架内发展能源合作会有良好的前景。如果算上观察员国的话,在上海合作组织中,既有能源出口大国,也有能源消费大国和运输大国。在上海合作组织框架内,完全有可能成立一个类似"能源专项合作"的项目机构,它可以在能源问题上协调共同利益以及制定共同政策。2013 年 3 月 22 日,中俄两国领导人共同签署了一份关于深化全面战略合作伙伴关系的联合声明,明确将开展深化在能源、矿产、电力、新能源等领域合作,建立紧密和牢固的能源战略合作关系。当天,俄罗斯石油公司与中国石油公司签订协议,将年度对中国原油供应量提高至 3100 万吨,中国国家开发银行为俄罗斯石油公司提供 20 亿美元贷款。

从中俄两国能源经济合作战略来看,"俄国是全球最大的原油生产国,中国是能源消

费大国,两国又是邻国,在能源领域是天然的合作伙伴"。[7]统计数据显示,2012 年中国石油需求量大概是 4.7 亿吨左右,其中进口石油量大概 2.7 亿吨。该年度中国石油对外依存度已经达到 56.4%,其中进口石油主要来自中东地区。在中东局势不确定因素大量存在的背景下,加强与俄罗斯能源合作对于中国能源安全是一个有力保障。而在欧美对于石油需求量下降,且国际政治因素干扰下,俄罗斯加大与中国能源合作,建立能源多元化出口体系,减少对欧洲市场的过度依赖,也不失为明智选择。[8]

2. 深化中国与俄罗斯、中国与中亚国家在能源合作领域,扩大能源合作范围。中国与俄罗斯及中亚国家在能源合作上已经具备了良好基础,合作领域不断扩大,为后续深化能源合作提供了广阔发展前景。中俄两国除了继续加大在石油供销合作力度之外,在石油开发上已经展开合作。中国石油公司将和俄罗斯石油公司共同开发八块陆区石油开发区以及三块海上石油开发区,并且中国石油公司已经与俄罗斯石油公司开展了战略合作,联合开发北极大陆架资源,而且在天津市合资成立中俄东方石油(天津)有限公司,分别占有 51% 和 49% 的股份。这是双方在能源项目合作领域的新的尝试,也是合作的进一步深化。随后,双方可以借用能源合作中的成功模式和经验,围绕能源产业链开展上下游一体化的深度合作。中国与中亚国家能源合作上成效显著,从 2009 年至 2014 年,中国从土库曼斯坦进口天然气 1000 亿立方米,促进了中国天然气进口多元化。2014 年 11月,中国政府推出"天然气进口计划",明确在 2016 年修建第四条"中国—中亚"天然气管道网,预计输送量达到每年 850 万立方米。所有的中国与俄和中亚所开展的能源合作,都是在互惠互利基础上开展的,已成为中国与这些国家经济合作的重要成果。所以,落实共建"丝绸之路经济带"战略,要强化能源合作成果,扩大能源合作范围,深化能源合作领域,延伸能源合作产业价值链,稳固"能源丝绸之路"在其中的重要地位。

3. 以亚洲基础设施投资银行和丝路基金为融资平台,对接沿线国家基础设施建设需求,开展互联互通建设,造福于沿线国家和人民。2014 年下半年中国政府积极推动成立亚洲基础设施投资银行,在 11 月份 APEC 会议上,习近平明确提出建立丝路基金,为中国开展丝绸之路经济带建设确定了投资方向,即"丝绸之路经济带"建设将积极解决沿线国基础设施落后问题,围绕亚洲和沿线国家基础设施开展投资及建设工作。2014 年 2 月,俄罗斯总统普京向出席索契冬奥会开幕式的中国国家主席习近平表示,"俄方积极响应中方建设丝绸之路经济带和海上丝绸之路的倡议,愿将俄方跨欧亚铁路与'一带一路'对接,创造出更大效益"。[7]5 月,签署《中华人民共和国与俄罗斯联邦关于全面战略协作伙伴新阶段的联合声明》,明确俄罗斯充分肯定丝绸之路经济带,双方表示将寻找"丝绸之路经济带"项目和即将建立的欧亚联盟之间的契合点,开展务实合作。2014 年 8 月 19日,《中华人民共和国和乌兹别克斯坦共和国联合声明》明确,"双方支持并愿意落实中方关于建设'丝绸之路经济带'的倡议,将确定新的具有前景的经济合作方向,进一步推动重点项目"。值得注意的是,欧亚经济体已经制定了成员国各公路和铁路建设一揽子计划,准备在 2020 年建设 7 条公路和 7 条铁路线,包括 142 个物流中心等,这其中就涉及俄罗斯总统普京讲到的"跨欧亚铁路"项目。我们在推进丝绸之路经济带建设中,要整合国内资源,参与到这些具体大的项目当中,并发挥重要作用。如果我们在亚投行和丝路基金投资中,能够结合与对接欧亚经济联盟已经明确的基础设施建设项目及类型,尤其是与已经规划设计出来的亚欧铁路计划等结合在一起。一是能够密切和当地国的关系;二是尽快推出投资项目,将亚投行和丝路基金落到具体项目上,"丝绸之路经济带"建设实际效果会尽快显现出来。在共建"丝绸之路经济带"战略提出之前中,在"上合组织"框架内成员国之间已经在探索构建能源合作组织和寻找能源合作路径,在十余年时间里中国与相关国家在能源合作上建立了紧密机制,产生积极效应,为后续能源项目深化合作奠定了坚实基础。

四、结论

自 2013 年 9 月和 10 月中国国家主席习近平提出共建"丝绸之路经济带"和"21 世纪海上丝绸之路"倡议至今已经一年多时间了,这期间国内专家各抒己见,各部委也集思广益。2014 年年底,重点支持亚洲和丝路沿线国家基础建设及项目投资的亚洲基础设施投资银行与丝路基金筹建及注册,2015 年 3 月 28 日国家三部委联合发布《愿景与行动》,意味着"一带一路"从国家层面已经明确了战略蓝图和行动方向,各省、市、自治区也纷纷出台对接《愿景与行动》和结合本地发展实际的发展战略、规划及实施项目,"一带一路"已经开始进入应用对策研究和具体实施推进阶段。2015 年作为"一带一路"战略实施元年,"一带一路"建设将在重点区域和重点项目上开展建设工作。针对中国和俄罗斯及中亚国家合作来讲,"一带一路"中"丝绸之路经济带"建设要充分发挥上海合作组织的作用,在保持和稳定区域安全职能基础上,增加和扩大经济合作的功能,及时作好"上合组织"功能转型,增设区域经济合作分支机构,制定经济合作战略规划,推动"丝绸之路经济带"建设;建立亚太自贸区筹备组织机构并开始工作,着手落实最惠国政策,启动中国与俄罗斯自由贸易区谈判,在条件具备时启动与中亚国家自由贸易区谈判,迈出未来经济一体化的第一步,同时积极与俄、白、哈倡导成立并运行的欧亚经济联盟合作,全面了解该联盟意图和发展路线图,寻找合作契机和领域;在完善中国与俄罗斯和中亚国家能源合作模式基础上,深化和强化能源合作产业上下游产业链,密切在此领域的传统合作和创新合作;积极对接欧亚经济体相关战略项目,拓展合作领域,参与项目建设,发挥中国在"丝绸之路经济带"建设中的重要作用;积极利用两种资源,作好两个市场,以"一带一路"建设促进中国经济发展,以"一带一路"建设推动区域经济一体化,以"丝绸之路经济带"建设为世界经济复苏和国际和平发展作出应有的贡献。

【参考文献】

[1] 国家发改委,外交部,商务部.推动共建丝绸之路经济带21世纪海上丝绸之路的愿景与行动[EB/OL].(2015-03-28).http://news.xinhuanet.com/2015-03/28/c_1114793986.htm.

[2] 卢金.俄中建交有400年[EB/OL].(2009-10-02).http://www.renmin-hotel.com/news/list.asp?unid=5012.

[3] 弗拉基米尔·普京.俄罗斯与中国:合作新天地[N].人民日报,2012-06-05.

[4] 上合组织转型才能促进丝路经济带取得成功[EB/OL].(2015-01-19).http://www.xinxi85.com/zhengwu/html/?10466.html.

[5] 贾俐贞.构建上海合作组织自由贸易区的战略思考[J].俄罗斯中亚东欧研究,2007(1):75-80.

[6] 崔颖.上海合作组织区域经济合作——共同发展的新实践[M].北京:经济科学出版社,2007.

[7] 陈玉荣.上合组织与丝绸之路经济带互为机遇相辅相成[N].人民日报,2014-09-11.

[8] 秦放鸣.中国与中亚国家区域经济合作研究[M].北京:科学出版社,2010.

（原刊于《河北学刊》2015年9月第35卷第5期）

中国"一带一路"投资战略与"马歇尔
计划"的比较研究

卢山冰　刘晓蕾　余淑秀

【摘　要】 随着亚洲基础设施投资银行和丝路基金的设立,以及"一带一路"战略的推出,中国"一带一路"战略进入投资规划阶段,并且即将进入投资计划实施阶段。本文在比较中国的"一带一路"投资战略与第二次世界大战之后美国提出的"马歇尔计划"两个概念内涵与形成背景的基础上,分析二者之间的8个本质差异。认为中国的"一带一路"投资是和谐共赢的战略构想,而"马歇尔计划"是美国为了取得世界主导权所采取的行动;进而指出中国"一带一路"建设完全不同于美国的"马歇尔计划",不仅不是其翻版,而且无论覆盖的国家和区域以及将要产生的未来影响,都不是"马歇尔计划"所能够比拟的。最后指出中国"一带一路"投资战略实施对于推动世界和平发展、区域经济一体化发展,造福于沿线各国人民,都将产生重大积极意义。

【关键词】 一带一路;投资计划;区域发展;和谐共赢;马歇尔计划;比较研究

2013 年习近平主席提出"丝绸之路经济带"与"21 世纪海上丝绸之路"(简称"一带一路")的战略构想,中国希望在古丝绸之路的基础上与沿线各国开展合作,从而建立新型伙伴关系。2014 年 11 月在围绕"一带一路"建设中国倡导设立"亚洲基础设施投资银行"和"丝路基金"之后,国内舆论界借机把几年前曾经在坊间存在的"中国版马歇尔计划"套用到"一带一路"投资战略上,一时间"马歇尔计划"和"中国版马歇尔计划"成为人们关注的热点词汇。而"马歇尔计划"是在什么时期提出,在什么背景下实施,投资到哪些国家和地区,其产生的社会效应有哪些等,是非常值得深入研究的。尤其是将中国"一带一路"投资战略构想的提出背景、目的和意义进行深入探讨,并将两个投资计划进行比较研究,对于厘清相关理论问题,解释两个投资计划的本质差异,是一件非常有意义的工作。

一、基本概念分析

"一带一路"是中国政府已经确定的国家战略,全面系统分析其概念、目的和意义,对于深入展开研究十分重要。

（一）"一带一路"投资战略的内涵、目的和意义

1. "一带一路"投资战略的内涵。解释"一带一路"投资战略内涵，首先就必须对"一带一路"进行分析，即"丝绸之路经济带"和"21世纪海上丝绸之路"。"丝绸之路经济带"是借用"丝绸之路"概念，发展连接东亚、西亚、南亚的交通网络，形成各国互利共赢、具有明显国际化特征的"利益共同体"和"命运共同体"，[1]从而推动"五通"的实现。"21世纪海上丝绸之路"是以中国—东盟经济、海洋合作为主导，[2]参与主体开放化，且不局限于亚洲和中国周边的地区、跨洲的经济合作大区域，连接东盟、亚洲、印度洋沿岸的经济合作带。"一带一路"解决的是区域经济一体化发展问题，其中的经济投资占据核心地位，在通常意义中自然就是投资发展问题。特别是2014年11月中国政府明确在1000亿美元的亚洲基础设施投资银行中，中国持50%的份额，以及中国政府发起成立400亿美元丝路基金，为丝绸之路沿线国家基础设施提供资本支持，从此"一带一路"投资战略更显得名副其实。从这个意义上讲，"一带一路"战略的落实核心在于"投资战略"的落实。

2. "一带一路"投资战略的目的。2013年9月7日，习近平主席在哈萨克斯坦纳扎尔巴耶夫大学的演讲中指出，中国愿意用创新的合作模式与中亚国家一道建设"丝绸之路经济带"。同年10月3日，习主席在印尼国会上发表演讲表示，中国愿意与东盟国家加强海上合作，携手推进"21世纪海上丝绸之路"的建设。中国政府提出的"一带一路"构想具有重要的战略意义。第一，加强了中国与相关国家战略合作。"一带一路"战略推出，是为了密切和加强我国与沿线国家的战略伙伴关系，推动国家之间的政治互信，为中国的发展创造和平稳定的周边环境。第二，深化了中国与相关国家能源合作。"丝绸之路经济带"为了加强中国与中亚国家之间能源经济联系，推进能源供给渠道和销售渠道多元化，保证中国和中亚国家共同能源安全。第三，开展中国与沿线国家文化交流。通过"一带一路"传播中华文明，将"中国梦"推向世界，推动连接"中国梦"与"世界梦"的桥梁——"亚太梦"的建立。"亚太梦"是坚持亚太大家庭精神和命运共同体意识，引领世界发展大势，让人民过上更加安宁富足的生活的梦想。从而在实现中华民族伟大复兴的同时实现全人类的"世界梦"。

3. "一带一路"投资战略的意义。"一带一路"的投资战略是由中国政府提出，宣传具有中国特色的价值观念。中国在"一带一路"建设中提出的"新型大国关系""命运共同体""新义利观"等概念均体现了浓厚的中国文化特色，虽然美国、日本等国家也都推出各自的"丝绸之路"计划和战略，但是只有中国提出的"一带一路"战略是基于浓厚的历史文化底蕴的，这是对两千多年丝绸之路精神的传承与发扬，是对互联互通、开放包容、合作共赢理念的实践。首先，提高了中国在"一带一路"沿线国家中的地位。中国作为"负责任大国"，积极提出"一带一路"建设，起到了区域经济一体化"领头羊"的作用，[3]提升

了中国在亚洲地区的地位,深化中国在国际地位的影响力。其次,推动了"西部大开发战略"的执行。"一带一路"战略与我国已实行的"西部大开发"战略在意义上有着高度的一致性。为我国获得中亚与中东的资源提供了便利,还为我国西部地区商品的对外输出提供了宽广的渠道。再次,提高了"一带一路"沿线国家的安全。"一带一路"沿线国家有俄罗斯、环里海、南海等重要的能源地,同时也集聚了中、日等重要的能源消费国。"一带一路"能够使得沿线各国优势互补,推动能源国出口多元化及能源消费国进口多元化,促进新型能源合作机制的形成。经济的发展推进政治进步,经济关系的深化能够推动政治关系的和谐。"一带一路"沿线的新兴国家有条件成为新型国际秩序的推动力量,这些国家的战略合作能够推进国际战略格局的发展,[4]对于中国来说也可以遏制美日在沿海地区的围堵。最后,可有效推进区域一体化建设。"一带一路"。战略构想的提出,能够在更深程度上加强中国与东南亚、中亚、南亚等地区国家之间的战略伙伴关系,提高国家之间的政治互信。可有效地促进区域一体化的进程,推动各国扩大视野,展开胸襟共同拓展区域合作,共创辉煌。

(二)"马歇尔计划"的内涵、目的和意义

在世界上曾经存在过多种多样的投资计划,在推动区域经济发展上,被理论界普遍认可和给予较高评价的是第二次世界大战以后美国实施的"马歇尔计划"。

1."马歇尔计划"的内涵。马歇尔计划是实践的杜鲁门主义,[5]美国政府通过有条件的支持、援助、干预和协调西欧经济发展,推动西欧国家恢复战后经济,并使之纳入到美国设想和规划设计的一体化发展轨道,[6]帮助美国企业消耗了过剩工业产能,实现了美国资本输出和全球扩张,形成了美国对于西欧的领导地位,以至于形成美国在全世界的霸主地位。"马歇尔计划"不仅仅是一个经济计划,更是涉及军事援助、文化渗透、政治势力范围争夺的行动计划。

2."马歇尔计划"的目的。美国借西欧战后经济凋敝急于恢复生产,发展社会经济的机会,在满足西欧战前发达国家恢复发展经济需求的同时,实现美国产品输出、资本输出和政治输出,在加强对西欧控制,左右西欧市场的同时,[3]并排斥战后形成的社会主义意识形态国家和地区,对社会主义阵营在经济上进行封锁、在政治上打压、在军事上进行对峙,尤其是加强在冷战中对苏联的遏制,直接推动了冷战和两大政治、军事阵营的敌视和对抗,遏制了世界新兴力量发展。

3."马歇尔计划"的意义。作为一个被普遍认为成功的投资计划,"马歇尔计划"产生了一定的积极价值效用。首先,"马歇尔计划"推动了西欧国家发展。该计划实施挽救了当时近于崩溃的西欧经济,为西欧经济以后的繁荣奠定了坚实的基础。该计划结束时,西欧各国工业产量在战前的水平上提高了35%以上,农业产量则超过10%。[7]其次,"马歇尔计划"加快了欧洲的一体化进程,推动西欧的联合,遏制了德国军国主义和战争的威

胁。推进欧洲经济、贸易上的一体化发展,推动形成欧洲合作组织雏形,并最终促成欧洲经济新秩序。[7]再次,"马歇尔计划"对美国的经济、政治的发展起到了积极作用。在经济上,"马歇尔计划"为美国经济的海外渗透提供了广阔的发展空间,消除了美国生产能力过剩的经济潜在危机。在政治上,巩固了美国在欧洲资本主义世界的领导地位,遏制了社会主义在欧洲的发展,巩固了西欧资本主义政权与资本主义制度,降低了共产主义在西欧国家社会的影响力。

二、"一带一路"投资战略和"马歇尔计划"的时代背景比较分析

"一带一路"投资战略与"马歇尔计划"二者提出的时代背景有着巨大差异,正是这样的不同,决定了两个投资活动的价值属性、价值导向和思维倾向,直接影响到投资计划设计和实施效果。

(一)"一带一路"投资战略提出的时代背景

为什么2013年中国国家领导人提出"一带一路"建设战略,要解释清楚这个问题必须要进行系统性分析。首先,中国发展成为世界第二大经济体,为中国"一带一路"战略构想奠定了坚实的经济基础。2010年第二季度,中国的GDP在总值与增长率上超过日本成为世界第二大经济体。同时从中国2006—2013年经济发展可发现,中国在过去的几年里,综合国力有了大幅度的提高,经济活力增强,宏观调控稳步推进,三大产业协调发展。其次,全球经济一体化,为中国"一带一路"战略构想提供了世界经济和现实需求背景。在全球经济一体化的进程中,产业经济资源需要跨越国界在全球范围内全面、大量、综合、自由地流动和配置,世界各国经济相互开放和依存,各国经济的发展与整个世界经济的变动相互影响和制约。再次,中国推动世界和平发展的理念,与新形势下国际世界和平发展需求相吻合的背景紧密结合。中国和平发展道路归结起来是:中国在发展自己的同时维护世界的和平,又在和平的世界中发展自身;在坚持自我创新的前提下,向其他国家学习先进的经验;顺应世界经济发展的潮流,同其他国家一道互惠互利,共同推进国际社会的和平、繁荣。[8]中国的和平发展理念得到了越来越多国家的理解、认同和支持,解决国际争端和经济问题时中国和平发展理念已经成为许多国家采用的模式,"一带一路"战略构想走和平发展道路理念,已经有了许多国家支持的基础。其四,中国作为世界经济增长极和驱动力,需要承担一定的推动全球经济多极化发展的义务。世界经济多极化表现为美、欧、日三足鼎立,在过去的十多年时间中,美、欧、日三者之间的经济实力发生着此消彼长的变化。近些年,有一些新的经济力量中心正在崛起,这些经济中心作为世界经济多极化新的增长极(如中国、俄罗斯、印度等新兴国家)正在发挥重要作用中国自2000年以后的十年间,在经济、金融、贸易的发展方面日益接近于世界大国水平。

其五,新兴经济体和经济水平落后国家互助发展的背景。随着新兴经济体实力的增长以及国际参与范围的扩大,他们突破以西方国家为主导的旧有国际救援体系,为世界上其他需要帮助的国家提供了更多的益处与选择。在 2011 年国务院对外发布的《中国的对外援助》白皮书中可以看到,截至 2009 年年底,中国累计向 161 个国家及 30 多个国际和区域组织提供了救援,援助金额高达 2562.9 亿元人民币。[9]最后,"一带一路"战略是中国社会主义国家属性的必然要求。可以说,"一带一路"战略是中国特色社会主义国家属性为背景的对外战略的组成部分,是中国从经济大国走向责任大国的一种国际表达,是在全球经济低迷和国内产业结构调整中经济发展新常态时提出的战略构思,也是加快中西部开发,解决区域发展不平衡问题的重要战略选择。

(二)"马歇尔计划"出台的时代背景

美国政府以时任国务卿名字命名的"马歇尔计划",作为第二次世界大战后对于西欧的经济复兴计划,是在欧洲战场结束近三年后提出来,并推广实施的经济计划。"马歇尔计划"有着鲜明的时代背景特征,也是历史环境使然。

1. 第二次世界大战结束后西欧百废待兴,急需外援以复兴经济。战后欧洲经济凋敝,恢复发展迫在眉睫。第二次世界大战结束后欧洲的农业收入尚不到大战爆发时年的50%,这样的农业产量根本不能保证民众的基本生活。[7]奥地利、意大利、希腊等国的工业产量还不到 1938 年的 2/3,德国的工业产量仅是战前 1938 年的 27%。[8]欧洲大陆的基础设施被破坏殆尽,特别是交通基础设施千孔百疮,基本生活用品严重短缺。桥梁、铁路、公路、运河等交通设置遭到严重破坏,汽油等燃料也出现了供不应求的现象。

2. 战争时期的联盟结束,两大政治阵营对峙端倪显现。第二次世界大战结束之后,在东欧建立起了社会主义国家,以苏联为核心的社会主义体系形成。第二次世界大战前的资本主义强国德国、意大利、英国、法国,战后经济实力被大大削弱,资本主义世界中美国实力雄厚,一国独大。美国以意识形态为主导急欲在自己周围形成与社会主义阵营对垒的资本主义集团势力,强烈需求在欧洲培植起能够直接与苏联相抗衡的国家,由此拉开了冷战的序幕。

3. 美国谋求世界政治主导权,推广影响全球的霸权文化。战后美国军事实力是其他任何国家都无法匹敌的。首先,美国军人数量最高峰曾达到近 1200 万人,在世界各个战略要地都有美军驻扎。其次,美国垄断了核武器,拥有战略武器,具备独一无二的强势。此时,美国及其盟友坚信"美国主导世界的时代已经来临","美国主导世界"和"美国全球文化"的时期已经到来,[3]美国政府也十分自负地认为当下是在全球扩大影响的机遇,认为美国主导战后欧洲与世界的时代已经开始。

4. 从美国国家属性来看,马歇尔计划推出的目的是一家独大的美国要把西欧控制在自己手中,把西欧拴在自己的战车上,达到控制世界的目的,该计划推出无疑是帝国主义国家属性的使然。

三、"一带一路"投资战略和"马歇尔计划"本质差异分析

两个投资活动尽管都是经济投资计划,但是二者之间在本质上存在着差异。

(一)"无政治前提"与"有政治前提"

在"一带一路"投资战略上中国没有政治前提,没有"人权"前置议题,没有政治附加条件;而"马歇尔计划"中有着显著的政治前提和政治附加条件。中国提出的"一带一路"投资战略是在坚定不移地遵守国家主权平等原则、不干涉原则,尊重经济发展的内在要求,在不附加政治条件的基础上将援助与合作结合在一起,创造性地提出并推行"发展合作"理念。中国所强调的援助包括军事援助、文化援助、促贸援助及经济合作,这些援助与合作是建立在相同的历史处境与发展阶段基础之上的,是各国之间的一种相互帮助和支持。中国提出的援外不附加政治条件原则与经合组织所强调的恩惠与赠与不同,期望实现实质上的平等,体现了中国作为负责任国家的价值观、责任观。中国能够承担且应该承担的国际责任,中国承担的国际责任基于自己经济实力和承载能力,这是中国自觉树立负责任大国形象的需要,也是世界上爱好和平国家和人民的普遍期待。

"马歇尔计划"作为美国对外援助的典型代表,充分体现出美国的根本目标:推行强权政治、实行霸权主义,有着显著的政治前提和政治附加条件。马歇尔在哈佛大学发表演说时提出:"我们政策的目的是恢复世界上行之有效的经济制度,从而使自由制度赖以生存的政治和社会条件能够出现","任何愿意协助完成恢复工作政府都将得到美国政府的充分合作。任何图谋阻挠别国复兴的政府,都不能指望我们的援助"。[10] 最终迫使苏联退出了巴黎会议,推进了将欧洲分裂成两个集团的进程。此外,美国的援助通过在人权问题上对受援国施加压力,干涉别国内政。

(二)"团结世界"与"割裂世界"

"一带一路"投资战略为了促进丝绸之路沿线国家经济发展,所形成的是不同意识形态国家之间的团结合作、共创共享;"马歇尔计划"的提出及后续结果就是"割裂世界",将世界分为两大阵营,以达到分裂对抗。

"一带一路"投资战略涵盖了亚洲、欧洲、非洲 65 个国家和地区,中国将利用自身经济优势,帮助沿线国家完成重要的基础设施建设,开展互联互通,降低经济成本,形成区域合作的大格局。"一带一路"投资战略对沿线所有国家和各类经济体开放,具有典型的包容性和多元接纳性,以团结沿线国家,促进各国经济发展为宗旨。中国愿意把沿线国家团结起来,但是这种团结是开放型和包容型的团结,是互通有无的团结,是兼容和求同

存异的团结。愿意参加者都可以参加进来,成为"一带一路"建设的参与主体、建设主体和受益主体。从而构建起"一带一路"的"利益共同体""发展共同体"和"命运共同体"。

美国通过马歇尔计划督促西欧成立欧洲经济合作组织,制定和设立对等基金制度,确定美元结算单位,大力实施跨国建设,使得西欧对于美国的依赖进一步加强,促进了美国和西欧政治和军事联盟的深化。对于马歇尔计划的实施,苏联不可能坐视不理,出台了莫洛托夫计划与马歇尔计划对锋,果断采取措施与东欧国家开展政治、军事、经济上的紧密合作,构建起社会主义阵营集团。无论"马歇尔计划"对于后来欧洲产生过多么大的正面影响,也必须承认该计划实施客观上形成经合会与经合组织、华约与北约等,推动"欧洲分裂",造成"分裂的欧洲""撕裂的欧洲"是不争的事实。由此可见,美国对西欧采取的各项援助措施,其主观目的是将西欧的政治经济命脉牢牢地掌握在自己手中,加强对西欧的控制,同时从客观上促进了东、西欧的对抗与割裂世界。

(三)"谋求共同发展"与"谋求世界主导"

"一带一路"投资战略从中国提出之日就强调"相互尊重共同发展",而"马歇尔计划"的目的是"世界主导"。

"一带一路"从战略构想到投资计划始终坚持遵循和平、包容、共赢的战略发展理念,在政治坚持相互信任、彼此尊重各自经济状态和社会制度,尊重各国选择的发展道路,在经济上坚持平等协商、互惠互利、共创共赢。中国实施"一带一路"投资战略不是谋求地缘势力和地缘政治,是谋求本国和沿线国家的和平发展,中国不是谋求自己单方面利益,而是谋求沿线国家共同合作、共同受益。[11]"一带一路"沿线大多是新兴经济体和发展中国家,国家与国家之间资源禀赋不同,经济水平差异很大。在中国和沿线国家已有的合作项目上可以清晰地发现,中国坚持以经济为纽带联系各个合作国家,以推动沿线国家共同发展来维护世界经济多极化发展,"谋求共同发展"将在"一带一路"投资战略实施和落实中充分体现出来。[12]

"马歇尔计划"实施使美国在经济上控制了西欧,在政治上不仅维护和巩固了资本主义制度,更是削弱了社会主义在欧洲传播和影响。美国对西欧提供援助的政治意图是以官方援助为主,军事援助和经济援助为依托,通过援助附加采购条件,即要求"受援国必买一定数量的美国货",[13]实现了美国商品和资本的顺利输出,为美国在战后控制西欧经济铺平道路,使得西欧增强了对美国的依赖,从而建立一个与新兴社会主义力量相对垒和对抗的以美国国家意志和意识形态为主导的世界资本主义体系,实现了通过主导欧洲再谋求主导世界的目的。

(四)"无选边站队"与"有选边站队"

在"一带一路"投资战略上我国倡导"不选边、不站队"与相关国际组织和机构开展合作,不存在非此即彼,无意识形态选择,不涉及国家意识形态,不贴政治标签;在"马歇尔计划"中,明显的特点就是"选边、站队",非此即彼,支持的均为战前发达的资本主义国家,有意识形态选择。

"一带一路"倡导的合作是建立在以项目驱动,灵活务实为基础平台之上的合作,无意识形态选择,不贴政治标签,不附加任何政治条件。对丝绸之路沿线所有希望发展经济的国家开放,绝不搞"集团政治""政治集团",更不搞对抗性的"结盟""联盟"。中国"一带一路"投资计划谋求的是相关各国互相合作、互利共赢和共同发展繁荣。

"马歇尔计划"以意识形态的一致性为先决条件,以政治标签为选择,而且乐以政治标签,整个计划服务于美国主导全球和谋取全球霸权。美国马歇尔计划将西欧作为支持对象和投资区域,将执行对象设定为西欧,是美国意识形态和政治诉求使然。"马歇尔计划"支持的重点是西欧战前发达的资本主义国家,排斥的是东欧和苏联这些社会主义国家,尽管苏联在第二次世界大战期间和美国是盟友,在战争中有合作,在战争结束前有条约,但这些都不能阻止美国战后支持别国时"意识形态同则为友""意识形态不同则为敌"的非此即彼的价值选择与行为抉择。

(五)"和平主题"与"推动世界冷战"

"一带一路"投资战略倡导的是和平主题、友好主题,"马歇尔计划"的直接目的就是推动冷战和集团对立。

中国的发展需要和平繁荣的周边,需要稳定繁荣的周边环境,希望良性互动。在"一带一路"战略中,中国积极构建新型大国关系,为实现世界和平不懈努力。[14]中国在建设大国关系上提出建立"不冲突、不对抗,相互尊重,合作共赢"的合作原则,倡导通过对话和以和平的方式解决矛盾和问题,坚持和平主题及和平目标,积极倡导和平发展经济,坚决维护世界和平。中国的"一带一路"投资计划是维护世界和平发展的有力保障,与许多国家构建的战略伙伴关系是推动世界和平发展的战略举措。[15]

"马歇尔计划"的提出和实施,包含着遏制苏联的政治意图,所以苏联不可能对其坐视不理,迫于对自身安全及利益的考虑,苏联采取了一系列措施加强对东欧的控制,与美国形成对抗,以苏联为核心的社会主义阵营各国之间经济网络和以苏联为首的东欧社会主义阵营就此形成,从而加速了东、西欧分裂,强化了"冷战"格局。"马歇尔计划"的实施,破坏了刚刚出现的世界和平局面,彻底否定了和平主题,给予欧洲冷战加速化发展,直至形成冷战结局,造成了世界心理危机和紧张局势。

(六)"带动不同发展水平国家发展"与"恢复原来经济强国"

"一带一路"沿线很大一批国家属于经济比较落后国家,中国将帮助这些国家发展视为"一带一路"投资战略的义务;"马歇尔计划"是为了帮助已经完成工业化的第二次世界大战前强国恢复经济。

"一带一路"沿线的国家能源储备丰富,但制造业落后,多数处于工业化早期、中期,这与中国形成强烈的互补,因此经济上的合作、互惠性很强。"过去 10 年,我国与沿线国家贸易额年均增长 19%,对沿线国家直接投资年均增长 46%,均明显高于同期我国对外贸易、对外直接投资总体年均增速。2013 年,中国与'一带一路'沿线国家经济合作密切,在贸易、投资、工程建设领域分别占到中国在本领域的 25%,16% 和 50%。"[16]中国已经在这些国家具有良好经济合作基础,中国领导人在许多国际论坛和会议上表明希望通过实现互联互通让沿线国家搭上中国经济发展的便车,享受中国发展带来的正外部性,分享中国经济红利。在"一带一路"投资计划上,中国不排斥低水平发展阶段国家,愿意帮助经济落后国家发展经济,愿意与不同发展阶段和发展水平国家开展合作,提高这些国家的经济能力,实现沿线国家共同发展。

"马歇尔计划"援助的对象是已经完成工业化的西欧国家,帮助其恢复经济。二次世界大战后,已经完成工业革命的欧洲各国由于饱受战争之苦,经济凋敝。"为避免世界经济运行秩序出现结构性和功能性破坏将影响美国利益",美国在提出"马歇尔计划"时,曾向西欧国家提出"以西欧整体"接受美国援助的条件。[17]这一条件客观上促进了西欧经济一体化的形成:在"马歇尔计划"实施期间,西欧各国密切了在各个相关领域的合作,建立了交流互信的机制,为欧洲最终在各方面走向统一奠定了基础,帮助这些战前经济强国重新恢复到经济强大状态,这无疑对于经济落后国家形成了新的不平等。

(七)"平等参与"与"一国输出"

"一带一路"投资战略倡导的是沿线国家平等参加和广泛参与"马歇尔计划"采用的是美国一国输出。

"一带一路"战略坚持不论国家大小一律平等,在国际合作上倡导平等参加,践行平等参与。"一带一路"是中国提出来的发展战略,但不是中国一国就能完成的战略,而是沿线各国应该积极参与进来发挥自身优势,以支持者、建设者和受益者的三重身份参与其中,将其视为共同的需求和共同的事业,才能实现共同发展和世界和平的最终目标。[18]以刚刚成立的亚洲基础设施投资银行构成来看,22 个国家作为发起人参与其中,正体现了平等参与理念和包容、共赢的精神。中国倡导和沿线国家平等参与,构成"一带一路"的本质特征,也是和平崛起的中国软实力展示,必将进一步赢得各国的支持和认同。

"马歇尔计划"的援助附加条件,要求受援国必需购买美国商品、撤除关税壁垒、提供经济信息和被美国监督,[19]这在一定程度上侵害了受援国国家主权。欧洲国家由于在第二次世界大战中所有的物资及外汇储备几乎消耗殆尽"马歇尔计划"带来的援助是唯一外援,援助主要用于进口生活必需品和重建所需的大宗原料和产品。美国的援助是单向度的,是美国的"一国输出",尽管有谈判沟通,但是基本上是美国说了算,不存在受援国的平等参与。美国出口到西欧的商品适时解决了国内产能过剩问题"工业品出口至少占国民生产总值的20%",[20]美国国内过剩资本也亟须扩大海外市场"马歇尔计划"的实施,使美国稳定了西欧国家商品进口和资本输入,也增加了国内商品的出口,激活了美国后续发展实力。

(八)"促进国际经济多极化"与"强化美国经济实力形成美元霸权"

"一带一路"投资战略推动的是在东亚和欧洲之间经济低洼地国家经济发展,促进国际经济多极化,平衡世界经济发展格局;"马歇尔计划"则是强化美国经济实力和形成美元霸权地位。

多极化已成为当今世界格局发展的必然趋势。在国际局势趋于稳定的情况下,各国各地区更多地将关注的重心转向大力发展经济,未来必将形成经济上你追我赶的发展态势,导致越来越多经济强国出现。"一带一路"战略构想为沿线各国提供了经济、贸易、科技、金融、人文等多方面统筹合作的平台,经济上相互依存程度的加深又扩展到政治、外交等领域。各国全方位多领域的合作使得经济政治利益彼此交错,相互制约的关系得以形成,这无疑限制了参与各方的控制力,使得任何一方在处理国际事务中都必须考虑其他各方的意愿和权利,不能够将自己的意志强加于他国,只能使用和平的手段处理国际事务、解决国际争端,客观上有利于世界和平与发展,也促使世界格局向多极化发展。

"马歇尔计划"实施,通过援助西欧,控制西欧,强化美国经济实力和形成美元霸权地位。从时代背景来看,在布雷顿森林体系缺乏初期运作资金状态下,马歇尔计划通过有条件援助,使美元全面进入当地国家各个经济体结算环节,成为欧洲通行货币,推动了美元实际霸权地位在西欧的确立。通过实施"马歇尔计划",美国在政治上孤立了苏联,主导了西欧,迫使苏联和东欧社会主义国家完全游离于市场经济体系之外,形成自我封闭的循环体系,形成布雷顿森林体系只对西方世界发挥金融调节功能的格局。[21]

四、结论

本文认为马歇尔计划作为带动西欧经济复兴的计划,有其成功的方面,如通过经济支持、援助、贷款等多种方式,以政府指导和企业市场化参与为模式,积极介入当时资金短缺的西欧国家经济领域和行业,客观上促进了这些国家和地区的经济复兴,起到了雪中送炭的作用,被誉为成功的投资计划不无道理,该计划中将美国过剩商品和制造产业产能转移促进当地经济发展的战略选择,对于我国产业机构调整、产业升级和产业本地化发展具有一定借鉴意义。当然,我们也十分清醒地认识到"一带一路"投资计划在内涵、外延和未来价值等方面,都不是"马歇尔计划"所能比拟的,从本质上讲不是其翻版,也不是套用或借鉴,而是在新常态下以中国智慧和东方智慧推动世界和平与区域经济发展的新思维、新战略、新途径,"一带一路"投资战略必将对激发沿线国家经济发展,改变世界经济低迷状态,促进世界政治经济多极化格局发展产生重大影响。"一带一路"投资战略转化为投资计划,是在更加广泛领域内,连接亚、欧、非洲广大经济区域,涉及经济发展水平差异化极大的多层次、多状态、多意识形态的国家和地区,中国本着平等互利、开放包容的心态将在"以点带面,从线到片,逐步形成区域大合作"的思路指导下,进而推动"政策沟通、道路联通、贸易畅通、货币流通、民心相通"的落实和实施。[22]中国领导人针对"一带一路"建设的讲话精神为沿线国家逐步实现经济一体化指明了方向和基本路径,更表明了中国国家战略层面上的政策导向。刚刚成立的亚投行和丝路基金提供了金融平台和投资工具,而已出台的"一带一路"战略规划也会提供投资方向、项目和路线图,"一带一路"投资战略在2015年即将在重点项目和重点区域展开和推进。我们相信"一带一路"建设有利于我国进一步对外开放,有利于实现区域协调发展,有利于推进区域一体化进程和构建经济共同体、命运共同体。在"一带一路"建设中,要充分协调好两个市场、两种资源,努力实现国内和国外互相联动、东部和西部互相促动,争取把"一带一路"建设成为加快经济发展带、推动文化交流带、促进友好和平带,为稳定和发展中国及沿线国家做出更大贡献。

【参考文献】

[1] 王海运.建设"丝绸之路经济带"促进地区各国共同发展[J].俄罗斯学刊,2014(1):5-10.

[2] 周永生.中国对东南亚的大战略思想梳理[J].人民论坛·学术前沿,2014(7):6-12.

[3] 李申.杜鲁门主义的续篇——简评马歇尔计划的历史背景及作用[J].河北师范大学学报(社会科学版),1992(1):82-87.

[4] 苗苗.论马歇尔计划对美国的影响[D].济南:山东师范大学,2007.

[5] 王新谦.马歇尔计划成因新探[J].史学月刊,2009(6):101-104.

[6] 竺培芬.马歇尔计划[J].世界历史,1980(4):91-93.

[7] 刘林元,聂资鲁.论马歇尔计划的战略眼光[J].学术界,2005(4):69-82.

[8] 李博.中国和平发展道路是"中国梦"的实现路径[D].北京:首都师范大学,2014.

[9] 吴友富.新兴经济体发展对国际社会的影响力研究[J].上海管理科学,2013(6):60-65.

[10] 哈里·杜鲁门.杜鲁门回忆录[J].2卷.李石,译.北京:三联书店,1974.

[11] 蒋希蘅,程国强."一带一路"建设的若干建议[J].西部大开发,2014(10):98-102.

[12] 杜尚泽.复兴丝绸之路,共建和谐周边[N].人民日报,2014-9-20(1).

[13] 刘会清.战后美国对外援助政策的历史考察[J].内蒙古民族大学学报(社会科学版),2002(3):12-15.

[14] 龚雯,田俊荣,王珂."一带一路"跨越时空的宏伟构想[N].人民日报,2014-06-30(6).

[15] 阮宗泽.中国需要构建怎样的周边[J].国际问题研究,2014(2):11-27.

[16] 高虎城.深化经贸合作,共创新的辉煌[N].人民日报,2014-07-02(11).

[17] 岳劲松.试论"马歇尔计划"的实施对战后欧洲发展的影响[J].伊犁教育学院学报,2000

（1）:43 – 46.

[18] 暨佩娟,韩硕等."一带一路",APEC 涌动新机遇[N].人民日报,2014 – 11 – 08(5).

[19] 王新谦.马歇尔计划与欧洲重建[D].南京:南京大学,2004.

[20] 张勇.从马歇尔计划和第四点计划看杜鲁门时期的对外援助政策[D].济南:山东师范大学,2004.

[21] 金卫星.马歇尔计划与美元霸权的确立[J].史学集刊,2008(6):70 – 77.

[22] 王保忠,何炼成,李忠民."新丝绸之路经济带"一体化战略路径与实施对策[J].经济纵横,2013（11）:60 – 64.

（原刊于《人文杂志》2015 年第 10 期）

能源安全视角下中国与丝绸之路国家的能源合作[*]

师 博 田洪志

【摘　要】 石油外部供给的可靠性是国家能源安全的核心。实证分析显示,经济的快速增长及国际油价的频繁震荡,导致我国原油进口增长速度将持续高于经济增长率,原油对外依存度也会不断上升,这对于维护国家能源安全是巨大隐患。培育中国与丝绸之路上中亚国家之间的能源战略合作关系,能够在石油供应多元化以及运输安全性等方面降低国家能源安全的脆弱程度,而中国与中亚国家进行能源战略合作具备一定的物质基础和政治基础,彼此应加强产业内贸易,以市场机制实现民心相通,构建完备的能源合作框架,完善区域能源开发的生态环境保护机制,构筑稳定、共赢的能源合作模式。

【关键词】 国家能源安全;中亚能源市场;中国—中亚能源战略合作;丝绸之路经济带;物质基础;政治基础

一、问题的提出

伴随我国工业化与城市化的快速推进,能源成为支撑国民经济持续、健康发展的战略资源,以保障能源稳定供给为主要目标的能源安全战略已构成国家经济安全的重要环节。改革开放以来我国经济的强劲增长态势拉动了国内能源需求的稳步攀升,与此同时,国内能源的生产能力已无法满足日益膨胀的能源需求。在此背景下,寻求与国际能源市场的合作正逐渐成为中国保障能源稳定供给的重要渠道。

能源作为现代经济的血液,是国家之间力量等级体系的决定因素,充足的能源供应意味着维持经济长期稳定增长获得了可靠的动力来源。但是,能源所代表的财富特征也诱发了世界大国对国际能源市场控制权的激烈角逐。丝绸之路在历史上代表着贸易合作之路,而现代丝绸之路更是成了能源合作之路。丝绸之路经济带上的重要地区,中

---

　　[*] 基金项目:国家社会科学基金重大项目(15ZDA012);国家自然科学基金项目(71203179);国家社会科学基金项目(13CJY042)。

　　作者简介:师博,西北大学经济管理学院副教授,博士;田洪志,西北大学经济管理学院讲师,博士。

亚—里海地区由于蕴藏丰富的石油、天然气资源被誉为"第二个中东",然而中亚能源市场日益微妙的大国博弈也使得中亚地区的能源竞争格局如同"中东"一般扑朔迷离。中亚五国自从独立以来就与我国保持着密切的经贸合作往来,互补的经贸结构和相亲的地缘政治奠定了双方牢固的贸易伙伴关系。与中亚五国毗邻的西北地区是我国能源供给的重要来源地,国内油气输送管道在西北地区的布局已初具规模。因此,依托我国与丝绸之路上中亚地区的地缘经贸优势,积极介入中亚—里海地区的油气资源开发,培育中国—中亚能源战略合作关系,并借助"西气东输"管道为沿海、内陆地区源源不断地输送油气。中国与丝绸之路上的中亚国家在地理位置上相邻,便于采用管道输送油气,可以为中国提供长期而稳定的陆路能源供应,提高运输安全系数,降低油气进口费用。因此,构筑稳定的丝绸之路上的能源合作关系对于维护国家能源安全无疑具有重要的现实意义。本文尝试以国家能源安全为切入点,研究新丝绸之路经济带上中国—中亚的能源战略合作问题。

二、国家能源安全的界定

能源安全既是一个政治问题,也是一个经济学研究命题,[1]能源安全通常被界定为以合理的价格获取可靠而充足的能源供应。[2]据此,我们可以围绕价格和供应两个层面对国家能源安全进行解读:①国际原油价格波动对宏观经济的负面冲击。能源安全问题在价格层面具体表现为,能源使用成本的快速上涨和能源消费量的下降,不仅会减少经济的潜在产出,也会因为市场刚性和调整成本的存在而造成实际产出降低到潜在产出以下;②供应层面的能源安全因能源消费国和生产国而异,[3-4]前者的"供应安全"指能源供应渠道的可靠性,后者的"供应安全"是通往市场和消费者的充足渠道,并且能够确认未来投资的正当合理性。Bielecki(2002)从时间维度差异区分了能源供应安全的几种概念,他认为,在短期,能源供应安全涵盖了由于技术问题、极端天气条件以及突发性政治事件导致能源供应中断的风险;在长期,能源供应安全则关注新的能源供应无法及时满足需求持续增长的风险。[2]相对于抵御能源价格冲击,保障能源供应是国家构筑能源安全战略的核心内容。[5]

我国的能源消费结构长期以来以煤炭为主,石油只占能源消费总量的20%左右。由于资源储量相对较为充裕,煤炭消费能够达到自给自足。1990年,我国煤炭为105523万吨,占能源消费总量的76.2%,石油消费量为11485.6万吨,占能源消费总量的16.6%。同年我国煤炭产量为107988.3万吨,占能源生产总量的74.2%;原油产量占能源生产总量的19%。值得注意的是,此后我国石油消费快速攀升,自1993年起,我国成为原油产品净进口国,2013年我国煤炭消费量占能源消费总量的66.6%,原油消费量占能源消费总量的18.8%;同年,煤炭产量占能源总产量的76.5%,原油产量则占8.9%。简单的数据对比不难发现,我国的能源安全主要是石油安全。从国内供给角度看,我国的石油安全面临石油储量增长乏力和石油产量连续多年徘徊不前的严峻形势,2003 年石油探明储量比 10 年前减少 20%。由于现有油田储量递耗以及成熟的接替区尚未形成,导致1997—2013 年石油产量一直维持在 1.7 亿~2 亿吨上下,无法满足不断增长的能源需求,能源供需缺口从 1993 年的 4932 万吨标准煤扩大到 2013 年的 2.99 亿吨,石油对外依存度也由 1996 年的 9.78% 上升到 2013 年的 60.1%。国内石油供需不平衡已逐渐威胁到国家能源安全。

显然,国内石油供需缺口需要通过进口加以弥补。探寻原油进口需求的影响因素以及进口需求的变动趋势,对于判断国家能源安全形势具有关键性作用。从理论上分析,石油需求是经济活动的派生性需求,而国际油价以及汇率水平均会影响原油进口,此外,原油进口对油价的敏感性还取决于市场化水平。基于以上分析和考虑,本文设置如下基本计量模型:

$$I_m = \alpha Y^{\beta_1} \cdot P^{\beta_2} \cdot R^{\beta_3} \cdot e^{\beta_4 NSOE} \tag{1}$$

其中,I_m 为原油进口量;P 为国际原油价格,考虑到全球原油贸易的 50% 左右参照布伦特(Brent)原油定价,而魏巍贤和林伯强(2007)的研究显示,Brent 原油价格对我国国内油价具有导向性作用[6],故本文采用 Brent 原油价格作为国际油价的代理变量;R 代表实际有效汇率;$NSOE$ 表示非国有经济的工业增加值占总工业增加值的比重,用以衡量市场化水平;Y 表示产出变量,在我国,工业原油消费占总消费量的 90% 以上,我们以工业增加值作为总产出的近似替代,并以工业品出厂价格指数和 X12 分别消除物价和季节因素的影响。由于国际油价波动对总产出具有非对称性影响,为避免多重共线性,本文采用滞后一期的工业增加值。另外,1998 年 6 月我国的原油价格与国际油价接轨,因此本文采用的时间跨度为 1998 年 6 月至 2014 年 12 月的月度数据,捕捉上述变量对我国原油进口的影响。实际有效汇率取自 IMF 统计数据库,Brent 原油价格来自 EIA 官方网站,其余数据均从中经网统计数据库获得。

对(1)式两端同时取自然对数可得:

$$\ln I_m = \alpha_0 + \beta_1 \ln Y + \beta_2 \ln P + \beta_3 \ln R + \beta_4 NSOE \tag{2}$$

本文采用逐步回归的思想。表 1 中模型(1)只分析产出变动对原油进口的影响,并在其后的模型中逐步加入其他变量。模型(1)至(4)采用最小二乘法回归,各变量对原油进口的作用方向以及显著性均未发生变化。实证结果表明,产出增加 1%,相应的,国内原油进口需求也会提高 0.52 个百分点,这种作用十分显著;国际油价对原油进口的影响出现令人惊讶的结果,国际油价上升增加原油进口需求[7-8],这一现象在黄健柏等(2007)和 Cooper(2003)的研究中也能找到相应的证据,理论界对此的解释是,由于石油定价机制以及石油进口、流通垄断体制的作用,造成我国原油进口存在"买涨不买落"的行为特征;实际有效汇率的影响没有通过显著性检验;非国有经济工业增加值的比重上升会降低原油进口需求,但其影响较低,说明我国的市场化水平仍然有待提升。

表1　原油进口需求影响因素分析

因素	(1)OLS	(2)OLS	(3)OLS	(4)OLS	(5)SUR	(6)IV
LnY	1.07 **	0.31 **	0.27 *	1.17 ***	1.53 ***	0.95 ***
	(2.53)	(2.41)	(1.91)	(4.61)	(4.75)	(4.96)
LnP	—	0.76 ***	0.80 ***	0.52 ***	0.64 ***	0.72 ***
		(5.44)	(5.41)	(5.26)	(6.58)	(4.43)
LnR	—	—	−0.52	−0.72	−0.79	−0.97
			(−0.55)	(−1.11)	(−1.87)	(−1.07)
NSOE	—	—	—	−0.039 ***	−0.041 ***	−0.03 **
				(−2.98)	(−3.07)	(−3.54)
C	−3.47 ***	2.13 *	3.06	2.24	2.28	2.32
	(−3.27)	(1.77)	(0.74)	(0.49)	(0.57)	(0.59)
F	253.12	227.56	147.39	129.13	509(χ^2)	123.84
AdjR^2	0.72	0.80	0.81	0.81	0.83	0.82
Olns	113	113	113	113	113	113

注:括号内为 t 统计量;*** 、** 和 * 分别表示 1%、5% 和 10% 的显著性水平。

模型(5)和(6)是稳健性检验,模型(5)是在模型(4)的基础上,采用似然不相关回归(SUR)进行检验,并得到与模型(4)相差不大的结果。目前我国作为世界第二大原油进口国,其原油进口确能对国际油价产生影响。为了解决上述内生性问题,本文在模型(6)中使用了滞后一期的原油价格作为国际油价的工具变量进行回归,其结果与之前的检验一致。根据以上实证结果,我们大致可以得到以下判断:保持其他影响因素不变,随着中国经济的快速增长,产出增加1%,原油进口需求会相应上升0.95%。此外,国际油价上升1个百分点,原油进口会增加0.72%。因此,可以预见,经济的快速增长以及国际油价不断向高位冲击,将导致我国的原油进口增长速度持续高于经济增长率,原油对外依存度也会不断上升,这对于维护国家能源安全无疑是一个隐患。而国内原油供需不平衡是现阶段我国能源安全的根源所在,能源外部供给的可靠性则是国家能源安全的核心问题。

张宇燕和管清友(2007)以及何帆(2007)基于外部供给的视角,将我国石油安全问题归结为:我们是否买得起;我们是否买得到;我们既买得起也有人愿意卖时,我们是否运得回来。就第一类风险而言,只要中国经济能够保持长期稳定增长,逐步实现经济增长方式由要素投入推动型向集约型转变,并不断提高能源效率便可成功化解。关于第二类风险,国际石油市场的供应者除中东外,还有俄罗斯、中亚和非洲等,规避这类风险要求我国实现石油供应的多元化战略。第三类风险,也就是运输问题,其情形相应较为复杂,

尤其管道和航线安全是中国石油安全最薄弱的环节。[9-10]

此外,值得注意的是我国的能源安全战略还面临着外部制度压力。由于中国目前尚未加入国际能源机构(IEA),国际能源市场往往指责中国有搭便车的嫌疑,坐享 IEA 成员国政策调整的成果。美国曾要求重新安排 IEA 与中国的关系,将双方间较为松散的"经验分享安排"升级为更为正式的制度安排,建立集中化的多方协调机制。毫无疑问,加入 IEA 等机构会使中国在国际能源市场的话语权增加,但另一方面也会使中国在制定能源发展战略以及参与国际能源合作时面临更多的外部掣肘,加大被外部势力裹胁的风险。

三、中国与丝绸之路上中亚国家能源战略合作的基础

以上的实证结果显示,随着我国经济规模的不断膨胀以及国际原油价格频繁向高位冲击,我国原油进口压力将趋于增大,而现有的能源外部供应渠道表现出两方面的突出特征:一方面,我国石油进口来源过于集中,近年来原油进口量排名前六位的来源国为沙特阿拉伯、安哥拉、俄罗斯、阿曼、伊拉克、伊朗,来自上述六国的进口量都在 2500 万吨以上。美国能源统计情报署的数据显示,2014 年中国石油进口的 16.11% 来自沙特阿拉伯,安哥拉 13.18%、俄罗斯 10.74%、阿曼 9.65%、伊拉克 9.27%、伊朗 8.91%,六国合计 67.86%。况且伊朗、阿曼被美国及其西方盟友称为"问题国家",伊拉克政局不稳,同时由于乌克兰危机,俄罗斯受美国及欧美制裁的风险较大,我国能源进口的持续性和稳定性值得担忧;另一方面,2014 年中国约 85% 的石油进口要通过马六甲海峡,每天通过马六甲海峡的船只近 60% 是中国船只,马六甲海峡对中国能源供给不但具有"一剑封喉"的重要作用,也存在不可避免的潜在风险。近东的石油管道历史证明,从 1931 年世界第一条石油运输管道开始使用到目前为止,八条国际能源运输管线中的每一条都曾经(至少一次)被关闭过。因此,中国迫切需要寻找更加可靠的能源合作伙伴,建立安全、畅通的能源输送渠道,显然,通过丝绸之路上的陆路管道直接将能源输入我国的中亚地区是解决此问题的不二之选。综合分析,本文认为,构建中国—中亚丝绸之路经济带的能源战略合作是具有物质基础和政治基础的。

(一)中国与丝绸之路上中亚国家能源战略合作的物质基础

1. 能源供给方的物质基础。

中亚地区是古丝绸之路的战略要道,也是连接欧洲与亚洲的重要走廊,更是不同民族与文化的交汇之地和大国纷争的舞台。一百年前,这里曾因俄罗斯、英国、法国和奥斯曼帝国的激烈角斗而沉沦。百年后,随着苏联的解体,因为蕴藏丰富的油气资源使中亚又一次吸引了世界的目光。近年来,随着外资不断涌入中亚国家的石油、天然气领域,中亚地区的能源生产潜力不断激增,再次吸引了世界目光聚焦。

哈萨克斯坦作为中亚地区的能源大国,因为拥有储量巨大的石油、天然气资源已成为世界能源市场的重要组成部分。《BP 世界能源统计年鉴(2015)》显示,哈萨克斯坦2014 年年底原油储量达 339 亿吨,原油产量超过 170.1 万桶/天,相当于阿塞拜疆、乌兹别克斯坦和土库曼斯坦三国原油产量总和的 50%。2014 年哈萨克斯坦的石油天然气行业增加值约占其国内生产总值的 20.3%,这一数字超过全国出口总值的 50%。近年来,为了降低能源出口价格波动造成的不确定性,哈萨克斯坦政府成立了国民石油基金,在国际油价不断向高位攀升的推动下,2007 年 10 月哈萨克斯坦国民石油基金的国际储备和资产价格已升至 200 亿美元。即便在 2015 年 8 月国际油价跌至 45 美元/桶,2014 年下半年以来哈萨克斯坦最大贸易伙伴俄罗斯卢布暴跌 72.3%,哈萨克斯经济面临巨大考验被迫取消汇率走廊制度的情况下,哈萨克斯坦国民石油基金的国际储备和资产价格也高达 680 亿美元。简单的数据分析不难发现,一方面哈萨克斯坦石油储备丰富,另一方面,可以预计的未来哈萨克斯坦经济会更加依赖石油出口。

伴随基础设施的不断完善,哈萨克斯坦的石油出口增长迅速。2014 年哈萨克斯坦的原油净出口量为 6200 万吨,巨大的原油出口保证了哈萨克斯坦实际 GDP 增长率连续 6 年超过 9%,原油出口也因此成为哈萨克斯坦国民经济的基石,2007 年国际油价高涨,哈萨克斯坦的实际 GDP 增长率更达到创纪录的 9.5%。2007 年哈萨克斯坦借助俄罗斯的管道系统和铁路网向北输出石油 40.8 万桶/天,通过里海管道财团项目向西输出石油6700 万吨,与伊朗签订的互换协议需要向南输出石油 7 万~8 万桶/天,到 2014 年经阿塔苏—阿拉山口管道线路向东往中国输送的石油超过 2000 万吨。通过与黑海、波斯湾港口相连,哈萨克斯坦已经能够畅通地在世界市场开展原油贸易,随着哈萨克斯坦未来石油产量的增加和能源出口基础设施的不断完善,哈萨克斯坦的原油出口将保持上升势头。

土库曼斯坦和乌兹别克斯坦在中亚的能源地位仅次于哈萨克斯坦,天然气是两国的优势资源。《BP 世界能源统计年鉴(2015)》表明,2014 年土库曼斯坦探明天然气储量大约为 17.5 万亿立方米,占世界储量的 11.7%。土库曼斯坦拥有多个世界上最大的气田,并有 10 个气田的储量超过 3.5 万亿立方米。2014 年土库曼斯坦的天然气年产量为 793 亿立方米,其能源战略计划显示 2010 年天然气年产量达到 1200 亿立方米,较上一年增长11.1%。2014 年乌兹别克斯坦的天然气储量为 1.1 万亿立方米,是苏联地区第三大天然气生产国(仅次于俄罗斯和土库曼斯坦),同时也是世界 15 大天然气生产国之一。1992年乌兹别克斯坦天然气年产量为 42.4 亿立方米,2014 年攀升至 573 亿立方米。

天然气出口方面,2014 年土库曼斯坦的天然气年出口量为 750 亿立方米。同期乌兹别克斯坦天然气年出口量为 127 亿立方米,相较 2010 年增长了 10%。中亚主要的天然气出口管道几乎都通向俄罗斯布哈拉—乌拉尔管道。为了多元化发展天然气输出线路,中亚国家拓展了多条国际管道。修建于 1997 年的科尔佩杰—库尔特—库伊(Korpezhe-

Kurt-Kui)管道全长 200 千米,是中亚首条绕道俄罗斯的天然气输出管道,其输气能力达到 65 亿立方米。中亚—中国输气管线,起自土库曼斯坦和乌兹别克斯坦边境的格达依姆,经乌兹别克斯坦、哈萨克斯坦到中哈边境霍尔果斯,全长 1792 千米,2009 年 12 月单线通气,2010 年复线投产,设计输量为 300 亿立方米/年。根据 2007 年中土两国签署的协议,土库曼斯坦将在未来 30 年间每年向中国出口 300 亿立方米的天然气。

2. 能源需求方的物质基础。

中国作为全球最具活力的经济体,在实现经济持续 30 年增长奇迹的同时,国民经济的能源消耗也呈现出急剧扩张的态势。根据《中国统计年鉴》数据,中国一次能源消耗量由 1978 年的 5.7 亿吨标准煤攀升至 2014 年的 42.6 亿吨标准煤,[①]其中原油消费量由 1980 年的 1.2477 亿吨标准煤增至 2013 年的 7.3 亿吨标准煤,2013 年原油进口 2.82 亿吨,进口金额为 2197 亿美元。

与之对应的是,近几年来由于美国次贷危机以及欧债危机的影响,美国及欧盟经济增长放缓,尤其是乌克兰危机,无疑会在一定程度上影响丝绸之路上中亚国家与欧美的能源合作基础。值得注意的是,美国大力发展页岩气战略以及向其盟国输出页岩气技术,在减缓欧美对石油依赖的同时也将减少中亚国家向欧美出口能源的数量和金额。而中国高速增长的经济以及对石油需求的快速攀升能够为丝绸之路上的中亚国家提供广阔的能源市场空间,并有助于维持中亚国家的经济稳定增长。

(二)中国与丝绸之路上中亚国家能源战略合作的政治基础

中国在丝绸之路上整个中亚地区的影响力仅次于俄罗斯和美国,这是中国开发中亚能源市场的最大优势。自中亚五国相继独立以来,我国与中亚国家的经贸合作呈逐年深化趋势,1992 年与中亚五国的贸易总额为 4.54 亿美元,到 2013 年便扩大到 502.7 亿美元,年均增幅达 53.4%;与此同时,与中亚的贸易商品也由食品、服装、原材料等初级产品逐渐扩展到技术含量更高的机电、通讯产品等。在中亚的能源开发近年来也有实质性进展,中国石油企业在与中亚国家的油气合作中初步形成了重点投资哈萨克斯坦、大力建设中哈石油管道、积极参与土库曼斯坦和乌兹别克斯坦等其他国家油气合作开发的格局。2006 年 5 月 25 日,全长 962.2 千米西起哈萨克斯坦的阿塔苏,东至中国新疆阿拉山口的石油管道全线贯通,正式开始商业输油,标志两国能源合作进入新的阶段。目前年输送量达 1000 万吨并将逐步达到 2000 万吨,相当于中国 2013 年原油进口量的 10% 左右。2007 年中国和土库曼斯坦的天然气合作项目启动,并于 2009 年正式通气。土库曼斯坦官方表示,未来 30 年内,每年将经过土中天然气管道向中国出口 300 亿立方米的天然气,其中 130 亿立方米由中石油在土境内获得的天然气田开发项目提供,其余的 170 亿

---

① 参见国家统计局《中华人民共和国 2014 年国民经济和社会发展统计公报》。

立方米天然气额度由土库曼斯坦政府承诺补充。此外,中国石油天然气集团公司还获得了《土库曼斯坦阿姆河右岸勘探开发许可证》,这类文件也是土库曼斯坦首次授予外国公司。2014年上海亚信峰会期间中国与塔吉克斯坦签署了协议,正式启动中国—中亚天然气管道D线塔吉克斯坦段建设项目。通过从经济到能源的一系列合作,中国与中亚国家之间的互信、了解程度不断加深,为培育中国—中亚能源战略合作奠定了基础。

第一,从能源输出国角度考虑,中亚国家也需要能源供应的安全,即能源输出管道的多元化以及输入国的可持续支付能力。中亚作为典型的内陆地区,缺乏出海口,面临能源出口市场单一、出口渠道狭窄的问题,能源出口因此背负高昂的过境费用。东亚作为全球经济最有活力的地区,也是能源输入的主要地区,其中中国和日本分别是世界第二和第三石油进口国。而中亚的能源主要通过俄罗斯和美国控制的管道输往欧美地区,近年欧洲经济增长乏力,打通东亚方向的能源输出管道,无论从降低能源输出安全的脆弱性还是从经济利益考虑,对于中亚的战略意义都是不言而喻的。中亚与我国西北地区接壤,能源输出管道可以与我国布局成熟的"西气东输"管道对接,输往中国经济最为繁荣的东部沿海地区,进而与日本、韩国贯通。此外,中亚的能源输出在从东亚获取经济利益的同时,为了保持国际收支平衡,东亚的优势资源也会流向能源输出国以弥补中亚经济所缺。因此,从利益导向来看中亚也需要加强与中国的能源合作。

第二,上海合作组织为构筑中国—中亚能源战略合作提供了坚实的制度保障。成立于2001年的"上海合作组织"由中国、俄罗斯、哈萨克斯坦、吉尔吉斯斯坦、塔吉克斯坦和乌兹别克斯坦六个成员国组成,其中俄罗斯、哈萨克斯坦和乌兹别克斯坦都是能源储量丰富且出口潜力巨大的国家,而能源是上海合作组织成立时所强调的重点合作领域,2004年签署的《上海合作组织成员国多边经贸合作纲要》落实了包括能源在内的七个专业工作组,负责研究和协调相关领域的合作。2002年上海合作组织首届投资与发展能源专题论坛,2005年第二届中、俄、哈石油论坛均将深化能源领域合作作为重要议题。2007年召开的"上海合作组织"第一次能源部长会议讨论了建立能源俱乐部和"亚洲能源战略"问题,通过捆绑合作组织内部的能源利益进一步巩固了多边能源合作机制。上海合作组织在能源合作领域取得的成功使中国—中亚—俄罗斯超越了双边合作局限,步入多边合作轨道,并起到了保障能源合作安全、协调能源合作利益、制定共同的能源合作规则等积极作用。

第三,2013年9月习近平提出建设"新丝绸之路经济带"战略构想,2015年3月28日国家发展改革委、外交部、商务部经国务院授权联合发布《推动共建丝绸之路经济带和21世纪海上丝绸之路的愿景与行动》,使丝绸之路经济带建设成为推动未来中国及丝路沿线国家经济社会发展的重要战略举措。可以预测,随着在丝绸之路经济带建设中政策沟通、设施联通、贸易畅通、资金融通、民心相通,中国与丝绸之路国家尤其是中亚五国能源合作的广度和深度将得以提升。此外在丝绸之路经济带建设中,随着亚洲基础设施投资银行的设立和完善,中国和丝路沿线国家贸易往来所必需的航空、铁路以及管线建设资金将更加充裕,融资将更为便利,融资成本将更低,这无疑会带动丝路沿线各国的协同经济增长。

需要注意的是,中国与丝绸之路国家的能源合作也面临一些问题。一方面,丝绸之路经济带沿线资源、能源丰富,但生态环境先天脆弱。能源产业具有环境污染特性,中国与丝绸之路国家进行能源合作将进一步强化和放大环境污染效应,蕴含较高的环境风险。[11]另一方面,中亚国家能源领域内贸易投资的法律壁垒、关税同盟带来的法律冲突、中国在能源合作国际法框架内的法律短板,以及上合组织框架内的法律障碍等,使中国与丝绸之路国家能源合作中的风险加大。[12]

四、中国与丝绸之路国家深化能源合作的政策选择

中国与丝绸之路上的中亚国家具有良好的经贸合作传统,中亚国家以自身利益为驱动也需要积极开展与我国的能源合作。中国与中亚国家构建能源战略合作关系既有物质基础,又有政治基础。丝绸之路经济带建设以及亚洲基础设施投资银行的成立和完善为构建中国—中亚能源战略合作提供了稳定、规范的能源合作框架。进一步深化双方的能源合作,改变传统能源贸易模式,构筑稳定、共赢的能源合作模式,在政策设计上有以下选择:

第一,以能源合作为基础,大力拓展丝绸之路经济带沿线国家尤其是中国与中亚五国的产业内贸易,带动丝绸之路经济带沿线国家产业升级与产业链条的延伸。随着丝绸之路经济带建设的不断深入,各国与中亚国家的能源合作模式也将发生转变。在传统意义上,由于中亚国家扮演着为其他国家单纯输出能源的角色,产业间贸易占据主导,这容易导致中亚国家罹患"荷兰病",使经济发展过度依赖能源产业,而能源产业外的制造业和服务业难以获得技术和资金支持,产业竞争力低下,国民经济发展动力匮乏,进而使中亚国家对单纯的能源输出产生抵制,能源合作的摩擦和压力必与日俱增。而丝绸之路经济带建设是通过强化产业内贸易,支持企业通过链条式转移、集群式发展、园区化经营等方式走出去,与中亚国家形成多层次宽领域的投资合作,吸引上下游产业链转移和关联产业协同布局,提升中亚国家产业配套能力和综合竞争力。[13]国际贸易和产业经济学理论表明,相对于产业间贸易而言,产业内贸易更加稳定和持久。丝绸之路沿线国家应当通过产业发展、信贷倾斜、土地优惠、税收减免以及研发补贴等政策,大力支持能源输出国产业升级和产业链条延伸,提升其产业国际竞争力以及在全球价值链中的地位,在实现丝绸之路沿线能源输出国经济发展的同时降低对能源产业的依赖性,进而更有助于稳定的跨国能源合作。

第二,依靠市场机制实现民心相通。丝绸之路经济带建设应充分发挥市场的筛选功

能,以价格机制为导向,准确把握中亚五国等能源输出国民众的现实需求。以民心相通为切入点,切实考量中亚五国的民生需求,以最优质产业满足中亚国家民众的需求,摒弃过剩产能输出的短视观念,带动各国间产品流动,繁荣区域经济与贸易,推动中国产品、工程与中国装备走出国门的效率。[14]丝绸之路经济带建设应以多方共赢为基本准则,发展理念应以推动沿线国家经济整体持续健康发展为准绳。唯有通过这一途径,才能一方面撬动丝绸之路经济带庞大的市场需求,另一方面从根本上改变中国产品、工程与装备低端化的印象,实现中国制造的品牌溢价。因此,各国间的合作应以市场机制为导向,减少不必要的行政干预,通过价格机制引导要素合理流动,提升区域内各类产品和服务质量,为进一步的能源合作奠定扎实的经济基础。

第三,构建完备的能源合作框架。我国与丝绸之路上的中亚五国贸易互补性较强,能源贸易规模逐年攀升,然而双方绝大多数能源合作项目均存在不确定性,其根源在于能源合作缺乏规范的合作框架。实现丝绸之路经济带成熟、稳定、互利共赢的能源合作,关键在于从整体上设计区域能源合作框架。一是应完善上海合作组织能源俱乐部,构建平等互信的交流平台,定期举行政府高级别的会晤和磋商机制,就区域内能源开发与合作进行充分沟通。二是建立能源开发基金,一方面为能源开采、输送所需的基础设施、技术装备进行融资,另一方面抵御国际油价波动引发的风险,在保证科学、有效地开采资源的同时,实现能源输出国财富的稳定增长。三是丝绸之路沿线各国应不断完善本国的政府治理能力,建立廉洁、高效的行政体系,防止在能源合作过程中敲竹杠和道德风险的滋生。四是建立丝绸之路经济带能源合作法律规范,从法律层面维护能源开发、能源贸易的合法权益,惩罚和打击威胁区域能源、经济合作的行为。

第四,完善区域能源开发的生态文明建设和环境保护机制。能源开发一方面会影响生态发展,另一方面会引发较为严重的环境污染问题。丝绸之路经济带是一个整体区域,无论哪一个国家或地区的生态环境遭受破坏,都会通过负外部性作用于区域内每一个国家的发展。因此丝绸之路经济带能源合作必须将生态环境保护和可持续发展作为不可逾越的红线。各国政府应通过协商建立区域内的环境保护法,从法律层面防范潜在的生态环境破坏行为;在能源开发过程中按照国际环保标准进行招投标,提升环境保护的技术水平。同时,建立生态环境保护基金,借助非政府组织的力量强化对生态环境保护的监督。在生态环境层面为包括能源产业在内的各产业持续、健康发展构筑坚实的屏障。

【参考文献】

[1] METCALF G E. The Economics of Energy Security[R]. NBER Working Paper 19729,2013.

[2] BIELECKI J. Energy Security:Is the Wolf at the Door? [J]. The Quarterly Review of Economics and Finance,2002(42):235 – 250.

[3] 丹尼尔·耶金. 全球能源安全[J].国际经济评论,2003(3):45 – 49.

［4］ 丹尼尔·耶金.能源安全的真正含义［N］.华尔街日报（中文版）,2006 - 07 - 12.

［5］ Correljé Aad,Linde Coby Van Der. Energy Supply Security and Geopolitics：A European Perspective ［J］. Energy Policy,2006(34)：532 - 543.

［6］ 魏巍贤,林伯强.国内外石油价格波动性及其互动关系［J］.经济研究,2007(12)：130 - 141.

［7］ 黄健柏,江飞涛,陈伟刚.我国原油、成品油进口行为特征的实证分析［J］.系统工程,2007 (6)：84 - 88.

［8］ COOPER J C B. Price Elasticity of Demand for Crude Oil：Estimate for 23 Countries ［J］. OPEC Review,2003(27)：1 - 8.

［9］ 张宇燕,管清友.世界能源格局与中国的能源安全［J］.世界经济,2007(9)：17 - 33.

［10］ 何帆.对中国能源政策的几点建议［J］.国际经济评论,2007(4)：39 - 40.

［11］ 石莹,何爱平.丝绸之路经济带的能源合作与环境风险应对［J］.改革,2015(2)：115 - 123.

［12］ 解蕾,方小刚.丝绸之路经济带建设背景下中国与哈萨克斯坦能源合作的法律问题研究［J］.俄罗斯研究,2014(6)：181 - 196.

［13］ 秦放鸣,孙庆刚.不对称性相互依赖背景下深化中国与哈萨克斯坦经贸合作的路径选择［J］.亚太经济,2014(5)：106 - 110.

［14］ 郭菊娥,王树斌,夏斌.丝绸之路经济带能源合作现状及路径研究［J］.经济纵横,2015 (3)：88 - 92.

（原刊于《社会科学研究》2015 年第 6 期）

丝绸之路经济带工业产能合作研究*

白永秀　　王泽润　　王颂吉

【摘　要】　国际工业产能合作是保持我国经济中高速增长、促进产业转型升级、加快丝绸之路经济带沿线国家工业化的重要手段,有助于丝绸之路经济带战略的顺利实施。通过分析丝绸之路经济带工业产能合作的背景和条件,认为我国与丝绸之路经济带沿线国家工业发展的互补性是开展产能合作的基础,并确定了丝绸之路经济带工业产能合作的领域,提出构建以"政府推动、企业主导、互利共赢"为内容的合作机制,以此推动丝绸之路经济带工业产能合作。

【关键词】　产能合作;丝绸之路经济带;工业;中国;中亚五国

当前,我国经济发展由高速增长进入中高速增长的"新常态",工业化迈入中后期阶段,面临产业转型升级的艰巨任务。[1]2015年5月,国务院发布了《关于推进国际产能和装备制造合作的指导意见》,明确提出把推进国际产能和装备制造合作作为保持我国经济中高速增长、推动高水平对外开放以及开展互利合作的关键举措,国际产能合作成为我国工业转型升级的有力抓手。丝绸之路经济带战略提出以来,已获得区域内多数国家的强烈认同,建设丝绸之路经济带成为我国经济发展和对外开放的重大战略。[2]《推动共建丝绸之路经济带和21世纪海上丝绸之路的愿景与行动》明确在建设丝绸之路经济带过程中坚持开放合作、和谐包容、市场运作、互利共赢的原则,并且重点围绕"五通"开展合作,这恰好与推进国际产能合作相契合。因此,深入研究丝绸之路经济带工业产能合作的背景、条件、内容及其机制,有助于保障丝绸之路经济带建设的顺利实施。

---

　　* 作者简介:白永秀,西北大学学术委员会副主任、教授、博士生导师;王泽润,西北大学经济管理学院硕士研究生;王颂吉,西北大学经济管理学院讲师。
　　注:本文是国家社会科学基金重点项目"全球经济新格局背景下丝绸之路经济带建设的战略研究"(编号:15AJL011)和西北大学研究生自主创新项目"全球价值链视角下丝绸之路经济带国内段产业升级研究"(编号:YZZ14063)的成果。

一、我国推进丝绸之路经济带工业产能合作的背景

（一）对外直接投资增长强劲

进入新世纪以来,我国对外直接投资呈快速增长态势。2012 年我国首次跻身世界第三大对外投资国;2013 年我国全行业对外直接投资达 1078.4 亿美元,首次突破千亿大关;2014 年尽管国内经济增长有所放缓,但我国仍然保持世界第三大对外投资国地位,非金融类对外直接投资首次突破千亿大关,达 1028.9 亿美元,同比增长 11%。值得注意的是,2014 年我国对外直接投资规模与同期外资流入规模仅差 35.6 亿美元,这也是现有统计口径下我国双向投资首次接近平衡。[①]

表 1　我国非金融类对外直接投资流量与同期 GDP 增长情况

年份	非金融类对外直接投资流量/亿美元	同比增长/%	GDP/亿元	同比增长
2002	27.0	—	120332.6	
2003	28.5	5.6	135822.7	10.0
2004	55.0	93.0	159878.3	10.1
2005	122.6	122.9	184937.3	11.3
2006	176.3	43.8	216314.4	12.7
2007	248.4	40.9	265810.3	14.2
2008	418.6	68.5	314045.4	9.6
2009	478.0	14.2	340902.8	9.2
2010	601.8	25.9	401512.8	10.4
2011	685.8	14.0	473104.0	9.3
2012	777.3	13.3	519470.1	7.7
2013	927.3	19.3	568845.2	7.7
2014	1028.9	11.0	636462.7	7.4

资料来源:根据 2003—2013 年《中国对外直接投资统计公报》、2003—2014 年《中国统计年鉴》以及中国商务部网站有关数据计算整理。

由表 1 可知,加入世贸组织以来,我国非金融类对外直接投资流量持续攀升,年均增速高达 39.4%。2004—2014 年,连续 11 年保持两位数以上增长率,远远超过同期 GDP

---

① 相关原始数据来源于《2013 年度中国对外直接投资统计公报》及中国商务部网站相关资料,http://www.mofcom.gov.cn/article/i/jyjl/k/201502/20150200895915.shtml.

增长速度。2014 年我国境内投资者对全球 156 个国家的 6128 家境外企业进行了直接投资。更为重要的是,我国对外直接投资的快速增长不仅体现在数量上,还体现在企业国际竞争力增强、投资主体结构持续优化、投资产业结构不断升级、与东道国双赢效果显著等方面。[3]

(二)工业价值链升级刻不容缓

第二次世界大战之后尤其是 20 世纪 90 年代以来,发达国家的跨国公司对其全球生产网络和贸易体系进行了基于价值链的重新塑造,其目的是充分利用不同国家和地区的比较优势,并将其转化为企业在特定环节的竞争优势。全球价值链分工的最显著表现就是随着国际分工的深入,商品和服务的价值创造体系在全球范围内出现了垂直分离,发达国家占据全球价值链的研发、设计、营销网络等高端环节以获取高额利润,而发展中国家大多处于价值链的低附加值环节。[4]如今,全球价值链已成为世界经济的重要特征。我国经济过去 30 多年的高速增长,正是得益于东部沿海地区对全球价值链的深度嵌入。制造业产品的大量出口虽为我们赢得"世界工厂"的美誉,并推动我国成为世界第二大经济体,但并未实现我国制造业向价值链高端攀升的目标。目前,大部分中国制造业企业从事着中间品加工和最终品组装,处于价值链中低端位置,缺乏核心竞争力,产品附加值较低。

排除体制和政策因素,长期处于价值链低端也是导致产能过剩的诱因之一。一方面,企业长期处于价值链低端会导致结构性产能过剩问题出现,尤其在轻工业领域,市场需求转向高端产品,而我国大部分轻工业企业由于长期被"锁定"在价值链低端,自主创新能力不足,品牌弱小,难以快速根据市场需求结构变化升级产品,导致低端产品大量过剩而部分高端产品依赖进口局面的出现。[5]另一方面,企业被长期"锁定"在价值链低端,会放大周期性产能过剩的影响。在出口导向型战略下,我国制造业企业对外依存度高,周期性经济危机中发达国家减少进口,而由于我国企业被"锁定"在价值链低端,出口产品缺乏核心技术和自主品牌,往往遭受发达国家的技术性贸易壁垒,导致出口受阻,进而放大了周期性产能过剩的影响。

不仅如此,我国制造业还面临"前后夹击、进退维谷"的困境。一方面,2008 年国际金融危机爆发后,美国等发达国家纷纷提出以"重振制造业"为核心的"再工业化"战略,这可能导致发达国家的企业将部分产业环节转移回国内。另一方面,劳动力密集型产业对要素成本变化的敏感度很高,而近年来我国东部地区要素成本上升明显,企业原有的成本优势日益减弱,很多企业选择向东南亚等劳动力成本更低的国家转移。在此背景下,我国工业发展面临巨大的转型压力,产业价值链升级刻不容缓。

(三)发展中国家工业化进程加快提供了市场机遇

2008 年国际金融危机影响深远,全球经济至今复苏缓慢,国际贸易与对外直接投资仍处于低速增长区间。[6]但从长期看,工业化是任何国家必经的发展阶段,国际贸易和对外直接投资仍有快速增长的潜力。联合国贸发组(UNCTAD)发布的《2015年世界投资报告》显示,2014年发展中经济体吸引的FDI占全球总量的一半以上;全球前十名FDI接受目的地中,有一半是发展中国家和地区。尽管全球经济仍未完全走出国际金融危机的阴影,但广大发展中国家的工业化进程同样势不可挡。毫无疑问,随着自由贸易和全球产业分工的深化,发展中国家的工业化进程将创造巨大的市场机遇。在此背景下,我国如何抓住发展中国家工业化提供的市场机遇,加大对发展中国家的投资力度,成为经济保持中高速增长和实现产业转型升级的关键因素之一。

二、丝绸之路经济带工业产能合作的条件

中亚五国是我国共建丝绸之路经济带的天然合作伙伴。日前,我国已同哈萨克斯坦达成合同总额数百亿美元的工业产能合作协议,这为我国推进丝绸之路经济带工业产能合作提供了示范。基于此,以中亚五国为重点考察对象,对丝绸之路经济带开展工业产能合作的条件进行分析。

(一)中亚五国的工业发展现状

哈萨克斯坦工业支柱行业为石油天然气工业和煤炭工业,采矿业在工业产值中占有绝对主导地位,制造业由于基础薄弱、资本投入不足、外国产品冲击等原因而发展缓慢。如,尽管哈萨克斯坦拥有丰富的棉花、毛皮等原材料,但由于其本国生产加工能力低下,棉花、毛皮大部分用做出口。

乌兹别克斯坦的主要工业行业为能源、机械制造、食品加工和有色金属。苏联时期,乌兹别克斯坦已形成完整的工农业体系,机械制造、冶金、石化、棉纺、原料生产及加工等产业完善,其机械制造业比其他中亚国家发达,规模占中亚地区三分之二,具备汽车和飞机制造能力。①

吉尔吉斯斯坦的主要工业行业为采矿业、金属及非金属制品加工业。吉尔吉斯斯坦有色金属如金、汞、锡、锑储量较大,拥有一些世界级的大型矿床,如库姆托尔金矿、哈伊达尔干汞矿等。黄金在吉尔吉斯斯坦的经济地位十分重要,库姆托尔金矿2011年开采黄金18.1吨,产值约19亿美元,占吉尔吉斯斯坦当年GDP的11.7%、工业总产值的26.1%、出口总值的51.1%。而2012年由于该矿产量下降,在一定程度上导致当年GDP增速下滑。[7]不同于哈萨克斯坦、乌兹别克斯坦和土库曼斯坦石油和天然气储量丰富,吉

---

① 参见:乌兹别克斯坦工业特区产业发展潜力巨大,http://world. people. com. cn/n/2014 - /0505/c1002 - 24976352. Html.

尔吉斯斯坦缺乏油气资源,因此更多依赖金属矿产资源出口。

塔吉克斯坦的主要工业行业为铝业和水电业。受自然环境限制、基础设施落后以及内战问题的影响,塔吉克斯坦经济发展相对滞后,工业结构单一,人均 GDP 位列中亚末位。由于拥有相当丰富的水资源,水电业成为主要的工业行业,但实际开发量不足 10%。2014 年,以铝为主的金属矿产出口和以棉花为主的农业原材料出口占其出口总额的71%。虽然现有工业发展滞后,但并不意味着缺乏发展潜力。2013 年,塔吉克斯坦加入世界贸易组织后,其对外直接投资流入额从 2010 年 802 万美元上升为 1.07 亿美元。①可以预见,随着塔吉克斯坦对外开放程度的加深,将吸引更多外国直接投资,并通过外国资本、技术优势与其本国资源优势的充分结合,促进其工业发展。

土库曼斯坦的主要工业行业为油气工业和棉毛纺织业。其天然气、石油、芒硝、碘、有色及稀有金属等矿产资源十分丰富,天然气储量位居世界第三。得益于此,土库曼斯坦实行能源强国政策,除去自身消费的很小部分,其余全部出口。依靠能源出口,保持着经济高速增长态势。近年来,由石油和天然气开采、石油制品和电力构成的"燃料——能源综合体"成为土库曼斯坦的主要工业部门,产值占工业总产值一半以上。[8]

(二)我国与中亚五国工业发展的互补性

我国与中亚五国处于不同的工业化发展阶段。我国总体上正步入工业化后期,而中亚五国国家总体上处于工业化初期阶段,因此,双方在产品和产业结构上均存在较强的互补性。中亚五国虽迫切希望发展现代制造业,但受历史和地缘政治等因素影响,经过20 多年发展,其原有产业格局并未发生实质变化。随着参与国际贸易与世界产业分工的深化,其资源型工业结构反而得到了强化。

表 2 描述了中亚五国出口前十位商品的分布情况,也印证了中亚五国工业结构的资源主导特征。同时,中亚五国出口商品结构高度集中。各国出口虽然各有侧重,但矿产资源类和农业原材料类产品占据绝对份额,且排名前十的商品中绝大部分属于初级产品,这深刻反映出中亚各国加工制造能力的不足。尽管资源类初级产品是中亚国家现阶段的比较优势,但若单一依靠资源类初级产品出口,而不重视自身制造能力的提升,就很有可能被永远"锁定"在全球产业分工的外围。在此背景下,中亚国家急需提升工业发展水平。只有大力发展现代制造业,才能改变单一依靠资源类初级产品出口的现状,实现出口产品多元化。

一般认为,我国与中亚国家工业发展的互补性体现在基于资源与市场互补的产品贸易层面上,即我国向中亚国家出口机电产品、日用消费品等制成品,而中亚国家向我国出口能源、原材料。但我国与中亚国家工业发展的互补性不仅体现在产品贸易层面,更体

---

① 根据 UNCTA 数据库有关数据计算、整理。

现在产业资本合作乃至发展战略层面：一方面，相比于产品贸易，中亚国家更有意愿、有动力获得外国直接投资，以提升自身工业发展水平；另一方面，我国有实力、有条件、有动力推动优势工业产能"走出去"，拓展我国工业的国际发展空间。2014 年，我国与哈萨克斯坦在钢铁、水泥、平板玻璃、化工、机械、有色、轻纺等产业领域的深度合作，为我国与丝绸之路经济带沿线地区开展工业产能合作提供了示范。

表2 2011—2012 年中亚五国出口前十位商品   单位/%

哈萨克斯坦		吉尔吉斯斯坦		塔吉克斯坦		土库曼斯坦		乌兹别克斯坦	
名称	占比	名称	占比	名称	占比	名称	占比	名称	占比
1. 原油及沥青	61.9	1. 非货币黄金	9.0	1.铝	48.2	1.天然气	52.4	1.棉花	14.9
2. 海绵铁，铁合金	4.0	2. 重油及沥青	8.7	2.棉花	16.4	2.棉花	13.5	2.铜	12.6
3. 铜	3.8	3. 车辆	7.3	3.棉织品	3.8	3. 重油及沥青	10.8	3.天然气	9.3
4. 重油及沥青	3.1	4. 蔬菜及产品	6.0	4.贱金属矿石与精矿	3.6	4.无机化学氧化盐	3.3	4.果仁	7.8
5. 铁矿石、精矿	2.9	5. 女性服装等	6.0	5.果仁	2.2	5. 原油及沥青	3.2	5. 放射性材料	6.5
6. 放射性材料	2.7	6.电力	5.7	6.电力	1.6	6.特种纱及纺织布料	2.5	6. 客车、赛车	6.4
7. 天然气	2.6	7. 果仁	3.4	7.男性服装	1.4	7. 塑料制品	2.4	7.纺织纱线	6.2
8. 煤	1.6	8. 优质金属、精矿	2.8	8.纺织纱线	1.2	8.纺织纱线	2.1	8. 重油及沥青	5.8
9. 液化丙烷	1.4	9. 棉花	2.4	9.不含铁的碱金属废料	1.0	9.蔬菜	1.3	9.化肥	4.0
10. 小麦	1.2	10. 不含铁的碱金属废料	2.3	10.铜矿砂及精矿	0.9	10.服装	0.8	10. 蔬菜及产品	3.0
合计	85.2	—	53.6	—	80.3	—	92.3	—	76.4

资料来源：张文中，《中亚五国的贸易特征及向东发展的障碍》，载于《新疆财经》2015 年第 1 期。

三、丝绸之路经济带工业产能合作的领域

丝绸之路经济带工业产能合作可重点围绕能源资源开发及深加工业、装备制造业、

建材产业、纺织服装业、轻工食品业、电子信息产业以及新能源产业七大领域展开。

（一）能源资源开发及深加工业

在油气资源开采方面，由于我国能源企业在中亚五国都已有投资项目，因此，未来产能合作的重点内容应包括：围绕建设油气战略通道，不断扩大我国与中亚国家油气合作规模；延伸油气产业链，支持我国企业在中亚国家开展炼油化工业务，扩大石油化工产品的生产规模。在矿产资源开发及深加工业方面，我国矿产资源勘探开发企业也已在中亚投资布局，但吉尔吉斯斯坦、塔吉克斯坦和土库曼斯坦矿产资源勘探、开采技术水平相对落后，资源开发率较低。因此，未来产能合作可进一步支持国内矿产资源开发企业通过合资、独资或提供技术支持等多种形式，与中亚国家开展矿产资源开发合作；支持我国具备研发实力的矿山机械设备制造企业，针对中亚国家矿产资源勘探开发的地质特点和实际需求，为中亚国家设计并提供可定制的矿山机械设备，积极开展融资租赁业务；支持我国企业在中亚国家开展矿产资源深加工，在当地建立深加工基地，做大做强产业链。

（二）装备制造业

在工程机械设备方面，中亚国家正处于基础设施大规模建设阶段，将对混凝土生产与运输、铲土运输、压实等工程机械设备产生巨大需求。我国企业应发挥在工程机械制造领域的竞争优势，通过扩大向中亚国家工程机械设备出口规模、在中亚地区就地建设工程机械设备生产基地等形式，不断提升我国与中亚国家工程机械产能合作水平。在交通运输设备方面，中亚国家的城市化和工业化进程对汽车、电力机车、高速铁路、城市轻轨等交通运输设备有着大量需求。而我国在上述制造领域不仅拥有自主品牌，技术水平也不断完善，如高铁已成为我国装备"走出去"的名片。因此，应支持我国交通运输设备制造企业加大"走出去"力度，以与中亚国家共建中亚交通基础设施的方式带动相关装备出口。支持我国交通运输设备制造企业在中亚地区合资或独资建立组装和服务基地，带动当地上下游产业发展。在农业机械方面，支持我国企业针对中亚农业特点开发相应产品，扩大出口规模，并可进一步在中亚国家独资或合资建立农业机械生产和服务基地。在电力设备方面，支持我国电力设备制造的龙头企业采取在中亚国家承包电厂建设、更新电力设备等形式带动我国发电机、变压器等输变电设备向中亚出口，鼓励有条件的企业以独资或合资的形式在中亚建厂。在油气资源开采装备方面，针对中亚国家在油气钻采和加工设备上的巨大需求，应支持我国企业通过共同参与油气资源开发、工程建设、管道运输以及技术服务等形式，带动相关装备和零配件出口。推动装备制造业国际产能合作，应更加注重"产品＋服务"的"走出去"，突破单纯产品出口理念，转向整体解决方案，提高与出口产品相关的技术指导、维修保养、性能升级等增值服务比重。

（三）建材产业

伴随中亚国家工业化和城市化进程进入加速阶段,其对水泥、玻璃、钢材等建筑材料以及地板、陶瓷、洁具等家具装饰材料的市场需求将趋于扩大。广泛需求与本地生产能力不足的巨大供需缺口为我国与中亚国家进行建材产业的国际产能合作提供了基础。应发挥我国建材产业门类齐全、产品优质、综合配套能力强的竞争优势,一方面不断加大对中亚国家的产品出口力度,另一方面应支持国内相关建材企业加快"走出去",与中亚国家合资建厂,利用当地资源,转移我国相关产品的生产设备和技术,实现就地生产、就地销售。

（四）纺织服装业

中亚国家棉、毛、麻、皮革等纺织服装业原料产量丰富,而居民收入水平的提高将扩大对纺织服装产品的市场需求,但中亚国家的纺织工业由于设备和技术落后,加工能力弱,无论是产量、产品种类还是质量,都不能满足其市场需求。因此,纺织服装业产能合作的内容可包括:一是支持我国纺织企业到中亚地区合资建厂,充分利用当地原材料,就地发展棉花生产加工业。二是鼓励并支持向中亚国家出口成套纺织设备、输出先进纺织技术,帮助当地企业提高产品质量、扩大产品种类。三是鼓励并支持我国有自主品牌的服装生产企业到中亚国家建立生产基地,加大与中亚国家服装生产企业的合作力度,根据当地消费需求开发新产品。

（五）轻工食品业

中亚国家轻工食品类工业的问题主要在于加工能力和技术水平较低,生产设备大量依靠进口。以食品业为例,除哈萨克斯坦外,其余国家还没建立起现代食品工业体系。因此,在推动轻工食品类工业产能合作过程中,一方面应支持我国从事清真食品加工生产的企业,面向中亚市场扩大产品出口;另一方面应鼓励并支持这些企业向中亚国家输出食品加工技术和设备,支持其"抱团走出去",到中亚投资设厂,围绕食品精深加工拓展产业链。

（六）电子信息产业

电子信息产业属于高新技术产业。中亚市场对消费类电子信息产品需求巨大,但受限于本国技术和制造能力,大部分产品依赖进口。由于欧、美、日、韩企业先于我国进入中亚市场,高端市场竞争激烈,因而我国产品主要占据中低端市场。但近年来,我国信息通讯、智能终端、卫星定位导航等产业发展迅猛,在研发、设计、服务等高端环节的经验和能力也得到提升,一些相关产品已具备国际竞争优势。因此,凭借丝绸之路经济带建设机遇,作为"中国智造"的代表,我国电子信息业企业在中亚市场上大有可为。一是大力支持我国优质电子信息产品面向中亚市场扩大出口,如 TD-LTE 移动通信技术、北斗产品、智能手机、电脑、智能家电等等。二是鼓励并支持我国电子信息产品制造企业在中亚建立生产基地,在抢占当地消费市场的同时,构建我国电子信息产业的全球价值链,也为所在国关联产业发展提供机遇。三是大力推动跨境电子商务发展,为我国工业产品增添输出通道。

(七)新能源产业

由于石油、天然气、煤炭等传统能源资源相对丰富,中亚国家的能源结构以传统能源为主,新能源产业占比很小,但前景广阔。近年来,我国新能源产业掀起了发展热潮,涌现出一批具有国际竞争力的企业,但目前新能源产业也面临产能过剩问题,尤其体现在太阳能光伏发电和风能发电方面。因此,我国与中亚国家在新能源产业方面存在产能合作空间。应支持太阳能、风能、核电等领域的优势企业加快"走出去"步伐,积极开拓中亚市场,灵活采取 EPC、BOT 或 EPC + BOT 等多种方式开展项目合作,带动我国新能源装备成套输出。

四、丝绸之路经济带工业产能合作的机制构建

丝绸之路经济带建设处于起步阶段,推动丝绸之路经济带产能合作需逐步构建起以"政府推动,企业主导,互利共赢"为内容的产能合作机制。

(一)政府推动

第一,丝绸之路经济带属于国家战略,工业产能合作的动力机制不仅源于企业的资本收益,还源于国家战略利益需要。发达国家对其他发展中国家的投资,其动力机制主要来源于跨国公司的资本收益,核心属性即逐利。而我国企业在丝绸之路经济带这一国家战略上进行产能合作和对外直接投资活动,不能完全由公司利益最大化解释,企业对外直接投资的收益更多或更直接地体现为宏观经济利益。发达国家企业对外直接投资时,政府的工作重点是创造自由、公平的市场环境,而我国政府要做的不止于此,政府还需组织引导企业"走出去",形成一套企业境外投资的规划体系、政策体系、服务体系和管理体系。[9]第二,丝绸之路经济带建设处于起步阶段,区域内贸易和要素流动自由度仍然受到很多限制,经济合作的实现离不开双方政府间的交流协调。此外,中亚国家在政治、社会、宗教等方面的潜在风险不可忽视,而我国企业对外直接投资处于初级阶段,企业对境外风险的预防、应对及管控缺乏经验,能力不足,由政府推动产能合作能降低潜在风险,企业更有"安全感"。因此,在丝绸之路经济带建设的初级阶段,工业产能合作需要政

府推动。当前,政府推动丝绸之路经济带工业产能合作的重点应放在以下两项工作上:一是做好政策导向,包括制定产业、金融、税收、投资、外贸、监管等方面的鼓励、扶持、保障政策,引导和支持企业开展国际产能合作。二是做好"样板工程",树立中国开展国际产能合作的良好形象,在丝绸之路经济带沿线国家形成积极的示范效应。

(二)企业主导

企业是丝绸之路经济带工业产能合作的主体,企业利益要和国家利益统一,并不意味着政府能够替代企业成为产能合作的主体。在政府推动下,我国企业应集中自身优势,面向丝绸之路经济带积极开展工业产能合作。首先,企业应提高跨国经营能力。遵守国际商业惯例,在项目实施前做好对合作国家政治、经济、法律、社会、文化环境的分析和风险评估,提高企业内部管理水平,增强对风险和突发事件的管控能力;规范经营行为,严格遵守所在国法律政策;增强属地化经营理念,积极履行社会责任。其次,采取"以国有企业带动民营企业、以大企业带动小企业"的策略开展丝绸之路经济带工业产能合作。鉴于现阶段丝绸之路经济带工业产能合作主要集中在能源资源产业、装备制造业和基础设施建设领域,而这些产业中的优势企业以国有企业为主。因此,可以国有企业充当"先行军",率先打入国际市场,随后带动一批民营中小配套企业围绕国有企业做大做强产业链,形成产业集聚效应。

(三)互利共赢

丝绸之路经济带工业产能合作的前提是我国与沿线国家工业发展存在互补性和利益交汇点。这种互补性不仅是产品贸易层面上的互补,更是我国与沿线国家发展战略的互补。因此,对于我国而言,推进国际产能合作要注重与其他国家发展战略的对接,找准双方发展战略的交汇点。同样,对于我国企业而言,在"走出去"的过程中要找准其他国家的市场需求,并根据需求的变化灵活调整经营策略。只有如此,丝绸之路经济带工业产能合作才能实现可持续发展。

【参考文献】

[1] 黄群慧."新常态"、工业化后期与工业增长新动力[J].中国工业经济,2014(10):5-19.

[2] 白永秀,王颂吉.丝绸之路经济带的纵深背景与地缘战略[J].改革,2014(3):64-73.

[3] 杨挺,田云华,李欢欢.2014年中国对外直接投资特征及趋势研究[J].国际经济合作,2015(1):8-17.

[4] 刘志彪,张杰.全球代工体系下发展中国家俘获型网络的形成、突破与对策——基于GVC与NVC的比较视角[J].中国工业经济,2007(5):39-47.

[5] 周劲,付保宗.产能过剩在我国工业领域的表现特征[J].经济纵横,2011(12):33-38.

[6] 张宇燕,徐秀军.2014—2015年世界经济形势回顾与展望[J].当代世界,2015(1):6-9.

[7]　孙力,吴宏伟.中亚国家发展报告(2013)[M].北京:社会科学文献出版社,2013.

[8]　毕艳茹.中国与中亚国家产业合作研究——基于产业结构国际化视角[D].乌鲁木齐:新疆大学,2010.

[9]　裴长洪,樊瑛.中国企业对外直接投资的国家特定优势[J].中国工业经济,2010(7):45 - 54.

（原刊于《经济纵横》2015 年第 11 期）

丝绸之路经济带建设中打造西部
大开发升级版的战略选择*

任保平　　周志龙

【摘　要】　丝绸之路经济带建设为西部地区城市化、基础设施建设、向西开放、培育西部发展新增长点提供了机遇。西部大开发升级版的打造要坚持共建"丝绸之路经济带"与推进"西部大开发"并举的战略,打造西部大开发升级版的路径在于:构建现代产业体系,加快西部地区产业结构转型升级;促进西部城市群的崛起,提高城市化水平;打造立体型交通通信网络体系,完善西部地区基础设施建设;大力发展社会事业,提高西部地区公众福利水平;坚持走可持续发展道路,促进西部优势资源的开发利用;加强区域合作,充分发挥比较优势。在丝绸之路经济带建设背景下打造西部大开发升级版的政策取向在于:加强宏观规划、引导和政策扶持,坚持自我发展与对口支援、对口帮扶相结合,坚持区域之间的友好合作和良性竞争相结合。

【关键词】　丝绸之路经济带;西部大开发升级版;区域合作

"丝绸之路经济带"建设既是主动适应新时期、新阶段经济发展的对外开放重大战略决定,同时也是对西部大开发战略的深化和延伸,为打造西部大开发升级版创造了难得的历史机遇。因此,我们要以丝绸之路经济带建设为契机,助推西部大开发升级版的打造。

一、丝绸之路经济带建设为新阶段的西部大开发提供的机遇

由于自然、历史、地理以及社会的因素,长期以来,我国西部地区的经济社会发展整体水平都远远落后于东中部地区。为推动西部地区的经济社会发展,缩小东中西部地区的差距,实现全面建设小康社会的目标,2000年国家开始实施"西部大开发"战略。2001

---

　*　基金项目:教育部哲学社会科学发展报告项目(13JBGP014);陕西高校人文社会科学青年英才支持计划项目(HSSTP201401)

　作者简介:任保平(1968—),男,陕西凤县人,博士,教授,博士生导师,从事区域经济学研究。

年 3 月,第九届全国人大四次会议通过的《中华人民共和国国民经济和社会发展第十个五年计划纲要》对实施西部大开发战略进行了具体部署:实施西部大开发,就是要依托亚欧大陆桥、长江水道、西南出海通道等交通干线,发挥中心城市作用,以线串点,以点带面,逐步形成我国西部有特色的西陇海兰新线、长江上游、南贵、成昆等跨行政区域的经济带,带动其他地区发展,有步骤、有重点地推进西部大开发。2012 年 2 月 20 日,国务院正式批复同意国家发展和改革委员会组织编制的《西部大开发"十二五"规划》,提出了西部大开发的主要目标:经济保持又好又快发展、基础设施更加完善、生态环境持续改善、产业结构不断优化、公共服务能力显著增强、人民生活水平大幅提高、改革开放深入推进。2013 年 9 月 7 日,国家主席习近平在访问哈萨克斯坦时提出共建"丝绸之路经济带"的战略构想。习近平主席提出,为了使欧亚各国经济联系更加紧密、相互合作更加深入、发展空间更加广阔,我们可以用创新的合作模式,共同建设"丝绸之路经济带",以点带面,从线到片,逐步形成区域大合作。

经济带是带状经济区的简称,属于经济地理学范畴。经济带的发展需要依托一定的交通运输线,并以其为发展轴,以轴上经济发达的城市为核心,发挥城市的集聚和辐射效应,联结带动周围不同等级规模城市的经济社会发展,由此形成点状密集、面状辐射、线状延伸的生产、贸易、流通一体化的带状经济区。由此可见,丝绸之路经济带建设将为新阶段西部大开发升级版的打造提供一系列的发展机遇。

(一) 为西部地区城市化发展带来了机遇

城市是经济社会发展的重要载体。西部大开发至今已经走过了十多年的历程,然而西部地区的经济发展水平一直以来落后于中东部及沿海地区的局面并没有得到彻底改变。西部地区发展缓慢的重要原因之一是大城市缺乏和城市化率过低。与东部发达地区相比,西部地区的城市化呈现出两个明显的特征:一是城市化总体水平低;二是西部地区少数省会城市发展速度较快,规模较大,而中小城市发展缓慢,规模小。由此导致了两个后果:一是西部地区整体经济社会发展水平远远落后于东部地区,这是区域间发展的不平衡;二是西部地区中小城市的经济社会发展水平明显落后于大城市,这是区域内发展的不平衡。建设丝绸之路经济带首先要加强沿线城市的基础设施建设,将有利于提高西部地区的城市化水平,并为西部城市群的崛起带来良好的机遇。

(二) 为西部地区基础设施建设带来了机遇

基础设施建设是经济社会发展的前提条件。西部地区尽管资源丰富,但基础设施建设严重滞后,西部地区的道路面积存量仅为中部地区的 1/2 东部地区的 1/7。基础设施建设的滞后制约了西部地区丰富的资源供给与东部地区广阔的市场需求的对接,无法将资源优势转化为经济优势;基础设施建设的滞后造成的不利市场环境降低了对外资的吸引力,制约了西部地区的招商引资;而且交通不畅、信息闭塞的状况限制了当地居民与外界的联系,不利于西部地区思想观念的创新。建设丝绸之路经济带,将有利于改善西部地区的基础设施建设和投资环境,并为思想观念的与时俱进带来良好的机遇。

(三)为西部地区向西开放带来了机遇

"丝绸之路经济带"在内容上是集向西开放与西部开发为一体的政策综合版。[1]自20世纪70年代末我国实行对外开放的基本国策以来,我国的对外开放由南到北、从东到西层层推进,基本上形成了"经济特区—沿海开放城市—沿海经济开放区—沿江和内陆开放城市—沿边开放城市"的宽领域、多层次、有重点、点线面结合的全方位对外开放格局。2013年9月29日,中国(上海)自由贸易试验区的正式挂牌开张,更是预示着我国新一轮深化改革、扩大开放的战略时期的到来。建设丝绸之路经济带这一战略的提出,是我国深化向西开放、保障国家安全的重大战略举措,有利于拓展西部大开发的内涵和空间,使西部地区能够化区位劣势为区位优势,建立健全我国向西开放的战略体系。

(四)为新阶段的中国西部发展提供了新增长点

在丝绸之路经济带建设背景下,西部各省市之间、西部地区与中亚国家之间将共同推进区域一体化进程,进一步加强资金流、物流、人流、价值流、信息流等方面的合作,构建铁路、公路、航空、管道、电信、电网的互联互通网络体系,在更大范围内促进生产要素的自由流动和优化配置,实现优势互补,互利共赢。通过丝绸之路经济带建设可以使西部地区的产业结构转型升级加快,城市化水平得到提高,基础设施和投资环境得到改善,资源得到有效开发利用,对外开放进一步扩大。在丝绸之路经济带建设的推动下西部将是我国最具经济增长潜力和活力的地区,由我国区域发展的短板转变为平衡我国区域发展的新增长点。

二、丝绸之路经济带建设背景下新阶段西部大开发升级版的战略选择

西部大开发战略实施以来,经过16年的建设与发展,西部地区的经济社会发展取得了长足进步。但同时我们也应该清醒地认识到西部地区经济社会总体后的状况仍然没有根本改变,具体表现为产业结构不合理、城市化水平偏低、基础设施建设落后、社会事业仍处于低位水平、对外开放程度不大。"丝绸之路经济带"将在未来引领西部地区的开放、开发与发展,借助丝绸之路经济带建设的契机可以打造西部大开发战略的升级版。在丝绸之路经济带建设背景下,西部大开发升级版的打造要坚持共建"丝绸之路经济带"与推进"西部大开发"并举的战略,按照将西部地区作为重要的生产力基地,以大城市为支点,以交通线为发展轴,遵循"点轴"开发模式,努力在加快产业结构转型升级、提高城

市化水平、完善基础设施建设、发展社会事业和扩大对外开放方面实现战略升级。

(一)产业结构的升级战略

西部地区产业结构层次不高、门类不全、布局不合理、配套能力弱,产业结构的滞后制约了经济发展方式的转变。在丝绸之路经济带建设背景下,产业结构的升级是西部大开发的突破口。因此,丝绸之路经济带建设背景下西部地区产业结构的升级战略是利用资源禀赋条件和发挥比较优势,以培育特色优势产业为龙头,调整三次产业之间的比例关系,大力发展特色农牧业、新型工业和现代服务业,促使各产业协同快速发展,加快构建西部地区的现代产业体系。

(二)城市化的升级战略

西部地区的城市化水平较低、发展缓慢、内部结构畸形失衡,城市化进程的滞后制约了西部地区的工业化进程。在丝绸之路经济带建设背景下,城市化的升级是西部大开发的重要内容。因此,丝绸之路经济带建设背景下西部地区城市化的升级战略是以大城市为支点,以交通线为发展轴,辐射带动周边中小城市发展,加强城市与城市之间的联系与合作,促进西部城市群的崛起。

(三)基础设施建设的升级战略

西部地区土地广袤,自然条件较为恶劣,人口分布比较稀疏,增加了基础设施建设的难度和成本,基础设施建设的滞后制约了生产生活的需求。在丝绸之路经济带建设背景下,基础设施建设的升级是西部大开发的着力点。因此,丝绸之路经济带建设背景下西部地区基础设施建设的升级战略是以自然地理和社会条件为依据,结合当地经济社会发展需要,形成以铁路、公路、水路、航空、管道运输为主的立体型交通运输网络体系和编织通信、电力等信息畅通网络体系。

(四)社会事业的升级战略

西部地区经济基础薄弱,政府财力不足,限制了对社会事业的投入。社会事业发展的滞后制约了人民生活水平的提高。在丝绸之路经济带建设背景下,社会事业的升级是西部大开发的首要目标。因此,丝绸之路经济带建设背景下西部地区社会事业的升级战略是以保障和改善民生为重点,以满足人民群众日益增长的物质文化需要为目标,努力实现学有所教、劳有所得、病有所医、老有所养、住有所居,使广大民众共享改革发展成果。

(五)对外开放的升级战略

西部地区深居内陆,由于政策的原因,对外开放起步晚,开放程度不高。对外开放程度的滞后制约了在更大范围、更高水平、更深层次、更多领域参与国际合作与竞争。在丝绸之路经济带建设背景下,对外开放的升级是西部大开发的必然要求。因此,丝绸之路经济带建设背景下西部地区对外开放的升级战略是以引领西部走向世界为目标,构筑以开放促进西部大开发、促东部再改革的新的倒逼格局,完善沿海开放与向西开放、沿边开放与向西开放相适应的对外开放新格局。

三、丝绸之路经济带建设背景下打造西部大开发升级版的战略路径

以丝绸之路经济带建设为契机,打通向西开放的经济通道,加强西部地区与中亚、西亚、欧洲的经济交流与合作,坚持"引进来"与"走出去"相结合,充分利用国际国内两个市场、两种资源,促进要素有序自由流动、资源高效配置,推进欧亚大陆经济深度融合,维系我国陆海战略资源和市场平衡,推动西部地区开放开发向更大范围、更高水平、更深层次、更多领域发展。丝绸之路经济带建设背景下打造西部大开发升级版的路径在于:以构建现代产业体系为突破口,以促进西部城市群崛起为核心,以打造立体型交通通信网络体系为着力点,以提高公众福利水平为首要目标,以坚持走可持续发展道路为思路,以区域合作为平台,具体而言:

(一)构建现代产业体系,加快西部地区产业结构转型升级

产业结构是经济结构的重要方面,加快产业结构转型升级是转变经济发展方式的主要出路。在丝绸之路经济带建设背景下,打造西部大开发升级版要以产业结构转型升级促成调结构、稳增长目标的实现。一是发展特色农牧业。加大对西部地区粮棉油、畜产品生产能力建设及农业机械、农业科技的推广,实施农业综合开发、农田水利和农业示范基地等支农、惠农工程,改善农业设施装备条件,提高农业综合生产能力。二是发展新型工业。加快对老工业基地的改造,通过结构调整、技术创新、产业集聚和兼并重组,大力振兴装备制造业,提升制造业能力,依托丰富的自然资源,发展现代能源产业,推进工业化进程。三是发展现代服务业。围绕建设西部物流中心、商贸中心、金融中心等,加快发展物流仓储业、电子商务、金融保险、旅游业、文化创意产业、专业知识咨询、教育培训等现代服务业,不断提高服务业的比重和水平,更好地满足社会生产和人民生活需要。四是培育战略性新兴产业。积极支持新能源、节能环保、新材料、生物产业等领域的技术研发和创新活动,培育具有区域特色的战略性新兴产业,提高产业整体创新能力和发展层次。五是在东部地区面临外需增长乏力、要素成本上升、发展空间有限的约束下,西部地区要积极利用自然资源丰富、劳动力成本低廉、土地储备充足的优势,有次序、有选择地承接东部地区的产业转移,发挥后发优势,实现产业结构的大调整、大跨越、大发展。

（二）促进西部城市群的崛起，提高城市化水平

城市为社会生产和人民生活提供了活动的场所和拓展的空间。在丝绸之路经济带建设背景下打造西部大开发升级版要将西部城市串联起来，加强城市之间的联系和互动，以发挥城市的辐射和扩散效应。一是加强重点城市新区的建设，优化城市布局，拓展发展空间。在关中、川南、渝西、黔中、滇中、宁夏沿黄、北部湾等有条件的地区，培育壮大一批城市群，支持西安—咸阳、成都—德阳—绵阳、永川—合川—江津、贵阳—安顺、酒泉—嘉峪关、乌鲁木齐—昌吉—五家渠、呼和浩特—包头—鄂尔多斯等城市一体化发展。二是培育中小城市和特色鲜明的小城镇。在丝绸之路经济带建设背景下积极发展和壮大西部地区中小城市，大力发展一批基础条件好、发展潜力大、吸纳人口能力强的中心镇，适当扩大人口规模和容量，因地制宜推动小城镇整合，形成层次分明、结构合理、互动并进的城镇化发展格局。三是统筹城乡发展。在丝绸之路经济带建设背景下坚持以工带农、以城带乡的方针，促进公共资源在城乡之间均衡配置、生产要素在城乡之间自由流动，推动城乡经济社会融合发展。进一步推进成都、重庆国家统筹城乡综合配套改革试验，在鄂尔多斯、延安、防城港等具备条件的地区开展省级统筹城乡综合配套改革试点。四是提升城镇综合承载能力。在丝绸之路经济带建设背景下优先发展城市公共交通，积极推进城市公共交通向县城和重点乡镇延伸；支持发展热电联产，加大管网改造力度，提高集中供热率；加强中小城市、工业集中区、重点城镇供排水、供暖、供气、道路等公用设施建设，实现市政公共设施基本配套；实施城镇污水处理设施及配套管网建设工程，推进垃圾集中处理设施建设。五是推进城乡社会管理，创新城乡管理体制机制。在丝绸之路经济带建设背景下加强城乡治安、市容卫生、交通秩序等综合整治，建立高效的城市公共安全保障体系，提高突发事件应急处理能力；科学实施城镇绿化，提高绿地分布均衡性；注重文化传承与保护，改善城镇人文环境。

（三）打造立体型交通通信网络体系，完善西部地区基础设施建设

经济社会要发展离不开基础设施先行。在丝绸之路经济带建设背景下打造西部大开发升级版首要在于完善基础设施建设，以保证资源的流动和信息的畅通。一是通过编制交通运输基础设施规划，推进兰新铁路第二双线、成渝客专、贵广铁路、云贵铁路等重大项目建设，加快高速公路剩余路段、瓶颈路段建设，完善机场网络布局，增强民航运输保障能力。二是有效利用各地区现有的运输资源，协调区域间的交通运输体系建设和运营，建立人、货物、资源的畅通和安全的运输体系。三是推进江河治理、灌区续建配套与节水改造、病险水库水闸除险加固、农村饮水安全等工程建设，建立山洪灾害监测预警系统，最大限度降低自然灾害给生产生活造成的损失。四是做好西气东输、西电东送等工程的扩容改造工作，提高资源的运送效率和供给能力。五是加快实施农村"村村通"工程

和信息下乡活动,推动农村电网改造升级,提高农村互联网覆盖比例和范围,推进空白乡镇邮政局所补建工作,加强农村、农民与外界的联系。

(四)大力发展社会事业,提高西部地区公众福利水平

改善民生对西部地区来说具有特殊的意义。在丝绸之路经济带建设背景下打造西部大开发升级版要把保障和改善民生作为起点和归宿,着力推进基本公共服务均等化,做到发展为了人民、发展依靠人民、发展成果由人民共享。一是提高医疗卫生水平。完善城乡卫生服务网络,加强基层医疗卫生、儿童医疗服务体系建设;进一步完善农村急救、食品安全、重大疾病防治等公共卫生服务网络;推进重大传染病、慢性病、地方病防控防治工作;加快全科医生培养和临床基地建设;完善药品供应保障体系;推进基层计划生育服务体系建设。二是推进就业服务。继续实施"春风行动""雨露计划"等就业服务项目;推进大中专毕业生、农村转移劳动力、城镇就业困难人员就业和退伍军人就业安置工作;稳步推进通过职业教育实现就业脱贫试点和西部地区农民创业促进工程试点工作;建立健全政府投资和重大项目建设带动就业机制;完善鼓励自主创业政策,建立健全创业公共服务体系;有序组织劳务输出,开展对外劳务合作。三是完善社会保障体系。坚持广覆盖、保基本、多层次、可持续的方针,加快推进覆盖城乡居民的社会保障体系建设;进一步提高城乡居民基本医疗保险人均筹资水平和中央财政补助标准;整合城乡居民养老保险制度,完善城乡最低生活保障等社会救助制度;加快社会养老服务体系、残疾人康复和托养设施等建设,进一步提高优抚对象抚恤补助标准;加快保障性安居工程建设,稳步推进农村危房及各类棚户区改造,全面完成游牧民定居工程建设。

(五)坚持走可持续发展道路,促进西部优势资源的开发利用

节约资源和保护环境是我国的基本国策。在丝绸之路经济带建设背景下打造西部大开发升级版要在坚持公平性、持续性、共同性三原则基础上走可持续发展道路,建设资源节约型和环境友好型社会。一是继续实施天然林资源保护、水土流失、京津风沙源与石漠化综合治理、湿地保护等重点生态工程,巩固退耕还林成果,提高对农牧民草原生态保护的补助。二是继续实施重点流域污染治理、重金属污染综合防治、重点区域大气污染防治、良好湖泊生态环境保护、尾矿库闭库治理等环保工程。三是继续支持重点节能工程和园区循环化改造示范试点、鄂尔多斯等城市工业固废综合利用试点,启动资源综合利用百个示范基地和百家骨干企业建设。四是做好重要矿区勘查和著名风景区开发的专项规划编制,将资源优势尽快转化为经济优势。五是坚决避免走"先污染、后治理"的老路,逐步淘汰落后产能和加大节能减排力度,稳步推进排污权交易试点和碳排放交易试点,大力发展循环经济,实现清洁生产。

(六)加强区域合作,充分发挥比较优势

区域一体化是经济全球化的具体表现形式。打造西部大开发升级版要将"西部开发与向西开放结合起来,通过向西开放促进西部发展,通过西部开发促进向西开放"。[1]一是完善区域合作的法律法规体系,搭建区域间政府合作的机制和平台,协调政策差异,在各自充分发挥比较优势的情况下,实现互利共赢、耦合发展。二是打破行政垄断和地区封锁,构建区域内统一的产品市场、金融市场、劳动力市场、技术市场,逐步实现区域内物质资源、人力资源、资金、技术、信息等各类生产要素的自由流动和资源的高效配置;三是促进企业开展跨境贸易和投资人民币结算业务,探索开展个人跨境人民币业务试点。四是推动重点口岸、沿边城市加快开发开放,积极建设一批富有活力的沿边重点开发开放试验区。

四、丝绸之路经济带建设背景下打造西部大开发升级版的政策

丝绸之路经济带建设本质上是以资源环境承载力为前提、以沿线基础设施的建设为依托、以城市群的崛起为发展空间,统筹城乡、统筹东中部与西部、统筹国内与国际、统筹经济与社会的共同发展,促进产品与要素的自由流动和资源的优化配置,发挥比较优势和基于互利共赢的原则,通过协同效应和耦合发展,实现区域一体化,为全球经济提供新的增长点。因此,我国在丝绸之路经济带建设背景下打造西部大开发升级版的政策取向在于:

(一)加强宏观规划、引导和政策扶持

一是在丝绸之路经济带建设背景下加强对西部地区发展形势的预判、政策措施预言和重大项目储备,努力营造新阶段西部大开发升级版的良好发展环境。二是加大中央财政对西部地区的均衡性和专项扶贫资金转移支付力度。除了少数资源型地区之外,西部地区地方政府普遍财力不足,推进城市化和完善基础设施建设所需的巨额资金可以由中央财政和地方财政合理确定分担比例,减轻地方政府的压力。三是实施优惠的税收政策。优惠的税收政策具有显著的激励效应,对于促进企业向西部地区流动具有很强的吸引力。对鼓励类产业及优势产业项目,要给予一定的税收优惠,通过取消、减免有关费用,减轻企业负担,让企业更好地从事生产、建设西部。四是加强人才队伍建设。一方面,做好人才开发工作;组织实施西部地区人才培养特别项目,少数民族高层骨干人才培养计划,边远贫困地区、边疆民族地区和革命老区人才支持计划,大学生志愿服务西部计划;另一方面,做好人才引进工作。通过提供良好的环境和优握的条件,吸引外地人才向西部地区流动,为西部大开发提供人力支持。五是放宽市场准入和对民间资本投放领域

的限制,鼓励民间资本到西部地区去寻觅投资商机,积极参与西部大开发,让一切生产要素的活力竞相迸发,让一切创造财富的源泉充分涌现。

(二)坚持自我发展与对口支援、对口帮扶相结合

一方面,西部地区要形成自我发展机制,形成发展的内力。在国家差别化的产业政策、财政政策、金融政策、税收政策、人才政策等优惠政策的大力支持下,在共建"丝绸之路经济带"和实施"西部大开发"战略的有利时代背景下,西部地区要紧紧把握历史的机遇,着力提升要素配置效率和实现创新驱动发展,着力促进产业结构转型升级和经济发展方式转变,着力推进城市化和工业化进程,着力适应区域一体化和经济全球化的趋势,着力释放改革红利和挖掘经济增长潜力,增强经济增长内生动力和自我发展能力。另一方面,东中部地区要加强对西部地区的对口支援、对口帮扶,形成发展的外力。东中部地区要积极配合国家相关规划政策的实施工作,在参与和支援西部大开发时,要进一步提升对口支援、对口帮扶的深度和水平,鼓励支持企业、人才、项目向西部地区流动,支持西部地区发展。通过区域互动、内外结合,缩小区域发展差距,实现全面建设小康社会的目标。

(三)坚持区域之间的友好合作和良性竞争相结合

一方面,区域之间的友好合作能促进资源的自由流动和保证信息传播的畅通,减少重复投资造成的效率损失。区域之间友好合作的重点是实现合理的产业空间布局。西部地区应以各自比较优势产业为切入点,遵循产业布局的原则,进行优势产业层次的划分与布局,处理好经济带局部与整体的产业发展关系,避免产业布局同质化,造成产能过剩。[2]另一方面,区域之间的良性竞争能发挥对各省市的激励效应,最大限度地激发各省市的经济活力。区域之间良性竞争的关键是实现产出的最大化。"丝绸之路经济带"建设过程中,各省市为了各自的利益,在国家政策倾向、资金流向、项目选择势必会展开相互竞争。为盘活全局,各省市要遵循市场在资源配置中起决定性作用的客观规律,将经济社会发展所需的资源配置到需求最旺盛、利用效率最高的地方去。

【参考文献】

[1]　胡鞍钢,马伟,鄢一龙."丝绸之路经济带":战略内涵、定位和实现路径[J].新疆师范大学学报
　　　(哲学社会科学版),2014(2):1－10.

[2]　王金照.构建现代产业体系:新一轮西部大开发的重中之重[J].中国发展观察,2010(8):22－27.

(原刊于《兰州大学学报(社会科学版)》2015年第6期)

以丝绸之路经济带促动西部发展：
现实基础、重大意义、战略举措*

吴丰华　白永秀

【摘　要】　丝绸之路经济带沿线国家与西部经济发展之间有着密切的关系,双方文化同源、地域相接、经贸往来日益密切。丝绸之路经济带的深入推进将为我国西部提供重大的发展机遇,将有力推进我国西向开放战略、实现区域均衡发展、发掘新的经济增长点、构建西部安全体系。通过谋定空间规划,串联丝绸之路经济带与西部协同发展;开展丝绸之路经济带能源合作,打造"世界能源第三极";建设丝绸之路经济带自贸区,打造世界级自贸区;促进重点产业发展,搭建丝绸之路经济带与西部共同发展平台等四方面战略措施,实现以丝绸之路经济带建设促动西部经济发展。

【关键词】　丝绸之路经济带;西部发展;现实基础;战略举措

被冠以"丝绸之路"美誉的一条横亘欧亚大陆的古代交通线,以古长安为起点,穿越整个西部,延伸至遥远的地中海沿岸。这条衍生出众多分支的东西方交通贸易要道,以其穿越时空、体现永恒之魅力,始终牵引着古今中外有识之士探寻的目光和追溯的脚步。2013年9月,习近平主席在哈萨克斯坦首倡亚欧国家共建"丝绸之路经济带",这一提议随即引起相关国家尤其是中亚各国的积极响应。2015年3月,中国国家发改委、外交部、商务部共同发布了《推动共建丝绸之路经济带和21世纪海上丝绸之路的愿景与行动》,这标志着"一带一路"已从概念构想进入到了务实推进和具体建设阶段。丝绸之路经济带"东启亚太经济圈,西抵欧洲经济圈,中间广大腹地国家经济发展潜力巨大",[1]而这中间广大腹地的中国段便是我国西部地区。在我国经济运行步入新常态、改革进入全面深化期的时代背景下,面对经济下行的压力中国亟须加快建设丝绸之路经济带以寻找新的经济增长点、构筑向西开放新格局、确保国家西部战略安全;西部亦必须利用好此次丝绸之路经济带建设的重大机遇,既实现自身经济腾飞和社会全面进步,也助力实现国家的

---

　　* 基金项目:国家社会科学基金重点项目"全球经济新格局背景下丝绸之路经济带建设的战略研究"(15AJL011)

战略意图。

一、以丝绸之路经济带促动西部经济发展的现实基础

习近平曾多次在公开场合表示,丝绸之路经济带建设绝不是中国的独奏曲,而是沿线国家的交响乐,但交响乐需要相关国家和地区具备开展合作的初始条件和基础。目前,丝绸之路经济带沿线国家和我国西部地区已经具备了深入开展合作、共建丝绸之路、实现协同发展的条件和基础。

第一,我国与丝绸之路经济带沿线各国经贸往来日益密切。近年来,中国与俄罗斯、中亚诸国、南亚、西亚等国家和地区的区域合作不断深入。2014 年,在俄罗斯 GDP 仅实现 0.6% 增长的不利情况下,①中俄贸易总额逆势上扬,同比增长 6.8%,达到 952.8 亿美元,②中国已成为俄罗斯第一大贸易伙伴,而俄罗斯也是中国第九大贸易伙伴。③ 中国目前也是中亚国家最主要的贸易伙伴和投资来源国,是哈萨克斯坦、土库曼斯坦的第一大贸易伙伴,是乌兹别克斯坦、吉尔吉斯斯坦的第二大贸易伙伴。2013 年,中国与哈萨克斯坦、乌兹别克斯坦、塔吉克斯坦、吉尔吉斯斯坦四国的贸易额达 402 亿美元,同比增长 13%。其中,中哈贸易额达 286 亿美元;中乌贸易额首次突破 40 亿美元,增幅高达 58.3%。④

第二,西部与丝绸之路经济带的交通网络已轮廓初显。习近平主席早先倡导的丝绸之路经济带建设的总体要求即"五通"⑤中的先决条件便是道路联通。经过 20 多年的建设,第二亚欧大陆桥的运力有了极大改善,国际过境运输量逐年增加,阿拉山口口岸过货量从初建时的 72 万吨上升到 2013 年的 2982.9 万吨。连云港—霍尔果斯等公路干线竣工,精河—伊宁—霍尔果斯等铁路工程稳步推进。[2]2011 年 10 月、2013 年 4 月、2013 年 7 月、2013 年 11 月,由重庆、成都、郑州、西安始发的"渝新欧""蓉欧快铁""郑新欧""长安号"四条国际货运班列相继开始常态化运行,形成了"四城逐路"的局面。2014 年,新疆乌鲁木齐到甘肃兰州的高铁已经开始试车,未来两地间的来往时间将缩短到 7 个小时。[3]第二、第三条进疆的铁路也将会建设,一个大西北交通全面贯通的时代不久就会

---

① 数据来自俄罗斯联邦统计局,http://www.poccuu.org/0 - tongjiju.htm.

② 数据来自中华人民共和国海关总署。转引自宋宇峰:《2014 年中俄贸易总值突破 950 亿美元增长 6.8%》,中国网,2015 年 1 月 14 日,http://news.china.com.cn/world/2015 -01/14/content_34554821.htm.

③ 数据引自《俄罗斯成中国在全球范围内第九大贸易伙伴》,中研网,2014 年 7 月 3 日,http://www.chinairn.com/news/20140703/184759805.shtml.

④ 数据引自《2013 年中国与中亚四国贸易额突破 400 亿美元》,新华网,2014 年 2 月 13 日,http://news.xinhuanet.com/fortune/2014 -02/13/c_119319839.htm.

⑤ 五通即"民心相通、货币流通、贸易畅通、道路联通、政策沟通"。

来临。

第三,西部与丝绸之路沿线各国文化同源。历史上,中国西部与丝绸之路沿线国家就出现过数次文化、宗教、民族的大交融过程,西部诚信、粗犷、淳朴的文化与民风也与丝绸之路经济带沿线国家一脉相承。现在,新疆、宁夏作为维吾尔族、回族聚居区,与中亚国家有极强的民族、宗教共融性;蒙古国本与我国蒙古族是民族一体、民俗一致;青海的回族、撒拉族在宗教信仰方面、生活习惯方面也与中亚国家有较强的共通性。可以说,相较于西方世界所提出的各种丝绸之路计划等,①[4]我国尤其是西部地区,具有与中亚国家及其他丝路沿线国家共建丝绸之路经济带、开展文化经贸合作的得天独厚的优势,文化、宗教、民族的认同感拉近了双方的距离,为这种合作打下了天然的基础。

二、以丝绸之路经济带促动西部发展的重大意义

建设丝绸之路经济带的原则是平等、协调、共享,诉求是多层次的区域开发开放、区域一体化与协调发展、国土均衡开发。这既涵盖中国与丝绸之路经济带沿线国家所应达到的相互关系水平,也暗含通过丝绸之路经济带建设,提升西部这个中国"最大潜力区"的经济社会发展水平、加大西部开发开放力度、均衡开发国土之意。

第一,通过丝绸之路经济带建设,实现我国的"向西开放"战略。改革开放始于我国东南沿海地区,这固然有东部市场经济发育程度高、基础设施更加完善、海运更为廉价等客观原因和人力资源向东部流动等主观因素[5]的共同作用,但却造成了我国对外开放呈现出"东强西弱,海强边弱"的格局:一是西部进出口总额在全国所占的比重极低。直到2014年,也仅占全国的7.7%,而东部进出口总额占比高达85.3%(表1)。二是西部融入经济全球化程度低。经过30多年的改革开放,东部已经全面融入经济全球化,长三角已成长为世界第六大城市群,②京津冀、珠三角已成为全球经济链条上的区域性中心。可见西部在区域经济合作和经济全球化中缺乏相应的位置。近年来,随着东向开发开放潜力逐步释放,人口红利、土地资源红利逐渐消退,以及"丝绸之路经济带"沿线国家对繁荣经济、提高国民生活水平的需求日益迫切,共建"丝绸之路经济带"成为历史的必然选择。如果把握住机遇,西部将获得在向西开放、区域经济合作和经济全球化中的位置。

① 1997年,日本桥本龙太郎内阁提出了"丝绸之路外交战略";2009年,欧盟提出了"新丝绸之路计划";2011年,作为美国重返亚太战略的重要组成部分,美国国务卿希拉里提出了"新丝绸之路战略"。
② 世界六大城市群:以纽约为中心的美国东北部大西洋沿岸城市群,以芝加哥为中心的北美五大湖城市群,以东京为中心的日本太平洋沿岸城市群,以伦敦为中心的英伦城市群,以巴黎为中心的欧洲西北部城市群,以上海为中心的中国长江三角洲城市群。

表 1　2014 年前三季度中国三大区域对外贸易情况

地区	贸易数额/亿美元		占全国比重/%		
	进口额	出口额	进出口额	出口额	进口额
东部	12827.2	14160.2	85.3	83.4	87.4
中部	944.7	1260.9	7.0	7.4	6.4
西部	883.0	1549.8	7.7	9.1	6.0

注：东部包括北京、天津、河北、辽宁、上海、江苏、浙江、福建、山东、广东、海南等 11 个省份；中部包括山西、吉林、黑龙江、安徽、江西、河南、湖北、湖南等 8 个省份；西部包括内蒙古、广西、四川、重庆、贵州、云南、西藏、陕西、甘肃、青海、宁夏、新疆等 12 个省份。

资料来源：商务部综合司：《2014 年前三季度对外贸易运行情况》，中国商务部网站，http://zhs. mofcom. gov. cn/article/Nocategory/201411/20141100787677. shtml.

第二，通过丝绸之路经济带建设，实现我国的区域均衡发展。长期以来，在一部分地区先发展起来政策的指导下，通过"极差式"发展，[6]东部优先发展起来，而西部成为我国区域经济协调发展的"短板"，表现在诸多方面。仅以人均 GDP 水平为例，2014 年我国大陆 31 个省份只有内蒙古进入前十位，而后十位全部来自中西部，其中后五位更全部是西部省份（依次为广西、西藏、云南、甘肃、贵州）。排名最高的天津市人均 GDP 是全国水平的 226%，而排名最低的甘肃仅为全国水平的 57%（图 1）。区域不平衡已由我国经济增长的动力转变为进一步实现均衡发展的掣肘。新世纪之交，国家区域发展战略经历了从非均衡发展战略到区域协调发展战略的转变，西部大开发战略应运而生。丝绸之路经济带作为我国最新的区域均衡发展战略，是西部大开发的大升级和高阶版本，对于最终实现西部赶超东部、促进区域均衡协调发展，具有重大意义。

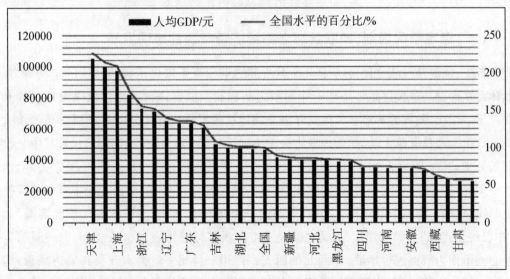

图 1　2014 年全国大陆 31 个省份人均 GDP 及其是全国平均水平的百分比

数据来源：根据国家统计局数据计算得出。

第三,通过丝绸之路经济带建设,寻找我国新的经济增长点。当前,我国改革已经进入深水区和攻坚期,在前一阶段的增长红利已经释放殆尽,东北和东部经济增速逐渐放缓的情况下,我国要保持经济新常态下 GDP 年均 7% 的同比增速,实现 2020 年两个"翻一番"的目标,寻找并形成新的经济增长点就成为当务之急。丝绸之路经济带的国内核心区是新疆,主战场在西部。西部应抓住这一机遇,破解包括劳动力、土地在内的资源要素自由流动的限制,提高城镇化水平;通过资本、技术等的聚集,培育特色产业,形成新的增长动力。总之,丝绸之路经济带建设将有力挖掘西部的增长空间,释放西部压抑已久的增长潜力,形成新的增长极,最终带动整个中国经济发展。[4]

第四,通过丝绸之路经济带建设,构筑我国西部安全体系。当前及未来相当长一段时间,我国都将面临严峻的战略安全形势,美国正在积极执行重返亚太战略,纠结其盟友构筑针对中国的"C 型"包围圈;日本右翼势力极速膨胀,在钓鱼岛等问题上与中国针锋相对;越南、菲律宾等在美国的支持怂恿下,频繁在南海制造摩擦;印度与中国长期存在领土争端,而且不满足于称霸印度洋;原本一些与中国关系良好的周边国家,如缅甸、泰国,也因为政权更迭、西方势力不断渗透,而显现复杂多变的情况。面对如此复杂严峻的地缘安全格局,需要我国通过丝绸之路经济带的建设,对内发展繁荣西部经济,涤荡"三股势力"的生存空间;对外强化西部与丝绸之路经济带沿线国家在政策沟通、设施联通、贸易畅通、资金融通、民心相通等重点领域的合作往来,以打造利益共同体的方式,构建西部安全体系,确保西部对外安全。

三、以丝绸之路经济带促动西部发展的战略举措

(一)谋定空间规划,串联丝绸之路经济带与西部协同发展

首先,需要从丝绸之路经济带与我国西部的空间联系来确定整体发展的空间规划。具体可从西部与丝绸之路经济带沿线国家之间和我国西部内部两个层次来设计空间布局。第一层次,我国西部经济发展与丝绸之路经济带沿线国家可建立并扩展三条经济大动脉。第一条是北路大动脉,即内蒙古—蒙古—俄罗斯;第二条是中路大动脉,其中分出三条分支,其一是偏北分支,沿西北—中亚—俄罗斯线路发展,其二是中线分支,沿西北—中亚—东欧—中欧—西欧/南欧线路发展,其三是偏南分支,沿西北—中亚—西亚—北非线路发展;第三条是南路大动脉,即西南—印度大陆,其中包括"孟中印缅经济圈"和"中巴经济走廊"。第二层次,丝绸之路经济带在西部可整体规划布局为"一带一圈",以中心城市作为节点进行串联,即西北的西安—银川—兰州—乌鲁木齐及其周边城市,构成"一带",西南的成都—重庆—昆明—贵阳—南宁及其周边城市,构成"一圈"。(表 2)

表2 丝绸之路经济带与西部经济发展空间规划构想

规划范围	规划名称	分支线路	具体路线	涵盖省份/国家
西部与丝绸之路经济带沿线国家	"三条大动脉"	北路大动脉	内蒙古—蒙古—俄罗斯	中国的陕西、宁夏、甘肃、内蒙古;蒙古国、俄罗斯
		中路大动脉	偏北分支:西北—中亚—俄罗斯; 中路分支:西北—中亚—东欧—中欧—西欧/南欧; 偏南分支:西北—中亚—西亚—北非	中国的陕西、宁夏、甘肃、青海、新疆;中亚6国,西亚19国;东欧6国,中欧8国,西欧7国,南欧17国;北非7国
		南路大动脉	西南—印度次大陆	中国的四川、重庆、云南、贵州、西藏;印度次大陆7国
西部内部	"一带一圈"	西北"一带"	西安—银川—兰州—乌鲁木齐	陕西、宁夏、甘肃、青海、新疆、内蒙古
		西南"一圈"	成都—重庆—昆明—贵阳—南宁	四川、重庆、云南、贵州、广西、西藏

注:中亚6国,即哈萨克斯坦、土库曼斯坦、吉尔吉斯斯坦、乌兹别克斯坦、塔吉克斯坦、阿富汗。西亚19国,即伊朗、伊拉克、格鲁吉亚在亚洲的地区、亚美尼亚、阿塞拜疆、土耳其在亚洲的地区、叙利亚、约旦、以色列、巴勒斯坦、沙特阿拉伯、巴林、卡塔尔、也门、阿曼、阿拉伯联合酋长国、科威特、黎巴嫩、塞浦路斯。东欧6国,即白俄罗斯、乌克兰、爱沙尼亚、拉脱维亚、立陶宛、摩尔多瓦。中欧8国,即德国、波兰、捷克、斯洛伐克、匈牙利、奥地利、列支敦士登、瑞士。西欧7国,即英国、爱尔兰、荷兰、比利时、卢森堡、法国、摩纳哥。南欧17国,包括巴尔干半岛上的罗马尼亚、保加利亚、塞尔维亚、黑山、科索沃、克罗地亚、斯洛文尼亚、波斯尼亚和黑塞哥维那、马其顿、阿尔巴尼亚、希腊;亚平宁半岛上的意大利、圣马力诺和梵蒂冈;伊比利亚半岛上的西班牙、葡萄牙、安道尔。北非7国,即苏丹、南苏丹、埃及、利比亚、突尼斯、阿尔及利亚、摩洛哥。印度次大陆7国,即尼泊尔、不丹、印度、巴基斯坦、孟加拉国、斯里兰卡、马尔代夫。

其次,西部各省应加强协调沟通,做好内部分工,确定各自在丝绸之路经济带建设中的准确定位。《愿景与行动》已经发布,各省市没有必要再为"新起点""核心区"花落谁家而你争我夺、暗中较劲了。未来,在国家层面,应做好顶层设计,既统一规划、整体布局,也照顾到西部各省的利益,同时还需注意到西部各省经济社会发展的差异性和阶段性,制定相应的差异化政策。在西部层面,西部各省应加强沟通和协作,建立跨省区的西部丝绸之路经济带联席会议制度和协作办事机构,共同协商确定西部各省在丝绸之路经济带中的战略定位、主导产业选择、对外合作方向等重大事项;统一规划建设西部跨省的铁路(动车和高速铁路)、高速公路、机场建设等交通网络;互相商讨解决可能存在利益冲突及项目争夺的领域。

(二)开展丝绸之路经济带能源合作,构建"世界能源第三极"

近几十年来,世界石油天然气能源市场呈现两级鼎力的态势:一级被以美国、英国、荷兰为首的少数西方发达国家所控制,形成了美国 WTI 和英国北海 Brent 两个国际原油价格;另一级 1960 年成立,由西亚、非洲、拉丁美洲 12 个产油国所组成的石油输出国组织(OPEC)所控制,对国际原油产量和价格影响巨大。而世界另一个石油天然气主产区——中国、俄罗斯、中亚——却被排斥在世界石油天然气市场主导权之外,这些国家石油、天然气资源蕴藏十分丰富(表3)。2013 年,俄罗斯、中国石油供给量分别列世界第三、四位,占全球石油总产量的 11.69% 和 4.95%,而哈萨克斯坦石油供给量也进入全球 20 强,列第 18 位,占比达到 1.84%(表4)。随着近年来经济规模不断扩大,我国虽越来越依赖进口石油天然气,但却不掌握定价权;而且我国从海湾地区进口石油天然气的海上咽喉要道——马六甲海峡,①我国也无法掌控。面对如此严峻的能源安全威胁,亟须寻找新的能源合作伙伴以化解危机,向西与石油、天然气资源丰富的俄罗斯,中亚各国广泛开展合作,是我国应对能源危机所必须,也几乎是唯一可行的战略出路。从已有基础和条件看,中、俄、中亚各国在能源领域的合作是丝绸之路经济带建设最主要的发力点和结合点。这就需要油气资源丰富的我国西部地区主动积极发挥作用,和上述国家开展石油天然气能源产业的合作,打造"世界能源第三极"。

表3 俄罗斯与中亚三国石油、天然气资源概况

国家	石油	天然气
俄罗斯	俄罗斯原始石油总资源量为 1114.72 亿吨,目前 ABC1 + C2 级石油可采储量占总资源量的 26%(288.75 亿吨)	2009 年俄罗斯的天然气探明可采储量为 47.57 万亿立方米,占全球总储量的 25.3%,居世界第 1 位
哈萨克斯坦	石油探明储量约 100 亿吨,远景储量 130 亿吨	天然气探明储量在中亚国家中居第 1 位
土库曼斯坦	石油储量 120 亿吨	天然气储量 22 万多亿立方米,占中亚地区天然气储量的 56%,约占世界总储量的 1/4,居中亚国家第 1 位,世界第 4 位,年均开采量 600～800 亿立方米
乌兹别克斯坦	石油探明储量分别为 53 亿吨	天然气探明储量 50000 多亿立方米;世界十大天然气开采国,年产气量在 300 亿立方米以上

---

① 我国进口石油的 60% 来自中东的沙特、科威特和伊朗三个国家,全部依靠海运,出波斯湾经阿拉伯海和印度洋走马六甲海峡进入南中国海。而且,我国和欧洲、西亚、非洲的远洋运输航线无一例外都要经过马六甲海峡,而与这三大地区的外贸远洋运量占我国全部外贸远洋运量的 70%。

资料来源:《链接——中亚五国》,《中国经济时报》2011 年 9 月 14 日;王京、刘琨:《俄罗斯石油生产和资源潜力分析(2013)》,石油观察网站,http://oilobserver.com.cn/tendency/article/1299.

表4　2013 年世界原油供给 20 强占世界总原油供给的百分比

排序	国家	占全球原油总供给量的比例/%	排序	国家	占全球原油总供给量的比例/%
1	美国	13.66	11	巴西	3.01
2	沙特	12.87	12	委内瑞拉	2.76
3	俄罗斯	11.69	13	尼日利亚	2.63
4	中国	4.95	14	卡塔尔	2.30
5	加拿大	4.52	15	安哥拉	2.10
6	阿联酋	3.59	16	挪威	2.03
7	伊朗	3.51	17	阿尔及利亚	2.00
8	伊拉克	3.39	18	哈塞克斯坦	1.84
9	墨西哥	3.23	19	哥伦比亚	1.14
10	科威特	3.12	20	利比亚	1.09
合计	—	64.53	—	—	85.46

资料来源:作者根据美国能源信息署(EIA)网站数据整理。

具体来说,俄罗斯,尤其是中亚地区的石油天然气采储比、精深加工水平都相对较低,建设资金尤为缺乏。而中国在石油、天然气基础设施建设,油气开采、储存、运输等领域都拥有较先进的装备制造能力,在石油炼化等领域有较先进的技术和较成熟的经验。目前,中俄、中哈和中土石油天然气管道铺建工程均取得重大进展。下一步,在优势互补、照顾彼此核心诉求的能源发展新战略指导下,俄罗斯、中亚发挥资源禀赋的优势,中国发挥资金充足、技术管理的优势,加强双方的能源合作。开始阶段可将重点放在"加强能源基础设施互联互通合作,共同维护输油、输气管道等运输通道安全,推进跨境电力与输电通道建设,积极开展区域电网升级改造合作"[1]等方面。要特别说明的是与已存在的世界能源两级不同,中国、俄罗斯、中亚国家依托丝绸之路经济带建立起的世界能源第三级是平等、开放、包容的平台,也打开大门欢迎愿意参与其中的世界各国。已完成意向创始成员国确认、投资 1000 亿美元的亚洲基础设施投资银行(AIIB)将为世界能源第三级建设提供有力的资金和金融支持。

(三)推进丝绸之路经济带自由贸易区建设,打造媲美欧盟的世界级自贸区

随着生产社会化和国家间经济联系的加强,自由贸易区形式的区域经济合作方兴未艾。相关国家通过组建或加入自贸区组织,以消除贸易壁垒、扩大外贸规模、优化区域资源配置,进而提升国家竞争力。基于此,世界大国均积极主导并广泛参与区域经济合作,

目前已形成了欧盟、北美自贸区、东盟等跨国家和地区的自由贸易区。近年来,尽管中国积极参与区域和双边经贸合作,但目前中国—东盟"10＋1"合作机制仍不够紧密,中日韩自由贸易区困于历史问题而谈判缓慢,其他一些由中国发起或作为主要成员国参与的多边合作组织和机制①还难以达到自贸区的级别,并且美国积极构建的"跨太平洋伙伴关系协议"(TPP)把中国排除在外,中国再次面临话语权被搁置、生存空间被挤压的困境。[7]而且除欧盟外,丝绸之路经济带沿线国家很多并没有组织或参加到某一自由贸易组织中。在此背景下,中国和丝绸之路沿线国家应加快建立丝绸之路经济带自贸区,打造可以与欧盟、北美自由贸易区相匹敌的世界级自贸区。具体措施方面,在组织上可借助上海合作组织(SCO)、亚欧会议(ASEM)、中阿合作论坛、中亚区域经济合作(CAREC)等已有合作框架开展工作。在步骤上,首先,可在西部条件较好的省市,如西安、成都等仿照上海自贸区,争取获批国家第三批自贸区试点;随后,可逐渐与中亚各国、俄罗斯等开展自贸协定谈判,初建丝绸之路经济带自贸区;最后,进一步扩展自贸区的范围,囊括符合标准并愿意参与其中的更多国家,包括非丝绸之路经济带沿线国家。最终将丝绸之路经济带自贸区打造成"实现全球经济一体化的重要战略平台,高度开放型的经济合作网络,经济高度自由化、便利化的统一制度体系"。[8]

(四)促进重点产业发展,搭建丝绸之路经济带与西部共同发展平台

从我国尤其是西部地区的资源禀赋、现有产业结构和未来发展潜力,及其与丝绸之路经济带沿线国家,尤其是中亚和俄罗斯产业结构的互补性和产业前后向关系看,现阶段丝绸之路经济带建设应着重发展以下四大产业。

第一,优先发展商贸物流产业,促进丝绸之路经济带"贸易畅通"。贸易畅通是丝绸之路经济带建设的重要内容,习近平主席在2015年博鳌亚洲论坛上就提出"希望用十年左右的时间使中国同新丝绸之路沿线国家的年贸易额突破2.5万亿美元"。②[9]要实现这一目标,商贸物流产业的发展是重要前提。所以,我国西部应发挥自身独特的区位优势,大力发展商贸物流产业。具体到不同省市,新疆可以发挥独特的向西开放的第一窗口作用,以及丝绸之路经济带上重要的交通枢纽、商贸物流中心的作用;内蒙古可以发挥联通俄、蒙的区位优势;西安、重庆、成都可以发挥内陆型改革开放新高地的作用。进一步通过建立中欧通道铁路运输、口岸通关协调机制,打造"中欧班列"品牌,真正实现固定化、常态化运行;建设并完善重庆、成都、西安、昆明等航空港和内陆港,加强内陆口岸与沿

---

① 这些多边合作组织和机制主要有:上海合作组织(SCO)、亚太经合组织(APEC)、亚欧会议(ASEM)、亚洲合作对话(ACD)、亚信会议(CICA)、中阿合作论坛、中国—海合会战略对话、大湄公河次区域(GMS)经济合作、中亚区域经济合作(CAREC)等。

② 这一观点是习近平2015年3月29日出席博鳌亚洲论坛2015年年会的中外企业家代表座谈时提出的。

海、沿边口岸通关合作;开展跨境贸易电子商务服务试点;利用税收政策鼓励商贸物流企业发展等措施,大力发展丝绸之路经济带商贸物流产业。

第二,重点发展建筑工程业,助力丝绸之路经济带基础设施建设和城镇化进程。从供给角度看,多年来的国内基础设施建设和城镇化发展,造就了中国和西部强大的建筑工程业。在一项对2013年全球多个行业排名前三位企业的统计中,我国建筑与工程行业包揽了全球三甲。从需求角度看,西部基础设施建设滞后,城镇化水平远远落后于东部,也低于全国平均水平;中亚国家基础设施建设也很落后,城镇化水平也较低。2013年,哈萨克斯坦城镇化率为53%,土库曼斯坦为49%,乌兹别克斯坦和吉尔吉斯斯坦均为36%,塔吉克斯坦则更低,只有27%。① 我国强大的建筑工程能力和西部以及中亚各国巨大的基础设施和城镇化建设需求之间高度契合,我国建筑工程企业,特别是国字头企业可充分和中亚各国政府加强沟通,争取更多进入到这些国家的建筑工程市场。

第三,特色发展面向中亚、俄罗斯、西亚的现代农业和畜牧业,促进双方现代农业加速发展。近年来,我国西部的四川成都、陕西杨凌等地发展农业现代化已取得了一定的突破,获得了一些宝贵的经验;广大新疆人民和新疆生产建设兵团也积累了大量在戈壁荒漠条件下开展农业生产的经验。我国可利用这些优势,与俄罗斯、中亚、西亚等国家和地区在良种繁育、节水农业、固沙农业、设施农业等方面开展合作。中亚各国、蒙古的农业中畜牧业占了很大比重,我国新疆、内蒙古与此十分相似,而且在畜牧业、乳业等行业出现了世界级的大企业,技术、管理都达到了国际一流水平,这些企业已开始进军中亚、蒙古、俄罗斯等,具体可通过收购品牌、建设畜牧和奶源基地、入股投资等方式实现。

第四,联合发展文化旅游产业,打造世界一流的丝绸之路文化旅游带。丝绸之路历史悠远,历史考古遗迹十分丰富,自然风光壮阔瑰丽,民族多样、文化多彩。但是,受制于丝路沿线文化旅游资源串珠状散落分布和交通不便等客观因素掣肘,旅游基础设施建设滞后、接待能力差、宣传不到位等主观因素制约,丝绸之路虽在国内外享有极高的美誉度和知名度,但是真正来游览、体验的游客却很少,和其他世界级旅游目的地差距明显。这需要丝路沿线国家相互协同,联合开发丝绸之路经济带文化旅游资源,打造世界级的旅游目的地。2014年中国、哈萨克斯坦、吉尔吉斯斯坦三国联合申请"丝绸之路:起始段和天山廊道的路网"世界文化遗产成功,便是很好的合作开端和典范。具体来说,西部可与丝绸之路经济带沿线国家采取以下措施,联合发展文化旅游产业:

其一,效法世界著名的达喀尔拉力赛②成功经验,举办一年一度的丝绸之路拉力赛。初期可以从我国西部办起,待有一定经验和影响力后再逐步拓展到丝绸之路沿线国家。

---

① 以上中亚四国2013年城镇化率根据世界银行数据库数据计算,具体可查询:http://data.world-bank.org.cn/topic/urban-development.

② 达喀尔拉力赛自1978年创办以来,已连续成功举办37届,作为最严酷和最富有冒险精神的赛车运动,为全世界所知晓,受到全球超过五亿人的热切关注。

举办拉力赛有助于提升丝绸之路经济带的国际影响力和知名度,进而带动包括体育旅游在内的丝绸之路经济带旅游业发展。其二,按照国际标准开发旅游景区,注重游客体验。包括我国西部在内的丝绸之路经济带旅游资源丰富独特,但长期以来不重视旅游开发,游客体验不佳。① 针对这种情况,我国西部可联合丝绸之路经济带沿线国家,按照国际标准开发旅游资源。严格区分历史遗迹、自然景观和人造景观,分类开发。对于历史遗迹和自然景观,要加大保持保护力度,做到让旅游者放眼望去,全是"历史"和"自然";同时大力提高服务标准和水平,并在远离景区的地方布置酒店、度假中心等设施。对于人造景观,我国应加大投资建设力度,可引入国际著名的公司建设、运作,合理布局打造富含丝路特色的主题公园和旅游度假区。同时注意将历史、自然与人造三类景观相结合,高层次进行旅游、文化、休闲、度假一体化开发,延长旅游时间,提升旅游体验。其三,加强丝绸之路经济带旅游宣传。统一设计能代表丝绸之路文化旅游的标示、符号和宣传语,在各类媒体上公布、宣传与国际主流媒体及中央电视台等加强合作,制作播出丝绸之路经济带文化旅游宣传片,加大在报纸、旅游杂志、商务杂志、地理杂志等纸质媒体上的宣传力度,强化微博、微信等新媒体、自媒体的宣传。

第五,大力发展绿色生态循环产业,保障丝绸之路经济带健康可持续发展。由于地理位置和气候原因,丝绸之路经济带沿线国家大多生态脆弱,加之人类活动的影响,部分地区已经出现了严重的沙漠化、草场退化、森林消失、淡水枯竭、环境污染等环境问题。那么,如何破解在资源环境强约束下进行区域开发和经济建设的困局?大力发展绿色生态循环产业将是一个切实可行的选择。丝绸之路经济带沿线国家有着广阔的绿色生态循环产业的合作前景,我国西北和北方与中亚国家和俄罗斯有着相似的自然与气候条件,新疆、青海等在绿洲经济、沙漠盆地循环经济、盐湖综合开发等方面探索出了较成熟的模式;新疆、内蒙古等在太阳能、风能发电技术和装备制造方面都有相对成熟的技术,可以向中亚国家和俄罗斯推广。除此之外,丝绸之路经济带沿线国家还可在新能源汽车、煤炭清洁化、绿色经济装备制造业等方面,开展双边、多边的深度对接和合作。

---

① 具体来说,在历史文化旅游资源方面,西部拥有以西安为中心的秦、汉、唐文化体验中心,以成都、汉中为中心的蜀文化体验中心,以昆明为中心的古滇文化体验中心,还有诸多次级文化、附属文化体验中心,各具特色,对游客来说有很强的吸引力。但是,除西安、成都等城市外,其他地区大部分开发不足,诸如西安曲江这样能立体感受到当地历史文化风貌的旅游文化项目严重不足。导致很多游客期望来体验文化、感受历史,但是除了几个旅游景点外,再无去处,难以形成旅游产业带。在自然风光旅游资源方面,西部有大量享誉世界的旅游资源和众多的自然遗产,但对广大游客来说,除了壮美风光之外,感受最深的恐怕就是交通不便、食宿条件差、景区环境差,景区建设同质化、单一化、人工痕迹过重,这些都大大影响了游客体验。

四、结语

作为国家内陆开发、向西开放,发掘新的增长潜力、实现区域均衡发展,积极应对"三股势力"威胁、捍卫国家安全的重大战略举措,丝绸之路经济带为西部带来了前所未有的发展机遇,同时也给西部出了一道十分难解的发展课题。如果错失这次机遇、无所作为,西部发展又将迟滞。本文从丝绸之路经济带促动西部发展的现实基础和重大意义的分析入手,提出并具体分析了科学规划空间布局、打造世界能源"第三极"、建设丝绸之路自贸区、发展五类重点产业等战略举措。这些战略设想是否合理,还需要学术界共同探讨;其落地与实施,又需要执政者拿出包容共享的气魄和灵活务实的执政智慧,更离不开西部人和丝绸之路经济带沿线国家人民的共同努力。

【参考文献】

[1] 国家发展改革委,外交部,商务部.推动共建丝绸之路经济带和 21 世纪海上丝绸之路的愿景与行动[N].人民日报,2015 – 03 – 28.

[2] 李忠民,刘育红,张强."新丝绸之路"交通基础设施、空间溢出与经济增长——基于多维要素空间面板数据模型[J].财经问题研究,2011(4):116 – 121.

[3] 定军,张梦洁.新疆首条高铁试车时速 250 公里[EB/OL].(2014 – 06 – 05)[2015 – 10 – 11].http://finance. sina. com. cn/china/dfjj/20140605/023919316458. shtml.

[4] 白永秀,王颂吉.丝绸之路经济带的纵深背景与地缘战略[J].改革,2014(3):64 – 73.

[5] 陆铭,向宽虎.破解效率与平衡的冲突——论中国的区域发展战略[J].经济社会体制比较,2014(4):1 – 16.

[6] 吴丰华,白永秀.改革主体、改革战略及其关联因素的宏观情境[J].改革,2012(2):18 – 24.

[7] 何芳,张晓君.丝绸之路经济带贸易与投资便利化法律问题研究[J].人文杂志,2015(7):32 – 41.

[8] 白永秀,吴航,王泽润.丝绸之路经济带战略构想:依据、目标及实现步骤[J].人文杂志,2014(9):25 – 31.

[9] 刘一刀.习近平提出新丝路目标:年贸易额 2. 5 万亿美元[EB/OL].(2015 – 03 – 31).http://www. tnc. com. cn/info/c – 012001 – d – 3513848. html.

（原刊于《人文杂志》2015 年第 12 期）

丝绸之路经济带能源产业链一体化合作研究*

师 博 王 勤

【摘　要】　丝绸之路经济带建设为中国与中亚地区的合作创造了崭新空间,而能源合作是双方经济合作的基础和关键。能源产业链一体化合作符合中国与中亚五国在能源供需与进出口方面的现实需求,是确保中国能源安全的必然要求,并且有利于发挥比较优势、促进多产业链条的联动发展,对于推行"中国制造"及落实"走出去"战略、转移过剩产能、实现产业结构升级意义重大。

【关键词】　丝绸之路经济带;能源合作;中亚五国;联动发展

一、引言

　　丝绸之路经济带是中国西部与中亚五国之间形成的一个经济合作区域,并延伸至中国东部、俄罗斯及西亚、欧盟等国家和地区。丝绸之路经济带建设是中国在应对全球范围内的区域经济一体化发展新趋势中提出的具有重要战略意义的经济发展思路,也是中国尝试建立新型经济合作空间的重大举措。其中,能源合作是丝绸之路经济带战略的重要组成部分,可以满足中国与中亚诸多国家共同的利益诉求,是保障中国与中亚经济实现全方位合作的基础和关键。

　　在中国经济实现平稳增长、工业化和城市化水平不断提高的过程中,其能源需求也急速攀升,能源供需缺口不断扩大。从表1可以观察到,2006—2014年间,中国的石油生产量基本保持稳定,而消费量却增长迅速,石油的进口依存度由2006年的47.4%逐年上升至2014年的59.4%,这表明中国的石油消费严重依赖国际市场且程度不断增加;再观察天然气的供求状况,可发现近年中国的天然气消费量的增速远超过生产量的增速,于2007年实现了需求对供给的反超,且供不应求的态势逐渐显现并迅速扩大,2014年,天

　　* 基金项目:国家自然科学基金项目"基于经济主体行为选择的节能减排动力机制研究"(71203179)。
　　作者简介:师博(1981—),男,河南原阳人,西北大学经济管理学院副教授,硕士研究生导师,研究方向为能源经济学。

然气的对外依存度已上升至 27.5% ;而煤炭基本保持供需平衡。此外,根据国际能源署和国内相关数据,至 2025 年,中国原油的对外依存度可能将达 82%,而到 2030 年,中国天然气需求将达 5000 亿立方米,对外依存度将上升至 40%。这些统计及研究数据表明,中国未来将持续面临能源供需结构失衡的巨大压力,能源安全存在极大隐患。在这样的能源供求状况下,丝绸之路经济带能源领域的合作可以拓宽中国的油气供给渠道,缓解中国的能源需求压力,对实现能源供应多元化、破解"马六甲困局"从而确保中国能源安全意义重大。

表1　2006—2014 年中国能源供求状况

年份	石油/百万吨			天然气/十亿立方米			煤炭/百万吨煤当量		
	生产量	消费量	进口依存度	生产量	消费量	进口依存度	生产量	消费量	进口依存度
2006	184.8	351.2	0.474	60.5	58.0	-0.043	1327.8	1445.5	0.081
2007	186.3	369.3	0.496	71.5	72.9	0.019	1438.7	1573.1	0.085
2008	190.4	376.0	0.494	83.0	84.0	0.012	1491.4	1598.5	0.067
2009	189.5	388.2	0.512	88.1	92.5	0.048	1538.0	1679.0	0.084
2010	203.0	437.7	0.536	99.0	110.5	0.104	1664.9	1740.8	0.044
2011	202.9	460.0	0.559	108.8	134.9	0.193	1852.6	1896.0	0.023
2012	207.5	482.7	0.570	114.3	151.2	0.244	1872.5	1922.5	0.026
2013	210.0	503.5	0.583	124.9	170.8	0.268	1893.7	1961.2	0.034
2014	211.4	520.3	0.594	134.5	185.5	0.275	1844.6	1962.4	0.060

数据来源:根据《BP 世界能源统计年鉴 2015》整理。

　　不仅如此,能源产业具有很强的产业关联效应。丝绸之路经济带战略中中国与中亚国家的能源贸易合作可以进一步延伸至上游的基础设施建设领域及下游的能源加工领域等各个方面,从而实现能源产业链一体化合作。这在中国经济发展步入新常态背景下,对于推行"中国制造"及落实"走出去"战略、转移过剩产能、促进技术创新、实现产业结构升级以及推动经济增长都具有重要作用。

二、丝绸之路经济带上中亚五国能源经济发展现状

(一)中亚五国经济发展水平

　　自 20 世纪 90 年代独立以来,中亚五国经历了由计划经济体制向市场经济体制转型的过程。20 年间,中亚地区的对外开放程度逐渐提高,能源工业快速增长,各国经济发展水平也取得了显著提高,日益成为了世界经济发展的新兴力量。随着国际能源市场需求的不断扩大,中亚五国作为世界市场上重要的能源供应者之一,对世界能源市场产生着

日趋重要的影响;同时,伴随地区经济的恢复和发展,其在农产品、轻工业制成品、高科技等产品的进出口领域所扮演的角色也同样不可忽视。

图1、图2反映了中亚国家的人均GDP及人均GDP增长率状况,从中可以看出,2000年之前,中亚各国的人均GDP波动较大,且时而呈现出衰退性特点;2000年后,中亚地区进入相对稳定的经济发展阶段,特别是2003—2008年间国际能源和原材料价格的持续上升,为中亚各国的经济增长创造了契机,使得各国经济得以快速摆脱持续衰退和剧烈波动状态,逐渐步入相对稳定的持续增长阶段。但整体观察,中亚各国之间经济发展水平存在较大差异,且经济增长呈现出较强的波动性特点。

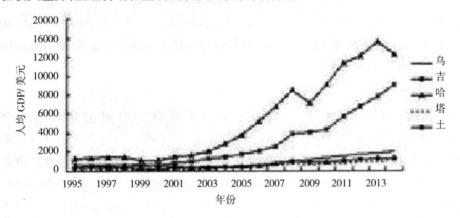

图1 1995—2014年中亚五国人均GDP

数据来源:世界银行数据库:data. worldbank. org. cn.

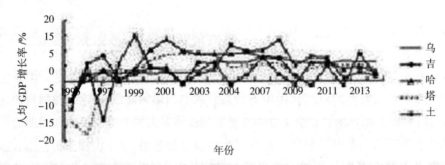

图2 1995—2014年中亚五国人均GDP增长率

数据来源:世界银行数据库:data. worldbank. org. cn.

总体而言,中亚地区经济在近年实现了快速发展,但中亚五国在世界经济体系中仍属于欠发达国家,物质生产水平相对落后,蕴藏着很大的进口贸易需求潜力。

(二)中亚五国能源产业发展情况

中亚国家地处全球油气资源核心地带的中心位置,蕴藏着丰富的油气资源。根据国际原子能机构的预测数据,中亚地区已探明的石油和天然气储量分别占世界总储量的4%和6%,是仅次于中东和西伯利亚地区的世界第三大石油储集区,被誉为"21世纪的新兴能源基地"。其中,尤以哈萨克斯坦、土库曼斯坦和乌兹别克斯坦的油气资源较为丰富,而其他两国的能源资源较匮乏且能源数据稀缺(表2、表3)。

表2　2014年中亚国家油气资源储量情况

国家	石油			天然气		
	探明储量	占总量比例/%	储产比	探明储量	占总量比例/%	储产比
哈萨克斯坦	3.9	1.80	48.3	1.5	0.8	78.2
土库曼斯坦	0.1	<0.05	6.9	17.5	9.3	>100
乌兹别克斯坦	0.1	<0.05	24.3	1.1	0.6	19.0

注:石油储量单位为十亿吨,天然气储量单位为万亿立方米。

数据来源:根据《BP世界能源统计年鉴2015》整理。

表3　2006—2014年中亚国家石油资源供求状况　　　　　　　　单位/百万吨

年份	哈萨克斯坦		土库曼斯坦		乌兹别克斯坦	
	生产量	消费量	生产量	消费量	生产量	消费量
2006	65.0	10.3	9.2	5.0	5.4	5.1
2007	67.1	11.3	9.8	5.2	4.9	4.7
2008	70.7	11.0	10.3	5.4	4.8	4.6
2009	76.5	8.9	10.4	5.2	4.5	4.3
2010	79.5	9.3	10.7	5.7	3.6	3.6
2011	80.8	12.3	10.7	6.0	3.6	3.4
2012	79.2	13.0	11.0	6.2	3.2	3.0
2013	81.8	12.9	11.4	6.2	3.2	3.0
2014	80.8	13.0	11.8	6.4	3.1	3.1

数据来源:根据《BP世界能源统计年鉴2015》整理。

根据表2中数据可知,哈萨克斯坦的石油储量较高,2014年年底石油探明储量达39亿吨,占世界总储量的1.8%,且石油储产比为48.3,说明其石油资源在保持当前产量水平的情况下可供开采的年限较长,短期内不会受到石油资源短缺的约束;而在天然气资源方面,土库曼斯坦尤为丰富,2014年年底该国天然气探明储量达17.5万亿立方米,占世界总储量的9.3%,储产比更是超过100,说明其未来在天然气供应方面潜力巨大。

再观察表3,可以发现哈萨克斯坦是三国中最主要的石油生产国,石油生产量远远超出石油消费量,说明其石油开采大多用于贸易输出,在国际石油供给市场中发挥着重要作用;土库曼斯坦的石油产量虽不多,但同样供过于求;而乌兹别克斯坦的石油供求基本均衡。

从表4中数据可以了解中亚各国的天然气供求状况。不难发现,中亚各国的天然气市场普遍存在供过于求的情况,且天然气盈余量较大。其中,土库曼斯坦的天然气生产量颇高、消费量却相对很低,国内的天然气供给产生了严重的过剩,产出大部分用于出口贸易。

表4　2006—2014 年中亚国家天然气资源供求状况　单位/十亿立方米

年份	哈萨克斯坦		土库曼斯坦		乌兹别克斯坦	
	生产量	消费量	生产量	消费量	生产量	消费量
2006	13.0	9.5	60.4	18.4	56.6	41.9
2007	15.1	8.1	65.4	21.3	58.2	45.9
2008	16.9	10.5	66.1	21.4	57.8	48.7
2009	16.4	5.9	36.4	19.7	55.6	39.9
2010	15.9	7.1	42.4	22.6	54.4	40.8
2011	17.5	8.4	59.5	23.5	57.0	47.6
2012	18.4	6.8	62.3	26.3	56.9	47.2
2013	18.6	4.6	62.3	22.9	56.9	46.8
2014	19.3	5.6	69.3	27.7	57.3	46.8

数据来源:根据《BP 世界能源统计年鉴 2015》整理。

总结以上各点,中亚地区拥有丰富的油气资源储备量,且该地区的油气市场整体处于较显著的供过于求状态,蕴含着巨大的油气供应及开发潜力。

三、丝绸之路经济带上中国与中亚五国能源合作分析

(一) 丝绸之路经济带能源合作发展历程及现状

中国与中亚五国的能源合作始于 20 世纪 90 年代,主要集中于油气领域的合作。双方一直以来的良好合作关系及过程中创造的基础设施条件、制度条件为深化合作奠定了坚实的基础。

1. 中国与中亚各国油气资源合作的发展历程。

中国与哈萨克斯坦的能源合作涉及石油天然气勘探开发、管道运输建设、工程技术服务等各个领域。1997 年,中国石油天然气集团公司收购了哈萨克斯坦阿克纠宾石油公司 60.3% 的股权;同年,中国又取得了对哈萨克斯坦乌津油田的开采权益;2004 年,中哈原油运输管道正式开始建设,于 2006 年实现了一期工程(阿塔苏至阿拉山口段)的竣工投产,二期工程肯塔亚克—库姆科尔原油管道于 2009 年开始投入商业运行;2013 年,中

亚天然气管道哈国段二期工程第一阶段(巴佐伊至奇姆肯特段)竣工通气,第二阶段(别伊涅乌至巴佐伊段)计划于 2015 年建成投产。

中国与土库曼斯坦的能源合作主要在天然气领域。2006 年,中土两方签订了天然气购销协议,于 2009 年起,土库曼斯坦每年对中国供应天然气 300 亿立方米,为期 30 年;之后,两国两次签订增加天然气购销的协议,预计到 2020 年,土方每年向中国出口天然气的总量将达 650 亿立方米;此外,双方在天然气运输管道的建设方面也多次达成共识,大幅度增加了土库曼斯坦对中国的天然气供应能力。

中国与乌兹别克斯坦的能源合作主要包括石油和天然气勘探领域的合作,以及勘探设备和工程技术方面的合作。

2.丝绸之路经济带油气通道建设现状及运营状况。

中哈原油运输管道横穿哈萨克斯坦全境,经中哈边境最终到达新疆的独山子,是连接里海油田与中国西北地区的重要输油管道,年输送原油 2000 万吨。据统计,截至 2013 年年末,中哈原油运输管道累计向中国输送原油 6362 万吨;预计到 2018 年年底,中哈石油管道增输扩建工程全面竣工后,里海地区原油可直接运输至中国内陆,将有效地保障中国的石油供应。

中亚天然气运输管道途经土库曼斯坦、乌兹别克斯坦、哈萨克斯坦及中国西北内陆,全长约 1 万千米,A、B、C、D 四条运输线路形成了贯通中亚、连接东西的运输网络。其中,A 线和 B 线已分别于 2009 和 2010 年投产运行。C 线于 2012 年开工建设,现已通气投产。D 线以土库曼斯坦的复兴油田为气源,全长 1000 千米,是中国与中亚国家能源合作的重大工程,预计 2020 年建成投产运行,届时,中亚天然气管道的整体输气能力将由 550 亿立方米/年提升至 850 亿立方米/年,可满足中国超过 20% 的天然气需求。

(二)丝绸之路经济带能源合作中存在的问题

1.地缘政治环境与投资环境的不确定性。

中亚地区地处欧亚大陆的交通枢纽,并且是世界三大能源宝库之一,其特殊的地缘战略地位与突出的资源价值使美、俄、欧盟等大国势力在这里交错纵横,成为了大国利益冲突和国际资本激烈竞争的舞台。中国进入该地区并与其展开能源合作将始终面临着来自各国的阻挠与压力,合作的外部环境存在诸多不确定性,可能会影响中国与中亚能源合作的进程和深度。

其次,中亚各国均处于经济转型时期,各国经济发展不平衡,且市场经济体系与相关的制度法规建设尚不完善,这些因素带来了投资环境的不确定性,增加了合作风险。

2.潜在的生态环境风险。

中亚地区的地质地貌复杂,生态环境十分脆弱。中国与中亚地区能源合作的开展及不断深化将不可避免地对沿线各国的生态环境产生影响,加重其环境的承载负担,可能使双方合作面临巨大的民生阻力,导致合作进程受阻。

3.能源产业的联动效应不明显。

能源产业具有较强的产业联动效应,对上游的基础设施建设产业及下游的能源加工产业都具有很强的带动作用,能源产业合作产生的正外部效应甚至对双方其他领域的贸易交流都具有辐射带动作用。但目前中国与中亚地区的能源合作多集中于油气勘探开发、运输管道建设方面,能源合作产业链条比较零散和单一,未能充分发挥能源产业的联动效应,实现能源产业链的延伸。

四、丝绸之路经济带能源产业链一体化合作

(一)产业链一体化的内涵

产业链是各个产业部门之间基于一定的技术经济关联,依据特定的逻辑关系和时空布局关系客观形成的链条式的关联关系形态。

产业链一体化是指产业链中多个原本相互独立的实体通过特定的方式结合成为一个单一实体的过程,包括纵向一体化与横向一体化。

纵向一体化,也称垂直一体化,是指企业或部门打破行业分工,同时介入产业链上下游的多个环节,形成一定的内部供需关系,将生产营销活动置于同一所有权控制之下,从而抵御外部市场的不确定性。其实质是企业组织对市场的取代。优势在于:节约成本,带来经济效益;有助于掌握更广泛的技术;防止外部市场交易的不确定性,保证供给与需求。

横向一体化,也称水平一体化,是指为扩大生产规模、降低生产成本、巩固企业市场地位而与同行业企业进行联合的一种战略。实质是资本在同一行业内部的集中。采用横向一体化战略,企业可以有效地实现规模经济,快速获得互补性的资源或技术。

(二)中国与中亚五国能源产业链一体化合作的必要性

首先,丝绸之路经济带上的能源产业链一体化合作符合中国与中亚五国在能源进出口方面的现实需求。近年来,中国的能源供需缺口持续扩大,能源生产量远远无法满足能源需求,特别是油气资源的对外依存度连年攀升。而中亚各国油气资源储量丰富,能源市场常年存在供过于求的状况。中国与中亚五国的能源产业链一体化合作将拓宽中国的油气供应渠道,实现能源供给的多元化,缓解中国能源供不应求的压力;同时,还可以减少中国对于海上运输的过度依赖,保证国家能源安全。而对中亚国家,与中国的能源合作有利于均衡该地区各方的能源竞争的势力,实现能源出口的多元化,增加其在能源输出方面的主动权和话语权。

其次,中国与中亚五国的能源产业链一体化合作是抵御外部市场风险、确保中国能源供应安全的必然选择。目前,中国与中亚五国的能源合作主要以能源贸易、油气勘探开发、运输管道建设为主,合作缺乏系统性,未形成一体化的合作产业链条。而中亚地区特殊的地缘政治环境和投资环境为双方合作带来了诸多不确定性,增加了中国的投资合作风险。具体而言,中国与中亚五国之间的油气运输管道耗资巨大,资产专用性水平较高,根据威廉姆森(1973)的理论,这种情况容易造成机会主义风险,而中亚国家政治环境和投资环境中存在的诸多不确定因素也为这种机会主义行为的诞生提供了潜在的可能性。一旦风险产生,势必危及中国的能源安全,造成极大的损失。防范这种机会主义风险的最佳选择即是推行双方能源产业链的纵向一体化合作,即中国同时介入能源开采、管道建设、能源加工等环节,并对生产、加工等活动享有一定的控制权,如此将中国与中亚五国之间存在的外部能源供需关系转化为中国内部的供求关系,消除外部市场带来的不确定性。

再次,中国与中亚各国的能源产业链一体化合作有利于节约交易成本、发挥比较优势,实现技术、人才等的交流和共享,创造经济效益。产业链一体化合作将资源配置方式由外部市场交易转化为内部分配流动,减少了信息成本、违约成本等交易成本;并且有利于双方发挥其在不同领域的比较优势(中亚各国拥有在资源储备、油气勘探选冶等方面的比较优势;而中国在油气开采、加工及石油钻井、炼油、管道开发等方面具有技术优势),实现生产、加工效率的提高,产生经济效益;此外,一体化合作还将带来双方在技术、人才等领域的交流共享,有利于技术创新,提高产出效率,带来经济利益。

不仅如此,能源产业链一体化合作有利于扩展中国与中亚国家合作的广度,实现互惠双赢。能源产业链一体化合作是一种深层次、全方位的合作,该过程将为合作双方的往来创造良好的交通条件、金融条件、制度条件等,为双方展开在其他产业或领域的合作带来了便利,有利于实现多产业链条的联动发展,也为实现区域经济一体化奠定了基础。中国在近两年步入经济发展新常态,正在经历困难的经济转型时期,国内消费市场活力缺乏,欧美市场疲软导致出口压力巨大,并随之带来了严重的产能过剩问题。在这种背景下,积极促进中国与中亚国家的能源产业链一体化合作将带来双方多产业链条的联动发展,这对于推行"中国制造"及落实"走出去"战略、转移过剩产能、促进技术创新、实现产业结构升级以及促进经济平稳健康发展意义重大。而对于中亚国家,能源及其他领域与中国的深层次合作可以为本国带来资金与技术支持,创造更多就业机会及更广阔的市场空间,对实现经济发展水平的提高具有重要的推动作用。

(三)中国与中亚五国能源产业链一体化合作的路径选择

1. 注重技术创新,在全球能源价值链中寻求能源产业升级路径。

能源产业链条主要包括能源勘探开采—基础设施建设—能源生产加工—产品销售

几个环节,目前中国与中亚国家的能源合作主要在第一、二环节展开,集中于石油天然气贸易,而缺乏在下游环节的合作。而在全球能源价值链中,中国能源产业也多停留在低技术、低附加值的产品粗加工层次,在能源精细加工、能源产品销售等高附加值环节鲜有作为,处于不利的国际竞争地位。中国应紧抓丝绸之路经济带能源深化合作及区域经济一体化的契机,实现与中亚国家油气资源合作的纵向一体化,加强交流借鉴,逐步实现在能源加工利用、技术开发等领域的全方位合作。同时,注重技术创新和人才培养,研发先进的能源勘探、加工技术装备,提高能源开发效率,实现能源节约,摆脱对发达国家的技术、装备依赖,通过技术出口、精加工产品出口来获取超额利润,实现中国能源产业的结构升级。

2. 建立完善的资金支持体系。

丝绸之路经济带能源产业链的一体化合作离不开金融的大力支持,解决资金问题是能源合作的基础与前提。应设立丝绸之路经济带能源合作专项基金积极支持能源通道等基础设施的建设;还应构建丝绸之路经济带能源合作融资平台和渠道,以保证丝路能源合作过程中资金的充足和持续供应。

3. 加强开发建设过程中的生态环境保护。

能源勘探开发及相关的工程建设会不可避免地对地区生态环境产生影响,如果不注重开发建设过程中的生态环境保护,中国与中亚地区的能源合作将面临极大的民生阻力,可能会阻碍双方的合作进程。因此,必须避免低层次、粗放的开发建设方式,提升工程建设的环境生态效益,建立清洁的现代化能源开发运输体系;此外,还应建立能源通道建设的生态环境指标考察体系,及时了解工程建设对沿线国家和地区的生态环境影响。

4. 培养丝绸之路经济带建设型专业人才。

丝绸之路经济带的建设涉及经济、政治、制度、社会等各方面的问题,培养各个领域的专业人才十分重要。应培养高素质的工程技术人才,丝绸之路经济带的建设中需要各种类型的专门工程技术人才,以完成各种复杂的工程建设项目;还应培养管理、法律等服务型人才,保证工程建设项目的顺利高效完成,促进中国与中亚国家的交流合作顺利进行。

5. 积极促进多产业链条的联动发展。

中国与中亚国家的能源产业链一体化合作实际是从能源开采、管道建设到能源加工、销售等环节的纵向一体化合作,这样全方位的合作过程必将产生很强的"正外部溢出效应",为双方在其他领域的合作创造便利,从而使产业链不断延长和拉伸,一体化的广度不断扩大。因此,积极促进多产业链条的联动发展是一种可行且必然的选择。

多产业链条联动发展的展开和执行在操作层面应注意:应加强与中亚地区国家的文化交流,以当地市场需求为导向有效率地展开多产业链条的合作;努力提升中国制造与中国工程的质量水平,以实现中国制造、中国装备的"走出去"。

五、结论及政策启示

丝绸之路经济带建设是中国为发展区域经济合作提出的重大举措,为中国与中亚五国在各领域的合作创造了崭新空间,其中,能源合作是落实丝绸之路经济带发展战略的关键,可以满足中国与中亚国家的共同利益诉求,为中国与中亚经济实现全方位合作奠定了基础。

近年来,中国的能源供需缺口持续扩大,尤其是油气资源的对外依存度连年攀升。而中亚各国油气资源储量丰富,能源市场常年存在供给盈余。中国与中亚五国的能源产业链一体化合作可以拓宽中国的能源进口渠道,缓解中国能源供不应求的压力,还可以减少中国对于海上运输的过度依赖,确保其能源安全;而对于中亚国家,其与中国之间的能源合作有利于均衡该地区各方的能源竞争势力,实现能源出口的多元化,增加其在能源输出方面的主动权。不仅如此,两地区的能源产业链一体化合作还可以深化双方的能源合作交流,确保中国能源供应安全;还有利于节约交易成本,发挥比较优势,有利于实现技术、人才的交流共享,创造经济效益;并且有利于扩展双方经济合作的广度,有利于双方发挥各自比较优势,实现互利共赢。

而在中国与中亚五国能源产业链一体化合作的进程中,中国应及时建立完善的资金支持体系并注重丝绸之路经济带建设型专业人才的培养,这是进行能源合作的前提与基础;同时,应加强开发建设过程中的生态环境保护,这是确保能源合作高效进行的必然要求;此外,还应利用双方在能源产业链一体化合作过程中产生的正外部溢出效应,积极促进多产业链条的联动发展,这对推行"中国制造"和落实"走出去"战略意义重大,并且有利于转移过剩产能、实现产业结构的升级。

【参考文献】

[1] 保健云.中亚五国的经济增长、国际贸易发展及与中国的经贸合作前景分析[J].俄罗斯中亚东欧市场,2009(6):28-40.

[2] 高志刚,江丽."丝绸之路经济带"背景下中哈油气资源合作深化研究[J].经济问题,2015(4):10-14.

[3] 胡求光,李平龙,王文瑜.纵向一体化对中国渔业企业绩效的影响研究[J].农业经济问题,2015(4):87-93.

[4] 秦鹏.中国与中亚国家石油合作的历史与现状[J].新疆大学学报(人文社会科学版),2013,41(4):87-95.

[5] 石峡,马慧琼.广西"两区一带"物流产业链一体化研究[J].特区经济,2013(12):34-36.

[6] 石莹,何爱平.丝绸之路经济带的能源合作与环境风险应对[J].中国与全球化,2015(2):115-123.

［7］ 苏华,王磊.论我国与中亚国家能源合作互补性［J］.经济纵横,2014(10):63－67.

［8］ 唐宏,陈大波.中亚地区经济发展特征及时空演变［J］.中国科学院大学学报,2015(3):214－220.

［9］ 唐宏,杨德刚,陈大波,等.中亚五国能源产业发展及其对区域经济的影响［J］.干旱区地理,2014(3):631－637.

［10］ 汪应洛,王树斌,郭菊娥.丝绸之路经济带能源通道建设的战略思考［J］.西安交通大学学报(社会科学版),2015,35(3):31－35.

［11］ 耶斯尔.中亚地区的能源博弈［J］.新疆师范大学学报(哲学社会科学版),2010,31(2):45－53.

［12］ 张磊."丝绸之路经济带"框架下的能源合作［J］.经济问题,2015(5):6－11.

（原刊于《经济问题》2016 年第 1 期）

政策冲击、产业集聚与产业升级
——丝绸之路经济带建设与西部地区承接产业转移研究*

高　煜　张雪凯

【摘　要】　在研究西部地区承接产业转移的特征事实的基础上,遵循外生政策冲击作用内生变量,诱发均衡变化,进而推动政策实施效果的统一思路,指出丝绸之路经济带建设作为一项政策冲击,将显著推动西部地区产业集聚和承接产业转移,同时,西部地区产业升级又将促进丝绸之路经济带建设水平提升。最后,提出了推动丝绸之路经济带建设中西部地区承接产业转移与产业升级的政策建议,即实现政府产业发展治理模式的根本性转变。

【关键词】　丝绸之路经济带;产业转移;产业升级

一、问题提出

东部地区产业向西部地区转移是中国最近十几年来调整产业布局的一个重要方向。尽管国家相关政策大力推进,西部地区承接产业转移却仍然存在很多问题,西部地区主要还是资源与能源产业,而劳动密集型产业、资本密集型产业和技术密集型产业仍然集中在东部地区与中部地区。2013 年,习近平主席提出建设丝绸之路经济带战略,该战略对于推动产业向西部地区转移,将产生重大影响。

现有产业转移的针对性研究可以分为两类,一类测量了产业转移的总体趋势。冯根福等(2010)测量了中国区域间 1993—2000—2006 年区间的产业转移情况;[1]贺曲夫等(2012)测量了中国 2000—2010 年间的产业转移。[2]另一类主要讨论产业转移对转入地的影响和存在问题。魏后凯(2003)探讨了产业转移对微观企业竞争力和宏观区域竞争力的影响;[3]聂华林(2000)研究了产业转移对西部地区经济的影响。[4]然而,对于丝绸之路经济带建设下的产业转移,现有文献涉及不多。本文则试图回答丝绸之路经济带建设

*　基金项目:教育部人文社会科学研究青年基金项目(12YJC790040)的阶段性成果。
作者简介:高煜(1973—),男,陕西白水人,西北大学经济管理学院数理经济与统计学系副主任,教授,博士研究生导师,研究方向为产业经济。

将对西部地区承接产业转移产生的作用,以及产业向西部地区转移又将对丝绸之路经济带建设产生的影响。

二、理论基础

对于经济欠发达国家和地区承接产业转移,以及产业升级,近期的理论研究存在两个互补的差异化视角。一是要素禀赋区域差异视角的新结构经济学。林毅夫(2010,2011)提出的新结构经济学认为,最优产业结构内生于要素禀赋及以其为基础的比较优势。随着经济剩余积累及由此带来的要素禀赋结构升级,最优产业结构也相应升级。由于采用发达国家和地区已有产业和技术转移的方式,这种渐进的产业发展和升级是快速的。在这一过程中,实现潜在比较优势向现实比较优势转变是关键。其中,确保真实反映要素稀缺性的运作良好的市场机制发挥着基础性作用,而"因势利导型"政府为私人部门利用比较优势提供帮助,其职责包括:在完善市场制度的基础上,甄别与潜在比较优势相一致的新产业,以及克服"信息外部性",解决"协调"问题,改善"硬件"和"软件"基础设施等。在此基础上,新结构经济学提出了产业政策制定的六大步骤框架。[5]二是要素禀赋空间均质视角的新经济地理学。新经济地理学研究了产业空间非均匀分布的非要素禀赋因素,均衡形成、演化及其机制。D–S框架(Dixit,Stiglitz,1977)和OTT框架(Ottaviano,等,2002)分析了产业集聚的经济关联机制,[6]相关模型从规模经济、运输成本、贸易自由度等因素分析了要素流动条件下产业集聚的以本地市场效应、价格指数效应和市场拥挤效应等为内涵的集聚力和分散力,及在此基础上产业空间分布均衡的形成、演化及其机制。新经济地理学的另一些研究则关注了产业集聚的知识关联机制。[7]

虽然以上两种理论在前提假设、问题指向、模型类别(线性或非线性),以及部分结论等方面存在差异性,但是在基础机制、政府作用等问题上也存在多重一致性。现实中,西部地区承接产业转移,以及产业升级问题具有高度复杂性,为了避免单一研究视角的局限性,及其所造成的对现实问题分析的偏差性,在问题导向的分析中,本文试图综合使用新结构经济学和新经济地理学的分析方法,按照外生政策冲击作用内生变量,诱发均衡变化,进而推动政策实施效果的统一思路,对丝绸之路经济带建设中的西部地区承接产业转移问题进行针对性分析。

三、西部地区承接产业转移的特征事实

本文选择2009、2011、2013年三个时间的截面数据,计算中国28个第二产业部门和5个第三产业部门的区域间产业转移。本文采用冯根福(2010)[1]、贺曲夫(2012)[2]的计算方法,计算各地区各产业产值占全国此产业的比重,并比较不同时期的比重以反映产

业的相对转移方向和大小,即:

$$p_{ijn} = \frac{v_{ijn}}{V_{jn}}, p_{ijm} = \frac{v_{ijm}}{V_{jm}}$$

其中,p_{ijn} 表示地区 i 的 j 产业在 n 时期的总产值占全国 j 产业在 n 时期的总产值的比重;p_{ijm} 则表示地区 i 的 j 产业在 m 时期的总产值占全国相应产业的比重。通过比较 p_{ijn} 和 p_{ijm} 的相对大小即可以得到产业转移方向。计算结果见表1。

表1 2009～2013年中国区域间产业比重变化

单位/%

	行业	西北 2009	西北 2011	西北 2013	趋势	西南 2009	西南 2011	西南 2013	趋势	中部 2009	中部 2011	中部 2013	趋势	东部 2009	东部 2011	东部 2013	趋势
第二产业	煤炭开采业	9.22	9.56	12.00	↑	9.69	10.69	11.00	↑	56.15	55.20	52.14	→	24.93	24.54	24.68	- +
	石油天然气开采业	28.16	29.81	33.94	↑	6.29	4.89	1.11	→	26.92	27.10	29.95	↑	38.63	38.20	35.01	→
	黑色金属矿采业	2.41	2.43	3.82	↑	8.02	7.25	7.95	- +	86.91	26.21	27.60	- +	62.65	64.11	60.63	+ -
	有色金属矿采业	8.40	5.62	6.59	- +	7.47	9.44	9.43	+ -	49.32	54.04	54.04	+ =	34.80	30.91	29.94	→
	非金属矿采业	1.51	1.72	2.81	↑	12.80	13.92	13.12	+ -	35.80	39.69	40.91	- +	49.88	44.67	43.16	→
	农副食品加工业	2.33	2.45	2.83	↑	7.39	7.36	6.41	→	30.82	36.83	38.27	↑	59.46	53.36	52.50	→
	食品制造业	3.28	3.57	4.28	↑	5.29	6.73	6.60	+ -	32.95	34.46	33.58	+ -	58.48	55.24	55.53	- +
	饮料制造业	4.27	4.05	4.65	- +	17.73	20.30	21.16	↑	28.37	30.73	33.15	↑	49.63	44.92	41.04	→
	烟草制品业	3.88	4.09	4.26	↑	28.09	25.25	25.42	- +	30.16	30.48	29.52	+ -	37.87	40.18	40.80	↑
	纺织业	1.12	1.21	1.42	↑	2.78	3.10	2.93	+ -	14.12	17.52	19.47	↑	81.98	78.17	76.17	→
	纺织服装鞋帽业	0.28	0.29	0.41	↑	1.22	1.83	2.34	↑	9.88	16.51	19.26	↑	88.62	81.37	77.99	→
	造纸及纸制品业	1.34	1.23	1.31	- +	5.01	5.90	5.83	+ -	19.79	22.91	21.45	+ -	73.86	69.96	71.41	- +
	石油加工业	12.66	12.74	13.01	↑	2.47	2.35	2.42	- +	21.42	19.76	18.69	→	63.45	65.16	65.88	↑
	化学原料制品业	2.57	2.77	2.83	↑	6.38	6.60	5.76	+ -	19.78	22.39	22.92	↑	71.26	68.24	68.50	- +
	医药制造业	2.99	2.69	2.96	- +	9.84	10.04	8.83	+ -	26.92	31.09	30.73	+ -	60.26	56.21	57.49	- +
	化学纤维制造业	2.22	1.74	1.59	- -	2.31	2.65	2.62	+ -	6.27	7.16	5.50	+ -	89.20	88.45	90.30	- +
	非金属矿物制品业	2.76	2.91	3.61	↑	7.49	8.38	7.88	+ -	29.28	33.89	36.14	↑	60.46	54.92	52.37	→
	黑色金属冶炼业	3.34	3.90	4.11	↑	6.08	6.56	6.69	↑	22.66	23.90	23.18	+ -	67.92	65.64	66.02	- +
	有色金属冶炼业	6.98	7.54	8.95	↑	8.13	7.93	7.18	→	35.97	40.46	38.05	+ -	48.93	44.06	45.82	- +
	金属制品制造业	1.23	1.17	1.36	- +	4.11	4.64	4.33	+ -	11.90	15.41	18.37	↑	82.76	78.78	75.95	→

续表

	行业	西北				西南				中部				东部			
		2009	2011	2013	趋势	2009	2011	2013	趋势	2009	2011	2013	趋势	2009	2011	2013	趋势
第二产业	通用设备制造业	1.29	1.38	1.42	↑	5.72	6.19	5.20	+ -	14.31	18.06	18.83	↑	78.63	74.37	74.55	- +
	专用设备制造业	2.29	2.26	2.22	- -	5.35	4.99	4.72	↓	24.36	29.08	27.89	+ -	68.00	63.67	55.17	- +
	交通运输设备制造业	2.41	2.21	2.24	- +	8.60	8.32	9.47	- +	23.52	25.60	26.69	↑	65.48	63.87	61.61	↓
	电气机械器材制造业	1.80	1.60	2.15	- +	3.34	3.58	3.27	+ -	13.27	16.68	19.57	↑	81.60	78.14	75.02	↓
	电子通信业	0.45	0.53	0.40	+ -	2.49	4.51	7.40	↑	3.73	6.04	10.04	↑	93.33	88.92	82.16	↓
	仪器仪表制造业	1.61	1.50	2.16	- +	3.39	2.78	2.94	- +	9.61	11.20	12.67	↑	85.38	84.53	82.23	↓
	电力热力生产供应业	4.78	5.98	6.69	↑	8.65	8.62	9.29	- +	26.81	27.66	26.59	+ -	59.76	57.73	57.43	↓
	建筑业	7.50	7.70	8.40	↑	10.66	11.59	12.99	↑	28.93	28.97	28.71	+ -	52.92	51.73	49.90	↓
第三产业	交通运输仓储邮政业	5.49	5.36	5.70	- +	7.99	7.76	8.07	- +	27.75	26.74	27.61	- +	58.77	60.13	58.62	+ -
	批发和零售业	4.08	4.04	4.07	- +	7.00	6.89	6.99	- +	22.81	21.86	22.31	- +	66.11	67.21	66.63	+ -
	住宿和餐饮业	4.61	4.78	5.04	↑	10.95	11.38	11.75	↑	29.76	30.04	30.56	↑	54.68	53.81	52.65	↓
	金融业	4.14	4.10	4.56	- +	8.25	9.10	10.73	↑	16.49	17.10	17.83	↑	71.12	69.69	66.87	↓
	房地产业	3.08	3.68	3.71	- +	6.62	6.38	7.09	- +	19.51	20.23	19.44	+ -	70.78	69.70	69.76	- +

资料来源:2010、2012、2014 年《中国统计年鉴》,2010、2012 年《中国工业经济统计年鉴》,《中国工业统计年鉴 2014》,数据由作者计算得到。表 2 同。

注:1.表中数字单位为百分比。表中 - 和 + 表示该产业占全国比重的降低和升高。而 ↑、↓ 则表示在两个时期比重都升高或减少。2.由于《中国工业经济统计年鉴》在 2013 年改为《中国工业统计年鉴》,相关统计口径发生改变,因此本文采用 27 个工业行业时采用的是年度销售值,由于计算的是相对比重,因此并不影响结果。而建筑业和第三产业仍是计算总产值。3.东部地区包括:北京、天津、河北、辽宁、上海、江苏、浙江、福建、山东、广东、广西、海南。中部地区包括:山西、内蒙古、吉林、黑龙江、安徽、江西、河南、湖北、湖南。西北地区包括:陕西、宁夏、甘肃、青海、新疆。西南地区包括:重庆、四川、贵州、云南、西藏。

（一）产业转移总体趋势

由表 1 可知,产业向西北地区转移明显。28 个第二产业中有 17 个行业在两个时期都发生了转入。而趋势有所加强的 2011—2013 年间,第二、三产业加起来一共有 30 个行业发生了转入。其中 25 个为第二产业,而第三产业的 5 个行业全部发生转入。没有转入的则为电子通信、专用设备、化学纤维 3 个行业。

产业向西南地区产业转移相对有限。两个时期都发生转入的产业只有 9 个,在 2011—2013 年间发生转入的产业有 16 个,但是其中第三产业都发生了转入。同时可以看出,在 2011—2013 年间转入的第二产业中,能源密集型、劳动密集型、资本密集型和技术密集型行业都包括在内。

东部地区产业双向转移显著。两个时期中第二三产业共有 17 个行业都发生了转出,2011—2013 年间则有 20 个行业发生了转出。同时,2011—2013 年间有 13 个行业转入东部地区,且这 13 个行业大多是资本密集型产业或技术密集型产业。

（二）相对转移幅度变化

将表 1 中 2013 年产业占比减去 2009 年占比可以得到 2009—2013 的各地区各产业占全国比重的变化幅度,经过计算,得到表 2。

表 2　2009—2013 年中国区域间产业产值占比变化　　　　　　单位/%

行业	西北	西南	中部	东部
煤炭开采业	2.78	1.31	−4.02	−0.25
石油天然气开采业	5.78	−5.19	3.03	−3.62
黑色金属矿采业	1.41	−0.08	0.69	−2.02
有色金属矿采业	−1.82	1.95	4.72	−4.86
非金属矿采业	1.30	0.32	5.11	−6.72
农副食品加工业	0.50	−0.99	7.45	−6.96
食品制造业	1.00	1.32	0.63	−2.95
饮料制造业	0.39	3.43	4.78	−8.59
烟草制品业	0.38	−2.67	−0.64	2.93
纺织业	0.30	0.15	5.35	−5.81
纺织服装鞋帽业	0.13	1.12	9.38	−10.63
造纸及纸制品业	−0.03	0.82	1.66	−2.45
石油加工业	0.36	−0.05	−2.73	2.43
化学原料制造业	0.25	−0.62	3.14	−2.77
医药制造业	−0.03	−1.01	3.81	−2.77

行业	西北	西南	中部	东部
化学纤维制造业	-0.63	0.31	-0.78	1.10
非金属矿物制造业	0.84	0.39	6.86	-8.09
黑色金属冶炼业	0.77	0.62	0.52	-1.90
有色金属冶炼业	1.97	-0.95	2.09	-3.10
金属制品制造业	0.13	0.22	6.47	-6.81
通用设备制造业	0.13	-0.51	4.52	-4.13
专用设备制造业	-0.07	-0.63	3.53	-2.83
交通运输设备制造业	-0.17	0.87	3.18	-3.87
电气机械器材制造业	0.35	-0.07	6.30	-6.58
通信设备及计算机制造业	-0.04	4.91	6.30	-11.17
仪器仪表制造业	0.55	-0.45	3.06	-3.15
电力热力生产供应业	1.92	0.64	-0.22	-2.34
建筑业	0.90	2.33	-0.22	-3.01
交通运输仓储邮政业	0.21	0.08	-0.14	-0.15
批发和零售业	-0.01	-0.01	-0.50	0.52
住宿和餐饮业	0.42	0.62	0.80	-2.03
金融业	0.42	2.48	1.34	-4.24
房地产业	0.62	0.47	-0.07	-1.02

由表2可知,西北地区转入相对幅度超过1%的行业只有7个,且大部分属于能源密集型产业。而超过5%的只有石油天然气开采业1个行业。可以看出西北地区虽然行业普遍发生转入,但是转入产业类型十分有限。

西南地区转入相对幅度超过1%的有8个行业,其中劳动密集型占了3项;但却没有超过5%转入的行业。因此同西北地区相比,转入产业类型相对多样。中部地区和东部地区的转移产业类型范围则远远大于西部地区。中部地区有多达20个行业的转入相对幅度超过1%,其中超过5%的有8个行业。东部地区有28个行业转出幅度超过1%,其中超过5%的有9个行业,纺织服装鞋帽业甚至超过10%。

(三)总体特征

从以上分析可以看出,2009—2013年间,东部地区产业转移的范围大、类型多,但是东部地区产业转移更多地转向中部地区,西部地区的产业承接虽然有加强趋势,但与中部地区相比差距明显。因此,中国区域间产业转移总体特征是:产业转移主要发生在东部地区与中部地区之间,而西部地区承接产业转移总体仍处于起步阶段。

四、以集聚实现承接:丝绸之路经济带建设对西部地区承接产业转移的推动效应

持续性技术创新、产业升级、经济多样化和收入增长加速是现代经济增长的主要特征。[5]其中,产业发展与升级居于核心地位。与发达地区产业发展的内缘路径不同,产业基础薄弱的经济欠发达地区产业发展主要依赖于外缘路径——承接产业转移。然而现实中,西部地区经过长期发展,特别是经过了十余年西部大开发战略的实施,仍然无法获得有效的产业转移,及以此为基础的产业发展与升级。其根本原因是什么?最新研究表明,由于集中于固定资产投资和资源能源开发的政府投资,除了显著扩大地区固定资产投资水平以外,西部大开发没有显著改善西部地区交通运输和对外开放程度,[8]也并未有效吸引 FDI 和民间投资,同时还降低了西部地区人力资本水平,甚至阻碍了产业结构调整。[9]

西部地区无法有效承接产业转移的根本原因可能在于两个方面:一是未能实现西部地区潜在比较优势向现实比较优势的根本性转变,单纯依赖资源禀赋发展单一产业。基于资源禀赋的潜在比较优势只是产业发展的必要条件,而非充分条件,无法导致产业持续发展与升级,以及实现真正的多样性。然而西部地区既有现实表明,基于自然资源禀赋优势,通过承接产业转移发展资源型产业,虽然可以实现区域经济短期增长,但是对于实现区域经济持续增长并无实质作用,从而陷入"资源诅咒"。其根本性原因在于资本为可流动要素,但资本的所有者不能在地区间流动,资本的全部收入都必须返回其所有者所在地进行消费,一个地区的收入仅由其劳动和资本的存量决定而与区外资本流入的多少并无关系。[6]这一点已经在理论上被 FC 模型(Baldwin 等,2003)加以解释。[10]二是未能创造西部地区产业集聚的有效条件。地域广阔,经济欠发达的西部地区承接产业转移的最重要方式就是产业集聚。然而,西部大开发并未给西部地区创造产业集聚的有效条件。在这两方面原因的制约下,西部地区难以有效承接产业转移,实现真正意义的现代经济增长。

新经济地理学指出,产业集聚地区由于市场拥挤效应等原因出现成本上升,收益递增下降时,就会产生产业向外部转移的"扩散效应"。正如理论所指出的,现实中,东部地区已经出现显著的"扩散效应"。因此,尽快推动西部地区承接东部地区产业转移具有重要意义。建设丝绸之路经济带战略,在西部大开发战略基础上,作为一项重大战略推进,将对西部地区承接产业转移产生根本性影响,其核心作用在于通过政策冲击,为西部地区产业集聚创造条件,以产业集聚为方式,推动东部地区产业转移和西部地区产业承接。

(一)形成"本地市场效应",提升西部地区区位优势

新经济地理学中,"本地市场效应"是产业集聚力的重要因素之一,它指"外生冲击改变原有需求空间分布,扩大某区域需求,大量企业改变原来区位,向该区域集中。"[7]经过

改革开放,特别是近十余年的发展,西部地区经济获得快速增长。2007—2009 年,西部地区生产总值增长率为 13.8%,分别高于 12.9% 和 12.5% 的全国 GDP 增长率和东部地区增长率。2010—2012 年,西部地区生产总值增长率为 14.0%,也分别高于 11.8% 和 10.6% 的全国 GDP 增长率和东部地区增长率。而丝绸之路经济带核心区国家,例如中亚五国,近些年经济也获得了快速发展。2011 年,哈萨克斯坦、土库曼斯坦、乌兹别克斯坦、吉尔吉斯斯坦、塔吉克斯坦人均 GDP 分别为 11245、4722、1546、1075、935 美元。20 年内哈萨克斯坦和土库曼斯坦的人均 GDP 分别增长了 8 倍和 4 倍。[11] 2012 年,中亚五国的国土面积 400.29 万平方千米、人口规模 6500 万、GDP 总量 3000 亿美元,市场空间巨大。[12] 通过丝绸之路经济带建设,将西部地区与丝绸之路经济带核心区各国发展成经济、贸易、投资、产业、旅游等密切联系的区域经济体,在这一地区形成显著的"本地市场效应",改变现有东部地区和西部地区之间的中心—外围结构,在西部地区与丝绸之路经济带核心区各国范围内形成新的中心,吸引东部地区产业向西部地区转移。

建设丝绸之路经济带开启了中国向西开放战略,使得中国通过海上运输,向东贸易的单向开放格局,拓展为同时通过陆地运输,向西贸易的双向开放格局。西部地区因此将大大拓展同中亚、俄罗斯、欧洲贸易的区位优势,从而推动相关产业向西部地区集聚。

(二)降低运输成本

新经济地理学将运输成本作为产业集聚的一个重要因素,认为较高的运输费用阻碍了产业的空间集聚。Spulber(2007)提出新经济地理学中的运输费用主要包括四个方面:由于不同地区风俗、商业实践、政治法律环境不同所导致的费用;关税和诸如排污标准等付出的费用;纯粹运输费用;由于地区间交流沟通所产生的时间成本。[13]

丝绸之路经济带建设对于西部地区运输成本的降低主要体现在纯粹运输成本方面。与西部大开发重点建设西部地区区域内基础设施不同,丝绸之路经济带重点建设连通西部地区与东部地区的国内跨区域交通基础设施,以及与丝绸之路经济带沿线国家的国际跨区域交通基础设施。目前,丝绸之路经济带在建或已运营国际铁路主要包括:中哈铁路(精河—伊宁—霍尔果斯口岸—热特肯—阿腾科里)、中吉乌铁路(喀什—伊尔克什坦—卡拉苏或贾拉尔拉巴德—安集延)、中国—巴基斯坦铁路(喀什—瓜达尔港)、中俄铁路(广州—满洲里—莫斯科)、中缅铁路(昆明—大理—瑞丽—腊戍—仰光)、中老铁路(昆明—景洪—磨憨—万象)等。[14] 同时,目前西部通车的高铁线有西宝、兰新线,在建的有成渝、渝黔、宝兰、西成高铁等,而规划中的则有"西部高铁通道"等多条线路。因此,在西部大开发建设基础上,丝绸之路经济带建设将持续推动西部地区运输费用大幅降低,这将大大增强西部地区产业集聚力,大大推动东部地区产业向西部地区产业集聚区转移。

（三）提升贸易自由度

根据新经济地理学,自由贸易度很低时,产业呈现分散布局,随着自由贸易度不断提高,产业出现集聚,当自由贸易度再提高时,产业又趋于分散。[7]丝绸之路经济带建设对于提升贸易自由度,推动西部产业集聚具有重要作用。

在总体政策方面,中国大力推动与丝绸之路经济沿线各国的全面贸易。2015 年 3 月28 日,中国国家发展改革委、外交部、商务部联合发布了《推动共建丝绸之路经济带和 21世纪海上丝绸之路的愿景与行动》,提出以"五通"为主要内容,全方位推进务实合作,打造与丝绸之路经济带沿线各国政治互信、经济融合、文化包容的利益共同体、责任共同体和命运共同体。在具体政策方面,中国采用多种措施降低贸易成本。例如,根据"海关总署公告 2015 年第 9 号(关于开展丝绸之路经济带海关区域通关一体化改革的公告)",在山东、河南、山西、陕西、甘肃、宁夏、青海、新疆、西藏等九省内的青岛、济南、郑州、太原、西安、兰州、银川、西宁、乌鲁木齐、拉萨等十个海关启动丝绸之路经济带海关区域通关一体化改革。这项政策从 2015 年 5 月 1 日起开始实行,企业可以根据自身需求,选择申报口岸、通关模式和查验地点,支持异地报关。这将极大简化沿线报关手续,大幅降低相关贸易费用。与丝绸之路经济带沿线各国的贸易便利化推动了中国与各国的贸易快速增长。例如,2012 年,中国与中亚五国贸易总额达 459.4 亿美元,与 1992 年的 4.6 亿美元相比,增长了近 100 倍。其中,中国与哈萨克斯坦、土库曼斯坦、乌兹别克斯坦、吉尔吉斯斯坦、塔吉克斯坦的双边贸易额分别是 256.8 亿美元、103.7 亿美元、28.7 亿美元、51.6亿美元与 6.69 亿美元。中国成为哈萨克斯坦、土库曼斯坦的第一大贸易伙伴,成为乌兹别克斯坦、吉尔吉斯斯坦的第二大贸易伙伴,成为塔吉克斯坦的第三大贸易伙伴。[13]

五、从承接转移到产业升级:西部地区承接产业转移对丝绸之路经济带建设的提升效应

西部地区承接产业转移有助于劳动力、资本等要素的回流、集聚,进而在此基础上的要素升级,为西部地区产业升级和多样化创造了条件。即在第一阶段,丝绸之路经济带建设推动产业向西部地区转移;第二阶段,产业转移推动西部地区产业升级和多样化,从而进一步提升丝绸之路经济带建设水平。在资本、劳动力等要素流动的情况下,丝绸之路经济带建设对西部地区承接产业转移的推动效应更多地体现在推动西部地区产业集聚方面,而西部地区承接产业转移对于丝绸之路经济带建设的提升效应更多地体现在推动西部地区要素升级及以此为基础的产业升级方面。

（一）推动西部地区优势升级与产业升级

在丝绸之路经济带建设中获得持续发展,西部地区必须实现三重产业转型升级:一

是产业结构从传统结构向现代产业体系转型升级,即从农业、传统商品制造、资源初级开发向制造业和其他现代产业转型升级。二是区域产业联系从单一联系的割裂化发展,向多样联系的一体化发展转型升级,即从与东部地区要素与商品的供给、需求联系,向与东部地区与丝绸之路经济带沿线国家和地区包涵要素、生产、贸易、投资、服务、技术等在内的价值链、产业链,市场需求等方面的一体化联系转型升级。三是产业发展模式从传统模式向现代模式转型升级,即从资源依赖,资本、技术、管理、品牌引进,市场缺失,政府扶持的模式向资源精深加工,技术自主研发,管理创新,自主品牌创立,市场开发,政府合作的模式转型升级。其中,产业发展模式转型升级是基础,区域产业联系转型升级是途径,产业结构转型升级是目的。

根据新结构经济学,产业持续升级的前提条件是基于要素禀赋升级的比较优势升级。现实中,在承接产业转移的产业集聚化发展基础上,西部地区产业优势升级包涵更多涵义:一是从潜在比较优势向现实比较优势升级,即从只包涵要素成本等企业内部成本的潜在比较优势向包涵企业内部成本和信息外部性、协调成本、基础设施等外部成本的现实比较优势升级。二是从比较优势向集聚优势升级,即从依赖要素禀赋的比较优势向非要素禀赋依赖的,包涵经济关联和知识关联的集聚优势升级。三是从比较优势、集聚优势向竞争优势升级,即实现向包涵人力资本、技术能力、管理能力、市场能力、金融能力、文化能力、绿色能力、商业环境等超成本因素为内涵的竞争优势升级。在形成产业集聚,承接产业转移的基础上,经济剩余积累,经济效果扩散,人力资本、企业、政府等多样化学习的积累—扩散—学习机制将会推动西部地区优势升级,以及在此基础上的持续产业升级,进而推动丝绸之路经济带建设水平的整体提升。

(二)推动丝绸之路经济带贸易和投资升级

与早期发展经济学的政策主张强调进口替代方式截然相反,建设丝绸之路经济带战略强调开放、外向、合作与一体化的产业发展主张,其结果不是贸易保护而是贸易促进与投资促进。

承接产业转移形成的集聚优势,基于资源禀赋的比较优势在西部地区内部不同地区之间会存在差异,在二者结合基础上形成的西部地区产业分工在各地区之间也会呈现显著差异性和多样性。因此,西部地区产业集聚发展可以形成包括地方特色型产业,以及资源密集型、劳动密集型、资本密集型、技术密集型等多种产业类型。在此基础上可形成包涵产业间分工、产业内分工、产品内分工等多样性分工模式。多类型产业和多样化分工将极大推动丝绸之路经济带的贸易升级和投资升级。

其中,贸易升级主要体现在三个方面:一是贸易规模扩大。如前所述,本地市场效应及贸易便利化推动的产业集聚和产业发展,将大幅度扩大西部地区与丝绸之路经济带沿线国家与地区之间的贸易规模。二是贸易类型多样。在多类型产业和多样化分工的推动下,西部地区与丝绸之路经济带沿线国家与地区之间的贸易将涵盖一般贸易、加工贸易、服务贸易、技术贸易等多种形式。三是贸易结构升级。随着西部地区产业升级与丝绸之路经济带沿线国家和地区经济水平提升,多样化、高技术、高附加值的产品和服务的比重将大大提升。投资升级则主要体现在两个方面:一是投资主体由政府、国有企业为主向私人部门为主转变;二是投资领域由基础设施建设,资源、能源产业向现代农业、制造业、服务业等多部门转变。

(三)推动丝绸之路经济带产业一体化

西部地区承接产业转移对于提升丝绸之路经济带产业一体化水平具有重要作用。首先,承接产业转移提升了西部地区经济水平和产业发展水平,为西部地区在更高水平上参与丝绸之路经济带产业一体化奠定了基础。其次,当前丝绸之路经济带产业一体化面临的障碍主要包括:既有产业分工格局导致区域产业发展指向分离化;集聚优势缺失导致新型区域产业分工基础弱化;交易费用高昂导致产业一体化的成本攀升等。[15]西部地区产业集聚发展及自我强化的结构将在推动区域产业发展指向协调化;扩大本地市场效应,培育和发展集聚优势,强化新型产业分工基础;降低运输成本、贸易成本等方面,推动丝绸之路经济带的产业一体化。

六、推动丝绸之路经济带建设中西部地区承接产业转移与产业升级的政策转型

综上所述,在东部地区与西部地区形成中心—外围模式的既有均衡下,丝绸之路经济带建设作为一项政策冲击,将显著推动西部地区产业集聚和承接产业转移,在此基础上,西部地区产业升级又将极大促进丝绸之路经济带建设水平提升。因此,如何通过具体政策举措推动丝绸之路经济带建设中西部地区承接产业转移与产业升级,就显得十分重要。

对于推动经济欠发达国家和地区产业升级的政府作用,新结构经济学提出了产业选择—障碍甄别—因势利导的框架。在产业集聚的形成方面,新经济地理学则指出了政策力度的重要性。然而,政府的产业甄别和因势利导作用受到四方面因素的制约:一是政府对于基于市场机制的比较优势的信息不充分;二是政府的自利性动机;三是政府决策导致的风险集中;四是政府补贴容易为利益集团所得,未能用于持续的产业投资。因此,在产业甄别方面,应当采取"排除式有限甄别",即划定排除发展的产业,而不是划定应当发展的产业。

基于上述分析,推动丝绸之路经济带建设中西部地区承接产业转移与产业升级的政策取向应当是,以丝绸之路经济带建设为契机,实现政府产业发展治理模式的根本性转变,即从现有的政府产业划定、项目选择、投资与具体产业的直接参与的"市场替代,政府

直接参与型模式",转变为"市场主导,政府保障型模式",即以市场机制发挥主导性作用为根本,以促进民间部门为主体参与产业发展为目标,通过提升市场化程度,排除式有限甄别,基础设施建设,优势升级服务,确保政策效果强度等,实现西部地区产业发展和持续升级。

(一)提升西部地区市场化水平

为了充分发挥市场机制在产业发展和升级中的主导性作用,西部地区应当加大体制改革、机制创新力度,大力提升市场化程度,完善市场运行机制。主要举措包括:建立完善的市场体系,特别注重推动要素市场、产权市场、技术市场、信息市场等关键性、新型市场实质性改革与建设;建立区域一体化市场体系,消除区域市场分割;提升市场硬件和信息化、智能化水平;完善市场制度,提升市场监管及执行力度和水平,确保良好的市场秩序。

(二)强化基础设施建设

在"硬件"方面,加强高速公路、铁路、机场、通信系统、电力网络等基础设施建设,提升建设质量和运营管理水平,特别是加强通信、网络等信息化基础设施建设;在加强通用型基础设施建设的同时,重视产业专属型基础设施建设;持续加大中央政府对于西部地区基础设施建设的支持力度,充分利用新型融资方式推动基础设施建设,确保建设力度的可持续性。在"软件"方面,为充分创造价格指数效应,西部地区应大力提升包括教育、医疗、社会保障、环境保护、文化、卫生体育、安全、社会管理等公共服务水平;持续改善法律、司法、道德等社会环境。

(三)提升政府保障能力

转变政府区域产业规划方式,由划定式规划向排除式规划转变;建立产业发展规划的企业—政府合作模式;加强跨国、跨省区贸易、投资、金融、财政、税收等方面的政策协调;加强政府对劳动力培训、技术研发、科技创新协作机制等的扶持力度,推动区域产业发展优化升级;采取多种措施促进和保障民营经济持续发展;提升政府管理和服务水平。

【参考文献】

[1] 冯根福,刘志勇,蒋文定.我国东中西部地区间工业产业转移的趋势、特征及形成原因分析[J].当代经济科学,2010(2):1-10.

[2] 贺曲夫,刘友金.我国东中西部地区间产业转移的特征与趋势——基于2000—2010年统计数据的实证分析[J].经济地理,2012(12):86-88.

[3] 魏后凯.产业转移的发展趋势及其对竞争力的影响[J].福建论坛(经济社会版),2003(4):11-15.

[4] 聂华林,赵超.我国区际产业转移对西部产业发展的影响[J].兰州大学学报,2000(5):11－15.

[5] 林毅夫.新结构经济学——反思经济发展与政策的理论框架[M].北京:北京大学出版社,2012:10－166.

[6] 梁琦,钱学锋.外部性与集聚:一个文献综述[J].世界经济,2007(2):84－96.

[7] 安虎森,等.新经济地理学原理[M].北京:经济科学出版社,2009:20－34.

[8] 周端明,朱芸羲,王春婷.西部大开发、区域趋同与经济政策选择[J].当代经济研究,2014(5):30－36.

[9] 刘瑞明,赵仁杰.西部大开发:增长驱动还是政策陷阱——基于 PSM－DID 方法的研究[J].中国工业经济,2015(6):32－43.

[10] BALDWIN R E,FORSLID R,MARTIN P,et al. Economic geography and public policy [M]. Princeton NJ:Princeton University Press,2003.

[11] 刚翠翠,任保平.丝绸之路经济带背景的中亚五国发展模式[J].改革,2015(1):109－118.

[12] 程贵,丁志杰."丝绸之路经济带"背景下中国与中亚国家的经贸互利合作[J].苏州大学学报(哲学社会科学版),2015(1):119－125.

[13] SPULBER D F. Global competitive strategy[M]. Cambridge:Cambridge University Press,2007.

[14] 张亚斌,马莉莉.丝绸之路经济带相关问题的述评及思考[J].未来与发展,2014(9):102－103.

[15] 高煜.丝绸之路经济带产业一体化:问题、障碍与对策[J].开发研究,2015(3):19－20.

（原刊于《经济问题》2016 年第 1 期）

丝绸之路经济带背景下西部生态文明
建设:困境、利益冲突及应对机制

何爱平　赵仁杰

【摘　要】　丝绸之路经济带是国家深化西部大开发,推动向西开放的新型经济发展战略,西部地区是我国生态文明建设的重点区域,但同时面临经济滞后和环境脆弱的双重约束,丝绸之路经济带建设一方面会改变西部生态文明建设面临的约束条件,另一方面也提高了经济发展对生态文明建设的要求。本文从西部生态文明建设的利益格局出发,运用"利益关系—主体行为—制度安排—激励结构"的政治经济学分析框架,研究了丝绸之路经济带背景下西部生态文明建设面临的机遇与挑战。文章认为应该从财政监管、官员差异化考核、完善生态补偿和推动技术创新等方面规避丝绸之路经济带对生态文明建设可能造成的不利影响,形成各主体广泛参与的生态文明建设长效机制,为丝绸之路经济带的繁荣发展提供良好生态环境保障。

【关键词】　丝绸之路经济带;西部;生态文明建设

2015 年 3 月 28 日,国家发展改革委、外交部、商务部联合发布了《推动共建丝绸之路经济带和 21 世纪海上丝绸之路的愿景与行动》。西部地区作为向西开放的门户,是建设丝绸之路经济带的关键区域。围绕丝绸之路经济带,西部地区各省份已纷纷成立领导小组并出台建设规划,积极推进与中亚地区在互联互通、能源、产业、贸易、投资、物流和旅游等领域的合作。但是,良好的生态环境是开展经济合作的基础,西部地区的生态建设将直接影响到丝绸之路经济带的长久发展和经济社会绩效。因此,在各地区积极参与丝绸之路经济带建设的背景下,研究西部地区的生态文明建设具有重要意义。

丝绸之路经济带建设背景下生态文明建设的核心是利益格局的调整,是一个政治经济学问题。随着利益格局的变化,作为生态文明建设主体的政府、企业以及个人的行为也会随之发生变化,与此适应的制度安排和激励结构也必须做出调整。因此,可以通过"利益格局变化—主体行为选择—制度安排—调整激励结构"的理论框架来研究。[1]针对西部地区生态文明建设的现实和丝绸之路经济带建设可能引起的环境变化,本文分析了丝绸之路经济带背景下西部生态文明建设面临的现实困境以及三大行为主体的利益冲突,阐述了现有制度安排的缺陷,研究丝绸之路经济带政策影响下三大行为主体的行为选择过程,从调整激励结构角度提出丝绸之路经济带背景下完善西部生态文明建设的应对机制。

一、丝绸之路经济带背景下西部生态文明建设的现实困境

(一)西部地区生态环境脆弱性与重要性的双重特征

古丝绸之路真正形成于 2000 多年前中国西汉使者张骞出使西域之后,这条贯穿中原与西域的丝绸之路由西北地区向外创造了联通东西方的国际贸易通道,在中国盛唐时期达到繁荣顶峰。[2] 但是中国西北地区的生态环境十分脆弱,地形复杂多样,集中了我国几个主要的高原和盆地,内部各地区间的层级和板块分布明显且带有各自的特征。以干旱半干旱气候为主,受季风影响较大,降水的空间分布上极不均匀。地形条件和气候特征影响了西部地区的河流和生物分布状况,使得西部地区内部生态脆弱的程度不同、类型多样。同时,受历史条件影响,战争和过度砍伐导致西北地区生态环境进一步恶化。生态环境恶化增加了商贸活动的成本,恶劣的自然条件会提高长途贸易的风险,古代路上丝绸之路的衰落与西北地区生态环境恶化有重要关系。那么,在建设新丝绸之路经济带的过程中,就必须认识到西部地区生态脆弱的现实,以及西部地区生态文明建设的重要性。生态环境脆弱只是西部地区生态文明建设面临的一方面困难,作为整个中国的生态屏障,西部地区在全国生态文明建设中的关键性地位决定了其生态文明建设的要求。一方面,从西南地区的森林生态系统到北方的草原生态系统共同构成了中国西部的生态防线,在调节气候、防治沙漠化等方面起到了重要作用;另一方面,西部地区是长江、黄河、澜沧江等大江大河的发源地,该地区的生态环境将直接影响到全国的水资源状况。随着经济发展和人们生活水平的提高以及环保意识的增强,人们对西部地区提供全国生态公共产品的需求也会增加。而伴随丝绸之路经济带的不断发展完善,会有更多的地区纳入到经济带中,在这样的条件下,西部生态环境的系统性作用会提高,生态文明建设的压力增大。

(二)经济发展滞后条件下提供高质量环境产品的"责任错配"

西部地区生态环境的双重属性是由自然条件所决定的,这是西部地区生态文明建设必须面对的问题,也是丝绸之路经济带建设中必须克服的不利因素。但是,在自身经济发展滞后的情况下还要为全国提供高质量的生态环境产品,这就造成了西部地区生态文明建设的过度负担。从支出的角度来看,生态环境恢复和保护需要大量的资金支持,而西部地区的经济发展水平长期落后于全国,难以为生态建设提供充足的财政保障;从收

入的角度出发,西部地区的生态环境建设在一定程度上限制了地区自然资源的开发利用。丝绸之路经济带提出与中亚地区深入开展能源合作,能源资源是西部经济发展的重要支撑,那么西部地区会面临生态保护与能源开发的矛盾;从消费需求的层次来看,优美的自然环境是高层次的消费,而基本的生活和生产消费则处在基础地位,发达地区用经济发展置换生态改善的意愿要高于经济落后地区。因此,在西部地区经济发展仍然滞后的背景下,还要为全国提供高质量的环境产品可以看作一种"责任错配",这构成了西部地区生态文明建设的目标困境,在"责任错配"下,西部生态文明建设的滞后将拖累丝绸之路经济带战略实施。

(三)民族地区反贫困背景下建设生态文明的双重压力

丝绸之路经济带提出要与中亚地区广泛开展能源、文化和旅游合作,西北民族地区与中亚地区在文化风俗、生活环境等方面具有很大的相似性,是实施上述合作的重要区域。但是,西部地区是我国最主要的贫困地区,特别是民族地区贫困问题更加严重,2012年新划分的 14 个连片贫困区中,西部地区的贫困县达到了 502 个,占总数的 73.8%,其中少数民族地区国家级贫困县的数量占西部地区的 59.7%。① 贫困导致经济发展中可投入的要素减少,经济发展对自然资源的依赖性提高,而资源的大量开发会对生态环境造成不利影响,在长期又会加剧贫困。丝绸之路经济带提出的能源合作加大了西部民族地区生态文明建设的压力,对解决西部民族地区贫困也是一把双刃剑。在经济合作中,经济开发与生态建设的良性互动将有助于解决民族地区的贫困问题,反之会造成生态恶化,加剧民族地区的贫困。因此,在丝绸之路经济带背景下,西部地区反贫困和生态建设正面临新的机遇和更大的压力。

二、丝绸之路经济带背景下西部生态文明建设的利益冲突

作为一项重大的政策调整,丝绸之路经济带会改变西部生态文明建设各参与主体的利益格局,而利益问题是人类生存和发展的根本问题。马克思指出,"把人和社会连接起来的唯一纽带是天然必然性,是需要和私人利益"。[3] 由于物质利益关系的变化,各经济主体会由于利益冲突而采取不同行为,从而对西部生态文明建设产生重要影响。

(一)经济利益与生态利益的冲突

西部地区生态文明建设中涉及的利益问题最直观的内容就是各参与主体的经济利

---

① 参见国家民族事务委员会官方网站,http://www.seac.gov.cn/art/2012/3/20/art_31_150883.html.

益与生态利益的冲突与对立,集中表现在地方政府和企业两个层面上。

从地方政府层面来看,丝绸之路经济带是西部地区发展经济的契机,各省份都充分认识到参与丝绸之路经济带的重要性,纷纷出台省级层面的建设规划,并与中亚地区达成部分合作项目。但从当前西部各省的实施情况来看,在丝绸之路经济带的初期阶段,能源合作是西北各省参与经济合作的主要方向。如新疆提出在油气资源开发领域发展混合所有制,引进外部投资;陕西省和国家能源局共同召开丝绸之路经济带能源合作发展会议研究对外能源合作;甘肃也提出建设国内最大的铀储备、转化、浓缩以及后处理基地。开展能源合作会给西部地区经济增长提供新的动力,符合地方政府经济利益最大化的目标,但同时在生态环境极度脆弱的西部地区开展能源合作孕育着巨大的生态破坏风险,使得西部地区经济利益与生态利益的对立更加明显。

从企业层面来看,企业是经济合作的载体,也是丝绸之路经济带建设的执行主体,西部地区的资源型企业初始技术水平低,大生产和大排放在迅速提升企业利润、扩大企业规模的同时也会破坏整个地区的生态利益。正如生态马克思主义者奥康纳所言:"对资源加以维护或保护,或者采取别的具体行动,以及耗费一定的财力来阻止那些糟糕事情的发生,这些工作是无利可图的。利润只存在于以较低的成本对新或旧的产品进行扩张、积累以及市场开拓"。[4]丝绸之路经济带建设中,以企业为纽带的能源合作蕴藏着巨大的环境风险,这种环境风险正是由于能源开发的经济利益与区域环境利益的冲突所导致的。[5]

(二)局部利益与整体利益的冲突

丝绸之路经济带建设是西部地区实现区域经济快速增长,缩小与东部发达地区经济差距的重要契机,利用一切资源参与丝绸之路经济带符合西部地区的自身利益。在这样的背景下建设生态文明,西部地区面临局部利益与整体利益的矛盾。

一方面,丝绸之路经济带的建设中存在着西部地区局部利益与全国整体利益的冲突。西部地区是丝绸之路经济带建设中向西开放的门户,对西部地区自身而言,通过能源合作等方式参与丝绸之路经济带建设符合西部地区经济增长的局部利益,而生态文明建设对全国的整体利益大于西部地区的局部利益,这种利益对比会导致西部地区在丝绸之路经济带建设中更偏好于大规模经济合作而降低在生态环境建设上的努力。但是,从丝绸之路经济带的长久发展来看,良好的生态环境是长期合作的基础,解决西部与全国之间的利益矛盾至关重要。

另一方面,西部地区内部也存在局部利益与整体利益的矛盾,主要体现在城市与农村之间。丝绸之路经济带提出的互联互通、能源和贸易等经济合作都主要依靠城市经济展开,城市从中获得的收益最大,农村作为资源供给地获益较小。但是,西部生态建设的主要区域却是在农村地区,生态保护主体是农民而并非城市居民。西部地区内部城市和农村之间经济发展差距大,大部分的贫困人口都集中在农村和偏远的少数民族地区。丝绸之路经济带可能会扩大地区内部城乡差距,使农村地区更可能在落后的技术手段下采取粗放式的资源开采来发展经济,这样不仅会造成资源浪费也会严重破坏地区生态环境。在丝绸之路经济带建设中,注重平衡农村经济发展与区域生态环境的矛盾,引导农民主动参与生态文明建设,有助于形成生态建设的长效机制。

(三)政府利益与个体利益的冲突

西部地区经济发展水平较为落后,生态文明建设面临着地方政府的财政约束。政府利益与个体利益冲突集中体现在对经济资源和环境资源的争夺,以及政府对个体利益的侵占上。在落后地区政府主导的经济开发中,一方面,政府希望发展经济但又无法通过严格的环境规制降低企业环境污染;另一方面,政府需要建设生态环境却无法提供充足的财政支持。从退耕还林政策开始,西部地区就开始了大规模的生态恢复工程,退耕还林政策实施以来对生态环境的改善起到了显著作用,但随着财政补贴陆续到期却未能解决退耕还林农户的长远生计问题,补贴不到位也降低了政府的信誉度,从而使得农户长期参与退耕还林的积极性受损。[6]丝绸之路经济带提出的大规模经济合作同样面临类似问题,能源合作、管道铺设和基础设施建设过程中必然要利用大量生态资源,对生态环境造成影响,政府对居民生态补贴缺失会加大政府利益与个体利益的冲突。

三、丝绸之路经济带与现行制度背景下西部生态文明建设主体的行为选择

利益冲突引发经济主体调整自身行为,而行为选择受到既定制度安排的影响。针对地方政府、个人和企业三大行为主体,现有的代表性制度主要有财政分权下中央对地方的转移支付制度,地方政府对个人的生态补偿制度以及各级政府对企业实行的环境规制制度。在这三种典型的制度背景下地方政府、个人和企业在生态文明建设中选择了不同的行为策略,而丝绸之路经济带建设通过现有的制度安排对不同行为主体产生影响,最终影响西部地区的生态文明建设。

(一)财政分权下的转移支付制度使地方政府缺乏生态文明建设的积极性

西部地区生态文明建设的重要困难源于自身经济发展落后,地方政府财政收入水平低。分税制改革后,地区财政能力更加依赖于地区经济发展水平,有研究表明财政分权制度会使得地方财政收入减少进而降低地区的环境质量,特别是经济落后地区财政分权对环境的负向作用要高于发达地区。[7]为了解决落后地区财政能力减弱导致的公共产品供给不足,中央政府通过转移支付等方式向地方政府提供财政补贴。西部大开发以来的2000 年至 2012 年,中央财政对西部地区财政转移支付累计达 8.5 万亿元,中央预算内投

资安排西部地区累计超过 1 万亿元,分别占全国总量的 40% 左右。[8]作为国家层面的新型发展战略,丝绸之路经济带建设同样会改变中央对西部地区的转移支付强度,通过改变地方政府的财政能力而影响生态文明建设。

中央政府向地方政府的转移支付是支持地方政府提供公共物品的重要手段,其中总量性质的转移支付能部分地提升地方政府提供公共产品的能力,但在财政分权和基于政绩考核下的政府竞争中,地方政府会对教育、卫生、环境等非生产性公共品的投资缺乏积极性,公共支出结构出现"重基本建设、轻人力资本投资和公共服务"的明显扭曲。[9]丝绸之路经济带提出加强在互联互通、能源、商贸、旅游和产业转型等多领域合作,这些领域较多涉及基础设施建设和生产性投资,会提高中央政府对西部地区的财政支持和政策优惠程度,从而提高西部地区政府的财政能力。配套性质的转移支付可以规定资金配置方向,调整地方政府公共产品供给结构,对地方政府建设生态文明具有重要作用。但是配套性质的转移支付要求地方政府提供与中央政府财政补贴相配套的财政支出,西部地区政府财政能力较弱,生态环境建设在短期又无法增加财政收入,因此,地方政府在配套性转移支付项目的申请和执行上一直缺乏积极性。

丝绸之路经济带建设一方面会提高政府的财政能力,但在财政能力提高的情况下地方政府可能会更加偏向于生产性项目投资,借助丝绸之路经济带建设开展大规模资源开发和基础设施建设,对生态文明建设的投入力度和关注程度会降低;另一方面,从现实来看各地区为了抓住丝绸之路经济带建设的契机,竞争性地开展经济合作,在生态建设上却缺乏统一协调框架,这可能导致经济开发与生态环境建设的脱节。

(二)生态补偿机制的不完善使得个体参与生态文明建设的动力不足

作为公共产品,生态环境体现出生产成本自担、收益共享的特性,这会导致环境建设的"搭便车",解决这一问题的关键是通过生态补偿机制完善生态环境资源的收益分配。丝绸之路经济带建设中各项经济合作都会涉及资源的收益分配,特别是能源、旅游和基础设施合作中对资源、环境和土地的利用会引发更加复杂的利益关系。但现有的生态补偿制度缺乏对生态文明建设行为主体经济利益的有效保护,政府对个人参与生态建设予以补偿存在不可置信承诺。毛乌素沙漠治理就是一个典型案例。毛乌素沙漠是中国的四大沙地之一,近代以来向外扩张速度加快,成为中国土地沙化的重要沙源地。20 世纪80 年代开始,在政府"谁治沙,谁造林,谁所有,谁受益"政策的激励下,民营企业和个体承包荒沙造林成为毛乌素沙漠整治的重要组织形式。[10]按照规定,农民和民营企业通过承包沙地、植树造林等方式参与沙漠治理,自己承担承包和建设费用,政府根据农户的治沙完成面积提供一定的生态补偿款。但实际上政府对农户的治沙行为主要给予了精神奖励,并未落实应有的经济补偿,其中具有代表性的人物如石光银、白春兰、牛玉琴等治沙英雄都因治沙工程的补偿欠款而背负了千万元的债务。[11]这个案例反映出在生态环境资源的收益分配上,一方面,地方政府希望居民通过提供生态资源参与生态文明建设,但又不能按照起初的政策向居民提供相应的经济补偿;另一方面,政府期望居民提供的生态资源长期发挥环境建设的作用,以生态资源的公共属性为理由限制居民通过市场化的方式从中获取经济收益,两方面的权力限制导致参与生态建设的个体利益受损,陷入经济困境。

丝绸之路经济带中能源开发和基础设施建设会占用生态资源,对个体的生态补偿直接影响到经济合作的效果,补偿缺失会加大西部生态建设的压力。旅游合作对生态环境资源的影响更加明显,西部民族地区具有丰富的旅游资源,但同样面临严重的贫困问题,旅游开发中的生态补偿不仅影响到旅游合作的经济绩效,同时对解决民族地区的生态贫困问题具有重要作用。如果补偿机制缺失,个体就缺乏参与环境建设的动机,倾向于按照已有的粗放式资源开发获得经济收益,旅游合作也会丧失环境基础,落后地区陷入生态恶化和贫困的双重困境,西部生态文明的长期建设也面临更大困难。

(三)环境规制制度使企业面临能源合作和生态环境建设的现实困境

企业是丝绸之路经济带建设的执行主体,同时也是生态文明建设的主体之一。企业的目的首先是追求利润最大化,正如马克思所说"企业为了直接的利润而从事生产和交换……他们首先考虑的只能是最近的最直接的结果"。[12]但是大规模生产会对生态环境造成不利影响,财富增长的代价是日益严重的环境污染。从西部地区各省份参与丝绸之路经济带的现实来看,能源合作和基础设施建设是初期经济合作的主要内容,能源资源开发对生态环境造成的影响巨大,对资源型企业实行环境规制是不可避免的问题。但是,环境规制会对企业的产出效率产生不同影响。波特(Michael Porter)1991年提出强力的环境规制会推动企业的生产技术进步,通过诱发创新来抵消企业用于环境维护所耗费的成本,在降低环境污染的同时提高厂商的竞争优势。[13]但是,已有研究表明:波特假说的实现受到企业初始技术水平和地区经济发展状况的影响,在中国的东部、中部和西部地区存在较大差异,西部地区的环境规制并未形成对企业生产技术的推动作用。[14]面对强力的环境规制,经济落后地区的企业无法通过技术创新来控制污染,转而通过贿赂环境监管部门来获得较轻的污染排放控制;另一方面,控制污染导致企业利润下降、企业产出下降甚至倒闭,对地方财政造成不利影响,地方政府有动机帮助企业规避环境规制,环境规制对西部地区企业技术提升和污染控制的作用未得到有效发挥。丝绸之路经济带建设中能源合作占据重要地位,但是,能源产业本身具有污染性,能源开发强度提升会加大区域生态环境承载的压力,必须通过环境规制降低企业行为对生态环境造成的不利影响。因此,从企业层面来看,以能源合作为基础的丝绸之路经济带建设一方面为企业发展提供了机遇,但能源开发过程中的环境风险和现有的环境规制制度又构成了企业参与丝绸之路经济带建设的现实约束。可见,在丝绸之路经济带建设中,如果严格控制企业行为对生态环境的影响,企业将面临参与能源合作和生态环境建设的现实困境。

四、丝绸之路经济带背景下西部地区生态

文明建设的应对机制丝绸之路经济带会对西部生态文明建设行为主体的利益产生影响,并通过现行的制度安排改变生态文明参与主体的行为。因此,丝绸之路经济带背景下西部地区生态文明建设应分析各参与主体间利益格局的变化,调整激励结构,引导新制度环境下生态建设各参与主体的行为选择,形成各主体广泛参与的生态文明建设新格局。

(一)强化财政监督机制,优化财政支出结构

丝绸之路经济带建设作为西部大开发政策的升级,在为西部经济发展提供契机的同时必然伴随着一定的财政支持和政策优惠,进而改变西部生态建设面临的投入约束。然而丝绸之路经济带作为一项重大的经济战略,理性的各地地方政府会以经济合作为契机,加大能够带来当前经济利益的生产性公共产品的供给,进而导致生态文明建设的相对投入水平下降。因此,在丝绸之路经济带建设的过程中,首先必须以强化财政监督为抓手,加强对地方政府财政支出的监督管理,考评地方政府财政支出中生态环境建设占比的变动状况。通过设立生态文明建设的专项资金,将丝绸之路经济带过程中的能源资源开发、物流商贸合作、旅游产业发展与地区生态环境建设相结合。其次,在地方政府财政能力提高的背景下,重视财政支出结构的优化。中央政府应提高对西部地区配套性生态建设项目的支持力度,加大对西部地区生态环境建设的配套性转移支付,确保丝绸之路经济带建设中西部生态环境的稳定,避免地方政府为开展经济合作而忽视生态环境建设,进而实现丝绸之路经济带沿线经济发展和生态建设的协调统一。

(二)调整官员激励机制,实行差异化考核体系

西部地区生态文明建设的双重属性及资源禀赋使其面临生态建设和经济发展的困境。在丝绸之路经济带建设中,西部地区要为其他地区乃至整个经济带提供良好的生态保障,其生态环境状况对沿线经济合作以及整个经济带的长久繁荣具有重要作用。在丝绸之路经济带建设的绩效考评中,应充分意识到丝绸之路经济带建设中西部地区为整个经济带提供生态保障的机会成本。因此,在地方官员的晋升考核中应采取政绩置换的方式,优化不同地区官员晋升考核中生态建设和经济发展的占比,通过建立地区自然资源资产负债表,地区经济、环境综合发展指数,促使不同领域的工作成果在官员晋升中都能得到体现。进而在经济平稳发展的前提下,将生态文明建设、寻求人与自然的平衡和谐作为政府行政的重要目标,全面反映地方政府在参与丝绸之路经济带建设中的绩效,尤

其是在经济开发和生态建设都取得成效的地区,通过对当地政府官员的晋升奖励,促使其将丝绸之路经济带的经济合作和环境建设放在同等重要的位置。

(三)完善生态资源产权界定,优化生态补偿机制

丝绸之路经济带中互联互通、能源、旅游等经济合作,在占用生态资源的同时会由于收益的归属问题加大政府与个人之间的利益冲突。为了激励广大社会个体参与生态文明建设的主动性,首先应完善生态资源的产权界定。产权界定清晰有助于保证农户主动提供生态资源时取得一定的经济收入,在丝绸之路经济带建设中,应明确划分利用生态资源开展经济合作时经济收益的归属,让广大社会个体能从经济合作中获益,进而形成积极提供生态产品的动机。

与此同时,西部地区在我国生态环境中的特殊地位要求其在经济开发过程中注重环境效益,而部分地区和资源的限制开发必然会使该地区的广泛社会个体丧失借助丝绸之路经济带发展经济的机遇。因此,在生态文明建设的补偿机制中应把限制开发自然资源作为西部地区生态文明建设的机会成本加入到对西部地区的生态补偿中来。设立专门的财政补助项目,对生态资源开发利用最少的地区实行额外补助,鼓励地方政府和居民个人保护现有的生态资源,转变以资源开发为支撑的经济发展方式,进而促使个人在参与丝绸之路经济带的同时兼顾生态文明建设。

(四)调整环境规制强度,推动企业技术创新

在西部生态文明建设的要求下,作为丝绸之路经济带建设的主要执行主体,企业参与丝绸之路经济带必然会面临政府环境规制的约束。在生态文明建设的进程中,西部地区首先应凭借大型经济合作项目,吸引国内外先进技术企业参与经济开发,并以技术进步带动产业转型,将技术合作在国家层面制度化,进而通过项目学习先进技术,提高企业自身的技术水平,实现环境规制下企业的创新发展,从而使得环境规制在增加企业的生产成本的同时能够推动企业技术的革新。其次,技术合作和产业转型需要较长的缓冲期,国家应设立专项资金支持企业学习先进技术,推动产业转型,通过孵化基金、研发补贴等途径降低技术创新的时滞给企业发展造成的不利影响,避免企业因大量技术研发投入陷入短期生存困境。对技术落后的污染性企业,以丝绸之路经济带中的产业转型和商品贸易合作为契机,通过环境规制和政策扶持等手段引导其向生态物流、旅游等现代服务产业转型。

【参考文献】

[1] 何爱平.发展的政治经济学:一个理论分析框架[J].经济学家,2013(5):5-13.

[2] 杜文玉.唐末五代时期西北地缘政治的变化及特点[J].人文杂志,2011(2):141-147.

［3］　马克思. 论犹太人问题［M］//马克思,恩格斯. 马克思恩格斯全集:第1卷. 中共中央马克思列宁斯大林著作编译局,译. 北京:人民出版社,1964.

［4］　詹姆斯·奥康纳. 自然的理由:生态学马克思主义研究［M］. 唐正东,等,译. 南京:南京大学出版社,2003.

［5］　石莹,何爱平. 丝绸之路经济带的能源合作与环境风险应对［J］. 改革,2015(2):115 – 123.

［6］　邵传林,何磊. 退耕还林:农户、地方政府与中央政府的博弈关系［J］. 中国人口·资源与环境,2010(2):116 – 121.

［7］　SIGMAN H. Decentralization and Environmental Quality:An International Analysis of Water Pollution［J］. NBER Working Paper,no. 13908,2003.

［8］　徐绍史. 13 年间中央财政对西部转移支付8.5 万亿［EB/OL］. (2013 – 10 – 22). http://www. chinanews. com/gn/2013/10 – 22/5411214.

［9］　傅勇,张晏. 中国式分权与财政支出结构偏向:为增长而竞争的代价［J］. 管理世界,2007(3):4 – 13.

［10］　刘志仁,王红,贺生成. 基于毛乌素沙漠成因与现状的生态经济开发模式与制度保障［J］. 生态经济,2007(10):136 – 139.

［11］　周立. 公共物品、责任归属与发展观反思——中国农村环境保护等公共问题与一个案例［J］. 浙江学刊,2006(1):48 – 53.

［12］　马克思,恩格斯. 马克思恩格斯选集(第4卷)［M］. 中共中央马克思恩格斯列宁斯大林著作编译局,译. 北京:人民出版社,1995.

［13］　POTERME America's Green Strategy［J］. Scientific American,1991(4):168 – 169.

［14］　张成,陆旸,郭路,等. 环境规制强度和生产技术进步［J］. 经济研究,2011(2):113 – 124.

（原刊于《人文杂志》2016 年第3 期）

阿富汗与"一带一路"建设:地区多元竞争下的选择

黄民兴 陈利宽

【摘 要】 阿富汗是古丝绸之路上的重要枢纽,在中国"一带一路"建设中具有重大意义。同时,阿富汗也是国际竞争之地。美国的"新丝绸之路"计划以阿富汗为中心,计划建成从中亚到南亚的能源和交通通道,以及从中亚通往高加索、土耳其的油气管线。日本、巴基斯坦和印度的新丝路规划同样着眼于从中亚到南亚的能源和贸易通道。这些国家的丝路计划与中国存在竞合关系。阿富汗为推动国家重建对中国的"丝绸之路经济带"计划给予有力支持。相比于美、日,中国的"一带一路"建设坚持共商、共建、共享原则,积极推进与沿线国家发展战略的相互对接,尤其关注中国与阿富汗在资源开发、投资、工程承包市场等领域的互利合作。中国参与阿富汗的战后重建也存在一些风险:阿富汗的安全问题、阿富汗与邻国关系和有关国家发展计划的对接、中阿贸易通道、中阿贸易的起伏和逆差、阿富汗的经济疲软和商业环境。

【关键词】 阿富汗"一带一路";美国的"新丝绸之路";多元竞争国际合作

一、阿富汗在中国"一带一路"建设中的意义

"亚洲瑞士"阿富汗与瑞士一样,是一个多山的内陆国家,位于帕米尔高原西部,地处亚洲的心脏。阿富汗属于西亚东部,毗邻中亚、南亚和东亚(与中国接壤),因而是一个多重身份的国家:一般被认为是西亚国家,但在历史上又可以视为中亚国家,而冷战结束后阿富汗进入了南亚国家行列,成为南亚区域合作联盟的一员(2005 年)。作为古丝绸之路上的重要中枢,阿富汗在中国"一带一路"建设中具有重大的意义。

第一,阿富汗的地理位置决定了它在本地区的战略地位。历史上,阿富汗长期是古丝绸之路的十字路口。横贯亚洲大陆的陆上丝绸之路路线在东亚、中亚主要有三条:其一是沙漠绿洲丝路,即从中国长安(今西安)出发途经西域、中亚通往西亚、南亚;其二是北方草原丝路,即从长安出发向北经欧亚草原通往西亚、欧洲,又称"皮毛之路";其三是西南夷道,即从长安出发途经中国青海、四川、云南通往印度,又名"青海路""麝香之路"

"茶马古道"等。在上述路线中,阿富汗地处沙漠绿洲丝路的中枢,而这条丝路是最重要的古代东西方商道,也就是通常所说的丝绸之路。因此,来自东亚、西亚的商旅均由此进入印度,而阿富汗也是中亚与南亚交通的必经之地,阿富汗与巴基斯坦之间的开伯尔山口就是连接上述地区的战略通道。该山口是兴都库什山最重要的山口,全长53千米,东面出口距巴基斯坦西北边境省首府白沙瓦仅16千米。由此,阿富汗距离最近、最重要的外部出海口在巴基斯坦;此外,阿富汗也通过土库曼斯坦和伊朗与外界保持陆上交通联系。

因此,阿富汗在古丝绸之路交通中占有重要地位,喀布尔和赫拉特均为亚洲重要的贸易城市和战略要地。作为东西方交通的要冲,以及南亚次大陆的战略屏障,阿富汗历史上一直是兵家必争之地、民族迁移之途。许多古代民族都曾经在这里青史留名。经由阿富汗征服过邻近地区的古代帝王包括马其顿国王亚历山大大帝、加兹尼王朝国王马穆德、跛子帖木儿、印度莫卧尔王朝开国君主巴布尔、蒙古大汗成吉思汗等。阿富汗曾成为它的两大强邻争夺的对象:东面的印度莫卧尔王朝和西面的波斯萨法维王朝。19世纪以后,阿富汗成为英、俄两大帝国中间的缓冲国。

阿富汗也是南亚、西亚与中国之间文化传播的重要通道,佛教和伊斯兰教都是由此经西域传入中国内地的,巴米扬大佛就是最好的证据,而中国晋代高僧法显和唐代高僧玄奘也都是经此进入佛国印度,他们分别在名著《佛国记》和《大唐西域记》中记载了巴米扬大佛的雄姿。历史上不同民族的征服也带来了异域文化的风采,使阿富汗的文化更具有多样性的特点,如亚历山大东征带来的希腊文化与印度文化的结合形成了辉煌的犍陀罗艺术,后者于3世纪后向阿富汗东部发展,而最终受其影响的佛教艺术经西域传入中国。伊斯兰教兴起后,伊斯兰化的波斯语言和文化逐渐在阿富汗传播。18世纪普什图人主导的近代阿富汗国家建立后,波斯语开始成为阿富汗贵族的主流语言。① 由此,阿富汗成为当今世界上三个以波斯语作为官方语言的国家之一,并且是连接另外两个波斯语国家伊朗和塔吉克斯坦的桥梁。考虑到波斯文化在中国、中亚和印度的广泛影响,阿富汗的媒介作用就更加明显了。

从北宋开始,丝绸之路的重点从陆上转向海上。到明朝年间,贯通亚洲大陆的传统陆上丝路不复存在,取而代之的是短途的地区贸易和海上贸易。19世纪末20世纪初,控制了中亚的俄国完成了西伯利亚铁路的修建,从而形成了一条从符拉迪沃斯托克到达莫斯科的钢铁欧亚大陆桥,最终结束了丝绸之路的历史。同时,世界海上贸易的兴起决定了印度西北部(今巴基斯坦)成为阿富汗的主要贸易通道和出海口。

第二,阿富汗重要的地理位置决定了它对中国西部边疆,尤其是新疆的稳定具有重

---

① 波斯语是塔吉克人使用的语言,普什图人占领塔吉克人地区后受其同化而接受了波斯语。波斯语后来成为阿富汗的官方语言之一。

要价值。中、阿两国的共同边界为 92.45 千米,虽然不算长,但阿富汗与中国新疆在民族构成、文化、民俗等方面有许多类似之处,民间来往频繁。阿富汗的极端宗教思潮同样对新疆有着深刻影响,如塔利班时期就有数千名维吾尔族极端分子在塔利班营地中接受训练。同时,阿富汗战争以来的 14 年中,以美军为首的国际部队始终未能实现阿富汗的和平。另外,阿富汗南面的巴基斯坦西北边境省也是巴基斯坦塔利班十分活跃的地区(该地近两年也有东突分子活动),而其北面的中亚同样有极端组织活动,因此阿富汗成为连接巴基斯坦和中亚极端组织的十分重要的中间环节。除了受到恐怖主义威胁以外,非法移民、越境走私毒品和武器等也是涉及两国国家安全的重要问题,需要双方合作应对。如果阿富汗能够实现真正的和平和繁荣,必然对中国西部边疆的安全稳定,乃至"一带一路"建设的深入开展有保障意义。

第三,阿富汗可以成为中国经济发展重要的原料来源和商品市场。阿富汗矿产资源丰富,但由于技术薄弱、运输困难和资金缺乏,迄今一直没有进行过全面的勘探和开发。储量较大并且目前已开发的主要矿产有煤、铁、盐、天然气、大理石、铬矿以及一些宝石、半宝石,其他包括铜、铅、锌、镍、锂、铍、锡、钨、汞、重晶石、云母、滑石、氟、石棉等。其中,天然气在 20 世纪由苏联人发现并进行工业开采,成为阿富汗最重要的出口产品(曾主要出口苏联)。阿富汗的石油资源不如天然气丰富,且勘探活动十分有限。此外,阿富汗宝石著称于世,如天青石、绿玉等。[1]据美国国防部 2010 年测算,阿富汗矿产资源总价值约9080 亿美元;而据阿富汗政府估算,阿富汗矿产资源总价值约 3 万亿美元。[2]

阿富汗是一个落后的农牧业国家,主要粮食作物有小麦、玉米、稻谷、大麦,主要经济作物有棉花、甜菜、甘蔗、油料作物、水果、坚果(包括阿月浑子、杏仁、核桃等)和蔬菜;主要牲畜有绵羊(包括著名的紫羔羊)、山羊和牛。现代工业主要是农矿产品加工业,包括纺织、食品、建材、皮革、化肥、五金、罐头、火柴等部门,而地毯是阿富汗具有悠久历史的独特的手工业产品。因此,阿富汗的主要出口产品是农牧产品,如棉花、水果、干果、天然气、地毯、棉花、紫羔羊皮、皮革等,主要进口商品是糖、茶叶、烟草、纺织品等日用品和汽车、轮胎、石油产品、化学品在内的资本货物。

第四,阿富汗的重建可以给中国提供重要的投资和工程承包市场。阿富汗的基础设施相当落后。第二次世界大战后,在苏、美等国的援助下,阿富汗建成了一条联结国内大城市(喀布尔、贾拉拉巴德、赫拉特、坎大哈、马扎里沙里夫和昆都士)的高等级环型公路网,并且与苏联、巴基斯坦、伊朗等邻国边境的交通干线相连,但连年战争以及缺乏维护使这些公路的路况变得很差。资金匮乏和地势崎岖使阿富汗长期没有铁路。20 世纪 70年代末,该国开始建设两条从苏联边境到喀布尔的铁路,分别与今土库曼斯坦和乌兹别克斯坦的边境相连,其长度分别为 9.6 千米和 15 千米,它们是阿富汗境内仅有的铁路。

另外,经历了 30 多年战争的阿富汗,基础设施和工农业遭受了严重破坏(2001 年塔利班政权崩溃时,战争摧毁了该国 80% 以上的基础设施)[3],因此该国面临着繁重的重建任务。迄今为止,国际社会对阿富汗提供了大量人道主义援助,开展了许多重建工作,取得了一定成绩。然而,阿富汗在基础设施、工农业生产、文教设施等方面仍然面临很多问题,经济的"造血"能力微弱,需要国际社会的进一步援助。

二、"一带一路"倡议与阿富汗其他"新丝路计划"的竞合性

基于地处欧亚大陆的十字路口的战略价值,冷战结束后,阿富汗引起国际社会的重新关注。20 世纪 90 年代以来,阿根廷、美国等国家的跨国公司和土库曼斯坦政府在阿富汗拓展业务(包括在阿富汗境内铺设天然气输气管线)①[4],阿富汗实际上已成为重要的国际力量博弈场,即使当时阿富汗仍处于激烈的内战中。近年来,一些国家政治高层发起了多个"新丝路计划",中国提出的"一带一路"倡议并非是对接阿富汗经济发展战略或规划的首创者,这些计划的合作领域、具体实施路径、实施阶段及目标都值得关注。

(一) 美国的"新丝绸之路"计划

当下,学界热议的美国"新丝绸之路"计划缘于美国有关经过阿富汗的油气管道问题的中亚计划。1995 年 4 月,美国政府成立了包括国家安全委员会、国务院和中情局在内的工作小组,研究美国公司参与中亚油气开发的问题。在此背景下,1997 年 10 月,美国参议员布朗巴克在与约翰·霍普金斯大学中亚和高加索研究所所长弗雷德里克·斯塔尔教授密切合作下,最早提出了有关"新丝绸之路"的提案。[5] 1998 年 2 月,优尼科公司也向美国国会提交了一份名为《新丝绸之路:拟议中的阿富汗输油管》的报告,呼吁美国领导阿富汗的和平进程,为该公司策划的输油管方案的实施创造条件。[6] 1999 年,美国国会通过了《丝绸之路战略法案》,该法案授权美国政府采取措施支持中亚和南高加索地区的消弭冲突、人道主义需求、经济发展、基础设施建设、边境管控、民主和公民社会的建设。[7] 2005 年,斯塔尔进一步提出"大中亚计划",建议美国以阿富汗为中心,推动中亚、南亚在政治、安全、能源和交通等领域的合作,建立一个由实行市场经济和世俗政治体制的亲美国家组成的新地缘政治板块,从而保障美国在中亚和南亚地区的战略利益。为推动计划的实施,美国国务院甚至于 2006 年 1 月调整了内部机构设置,把原属欧洲局的中亚五国纳入新设的中亚南亚局。2011 年 7 月,美国国务卿希拉里正式宣布采纳"新丝绸之路"计划。

因此,美国的"新丝绸之路"计划经历了一个逐渐完善的发展过程。其基本方案是"能源南下,商品北上",具体说,就是以阿富汗为中介,实现中亚能源南下到巴基斯坦,同

---

① 1994 年,阿根廷的布里达斯石油公司在土库曼斯坦获得石油租借地,开始生产石油。此后,该公司开始进行经阿富汗西部铺设输气管的可行性调查。1996 年 2 月,布里达斯公司又与拉巴尼政府签订了一项在阿富汗建设和经营天然气管道及成立相关的国际财团的协议。

时把巴基斯坦的制成品北运到中亚。这一方案以南北向的输气管为轴心,其目的是推动本地区的稳定和经济发展,防止阿富汗的毒品输出,①[8]同时使美国的势力深入中亚地区,阻止输气管北方的俄罗斯、西方的伊朗、东方的中国与中亚国家发展关系,尤其是能源联系。②[9]美国考虑的另一条线路是从中亚通往高加索、土耳其的油气管线。上述两条管线形成了一个"丁"字形线路,完成了冷战后美国在中亚、南亚和西亚的战略布局。尽管计划的内容主要涉及经济方面,但也包含了重要的政治内容和战略意义,具有一定的排他性。尤其是2011年出台的最终版本,旨在为美国的后阿富汗撤军时代布局。美国认为,阿富汗的政治稳定与经济繁荣密切相连,而阿富汗只有彻底融入中南亚区域经济发展中,才能够实现自身的繁荣稳定。因此,整合中南亚经济板块、促进中南亚区域经济合作,成为解决阿富汗问题、顺利完成撤军计划和确保反恐成果的重要前提和保障之一。[10]

然而,美国的"新丝绸之路"计划遇到了许多具体问题。经过多方努力,从阿塞拜疆经格鲁吉亚到达土耳其的巴库—第比利斯—杰伊汉管线(BTC)于2002年开工,2005年5月正式开通。从阿塞拜疆经格鲁吉亚到达土耳其的南高加索天然气管线(SCP,巴库—第比利斯—埃尔祖鲁姆管线)于2004年开工,2007年竣工。至此,美国"丁"字形线路通往西亚的"一"字有了结果,但上述线路仍然面临着沿线格鲁吉亚境内南奥塞梯与阿布哈兹问题及土耳其的库尔德地区动荡的不确定性。至于"丁"字形线路的主线即从中亚经阿富汗到南亚的"1"字形线路,则由于阿富汗和巴基斯坦西北边境省局势的持续动荡而进展不大。

面对实施中的实际困难,美国也开始强调其他国家的参与。例如,美国积极吸引外资参与阿富汗国内建设,帮助阿富汗建立独立的经济体系,提出国际社会共同分享阿富汗重建的"过渡红利"。[11]作为美国主导的阿富汗重建问题的国际治理方式,阿富汗地区经济合作会议(Regional Economic Cooperation Conference on Afghanistan, RECCA)机制正式发起于2005年,前5届分别在喀布尔、新德里、伊斯兰堡、伊斯坦布尔和杜尚别举行,会议认为其"已经对阿富汗地区的经济建设有了重要的理论支持"。2015年9月,在喀布尔召开的第六届阿富汗地区经济合作会议(RECCA - VI)最大的成果之一,就是在美国主导的国际会议上第一次以文件形式确认了中国"一带一路"倡议的重要地位,并将"一带一路"的"五通""揉"进了备忘录。大会最后通过的《主席声明》提出:"与会代表注意到中国提出的'一带一路'倡议及其对东亚、中亚和南亚广泛的经济和社会发展潜力"。[12]

(二)日本的"丝绸之路外交"政策

1997年,时任首相桥本龙太郎提出了针对中亚和外高加索地区的"欧亚外交"政策,

---

① 1984年,美国52%的海洛因来自阿富汗。
② 冷战后形成的里海石油管线方案主要有5个,即南俄方案(北线方案)、里海底方案(中线方案)、北伊朗方案、中国方案。

其主要目标是提高日本在中亚和外高加索地区的地缘政治地位,同时争夺该地区能源开发及贸易的主导权。在此基础上,日本于1999年进一步提出了"丝绸之路外交"政策,试图加强日本与该地区的高层交流,推动中亚的经济发展和双边能源开发合作,并积极参与中亚不扩散核武器、民主化和政治稳定等活动。2004年以后,日本着手建立"中亚＋日本"对话机制。在同年举行的首次"中亚＋日本"外长会议上,外相川口顺子提到了推动包括阿富汗在内的"地区内合作"。本次会议和2006年召开的第二届外长会议还讨论了中亚—阿富汗—巴基斯坦管道以及土库曼斯坦—中国—日本输气管线、哈萨克斯坦—中国—日本输油管线等项目。[13]

与美国相比,日本的"丝绸之路外交"是反方向的"丁"字形,即从中亚到巴基斯坦的南北向管道和从中亚到日本的东西向管道。与美国相同的是,它同样带有强烈的政治性和排他性(旨在削弱中、俄在中亚的影响),以及战略缺乏连续性和整体性,未能考虑到其在经济、技术和政治方面面临的巨大困难。

(三) 巴基斯坦的中亚计划和印度的"连通中亚"计划

巴基斯坦是最早着手发展与中亚关系的南亚国家。该国与阿富汗一直存在领土争端,并多次爆发冲突,因为巴基斯坦的西北边境省在历史上曾属于阿富汗,当地居住着大批普什图人。所以,巴基斯坦在阿富汗抗苏战争期间追随美国支持圣战组织,希望在苏联撤军后与新的阿富汗政权建立良好关系,从而确立对印度的战略优势。中亚独立后,巴基斯坦盼望与中亚建立贸易和能源联系,因此它的计划与美国是相近的,而巴基斯坦寄予希望的就是塔利班,后者的任务是统一阿富汗并建立稳定的国内秩序。1995年3月,巴基斯坦与土库曼斯坦签署协议,委托布里达斯石油公司进行经阿富汗西部铺设输气管的可行性调查,管道的终点是巴基斯坦俾路支斯坦省。美国的优尼科公司也试图开展类似的输气管工程建设。但阿富汗形势的动荡使上述计划最终破产。[14]阿富汗重建开始以后,阿富汗、巴基斯坦政府在修复联系两国的公路方面取得一定成绩。

南亚大国印度在苏联解体后提出了"连通中亚"计划,但是由于印度与中亚之间缺少直接的陆路通道,印巴关系又持续动荡,该计划难以推进。近年来,美国帮助塑造了印度的丝绸之路战略,因为该战略以印度为终点,为巴基斯坦的"丝绸之路"提供了支点。2012年7月,印度重新阐释了其新丝路规划,主要内容之一包括打造通往中亚的能源和贸易通道。[15]因此,印度的新丝路规划与巴基斯坦相同,都是南北向的"1"字形,主要服务于本国经济,但同时具有重要的战略意义。

除此之外,土耳其发起的"中东走廊"或称"现代丝绸之路计划"也包括阿富汗,而伊朗于2011年提出的"铁路丝绸之路"计划中,阿富汗也被列入铁路沿线国。因此,前文所述的美国和地区各国的"新丝绸计划"中,只有美国的战略具有全球性,而其他诸国的计划则主要服务于本国利益,尽管日本计划中的管道规模不亚于美国。另外,美、日、巴、印等国的共同特点是规划缺乏合理性,主要是因为作为联通南亚唯一通道的阿富汗重建遭遇了重大挫折。当然,我们还必须看到,上述计划反映了不同国家对复兴丝绸之路的不同理念,与中国提出的"一带一路"倡议具有一定竞争性,但更重要的是,它们并非相互排斥,而是具有广泛的合作空间。中国的"一带一路"倡议若能与上述"新丝路计划"通力合作,各个计划均可以相互加强,同时发挥"力量倍增器"的作用,支持由私有经济带动的经济增长和就业,并促进欧亚大陆乃至更广范围的经济融合。

三、"一带一路"下中国与阿富汗的发展合作

中华人民共和国成立以来,中国一直与阿富汗保持着良好的双边关系。中国政府向阿富汗提供了力所能及的援助,包括水利建设、种植业、养殖业、工业等领域。在阿富汗抗苏战争期间,中国也向该国难民提供了人道主义援助。

(一)中国与阿富汗双边关系发展现状

自从阿富汗战争结束以来,中国积极参与了阿富汗重建。2001—2014 年,中方免除了阿富汗的到期债务,提供了 15.2 亿元人民币的无偿援助。[16]中国也为阿富汗完成了一批援建项目,主要包括:帕尔旺水利工程、昆都士公路重建项目(总长 232 千米)、喀布尔共和国医院重建工程、喀布尔和外地八省市电话系统扩容改造项目、从萨罗比到贾拉拉巴德的公路修复工程。截至 2008 年年底,中国在阿富汗经济合作的合同总额近 3 亿美元,完成总营业额 18 亿美元,主要涉及通讯、公路建设等基础设施,以及房地产和有色金属领域。自 2006 年 7 月起,中方给予阿富汗 278 种对华出口商品零关税待遇。[17]

此外,中国积极参加了阿富汗矿物资源的开发。2009 年 6 月,中、阿签署矿业合作谅解备忘录。之后,中国在阿富汗承揽了两项重大的矿业开发工程:其一,2009 年 7 月,由中冶江铜联合体中标的阿富汗艾娜克铜矿正式开工,项目投资 28.7 亿美元,早期生产规模为年产精炼铜 22 万吨,项目建设期 5 年,配套设施包括火电厂和磷肥厂,以及学校、医院、清真寺等服务设施,还计划修建钢厂和铁路等,总投资额超过 100 亿美元。其二,2011 年 9 月,中石油在萨尔普勒省的阿姆河油田招标中中标,拟投资 50 亿美元进行石油开发,协议为期 25 年,并建立炼油厂。这是战后阿富汗的第一个石油开发项目,也是当时外资在阿富汗最大的投资项目。上述项目的完成,可以为阿富汗提供大量财政收入和就业机会,从而加强其经济的造血能力。据报道,如果项目进展顺利,阿富汗可以从萨尔普勒省油田开发中获得 70 亿美元的收益。[18]2012 年 11 月,中国驻阿富汗大使徐飞洪接受阿富汗电台(Spogmai)采访时说:上述工程是"阿富汗迄今最大的两项境外投资项目,堪称中阿互利互惠合作的标志性工程。"[19]

除了经贸和投资来往以外,中、阿两国也积极开展了人文方面的交往,尤其是在人才

培养方面。2001—2014 年,中方为阿富汗培训了 1000 多名经贸、财政、农业、外交、教育、水利等领域的专业人才。中方支持阿方派遣艺术团及文化专家来华参加亚洲艺术节和其他文化交流活动,为阿富汗青年来华留学提供政府奖学金,支持在阿富汗汉语教学,鼓励两国高校开展校际交流。2014 年 10 月,两国政府发表的《关于深化战略合作伙伴关系的联合声明》指出:双方将在文化、教育、青年、妇女、公民社会、媒体等领域加强交流与合作;未来五年将通过各种渠道向阿方提供 500 个中国政府奖学金名额;中方将推动两国媒体加强互动,支持阿方促进妇女权利的努力,为阿富汗妇女儿童提供力所能及的帮助。[20] 同年,习近平主席宣布,中国将在未来 5 年向阿富汗提供 3000 个人员培训名额。[21] 2015 年,中、阿两国在双方建交 60 周年之际举行了"中阿友好合作年"活动。此外,中国也承建了阿富汗国家科技教育中心、喀布尔大学中文系教学楼等多个重大民生项目。2014 年,中国传媒大学教授车洪才花费了 36 年心血编纂的《普什图语汉语词典》出版,阿富汗总统加尼亲自为他颁授了赛义德·贾迈勒丁·阿富汗勋章。

(二)借力"一带一路"提升中国与阿富汗合作的思考

对于中国提出的"一带一路"战略倡议,阿富汗给予了热情的支持。2014 年 10 月,阿富汗总统加尼在会见国务院总理李克强时表示:"丝绸之路经济带建设有利于阿富汗等地区国家的长远发展,阿方愿积极参与,同中方扩大互利合作,支持南亚国家同中国加强合作。"[22] 同时,中国政府也支持阿富汗全面参与、融入地区发展的各种计划。2014 年 10 月发表的《阿富汗问题伊斯坦布尔进程北京宣言》指出:"注意到阿富汗在连接南亚、中亚、欧亚(或欧洲)和中东地区的'亚洲中心'大陆桥作用",鉴此,"通过真诚的地区合作与国际社会的持续支持,阿富汗将能充分发挥其地缘和资源优势,为促进阿富汗和'亚洲中心'地区的贸易与发展做出重要贡献","我们确认,推动地区经济合作、交通互联互通、基础设施建设、贸易便利化和人员往来是伊斯坦布尔进程合作的重中之重。我们支持实施与这些重点相契合的项目,包括与'亚洲中心'地区国家、地区组织和其他机构现有多边项目和措施相补充的项目,促进与阿富汗基础设施的有效互联,加强和促进'亚洲中心'地区的经济互联、发展和融合,建设利益和命运共同体。我们'亚洲中心'国家,承诺积极参与东西走向交通通道的建设,并在南北走向上使阿富汗与南亚基础设施有效相连。"[23]

毫无疑问,中国"一带一路"倡议中提到的政策沟通、设施联通、贸易畅通、资金融通和民心相通将为深化中国与阿富汗全方位合作注入新的活力。除了上文提到的矿物开发、减免债务以及基础设施投资等方面,我们需关注阿富汗政府的投资优先领域,找准双方合作的新亮点。不过,中国在"一带一路"背景下参与阿富汗的建设也存在需要关注的问题:

第一是阿富汗的安全问题。虽然国际社会对阿富汗重建投入巨大,但由于各种原因,迄今阿富汗的安全形势仍然十分严峻。据说塔利班控制了阿富汗 62% 的土地,①[24] 已经进入了过去较为平静的阿富汗北部活动,于 2015 年 9 月一度攻占了北部重镇昆都士。此外,中东的极端组织"伊斯兰国"开始进入阿富汗,塔利班成员约有 10% 已经成为"伊斯兰国"的同情者(阿富汗安全部队消息),据传双方已相互宣战。② 而奥巴马上台后,就宣布美国开始从阿富汗撤军,于 2016 年年底完成全部撤军行动。从具体进展情况看,2014 年 12 月 28 日,北约驻阿富汗国际部队举行了完成使命仪式,此后北约在阿富汗保留了 12500 名士兵,执行一项为期两年的为阿方提供训练和援助的任务,而阿富汗政府军从 2015 年 1 月 1 日起全面接管战斗和安全行动任务。另一方面,国际社会积极推动阿富汗政府与塔利班展开和谈。2015 年 7 月,阿富汗政府与塔利班在巴基斯坦进行了正式对话,双方表示将为和平与和解进程创造条件。但由于塔利班前任最高领导人奥马尔死讯公开,其后塔利班又发生内讧,新任领导人曼苏尔被杀,原定于 2015 年 7 月底举行的第二轮对话被取消。其后,塔利班加强了恐怖暴力活动。鉴于阿富汗安全环境的持续恶化,美国于同年 10 月宣布推迟撤军行动。根据新计划,驻阿富汗美军人数将在 2016 年的大部分时间里保持 9800 人,进入 2017 年后其人数将维持 5500 人,重点任务仍然是训练阿富汗国防军和协助打击塔利班武装。

我们必须看到,阿富汗重建是一项国际社会广泛参与的工程(这与伊拉克形成鲜明对比),美、德、意、日、英、印、巴、伊朗、中国及中亚等国家和地区均积极参与,尤其是驻阿富汗国际部队的士兵来自 37 国。联合国和许多国际非政府组织也广泛参与了阿富汗重建。另外,美国在阿富汗政治、安全重建和阿富汗政府财政方面发挥了最重要的作用。今后,中国将继续与国际社会一道,共同致力阿富汗冲突的和平解决。

第二是阿富汗近期经济发展重点与优先领域与"一带一路"的契合性。任何计划的实施都离不开阿富汗国内经济发展战略或计划的支撑,中国的"一带一路"倡议也需关切阿富汗当下的迫切需要。阿富汗目前正在制定综合发展战略,以期克服阻碍贸易和运输的瓶颈。例如,阿富汗业已开始大力投资急需的交通基础设施。2012 年 3 月,在塔吉克首都杜尚别举行的第五届阿富汗地区经济合作会议就反映了这一思路。会议期间,阿方与巴基斯坦、塔吉克斯坦和伊朗签署了两个地区经贸合作协议,其一涉及地区贸易合作,其二涉及基础设施项目(阿、伊、塔三国合作建设连接三国的跨国铁路工程、阿—塔输变电线路项目、三国跨境输水管道项目);另外,巴基斯坦同意恢复停工的援阿项目,即自阿巴边界托克汉姆至贾拉拉巴德公路项目。阿富汗还希望巴基斯坦启动建设巴方境内到托克汉姆的铁路,以便与阿富裘皮铁路连接。[25]

同年 11 月,在曼谷召开的联合国中亚经济特别项目会议(SPECA)进一步确认了前

---

① 这是巴基斯坦前驻阿富汗大使的说法。
② 法新社联合国 2015 年 9 月 25 日电。

述会议业已达成的内容,其中提到已经取得进展的 3 项跨国基础设施项目:其一是铁路项目,包括考尔霍佐波(塔)—潘吉波音(塔)—舍尔汗班达尔(阿)—昆都士(阿)线路,贾拉拉巴德(阿)—托克汉姆(阿巴边境)—兰迪库塔尔(巴)线路,查曼(巴)—斯宾波尔达克(阿)线路;其二是公路项目,包括连接阿富汗与土库曼斯坦和塔吉克斯坦的公路;其三是能源项目,包括从土库曼斯坦经阿、巴到达印度的输气管(TAPI),阿、塔、吉、巴输变电线路项目(CASA – 1000)。[26]

第三是阿富汗与邻国关系和有关国家发展计划的对接。阿富汗的重建离不开周边国家的参与,而阿富汗与这些国家的关系并非四平八稳,尤其是与巴基斯坦。重建开始后,阿富汗一直指责巴基斯坦继续支持塔利班在境内活动,威胁阿富汗安全和主权。因此,对于中国而言,如何协调上述关系,把"一带一路"规划与阿富汗、巴基斯坦、伊朗和中亚国家的相关发展计划对接起来是一个重大课题。

与美、日注重地缘政治和排他性的"新丝绸之路"计划不同,正如中国政府发布的《推动共建丝绸之路经济带和 21 世纪海上丝绸之路的愿景与行动》文件所说的:"'一带一路'建设是一项系统工程,要坚持共商、共建、共享原则,积极推进沿线国家发展战略的相互对接。""积极利用现有双多边合作机制,推动'一带一路'建设,促进区域合作蓬勃发展。"[27]从方向上看,美国的新丝绸之路计划核心是南北向的路线,而中国的"一带一路"整体上是东西向的,并且呈现为一个巨大的带状,包括整个中亚、南亚、西亚和南高加索地区,同时中国的计划考虑到了与有关地区和国家(包括俄罗斯)相关计划的对接。"丝绸之路经济带"沿线各国唯有相互尊重,互不干涉内政及实现互信,丝绸之路的建设才更容易获得成功。

第四是中国与阿富汗的贸易通道。目前,中国西北部通往西面的主要通道有两条:一条是从新疆经哈萨克斯坦、乌兹别克斯坦到土库曼斯坦的线路,它可以进一步延伸到伊朗和土耳其;另一条是从新疆到巴基斯坦的中巴经济走廊,它包括公路、铁路、管道、港口、园区等在内,其建设将把中国西部与印度洋直接联系在一起。上述两条通道分别穿越阿富汗国境的北方和南方,而两条通道的存在加上瓦罕走廊与中国接壤长度的有限、地形崎岖和阿富汗安全形势,目前不大可能另外开辟直接通往阿富汗的通道。事实上,中巴经济走廊可以为阿富汗提供更为便捷的出海通道,而中国已经同意为阿巴公路、铁路的修建提供帮助。[28]

第五是中、阿贸易的起伏和逆差。2010 年 3 月,两国政府再次签署协议,规定阿富汗95% 的输华产品享受零关税待遇。但由于安全形势和政治走势不明朗,近年来中、阿贸易额下降,同时因为各种原因,中资企业目前进行的矿业开发尚未进入产出阶段,阿富汗对中国工业品有巨大需求,因此阿富汗在对华贸易方面存在较大逆差。2011/2012 财年,阿富汗从中国进口额为 5.77 亿美元,对中国出口额为 1020 万美元。[29]2013 年,阿富汗的进口下降为 32826 万美元,出口降至 960 万美元,逆差为 31866 万美元;2014 年,阿富汗的进口恢复到 39356 万美元,出口猛增到 1737 万美元,但逆差上升为 37619 万美元。[30] 在阿富汗的矿业生产尚无法大规模开展的情况下,中国可考虑帮助阿富汗发展现有的主要创汇产业,如皮革、棉花、干果、地毯等,同时推动中资企业从事的矿业生产尽快进入正轨。

第六是阿富汗的经济疲软和商业环境。由于安全环境的不确定,近两年阿富汗对外投资吸引力明显下降,其高度依赖外国援助的经济发展模式面临巨大挑战。根据亚洲开发银行报告,2013 年阿富汗国内生产总值(GDP)总额为 207 亿美元,实际增长率仅为 3.6%,与上年(14.4%)相比大幅度下降。[29] 同时,阿富汗经济的可持续能力很差,90% 的国内生产总值来自西方军队在阿富汗消费、西方援助、西方国际组织和联合国组织及人员在阿富汗消费。[24] 同年,全年居民消费价格指数(CPI)涨幅达 7.7%,失业率高达 40%。此外,该国还存在基础设施不足[①][29]、市场有限、汇率不稳、工业园条件有限、法律法规不健全、政府部门腐败成风办事效率低下、金融、银行配套服务落后、劳动力素质差等问题,[31] 因此,外资企业在阿富汗中标的大型项目至今难以真正开展(包括印度中标的哈吉加克铁矿和中国中标的艾娜克铜矿)。另外,中、阿两国尚未签署避免双重征税协定和投资保护协定。在这方面,中国可以协助在阿富汗中资企业改善经营,帮助阿富汗提高自身的造血能力,并就签署避免双重征税协定和投资保护协定开展前期谈判。

总之,由于历史和现实的原因,阿富汗在中国的"一带一路"建设中占有重要地位。但是,由于阿富汗国内安全、经济和周边关系等方面的原因,具体工作的开展仍然面临着较大困难,需要稳步推进。同时,中国政府应当继续推动阿富汗政府与塔利班的谈判,为阿富汗安全形势的改善做出自己的努力,从而为阿富汗自身发展以及中、阿双方的经贸合作创造稳定且安全的外部环境。

【参考文献】

[1] 王凤. 列国志·阿富汗[M]. 北京:社会科学文献出版社,2007.

[2] 美研究报告称阿富汗矿产丰富:总价值约 9000 亿美元[EB/OL]. (2015 - 04 - 06). http://finance. sina com. cn/world/yzjj/20150406/005821891644. shtml.

[3] 陈琦. 阿富汗重建路漫漫[J]. 共产党员,2002(4):53.

[4] RASANAYAGAM A. Afghanistan:A Modem History[M]. I. B. Tauris,2003.

[5] 高飞. 中国的"西进"战略与中美俄中亚博弈[J]. 外交评论,2013(5):39 - 50.

[6] ANONYMOUS. A New Silk Road:Proposed Petroleum Pipeline in Afghanistan[J]. Monthly Review, 2001,153(7):35.

[7] Text of the Silk Road Strategy Act of 1999[EB/OL]. (2016 - 02 - 13). https://www.govtrack. us/congress/bills/106/hr1152/text.

① 阿富汗电力 2/3 靠进口。

[8] LANSFORD T. A Bitter Harvest:US Foreign Policy and Afghanistan University of Southern Mississippi Gulf Coast[M]. London:Ashgate,2003.

[9] 杨恕,汪金国.反恐战争前后的阿富汗周边地缘政治形势[J].兰州大学学报,2002(5):55-59.

[10] 韩隽,郭沅鑫."新丝绸之路愿景"——"大中亚计划"的2011版?[J]新疆大学学报(哲学·人文社会科学版),2012(5):95-99.

[11] 陈宇,贾春阳.美国"新丝绸之路计划"现在怎样了[J].世界知识,2015(6):30-31.

[12] 陈晓晨."一带一路"与美"新丝绸之路"的相遇[EB/OL].(2015-10-20).http://news.ruc.edu.cn/archives/115443.

[13] 高博杰.日本的中亚政策及中国的应对策略[J].国际关系学院学报,2011(1):68-72.

[14] 艾哈迈德·拉希德.塔利班—宗教极端主义在阿富汗及其周边地区[M].钟鹰翔,译.重庆:重庆出版社,2015.

[15] 甘均先.中美印围绕新丝绸之路的竞争与合作分析[J].东北亚论坛,2015(1):107-118.

[16] 李克强:在阿富汗问题伊斯坦布尔进程第四次外长会开幕式上的讲话[EB/OL].(2014-10-3).http//www.fmprc.gov.cn/web/gjhdq_676201/gj_676203/yz_676205/1206_676207/1209_676217/t1206165.shtml.

[17] 阿富汗总统卡尔扎伊结束访华离京[EB/OL].(2010-03-25).http://news.xinhuanet com/politics/2010-03/25/content_I3246482.htm.

[18] 林晨音."进军"阿富汗油田中石油签下大单[EB/OL].(2011-12-29).http://www.fawan.com/Article/jj/zh/2011/12/29/142839141405.html.

[19] 驻阿富汗大使徐飞洪接受阿Spogmai电台采访[EB/OL].(2012-11-22).http://www.fmprc.gov.cn/web/gjhdq_676201/gj_676203/yz_676205/12x6_676207/ywfc_676232/t991865.shtml.

[20] 中华人民共和国与阿富汗伊斯兰共和国关于深化战略合作伙伴关系的联合声明[EB/OL].(2014-10-28).http://news.sina com.cn/c/2014-10-28/215731059183.shtml.

[21] 李源潮.加强中阿合作,再现丝路辉煌[N].每日隙望,2015-11-04.

[22] 李克强会见阿富汗总统加尼[EB/OL].(2014-10-29).http://www.fmprc.gov.cn/web/gjhdq_676201/gj_676203/yz_676205/1206_676207/xgxw_676213/t1205350.shtml.

[23] 阿富汗问题伊斯坦布尔进程北京宣言,深化地区合作:促进阿富汗及地区持久安全与繁荣(全文)[EB/OL].(2014-11-01).http://www.fmprc.gov.cn/web/gjhdq_676201/gj_676203/yz_676205/1206_676207/xgxw_676213/t1206432.shtml.

[24] 中国在阿富汗的投资是否安全[EB/OL].(2014-10-29).http://mil.news.sina com.cn/2014-10-29/1259808154_2 html.

[25] 第五次阿富汗地区经济合作会议主要经济成果[EB/OL].(2012-03-28).http://www.mofcom.gov.cn/aarticle/i/jyjl/j/201203/20120308039389.html.

[26] SPECA. Review of Work in the SPECA Framework in Support of the Implementation of the Decisions of the Fish Regional Economic Cooperation Conference on Afghanistan[R]. Bangkok,2012.

[27] 推动共建丝绸之路经济带和21世纪海上丝绸之路的愿景与行动[EB/OL].(2015-06-08).http://news.xinhuanet com/gangao/2015-06/08/c_127890670.htm.

[28] 中方回应将助阿富汗建造公路及向巴基斯坦出口水电站[EB/OL]. (2015 - 02 - 10). http://news. ifeng. com/a/20150210/43146896_ 0. shtml.

[29] 商务部国际贸易经济合作研究院,商务部投资促进事务局,中国驻阿富汗大使馆经济商务参赞处. 对外投资合作国别(地区)指南:阿富汗[M]. 内部印刷,2014.

[30] 中华人民共和国国家统计局. http:\\data. slats. gov. ensearch. htmls = % E9% 98% BF% ES% AF% 8C% E6% BI% 97,2016 - 02 - 15.

[31] 阿富汗投资环境综述[EB/OL]. (2016 - 01 - 15). http: //ccn. mofcom. gov. cn/spbg/show. Php? id = 8661.

（原刊于《西亚非洲》2016 年第 2 期）

我国丝绸之路经济带沿线中心城市建设探析：
创新发展和产业提质增效的视角[*]

卫 玲 王炳天

【摘 要】 扎实推进丝绸之路经济带建设是我国社会经济发展的重大战略举措。该战略的提出给沿线城市群带来了前所未有的发展机遇，对其沿线中心城市的功能和建设提出了更高的要求。随着时间的推移，丝绸之路经济带建设已从理论研究阶段转变为务实推进阶段，在该背景下，本文旨在通过分析丝绸之路经济带国内段沿线三个最具有代表性的中心城市——西安、兰州和乌鲁木齐的发展状况，用实证数据探究沿线中心城市建设过程中存在的问题，最终提出以中心城市发展促进西—兰—乌产业合作，进而为丝绸之路经济带建设提质增效，构建跨区域的国际合作新模式等相关对策建议。

【关键词】 丝绸之路经济带；中心城市；产业带；产业合作区；西安；兰州；乌鲁木齐

2013年9月习近平主席提出了要以创新合作模式共同构建"丝绸之路经济带"的构想，同年11月，中共十八届三中全会的《决定》提出，要加快同周边国家和区域的基础设施互联互通建设，推进"丝绸之路经济带""海上丝绸之路"建设，形成全方位开放新格局。"丝绸之路经济带"建设标志着我国开始改变传统的对外经贸合作方向，由偏重东部海路变为东部海路和西部陆路双向均衡发展。国务院又于2015年3月28日授权发布了《推动共建丝绸之路经济带和21世纪海上丝绸之路的愿景与行动》，该文件以经济发展为核心宗旨，明确表明要切实推进我国丝绸之路经济带沿线中心城市建设，加强丝绸之路经济带沿线中心城市的核心影响力，推进丝绸之路经济带沿线中心城市的建设。[1] 党的十八届五中全会中共中央关于制定国民经济和社会发展第十三个五年规划的建议中提出要准确把握战略机遇期内涵的深刻变化，指的就是我国经济发展以增长速度换挡、结构调整加速和增长动力转换为特征的新常态。如何主动适应新常态，从要素驱动、投资驱动转向创新驱动，研究我国丝绸之路经济带沿线中心城市的创新发展问题，加快形

---

* 作者简介：卫玲(1970—)，女，陕西西安人，博士，编审，博士生导师，从事理论经济学研究。

成以创新为主要引领和支撑的经济体系和产业发展模式就具有紧迫而深远的意义。

目前国内关于丝绸之路经济带沿线中心城市建设的研究较少,尤其是对西北地区丝绸之路经济带沿线中心城市建设的研究更为鲜见。现有的研究多是注重于具体某一城市的发展,缺乏区域间的宏观认识和总体把握。而社会经济的发展往往具有由点及线到面的空间扩展特征。城市作为社会经济文化活动的集聚场所,可通过产业群等空间发展方式带动区域发展,是区域发展的核心。因此,在我国经济发展新常态的背景下,从沿线中心城市这个空间尺度来考察丝绸之路经济带建设,通过分析丝绸之路经济带国内段沿线三个最具有代表性的中心城市——西安、兰州和乌鲁木齐,用实证数据探究中心城市建设的现状,深入贯彻创新、协调、绿色、开放和共享这五大发展理念,提出以中心城市产业协同发展、城市群功能优化来切实推进丝绸之路经济带建设等具有针对性的对策建议。

一、现状分析

西北地区深处我国内陆,远离沿海开放口岸,较之于东部地区而言,西北地区虽然地域广大,自然资源禀赋丰富,但其总体发展起步较晚,环境恶劣,土地贫瘠,交通不便,缺乏对企业的吸引力,缺少提升经济的活力,人民生活水平较低,城市建设较落后。就宏观区域经济发展而言,GDP 水平是最能直接反映一个地区经济程度的指标。所以,本文列出了所选取三个研究对象的国民经济核算表,以求能最直观地展示其经济发展程度(表1)。

表1　2014 年三市国民经济核算表　　　　　　　　　　单位/亿元

地区指标	GDP	第一产业	第二产业	第三产业
西安	5492.64	214.55	2194.78	3083.31
兰州	1913.50	53.60	829.20	1030.70
乌鲁木齐	2510.00	30.00	955.00	1525.00

数据来源:2015 年各地统计公报。

表 1 显示:总的来说,西安市 GDP 总量与兰州和乌鲁木齐相比有着显著的优势,乌鲁木齐和兰州 2014 年的 GDP 总量位列我国主要城市中较后的位置,经济发展水平有待提高。虽然通过数据分析我们发现,西安、兰州和乌鲁木齐三地的产业结构良好,已初步形成了"三、二、一"结构,但其仍然具有非公有制经济发展缓慢,公有制经济份额过大,新型产业发展十分缓慢等问题。在西部大开发战略的支持下,西北地区的工业有了较快发展,但西北地区的工业发展水平与东部地区相比仍有较大差距。西北地区以重工业为主,在重工业内部,矿产采掘业和原材料工业所占比重较大,这一重型工业结构决定了西

北地区主要工业产品大多属于基础性的上游产品,产业链条短、加工程度低、产业辐射效应较差,工业行业大多处于价值链低端。[2]

总体把握之后,我们再阐述其各个中心城市的具体状况。

(一)西安

西安地处我国中心内陆,是丝绸之路的起点。首先,西安是我国历史上的十三朝古都,也是当今世界四大历史名都,旅游资源丰富,历史文化底蕴浓厚。周礼秦制、汉风唐韵现均已成为西安的独特文化名片;其次,西安市具有较好的金融基础,金融业也较为发达;再次,西安还拥有西北地区最好的教育资源,拥有80余所高校、3000多科研机构以及近80万的高校高素质人才,每年都有近3000件发明问世,科技发展水平位列全国第三;最后,西安工业拥有门类齐全的产业链,结构层次较高。现已形成了以机械设施、电子讯息、交通运输、生物医药、食品饮料、石油化工为主,新型生产加工业为辅的门类齐全的工业体系。但西安的交通基础设施建设不足,运输成本较高,这极大降低了运输的效率,增加了贸易成本,限制了经济的进一步发展。

(二)兰州

兰州市是丝绸之路经济带的重要节点。兰州自古以来就是交通要道,联系着西安和乌鲁木齐、对我国中部和西部的发展起到"中转站"和"连接点"的作用。不仅如此,兰州市还是我国主要的原材料、能源和重化工的生产基地之一。然而,兰州市交通形式过于单一,除去铁路外,其他交通方式发展缓慢,缺乏交通发展新模式和新动力。维持其工业命脉的能源及其他相关矿产资源需要依靠长距离的交通运输,资源成本较高,运转周期长,运力紧张。其主要的经济发展支柱——重化工、冶金、能源等行业短时间内难以实现转型,影响了兰州的经济建设进程。

(三)乌鲁木齐

乌鲁木齐地处我国通往中亚、西亚的咽喉,是向西开放的窗口,是我国面向中亚贸易的大门。该市是维吾尔、哈萨克等少数民族的聚集地,人文旅游资源丰富,第三产业发达;除此以外,乌鲁木齐果业发达,石油天然气等传统能源丰富,风能、太阳能等新兴环保能源富集。近年来,随着中国和西亚的贸易合作水平提升,市场对流通加工、配送等增值服务需求大大增加,经济的发展对乌鲁木齐市的运输业和仓储业保持着较强的需求,但其交通基础设施更新缓慢,难以满足日益增长的需求,一定程度制约了乌鲁木齐的进一步发展。

二、影响因素分析

(一)交通基础设施建设不足,外向经济发展缓慢

目前我国西北陆桥经济带交通运输一体化程度仍然偏低,铁路运输能力和物流基础设施不能满足快速增长的物流需求,交通运输效率较低,运输成本高,阻碍了生产要素的区域自由流动,延长了生产的周转周期,减缓了区域经济的增长,国内协调机制不完善也使瓶颈问题得不到有效解决。以西安为例,资料显示,西安市2014年货物运输周转量为674.15亿吨千米,而广州市为1017.3亿吨千米(去除水运),仅为广州市周转量的三分之二。交通的不便利进而会导致城市之间空间联动性不强,贸易自由度低,区域间合作不足,外向经济发展缓慢。

为了能定量地解释该问题,本文引入两个概念具体说明西北地区的地区开放程度和区域联动性。一个是地区的自我循环比率C,该比率描述的是市内市场占该市总市场的份额比率;另一个为地区开放度J,该指标研究的是外地市场占该市总市场的比率。

$$C = S/M \qquad J = 1 - C$$

式中,S为该市地区商品在市内销售的销售量;M为地区商品总销售量。一个地区的自我循环比率越低(C越小)、地区开放度越高(J越大),则其经济发展越开放、空间联动性越强,相反则越封闭、联动性越低。

根据2014年的《中国交通年鉴》,本文得到以下数据(表2、图1):

表2　西北三市通过公路运输实现的市场结构统计表　　　　单位/%

市区	市内市场(C)	市外市场(J)
西安	20.7	79.3
兰州	31.4	68.6
乌鲁木齐	25.8	74.2

资料来源:《中国交通年鉴(2014)》。

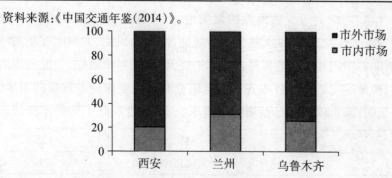

图1　西北三市通过公路运输实现的市场结构统计图

经计算我们得出,除了西安市接近自我循环比率标准以外(国家将 C<20% 定为高开放区标准),剩下的两个中心城市的自我循环比率均远大于标准,这表明三个中心城市的自我循环比率较高,没有达到高开放区的标准,区域间的联系较弱,发展较封闭,外向经济发展不足。各市自成体系,经济发展"自给自足、自我循环",割裂了全国统一市场,没有从宏观的角度合理调配资源。

(二)中心城市的辐射能力不强,扩散效应不够

根据区域增长理论,区域经济的发展是由增长极向"点—轴"模式的演化。增长极城市会通过极化效应和扩散作用带动次级城市发展,促进次级城市的产业演化,形成良好的产业分工,组成高效的产业链,最终形成"点—轴"发展模式的城市群。城市群的协调发展,取决于中心城市的辐射能力和扩散效应。中心城市辐射能力越强,次级城市就会通过扩散效应得以更好地发展,城市群的资源配置效率也就越高。那么西北地区中心城市的辐射能力到底如何? 为了阐述这一问题,本文运用空间相互作用强度分析理论引力模型来进行分析。空间相互作用是指为了保持生产和生活的正常进行,城市之间、城市与区域之间存在物质、能源、人员、资金、信息的交换和联系。[3]其引力模型则被广泛用于中心城市辐射能力的计算,该模型的结果不仅能衡量中心城市的辐射能力,也能表示周边城市受到的涓滴效应的大小。

$$L_{ij} = \frac{\sqrt{P_i \times Y_i} \times \sqrt{P_j \times Y_j}}{T_{ij}}$$

式中: L_{ij} 表示两地区的空间经济联系强度(中心城市对周边城市的辐射效应), P_i、P_j 分别表示 i 和 j 城市的人口总量, Y_i、Y_j 则表示 i 和 j 城市的经济总量, T_{ij} 表示两地的最短交通时间,本文则选取了铁路运输这一指标进行衡量。

根据各地 2013 年的统计年鉴,本文总结出了以下所需数据,见表3。

表3 代表性地区的城市规模和交通时间统计表

地区	人口数/万人	GDP/亿元	交通时间/分钟
西安	846.78	4369.37	0
咸阳	492.86	1616.80	12
宝鸡	371.67	1409.87	59
天水	326.25	349.00	178
兰州	361.58	1360.00	0
定西	192.00	267.50	182
白银	170.87	350.00	125
武威	269.86	215.00	79
乌鲁木齐	311.30	2060.00	0

地区	人口数/万人	GDP/亿元	交通时间/分钟
石河子	80.00	209.00	97
哈密	274.60	62.27	210
吐鲁番	244.60	57.24	60

注:交通时间代表该市到其城市群核心城市的时间。

资料来源:各地统计年鉴汇总。

通过上述数据,本文计算出的结果如表4、表5、表6所示。

计算结果显示,经济带西部段增长极的作用不够明显。除了西安对其次级城市的辐射效应强,扩散效应明显,宝鸡以东的经济带上城市发达,区域联系中心和次级区域中心的集聚和辐射功能突出外,兰州和乌鲁木齐城市空间经济联系强度仅停留在个位数,说明其对其次级城市的影响力远远不足,彼此之间联系松散,扩散效应不足。天水以西的经济带上城市总体经济实力和对外联系功能较弱,区域联系中心的优势地位不太突出,次级区域中心的作用也不明显。综上所述,西北地区增长极的极化作用不强,导致其经济实力不够,辐射能力较低,扩散效应不足。其城市群中的次级城市也还有极大的发展潜力,需进一步开发。[4]

表4 西安对其周边代表城市的辐射效应

咸阳	宝鸡	天水
11924.00506	185.6325805	7.70932328

表5 兰州对其周边代表城市的辐射效应

武威	白银	定西
4.797791669	3.546985503	9.438462122

表6 乌鲁木齐对其周边代表城市的辐射效应

石河子	哈密	吐鲁番
11.00519744	0.38341513	4.297988384

(三)区域间主导产业同质现象严重,存在产业断裂,尚未形成产业链

在行政区域观念的影响下,地方本位主义将会影响西北地区经济协调发展,给实现国家大战略发展共识带来阻力。同时,西北地区虽面积广大,地域辽阔,但其各地区地理地貌较为相近,其资源禀赋也较为相似,极易导致由地方保护主义引起的产业同质和产业断裂。事实上,各地政府认识不足,缺乏科学引导,没有良好的协作关系。对于利税

高、见效快的项目各地区均会竭尽全力吸引投资,这就在一定程度上不可避免地出现产业布局同质化及基础设施重复建设等问题,甚至存在地区间通过采用行政手段构建壁垒,干预资源、人才等要素的自由流动。本文选取区域经济学中的区位商概念来具体阐述西北地区的主导产业部门。区位商是指一个地区特定部门的产值在地区工业总产值中所占的比重与全国该部门产值在全国工业总产值中所占比重的比重,[5]其具体计算公式是:

$$q_{ij} = \frac{e_{ij}/e_i}{E_j/E}$$

其中,q_{ij}代表i地区j部门的区位商,e_{ij}为i地区j部门的产值,E_i表示i地区工业总产值,E_j表示的是全国j部门的总产值,E表示全国工业总产值。一般而言,我们把$q > 2$的产业部门称之为主导专业化部门。

计算显示,西北地区的主导专业化部门基本都停留在石油天然气开采、纺织业和有色金属冶炼等产业上,产业层次低,产业同质现象严重,地区间缺少合理分工,上下游产业链不健全,缺乏对高新技术产业的投资发展,工业还没有实现由粗放型向集约型发展模式的转变。同时,从工业的所有制结构看,西部地区国有工业所占比例较大,私营、三资、个体等非公有制性质的工业所占比例较小。

三、建议和对策

在世界经济"新全球化"背景下,新常态将成为今后相当长一段时期内中国经济发展的主要特征。在丝绸之路经济带统领下建设西部内陆开放型经济试验区,需要总体协调、各省区努力,共建合作机制。首先,应做好顶层设计,既统一规划、整体布局内陆开放型经济试验区建设,也照顾西部内陆各省区的利益,同时还需注意到西部各省区经济社会发展的差异性和阶段性,制定相应的差异化政策。[6]而完成经济发展驱动转换,最为直接的体现就是要通过创新发展,加快形成以创新为主要引领和支撑的经济体系和发展模式。中心城市是经济带建设的战略支撑点和各项基础设施投资的重点。丝绸之路经济带西北沿线中心城市创新发展应"依点、连线、带面",从以下三个层次展开:一是充分发挥经济带沿线中心城市的主导作用;二是以中心城市为依托,形成具有密切内部垂直产业分工的经济圈;三是以中心城市及经济圈为增长极,辐射带动整个丝绸之路经济带建设,进而促进区域经济一体化发展进程。

(一)促进沿线中心城市产业创新发展

加强中心城市的辐射能力,充分发挥中心城市的主导带动作用,以产业发展推进中心城市发展,以城市化促进产业化。中心城市应建设成为经济带的服务业中心、技术创新中心、制造业中心。并加强中心城市间的分工与协作,形成优势互补、竞争有序、资源共享、分工合理的经济带中心城市职能结构体系。不同的城市首先要明确各自的主次功能定位,从而更好地发挥其对丝绸之路经济带建设的作用。由于丝绸之路经济带空间跨度大,距离长,经济带各区域间、省间、城市间的差异较为明显,具体表现在经济社会发展水平、经济布局、资源禀赋、产业结构等方面,各中心城市应按照综合考量、突出重点的原则来明确各自的主次区域功能定位。西安、兰州和乌鲁木齐三个城市之间具有不同的特征和资源禀赋,因此在提升自身辐射能力时要扬长避短,相互配合,进行区域间的联动发展,最大限度地发挥出各自的发展潜力。具体来说:

1. 西安。

应充分发挥西安在丝绸之路经济带中的地理区位优势、交通枢纽优势、历史文化优势、科教资源优势,加快建设国际化大都市,打造内陆型改革开放新高地,努力把西安建设成最具发展活力、最具创新能力、最具辐射带动作用的丝绸之路经济带新起点。经济发展新常态下需要相适应的新体制和新机制。要贯彻"创新是引领发展的第一动力",主动适应新常态。通过选准创新突破口、落实创新新举措和构建创新发展新机制来加快相关领域改革,切实转换发展方式,抢抓新一轮科技革命和产业变革的历史机遇。

(1)通过选准创新的突破口,推动西安实现经济腾飞。西安通过加快推进全面创新改革试验和建设国家自主创新示范区工作,逐步汇聚大量高端创新资源,构建定位明确、衔接紧密的产业科技支撑体系,以新科技革命和产业变革引发产业结构和社会组织的深刻变革,为西安在核心技术和核心产业领域实施赶超战略创造条件。

(2)落实创新新举措,培育创新型产业集群。在智能终端、航空航天、生物医药、新能源汽车等领域推进国家创新体系建设的过程中,实现企业与科研机构、大学等的竞争与合作发展。科技创新主体实现由专家向大众、由院所向企业扩展。通过建设和完善高水平共性技术创新平台和人才高地,突破一批产业关键核心技术来培育创新型产业集群,促进战略性新兴产业快速成长。

(3)构建创新发展新机制,抢抓科技革命机遇。随着互联网技术的广泛应用,科技创新主体正由院所向企业、由专家向大众扩展,创新门槛大大降低。要通过不断完善优化创新的政策、制度和环境,尤其是在科技金融、股权激励等领域的改革创新取得突破,使创新创业的主体日趋多元化,从而能够更有效率地抢抓科技革命机遇。

2. 兰州。

兰州是国家第一批老工业基地,但支柱产业发展单一、企业创新能力差、传统产业增速缓慢,经济总量偏小、产业发展不强。这些因素成为长期制约兰州工业发展的瓶颈和亟待解决的短板。需要加快构建现代产业发展新体系,改变产业结构不尽合理、支柱产业链发展单一的现状,通过提质增效,推动产业创新升级,增强经济竞争力。

(1)把创新作为引领兰州实现经济赶超的动力。首先,通过发挥兰州新区政策支持优势,推进企业出城入园和产业集聚,加快兰州新区综合保税区、兰白承接产业转移示范区、兰白科技创新改革试验区建设,积极争取设立中国(兰州)自由贸易园区,提升承接产业转移能力,推动开放型经济发展,建设支撑丝绸之路经济带的重要增长极和向西开放的战略平台。深入实施大众创业万众创新、健全完善创新发展体系。其次,由过去主要依靠制造业驱动转变为通过制造业和服务业双重驱动,开展跨界融合。重点是加强一、二、三产业跨界融合发展,大力发展电子商务、现代物流、文化旅游、健康养生等现代服务业;突破产业界限积极发展特色旅游业;创新"互联网+三农""互联网+旅游""互联网+农村消费"等业态,带动地方农产品和生态服务的投资、生产和消费。像重视交通设施建设一样,进一步加大信息基础设施建设应用,在着力改造提升传统服务业的同时,大力推动现代服务业创新发展。

(2)牢固树立绿色发展理念,推进产业结构调整和空间结构重组,实现环境保护与经济发展互促与双赢。兰州是典型的河谷型城市,地形较为封闭,城市污染物不易扩散。"一五"时期以来,又是新中国将工业布局沿长江、陇海线由沿海向内陆转移的四个据点之一,是典型的重工业城市和老工业基地,污染排放严重。为了实现绿色可持续发展,需要采取措施通过环保约束推进经济部门的产业结构调整和空间结构重组,促进经济发展与环境保护的互促和双赢。首先,继续推进城区与新区空间的转换工作。在转换空间的同时实现产业结构的调整升级。其次,加快出城入园的转换。改变分散穿插的工业布局,将企业集中到新区的各类工业园区,共享环保设施,发展循环经济。通过绿色发展和产业演进,保护好黄河母亲河,建设黄河上游重要生态屏障,推动城乡自然资本加快增值,使兰州成为一座山清水秀宜居宜业宜游的现代绿色城市,

(3)着力培育富民主导产业,实施精准扶贫。兰州地处西部欠发达地区之一,其中榆中、永登、皋兰三个县属国家连片特殊困难地区,市区近郊也有部分插花型贫困乡镇。总结深化目标任务、识别管理、发力重点、资源力量、考核问责和责任担当六个深度融合的精准扶贫"兰州模式",明确靶向、对症下药,继续大力推进高原夏菜、百合、玫瑰、中药材、养殖、苗木等六大特色富民增收产业和劳务经济发展,使贫困群众尽快脱贫。

3.乌鲁木齐。

乌鲁木齐是丝绸之路经济带的能源枢纽,是我国向西开放的前沿阵地,为我国能源战略安全提供重要的保障和支撑,与中亚国家外贸的快速增长为核心区建设提供了强有力的保障。立足西北,面向中亚,辐射西亚、南亚乃至俄罗斯和欧洲,促进对外贸易的发展和产业合作,加快新兴产业的发展,成为丝绸之路经济带上的辐射中心和关键枢纽。

(1)充分利用地缘优势推动加快边境经济合作区建设,促进丝绸之路经济带区域经济一体化进程。乌鲁木齐是丝绸之路经济带上东西方多元文化的交汇点,具备与中亚国家开展贸易的独特的区位条件和优越的人文优势,在我国产业转移和向西开放战略的大背景下,可利用稳定良好的国际合作环境推进丝绸之路经济带的产业发展。同时,乌鲁

木齐还应全面推进交通运输体系建设,逐步形成以乌鲁木齐为中心、东联内地、西通欧洲,辐射中亚、西亚、南亚,汇集铁路、公路、航空和管道"四位一体"的综合交通运输网络。进而增强多边合作贸易,创新合作模式,积极推进乌鲁木齐市与丝绸之路经济带沿线国家的产能合作,拓展我国工业的国际发展空间。将乌鲁木齐建设成丝绸之路经济带上重要的综合枢纽中心、商贸物流中心。

(2)扶持优势特色新兴产业的发展,促进边疆经济社会稳定发展和长治久安。乌鲁木齐经济发展水平和基础设施相对滞后,应以建设丝绸之路经济带、深入推进西部大开发和对口援疆战略为契机,坚持"宏观把握、循序渐进、突出重点"的原则,通过发展以下特色新兴产业,实现"凹地崛起":通过整合现有信息平台,发展区域性国际通信业务,尤其是面向中亚各国的多语种跨境电子商务平台;依托特色林果业、绿色有机农业,发展面向国际现代化的特色农产品加工业,建立市场广、品牌好、特色鲜明的食品轻工业,建设国家绿色食品加工出口基地,围绕特色食品精深加工业形成产业链;大力发展风光旅游、民族旅游等区域特色旅游,构建国际旅游合作平台。以特色新型产业发展进一步增强乌鲁木齐在丝绸之路经济带上的影响力和竞争力,推动新疆的跨越式发展和长治久安。

通过中心城市建设,分阶段解决不同时期的关键问题,形成地区发展活力,使西部经济融入全国和世界经济体系,逐步改变区域内产业结构趋同现象。带动经济带的持续快速发展。充分发挥丝绸之路经济带作为经济全球化机制下促进区域共赢发展的国际合作平台的作用。

(二)构建西—兰—乌产业合作区,形成内部垂直产业分工密切的西北产业发展联动机制

产业空间布局应该以发挥经济带沿途区域比较优势与促进经济带整体经济利益提升相结合。应充分借助交通物流网络,以自身优势资源为布局依据,以所处经济带的空间功能为基础,从经济效益最大化出发,择优选择产业区位,从经济带全局视角进行产业布局,避免布局的同质化,防止布局不当造成效率低下和产能过剩。[7]

从区域层面看,建立城市群合作体系,整合区域经济,打造优势产业,是推进区域经济社会发展的有效手段。长三角、珠三角和环渤海地区经济的高速发展就是以城市群经济圈的独特作用来带动区域的经济发展。国家、地区、城市间的联系主要通过中心城市进行。在推进丝绸之路经济带战略的过程中,应重点实施"点—轴"带动,主要通过加强西安、兰州和乌鲁木齐等中心城市建设,围绕陇海—兰新—哈萨克斯坦北部走廊,陇海—兰新—跨国西南部走廊,南疆—巴基斯坦走廊,南疆—跨国南部走廊这四条轴线,进一步完善基础设施,稳步发展以西安为中心的关中城市群、以兰州为中心的兰白西城市群以及以乌鲁木齐为核心的北疆城市群,构建西—兰—乌产业合作区,促进其对整个区域的带动作用,并发挥与国内其他核心城市群的联动作用。产业合作区的形成将进一步提升西安、兰州、乌鲁木齐这几个丝绸之路经济带国内中心城市的经济总量,有利于缩小我国

西部地区与东中部地区的经济差距,并探索出西北老工业城市转型发展和承接东中部地区产业转移的新模式。这对于形成层级互补的工业体系、增强西北地区重要中心城市对整个经济带的辐射带动作用,实现产业协同升级发展具有重要意义。构建西—兰—乌产业合作区的关键问题是在新常态背景下整合原有优势产业,实现产业结构由中低端向中高端转变。

1.通过创新由比较优势转向竞争优势。单纯依靠资源禀赋难以缩短与东部地区的产业距离,必须通过创新发展由比较优势转向竞争优势。德国推出的工业4.0计划是继机械化、电气化、信息化之后以智能制造为主导的第四次工业革命。构建西—兰—乌产业合作区应以这些作为重要参照系来培育产业的竞争优势,实现产业结构的转型升级。

2.由规模优势向价值链优势转变。当代国际竞争是全球价值链的竞争,国际分工日益演化为高科技产品在不同国家的生产环节的分工,而非以前的产品生产分工,由产品替代演化为价值链替代。各地政府应着眼于全国市场,利用市场手段引导地区分工协作,发挥地区优势,制定切实可行的发展规划,在强化城市特色的同时促进城市协作,协调发展,增加区际贸易自由度。推动新兴产业合作,按照优势互补、互利共赢的原则,优化产业链分工布局,推动上下游产业链和关联产业协同发展,提升区域产业配套能力和综合竞争力。

3.用创新技术改造传统产业。政府在制定产业结构政策时应在重点强调产业结构合理化的同时,积极推进产业结构的高级化。这样既可以通过产业结构合理性调整为经济注入新的动力,又可以避免产业结构高级化带来的对经济增长的抑制效应,还能够减少产业结构高级化对经济生活造成的波动。[8]运用信息化、互联网+、绿色化等方面的创新技术对有市场需求的传统产业加以改造,使传统产业融入中高端的现代产业体系。

(三)以中心城市为增长极,辐射带动整个丝绸之路经济带建设,进而促进区域经济一体化发展进程

通过经济带沿线中心城市建设,将西—兰—乌产业合作区建成我国国土纵深腹地具有重大战略意义的经济发展高地,建成我国国土纵深腹地具有重大战略意义的国防工业基地,建成与珠三角、长三角、京津冀并驾齐驱的经济发展"引擎",建成我国进一步深化西部大开发的龙头。

通过经济带沿线中心城市建设,使西部经济融入全国和世界经济体系,逐步改变区域内产业结构趋同现象。在强化城市特色的同时促进城市协作、协调发展,增加区际贸易自由度,充分发挥市场作用和比较优势。推动新兴产业合作,按照优势互补、互利共赢的原则,优化产业链分工布局,推动上下游产业链和关联产业协同发展,提升区域产业配套能力和综合竞争力,进一步通过拓展市场空间来优化生产要素配置,加快丝绸之路经济带产业价值链的形成与提升。

通过经济带沿线中心城市建设,扩大内陆地区开放开发以及功能区生态文明建设。

沿线中心城市加强与丝绸之路经济带沿线地区的经济与文化交流,依托我国在资金、技术、信息、人才等方面的优势,通过打造"中巴经济走廊"和"中印缅孟经济走廊",打通从太平洋到波罗的海的运输大通道等措施,加强能源、铁路、公路、机场、港口等通道建设,为丝绸之路经济带沿线地区的产业合作创造便利条件。

总体来说,中心城市和其所在城市群形成产业结构互补、信息资源共享、空间联系紧密的区域经济发展新格局。并引领周边国家的分工合作与经济发展,以工业经济协同发展升级构建跨区域国际合作新模式。

【参考文献】

[1] 卫玲,戴江伟.丝绸之路经济带中国段集聚现象透视——基于城市—位序规模分布的研究[J].兰州大学学报(社会科学版),2015(2):1-7.

[2] 白永秀,王颂吉.价值链分工视角下丝绸之路经济带核心区工业经济协同发展研[J].西北大学学报(哲学社会科学版),2015(3):41-49.

[3] 张文新,丁楠,吕国玮,等.高速铁路对长三角地区消费空间的影响[J].经济地理,2012(6):1-6.

[4] 高新才,杨芳.丝绸之路经济带城市经济联系的时空变化分析——基于城市流强度的视角[J].兰州大学学报(社会科学版),2015(1):9-18.

[5] 孙久文,叶裕民.区域经济学教程[M].北京:中国人民大学出版社,2010.

[6] 吴丰华,白永秀.以丝绸之路经济带统领西部内陆开放型经济试验区建设:相互关系、重大关切、战略举措[J].宁夏社会科学,2016(1):137-143.

[7] 郭爱君,毛锦凰.丝绸之路经济带:优势产业空间差异与产业空间布局战略研究[J].兰州大学学报(社会科学版),2014(1):40-49.

[8] 干春晖,郑若谷,余典范.中国产业结构变迁对经济增长和波动的影响[J].经济研究,2011(5):4-16.

(原刊于《兰州大学学报(社会科学版)》2016年第3期)

"一带一路"背景下中泰 FDI 对双边 贸易的影响机制研究*

陈　丁　卢山冰

【摘　要】　中泰 FDI 对双边贸易的影响机制研究,对"一带一路"背景下中泰直接投资和双边贸易的发展具有重要的推动作用。本文在 FDI 与双边贸易理论基础上,通过分析近年来中泰 FDI 和双边贸易的发展现状与趋势,结合两国业已形成的多个行业的直接投资与贸易特点,提出中泰 FDI 对双边贸易的影响机制,据此建议中国应进一步突出 FDI 对双边贸易"促进"与"创造"的影响作用,大力推动对泰国的直接投资,逐步优化中泰 FDI 结构,充分释放 FDI 促进双边经济发展的潜能。

【关键词】　"一带一路";中国;泰国;FDI;双边贸易

一、引言

"一带一路"即丝绸之路经济带和 21 世纪海上丝绸之路。这一战略的贯彻和实施,将为沿线各国带来更多的发展机遇。泰国是丝绸之路经济带和 21 世纪海上丝绸之路的交汇点,是"一带一路"的重要枢纽,具有战略地位。中泰双边贸易在很大程度上具有互补性,泰国向中国出口橡胶、大米、石油、木材等产品,中国向泰国出口计算机零部件、机电金属等泰国相对稀缺的产品。中泰两国贸易条件较好,泰国有比较完善的码头、机场和公路等基础设施,可通过澜沧江—大湄公河航道和中泰公路、中泰铁路进行贸易,为双边贸易的发展提供了便利条件。泰国在东盟的经济发展中排名第二,经济发展状况和前景良好。中国对泰国的投资流量从 2008 年的 4547 万美元上升至 2014 年的 8.3946 亿美元,已成为泰国第二大投资国。"一带一路"战略有利于巩固和加强中泰之间的友好合作

* 本文系 2014 年度西安石油大学博士科研启动项目(2014BS15)。

作者简介:陈丁(1981—),男,浙江绍兴人,西安石油大学经济管理学院讲师,主要从事要素国际流动研究;卢山冰(1966—),男,河北藁城人,西北大学丝绸之路研究院、西北大学现代学院商学院教授、博士生导师,主要从事"一带一路"产业发展研究。

关系,也为中国企业进入泰国进行直接投资提供了新的机遇,并为扩大两国投资与贸易规模,促进两国经济发展,提供了新的平台。

二、文献综述

(一)FDI 与双边贸易关系研究

关于 FDI 与贸易的关系,国内外学者作了大量的理论分析和实证研究。在理论研究中,不同学派对 FDI 的贸易效应看法不同。Mundell 提出,FDI 与进出口贸易之间存在相互替代关系,即贸易不畅会产生资本输出,而资本输出则会减少国际贸易。[1] Kiyoshi Kojima 则在边际产业扩张理论中强调,贸易与投资具有互补关系。[2] 伴随经济全球化的演进与发展,FDI 与双边贸易表现出更为复杂的动态互动关系。在当前基本理论研究基础上,各国学者从国别角度就 FDI 对双边贸易的影响进行了很多实证研究,研究结果因地区差异而各不相同。项本武使用 2000—2006 年中国对 50 个国家或地区的直接投资与进出口面板数据进行实证分析,发现中国 FDI 对进出口的替代效应不甚显著,促进效应相当显著。[3-4] 赖石成、钟伟选取 2003—2009 年中国和东盟各国贸易与直接投资的面板数据进行实证分析,研究结果表明,中国对东盟的 FDI 与贸易有着极强的双向因果关系。[5] 姜巍、傅玉玢选取 1982—2012 年中国双向 FDI 面板数据,发现中国 FDI 长期出口效应存在较大的上升可能,发展潜力巨大。[6]

综合以上研究,FDI 对双边贸易的影响并不确定,但均认为贸易和投资之间的关系与投资和贸易主体相关,主体差异将导致 FDI 贸易效应的差异。本文通过分析近年来中泰 FDI 和双边贸易的发展现状与趋势,结合两国业已形成的多个行业的投资与贸易特点,提出中泰 FDI 对双边贸易的影响机制。

(二)中泰 FDI 问题研究

中泰 FDI 问题同样获得了众多学者的关注。郭铁志认为,泰国地处东盟核心地带,具有非常优越的地理位置,市场广阔,经济发展基础良好,是中国投资东盟的首选之地,为此建议着重投资中国生产要素相对缺乏的领域,充分利用泰国的比较优势资源,实现投资与贸易相互促进、合作共赢的目标。[7] 曾海鹰、陈琼婧运用泰国 2009 年的数据,从经济、基础设施、社会、资源和经营五个角度对泰国投资环境进行细致分析,认为泰国投资环境在东盟各国中处于中等水平,建议中泰 FDI 应首选具有稀缺资源的行业和具有竞争优势的行业,如农产品行业、金属产品机械及交通运输设备行业等,并应充分利用泰国的外资优惠政策。[8] 龚洪利用 1988—2012 年中泰 FDI 与泰国 GDP 的面板数据,分析中国 FDI 对泰国经济增长的影响,并分类研究了中泰 FDI 对泰国人力资本、产业结构、技术和贸易方面的影响。[9]综上所述,此类研究多集中于中泰 FDI 对双边贸易的影响和中泰 FDI 结构两方面,本文亦从这两个方面进行研究。

三、中泰 FDI 与双边贸易的发展现状及趋势

据有关史料记载,中泰经贸合作可追溯至秦汉时期。公元 1 世纪,泰王朝与中国的贸易以朝贡和恩赐等方式进行,中国从泰国进口大米,并将瓷器等销往泰国。时至 2014 年,中泰双边贸易达到 726.2 亿美元,中国成为泰国第一大出口国、第二大进口国,泰国是中国在东南亚的第二大经贸伙伴。

(一)中泰 FDI 现状

中泰 FDI 在 2008—2010 年间呈现平稳增长趋势,自 2010 年中国—东盟自由贸易区建立后,中泰 FDI 总体呈高速增长趋势,2014 年中泰 FDI 流量是 2008 年的 18 倍,7 年内由 4547 万美元快速增长至 8.3946 亿美元;中泰 FDI 存量亦由 2008 年的 4.3716 亿美元增至 2014 年的 30.7947 亿美元,7 年内增长 6 倍。FDI 存量同期增长速度高于总体水平,FDI 存量与流量间差距呈现加速扩大趋势,表明 FDI 结构中的中长期投资在迅速增加,体现出投资者对于中泰两国经贸合作前景的信心。2008—2014 年的 7 年间,中泰 FDI 流量占中国对东盟 FDI 流量总额的比例从 1.83% 快速增至 10.75%,中泰 FDI 存量占中国对东盟 FDI 存量总额的比例也从 6.04% 平稳增至 6.47%,充分说明中泰 FDI 在中国对东盟 FDI 中的地位显著提升,且未来仍有较大上升空间和发展潜力。

以往的研究较少探讨中国对泰国分行业 FDI 的特点。本文根据泰国投资促进委员会发布的相关数据和行业范围,将中泰 FDI 分为七大行业,即农产品行业、矿物和陶瓷制品行业、轻工及纺织行业、金属产品机械及交通运输设备行业、电子和电器行业、化工产品造纸及塑料行业和服务业。鉴于泰国凭借自身旅游资源已形成较为发达的服务业,该行业 FDI 投入较低,且服务业进出口贸易数据难以界定与统计,故以下主要探讨其他六个行业的 FDI 特点及发展趋势。

中国对泰国的农产品、矿物和陶瓷制品、轻工及纺织、金属产品机械及交通运输设备、电子和电器、化工产品造纸及塑料等六大行业的直接对外投资在 2007 年体量与规模较小,此后呈波动中上升趋势,矿物和陶瓷制品行业 FDI 在 2014 年比 2007 年有轻微下降,电子和电器行业 FDI 增加显著,金属产品机械及交通运输设备行业 FDI 自 2010 年起波动剧烈,但总体呈上升趋势。其他行业则相对较平稳。截至 2014 年,中国对泰国 FDI 中,金属产品机械及交通运输设备行业投资占比达 46.28%,几乎占据半壁江山,再次印证该行业目前在中泰 FDI 中的重要程度。其他几个行业几乎平分秋色,轻工及纺织业的投资比重最低,仅为 3.22%,表明中国改革开放后逐步形成的轻工和纺织业的成本及产

能优势尚未全部消失,该产业产能转移的过程尚处于发轫阶段。

(二)中泰贸易现状

自 2008 年至 2014 年,中泰贸易额呈稳步增长态势,2014 年中泰两国贸易总量达726.2 亿美元,较之 2008 年几乎翻倍,年均增长率高达 10%。除 2009 年贸易额受当时全球金融危机影响有所下降外,中泰贸易总量始终保持增长趋势,且进口额和出口额的差距呈现缩小趋势,这意味着中国对泰国的净出口正在不断增长。

中泰两国进出口贸易商品存在一定联系和区别,中国对泰国主要出口商品是电子电气设备、金属机械设备、塑料及其制品、钢铁制品等;中国自泰国进口主要商品是电子电气设备、金属机械设备、橡胶及其制品、塑料及其制品、有机化学品等,其中电子电气设备和金属机械设备的进出口额都很大,并各占到两国贸易近 40% 的份额。两国间的进口和出口商品则存在明显差异,中国进口产品多为初级产品和中间品,出口则多为附加值较高、技术含量较高的产品。

中国对泰国出口商品的变化特点是,高新技术产品(电子和电器行业)出口量均高于其他行业,这意味着中国出口到发展中国家的产品已逐渐由原来的手工业品向高新产业产品转变;工业品(化工产品造纸及塑料、轻工及纺织、金属产品机械及交通运输设备)出口则在中国对泰国出口量中逐步占据第二的位置;原材料(农产品、矿物和陶瓷制品)出口已降至中国对泰国出口的最低水平,因为泰国本身属于原材料出口国,而中国是原材料进口国,所以初级产品出口数量较为有限,发展较平缓。

中国进口泰国商品的变化趋势特点中,化工产品造纸及塑料行业的产品逐年增加,并于 2010 年后超过中国进口泰国的电子电器产品,之后逐步趋于平稳,表明中国经济结构正在得以改善,由原材料输出国逐步转变为原材料进口国,2010 年后中国进口泰国电子电器产品呈下降趋势,中国对泰国造纸及塑料行业、轻工及纺织行业、金属产品机械及交通运输设备、农产品行业的进口则稳定在一定范围内。

(三)中泰 FDI 对双边贸易的影响特点

综观 2008—2014 年中泰 FDI 与双边贸易的总体发展趋势可以发现,伴随中泰 FDI 的增加,两国贸易额也在提升,中泰 FDI 对双边贸易存在明显的促进关系。换言之,中国对于泰国的直接投资属于贸易创造型 FDI。

从贸易角度看,中国出口额变化与中泰 FDI 变化间保持着更加一致的发展趋势,一定程度上意味着中泰 FDI 的出口促进效应比进口促进效应更为显著,这意味着中泰 FDI 以促进中国出口泰国为主,以促进中国进口泰国为辅。从行业角度,中泰 FDI 与双边贸易之间的影响同样显著。在 FDI 的促进下,总体特点表现为"初级产品贸易逆差,高级产品贸易顺差",表明中国对泰国贸易正由原材料出口国转变为原材料进口国,同时高级产品输出将占据中国出口总额越来越大的份额。根据中泰 FDI 与双边贸易的发展现状及影响特点,建议中国继续增加对泰投资规模,以此促进中国对泰出口。

四、中泰 FDI 对双边贸易的影响机制分析

(一)中泰 FDI 对进口贸易的影响机制

中泰 FDI 对进口贸易的影响机制在理论上分为两方面,即进口替代机制和进口促进机制。所谓进口替代机制,是指由于中泰 FDI 而导致中国从泰国进口商品额减少。中国 FDI 流入泰国后,直接利用泰国当地低廉原材料与中间产品,减少了中国对泰国原材料和资源的进口;由于中国和泰国的资源类产品具有互补性,中国企业在泰国当地对资源的开发和利用,减少了中国对泰国资源的直接进口,因此,中泰 FDI 进口替代机制会导致中国从泰国进口额的减少。所谓进口促进机制,是指由于中泰 FDI 而导致中国从泰国进口商品额增加。在泰投资中国企业利用泰国具有竞争优势的资源,通过中国企业的营销渠道、品牌优势和先进技术,制成产成品返销中国,促进中国对泰国商品的进口;中国 FDI 对泰国资源的直接开发,有利于中国对泰国资源类产品的进口,同样产生进口促进效应。因此,中泰 FDI 进口促进机制会导致中国从泰国进口额的增加。

(二)中泰 FDI 对出口贸易的影响机制

中泰 FDI 对出口贸易的影响机制在理论上也分为两方面,即出口替代机制和出口创造机制。所谓出口替代机制,是指由于中泰 FDI 而导致中国对泰国出口商品额减少。中国 FDI 流入泰国后,中国公司可能在泰国组织生产并在当地直接销售,这有利于开拓国际市场,获取较高收益,但会直接影响中国对泰国类似产品的出口额;中国 FDI 流入可促进知识技术外溢,若泰国企业学习、模仿和掌握此类知识技术,将获得生产相应产品的能力,并与中国类似产品展开竞争,在泰国销售或转销他国,均可能抑制中国同类产品的出口。因此,中泰 FDI 出口替代机制导致中国对泰国出口额减少。所谓出口创造机制,是指由于中泰 FDI 导致中国对泰国出口商品额增加。中国 FDI 流入泰国后,初期投资建厂时需要从中国进口大量成套生产设备、引进先进技术,短期内有利于带动中国对泰国出口,后期生产过程中需要大量中间产品,可促进中国对泰国中间产品的出口。中国企业为开辟泰国市场,在当地设立贸易机构并开拓营销渠道,也会在一定程度上带动中国对泰国商品出口。因此,中泰 FDI 出口创造机制会促进中国对泰国出口额增加。

(三)"一带一路"背景下中泰 FDI 对双边贸易的影响机制

综合考虑中泰 FDI 对中泰双边进口和出口额的影响,可将此影响机制分为促进和抑

制两方面。具体而言,可分为进口促进、出口创造、进口替代和出口替代四个纬度,如下图 1 所示。在"一带一路"背景下,在打造中泰利益共同体、命运共同体和责任共同体的过程中,应逐步增强中泰 FDI 对双边贸易的影响机制中的"促进"和"创造"功能,以 FDI 为纽带,进一步促进中泰两国规模经济和生产效率的提升:以双边贸易为桥梁,加快中泰两国在要素禀赋上的优化配置,最终实现两国在"一带一路"经济合作中的互利共赢。

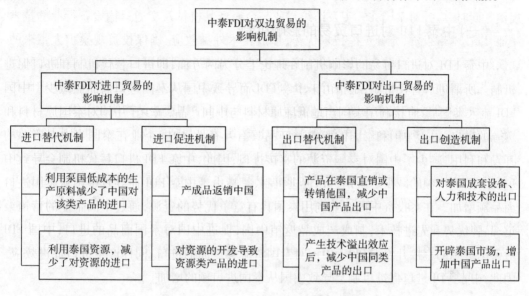

图 1　中泰 FDI 对双边贸易的影响机制

五、"一带一路"背景下中泰 FDI 对双边贸易影响机制的政策建议

在"一带一路"战略背景下,中泰两国战略性地缘关系得以进一步强化,中国对泰国 FDI 的贸易促进效应进一步凸显,中泰 FDI 在较长时期内将保持增长趋势。通过研究中泰 FDI 对双边贸易的影响机制,并据此作出相应的制度和政策安排,将有利于"一带一路"背景下中泰 FDI 和双边贸易的发展。

(一)继续增加中国对泰国的直接投资

在继续扩大中泰 FDI 规模的过程中,应注意发挥跨国企业的主体作用。跨国企业须关注"一带一路"战略下中泰合作的关键领域,充分利用中泰两国对外直接投资的优惠政策,调整企业发展战略,把握对泰国投资良好机遇,创造品牌效应,不断提升中国产品在泰国市场的竞争力;跨国企业应注重投资形式多样化,除采用合资和独资方式外,还可采用直接收购、兼并或持股等方式,与当地品牌更好地融合,使泰国消费者更好地接受中国企业的产品;在对泰国直接投资的过程中,跨国企业应努力提高科技水平,通过技术创新不断提高企业劳动生产率和技术含量,以及本企业产品在国际市场的竞争力。

(二)促进中泰 FDI 结构合理化

在继续扩大对泰 FDI 规模的同时,中国应注重优化调整 FDI 结构,科学、理性地遴选对双边贸易具有显著促进和创造影响的战略性投资行业,并进一步扩大这些行业的 FDI 规模。同时,应针对泰国在轻工及纺织行业与金属产品机械及交通运输设备行业的技术洼地,以技术带投资,充分发挥技术优势,形成技术外溢效应,确保投资规模扩大带来的规模经济效益。从中国产业升级的角度看,这些产业转移到泰国后,获得了竞争力和优势,转为泰国的"朝阳行业",而生产设备和核心技术依然需要从中国进口,有利于中国科技水平和创新能力的提高及新兴行业的培育,也有利于中国产业结构优化升级。

与此同时,应更加关注中国对泰国资源开发、制造业和高新技术产业的 FDI 比例,并结合各产业不同的贸易效应进行分析,根据中泰两国在各行业的对外投资政策,进一步促进中泰 FDI 结构合理化,以此更好地促进中泰双边贸易的发展,进而促进两国经济共同发展。"一带一路"国家战略强调互联互通,在基础设施建设领域,中国企业同样具有比较优势,应借助中泰 FDI 和双边贸易的持续发展,大力加强与泰国在港口、桥梁、道路等基础设施建设项目上的投资合作,充分利用中泰两国的友好关系和政治互信,开展安全、有效的投资。

(三)促进中泰 FDI 结构高度化

促进中泰 FDI 结构高度化的重要措施是推动服务业发展。目前,服务业是推动经济发展的重要产业,也是当今世界各国和地区经济合作的关键领域,一些发达国家在服务业的 FDI 已超过其他行业。但中国对泰国服务业的 FDI 数量明显少。伴随"一带一路"战略的实施,中泰两国经济合作不断深化,人员、物资等生产要素的流动会更加频繁。中泰双方对基础设施建设、金融、餐饮、旅游等服务行业的需求势必增加,为中国对泰国服务业的直接投资带来发展良机。中泰 FDI 应充分结合中泰两国相关发展要求,选择最具开发潜力与优势的服务业对泰国进行投资。金融和旅游等新兴服务业是目前世界服务业发展的重点,也是"一带一路"战略着力发展的重要行业。中国应积极推动新兴服务业在泰国的投资,引导和扶持中国企业进入该领域。中泰两国应在筹建亚投行的时代背景下,深化中国—东盟银行联合体的务实合作,积极推动人民币跨境结算业务的发展。在具有广阔合作前景的旅游业中,中泰两国应通过投资带动双边合作,开展旅游促销活动,互办旅游推广周、宣传月等活动,联合打造具有泰国特色的旅游线路和产品,开发旅游景区建设,打造中泰无障碍旅游业。

六、小结

作为丝绸之路经济带和"21世纪海上丝绸之路"的交汇点,泰国是"一带一路"国家战略实施过程中的重要节点。本文在FDI与双边贸易理论基础上,通过分析近年来中泰FDI和双边贸易的发展现状与趋势,结合中泰业已形成的多个行业的直接投资与贸易特点,认为中泰FDI对双边贸易的影响机制可分为促进和抑制两个方面,并细分为四个纬度,中泰FDI现阶段应表现为贸易创造型。据此,本文建议在"一带一路"背景下,在打造中泰利益共同体、命运共同体和责任共同体的过程中,应强化中泰FDI对双边贸易的影响机制的促进和创造功能,逐步推动对泰国的直接投资发展,继续优化中泰FDI结构,充分释放FDI促进双边经济发展的潜能,最终实现中泰两国在"一带一路"经济合作中的互利共赢。

【参考文献】

[1] MUNDELL R A. International Trade and Factor Mobility[J]. American Economic Review,1957(47):320 – 335.

[2] KOJIMA K. 对外贸易论[M]. 天津:南开大学出版社,1987.

[3] 项本武. 对外直接投资的贸易效应研究——基于中国经验的实证分析[J]. 中南财经政法大学学报,2006(3):9 – 16.

[4] 项本武. 中国对外直接投资的贸易效应研究——基于面板数据的协整分析[J]. 财贸经济,2009(4):77 – 83.

[5] 赖石成,钟伟. 中国与东盟各国间的贸易与FDI关系实证研究[J]. 东南亚纵横,2011(7):16 – 20.

[6] 姜巍,傅玉玢. 中国双向FDI的进口贸易效应:影响机制与实证分析[J]. 国际经贸探索,2014(6):15 – 27.

[7] 郭铁志. 中国对泰国投资行业分析[J]. 国际经济合作,2005(7):44 – 48.

[8] 曾海鹰,陈琭婧. 泰国直接投资环境分析与评价——基于主成分分析法的比较研究[J]. 东南亚纵横.2013(2):40 – 44.

[9] 龚洪. 中国FDI对泰国经济增长的影响研究[D]. 济南:山东大学,2014.

（原刊于《河北学刊》2016年7月第36卷第4期）

历史与文化编

丝绸之路遗产及其现代价值[*]

方光华

【摘　要】　丝绸之路是新航路开辟之前人类文明交流最重要的通道,是人类历史上最宝贵的文化遗产之一。它是欧亚大陆不同地区商品贸易和生产技术交流之路,是欧亚大陆不同地区人类精神世界的交流之路,是欧亚大陆不同文明的相互借鉴之路。从丝绸之路的历史来看,它具有三个主要特点:贸易利润容易造成丝路沿线国家的冲突;强大帝国的和平相处是丝路畅通的重要保障;宗教文化传播方式对丝绸之路影响巨大。要重新焕发"丝绸之路"的活力,需要维护沿线国家政局的稳定和核心国家良好的政治关系,准确界定丝绸沿线国家在世界贸易体系中的地位,加强丝绸之路沿线国家的宗教与文化对话。

【关键词】　丝绸之路;文化遗产;贸易;宗教;文化

一、丝绸之路文化遗产的主要内涵

"丝绸之路"是古代欧亚大陆的长途贸易和文化交流路线的通称。当时在这条交通通道上输出的物品中,最典型的是丝织品。1877 年,德国地理学家费迪南·冯·李希霍芬(Ferdinand von Richthofen)首次用"丝绸之路"代指这一交通动脉,后被国内外学术界普遍接受。

"丝绸之路"并不是一条直线,而是有多条路线。主要路线包括:①沙漠绿洲丝路,为最重要的商道,从长安出发途经西域、中亚,通往西亚、南亚,西可达地中海沿岸。②北方草原丝路,从长安出发向北经欧亚草原通往西亚、欧洲,又称"皮毛之路"。③西南丝绸之路,起自成都,南下云南入缅甸,西折入印度;又有"茶马古道",有川藏、滇藏两条线经印度通西亚;还有麝香之路,或走川藏线,或走丝路南线,越克什米尔通西亚;还有青海路,由西宁西经柴达木盆地至若羌,与南道相接的路线。④海上丝路,分别通往朝鲜、韩国、

---

　　*　作者简介:方光华,男,1966 年生,湖南益阳人,西北大学原校长、教授、博士生导师,中国宗教学会副会长,现任西安市副市长,主要从事中国思想文化和高等教育研究。

日本、东南亚和南亚、西亚、东非。

欧亚大陆可能早已存在一些商业和贸易的通道。成书于战国时期的《穆天子传》记载了公元前 10 世纪周穆王携带丝织品西行至"西王母之邦"的故事。公元前 6、5 世纪波斯帝国对西亚、非洲和欧洲东南部地区的征服、公元前 4 世纪亚历山大东征、公元前 3 世纪前期印度阿育王扩张,都促进了西亚、南亚之间的区域交往,自帕米尔以西的丝绸之路西段实际上已经开通。考古证明,公元前 6 至前 5 世纪欧洲人已得到中国丝绸。[1]公元前 5 世纪,在西亚存在着一条从小亚到波斯、以贩运制作石器工具所需的黑曜石的"黑曜石之路",阿拉伯半岛则有一条贯穿南北、以贩运香料为目的的"香料之路"。公元前 139 年,汉武帝派遣张骞前往大月氏,几经周折,西行至大宛、大月氏、大夏等地,公元前 126 年返回长安。一条东起长安,经陇西、河西走廊,然后沿塔里木盆地南北两缘,进而连接中亚、南亚、西亚和欧洲的中西交通通道正式建立。史书上把他的这次西行誉为丝绸之路的正式开辟。

丝绸之路是新航路开辟之前人类文明交流最重要的通道,是人类历史上最宝贵的文化遗产之一。

首先,它是欧亚大陆不同地区商品贸易和生产技术交流之路。

由于不同的气候、土壤、矿产、产业和文化,古代欧亚各国形成了不同的农业和手工业产品,从而出现了交易的需要。例如,中国出口的丝绸、瓷器、茶叶在欧亚地区有巨大的需求,但这些产品有其独特的物种(桑蚕、高岭土、茶树)和生产工艺,国外在很长时期内无法仿制。西汉以后,丝绸开始成为这条贸易之路上的大宗商品;唐朝时,瓷器成为丝路上重要的输出物产;宋元时期,瓷器外销依然很旺盛,同时茶叶也成为重要的输出品。而来自西域的毛织品、玻璃、宝石、香料等也为中国所喜爱。商品贸易的需求及其巨大利润是丝绸之路长盛不衰的根本原因。

产品的交换带来了生产技术的相互促进。由于巨大的丝绸、瓷器和茶叶需求,西亚和欧洲国家竞相仿制中国的丝绸、瓷器和茶叶以及其他产品。以两河流域为中心,西至叙利亚,东到中亚腹地,本属纺织业发达之地,丝绸和蚕丝传入之后,该地区把丝绸纺织和原来的毛、麻纺织结合起来,创造出许多质地和性能皆称奇特的产品。这些产品原料上以混纺为特色,多加以金、银丝线和毛、麻等,在织造技术上保持了毛纺的特点,花纹图案则基本属于西域传统,其中"波斯锦"是最有代表性和影响力的品种。唐朝时期,中亚的康国(今撒马尔罕一带)发展成世界丝织品生产中心之一和最重要的丝绸集散地。西亚许多地区如报达(今巴格达)、谷尔只(今格鲁吉亚)、毛夕里(今伊拉克北部摩苏尔)、忽鲁模斯(今伊朗东南部,波斯湾沿岸)等,也发展成为重要丝绸产区或集散地。西域丝绸也更多地流入到中国境内来。大食"蕃锦"包括重锦、百花锦、碧黄锦、兜罗锦等是唐中期以后颇为中原所瞩目的西域丝绸。

此外,还有一些很重要的生产技术也随着丝路的开通而传播,例如造纸技术,唐玄宗天宝十载(751),唐军和阿拉伯帝国阿拔斯王朝的军队在中亚的怛罗斯(今哈萨克斯坦南部塔拉兹附近地区)发生激烈战斗,唐军失败,很多人被俘,其中包括杜环在内的诸多造纸工匠。这批唐军俘虏被安置在撒马尔罕新建的造纸坊里工作,他们把造纸术传授给了当地人。从此,中亚、中东,西亚和欧洲进入纸张时代,大大加速了文明的传播。

第二,它是欧亚大陆不同地区人类精神世界的交流之路。

贸易在满足不同人群、民族和国家对商品的需要的同时,也为他们打开了了解其他民族精神世界的窗口。

古代波斯帝国的国教是琐罗亚斯德教,中国称祆教、拜火教。它是基督教诞生之前中东和西亚最有影响的宗教,由琐罗亚斯德(前628—前551)创立。在亚历山大希腊化时期一度衰落,安息(帕提亚)帝国复兴,3世纪又被波斯萨珊王朝定为国教。祆教的许多宗教文化观念和习俗传播到了犹太人中间,其中最重要是末世论的世间观和救世主来临的信念,其次是肉身复活以及末日审判的观念,还有关于为善升入天堂,罪人沦入地狱的看法,以及有某种超自然的力量负责为此裁决的观念。3世纪,祆教已经传入中国新疆地区。[2]南北朝时期传入中国中原,被称为胡天、胡天神、火神。唐初大量祆教徒进入内地,并正式得名火祆教。

公元前6世纪,佛教在印度产生。公元前3世纪,印度阿育王推行佛教。佛教的教徒遍及印度各地,而且迅速传向邻国。公元2世纪,贵霜族建立了贵霜王朝,迦腻色伽即位后,也推行佛教,由于贵霜帝国的势力范围达到于阗、叶尔羌、疏勒,佛教很快成为今天新疆南部的主流宗教。公元1世纪,中原地区已经有佛教信仰流行,公元3世纪,朱士行在洛阳出家受戒以后,决心去西域寻找原本。公元260年,他从雍州(今西安市)出发,越过流沙到达于阗(今新疆和田一带),得到梵本《大品经》。他是中国有史记载第一个向西天取经的人。公元399年,法显从长安出发,到于阗后,又越过葱岭,到达天竺(今印度)。他是有史记载向西天取经并到达古印度的第一个中国人。另一方面,精通佛教经典的域外高僧被请到中原从事佛经的翻译事业。如鸠摩罗什于后秦弘始三年(401)被迎至长安,率弟子八百余人译出经论七十四部,三百八十四卷。他精通汉语,佛学修养又高,所译经典简洁晓畅,对于佛教的发展有很大贡献。随着对佛教的了解的深入,中国佛教徒已经能够准确把握佛教义理的精髓。大约在6世纪中叶,中国佛教已经不满足于追求什么才是原汁原味的佛教,开始出现用自己的理解去构架佛学体系的尝试。隋唐时期是中国佛教创宗立派的重要时期。如吉藏依据《中论》《百论》《十二门论》创立三论宗,智顗依据《妙法莲花经》和《大般涅槃经》创立天台宗,玄奘偏重《解深密经》和《瑜伽师地论》创立法相唯识宗,法藏依据《华严经》创立的华严宗等等。这些宗派共有的特征是,依据自己的理解,建立持之有据、言之成理、反映佛教根本精神、各有特色的佛教理论体系。

公元1世纪上半叶,基督教产生于罗马帝国统治下的巴勒斯坦、小亚细亚一带。基督教在最初兴起的过程中,并没有一个统一的体系和中心。经过2—4世纪对异端的斗争后,以罗马教会及主教为主要代表的大公教会初步确立,但居住在东方的基督徒强调自己的独立性。东方的基督徒中有一分支聂斯托里派,虽然也不为东罗马教廷所认可,但它在叙利亚、波斯获得认同。聂斯托里派通过丝绸之路而向东传播。在 6 世纪时,在今天乌兹别克斯坦中部的撒马尔罕有该派的主教。聂斯托里派在 635 年传到长安,被称作"景教",意为"光明炽盛之教"。781 年,景教传入长安 150 年之后,当地的基督教团体还竖立了一块石碑《大秦景教流行碑》。

公元 3 世纪中叶,西亚的美索不达米亚地区形成了一种流传相当普遍的宗教摩尼教。摩尼的父母是安息人,但他加入了一个犹太基督教的派别。他 20 多岁时来到印度,在那里接受了更多的不同宗教影响。他建立的教义相信通过一种神秘的知识体悟就可以获得救赎或解脱,宣布善恶二者永远不断地对立与抗争着。虽然饱受罗马帝国和萨珊帝国的迫害,摩尼教仍然在从西亚到中亚的广大地区流传开来。撒马尔罕是摩尼教的一个重镇。摩尼教也传到了中国。在唐代,摩尼教得到武则天的接纳,开元十九年(731),摩尼教传播达到鼎盛。玄宗开元年(732)虽然禁断摩尼教,但代宗宝应元年(762),当唐朝的皇帝邀请一批回纥军队到内地平定叛乱时,这批回纥人归信了摩尼教。到 840 年,摩尼教发展成为了回纥的国教,983 年,高昌回纥改宗佛教。高昌故城的遗址发掘有大量的摩尼教经典写本。

从 610 年穆罕默德创教开始,到他逝世之时的 23 年间,伊斯兰教终于发展成为整个阿拉伯半岛的统一宗教。公元 711 年,阿拉伯人已经征服了中亚大草原的东南部。10 世纪初,伊斯兰教经中亚传入新疆喀什地区。14 世纪中叶,随着察合台汗国统治者秃黑鲁帖木儿汗接受伊斯兰教并强制推行伊斯兰教,蒙古人在全部改信伊斯兰教,并逐渐与当地维尔族人融合,伊斯兰教迅速地东传至哈密、吐鲁番一带。至 15 世纪末 16 世纪初,伊斯兰教已遍及天山南北,成为新疆地区占统治地位的宗教。

在西方宗教文化向东方传播的同时,诞生于中国本土的道教也随着人员流动而在西域地区传播。汉唐时期的西域考古发现有很多道教遗迹,如书法、绘画、织物及墓葬艺术等。迟至蒙元时期,长春真人丘处机在赴中亚拜见成吉思汗时,还在西域见到信奉道教的民众。

第三,它是欧亚大陆不同文明的相互借鉴之路。

丝绸之路把华夏文明、印度文明、中亚文明、波斯—阿拉伯文明、希腊—罗马文明、非洲文明以及亚欧草原带的游牧文明连接起来,促进了东西方文明的交往以及人类文明的共同进步。①[3]

早在爱琴文明时期,希腊地区的居民就与相邻的埃及、小亚、西亚等地区的古老文明

---

① 西北大学中东史研究专家彭树智教授说:"丝绸之路的开拓和后来的地理大发现即新航路的开拓一样,都是世界性的两大文明交往之路,都是人类文明史发展的阶段性的标志。"

有了接触。公元前 6 世纪中期,波斯帝国崛起于伊朗高原,并很快向东西两面扩张。版图西起埃及,北到黑海、里海一线,南到阿拉伯半岛,东到印度西北部。小亚沿岸的希腊殖民城邦沦陷,希腊本土一度面临生死存亡的考验。公元前 334 年,亚历山大以希腊和马其顿联军统帅的身份开始了对波斯帝国的征服。十年征战,亚历山大统治了从地中海到印度河,从黑海、里海、咸海到阿拉伯海、波斯湾、红海的辽阔领域。虽然帝国在公元前 323 年亚历山大突然病逝后迅即崩溃,但西方与东方文化开始真正深入的交流,西亚和北非的埃及保留了亚历山大的将领分别建立的塞琉古帝国和托勒密帝国等希腊化国家。

公元一、二世纪,古罗马、安息、贵霜和汉朝等四大帝国自西向东并列存在,国势昌盛。罗马帝国在图拉真统治期间(98—117 在位)疆域最辽阔,把版图扩大到幼发拉底河上游一带。安息帝国(帕提亚帝国)进入"反希腊化"时期,回归波斯文化,体现出融合希腊文化和土著文化的特点。贵霜帝国在迦腻色伽在位期间(约 78—101 或 102),国势鼎盛,称霸中亚和南亚。汉朝则成功抗击匈奴,控制河西走廊,进驻天山南路。丝绸之路将四大帝国直接联系起来。像安息从中国进口牲畜、金银、宝石、地毯、夏布、丝绸、铁、桃子、杏等商品,向中国输出的商品有葡萄酒、石榴、鸵鸟等。另外,安息控制下的伊拉克也有海路直通印度河,与中亚、高加索等地区存在密切的贸易和文化交流。[4]

魏晋南北朝时期,中国虽然处于分裂状态,但西域以及河西走廊、青海地区相对平稳,而丝绸之路另一枢纽地带的波斯地区,由于萨珊王朝(226—651)的建立,成为了丝绸之路上重要的中转站和集散地,对丝绸之路的发展起到了重要的推动作用。隋唐时期,丝绸之路的发展达到顶峰,唐朝、中亚诸国、波斯萨珊王朝及雄踞于地中海东岸的拜占庭帝国,构成了丝绸之路上的重要贸易伙伴,使丝绸之路上的交往更加频繁。

丝绸之路贸易推动了中心国家和城市的繁荣。例如,罗马帝国对从东方进口的货物征收高达 25% 的进口税,由此获得大量财富。在 5 世纪西罗马帝国崩溃后,罗马东部地区的经济因丝路贸易等原因而持续繁荣,建国于此的东罗马帝国(拜占庭帝国)继续生存了近千年,直到 15 世纪为奥斯曼帝国征服为止。同时,丝路沿线的内地城市处于开放的最前沿并由此变得富裕,如长安、大马士革、大不里士、伊斯法罕、罗马等。随着丝路贸易从陆地转向海洋,一批沿海港口城市和近海城市开始日渐繁荣,如中国的广州、泉州,波斯的西拉夫,伊拉克的巴士拉,埃及的开罗,东罗马帝国的首都君士坦丁堡(今土耳其的伊斯坦布尔)。

欧亚内陆草原的游牧民族也被丝绸之路贸易带入了世界文明进步的潮流之中。如散居在欧亚大陆中部的草原、半沙漠和山前地带的"塞人"(希腊史籍中则称之为"斯基泰人",波斯史籍则称之为"塞克"),在公元 3 世纪前被融入丝绸之路的文明交往历史。

在中国北部,东起辽东,西抵里海,北达西伯利亚,南至长城、延袤数千里广大荒漠之区域,历来为游牧民族驰骋之地。公元前二世纪时,有匈奴崛起于中国北部,统一漠北。居住在祁连、敦煌间的游牧民族大月氏人先后为匈奴和乌孙所迫,向西迁徙,进入中亚两河流域,建立贵霜帝国。贵霜帝国处在东西方的丝路商道上,其文化就受到东西方文化的双重影响,前期的艺术较多受到希腊风格影响,随着佛教的盛行,又逐渐向佛教艺术风格转变,造就了盛极一时的健驮逻艺术。

匈奴西迁后,鲜卑起于鲜卑山,由内兴安岭南侵,占据漠北之地及中国北部。继后突厥兴起,约在七世纪时,称雄亚洲,及其盛时,与匈奴相等。八九世纪时,回鹘民族又起而代之。11世纪的中亚是突厥游牧民族占据统治地位的时代。突厥人、回鹘人和乌古思等游牧部落相继在中亚建立喀喇汗王朝、哥疾宁王朝、塞尔柱王朝。大批突厥人迁入古老的中亚文明地区,在接受中亚伊朗文明影响的同时,也给后者带来了突厥文化。

10世纪时,有契丹及女真民族,起于东北,统一中国北部,以及漠北一带。辽代暮年,契丹族的一支在耶律大石的率领下,经过长途跋涉进入中亚。在征服当地民族后,建立西辽国,定都虎思斡耳朵(今吉尔吉斯斯坦共和国楚河州托克马克境内的布拉纳城),自称古尔汗(又译为古儿汗、菊尔汗),意为世界之王。西辽统治者大力推行汉文化。

11世纪末叶,蒙古民族起于额尔古纳河流域,1204年,成吉思汗完全统一漠北。1211年至1215年,与金人奋战,结果黄河以北之地,尽为蒙古所有,又降服西夏,灭西辽、花剌子模,南抵印度河,西至地中海,北包里海咸海。成吉思汗死后,其继承者又继续用兵欧洲,平定俄罗斯全部及里海以北,又侵入匈牙利及波兰,此乃第二次西征所得之结果。其后于蒙哥时代,又继续用兵西域,平定波斯全部及小亚细亚一带,蒙古遂在西域建立一大帝国,在波斯建立伊儿汗国,俄罗斯建立钦察汗国,花剌子模建立察台汗国,以及中国本部,皆统于蒙古大汗之下,所建帝国地域为以前所有游牧民族所不能比。

二、丝绸之路文化遗产的主要特点

第一,贸易利润造成丝路沿线国家的冲突。

丝绸之路开辟以来,亚洲始终处于贸易赢利位置,中国一直处于外贸出超的地位,出口的丝绸、瓷器、茶叶三种大宗产品在欧亚地区需求巨大,尽管后来大宗出口产品已经远非丝绸、茶叶、瓷器这三种,但出超的局面一直维持到19世纪鸦片战争爆发。另外,印度的纺织品等商品也向西方大量出口。而罗马每年大约要花费1500万便士来购买阿拉伯香料。[5]如果加上日本和其他地区生产的白银,近代早期全球白银有一半最终到达亚洲,尤其是中国和印度。[6]

利润不平衡容易导致丝路沿线国家之间的矛盾。为从丝路贸易中获取最大利益,丝路沿线国家垄断贸易,不断上推丝绸价格,造成冲突局面。如东汉时期,中国与东罗马帝国进行陆路丝绸贸易,中间隔着贵霜帝国和安息帝国。安息帝国控制着丝绸贸易的通道,阻挠中国与罗马帝国的直接贸易。公元97年,班超派遣甘英出使大秦(罗马帝国),试图打通中国与罗马帝国的直接贸易。甘英行至条支国(阿拉伯),将渡海而至罗马,安息人谎言海水广大,顺风则三月可达,逆风更需二岁,此外,海中还有妖怪歌唱,使人思慕而导致死亡。甘英听后遂望而却步,折返回国。安息国的垄断促使罗马去探求新路通达中国。桓帝延熹九年(166),大秦王安敦遣使自日南徼外献象牙、犀角、玳瑁。中国与罗马帝国的海上直接贸易路线开始贯通。

公元前 1 世纪中叶到公元 3 世纪,罗马为畅通陆路丝绸贸易,与安息帝国(帕提亚帝国)开始了频繁的战争。帕提亚灭亡之后,取代帕提亚的是萨珊帝国(新波斯帝国)。东罗马帝国(拜占庭帝国)国王查士丁曾与阿克苏姆国王阿慈贝哈谈判,希望重开海路,但因阿克苏姆人与波斯人达成利益共识,致使双方谈判破裂。200 年间,东罗马帝国与萨珊帝国 9 度开战,在五世纪中叶,东罗马帝国和萨珊王朝达成和平协议,恢复陆上丝路。虽然如此,波斯依然控制着丝路。6 世纪,突厥人和粟特人曾遣使前往波斯谋求通商,但被波斯国王拒绝。东罗马帝国曾经极力与控制欧亚草原丝路的突厥人建立联盟。公元 626—628 年,东罗马帝国对萨珊波斯开战,西突厥曾予以援手。

在中国北方和西部边境,唐朝与突厥、吐蕃围绕着丝绸之路(包括西域诸小国)的控制权也发生过激烈的冲突。629—630 年,唐军大败东突厥,太宗在其地设羁縻州,随后从四方君长那里接受了"天可汗"称号。634 年,西突厥一分为二,唐军乘机降伏天山南路诸国,设安西都护府,统有四镇。657 年,唐亡西突厥。659 和 661 年,河中的昭武九姓和波斯以东的 16 国分别内附,河中、吐火罗和西域因而成为唐朝的羁縻州。702 年,唐设北庭都护府,统辖天山北路之地。唐朝在西域的大敌是吐蕃,后者于 663 年占有吐谷浑故地,670 年一度攻占安西,并与唐朝战事不断;吐蕃的新盟友南诏于 750—779 年间也与唐朝发生战争。717 年,大食、吐蕃和突骑施联军首次进攻安西四镇。安史之乱后,乘吐蕃机占领了唐朝的西域、陇右和河西之地,823 年唐朝终与吐蕃会盟,并于 849—857 年收复了部分领土。

罗马帝国和萨珊波斯王朝灭亡后,代之而起的是阿拉伯帝国,中文史籍中称之为大食。大食帝国地处欧洲与远东之间,成为当时世界航海活动的中心。在陆上,阿拉伯人征服的步伐不久迫近中亚,中亚诸国希望中国唐朝能出兵施以援手。起先唐朝虑其路途遥远,大食尚未危及唐朝控制的安西、北庭等地,就没有出兵。后随着大食势力在中亚各地的逐渐装大,在 751 年与唐朝军队在怛逻斯城(今哈萨克斯坦的江布尔)展开大战。唐军大败,两万余人被大食所俘。此后,安史之乱的爆发,唐朝几无力西顾,逐渐丧失了对中亚的控制。此后很长一段时间,欧亚大陆广阔区域为阿拉伯帝国后来崛起的奥斯曼帝国所控制。1453 年拜占庭帝国被奥斯曼帝国灭亡,君士坦丁堡遂改称伊斯坦布尔。欧洲人视其为发展与亚洲贸易的障碍,11—13 世纪的十字军东侵和 15—17 世纪的新航路的开辟就是在这种背景下发生的。

13 世纪初,蒙古诸部在成吉思汗的领导下,势力逐渐强盛。成吉思汗希望控制丝路贸易的中亚花剌子模王国实行和平贸易,但花剌子模王国国王摩诃末被丝路贸易的巨大利润所蒙蔽,他在 1218 年杀害了成吉思汗的贸易商团,没收了货物,再转卖给布哈拉和撒马尔罕的商人。1219 年秋,成吉思汗发动了对花剌子模的战争。成吉思汗采取分路出击战术,攻取花剌子模的布哈拉、撒马尔罕等重要城镇,最后追击摩诃末。最终,摩诃末走投无路之下逃到里海中的一个小岛上躲避,并在 1220 年年底或 1221 年年初死于该岛。此后,成吉思汗的蒙古大军渡过阿姆河,向南继续进攻。11 月,蒙古大军在申河(今印度河)战役中,歼灭花剌子模继任国王札兰丁的 4 万余人。札兰丁逃走,蒙军追击未获,蒙古取得了第一次西征的胜利。

第二,强大帝国的和平相处是丝路畅通的重要保障。

历史上丝路有两个时代最为畅通,就是唐朝和元朝。唐朝设立安西都护府和北庭都护府,659 年以后,河中(中亚)、吐火罗(阿富汗)和西域成为唐朝的羁縻州。7 世纪以后,东亚的唐帝国和西亚的阿拉伯帝国两大帝国拥有相对稳定的权力,而且都从丝路中获得巨大利润,这种利益促使两大帝国都有动机去确保丝路的安全。虽然两国间曾爆发怛罗斯之战,之后中亚地区为阿拉伯帝国所控制,但此战结束后两国再未发生大的战事,相反却建立了良好关系。[7]直到晚唐,吐蕃控制了河西走廊,从而阻断了丝路。在元朝,整个欧亚大陆都变成蒙古人的天下,建立了四大汗国,丝路贸易最为畅通。

第三,宗教文化传播方式对丝绸之路影响巨大。

丝绸之路又称"宗教之路""信仰之路"。佛教、祆教、基督教、伊斯兰教和摩尼教等,都沿丝绸之路传播。在阿拉伯人占据中亚、推行伊斯兰化以前,中亚处于多种文明交汇的枢纽之地,很少有帝国把向外传播宗教作为畅通丝绸之路的重要使命。对于各种宗教的来来往往,各政权基本上都显示出一种顺其自然的平和心态。例如佛教的传播主要是由印度、经过中亚和新疆逐渐深入到中原的。传入中原的佛教,主体已经不是纯粹的印度佛教,而具有中亚和西域特征。佛教教义主要是四圣谛、八正道,主张通过修行得到觉悟,但传入中国的佛教,主要在救赎度人,这可能是受到中亚祆教和摩尼教的影响。

阿拉伯帝国崛起后,大力扩张伊斯兰教,使得中亚境内的其他宗教的生存空间遭到挤压,它们只好向东发展。例如景教虽然 5 世纪时已经在东罗马产生,但直到 635 年才传到长安,而此时伊斯兰教已经在阿拉伯半岛兴起,有学者认为,景教徒入华,可能与波斯对阿拉伯的抵抗有关,[8]来华的阿罗本从波斯出发,与设在波斯的本部教会有密切关系。651 年,阿拉伯帝国彻底灭亡波斯萨珊王朝后,波斯王之子俾路斯、孙泥涅师流亡中国,试图依靠唐王朝开展复国行动。直到 745 年,唐玄宗才颁布诏书,将景教波斯寺改为大秦寺。① 祆教在南北朝时期可能传入中国,但真正大规模传入,也是在波斯萨珊王朝灭亡后。

---

① "波斯经教,出自大秦,传习而来,久行中国,爰初建寺,因以为名,将欲示人,必修其本,其两京波斯寺,宜改为大秦寺。天下诸府郡置者,亦准此"。《唐会要》卷 49《大秦寺》,第 102 页。《册府元龟》卷 51《帝王部》崇释氏,第 575 页。

当阿拉伯帝国崛起后,在西亚和中亚的陆路贸易受阻时,海上贸易就成为重要的补充。虽然蒙元时期的西北陆路贸易仍在继续,但随着造船技术和航海技术的不断进步,海上贸易逐渐成为丝路贸易的主导方式。宋朝的海上贸易非常繁盛,东南沿海兴起多处港口。海上贸易在中国的宋朝成为主导方式。陆上丝绸之路虽然由于蒙元的统一再次有过一度繁荣,但已不能与汉唐时期相比。从明代开始,随着海上丝路的发展,陆上丝绸之路最终走向衰落,长途国际贸易为短途的地区贸易所取代。

唐宋时期,经营海上贸易的主要是西亚、欧洲商人,中国商人参与的不多。很长时间内,真正可以称得上海上强国的国家只有东罗马帝国,亚洲各大国基本上是陆上强国,尽管明朝郑和的船队的科技水平远远超过同时期的欧洲。随着新航路的开辟,欧洲的葡萄牙绕道非洲的好望角,开辟了东西方贸易的新路线。此后,资本主义迅速发展的欧洲国家先后成为海上强国,如西班牙、葡萄牙、荷兰、英国、法国等,只有俄国例外。

海上贸易的兴起带来亚非拉国家经济格局的重大变化,即沿海地区取代丝路沿线的内陆逐渐成为经济发达地区。在中国,曾经交通发达、经济繁荣、拥有帝都的西北地区沦落成为交通闭塞、经济落后的偏远之地。情况类似的还有西亚的伊拉克,它成为奥斯曼帝国官员最不愿意任职的偏远省份。

三、重新焕发"丝绸之路"的活力

100 多年前,英国地缘政治专家麦金利曾预言,欧亚大陆的腹地是全球战略竞争的决胜点。但二次世界大战后,在冷战的国际大环境下,斯大林提出两个平行的世界市场理论,从而使社会主义阵营的经济脱离了世界市场,包括相邻的中东、南亚地区。此后,中苏交恶,中国也无法与包括中亚在内的苏联发展密切的经济联系。丝绸之路跌落至冰点。

随着冷战结束、中亚五国独立和此后全球化的发展,20 世纪 90 年代以来,重建欧亚大陆桥,重新焕发"丝绸之路"的活力的呼声不断高涨。1997 年,联合国教科文组织等认为,丝绸之路应该恢复其古代的角色作用,成为东西方之路文化贸易往来的主要血管和通道。日本桥本内阁同年提出"丝绸之路外交"设想,2004 年起,日本推动设立"中亚 +日本"机制,通过五国外长的定期会晤来促进政治对话、经贸合作、文化交流。1999 年,美国国会通过"丝绸之路战略法案",计划通过支持中亚和南高加索国家的经济和政治独立,推动中亚国家建立市场经济和民主政治体制,使这些国家与欧亚大陆相连通。2005年美国又提出"大中亚"计划,强调以阿富汗为立足点,在中亚地区建立政治、经济与安全的多边机制,以促进地区发展与民主改造。2011 年美国国务卿希拉里提出了"新丝绸之路战略",力图在美国主导下,依托阿富汗连接中亚和南亚的区位优势,形成以阿富汗为中心的"中亚—阿富汗—南亚"交通运输与经济合作网络,促进这一区域的能源南下和商品北上。此后,美国将其中亚、南亚政策统一命名为"新丝绸之路战略"。俄罗斯则竭力营造独联体国家内自由贸易组织"欧亚经济共同体"。俄罗斯与白俄罗斯、哈萨克斯坦、吉尔吉斯斯坦和塔吉克斯坦在原五国关税同盟的基础上,成立了欧亚经济共同体。在能源资源整合上,俄罗斯利用能源和地缘优势,对中亚地区丰富的油气资源加强影响力,意图主导中亚地区的油气资源。在地区安全上,俄罗斯以集体安全条约为依托,构筑安全战略空间。俄罗斯一直视同苏联的中亚地区为其势力范围,排斥其他国家在中亚地区扩张影响。2000 年,俄罗斯、印度、伊朗三国发起"北南走廊"计划,准备修建一条从南亚途经中亚、高加索、俄罗斯到达欧洲的货运通道。2001 年 6 月 15 日,中国、俄罗斯、哈萨克斯坦、乌兹别克斯坦、吉尔吉斯斯坦、塔吉克斯坦在"上海五国"机制的基础上成立了上海合作组织,致力加强成员国之间的全方位合作。在此之后,印度、伊朗、巴基斯坦、阿富汗、蒙古 5 国成为上海合作组织的观察员国,土耳其、斯里兰卡和白俄罗斯 3 国成为对话伙伴国。2013 年 9 月,习近平先生在中亚访问时提出建设新丝绸之路经济带构想,希望通过加强政策沟通、道路联通、贸易畅通、货币流通、民心相通,共同建设"丝绸之路经济带"。丝绸之路已经成为世界各国共同关注的焦点。

回顾丝绸之路的历史,我们可以得出,要重新焕发"丝绸之路"的活力,需要关注以下方面:

第一,维护沿线国家政局的稳定和核心国家良好的政治关系。

"丝绸之路"在地域上包括了东亚、中亚、南亚、西亚和欧洲、非洲。只有相关国家在更高的战略层面进行沟通,争取达成共识,其他问题才能迎刃而解。俄罗斯和中亚国家在"丝绸之路"重建中具有特别重要的地位。中亚地区是苏联国家,现在仍然在政治、经济、外交上受到俄罗斯的巨大影响。要畅通"丝绸之路",必须获得俄罗斯的充分理解。

国际反恐斗争、尤其是阿富汗战争以来,为了构建以美国为中心的安全体系,美国积极拉拢中亚,给予中亚大量经济军事援助,试图增强其在中亚地区的政治军事影响。西方国家挑动的民主革命,曾先后引发塔吉克斯坦内战(1992—1997)、吉尔吉斯斯坦的"郁金香革命"(2005)①和乌兹别克斯坦的安集延骚乱(2005)等严重事件。在西亚北非,始于 2010 年的"阿拉伯之春"造成了严重的地区动荡,即使是一向安定的土耳其也出现了不稳定局面。

因此,维护维护沿线国家政局的稳定和核心国家良好的政治关系,还将面临复杂的形势。

第二,准确界定丝绸沿线国家在世界贸易体系中的地位。

---

① "郁金香革命"推翻了阿卡耶夫总统,巴基耶夫出任总统,但国内局势继续动荡,经济下滑,吉、俄两大民族关系紧张,俄罗斯人掀起了"回归祖国"的新浪潮。1989 年,吉尔吉斯的俄罗斯人为 91 万,到 2006 年仅剩 60 万。同时,少数民族边缘化,2006 年,发生了吉尔吉斯人围攻东干人的冲突,导致后者大批移民哈萨克斯坦等国。

从广义范畴来看,丝绸之路经济带东边始于经济繁荣的东亚经济圈,西边直达经济发达的欧盟经济圈,中间是以中亚为中心的泛中亚经济圈(图1),"丝绸之路经济带"是一个地域辽阔、领域宽广的大型地区经济带,牵涉到整个欧亚大陆。丝绸之路经济带东侧是经济繁荣的东亚经济圈,日本和韩国2012年人均GDP高达40056.50美元;西侧是经济发达的欧盟经济圈,2012年人均GDP为32789.78美元;中间是经济发展水平相对较低的中国和泛中亚经济圈,2012年中国人均GDP为6091.78美元,中亚5国为4615.38美元。由此可见,丝绸之路经济带在中间形成了一个经济凹陷区域。

图1　丝绸之路经济带示意图

作为丝绸之路核心区,中亚地区具有广阔的经济发展潜力。从自然资源禀赋来看,中亚地区矿产资源丰富,尤其是石油、天然气、贵金属和有色金属储量较大,这为经济发展提供了良好的资源条件;从经济发展基础来看,中亚地区采矿业、冶金业和加工业发达,乌兹别克斯坦等国家农业发展条件优越,这为经济发展奠定了良好的产业基础;从国外投资情况来看,中亚地区的自然资源和产业基础对外资的吸引力日益增强,2009—2012年引进的外资额较2000—2005年增长逾5倍,这为中亚经济发展提供了充足的资金支持。重建丝绸之路,一方面可以促进泛中亚经济圈的经济发展,另一方面可以形成世界新兴增长区域,有助于带动欧亚大陆的经济增长。

第三,加强丝绸之路沿线国家的宗教与文化对话。

中亚国家民族问题和宗教问题十分复杂,塔吉克人在族源上为东伊朗族,与伊朗文化语言习俗相同,共同继承波斯文明。哈萨克斯坦、吉尔吉斯斯坦、乌兹别克斯坦、土库曼斯坦则均为阿尔泰语系突厥语族国家,与土耳其语言、文化较为接近。伊朗积极发展、援助与同族塔吉克斯坦的政治、经济、文化关系,此外,还利用其国内拥有大量土库曼民族,积极拓展与土库曼斯坦的双边关系,包括交通基础设施、经贸投资等。土耳其以泛突厥主义为口号,号召复兴突厥民族,建立大突厥经济圈,建立由土耳其主导的突厥国家联盟。中亚地区各国居民主要信仰伊斯兰教。由于紧邻阿富汗、伊朗与阿拉伯国家,在宗教复兴过程中,受到极端宗教势力的渗透。70年代末以来,中亚伊斯兰激进主义逐渐抬头,出现一些极端组织,如乌兹别克斯坦的"乌兹别克斯坦伊斯兰运动"(乌伊运)和塔吉克斯坦的"伊斯兰复兴党",一些国际伊斯兰组织也进入中亚,如伊扎布特(伊斯兰解放党)、基地组织。它们致力建立伊斯兰国家,不断制造恐怖凶杀事件,挑起民族冲突,破坏社会稳定,并与阿富汗、南亚、高加索的伊斯兰组织遥相呼应,支持中国的"疆独"活动。今天,尤其要加强宗教对话。

【参考文献】

[1] 黄新亚.丝路文化·沙漠卷[M].杭州:浙江人民出版社,1995.

[2] 林梅村.从考古发现看火祆教在中国的初传[J].西域研究,1996(4):54 – 60.

[3] 彭树智.文明交往论[M].西安:陕西人民出版社,2002.

[4] 黄民兴.中东国家通史·伊拉克卷[M].北京:商务印书馆,2002.

[5] 威廉·伯恩斯坦.茶叶·石油·WTO:贸易改变世界[M].李晖,译.海口:海南出版社,2010.

[6] 贡德·弗兰克.白银资本:重视经济全球化中的东方[M].刘北成,译.北京:中央编译出版社,2008.

[7] 黄民兴."伊斯兰秩序"与"华夷秩序"——唐朝中国与阿拔斯王朝的地区秩序关系分析[J].唐都学刊,2008(3):6 – 10.

[8] 朱谦之.中国景教[M].北京:东方出版社,1993.

（原刊于《五台山研究》2014 年第 2 期）

2014 年乌兹别克斯坦撒马尔罕盆地
南缘考古调查简报

西北大学丝绸之路文物保护与考古学研究中心

边疆考古与中国文化认同协同创新中心

乌兹别克斯坦共和国科学院考古研究所

【摘　要】 位于西天山西端区域的撒马尔罕盆地周缘水草丰茂、从青铜时代以来曾有塞种、萨尔马提亚、大月氏、嚈哒等多个游牧民族在此活动、驻牧。2014年 4 月~5 月,中国西北大学丝绸之路文物保护与考古学研究中心、边疆考古与中国文化认同协同创新中心与乌兹别克斯坦共和国科学院考古研究所组成的联合考古队对撒马尔罕盆地南缘的古代游牧民族遗存开展了考古调查,确认并重点调查了萨扎干、兹纳克两处大型游牧聚落遗址,发现了大量不同时期、不同类型、不同规模的墓葬、居住遗迹、道路等遗迹。结合以往的考古研究成果,对两处遗址的年代、文化族属、聚落形态、聚落等级、功能布局等问题进行了详细的论述并结合遗迹分布情况尝试探讨了遗址的聚落布局特征。

【关键词】 萨扎干兹纳克游牧聚落

2014 年 4 月 10 日—5 月 21 日,中国西北大学丝绸之路文物保护与考古学研究中心、边疆考古与中国文化认同协同创新中心与乌兹别克斯坦共和国科学院考古研究所组成的联合考古队(以下简称:中乌考古队),在乌兹别克斯坦南部的西天山西端区域开展了考古调查。本次调查的主要范围是撒马尔罕州南部的西天山北麓山前地带(图 1)。在全面调查的基础上,对萨扎干(Sazagan)和兹纳克(Zinak)两处古代游牧聚落遗址进行了重点调查,发现了不同类型的居住遗迹、墓葬等遗迹,取得了一些新收获。现将主要收获简报如下。

一、概况

撒马尔罕盆地位于乌兹别克斯坦共和国东南部,北面西天山(Western Tien Shan)余脉努拉塔山(Nurata Mountains)、突厥斯坦山(Turkestan Range)与南面帕米尔—昆仑

图1　撒马尔罕盆地地形及遗址位置图

a. 萨扎干遗址;b. 兹纳克遗址

(Pamir-Alay)山余脉泽拉夫善山(Zeravshan Mountains)环抱之中,为东西向狭长的山间盆地。盆地东西长约200千米,南北宽10～60千米,整体地势东高西低。发源于帕米尔高原的泽拉夫善河经塔吉克斯坦境内的片治肯特(Penjikent)谷地,自东向西流入撒马尔罕盆地后,散流引渠,成为该地区绿洲农业发展的主要水源。

撒马尔罕盆地属于典型大陆性气候,与地中海气候类似,降水主要集中在春季和冬季,夏季降水稀少(图2)。降水分布受到地形影响,整体上年均降水量随着海拔的增加而增加,相应的植被呈显著的垂直带分布特征。

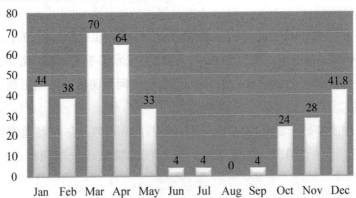

图2　撒马尔罕盆地降水分布图(海拔:725m)

撒马尔罕盆地中部地势平缓、海拔280～1000米之间,为低海拔平原地区和山麓平原地区,年均温度15°C,年降水量100～540毫米,主要植被为荒漠灌木和干旱草原。20

世纪 70 年代苏联学者在片治肯特谷地发现的萨拉兹姆(Sarazm)遗址,经多年发掘的资料表明,泽拉夫善河中游地区至迟在公元前 2000 年之前就已开始出现农业经济。[1-2]公元前 1500 年,青铜时代晚期的安德罗诺沃—塔扎巴格亚布(Andronovo-Tazabagyab)文化遗存出现在撒马尔罕盆地,该文化人群仍是以农业为主要生业,并兼营部分畜牧业。[3]这些早期遗存通常被掩盖在距地表数米的洪积层下,难以被发现。撒马尔罕盆地农业的迅速发展始于阿契美尼德波斯王朝时期,当地居民开始在泽拉夫善河南北两侧修建达尔贡(Dargom)、布伦古尔(Bulungur)等人工水渠,形成网状水利灌溉系统,大量土地被开垦为农田。[4]撒马尔罕盆地周缘的山麓为亚高山山地,海拔 1000~2600 米,年均温度 12℃,年均降水量在 400 毫米以上,主要植被为草甸草原。高山融雪形成的溪谷和冲积扇水源充足,牧草丰茂,适宜畜牧业的发展。这里也曾零星发现过安德罗诺沃—塔扎巴格亚布文化遗存,它们同样是被洪积层深埋于地下。撒马尔罕盆地周缘山麓地表调查所见的大部分遗存属于铁器时代游牧民族遗存,遗迹以规模大小不等、土、石堆筑的坟冢居多。20 世纪 60 年代开始,考古学家在泽拉夫善河中游开展了一系列考古调查,发现并发掘了一批古代游牧民族的墓葬,最具代表性的有撒马尔罕盆地南缘阿尕里克(Agalik)墓地,[5]米兰库勒(Mirankul)墓地和萨扎干墓地[6]和撒马尔罕盆地北缘的阿克加尔特佩(Akjar-tepa)墓地。[7]这些墓葬的年代大部分集中在公元前 4 世纪至公元 4 世纪之间。学者们试图将他们与塞种、萨尔马提亚、大月氏、嚈哒等文献记载的民族联系起来。

1999 年起,意大利博洛尼亚大学与乌兹别克斯坦共和国科学院考古研究所联合考古队(以下简称:意乌考古队)对撒马尔罕盆地中部、南部各个时期的古代遗迹开展了大规模区域考古调查与发掘工作。调查中运用卫星影像分析、地表遗物采集、遗迹全站仪、RTK 测绘、摄影测量三维建模等手段,对遗迹的形制特征、体量、保存状况进行了详细记录,同时结合遗物形制特征观察与科学分析对遗迹的年代作出判断。截至 2012 年,意乌考古队共调查遗迹近 1400 处,考古队将调查的遗迹分为人工土丘(Tepa)、坟冢(Kurgan)、矮堆(Low-mound)、遗址外(Off-sites)、古代人工水渠等类。研究结果表明:地表调查的遗迹绝大多数属于公元前 6—公元 8 世纪,也即阿契美尼德波斯王朝至阿拉伯人入侵中亚以前。[8]

在以往工作的基础上,2014 年 4—5 月中乌考古队对撒马尔罕盆地南缘遗迹分布集中、数量、类型丰富的萨扎干、兹纳克等两处古代游牧民族聚落遗址进行了重点考古调查。

二、萨扎干遗址

萨扎干遗址位于撒马尔罕市西南约 20 千米处的萨扎干村以南和东西两侧的山前地带。20 世纪 60 年代苏联考古学家对遗址区古代游牧民族墓葬进行了初步调查和小规模发掘,2002 年起,意乌考古队在遗址开展了考古调查和发掘工作。2014 年中乌考古队共调查了萨扎干遗址区域内的 5 个地点(图 3):1 号地点位于萨扎干村东侧山坡上,地表覆盖牧草,为大中型墓葬集中分布区域。2 号地点位于萨扎干村南山前台地上,分布有大中型墓葬(图 4)。2003 年开始,意乌考古队在该地点进行了考古发掘,发现公元前 4—前 2 世纪希腊化城塞上叠压着公元前 1—公元 1 世纪的游牧民墓葬;[9] 3 号地点位于萨扎干村南河谷西岸的一级台地上,集中分布着多个时期的石围基址和墓葬;4 号地点位于萨扎干村北侧平缓的坡地上,因现代居民大规模占地修建院落,地表遗迹已被破坏殆尽,调查仅发现数座小型墓葬;5 号地点位于萨扎干村西侧山坡上,为中小型墓葬集中分布的区域。本次调查主要对 1 号地点进行了复查、并对 3 号地点、5 号地点进行了全面调查。

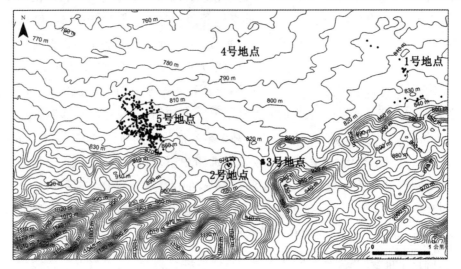

图 3 萨扎干遗址遗迹分布图

图 4 萨扎干遗址 1 号地点远景,南向北

(一)1 号地点

共发现墓葬 23 座。分为圆形石堆墓和圆形土堆墓两类。圆形石堆墓 5 座,其中封堆直径 11～20 米的大型墓葬 1 座;封堆直径小于 5 米的小型墓葬 4 座,圆形土堆墓 18 座,其中封堆直径大于 20 米的超大型墓葬 4 座,大型墓葬 7 座,封堆直径 6～10 米的中型墓葬 2 座,小型墓葬 5 座。超大型、大型墓葬封堆的顶部或周缘多有盗扰的痕迹,村民取土

筑房也对一些墓葬的封堆造成了不同程度的破坏。小型墓葬保存状况稍好。墓葬分布上看1号、10号、11号、12号、13号等超大型、大型土堆墓沿东南—西北方向呈链状分布；15号、16号、17号、18号、21号、22号等大型、中型土堆墓沿东西方向呈链状分布；小型土堆墓分布在大中型墓葬周围。除了14号墓之外，其余4座小型石堆墓主要分布在1号墓葬西、南侧（图5）。典型墓葬举例：

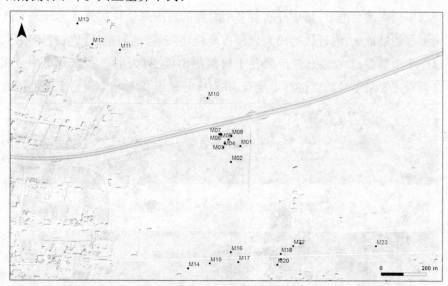

图5　萨扎干遗址1号地点遗迹分布图

1. 墓葬。

（1）圆形土堆墓。

1号墓，超大型圆形土堆墓。西距萨扎干村440米，北距M39公路76米。地理坐标：东经66°45′28.464″、北纬39°32′15.488″、海拔790米。封堆保存较完整，直径54米，高10米，由黄土堆筑而成，表面覆盖牧草。封堆周缘有环壕，宽4.5米，深0.3米。封堆顶部有三处盗坑（图6）。

11号墓，超大型圆形土堆墓。位于萨扎干村东北角住户后院，南距M39公路355米。地理坐标：东经66°45′11.507″、北纬39°32′28.715″、海拔769米。封堆北、西、南三面被当地村民取土破坏，直径残长37米，高3.7米。据残余部分估算，封堆原始直径应在40米左右（图7）。封堆周围采集到1片人头骨片（编号：USS1:2）、1块陶片（编号：USS1:3）。

15号墓，大型圆形土堆墓。位于萨扎干村西面山坡上，北距M39公路547米。地理坐标：东经66°45′24.217″E、北纬39°31′59.335″、海拔790米。封堆保存较好，直径10米，高0.5米，由黄土堆筑而成，中部有扰坑，表面覆盖牧草。

9号墓，小型圆形土堆墓。南距1号墓22米。地理坐标：东经66°45′27.58″、北纬39°32′16.638″、海拔782米。封堆保存完好，直径4米，高0.2米，由黄土堆筑而成，表面覆盖牧草（图8）。

图6 萨扎干遗址1号地点1号墓,东南向西北

图7 萨扎干遗址1号地点11号墓,西南向东北

（2）圆形石堆墓。

14号墓,大型圆形石堆墓。位于萨扎干村东面,东距15号墓71米。地理坐标:东经66°45′21.165″、北纬39°31′58.638″、海拔789米。封堆保存较完好,直径12米,高1米,由石块混合黄土堆筑而成,顶部被部分破坏。封堆周缘有环壕,宽0.5米,深0.2米(图9)。

图8　萨扎干遗址1号地点9号墓,东南向西北

图9　萨扎干遗址1号地点14号墓,西南向东北

8号墓,小型圆形石堆墓。东南距1号墓19米。地理坐标:东经66°45′26.82″、北纬39°32′16.373″、海拔782米。封堆保存完好,直径4.5米,高0.3米,由石块混合黄土堆筑而成,表面覆盖牧草。

2.遗物。

调查共采集到遗物3件,其中陶片2片、骨器1片。

标本1(编号:USS1:1),泥质褐陶,器腹残片,地理坐标:东经66°45′49.108″E、北纬39°32′3.031″,海拔780米。长4厘米,宽2.3厘米,厚0.4厘米。轮制(图10,a)。

标本2(编号:USS1:2),人头骨器残片。地理坐标:66°45′11.607″、北纬39°32′28.844″、海拔767米。长4.3厘米,宽4.3厘米,厚0.3厘米。外表面有两道宽0.2厘米,压刻的不规则曲线(图10,b)。

标本3(编号:USS1:3),夹细砂褐陶,器腹残片。地理坐标:东经66°45′10.779″、北纬39°32′27.995″、海拔768米。长4.4厘米,宽3.9厘米,厚0.9厘米。轮制(图10,c)。

a.   b.   c.

图10 萨扎干遗址1号地点采集遗物

a. 陶片(USS1:1);b. 人头骨残片(USS1:2);c. 陶片(USS1:3)

(二)3 号地点

位于萨扎干镇南侧山谷内的萨扎干河东侧二级阶地上,南部被现代居民院落破坏,西部被南北向乡村道路破坏,西面紧邻的山坡上是现代伊斯兰墓地。遗址区未被开垦,地表覆盖牧草(图11)。遗址南北长110米,东西宽53米。调查发现居住遗迹8座,墓葬39座(图12)。居住遗迹均为石围基址,平面均呈方形,四面墙体由河卵石混合砂土砌筑

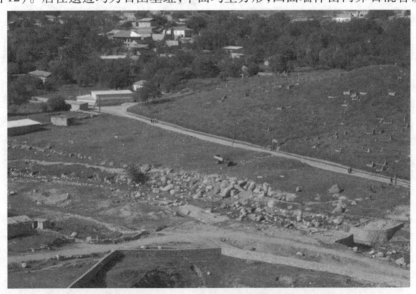

图11 萨扎干遗址3号地点远景,东北向西南

而成;墓葬均为石结构小型墓葬,共分5类:长方形石圈墓(9座)、圆形石圈墓(1座)、长方形石堆墓(5座)、椭圆形石堆墓(6座)、圆形石堆墓(18座)。发现4组墓葬打破石围基址的现象:14号墓打破2号石围基址、17号墓打破3号石围基址、19号、20号墓打破4号石围基址。典型遗迹举例:

图12 萨扎干遗址3号地点遗迹分布图

1. 石围基址。

4号石围基址,位于遗址西南部。地理坐标:东经66°44′6.08″、北纬39°31′25.991″、海拔790米。平面近方形,南北长5.6米,东西宽4.2米。墙体由两列河卵石混合砂土砌筑而成,顶部高出地表0.2米,墙宽0.35米。石围基址南部被19号墓打破,北部被20号墓打破(图13)。

图13 萨扎干遗址3号地点4号石围基址,东北向西南

5 号石围基址,位于遗址中部。地理坐标:东经 66°44′6.121″、北纬 39°31′26.96″、海拔 784 米。平面呈长方形,东西长 21 米,南北宽 13.7 米。墙体均由两列河卵石混合砂土砌筑而成,顶部高出地表 0.2～0.3 米,墙宽 0.4 米。中部有 1 道南北向隔墙。隔墙由单列河卵石砌筑,宽 0.2 米。隔墙中部留有门道,门道宽 1 米。石围基址中部向下凹陷,深0.4 米(图 14)。

图 14　萨扎干遗址 3 号地点 5 号石围基址,东向西

7 号石围基址,位于遗址北部。地理坐标:东经 66°44′6.187″、北纬 39°31′28.084″、海拔 785 米。石围基址西部被南北向乡村道路破坏。平面近方形,南北长 17.8 米,东西残宽 14.3 米,高 1.5 米,顶部较平整(图 15)。墙体由河卵石混合砂土砌筑而成,大部分墙体石块被村民搬走砌筑院墙。

2. 墓葬。

(1)长方形石圈墓。

4 号墓,小型墓葬,位于遗址南部。地理坐标:东经 66°44′7.276″、北纬 39°31′25.231″米、海拔 792 米。封堆由一列河卵石围砌而成长方形石圈,中部填土。石圈南北长 2.4米,东西宽 1.5 米,高 0.15 米,顶部平整(图 16)。

(2)圆形石圈墓。

34 号墓,小型墓葬,位于遗址中南部。地理坐标:东经 66°44′6.758″、北纬 39°31′26.272″、海拔 785 米。封堆平面呈圆形,周缘由一列河卵石围砌呈圆形石圈,直径 2.1米,高 0.2 米,顶部平整(图 17)。

(3)长方形石堆墓。

5 号墓,小型墓葬,位于遗址东南部。地理坐标:东经 66°44′7.366″、北纬 39°31′

图 15　萨扎干遗址 3 号地点 7 号石围基址，东向西

图 16　萨扎干遗址 3 号地点 4 号墓，东北向西南

25.805″米、海拔 791 米。封堆周缘由河卵石围砌呈长方形石圈，石圈内堆筑河卵石。封堆南北长 3.1 米，东西宽 2.2 米，高 0.1 米，顶部较平整，中部略隆起。

（4）圆形石堆墓。

19 号墓，小型墓葬，位于遗址西南部，打破 4 号石围基址。地理坐标：东经 66°44′6.321″、北纬 39°31′25.659″、海拔 787 米。封堆平面呈圆形，由河卵石堆筑而成，直径 1.3 米，高 0.15 米，中部隆起（图 18）。

图 17　萨扎干遗址 3 号地点 34 号墓,北向南

图 18　萨扎干遗址 3 号地点 19 号墓,北向南

(5)椭圆形石堆墓。

18 号墓,小型墓葬,位于遗址西南部。地理坐标:东经 66°44′6.398″、北纬 39°31′25.659″、海拔 785 米。封堆平面呈椭圆形,由河卵石堆筑而成,南北长 2.4 米,东西宽 1.3 米,高 0.17 米,顶部较平整,中部略隆起。

3.遗物。

共采集陶片 3 片,均位于 5 号石围基址东北侧。

标本1（编号：USS3：1），夹细砂红陶，罐形器腹残片。地理坐标：东经66°44′6.994″、北纬39°31′26.569″、海拔785米。长6.4厘米，宽4.7厘米，厚0.6厘米。轮制（图19，a）。

标本2（编号：USS3：2），泥质红陶，罐形器腹残片。地理坐标：东经66°44′6.995″、北纬39°31′26.570″、海拔785米。长4.5厘米，宽3.9厘米，厚0.5厘米。轮制（图19，b）。

标本3（编号：USS3：3），夹细砂褐陶，罐形器腹残片。地理坐标：东经66°44′6.993″、北纬39°31′26.568″、海拔785米。长3.7厘米，宽2.5厘米，厚0.5厘米。轮制，表面有三道横向细旋纹（图19，c）。

 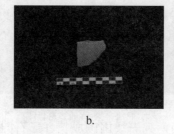 

a.   b.   c.

图19　萨扎干遗址3号地点采集陶片
a. USS3：1；b. USS3：2；c. USS3：3

（三）5号地点

位于萨扎干村西侧山前冲积扇的缓坡上，遗址区未经开垦，地表覆盖牧草。遗址南北长1.2千米、东西宽0.7千米。调查共发现石围基址1座、人工平台1处、墓葬353座（图20）。墓葬有方形石圈墓（7座）、方形石堆墓（8座）、圆形石堆墓（338座）三类。其

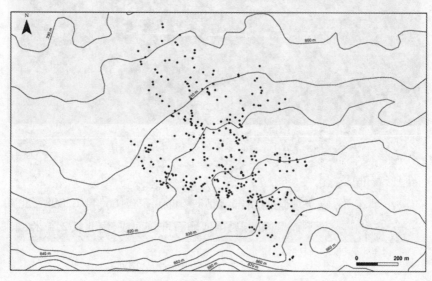

图20　萨扎干遗址5号地点遗迹分布图

中方形石围墓、方形石堆墓均为小型墓葬。圆形石堆墓多沿山坡自上而下呈链状分布,依规模分为中、小两个等级:中型墓葬62座、小型墓葬276座。典型遗迹举例:

1. 石围基址。

1号石围基址。位于遗址区中南部。地理坐标:东经66°43′2.402″、北纬39°31′41.477″、海拔794米。平面近方形,南北长40米,东西宽33米。东墙、北墙保存较好,墙体由小石块混合砂土砌筑而成,宽1.1米,高0.2米。

2. 人工平台。

1号人工平台,位于遗址区中南部。地理坐标:东经66°43′1.378″、北纬39°31′42.168″、海拔799米。东西长14米,南北宽4米,南部被洪积层覆盖;平台顶部平整,北部边缘由小石块混合砂土砌筑成一道用于加固的列石,列石宽1.2米,高0.3米。

3. 墓葬。

(1)长方形石圈墓。

111号墓,小型墓葬,位于遗址南部。地理坐标:东经66°43′5.479″、北纬39°31′38.588″、海拔804米。封堆由两列石块围砌成长方形石圈,中部填土。石圈南北长1.5米,东西宽1米,高0.1米,顶部低平。

(2)长方形石堆墓。

162号墓,小型墓葬,位于遗址中南部(图21)。地理坐标:东经66°43′1.202″、北纬39°31′43.298″、海拔799米。封堆由石块堆筑,平面呈长方形,南北长1.2米,东西宽0.7米,高0.1米,顶部低平。

图21　萨扎干遗址5号地点162号墓,南向北

（3）圆形石堆墓。

260号墓，中型墓葬，位于遗址中北部。地理坐标：东经66°42′55.733″、北纬39°31′55.817″、海拔775米。封堆平面呈圆形，由河卵石堆筑而成，直径6米，高0.5米，中部隆起。

44号墓，中型墓葬，位于遗址东部（图22）。地理坐标：东经66°43′8.851″、北纬39°31′54.239″、海拔782米。封堆平面呈圆形，由河卵石堆筑而成，直径7.4米，高0.3米，南半部被现代居民扰乱。

图22　萨扎干遗址5号地点44号墓，东北向西南

45号墓，小型墓葬，位于遗址西部。地理坐标：东经66°43′7.193″、北纬39°31′53.776″、海拔784米。封堆平面呈圆形，由河卵石堆筑而成，直径3.4米，高0.2米，南半部被现代居民扰乱。

80号墓，小型墓葬，位于遗址中部。地理坐标：东经66°43′2.517″、北纬39°31′46.17″、海拔791米。封堆平面呈圆形，由河卵石堆筑而成，直径1.4米，高0.3米，中部隆起。

4.遗物。

遗址区内共采集陶片56片，时代属公元前4—公元10世纪。

标本1（编号：USS5:56），泥质褐陶，罐形器器底残片（图23，a）。地理坐标：东经66°43′3.282″、北纬39°31′34.718″、海拔809米。东经平底，底径25厘米、壁厚0.9厘米、底厚0.7厘米。

标本2（编号：USS5:1），泥质褐陶，器底残片（图23，b）。地理坐标：东经66°43′4.486″、北纬39°31′39.218″、海拔805米。平底，底径22厘米、壁厚1.8厘米、底厚

1.4 厘米。

标本 3(编号:USS5:33),泥质褐陶,口沿残片(图 23,c)。地理坐标:东经 66°42′57.857″、北纬 39°31′46.013″、海拔 787 米。卷沿方唇直口,口径 7 厘米、唇厚 1.2 厘米、壁厚 0.4 厘米,器表施黄色陶衣。

标本 4(编号:USS5:32),泥质褐陶,器底残片(图 23,d)。地理坐标:东经 66°42′57.857″、北纬 39°31′46.013″、海拔 787 米。平底,底径 14 厘米、壁厚 1.1 厘米、底厚 1.4 厘米。

图 23　萨扎干遗址 5 号地点采集陶片

标本 5(编号:USS5:34),泥质红陶,口沿残片(图 23,e)。地理坐标:东经 66°42′57.857″、北纬 39°31′46.013″、海拔 787 米。圆唇直口,口径 8 厘米、壁厚 1 厘米。

标本 6(编号:USS5:40),夹细砂红陶,口沿残片(图 23,f)。地理坐标:东经 66°42′54.739″、北纬 39°31′44.471″、海拔 785 米。圆唇直口,壁厚 0.6 ~ 1.2 厘米。

标本 7(编号:USS5:54),泥质红陶,罐形器口沿残片(图 23,g)。地理坐标:东经 66°42′52.748″、北纬 39°31′49.093″、海拔 780 米。卷沿方唇直口,口沿宽 2.4 厘米,口径 33 厘米,壁厚 1.4 厘米。

标本 8(编号:USS5:45),夹细砂灰陶,罐形器口沿残片(图 23,h)。地理坐标:东经 66°42′52.748″、北纬 39°31′49.093″、海拔 780 米。卷沿方唇侈口,口沿宽 1.9 厘米,口径 22 厘米,壁厚 0.8 厘米。

标本 9(编号:USS5:44),泥质褐陶,钵形器口沿残片(图 23,i)。地理坐标:东经 66°42′52.748″、北纬 39°31′49.093″、海拔 780 米。圆唇直口,口径 25 厘米、壁厚 0.6 厘米。

标本 10(编号:USS5:24),泥质褐陶,器耳残片(图23,j)。地理坐标:东经 66°43′7.
062″、北纬 39°31′31.124″、海拔 791 米。竖耳,长 5.6 厘米、宽 3~4 厘米、直径 1.8 厘米。

标本 11(编号:USS5:48),夹细砂褐陶,罐形器口沿残片(图23,k)。地理坐标:东经
66°42′52.748″、北纬 39°31′49.093″、海拔 780 米。折沿方唇侈口,口沿宽 1.4 厘米,口径
11 厘米、壁厚 0.7 厘米。

三、兹纳克遗址区

兹纳克遗址区位泽拉夫善山北麓,M39 公路所经山口东侧兹纳克村与胡佳杜克村南
山坡的冲积扇上,西北距撒马尔罕市东南约 20 千米(图24)。遗址区西南部被兹纳克村
占据,现存范围东西长 2 千米,南北宽 1.7 千米,南面的泽拉夫善山终年积雪、水源充沛。
一条宽阔的冲沟从遗址中部穿过,将遗址分隔为东西两个部分。兹纳克村南山坡未经大
规模开垦,遗迹保存较好,地表覆盖牧草,是现代村民放牧的草场。胡佳杜克村南山坡大
部分区域被开垦成农田,仅零星残留少量遗迹。

图24　兹纳克遗址远景,北向南

本次调查共发现石围基址 2 座、人工平台 85 处、道路遗迹 2 条、墓葬 320 座(图25)。
石围基址均建于山前的台地上,为半地穴式结构,平面呈方形,墙体由石块混合砂土砌筑
而成;人工平台均依山势建于在山坡上,顶部及周缘经人工修整。据调查,平台边缘原先
砌筑石块用以加固。20 世纪 60 年代开始,石块被当地村民搬移用于修筑房屋和院墙,至
90 年代大部分石块已被搬移殆尽;道路遗迹均沿东西向分布于遗址中部的山坡上,路面
经人工修筑平整,宽 2~4 米;墓葬主要有圆形石堆墓(315 座)、长方形石堆墓(4 座)两
类,均为中小型墓葬;另有一座青铜时代墓葬被山洪冲毁,形制不明。圆形石堆墓多沿山
坡自上而下呈链状分布,许多墓葬叠压在人工平台之上。典型遗迹举例:

(一)石围基址

1 号石围基址,位于遗址东部山前台地上(图26)。地理坐标:东经 67°3′18.937″、北
纬 39°22′54.304″、海拔 1064 米。石围基址平面近方形,西南部被当地居民农垦破坏,仅
余东墙、北墙,墙体由石块混合砂土砌筑而成,墙体上部石块被当地居民搬移。北墙残长
23 米,高出地表 0.3 米;东墙长 15 米,高 0.35 米。南墙残长 7 米,高 0.4 米,墙外用大块

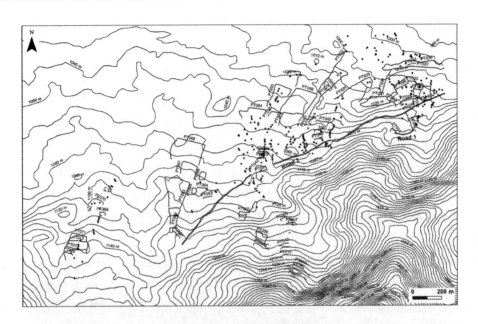

图 25　兹纳克遗址遗迹分布图

图 26　兹纳克遗址 1 号石围基址

石头砌一道列石,应为挡水挡土之用,现仅残留两块。石围基址整体被冲积物覆盖,内部较平整,地表覆盖牧草。

2 号石围基址,位于遗址东部山前台地上,北距 1 号石围基址 152 米。地理坐标:东经 67°3′14.713″、北纬 39°22′49.853″、海拔 1077 米。石围基址平面近方形,地表经机耕农垦,墙体上部被破坏,西北部破坏严重。墙体由石块混合砂土砌筑而成,残高 0.15 米。

北墙残长 5 米、东墙长 11 米、南墙残长 14 米。

（二）人工平台

1 号人工平台,位于遗址区南部山坡上(图 27)。地理坐标:东经 67°3′48.278″、北纬 39°22′48.444″、海拔 1077 米。平台依山势建于山坳中,面朝东北,东西长 36 米、南北宽 25 米,南部被洪积层覆盖,平台顶部平整,地表覆盖牧草。平台中部被一条南北向冲沟打破。考察队在冲沟西侧清理出一处平台堆积剖面(图 28)。剖面堆积自上而下共三层:第 1 层,表土层,黄褐色细沙土,土质疏松,厚 17 厘米,地表覆盖牧草;第 2 层,黑褐色粗沙土,土质较疏松,厚 15 厘米,剖面出土 2 片陶片;第 3 层,自然堆积,黑褐色细沙土,土质致密。

图 27　兹纳克遗址 1 号人工平台,西南向东北

5 号人工平台,位于遗址南部山坡上(图 29、图 30)。地理坐标:东经 67°3′55.633″、北纬 39°22′51.182″、海拔 1086 米。平台依山势建于山梁上,面朝北,东西长 28 米、南北宽 7 米,南部被洪积层覆盖,平台顶部平整,地表覆盖牧草。

10 号人工平台,位于遗址南部山坡上。地理坐标:东经 67°3′57.813″、北纬 39°22′42.4″、海拔 1136 米。平台依山势建于山梁上,面朝西北,东西长 48 米、南北宽 7 米,南部被洪积层覆盖,平台顶部平整,地表覆盖牧草。

25 号人工平台,位于遗址东北部山坡上。地理坐标:东经 67°4′17.042″、北纬 39°23′17.856″、海拔 972 米。平台依山势建于两条小冲沟之间的坡地上,西南—东北走向,平面呈三角形,西北边长 60 米,西南边长 48 米,东南边长 66 米。平台顶部平整,地表覆盖牧草。

图28　兹纳克遗址1号人工平台剖面,东向西

图29　兹纳克遗址5号人工平台,东北向西南

(三)道路

2号道路,位于遗址中部山坡上,呈西南—东北走向(图31)。路面经人工修筑平整,宽2～4米。西南端进入遗址南部冲积扇上部,地理坐标:东经67°3′35.252″、北纬39°22′42.206″、海拔1100米;东北延伸至遗址东缘,地理坐标:东经67°4′33.378″、北纬39°23′14.886″、海拔990米。道路中部被冲沟破坏,全长1.7千米。

图30 兹纳克遗址25号人工平台,东北向西南

(四)墓葬

(1)长方形石堆墓。

242号墓,小型墓葬,位于遗址中部山坡上。地理坐标:东经67°3′48.754″、北纬39°22′59.36″、海拔1040米。封堆由石块堆筑,平面呈长方形,南北长1.4米,东西宽0.7米,高0.1米,顶部低平。

(2)圆形石堆墓。

276号墓,小型墓葬,位于遗址东北部山坡上。地理坐标:东经67°4′9.685″、北纬39°23′18.724″、海拔983米。封堆保存较完好,平面呈圆形,由河卵石混合砂土堆筑而成,直径2.2米,高0.25米,中部隆起。

97号墓,中型墓葬,位于遗址东北部山坡上。地理坐标:东经67°4′26.826″、北纬39°23′23.178″、海拔957米。封堆保存较完好,平面呈圆形,由小块河卵石堆筑而成,直径11米,高0.4米,中部隆起。

图31 兹纳克遗址2号道路,西向东

图 32　兹纳克遗址 276 号墓,东北向西南

(3)其他。

320 号墓,位于遗址东部山坡上。地理坐标:东经 67°6′9.224″、北纬 39°23′27.936″、海拔 1017 米。墓葬大部分被冲毁,形制不明。地表采集到人骨数十块,其中一块指骨上浸有绿色铜锈。胡佳杜克村民最早在该墓葬捡到一只青铜手镯,后赠予在该地调查的考察队,并向考察队指明了手镯的发现地点。

图 33　兹纳克遗址 320 号墓地表浸有铜锈的人指骨

（五）遗物

共采集陶片 71 片、石器 2 件、青铜器 1 件。

（1）陶器。

标本 1（编号：USZ：29），地理坐标：东经 67°3′14.435″、北纬 39°22′50.417″、海拔 1073 米。泥质褐陶，高脚杯器底残片，底径 5 厘米、壁厚 0.6 厘米（图 34，a）。

标本 2（编号：USZ：15），地理坐标：东经 67°3′37.666″、北纬 39°23′1.896″、海拔 1042 米。泥质褐陶，罐形器器底残片，底径 14 厘米、壁厚 1 厘米、底厚 0.8 厘米，外施黄色陶衣（图 34，b）。

标本 3（编号：USZ：57），地理坐标：东经 67°3′11.111″、北纬 39°22′37.834″、海拔 1113 米。泥质褐陶，器腹残片，壁厚 1.2 厘米，外施黄色陶衣（图 34，c）。

标本 4（编号：USZT1②：2），地理坐标：东经 67°3′48.382″、北纬 39°22′48.79″、海拔 1085 米。夹细砂褐陶，罐形器器底残片，底径 9 厘米、壁厚 1.3 厘米、底厚 1 厘米（图 34，d）。

标本 5（编号：USZ：37），地理坐标：东经 67°3′14.495″、北纬 39°22′49.891″、海拔 1077 米。夹粗砂褐陶，罐形器器耳残片，宽 5.6 厘米、长 5.6 厘米、厚 2.6 厘米，外施黄色陶衣（图 34，e）。

标本 6（编号：USZ：19），地理坐标：东经 67°4′.371″、北纬 39°22′45.345″、海拔 1116 米。夹粗砂褐陶，器腹残片，厚 1.2 厘米（图 34，f）。

标本 7（编号：USZ：18），地理坐标：东经 67°4′.297″、北纬 39°22′45.458″、海拔 1117 米。夹粗砂褐陶，器腹残片，厚 0.9 厘米（图 34，g）。

标本 8（编号：USZ：56），地理坐标：东经 67°3′11.099″、北纬 39°22′37.872″、海拔 1113 米。泥质褐陶，罐形器器底残片，底径 12 厘米、壁厚 2 厘米、底厚 0.8 厘米，外施黄色陶衣（图 34，h）。

标本 9（编号：USZ：38），地理坐标：东经 67°3′14.243″、北纬 39°22′48.94″、海拔 1073 米。夹细砂褐陶，罐形器器底残片，底径 13 厘米、壁厚 0.9 厘米、底厚 1.3 厘米，外施黄色陶衣（图 34，i）。

标本 10（编号：USZ：61），地理坐标：东经 67°3′11.074″、北纬 39°22′37.825″、海拔 1113 米。泥质褐陶，器腹残片，直径 20 厘米，壁厚 0.9 厘米（图 34，j）。

标本 11（编号：USZT1②：1），地理坐标：东经 67°3′48.382″、北纬 39°22′48.79″、海拔 1085 米泥质红陶，器腹残片，壁厚 0.6 厘米，器表施三道平行凹旋纹（图 34，k）。

（2）石器。

标本 1（编号：USZ：71），地理坐标：东经 67°3′58.102″、北纬 39°22′45.859″、海拔 1122 米。由花岗岩磨制而成，岩石中夹杂云母和石英，呈红褐色。石器大部分已断裂损毁，平

图34　兹纳克遗址采集陶片

a. USZ：29；b. USZ：15；c. USZ：57；d. USZT1②：2；e. USZ：37；f. USZ：19；g. USZ：18；h. USZ：56；

i. USZ：38；j. USZ：61；k. USZT1②：1

面呈圆形、底面平整、表面弧曲、边缘圆润，通体经人工打磨。直径 19.2 厘米、残长 11.4 厘米，残宽 9.4 厘米、厚 5.7 厘米（图 35，a）。

图35　兹纳克遗址采集石器

a. 石器（USZ：71）；b. 石磨盘（USZ：70）

标本 2（编号：USZ：70），地理坐标：东经 67°3′14.382″、北纬 39°22′47.482″、海拔 1083 米。由灰色砂岩磨制而成，平面近长方形，边缘不规则，长 33.6 厘米、宽 22.3 厘米、厚 9 厘米，表面经人工打磨，较光滑，应为磨石（图 35，b）。

（3）青铜器。

标本 1（编号：USZM320：1），青铜手镯。地理坐标：东经 67°6′7.29″、北纬 39°23′30.

64″、海拔 1017 米。由宽扁的青铜条弯曲而成,手镯侧面向外弧曲,外径 6.8 厘米、内径 6
厘米、宽 2.7 厘米。壁厚 0.1 厘米(图 36)。

图 36　兹纳克遗址 320 号墓采集青铜手镯

四、结语

　　据意乌考古队调查,地表堆筑坟冢的古代游牧民族人群的墓葬主要分布在撒马尔罕
盆地南缘的山前地带。[10] 而萨扎干遗址和兹纳克遗址遗迹类型丰富、数量大、分布集中,
是撒马尔罕盆地南缘、卡拉图拜山与泽拉夫善山北麓规模最大的两处古代游牧民族聚落
遗址。从本次调查和以往考古发掘资料来看,两处遗址都曾在多个时期沿用。20 世纪
70 年代苏联考古学者在萨扎干遗址发掘过 9 座墓葬,均为圆形石堆墓和土堆墓,墓坑有
偏室(5 座)、竖穴(4 座)两种,出土束颈鼓腹平底罐、陶豆和钱币,时代属于公元 3—4 世
纪。2003—2007 年意乌考古队在萨扎干遗址 2 号地点发掘的希腊化时期的城塞上叠压
着公元前 1—公元 1 世纪游牧民墓葬。墓葬也是圆形石堆墓和土堆墓,墓坑均为竖穴土
坑,死者呈仰身直肢,西首葬。出土具柄铜镜、铁销刀、石纺轮、玻璃串珠、骨管等遗物。
另外,卡拉图拜山北麓的奥拉特(Orlat)墓地、希尔利巴吉特佩(Sirlibaj-tepe)墓地、考科特
佩(Kok-tepe)墓地、阿尕里克(Agalik)墓地,以及撒马尔罕盆地北缘阿克加尔特佩(Akjar-
tepe)墓地也发掘过一批同类墓葬,时代属公元前 4—公元 4 世纪,而多数墓葬的年代集
中在公元前 1—公元 1 世纪之间。据本次调查,萨扎干遗址 5 处地点及兹纳克遗址均分
布有大量圆形石堆墓和土堆墓,形制特征与已发掘的墓葬接近,时代也可能在公元前 4—
公元 4 世纪之间。该地区的长方形石圈墓、长方形石堆墓未经过发掘,而塔吉克斯坦帕
米尔高原曾发掘过一批长方形石堆墓和石圈墓,时代属公元前 7—前 4 世纪,一般认为是
塞种的墓葬。[11] 萨扎干遗址 3 号地点调查的椭圆形石堆墓属于穆斯林墓葬。
　　兹纳克遗址 320 号墓采集的青铜手镯与费尔干纳盆地安德罗诺沃—塔扎巴格亚布
文化墓葬出土手镯形制接近。[12-13] 这类手镯通常佩戴在女性的双臂,每只手腕各佩戴大

小、形制相同的 3 支手镯。20 世纪 60 年代撒马尔罕大学、乌兹别克斯坦科学院考古研究所在兹纳克遗址东部乌尔古特(Urgut)调查也发现过类似的手镯。[14]它们应属于同时期同类文化遗存。

同时，萨扎干 3 号地点发现 4 座圆形石堆墓打破石围基址的现象，兹纳克遗址也发现圆形石堆墓打破人工平台的现象，表明石围基址和人工平台的年代早于墓葬埋葬的时间。萨扎干遗址 3 号地点的 6 座石围基址、5 号地点的 1 座石围基址、兹纳克遗址的 2 座石围基址平面均呈方形，墙体高出地表不足 40 厘米，中部低平或略向下凹陷。这类石围基址以往在撒马尔罕盆地并未被发掘过，在东天山地区中国新疆巴里坤石人子沟遗址群发掘过十余座，均位于山前台地和冲积扇上，是半地穴式的房址，房址内部地面低于地表 0.5～1.5 米，房址中部及墙体内侧周缘设有柱洞，地面上有烧面、灶、出土陶器、石磨盘、石磨

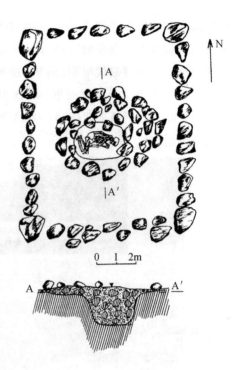

图 37 塔吉克斯坦长方形石圈墓

棒等遗物，属古代游牧民族的居住遗迹，时代从公元前一千纪一直延续到公元 1 世纪。[15-16]萨扎干遗址和兹纳克遗址的石围基址与石人子沟遗址群石围基址地表形制特征接近，应是同类遗存。另外，萨扎干遗址 2 号地点 7 号石围基址墙体高出地表 1.5 米，也砌筑石墙，其形制特征与石人子沟遗址群发掘的地面式石围基址接近。石人子沟遗址

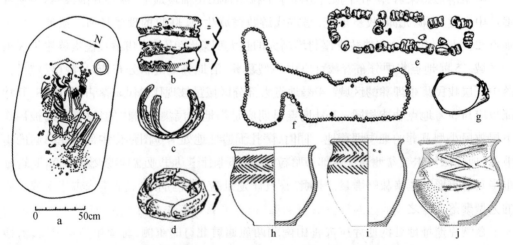

图 38 费尔干纳盆地安德罗诺沃—塔扎巴格亚布文化墓葬

a.墓室平面;b~d.青铜手镯;e~f.青铜串珠;g.青铜耳环;h~j.陶器

地面式石围房址是在地表起建,外侧砌筑一周石墙,石墙内侧及房址中部设多个柱洞,地面出土遗物及时代与半地穴式石围房址相同。此外,本次调查在遗址中采集到的陶片时代既包括早期铁器时代早期(前9—前8世纪)、希腊化时期(前4—前2世纪)、贵霜王朝时期(前1—3世纪)、嚈哒时期(4—5世纪),还有许多属于粟特(5—7世纪)、阿拔斯王朝(8—9世纪)、萨曼王朝(874—999)、喀拉汗王朝时期(927—1212)时期,表明该遗址在长时期内沿用。

图39 兹纳克遗址人工平台远景,东北向西南

从聚落形态来看,萨扎干遗址分布于卡拉图拜山山前坡地上,地势开阔,萨扎干河从遗址中穿过,水源充沛,牧草丰茂,是古代游牧民族生息、驻牧的理想场所。遗址中1号地点、2号地点集中分布着数十座封堆高大的超大型墓葬,应是古代游牧民贵族集中埋葬的区域。5号地点集中分布着数百座中小型墓葬、沿地势呈链状分布,布局规整,应是部落中下层牧民集中埋葬的区域。4号地点大部分区域虽被现代村民院落占据、破坏,其功能也应与5号地点功能相同。3号地点早期应是当地牧民集中居住的场所,晚期被用作下层牧民小型墓葬的集中埋葬地。同时,萨扎干遗址地处卡拉图拜山中部向北凸起的山坡上,扼守撒马尔罕盆地通往西部布哈拉、西南部卡什卡达里亚盆地的交通要道,其选址也当具有重要的军事战略考量。据此,萨扎干遗址应是撒马尔罕盆地南缘古代游牧民族的大型聚落遗址之一。

兹纳克遗址地处沟通泽拉夫善山南北两麓通道北口的东侧,北望撒马尔罕盆地,南与卡什卡达里亚盆地交通便利。遗址位于山前较为平缓的坡地上,背靠山体高耸、山顶终年积雪的泽拉夫善山,东西两侧隆起的山脊形成大环抱,地势开阔,水源充足,植被丰茂,是古代游牧民族夏季理想的居住场所。兹纳克遗址最显著的特点是分布有数量众多、规模宏大的人工平台。古代游牧人群在坡地上搭建帐篷居住,需要人工构筑平台。本次调查在1号人工平台的剖面上发现的文化堆积,证明古代人类曾在此类遗迹上活动。这类人工平台被晚期牧民反复沿用的现象也十分普遍。人工平台也广泛分布于石人子沟遗址群及东天山北麓的其他遗址,其往往与石围基址错落有致、共同分布于同一遗址中。这样的现象,表明古代游牧人群在聚落生活中具有不同的居住形式。

兹纳克遗址内的人工平台主要分布在四个区域,可能具有不同的功能:①中部区域,以61~68号平台为代表,分布于遗址区中部隆起的坡地上,地势高亢、平坦、视域广阔。人工平台自上而下呈阶梯状分布,面积大者如68号人工平台边长156×140平方米,规模宏大,布局规整。该地点不仅可以俯视遗址区西、北、东部全境,还可与遗址区南部山坳中的平台保持良好通视。同时,中部区域西邻南北向的大冲沟,大冲沟两侧陡峭,深十余米,与西部区域相隔70~100米,易守难攻,是保护中部区域的天然屏障。另外,中部区域位于贯穿遗址2号古代道路的起点,道路向东南途径遗址东部区域人工平台集中分布区域,一直通往胡佳杜克村南水源丰富的区域,可能是遗址内交通、运输水等生活物资的主要通道。因此,中部区域很可能是兹纳克遗址区统治中心区域。②东部区域位于山前坡地的中下部,地势平缓,成片分布着大量大型人工平台,规模大者如56号人工平台,长158×120平方米。平台不仅呈南北阶梯状分布,而且东西相连,成排成列分布,对中部区域和南部区域形成拱卫之势。该区域很可能是聚落中驻军的场所。③南部区域位于地势陡峭的山坳内,人工平台自南向北、自上而下呈阶梯状分布,规模小于中部区域、东部区域的人工平台。该区域视域控制范围不如中部区域,但也处在陡峭山梁的环抱中,相对安全隐蔽。同时该区域又邻近中部区域,两地可互相通视。2号古代道路沿该区域北侧通过,生活物质运输供应方便,该区域可能具有一定军事瞭望的功能。④西部区域与中部区域隔一条较大的冲沟相望,山坡上分布着少量人工平台,山坡下已被兹纳克村现代房屋占据,仅发现2座石围基址,原有居住遗迹可能已大部被破坏,已无法判断该区域的功能性质。从调查发现的遗迹遗物看,兹纳克遗址最初是青铜时代晚期安德罗诺沃—塔扎巴格亚布文化人群活动的区域,此后在很长一段时期内成为了以人工平台和石围居址为居住形式的古代游牧民族大型聚落,再往后又成为了古代游牧人群中、下层牧民的集中埋葬地。该遗址内的居住遗迹和绝大多数墓葬是由本次调查首次发现、确认,尚未进行考古发掘,对该遗址分期和年代的认识还有待于进一步的考古工作证实。

历史文献记录和已有考古学研究成果表明,公元前4—公元4世纪先后有塞种、萨尔马提亚、大月氏、嚈哒等古代游牧民族先后驻牧于西天山西端区域。撒马尔罕盆地南缘发现的游牧民族遗存很可能与这些民族存在一定联系。

总之,本次调查的萨扎干遗址和兹纳克遗址是西天山西端、撒马尔罕盆地南缘的古代游牧民族大型聚落遗址,调查初步了解了该地区古代游牧文化遗迹类型、分布规律与聚落形态,为以后深入的考古调查与研究工作提供了重要的线索。

（附记：参与本次考察的人员有乌兹别克斯坦科学院考古研究所 A. Berdimimurodov、M. Khasanov、K. Raximov，中国西北大学文化遗产学院王建新、马健、中国古脊椎动物与古人类研究所周新郢、郑州大学历史学院孙危、陕西省考古研究院陈爱东、西安外国语大学曹辉）

领队：王建新、A. Berdimimurodov

执笔：马健、王建新、陈爱东、周新郢

制图：周新郢、马健

照相：陈爱东、王建新、马健

整理：孙危、曹辉、M. Khasanov、K. Raximov

【参考文献】

［1］ SAKOV A I. Sarazm：An Agricultural Center of Ancient Sogdiana［J］. The Archaeology and Art of Central Asia Studies From the Former Soviet Union, 1994(8):1 – 12.

［2］ MASSON V M. Masson. The Bronze Age in Khorasan and Transoxania［M］//MASSON V M. History of Civilizations of Central Asia：Vol. I. Paris：UNESCO Publishing, 1992.

［3］ MALLORY J P, ADAMS D Q. Tazabagyab Culture［M］//MALLORY J P, ADAMS D Q. Encyclopedia of Indo-European Culture. London：Taylor & Francis Ltd. , 1997.

［4］ RONDELLI B, TOSI M. GIS and Silk Road studies：Monitoring landscape and population changes at Samarkand and in the Middle Zeravshan Valley［M］// RONDELLI B, TOSI M. Reading Historical Spatial Information from around the World：Studies of Culture and Civilization based on Geographical Information Systems Data. Kyoto：24th International Research Symposium, 2006.

［5］ OBEL'FCHENKO O V. Agaliksaiskie Kurgani［J］. Istorija material' fnoj kul' ftury Uzbekistana, 1972(9):56 – 72.

［6］ OBEL'FCHENKO O V. Sazaganskie Kurgani［J］. Istorija material ' fnoj kul' ftury Uzbekistana, 1966(7):66 – 80.

［7］ OBEL'FCHENKO O V. Moghilnik Ak-djar tepa［J］. Istorija material'fnoj kul'ftury Uzbekistana, 1962(3):57 – 70.

［8］ MANTELLINI S. Dwelling dynamics, territory exploitation, and trade routes in the ancient Samarkand oasis (Uzbekistan)［M］// Archeologia delle "Vie della Seta"：Percorsi, Immagini e Cultura Materiale II Ciclo di Conferenze, 2013.

［9］ BONORA G L. Carta Archeologica della Media Valle dello Zeravshan：aspetti diversificati per una comprensione diacronica del popolamento antico. Missione Archeologica Italo – Uzbeka a Samarcanda：campagna 2002［J］. OCNUS：Rivista della Scuola di Specializzazione in Archeologia, 2003(11):35 – 63.

［10］ TOSI M, BERDIMURADOV A, FRANCESCHINI F, et al. La Carta Archeologica Della Media Valle Dello Zeravshan：Stradtegie e Metodi Per La Storia Del Popolamennto Nella reginoe Di Samarcanda ［M］// The Role of Samarkand in the History of World Civilization：Materials of the International Scientific Symposium devoted to the 2750ᵗʰ Anniversary of the City of Samarkand. Tashkent-Samarkand：Fan，2007：68 – 73.

[11]　Б. А. Литвинский，Древние Кочевники Крыши Мира. Москва：НАУКА，1972.

[12]　А. И. Исаков，БогатоеженскоепогребениеизСаразма，pp. 64 – 70.

[13]　А. И. Исаков，ПотемкинаТМ. Могильникплохиэпохиъроныв Таджикистане，pp. 145 – 167.

[14]　Археологическая карта памятников самаркандской области，Том 2. Ташкент 2010：271.

[15]　马健,王建新,赵汗青,等.2009 年新疆巴里坤石人子沟遗址 F2 发掘报告[J].考古与文物,2014 (5):25 – 36.

[16]　王建新,张凤,任萌,等.新疆巴里坤县东黑沟遗址 2006—2007 年发掘简报[J].考古,2009 (1):3 – 36.

（原刊于《西北考古》2014 年（第 8 辑））

人文视野下的丝绸之路文化遗产保护和考古学研究

王建新

西北大学在周秦汉唐文明与中外文化交流的考古研究、西域民族与宗教考古研究、文化遗产保护研究等领域,具有天然的地域优势和优良的学术传统。

一、学术传统结合区位资源展现西北大学丝绸之路考古研究优势

西北大学于 1956 年设立了全国第二个考古学专业,1989 年在全国高校中率先设立了文物保护技术专业,2008 年开始在考古学本科专业中增设文化遗产管理方向,逐步形成文化遗产研究(考古学)、文化遗产保护(文物保护技术)、文化遗产管理(遗址保护规划)三位一体的教学科研体系。西北大学文化遗产学院是考古学一级学科博士、硕士学位授权点和文物及博物馆专业硕士授权点,考古学专业是国家级特色专业、陕西省名牌专业,文物保护技术专业是陕西省名牌专业、特色专业。除此之外,西北大学还拥有文化遗产研究与保护技术重点实验室(教育部)、文化遗产保护技术实验教学示范中心(国家级)、丝绸之路文化遗产保护与考古学研究中心(省级哲学社会科学重点科研基地)、文化遗产保护规划中心(与陕西省文物局联合成立)、国家文物局砖石质重点科研基地(与西安文物保护修复中心共建)、文物鉴定中心等教学科研机构。

基于陕西及西北地区丰富文化遗产资源形成的区位优势和长期坚持的教学科研传统,西北大学确立了"立足长安、面向西域"的文化遗产学科发展方向,以周秦汉唐和丝绸之路考古研究与文化遗产保护为研究重点,在新疆与中亚考古研究、周秦汉唐文明与中外文化交流考古研究、文化遗产保护研究等领域取得了重要进展和一系列重要研究成果,在国内外学术界产生了重要影响。

二、立足长安,凝练中华传统文化的精髓

在周秦汉唐文明与中外文化交流考古研究领域,西北大学历史系师生早在 1938 年就对陕西城固张骞墓进行了发掘和保护工作。20 世纪 50 年代,西北大学考古学科的创建者马长寿先生和陈直先生确立了考古学研究与历史学研究、民族学研究相结合的发展

方向。20 世纪 50 年代后期到 60 年代初,西北大学考古专业师生先后参加了西安唐兴庆宫、铜川耀州窑、宝鸡北首岭、彬县(今属长武县)下孟村等遗址的考古发掘工作。20 世纪 70 年代,西北大学考古专业与北京大学、陕西省文物管理委员会合作,开展周原考古工作,先后发掘了岐山凤雏、扶风召陈、庄白青铜器窖藏、云塘制骨作坊等遗址,并参与了临潼姜寨、秦始皇陵兵马俑坑、河南安阳殷墟等遗址的发掘。80 年代,先后主持发掘了陕西华县梓里、商县紫荆、扶风案板、西安老牛坡、宝鸡石嘴头、青海化隆四更卡拉等遗址,并参与了咸阳秦宫殿、临潼白家村等遗址的发掘。这一时期,马长寿先生先后完成或出版了《突厥人和突厥汗国》《北狄与匈奴》《乌桓与鲜卑》《氐与羌》《从碑铭所见前秦至隋初关中部族》等,陈直先生先后出版了《汉书新证》《史记新证》《居延汉简研究》《文史考古丛书》《读金日札》《关中秦汉陶录》等学术专著,在国内外学术界产生了很大的影响。

20 世纪 90 年代,西北大学先后主持发掘了陕西长安北塬汉唐墓葬、城固宝山、西安唐长安城太平坊和实际寺、崇化坊等遗址,主持或参与了河南渑池班村、新安盐东、山西垣曲古城、青海同德宗日、民和核桃庄等遗址的发掘。20 世纪 90 年代末至本世纪初,先后主持发掘了重庆万州中坝子、上中坝、余家河、白河沟、巫溪河坪,河北涞水西水北,河南镇平姚寨,甘肃安西潘家庄、敦煌西土沟、酒泉西河滩等遗址,并与国外学术机构合作,开展了西汉帝陵、唐十八陵、麟游慈善寺与麟溪桥石窟、陕北佛教石窟等考古调查研究工作。在这一时期,刘士莪教授的《老牛坡》、王世和与张宏彦教授等的《陕西扶风案板遗址发掘报告》、赵丛苍教授的《城固宝山遗址发掘报告》、陈洪海教授等的《民和核桃庄》、柏明教授等的《唐长安太平坊与实际寺》、王建新教授等的《慈善寺与麟溪桥——佛教造像窟龛调查研究》等考古报告,彭树智教授的《文明交往论》,林剑鸣教授的《秦史稿》《秦汉史》《简牍概述》,张永禄教授的《汉代长安词典》《唐都长安》,葛承雍教授的《唐都建筑风貌》《秦陇文化志》《煌煌盛世——隋唐史》,徐卫民教授的《秦公帝王陵》,王建新教授的《东北亚青铜文化》,王维坤教授的《中日古代都城与文物交流研究》,钱耀鹏教授的《中国史前城址与文明起源研究》等学术专著先后出版。特别是黄留珠教授主编的《周秦汉唐文化研究》年刊,从 2002 年至 2009 年间出版 7 辑,在周秦汉唐文明与中外文化交流研究领域产生了重要影响。

进入 21 世纪以来,西北大学先后主持发掘了甘肃临潭磨沟、礼县西山坪、甘谷毛家坪,陕西旬邑下尉落、淳化枣树沟脑等遗址,对陕西、甘肃境内的古代长城进行了全面调查和综合研究,在甘青地区史前文化研究、早期周文化研究、早期秦文化研究、历代长城研究等领域取得了重要进展和突破,研究成果被评为 2006 年度、2008 年度全国考古十大新发现,获得了国家社科基金重大招标项目、教育部社科基金重大招标项目、国家财政部和国家文物局大遗址保护专项的资助。赵丛苍教授的《城洋青铜器》、段清波教授的《秦始皇帝陵园考古研究》、冉万里教授的《唐代金银器纹样的考古学研究》等学术专著先后出版。

三、面向西域,探索东西方文明交流的印迹

在新疆与中亚考古研究领域,早在 20 世纪 40 年代,西北大学教授黄文弼就已沿丝绸之路特别是在新疆地区开展了广泛的考古调查和发掘工作。20 世纪 50 年代初期,西北大学师生全面参与了新疆地区的第一次全国文物普查工作。20 世纪 70 年代,西北大学师生参与了新疆吐鲁番阿斯塔那古代墓葬的发掘。20 世纪 90 年代,西北大学师生先后参与了新疆乌鲁木齐柴窝铺、拜城克孜尔水库等处古代墓葬的发掘。这一时期,周伟洲教授的《敕勒与柔然》《吐谷浑史》《南凉与西秦》《中国中世西北民族关系研究》《西北民族史研究》《英国俄国与中国西藏》《边疆民族历史与文物考论》《丝绸之路大词典》,段连勤教授的《丁零、高车与铁勒》《隋唐时期的薛延陀》,王怀德教授的《伊斯兰教教派》等学术专著先后出版,并产生了较大的学术影响。

近十年来,西北大学与新疆文物考古机构合作,在新疆地区全面开展了考古和文物保护工作。主持的东天山地区古代游牧民族大型聚落遗址考古与文物保护研究等重大项目,在古代游牧文化聚落考古研究的理论、方法等方面取得了重要突破,并重点实施了古代月氏、匈奴、突厥等民族历史研究,研究成果被评为 2007 年度全国考古十大新发现,获得国家社科基金、国家财政部和国家文物局大遗址保护专项资助,在国内外产生了较大影响。西北大学主持或参与发掘了巴里坤红山口—石人子沟遗址群、尼勒克吉林台、特克斯恰卜奇海等处古代墓葬,调查勘测了哈密白杨沟和庙儿沟、库车苏巴什古代佛教寺院遗址,整理研究了巴里坤黑沟梁墓地、伊吾拜其尔墓地发掘资料,全面参与了新疆地区第三次全国文物普查等多项工作,取得了丰硕的成果,并为全面开展中亚地区考古研究工作积累了经验,培养了人才和队伍。

2009 年至 2011 年,西北大学开始开展中亚五国考古研究的前期工作。与国家博物馆、陕西省考古研究院等单位组成联合考察队,在乌兹别克斯坦、塔吉克斯坦、吉尔吉斯斯坦进行了 3 次考察工作,现场调查了 30 多处重要文化遗产点,与中亚各国考古与文化遗产保护领域的学者以及政府主管官员进行了广泛的交往,全面了解了中亚各国考古研究和文化遗产保护的历史与现状,选择了今后开展研究的课题和项目,为进入中亚各国开展考古与文化遗产保护研究工作奠定了良好的基础。

四、保护传承,让文化遗产走入现实走向未来

在文化遗产保护研究领域,20 世纪 80 年代,西北大学顺应国家文物保护事业的需求,依托校内考古学、化学、物理学、生物学等传统优势学科,在国内大学中率先创建文化遗产保护学科。经过 20 多年的建设与发展,目前是国内大学中唯一形成科学研究和人

才培养完整体系的同类学科。

在文物成分与结构分析、砖石质文物保护、土遗址保护、古建筑彩画和古代壁画及彩绘陶器颜料保护、金属器保护、考古发掘现场出土文物保护、文物安全监测、文物保存环境、文物数字化虚拟复原等文物保护关键技术和材料研究领域,承担和完成了国家"863""973"、科技支撑计划和国家自然科学基金等重大项目,取得了可喜的进展,获得了2009年国家科技进步二等奖等国家级和省部级奖励。

西北大学在开展文化遗产技术保护研究的同时,还开展了文化遗产保护管理研究。承担和完成了陕西西安汉长安城遗址、韩城梁代村两周墓地、凤翔秦雍城遗址、乾县唐乾陵、礼泉唐昭陵、咸阳唐顺陵、南郑龙岗寺遗址、周至大秦寺遗址、城固张骞墓,河南安阳殷墟遗址,山东章丘城子崖遗址、历城大辛庄遗址,宁夏贺兰山岩画、水洞沟旧石器遗址,新疆喀纳斯景区、呼图壁康家石门子岩画、巴里坤红山口—石人子沟遗址群等大遗址保护规划和丝绸之路"申遗"管理规划编制研究工作。其中一批规划已被国家文物局审批通过,由遗址所在地人民政府颁布实施。在文化遗产保护管理体制改革、文化遗产保护与区域社会经济发展关系、文化遗产保护与遗产所在地居民关系、文化遗产展示等方面的研究取得重要突破和进展。西北大学提出的设立国家级西安大遗址保护特区的建议,被国家有关部门和陕西省人民政府采纳实施。

在将现代科技方法和手段应用于考古研究方面,西北大学开展了环境考古、考古人类学、动物考古、植物考古、数字化考古等多项研究。在通过分析考古出土人骨和动物骨骼残留的微量元素,认识古代人群的食谱结构和经济结构;通过对古代金属器和陶瓷器成分、结构和矿料来源分析,探讨其制作工艺、产地以及流通等研究领域,建立了大范围考古地理信息系统平台和数字化考古,取得重要进展,形成鲜明的特色。

五、交流合作,中外学术界共同的需求

西北大学在国内外学术界广泛开展了学术交流与合作。与国家文物局、中国社会科学院考古研究所、中国文化遗产研究院、国家博物馆、故宫博物院、北京大学、吉林大学、南京大学、四川大学、山东大学、郑州大学、中山大学、新疆大学、石河子大学,以及西北五省区的考古研究机构、文化遗产保护研究机构和文物行政管理部门建立了良好的合作关系;与英国伦敦大学、美国加州大学洛杉矶分校、奥地利维也纳大学、意大利那不勒斯东方大学、日本同志社大学、日本奈良县立橿原考古学研究所等国外大学和研究机构建立了长期稳定的学术交流与合作关系。开展了一批国内跨省区多单位合作和国际合作研究项目,不断派出学者赴国外大学和研究机构参加学术会议、讲学和交流,派出了一批青年学者赴国外大学和研究机构学习并开展合作研究,引进了一批从北京大学、吉林大学、牛津大学、加州大学洛杉矶分校等国内外著名大学毕业的青年学者来西北大学工作,聘

任了一批国内外著名学者为兼职教授。近年举办的"欧亚考古学国际学术研讨会""丝绸之路考古国际学术研讨会"等大型国际会议,吸引了大批国内外学者参加,在国际学术界产生了较大影响。编辑出版的《西部考古》年刊,2006 年以来已连续出版 6 辑,在学术界产生了重要影响,被国内许多大学和科研院所列入考古学科核心期刊目录。

综上所述,西北大学在周秦汉唐文明与中外文化交流的考古研究、西域民族与宗教考古研究、文化遗产保护研究等领域,具有天然的地域优势和优良的学术传统。学术队伍人员齐备、结构合理、年富力强、成果卓著,专用仪器设备和图书资料齐全,已形成完善的人才培养体系,是国内丝绸之路文化遗产保护和考古学研究领域最重要的科研基地。

古代丝绸之路东起长安(今西安)、西至罗马,是沟通东西方经济和文化交流的主要通道,在中国古代文明形成和发展过程中起着举足轻重的作用。古代东西方文明在这个"历史上的地理枢纽"交汇,留下了大量珍贵的历史文化遗产。丝绸之路文化遗产是多民族、多文化共存、交融、发展的标志和象征。开展丝绸之路文化遗产保护与考古学研究,对于全面揭示古代中国文明与西方文明互动发展的过程,推动丝绸之路文化遗产保护与区域社会、经济发展的良性互动,促进我国与中亚五国的友好关系,具有至关重要的学术意义和现实意义。

(原刊于《中国社会科学报》2013/5/6 第 B04 版)

清代地图中的西域观
——基于清准俄欧地图交流的考察 *

席会东

【摘　要】　清代前期由西方耶稣会士领衔绘制的《皇舆全览图》系列实测舆图用西方近代测绘投影技术描绘了西域的现实情境;清代中期学者编绘的传统新疆图集则表现了历史与现实相结合的新疆图景,反映了清朝学者将新疆纳入中国传统史志文献和知识体系的价值取向;两者又共同突显了清代统一新疆的文治武功。而噶尔丹策零绘制的准噶尔汗国图,则表现了准噶尔游牧民族的西域观和疆域观,也反映了近代测绘技术和疆域领土观念在游牧民族中的传播。新疆在清朝政府、清朝学者和准噶尔汗国等绘图主体不同立场、不同知识体系的地图中呈现出历史与现实、故土与新疆、中心与边缘交错更迭的地理景象。

【关键词】　《皇舆全览图》;《准噶尔汗国图》;西域观

古地图不仅是古代地理状况的反映,也是政治权力和地理观念的表达。清代历经康雍乾三朝,最终平定准噶尔汗国与大小和卓叛乱,统一天山南北,设置伊犁将军,实现了清朝中央政府对新疆的全面管辖。在此期间,康熙帝和乾隆帝分别委派欧洲耶稣会士和清朝官员,采用西方近代测绘技术测绘新疆,并用经纬网坐标和桑逊投影法绘制《皇舆全览图》和《乾隆内府舆图》中的西域,表现了清代新疆的现实情形,反映了元明以来新疆蒙古化和突厥化的现状。雍正、乾隆年间,受清朝测绘的影响以及与俄罗斯和清朝征战、划界的需要,割据新疆一带的蒙古准噶尔汗国也开始用托忒蒙文绘制《准噶尔汗国图》,反映准噶尔汗国以新疆西域为中心的疆域观。从乾隆年间开始,除了清廷实测之图外,清朝官员和学者开始编绘《西域图志》等新疆图籍,这些图籍往往采用中国传统绘法并将清代地名与汉唐地名一并标注,突出新疆的台站体系和新建政区,表现清朝对新疆的军事控制和行政管辖,消解中原士人对新疆的陌生感和异域感,使得西域从新疆逐渐演变为

* 国家社科基金重大项目"《地图学史》翻译工程"(编号:14ZDB040)、国家社科基金重大项目"文明交往视野下的中亚文明史研究"(批准号:14ZDB060)、陕西省教育厅科研计划项目"丝绸之路古代地图整理与研究"(批准号:15JK1747)、中国博士后基金第9批特别资助项目"东西方古代丝绸之路地图研究"(编号:2016T90941)资助研究成果。

故土、由历史疆域变为现实疆土。

一、清前中期的西域测绘与新疆构建

清代前中期的由西方传教士领衔、采用西方近代三角测量法测量和桑逊投影法绘制的《皇舆全览图》系列舆图中西域多绘注蒙古语和满语地名,而中国官员和学者私人所绘的西域地图则基本保留汉唐西域地名。随着清代对西域统辖的强化,大量新疆图集开始出现,而且清代地图中山川、政区和交通的表现精度大为提高,表明清朝对西域管辖的深化和西域地理认识水平的提高。

在真正完成中国的统一大业之后,康熙帝就将全国疆域政区的测绘提上议事日程并将其作为康熙中后期的施政重点。康熙四十七年至五十七年(1708—1718)间,康熙帝亲自主持,由西方耶稣会士白晋(Joach Bouvet)、雷孝思(Jean-Bapitiste Regis)、杜德美(Pierre Jartoux)、山遥瞻(Guillaume Fabre Bonjour)、汤尚贤(Pierre Vincent de Tarte)、费隐(Xavier Ehrenbert Fridelli)、麦大成(Jean Francisco Cardoso)等率领中方测绘人员,用西方三角测量法实地测量经纬度,并用正弦曲线等面积伪圆柱投影法绘制而成全国疆域政区总图《皇舆全览图》,[1-4]至少有9种刻本和3种绘本传世,[5]是18世纪以来欧洲绘制亚洲和中国地图的底图,在中国地图史和中外地图交流史上都具有重要地位。

康熙《皇舆全览图》中描绘东疆哈密简况的《哈密全图》是康熙五十年至五十一年(1711—1712)间,法国耶稣会士杜德美(Jartoux)、法国耶稣会士潘如(Boujour)和奥地利耶稣会士费隐(Fridelli)率领中外人员完成测绘的,现有康熙分幅木刻版和彩色摹绘本两种单幅汉文本,以及康熙木刻和铜刻两种满汉文刻本传世。而描绘哈密地区的详图《哈密噶思图》与从吐鲁番到喀什地区即新疆中西部的《杂旺阿尔布滩图》("策妄阿拉布坦图")则是康熙五十五年(1716)由费隐测绘而成的。两图分别绘注新疆东部和中西部的山川、湖泊、城镇,图中的地名几乎全部是蒙古语和满语,而且与蒙元时代的蒙语地名多有不同,更标绘了许多以前地图中从未有过的小地名和新地名。两图第一次采用西方近代测量法和经纬网坐标系较为翔实而准确地绘出了清代新疆的现实地理情形,塑造了一个"新疆"的地理形象。其铜刻拼接版中的西域地名全用满文标注,彰显了清前中期清人将西域视为关外、与中原汉地不同的地理观。

《雍正十排皇舆全图》[5-7]是雍正三年(1725)在康熙《皇舆全览图》基础上,结合新辟苗疆、改土归流、平定准噶尔、与俄国订立西北界约、改革政区的实际情况及海外舆图新资料补充修订而成的,其嘉峪关以西的西域部分全用满文注记,远达黑海与地中海一带,较《皇舆全览图》范围大为扩展,并更正、增加了一些地名,用虚线绘出了中原通往西域各地的交通道路,但因其采用西方投影测绘的经纬度与中国传统的计里画方相结合的方格网坐标,使其误差较大。事实上,雍正朝与俄罗斯就中亚和西伯利亚都曾经进行过

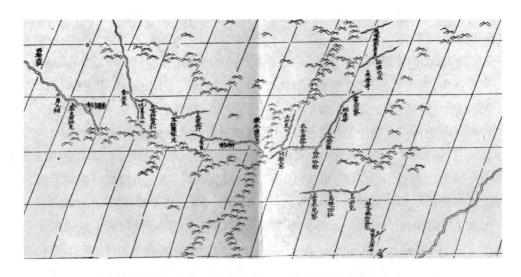

图 1　康熙木刻本《皇舆全览图》之《杂旺阿尔布滩图》局部

划界谈判,清廷完全掌握中亚和西伯利亚不少地方都沦为沙俄控制的事实,但却仍将其绘入《雍正十排皇舆全图》之中。相较于康熙《皇舆全览图》所体现的科学精神和求实态度,《雍正十排皇舆全图》多了绘图技术上的中西调和取向、政治和疆域观念上的天朝一统思想。

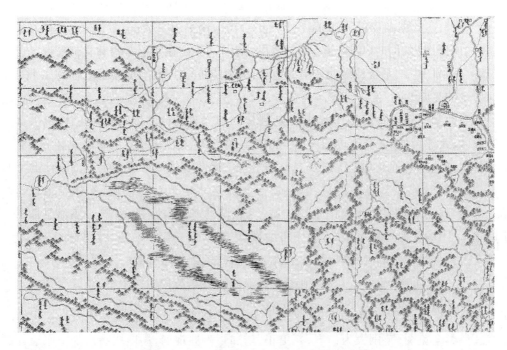

图 2　《雍正十排皇舆全图》满文西域部分

《乾隆内府舆图》(又名"乾隆十三排图")是在康熙《皇舆全览图》和《雍正十排皇舆全图》基础上,于乾隆二十年至二十六年(1755—1761)增补新疆、西藏新测绘的资料编绘而成的。该图范围东北至萨哈林岛(库页岛),北至北冰洋,南至印度洋,西至波罗的海、地中海和红海,东至东海,比康熙《皇舆全览图》描绘的地理范围大一倍以上,是当时的亚洲全图,表现了清朝"普天之下、莫非王土""天下一统"的疆域观。

乾隆年间的西域大测绘是在平定北疆准噶尔和南疆回部的背景下进行的,乾隆二十年(1755)平定准部后,乾隆帝就指示群臣采用实地考察采访与文献考证结合的双重证据法来收集新疆资料。[8]其后乾隆又命何国宗、明安图、奴三、富德等人率西藏喇嘛及欧洲耶稣会士入疆测绘准噶尔地区,将其绘入《皇舆全图》,纳入清朝的疆域版图,彰显清朝天下一统的丰功伟业。[9]乾隆年间的新疆测绘分两次完成:第一次开始于乾隆二十一年(1756)二月,由何国宗总负责测绘,从巴里坤分南、北两路,北路由努三、明安图、傅作霖(Felix da Rocha)等负责,测绘天山北麓至伊犁地区;南路由何国宗、哈清阿、高慎思(Joseph d'Espinha)负责,测绘吐鲁番地区。这次测绘于当年十月结束。第二次主要测绘南疆、中亚,开始于乾隆二十四年(1759)五月,由明安图、德保、乌林泰及欧洲耶稣会士傅作霖、高慎思、刘松龄(Augustine Hallerstein)等人前往新疆、中亚地区进行测绘。通过两次测绘,清政府获取了哈密以西、巴尔喀什湖以东、天山南北两麓广大地区90余处的经纬度数据,因此该图中西域部分地名的密度和准度都要高于《皇舆全览图》和《雍正十排皇舆全图》。宋君荣(Antonius Goubil)又提供了中亚地区的地理资料,蒋友仁(Michel Benoist)综合上述数据和资料,于乾隆二十六年(1761)镌刻为"皇舆全图"铜版。[5,10]在编绘《乾隆内府舆图》的同时,乾隆帝还命刘统勋、何国宗等人在实地考察和文献考证的基础上编绘《西域图志》,系统梳理西域历史地理,采用传统绘法编绘西域地图,体现了西域地图向传统的复归。

在全面掌控新疆的基础上,清廷在新疆建立起完善的台站体系和驻防体系,并陆续设置政区、营建城池。《乾隆内府舆图》在满语、蒙古语、突厥语林立的新疆地区突出标绘了乌鲁木齐地区的迪化城(乌鲁木齐)、景化城(呼图壁镇),伊犁地区的宁远城(今伊宁)、惠远城(今霍城县惠远镇)、绥定城(今霍城县水定镇)、惠宁城(今伊宁市巴彦岱镇)、瞻德城(今霍城县清水河镇)、广仁城(今霍城县芦草沟)、拱宸城(今霍城县西兵团第四师62团场驻地)、熙春城(今伊宁市西城盘子)等新建汉语城池,并用象形符号放大绘制了多方乾隆皇帝的御制碑,彰显了清王朝和乾隆帝开拓新疆的文治武功与教化"番夷"、镇抚边疆的政治雄心。在此,地图成为疆域的标志与权力的象征,乾隆帝通过地图语言表现了他"开拓万里回疆"、实现大清一统的文治武功。而且,从乾隆朝开始,"一统"或"万年一统"成为全国疆域图的主要名称。

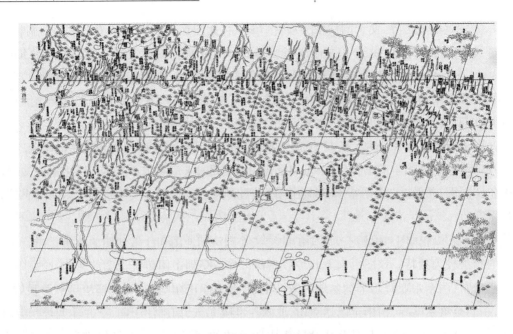

图 3 《乾隆内府舆图》西域局部地区

二、准噶尔蒙古文《准噶尔汗国图》中的西域中心观

雄踞北疆的准噶尔汗国曾经是西域一个强大的地方政权,在清朝西征和沙俄东进的背景下,准噶尔汗国国势日益穷蹙,最终在康熙、雍正和乾隆皇帝的持续征讨下覆亡。在与清朝和沙俄交往、交战和边界交涉的过程中,准噶尔汗国受到清朝和沙俄的双重影响,开始用蒙古文绘制其疆域图。

在康熙晚期(约 1713—1719)同清朝交战的过程中,准噶尔珲台吉策妄阿拉布坦在巴里坤或吐鲁番从清朝军队缴获了两幅地图:第一幅是刻印版"切线与割线地图";第二幅是绘本西域图,该图上南下北,左东右西,采用沿入疆主要道路两侧分别正向和倒置两种方向的"对景法",用满文和藏文两种文字,绘注甘肃西部至新疆东部也即肃州至吐鲁番一带的地理情形。准噶尔人用托忒蒙古文对后一幅图进行了翻译标注,全图共有地名536 个。[11] 根据获取时间和地图形式推断,第一幅刻版图应该就是前文所述康熙五十七年刻印的《皇舆全览图》中的《杂旺阿尔布滩图》,第二幅图有可能就是康熙五十三年至五十六年间,由喇嘛楚儿沁藏布、兰木占巴与理藩院主事胜住绘制的"甘肃新疆图",或是在此基础上绘制的地图。将第二幅图与康熙《皇舆全览图》中的绘本《哈密全图》比较可以发现,两图中山脉、湖泊、泉源的绘法较为类似。

18 世纪以来,沙俄不断东进南下,侵占准噶尔汗国领土,策妄阿拉布坦曾多次与沙俄进行交涉谈判。雍正七年(1729)准噶尔珲台吉噶尔丹策零再次与俄国就疆界问题展开谈判,指责俄国侵占其北部领土。其后,噶尔丹策零便用托忒蒙古文绘制了《准噶尔汗国图》，表现其疆域边界，便于同沙俄交涉。1733年，此图连同准噶尔从清军所获的两幅地图都被噶尔丹策零赏赐给了为他服务多年、行将回国的瑞典炮兵士官雷纳特(Johan Gustaf Lennart)。雷纳特在瑞典与俄国的战争中被俄军俘虏并被流放到西伯利亚，后又在俄准战争中被准噶尔人俘获，其后十余年一直在准噶尔汗国生活并帮助其铸造大炮。返回欧洲后，雷纳特对其中的两幅蒙古文地图进行了翻译和注记，其后瑞典、俄国学者也对两图进行了复制和研究。1743年雷纳特将三图及其他在准噶尔所获物品捐赠给了瑞典乌普萨拉皇家大学图书馆(Uppsala Universitetsbibliotek)，噶尔丹策零所绘之蒙古文《准噶尔汗国图》被称为"雷纳特1号地图"，从清朝地图摹绘之蒙古文图被称为"雷纳特2号地图"。[11]

《准噶尔汗国图》中的河流和湖泊的绘法受到清朝地图和沙俄地图的双重影响，但山脉的绘法较为独特。该图上南下北、左东右西，方位受到中国传统地图的影响，绘制范围东起哈密，西至中亚费尔干纳盆地的撒马尔罕，西北至巴尔喀什湖，北至楚河中游和塔拉斯，东北至喀尔喀界，西南至巴达克山，北疆注准噶尔人，南疆注于阗人，并注明周边其他族群。根据图中地名尤其是乌什吐鲁番中所反映的雍正九年至十年间清准战争后吐鲁番人迁徙情形，可以判断此图的绘制年代在1732年左右。

《准噶尔汗国图》是迄今所知唯一一幅由准噶尔汗国用托忒蒙文所绘制的准噶尔疆域图，其绘法和内容都受到清朝和沙俄的双重影响，而其由噶尔丹策零绘制的形式也可能是受到康熙皇帝主持《皇舆全览图》测绘的启发。该图直观描绘了18世纪新疆和中亚东部地区的山川、湖泉、沙漠、城镇、族群情形，生动反映了准噶尔汗国的疆域观和民族观，也表现了近代疆域领土观念在游牧民族中的传播和影响，具有极高的学术价值。

三、清中后期传统新疆图籍中的故土构建

康雍乾三大实测地图集的绘制、完善过程也是清王朝完成并巩固国家统一，明确清朝疆域界线，对边疆地区实行主权管辖的历史见证。然而，令人感慨的是，康熙《皇舆全览图》《雍正十排皇舆全图》与《乾隆内府舆图》在绘制完成后，一直深藏内务府造办处舆图房，除了皇帝个人欣赏使用和赐给少数朝臣和地方督抚外，并未能在中国社会推广使用，相关的近代测绘技术和地理知识也未能在社会中普及并推动中国地图学整体迈向近代化。康熙、乾隆、嘉庆三朝所编《大清一统志》《大清会典》等官方图志及各地官修志书插图都未采用计里画方，更未采用经纬网，清朝前期实测地图中已经广泛运用经纬网和投影技术被束之高阁。清朝中期的各级政府、官员和学者在绘制地图之时，主要运用中国传统形象绘法，采用以文献考据和制图综合为主要手段的传统绘图方式，传统地图仍然是清代地图的主流。

在乾隆年间平定准部和回部并测绘新疆、建置政区的基础上，清朝中期的官员和学

者纷纷绘制新疆图册,绘本和刻本新疆图籍大量出现,其体例和内容大多受到《西域图志》的影响。其中,比较有代表性有新疆图籍有美国国会图书馆藏乾隆《新疆图册》、中国国家博物馆藏乾隆《西域图册》,台北故宫博物院所藏嘉庆《新疆图说》,中国国家图书馆所藏嘉庆《西域舆图》,中国科学院图书馆藏嘉庆彩绘《伊犁总统图说》、道光彩绘《新疆全图》。这些单幅舆图或图册的涵盖范围大多东起甘肃嘉峪关,西到巴尔喀什湖,南起新疆与西藏交界,北到斋桑海(今巴尔克什湖东北的斋桑泊),即清朝实际管辖的新疆,其内容重在表现新疆的山川形势、政区建置、台站体系和民俗特色,反映清朝对其军事控制和行政管辖。从嘉庆朝开始"新疆"取代"西域"成为多数新疆地图的地域称谓。总体而言,清中期新疆地图的精度超越宋明西域地图,表现了清朝对新疆管辖的深化和地理认识水平的提高。

然而,清朝中期地方官员和学者所绘的新疆地图往往都采用传统形象绘法,而非采用经纬网,方位往往是上南下北、左东右西,在地名注记上也开始重新标绘考证汉唐西域地名,而且往往有大量的文字题记、注记。如中国国家博物馆藏甘肃知县明福于乾隆中后期所绘《西域图册》中的《西域总图》有大量的文字注记说明图中所绘内容,分图中还有描绘风俗的内容;而台北故宫博物院藏《新疆图说》也采用一图一说的形式[12],用大量图说文字注明新疆各地的距离。又如中科院图书馆藏嘉庆《伊犁总统图说》中的《新疆总图》[13]中往往在清代地名下标注"古某地",中科院图书馆藏咸丰《新疆总图》[14]中也在图左上方标注古地名,使得中原的读书人能够将图中所绘之地与传统史志记载建立对应关系,从而形象而直观地了解新疆的时空变化与现实状况。清中期以来新疆图册的大量编绘及其在政治和文化精英中的广泛传播,消解了新疆在中原士人心中的隔膜,推动着西域逐渐实现由"新疆"到"故土"、从历史边疆到现实疆土的转化。

四、结语

汉唐以来,历代中原王朝重视西域的经营和新疆地图的搜集、绘制与运用,留下了众多新疆地图,直观反映了历代王朝对新疆的管辖和认知,推动了中国统一多民族国家的形成。清代是新疆地图绘制和运用最为普遍的朝代,这与清代重新统一新疆、欧洲近代测绘技术在中国的传播以及沙俄的东扩密切相关。清代的新疆地图主要分为康雍乾时期清廷采用西方近代测绘技术绘制的"皇舆全图"系列舆图、准噶尔汗国受清朝和沙俄双重影响绘制的"准噶尔汗国地图"、清朝官员学者采用中国传统绘图方式绘制的新疆地图集等三种类型,分别表现了三种不同的西域观和新疆观。

康乾时期统一新疆,实现了中原王朝对新疆天山南北两路的全面管辖,清廷动用国家力量、引进西方近代测绘技术测绘西域,表现了清代新疆的现实情形,反映了新疆元明以来蒙古化和突厥化的现状。而《乾隆内府舆图》还通过标绘新建汉语政区城池、描绘广义西域等地图话语,彰显了乾隆帝统一新疆的文治武功,表达了清廷教化"番夷""天下一统"的王朝西域观和疆域观。

雍正、乾隆年间,受清朝大测绘的影响以及与俄罗斯和清朝划界的需要,准噶尔汗国绘制托忒蒙文《准噶尔汗国图》,反映准噶尔汗国以西域为中心的疆域观和民族观,也表现了近代疆域领土观念在游牧民族中的传播和影响。

清中期以来,在清王朝全面管辖新疆的基础上,清朝官员和学者开始采用中国传统绘法编绘新疆图籍。除了单幅地图之外,《西域图志》《新疆图说》等成套的新疆政区地图集和新疆历史地图集大量出现,将新疆清代地名与汉唐地名融为一体,突出新疆的台站体系和新建政区,表现清朝对其实际统治和行政管辖,消解中原士人对新疆的隔膜,通过地图的时空对接,使西域从"新疆"逐渐转变为中原王朝"故土"、从汉唐的历史边疆变为清朝的现实疆土,从而反映了清朝对新疆管辖和认识的深化。

【参考文献】

[1] J. B. 杜赫德. 测绘中国地图纪事. 葛剑雄,译[M]// 中国地理学会历史地理专业委员会. 历史地理:第 2 辑. 上海:上海人民出版社,1984.

[2] 李孝聪. 马国贤与铜版康熙"皇舆全览图"印制——兼论早期中文地图在欧洲的传布与影响[J]. 东吴历史学报,1998(4):139 – 154.

[3] 孙喆. 康雍乾时期舆图绘制与疆域形成研究[M]. 北京:中国人民大学出版社,2003.

[4] 汪前进,刘若芳. 清廷三大实测全图集[M]. 北京:外文出版社,2007.

[5] 席会东. 中国古代地图文化史[M]. 北京:中国地图出版社,2013.

[6] 于福顺. 清雍正十排"皇舆图"的初步研究[J]. 文物,1983(2):71 – 75,83.

[7] 冯宝琳. 记几种不同版本的雍正《皇舆十排全图》[J]. 故宫博物院院刊,1986(4):73 – 78.

[8] 清高宗实录:卷 482"乾隆二十年二月丁巳"条[M]//清实录:第 15 册. 北京:中华书局(影印本),1985.

[9] 清高宗实录:卷 490"乾隆二十年六月癸丑"条[M]//清实录:第 15 册. 北京:中华书局(影印本),1985.

[10] 汪前进. 康熙、雍正、乾隆三朝全国总图的绘制:代序[M]//汪前进,刘若方. 清廷三大实测全图集. 北京:外文出版社,2007.

[11] 约·弗·巴德利. 俄国·蒙古·中国[M]. 吴持哲,吴有刚,译. 北京:商务印书馆,1981.

[12] 林天人. 河岳海疆——院藏古舆图特展[M]. 台北:"故宫博物院",2012.

[13] 曹婉如,郑锡煌,黄盛璋,等. 中国古代地图集:清代卷[M]. 北京:文物出版社,1997.

[14] 孙靖国. 舆图指要:中国科学院图书馆藏中国古地图叙录[M]. 北京:中国地图出版社,2012.

原刊于《新疆师范大学学报》(哲学社会科学版)2014 年第 6 期

人大报刊复印资料《明清史》2015 年第 1 期全文转载

明代古地图所见 16 世纪的陆上丝绸之路

席会东

【摘　要】 中国古代的丝绸之路地图源远流长,但隋唐、宋元均未有绘本丝绸之路地图流传至今。明代西北陆上丝绸之路相较于汉唐大为衰落,但明王朝仍然继承了蒙元时期的西域政治关怀、知识关注和地图遗产,明朝对西域的经略与西域诸国的朝贡贸易,伊斯兰教信徒的朝圣往来推动了明代陆上丝绸之路地图的编绘。明嘉靖年间成图的《西域土地人物图》及其图说《西域土地人物略》至少有三个绘本和多个刻本传世,是现存内容最翔实、流传最广的陆上丝绸之路图籍。该图描绘了嘉峪关至伊斯坦布尔间广义西域蒙古化和伊斯兰化大背景下多元文化互动的现实图景,是百科全书式的西域地理图籍和 16 世纪欧亚大陆的陆上丝绸之路地图,具有极高的学术价值和文物价值。

【关键词】 明代地图丝绸之路地图;《西域土地人物图》;《蒙古山水地图》

丝绸之路是欧亚大陆东西方贸易往来的通道和文明交往的纽带,中国对丝绸之路的开拓与经营源远流长。从汉武帝时期张骞凿孔西域开始,以新疆、中亚为主要区段的丝绸之路就纳入到中原王朝的政治关怀和官私史书的记载体系之中,并成为中国地理图籍记述和描绘的重要内容。东汉时期佛教经西域传入中原地区之后,历代高僧因取道丝绸之路前赴天竺取经求法朝圣而编绘丝绸之路地理图籍。隋唐两朝政府大力经营西域,唐代僧人取道陆上丝绸之路前去天竺取经朝圣,留下了大量的西域地理图籍。汉唐时期的西域图反映了中原王朝对丝绸之路地理的认知水平和区域观念,但可惜这些地图都已经散佚。

现存最早描绘丝绸之路的地图始于宋代,南宋僧人志磐所编、咸淳六年(1270)刻本的《佛祖统纪》中有《汉西域诸国图》历史地图一幅,主要表现西汉时期西域诸国的地理与交通状况。该图东起黄河上游兰州一带,西至大秦西海,南抵石山,北到瀚海,绘注西域地名 70 余处,描绘了广义西域诸国的位置和河西走廊通往西域的南北两道,是现存较早详细描绘广义西域和丝绸之路的交通地理图。不过,该图主要是根据传统史籍尤其是汉代地理志书编绘的历史地图,其内容与《史记》《汉书》所载大致相符,主要是为了便于士子通经明史和僧人了解曾经的佛教区域,并没有准确描绘当时的丝绸之路。元代受到伊斯兰地图影响而绘制的丝绸之路地图同样未能流传至今。

明朝是中国地图史上的一个辉煌时代,至少留下了六幅具有世界意义的地图:一是反映欧洲非三大洲轮廓和中国、阿拉伯地图文化交流的《大明混一图》(1398),二是反映15世纪初期郑和下西洋壮举以及明代太平洋、印度洋、地中海之间航路的《郑和航海图》(1425—1430),三是反映16世纪欧亚大陆陆上丝绸之路的《西域土地人物图》(1523—1541),四是保留元明地图精华、反映16世纪中国和亚洲地理状况并影响欧洲所绘中国地图的大型综合图集《广舆图》(1555),五是17世纪意大利传教士利玛窦在中国绘制、反映欧洲地理大发现和地圆说以及中西地图文化交流的《坤舆万国全图》(1602),六是反映17世纪初期中国东南方民间航海与亚洲海洋航线及东亚、东南亚国家的彩绘本《大明疆理分野东西洋图》(1619)。在这六幅图中,《大明混一图》《郑和航海图》《广舆图》《坤舆万国全图》都在世界范围内得到了重视和研究,《大明疆理分野东西洋图》也已得到英美学者和中国学者的注目,而《西域土地人物图》仅有其中一个缩绘本《西域图略》曾于20世纪90年代得到日本学者海野一隆的关注,而该图在只是中国最近几年才因其一个绘本的发现和李之勤、林梅村先生的研究才得到社会各界的广泛关注。

虽然明代西北陆上丝绸之路相较于汉唐时期已经大为衰落,但明王朝仍然继承了蒙元时期的西域政治关怀、知识关注和地图遗产,明朝对西域的经略与西域诸国的朝贡贸易,伊斯兰教信徒的朝圣往来推动了明代陆上丝绸之路地图的编绘。早在明朝永乐十三年(1415)永乐帝使臣陈诚所撰著的《西域行程记》中就绘有"西使行程图",可惜此图在清末时散佚未能流传至今。现存内容最翔实、流传最广的陆上丝绸之路图籍是明嘉靖年间成图的《西域土地人物图》及其图说《西域土地人物略》,该图详细描绘了从嘉峪关至鲁迷(今土耳其伊斯坦布尔)的西域山川、物产、城镇和民族,堪称16世纪欧亚大陆的陆上丝绸之路地图。

《西域土地人物图》及其图说《西域土地人物略》绘注和记载了明代嘉峪关到鲁迷城沿途300多个地方的山川、城镇、物产、种族、宗教、习俗等内容,所绘地域范围涵盖欧、亚、非三大洲的中国、乌兹别克斯坦、塔吉克斯坦、阿富汗、伊朗、黎巴嫩、突尼斯、沙特阿拉伯、叙利亚、土耳其等十多个国家,图中用汉字标注地名来源于汉语、突厥语、蒙古语、粟特语、波斯语、阿拉伯语、希腊语、亚美尼亚语等十余种语言。图中绘有牵马或牵驼的商旅、背着行囊的旅客、缠头对酌的回回、牵着贡狮子往东朝贡的使者、头戴蒙古帽骑马飞奔的军士、埋首耕种的农夫、在挲帐中接受跪拜的贵族,另有方形、椭圆形等形态各异的城镇,水磨、风磨、架子井、望日楼、藏式佛塔等多元的地理景观,使得西域呈现出一种不同于中原的异域风情。值得注意的是,除了绘注"回回""缠头回回"等信仰伊斯兰教的民族外,图中在西亚多个城镇中绘注有不少汉人聚居:如怯迷城(今伊朗克尔曼)有"四族番汉";文谷鲁城(今约旦安曼西南或埃及马格里布)"俱汉儿人,蓬头戴帽,种旱田";也勤尕思城(今叙利亚塔尔图斯)"俱汉儿人,蓬头戴帽,种稻田";撒黑四寨城(今叙利亚阿勒颇东北的撒黑)"有汉儿人,蓬头戴帽儿";菲即城(今土耳其小亚一带)"俱汉儿人,剪踪(鬃)披发,戴帽儿,种旱田";鲁迷城(今土耳其伊斯坦布尔)"有缠头回回及汉儿人,有通事"等,反映了元明时期汉人在西亚的迁居与生活状况以及陆上丝绸之路上东西方的双重交流。根据该图将汉人称为"汉儿人"、将伊斯兰教士称为"出家回回",判断此图是一幅由具有西域背景的非汉人也非穆斯林人所绘制的、百科全书式的西域地理图籍。

该图籍至少有三个抄绘本传世:一是台北故宫藏《甘肃镇战守图略》所附的纸本彩绘《西域土地人物图》及其图说《西域土地人物略》《西域沿革略》册页,二是意大利地理学会所藏的《甘肃全镇图册》中的《西域诸国图》1幅及其他9幅分图册页,三是北京瓯江草堂文化艺术有限公司从日本藤井友邻馆购回的大型彩绘"蒙古山水地图"卷轴。另有两个明代刻本传世,一个是收入明嘉靖二十一年(1542)马理主编的《陕西通志》中的《西域土地人物图》,另一个是收入日本东洋文库藏明万历四十四年(1616)延绥巡抚金忠士、荆州俊、马丛聘等7人所编、陕西三边总督刘敏宽和陕西巡抚李楠撰序《陕西四镇图说》中的《西域图略》。

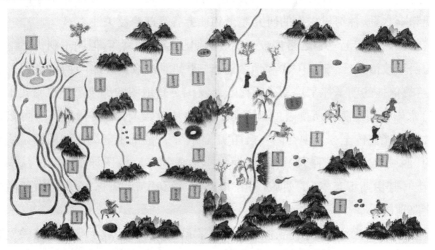

图1　台北故宫藏明嘉靖《西域土地人物图》哈密至阿克苏段

明朝饱受"北虏南倭"之患,不如汉唐武力之强、宋朝文化之盛,但明朝却也留下了紫禁城、明长城、明十三陵、天坛、孝陵、永乐大典等厚重的世界文化遗产,又派遣郑和"七下西洋",先于欧洲人开启了世界大航海时代,并留下了《郑和航海图》,在中国航海史和地图史上都写下了灿烂的篇章。15到17世纪,是世界历史上著名的大航海时代和地理大发现时代。7至13世纪间控制东西方贸易通道和印度洋航路的阿拉伯帝国趋于暗淡衰亡。15世纪前期,明朝为宣扬国威,派郑和率领当时世界规模第一的舰队"七下西洋",但由于中国的大航海没有经济和军事目的、空耗国力、未获实利而未能持久,仅留下了《郑和航海图》让人赞叹唏嘘。15世纪后期开始,葡萄牙和西班牙人以规模远逊于郑和舰队的船舰起帆远航,先后开辟欧洲经非洲好望角通往印度新航路、发现美洲大陆、实现

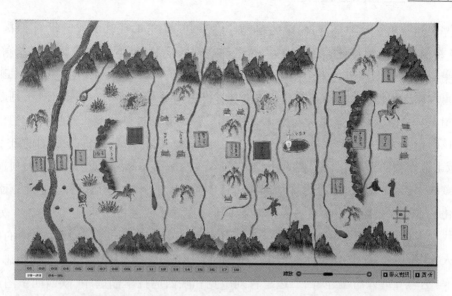

图 2 台北故宫藏明嘉靖《西域土地人物图》卷尾天方（麦加）至鲁迷（伊斯坦布尔）段

图 3 尚友堂题记《蒙古山水地图》卷首嘉峪关段

图 4 尚友堂题记《蒙古山水地图》卷中撒马尔罕段

环球航行,进而开启了欧洲发现、殖民"世界"的历史。海洋时代和海权时代的到来,意味着陆上丝绸之路的相对衰落。中国人 16 世纪初期所绘的《西域土地人物图》,恰好是在世界陆海时代转换之际,描绘了西域蒙古化和伊斯兰化大背景下多元文化互动的现实图景,反映了陆上丝绸之路的最后辉煌,因而具有世界意义。

(原刊于《大明宫研究》2014 年第 9 期,此处为简要版)

丝绸之路与十四至十七世纪东西方地图交流*

席会东

【摘　要】　丝绸之路是东西方文明交往之路,14 至 17 世纪东亚儒家文化圈、伊斯兰文化圈和基督教文化圈通过陆上丝绸之路和海上丝绸之路展开地图交流,推动了欧亚大陆和新大陆地理知识的传播和交流,进而加速了世界近代化和一体化进程。中国是东亚地理地图知识圈的中心和东西方地图交流的枢纽,朝鲜半岛则是中日地图交流的中转站。蒙元帝国的建立、陆上丝绸之路的畅通,来华伊斯兰学者将伊斯兰地图和地理知识带入中国,推动了东亚和伊斯兰地图交流,对 14—15 世纪的中国乃至东亚地图产生了深远影响。在元朝和明初中伊地图交流的基础上,中朝日学者分别绘制反映整个欧亚非旧大陆的"混一图"。16—17 世纪,欧洲耶稣会士通过海上丝绸之路来华成为中欧地图双向交流的使者,一方面利玛窦等耶稣会士通过编绘《坤舆万国全图》将新大陆地理知识、地圆说和投影技术传播到东亚;另一方面卫匡国等耶稣会士将中国的《广舆图》改绘为《中国新图志》,推动了欧洲人对东亚地理的了解。

【关键词】　丝绸之路;东西方地图交流;《混一图》;《坤舆万国全图》;《广舆图》

丝绸之路既是欧亚大陆东西方贸易往来的通道,也是东西方文明交往的纽带,丝绸之路上的东西方地图交流历史悠久,丝绸之路地图的编绘源远流长。14 至 17 世纪是世界历史迈向近代化和一体化的重要时期,相应的中国元明时期也是东西方地图交流的繁荣阶段,也是中国地图尤其是丝绸之路地图编绘的辉煌时代。

中国古代地图不但是中华民族的智慧结晶,而且还是中外地图文化交流的硕果。中国古代地图的影响和存储并不局限于中国,而是流传于海外多个国家。可以说,一部中

---

* 国家社科基金重大项目"《地图学史》翻译工程"(编号:14ZDB040)、国家社科基金重大项目"文明交往视野下的中亚文明史研究"(批准号:14ZDB060)、陕西省教育厅科研计划项目"丝绸之路古代地图整理与研究"(批准号:15JK1747)、中国博士后基金第 9 批特别资助项目"东西方古代丝绸之路地图研究"(编号:2016T90941)资助研究成果。

作者简介:席会东(1981—),男,河南巩义人,历史学博士,西北大学丝绸之路研究院副教授,复旦大学中国研究院客座研究员,主要从事地图史、城市史、丝绸之路、中外交流史研究。

国古代地图的流传史就是一部中外文化交流的历史。因此,对中国古代地图的研究也具有超越中国本身的世界意义。从历史角度看,古代朝鲜、日本与中国的地图交流源远流长,唐代以后,中国地图大量传入朝鲜半岛、日本,推动了汉字文化圈内的朝鲜、日本等国地图的发展,构成了以中国为中心的"东亚地图文化圈",共同反映了东亚的世界观和地理观。

元明时期,伊斯兰地图通过来华波斯人和阿拉伯人传入中国,开阔了中国人的地理视野,元明中国学者开始编绘涵盖亚非欧三大洲的天下地图,并将其传播到朝鲜半岛。在吸收中国古代地图和地理知识的基础上,古代朝鲜和日本的地图学者往往基于中国元、明时代编制的地图,增绘本国的内容,编制出古代朝鲜的中文地图,并流传到日本。这种地图交流,一方面推动了对古代东亚地图学的传承和发展,另一方面也促进了新地理知识在东亚的传播和普及。然而,日韩两国所绘制的天下地图往往具有自身的特色。除了突出自己的国家之外,明清时期朝鲜和日本学者绘制的中国地图往往并不反映当时中国的实际地理状况,这一方面是因为地图和地理知识传播的滞后性,一方面更是因为朝鲜和日本的中国疆域观和天下观与中国并不完全相同。

从明代中后期开始,随着欧洲人的"地理大发现"和欧美列强在世界范围内的殖民扩张,葡萄牙、西班牙、意大利、荷兰、法国、英国、德国、俄罗斯、美国等国的传教士、使者、商人、学者先后来华,以各种方式将中国地图带回本国收藏,而意大利、法国等国的耶稣会士也将西方近代地图、地理知识和测绘方法传入中国,推动了一系列具有里程碑意义的地图的编绘,促进了东西方地图的双向交流。就东西方地图交流的方式和路径来看,中国是东亚地理地图知识圈的中心和东西方地图交流的枢纽,朝鲜半岛则是中日地图交流的中转站。

蒙元时期欧亚大陆交通大开,伊斯兰学者大量来华将伊斯兰甚至是欧洲地图学知识带入中国,波斯学者扎马鲁丁所制作的圆形地球仪、彩绘《天下地理总图》都在中国地图史上留下了深远影响。明朝前期继承了元代中伊地图交流的历史遗产,明朝中后期又开创了中欧地图直接交流的局面,至少留下了六幅具有世界意义的地图:一是反映欧亚非三大洲轮廓和中国、阿拉伯地图文化交流的《大明混一图》(1398),二是反映15世纪初期郑和下西洋壮举以及明代太平洋、印度洋、地中海之间海上丝绸之路的《郑和航海图》(1425—1430),三是反映16世纪欧亚大陆陆上丝绸之路的《西域土地人物图》(1523—1541),四是保留元明地图精华、全面反映16世纪中国和亚洲地理状况并影响日韩地图及欧洲中国地理观和地图大型综合图集《广舆图》(1555),五是17世纪意大利耶稣会士利玛窦在中国绘制、反映欧洲地理大发现和地圆说以及中西地图文化交流的《坤舆万国全图》(1602),六是反映17世纪初期中国东南方民间航海与亚洲海洋航线及东亚、东南亚国家的彩绘本《大明疆理分野东西洋图》(1619)。这六幅图都是东西方地理和地图知识交流的结晶,反映了东西方文明交流和影响,推动了世界历史的一体化进程。本文将通过对几幅明代地图的研究,梳理 14 至 17 世纪中国和伊斯兰、中国和欧洲、中国和朝日的地图交流,并通过地图探讨陆上丝绸之路的变迁。

一、元明时期的中伊地图交流与东亚天下图"混一图"

元人编绘的重要疆域政区图包括札马鲁丁编绘的《天下地理总图》(1303)、朱思本编绘的《舆地图》中的《舆地总图》(1320)、李泽民的《声教广被图》(约 1330)等,但均已散佚。《广轮疆里图》充分利用了朱思本《舆地图》《元经世大典》(1331)、《大元大一统志》(1346)等元代地理图籍。明初继承了蒙元时代的天下观,于洪武年间(1368—1398)绘制涵盖欧亚非三大洲的《大明混一图》,建文年间朝鲜学者根据元明时期的中国地图及朝鲜和日本地图绘制成《混一疆理历代国都之图》,反映了 15 世纪东亚人的天下观。

图 1   中国第一历史档案馆藏明洪武《大明混一图》(1389 年)

中国第一历史档案馆藏有《大明混一图》一幅,明洪武二十二年(1389)绢本彩绘,清朝初年将全部汉文注记用满文标签覆盖,纵 386 厘米,横 456 厘米,是一幅在元代地图基础上绘制的明代天下全图[1-6]。

该图采用上北下南、左西右东的方位,覆盖范围囊括整个旧大陆欧亚非三大洲,东起日本,西达欧洲、非洲大陆,南至爪哇,北抵蒙古,是一幅明人所知的天下图。全图以大明王朝版图为中心,着重描绘明王朝的疆域政区,突出表现镇寨堡驿、渠塘堰井等人文地理要素,山川、湖泊、泽池等自然地理要素,注记地名千余处。图上有相对统一的图例,明代的十三布政使司及所属府、州、县治用长方形粉红色块加注地名表示,其他各类聚居地直接以地名标示;"皇都"(今江苏南京市)、"中都"(今安徽凤阳县)用蓝色方块及红书标示;山脉用山水画法描绘;黄河用粗黄曲线表示外,另用灰绿曲线描绘其他水体。清人将图中原有的汉文注记全部用大小不同的满文贴签覆盖,以便于清廷使用,并彰显清朝对天下的治权。

《大明混一图》并未严格按比例绘制,而是将明朝疆域刻意放大,以不同颜色的地名方框区别境内域外。域外部分以中亚的描绘得最详,其次是欧洲和非洲,非洲南部的好望角方位较为准确,表明此图受到伊斯兰地理知识的影响。根据图上内容和相关文献推测,此图的国内部分来源于元代朱思本的《舆地图》,域外部分可能受到元代波斯人札马鲁丁地球仪、彩绘《天下地理总图》(1303)等伊斯兰地图以及元末人李泽民所绘《声教广被图》的影响,因此图中的河流和淡水湖为蓝色,海洋和盐湖绘为绿色,与比此图稍早的伊斯兰地图和地球仪的着色法相一致,表明此图受到了伊斯兰地图的影响。就现有的资料来看,也正是蒙元伊斯兰地图传入中国之后,中国才开始大量出现彩绘本地图。

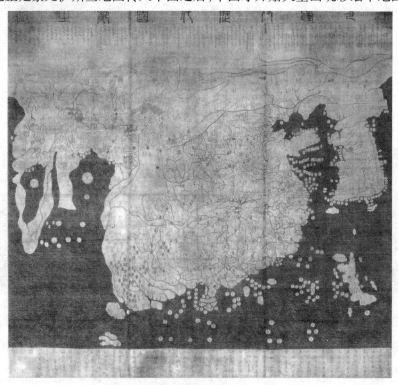

图2　日本龙谷大学图书馆藏《混一疆理历代国都之图》(1402年)摹绘本

明建文四年(1402),李氏朝鲜学者权近根据元末李泽民的《声教广被图》和僧人清濬的《混一疆理图》等中国地图,并结合朝鲜和日本地图,绘制成《混一疆理历代国都之图》。该图的绘制范围和内容与《大明混一图》基本类似,主要的不同之处在于其上绘出长城,而且朝鲜和日本被放大且轮廓更加准确。此图现在日韩有多个摹绘本传世,主要包括日本东京龙谷大学图书馆藏本、日本岛原市本光寺藏本以及日本长熊本市本妙寺藏"大明国地图"、日本天理大学图书馆藏"大明国图"等摹绘衍生本传世[1,7-13]。

《大明混一图》是现存尺寸最大、年代最早、保存最完整的中文世界地图,该图不仅保存了大量已经散佚的元代地理知识、元代地图类型,还反映了元明时期中国人的"天下观"以及中外地图交流的成果,并对明代中后期东亚儒家文化圈的天下观和天下图的绘制产生了深远影响,在世界范围内第一次较为准确地绘出了非洲大陆的形状,在中国乃至世界地图史上都具有重要地位。

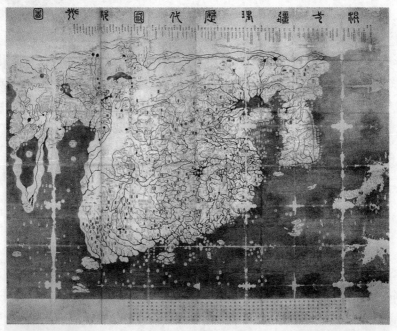

图3　日本岛原市本光寺藏《混一疆理历代国都之图》(1402年)摹绘本

二、明正德《杨子器跋舆地图》与明代中朝日地图交流

辽宁省大连市旅顺博物馆藏有明正德七年(1512)绘制的《杨子器跋舆地图》一幅,该图不具图名,因图下有杨子器的跋文,故称"杨子器跋舆地图",根据其相关舆图推断,此图也属于元明时期在东亚广泛流传的"混一图",图为绢本彩绘,纵165.6厘米,横180厘米,是一幅表现明朝中期疆域政区的地图[13-17]。

该图的绘制范围以明朝疆域为主,东到大海,东北至北海、奴儿干都司、长白山和女真部落,西至黄河源,西北至哈密诸番,不再绘出中亚、西亚、欧洲、非洲,北至长城外蒙古诸部,南达南海、爪哇,与《大明混一图》和《混一疆理历代国都之图》系列舆图涵盖整个欧亚非大陆不同。全图使用 20 余种符号来表示各种自然和人文地理要素,绘注南北两京、十三布政使司所属的各府、州、县和明朝的边镇、都司、卫、所,以及西南少数民族地区土司。

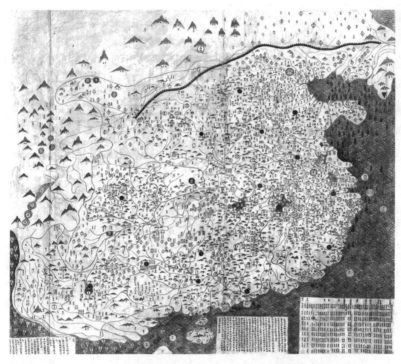

图 4　大连市旅顺博物馆藏明正德《杨子器跋舆地图》

根据图下杨子器的跋文可知,此图的资料来源于《大明一统志》和其他官方图籍,所以图中辽东半岛、山东半岛和朝鲜半岛的形状与《大明一统之图》非常相似,其海岸线的轮廓都不够准,河源绘法与《大明混一图》相似。该图色彩艳丽,其母本流传广泛,影响深远,明嘉靖十五年(1536)的《皇明舆地之图》《皇明一统地理之图》、嘉靖三十四年(1555)喻时绘制的《古今形胜之图》、万历二十二年(1594)的"王泮题识《舆地图》"、崇祯四年(1631)的《皇明舆地之图》等明代中后期地图都受到该图的直接影响。该图流传到朝鲜半岛后,推动了与《混一疆理历代国都之图》系列"天下图"不同、较少绘注域外的《混一历代国都疆理地图》系列地图的编绘,包括韩国仁村纪念馆藏《混一历代国都疆理地图》、日本东京宫内厅书绫部藏《混一历代国都疆理地图》、京都妙心寺麟祥院藏《混一历代国都疆理地图》、京都大学文学部藏《混一历代国都疆理之图》等传本[7-8,10-13],除了掺杂少量元代地名,朝鲜半岛、日本部分更大更准确外,日韩摹本内容、绘法及其跋文、凡例都与《杨子器跋舆地图》基本一致。此外,法国国家图书馆藏万历二十二年(1594)的"王泮题识《舆地图》朝鲜摹绘增补本"[18-22]、韩国首尔历史博物馆藏"王泮题识《舆地图》朝鲜摹绘增补本"[23]和韩国首尔大学奎章阁收藏的《华东古地图》也都属于此类舆图。

《杨子器跋舆地图》是现存最早的系统地使用地图符号的地图,不仅对中国古代地图的绘制具有一定的影响力,而且对于研究古代中国与日本、朝鲜进行地图交流的情况,具有极高的史料价值。

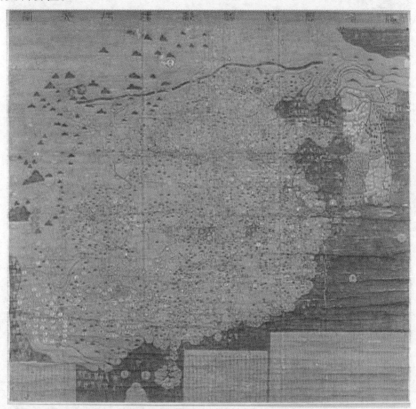

图5　日本宫内厅书绫部藏《混一历代国都疆理地图》(约1536年)

三、17世纪欧洲地图东渐与中文世界地图《坤舆万国全图》

明朝晚期,意大利耶稣会士利玛窦(Matteo Ricci,1552—1610)编绘两个半球形式的中文世界地图《坤舆万国全图》,耶稣会士艾儒略(Giulio Aleni,1582—1649)和庞迪我(Diego de Pantoja,1571—1618)也编绘欧式中文世界地图,将欧洲近代地理知识传播到中国。

南京博物院藏有明万历三十六年(1608)根据意大利耶稣会士利玛窦原图摹绘而成的《坤舆万国全图》一幅,图为纸本彩绘,纵192厘米,横346厘米,是一幅采用西方地理观念和图式并融合中国地图资料绘制而成的中文世界地图[24-29]。

《坤舆万国全图》采用等积投影、经纬网和东西两个椭圆形半球的图式,描绘当时已

图 6 法国国家图书馆藏"王泮题识《舆地图》朝鲜摹绘增补本"(1645—1652 年)

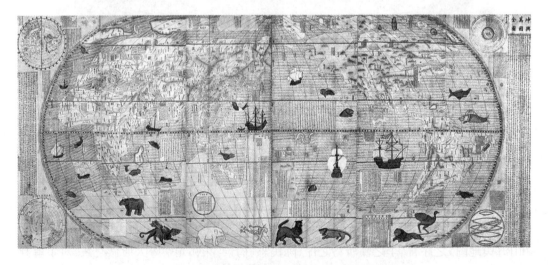

图 7 南京博物院藏利玛窦《坤舆万国全图》(1603)

知的世界五大洲(亚洲、非洲、欧洲、美洲和南极洲)。其中亚洲、欧洲、非周和美洲的陆海轮廓线经过欧洲航海发现的实际探测,因而比较准确;南极洲根据当时欧洲的传说绘制而成,因而比其实际面积要大不少;而大洋洲则尚未发现故未绘制。在图框四角,分别绘有一幅圆形小图,作为五大洲图的补充。其中右上角为九重天图,右下角为天地仪图,左上角为北半球图,左下角为南半球图,形象而直观地反映了当时欧洲人的地球观。

图中用三种色彩来描绘五大洲,用蓝绿色立体形象绘法表现山脉,用双曲线描绘河流,用浅蓝色水波纹描绘海洋。同时,该图采用同时期欧洲地图的典型绘法,在大海中绘制帆船和巨鲸、海怪等海洋动物,在南极洲绘出想象中的狮子、大象、犀牛、鸵鸟等热带动物,生动形象地反映了欧洲对海洋的探索和未知世界的想象。图中用字体大小区别五大洲和其他地名,每个地名之下附文字注记,叙述各地的历史、风俗和特产,让读者能够迅速了解当时的整个世界概况。

图 8 奥特柳斯《寰宇大观》之《世界地图》(1570)

就其资料来源来看,此图是综合当时中欧地图资料绘成而成的。全图以欧洲盛行一时的奥尔特利乌斯(Abraham Ortelius,1527—1598)《地球大观》等拉丁文世界地图为蓝本,结合明代的《广舆图》《大明一统志》《古今形胜之图》等中国地理图籍编绘而成的。为了便于中国官员和学者更容易接受其地图,利玛窦改变欧洲世界地图以大西洋为中心的绘法,将明代中国绘制于全图中央,对东亚地区的描绘也非常详尽。图两侧有利玛窦所撰的图说、跋和自序,详细叙述关于地球和西洋投影绘图法的知识。另有吴中明刻印《山海舆地图》之序言、李之藻所写之序,陈民志、杨景淳、祁光宗等人所做之跋,对了解利玛窦编绘、刊印世界地图的经过及刻本的相互关系等有重要参考价值。

意大利籍的天主教耶稣会传教士利玛窦于明万历十年(1582)来华,先在广东肇庆传教,后任在华耶稣会会长,主张尊重中国习俗,采用交结官员学者的传教路线,以天文、历法、地理知识为传教手段,先后绘制过多幅中文世界地图,如万历十二年(1584)在广东肇庆绘制的《山海舆地图》、万历二十三年至二十六年(1595—1598)在南昌绘制的《舆地山海全图》、万历二十八年(1600)在南京绘制的《山海舆地全图》等。万历二十九年(1601)

利玛窦赴京觐见,向万历帝进呈《坤舆万国全图》,受到中国官员和学者的重视。受其影响,一些中国学者开始与耶稣会士合作或独立编绘了一系列采用东西两半球图式的圆形世界地图,如王圻所编《三才图会》中的《山海舆地全图》、章潢《图书编》中的《舆地山海全图》、熊明遇《格致草》中的《坤舆万国全图》、潘光祖《舆地备考》中的《东西半球图》、程百二《方舆胜略》中的《山海舆地全图》等,反映了西方地理知识体系和制图方法东传和中西方地图交流的历史。其中,《坤舆万国全图》《两仪玄览图》等传本在朝鲜半岛和日本都产生了深远而广泛的影响[30-37]。

　　《坤舆万国全图》在中国的刊印和传播极大开阔中国人的地理视野,将"地圆说"、欧洲地理大发现的成果、五大洲、四大洋、气候带等地理观念、知识以及实地测量和投影测绘的制图方法传入中国,在当时中国的学者中产生了一定的影响。利玛窦在图中翻译的"亚细亚""地中海""尼罗河""南极""北极"和"赤道"等地理概念术语也沿用至今。利玛窦所编绘《坤舆万国全图》系列舆图融合东西方的地理学的成果,弥补了当时欧洲世界地图中东亚不够准确的缺憾,推动了中国地图学的发展和中西文化交流,在中国地图史乃至世界地图发展史上都具有重要地位。

四、17 世纪中国地图西传与西方中国地图《中国新图志》

　　明晚期开始的中欧地图交流是双向的,在利玛窦等耶稣会士将欧洲近代地理知识体系和制图方法传到中国的同时,意大利耶稣会士罗明坚(Michele Ruggleri,1543—1607)、卫匡国(Martino Martini,1614—1661)和波兰耶稣会士卜弥格(Michel Boym,1612—1659)等人陆续来华,将明代《广舆图》等中国图籍带回欧洲,并在此基础上编绘《中国地图集》《中国新图志》等拉丁文中国地理图集[38-42],极大改变了欧洲人的中国地理观,促进了欧洲人对中国地理知识和地理图籍体例的了解。

　　14 世纪以来的文艺复兴、地理大发现和印刷术改良极大地推动了欧洲地图学的发展,16 世纪的欧洲学者采用新方法和新技术编绘囊括新旧大陆的世界地图,开启了欧洲地图学的近代化大门。1584 年,弗兰德人奥特柳斯(Abraham Ortelius,1527—1598)编绘的欧洲第一部近代地图集《寰宇大观》(Theatrum orbis terrarum)中收录了葡萄牙地图制造商巴尔布达(Luiz Jorge de Barbuda,1520—1580)编绘的《中国地图》,该图是欧洲最早的单幅中国地图,在其后问世后的 60 年里一直成为欧洲所绘中国地图的蓝本。图中所描绘的中国是一个混合了欧洲古典地理知识、中世纪马可波罗行记传说和近代欧洲殖民者在东南亚探险成果的产物,中国的轮廓、水系都严重失真。

　　1655 年,意大利来华耶稣会士卫匡国在荷兰阿姆斯特丹出版的《中国新图志》(Novus Atlas Sinensis)一书,第一次较为准确和系统地反映了中国的地理概况,改变了西方人对亚洲东部尤其是对中国地理的模糊认识,进而对欧洲人绘制中国地图产生了很大影

图9　奥特柳斯《寰宇大观》之《中国地图》(1584)

响,卫匡国因此而被欧洲人誉为欧洲的"中国地理学之父"。

《中国新图志》共有地图 17 幅,包括全国总图 1 幅,分省图 15 幅,分别描绘明代的两京十三布政使司,另有日本图一幅,图说 171 页。图中用经纬网格来表示中国各省的地理位置,并较为准确地描绘了中国各省的轮廓、海岸线轮廓和河流走向。该图集的分省图上还标注了各地的金、银、铁、铅、汞、石材等矿产以及山东、江南等省的盐碱土等资源状况,具有某种程度的专门图色彩,代表了地图学的发展方向。

《中国新图志》的内容和体例都深受《广舆图》的影响。《广舆图》是明嘉靖二十年(1541)由罗洪先以元代朱思本的《舆地图》为基础,综合元明两代其他地图绘制而成的大型综合性地图集[43-49]。该图是中国古代第一部综合性地图集,保留了元明时期的大量珍贵地图资料,在中国乃至世界地图史上都具有极其重要的影响。《广舆图》共有 113 幅地图,包括主图 45 幅,附图 68 幅。主图分别是:舆地总图 1 幅,两直隶和十三布政使司图16 幅(其中陕西舆图 2 幅),九边图 11 幅,洮河、松潘、虔镇诸边图 5 幅,黄河图 3 幅,漕河图 3 幅,海运图 2 幅,朝鲜、朔漠(蒙古)、安南(今越南)、西域图(新疆、中亚、西亚)等"四极图"各 1 幅;绝大部分图后均有图说。书前有序言、图例,体例完备,内容丰富,堪称明代地图的集大成之作,成为其后明清时期图集的典范。从明嘉靖到清嘉庆的 200 多年中,该图集被刻印多次,有大量不同的摹刻本,并衍生出与《广舆图》形式相近的系列地图

图 10　美国国会图书馆藏卫匡国《中国新图志》总图

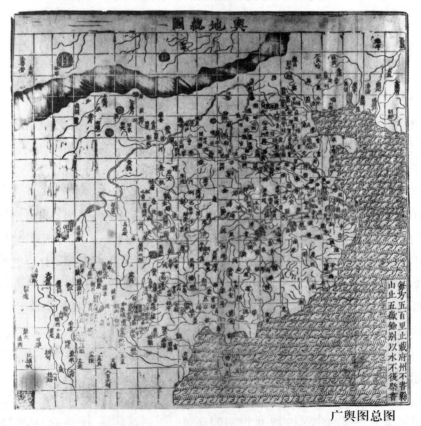

广舆图总图

图 11　中国国家图书馆藏罗洪先《广舆图·舆地总图》(1541)

集。《广舆图》在朝鲜和日本也有大量的衍生版本,成为明中期至清中期东亚地图集内容体例的源头。

图 12　大英博物馆藏 1785 日本《大清广舆图》

　　《中国新图志》直接受到《广舆图》总图和分省图的影响,但却增加了经纬度和矿产等资源信息,内容更为丰富和完善。该图集使是欧洲人对中国地理的了解由传说与想象演变为接近事实,不但表现了中国整体轮廓和沿海地区,还描绘了中国各省边界和政区,使得欧洲人第一次了解中国内地的地理状况。同时,该图集还是第一次较为准确描绘出朝鲜半岛和日本列岛的欧洲地图,增进了欧洲人对东亚的了解。该图从其问世直到 1736 年法国地理学家在康熙《皇舆全览图》基础上所编《中国图集》的出版之前,一直是欧洲人所绘中国地图的蓝本,在东西方地图交流史上具有重要地位。

五、结语

　　13 世纪蒙元帝国的建立和 15 世纪明朝郑和七下西洋壮举,推动了 14 至 16 世纪中国与伊斯兰地图的交流。15 至 16 世纪欧洲的地理大发现和宗教改革,推动了 16 至 18

世纪中欧地图的直接交流。蒙元王朝建立起横贯欧亚大陆的大帝国,陆上丝绸之路畅行无阻,为东西方的科技文化交流创造了良好条件。随着东西方交通大辟,不少出生于中亚、西亚的伊斯兰学者陆续来华,将伊斯兰地图、阿拉伯人乃至欧洲人的地理知识和世界观念带入中国。如波斯人札马鲁丁等人应召来到的元廷,主持纂修《大元一统志》、制作地球仪和彩色《天下地理总图》,极大地拓宽了中国人的地理视野。从此,描绘中原地区之外包括中亚、西亚、欧洲、非洲的天下图和域外图开始出现。而且,由于蒙元王朝强调天下一统,淡化"华夷之辨","混一图"取代唐宋时期盛行的"华夷图",成为当时人们所知天下总图的主要类型。

明初继承了蒙元时期的地理知识和地图遗产,地理视野基于整个欧亚大陆和非洲,洪武年间明廷在元代"混一图"的基础上绘制涵盖整个旧大陆(亚非欧三大洲)的《大明混一图》,李氏朝鲜学者权近也于 1402 年根据中国元末李泽民的《声教广被图》和元末明初天台僧清濬的《混一疆理图》等中国地图,结合朝鲜和日本地图绘制成《混一疆理历代国都之图》,并衍生多个摹绘本,反映了 14—15 世纪东亚中华文化圈学者的天下观和地理知识以及东亚和伊斯兰世界的地图交流。

15 到 17 世纪,是世界历史上著名的大航海和地理大发现时代。7 至 13 世纪间控制东西方贸易通道和印度洋航路的阿拉伯帝国趋于衰亡。15 世纪前期,明朝为宣扬国威,派遣郑和"七下西洋",先于欧洲人开启了世界大航海时代,并吸收阿拉伯航海图而留下了《郑和航海图》,在中国航海史、中伊地图交流史上都写下了灿烂的篇章。

明朝晚期,欧洲天主教耶稣会士经海上丝绸之路来华,以欧洲近代天文历法和地理知识为传教手段,逐渐取得中国官僚学者和皇室的信任。意大利耶稣会士利玛窦于万历年间用中文编绘以中国为中心两半球图形式的世界地图——《坤舆万国全图》,其后意大利耶稣会士艾儒略在此基础上绘制《万国全图》,西班牙耶稣会士庞迪我也翻译西方世界地图,将"地圆说"、气候带、四大洋和美洲新大陆等地理知识,以及实地测量和投影测绘制图方法传播到中国,并在中国学者中产生了一定的影响。

与此同时,意大利来华耶稣会士卫匡国等人在此《广舆图》的基础上编绘《中国新图志》等拉丁文中国地理图集,极大改变了欧洲人的中国地理观,促进了欧洲人对中国地理知识和地理图籍体例的了解。16 世纪以来的欧洲近代中国地图中经历了一个从粗疏到准确、从模糊到具体、从时空交错到统一即时的演变,反映了近代中欧地图交流的深化。

东西方的交流又推动了丝绸之路地图的编绘,描绘 16 世纪嘉峪关至伊斯坦布尔间陆上丝绸之路的《西域土地人物图》、表现 15 世纪郑和下西洋壮举以及明代太平洋、印度洋、地中海之间航线的《郑和航海图》、反映 17 世纪亚洲海上航线的《大明疆理分野东西洋图》都成为东西方文明交往的载体和见证。在 400 年间,东亚儒家文化圈、伊斯兰文化圈和基督教文化圈通过陆上丝绸之路和海上丝绸之路展开地图交流,推动了欧亚大陆和新大陆地理知识的传播和交流,进而加速了世界近代化和一体化进程。

【参考文献】

[1] FUCHS W. Drei neue Versionen der chinesich-koreanischen Weltkarte von 1402[M]// H. Franke hgg. Studia Sino-Altaica, Festschrift fuer Erich Haenisch zum 80. Wiesbaden : Franz Steiner Verlag, 1961.

[2] 福克司. Notiz zur Pekinger Weltkarte der Ming-Zeit. 织田武雄译:北京の明代世界図について[M]//地理学史研究:第2辑,1962.

[3] 汪前进,胡启松,刘若芳.绢本彩绘大明混一图研究[M]//曹婉如,郑锡煌,黄盛璋,等.中国古代地图集:明代卷.北京:文物出版社,1997.

[4] 刘若芳,汪前进.《大明混一图》绘制时间再探讨[M]//中国明史学会.明史研究:第10辑.合肥:黄山书社,2007.

[5] 周运中.《大明混一图》中国部分来源试析[M]//刘迎胜.《大明混一图》与《混一疆理图》研究——中古时代后期东亚的寰宇图与世界地理知识.南京:凤凰出版社,2010.

[6] 席会东.中国古代地图文化史[M].北京:中国地图出版社,2013.

[7] 张保雄. 李朝初期,15世紀において制作された地図に関する研究[J]. 地理科学,1972(16):1-9.

[8] 宫纪子.《混一疆理歴代国都之図》への道——14世紀四明地方の"知"の行方[M]//藤井譲治,杉山正明,金田章裕. 絵図・地図からみた世界像. 京都大学大学院文学研究科21世紀COEプログラム. グローバル化時代の多元的人文学の拠点形成15、16、17世紀成立の絵図・地図と世界観. 2004.

[9] 宫纪子. モンゴル时代の出版文化[M]. 名古屋:名古屋大学出版会,2006.

[10] 宫纪子. モンゴル帝国が生んだ世界図[M]. 东京:日本経済新聞出版社,2007.

[11] 杉山正明. 东西の世界図が语る人类最初の大地平[M]//藤井让治,杉山正明,金田章裕. 大地の肖像——絵図・地図が语る世界. 京都:京都大学学术出版会,2007.

[12] 杨晓春.《混一疆理历代国都之図》相关诸图间的关系——以文字资料为中心的初步研究[M]//刘迎胜.《大明混一图》与《混一疆理图》研究——中古时代后期东亚的寰宇图与世界地理知识. 南京:凤凰出版社,2010.

[13] 李孝聪.传世15—17世纪绘制的中文世界图之蠡测[M]//刘迎胜.《大明混一图》与《混一疆理图》研究——中古时代后期东亚的寰宇图与世界地理知识.南京:凤凰出版社,2010.

[14] 青山定雄.古地志地图等の调查[M]//东方文化学院东京研究所.《东方学报》东京第五册续编北支满鲜调查旅行报告.东京:东方文化学院东京研究所,1935.

[15] 郑锡煌.关于杨子器跋舆地图的管见[J].自然科学史研究,1984(1):52-58,98.

[16] 郑锡煌.杨子器跋舆地图及其图式符号[M]//曹婉如,郑锡煌,黄盛璋,等.中国古代地图集:明代卷.北京:文物出版社,1997.

[17] 孙果清.杨子器跋《舆地图》[J].地图,2006(4):112.

[18] 王庆余.王泮和他的《中国全图》[J].自然杂志,1985(5):381-382.

[19] 德东布.法国国家图书馆发现的一张十六世纪的中国地图[J].中国史研究动态,1981(6):27-33.

[20] 任金城,孙果清.关于法国国家图书馆发现的一张十六世纪的中国地图[J].文献,1986 (1):145-162.

[21] 任金城,孙果清.王泮题识舆地图朝鲜摹绘增补本初探[M]//曹婉如,郑锡煌,黄盛璋,等.中国 古代地图集:明代卷.北京:文物出版社,1997.

[22] 孙果清.罕见的大幅彩绘全国地图——王泮题识《舆地图》鉴赏[J].地图,2009(1):134-135.

[23] 杨雨蕾.关于"王泮题识舆地图朝鲜摹绘增补本"的韩国藏本[J].文献,2012(4):127-139.

[24] 洪业.考利玛窦世界地图[J].禹贡半月刊,1936(3/4).

[25] 船越昭生.坤舆万国全图と锁国日本——世界的视图の成立[J].东方学报,1970,41:684-685.

[26] 曹婉如,薄树人,郑锡煌,等.中国现存利玛窦世界地图的研究[J].文物,1983(12):57- 70,102-103.

[27] 黄时鉴,龚缨晏.利玛窦世界地图研究[M].上海:上海古籍出版社,2004.

[28] 海野一隆.利玛窦"坤舆万国全图"の诸版[J].东洋学报,2005,87(1):101-143.

[29] 梅晓娟,周晓光.利玛窦传播西学的文化适应策略——以《坤舆万国全图》为中心[J].安徽师范 大学学报(人文社会科学版),2007(6):716-721.

[30] 鲇泽信太郎.利玛窦の两仪玄览图に就いて[J].历史教育,1936,11(7).

[31] 鲇泽信太郎.マテオ・リッチの两仪玄览图について[J].地理学史研究(古地图特集),1957.

[32] 王绵厚.利玛窦《坤舆万国全图》和《两仪玄览图》的比较研究[J].辽海文物学刊,1995 (1):214-222.

[33] 杨雨蕾.韩国所见《两仪玄览图》[J].文献,2002(4):273-280.

[34] 铃木信昭.朝鲜肃宗三十四年描画入り《坤舆万国全图》考[J].史苑,2003,63(2).

[35] 杨雨蕾.利玛窦世界地图传入韩国及其影响[J].中国历史地理论丛,2005(1):92-99.

[36] 铃木信昭.朝鲜に伝来した利玛窦《两仪玄览图》[J].朝鲜学报,2006,201.

[37] 铃木信昭.利玛窦《两仪玄览图》考[J].朝鲜学报,2008,206.

[38] 海野一隆.ヨーロッパにおける广舆图—シナ地图学西渐の初期状况[J].大阪大学教养部研究 集录(人文・社会科学),1978,26:1-28.

[39] 高泳源.卫匡国(马尔蒂尼)的《中国新图志》[J].自然科学史研究,1982(4):366-374.

[40] 黄盛璋.卫匡国《中国新图志》书名、性质"新"的正解与其二重性研究任务的方向、道路初论 [M]//刘迎胜.《大明混一图》与《混一疆理图》研究——中古时代后期东亚的寰宇图与世界地理 知识.南京:凤凰出版社,2010.

[41] 宋黎明.中国地图:罗明坚和利玛窦[J].北京行政学院学报,2013(3):112-119.

[42] 汪前进.罗明坚编绘《中国地图集》所依据中文原始资料新探[J].北京行政学院学报,2013(3): 120-128.

[43] FUCHS W. The "Mongol Atlas" of China, Monumenta serica monograph series:8[M]. Peiping: Fu Jen Catholic University, 1946.

[44] 海野一隆.广舆图の诸版本[J].大阪大学教养部研究集录(人文・社会科学),1966, 14:147-164.

[45] 海野一隆.广舆图の资料となった地图类[J].大阪大学教养部研究集录(人文・社会科学),

1967,15:19 - 47.

［46］ 海野一隆.《広輿図》の反响—明・清の书籍に见られる広輿図系の诸図[J].大阪大学教养部研究集録(人文・社会科学),1975,23:1 - 34.

［47］ 任金城.《广舆图》的学术价值及其不同的版本[J].文献,1991(1):118 - 133.

［48］ 任金城.广舆图在中国地图学史上的贡献及其影响[M]//曹婉如,郑锡煌,黄盛璋,等.中国古代地图集:明代卷.北京:文物出版社,1997.

［49］ 海野一隆.地图文化史上の広舆图[M].东京:东洋文库,2010.

（原刊于吕澎编《文明的维度国际学术研讨会论文集》,中国青年出版社,2014 年）

丝绸之路:长安—天山廊道的路网

王建新

遗产分布:中国、哈萨克斯坦、吉尔吉斯斯坦。中国境内包括,河南省:汉魏洛阳城遗址、隋唐洛阳城定鼎门遗址、新安汉函谷关遗址、崤函古道石壕段遗址;陕西省:汉长安城未央宫遗址、张骞墓、唐长安城大明宫遗址、大雁塔、小雁塔、兴教寺塔、彬县大佛寺石窟;甘肃省:玉门关遗址、悬泉置遗址、麦积山石窟、炳灵寺石窟、锁阳城遗址;新疆维吾尔自治区:高昌故城、交河故城、克孜尔尕哈峰燧、克孜尔石窟、苏巴什佛寺遗址、北庭故城遗址。

一、核心价值概述

该项目为中国、哈萨克斯坦和吉尔吉斯斯坦三国联合申报,线路跨度近 5000 千米,沿线包括中心城镇遗迹、商贸城市、交通遗迹、宗教遗迹和关联遗迹等 5 类代表性遗迹,共计 33 处,中国境内有 22 处考古遗址、古建筑等遗迹,哈萨克斯坦、吉尔吉斯斯坦境内各有 8 处和 3 处遗迹。遗产区面积 426.68 平方千米,遗产区和缓冲区总面积 1899.63 平方千米。

天山廊道是广泛的丝绸之路路网的一部分。它横跨约 5000 千米的距离,包含了延伸长度达 8700 千米的商贸路线的复杂网络,在公元前 2 世纪到公元 1 世纪,逐渐发育为连接中原的长安和中亚心脏地带的线路,那时,高价值的货物特别是丝绸的长途贸易,开始在中国和罗马帝国之间展开。在公元 6 世纪到 14 世纪,丝绸之路繁荣兴盛,并一直延续到公元 16 世纪,仍然作为一条主要的商贸线路得到使用。这些线路主要用于运输原材料、食物和奢侈品。一些地区会垄断特定的材料或货物。尤其是中国,它给中亚、南亚次大陆、西亚和地中海世界提供了丝绸。许多高价值的商贸货物通过驮畜和舟船长距离运输,经由一连串不同的商家来完成运输。从位于黄土高原的中国汉朝和唐朝的都城长安出发,长安—天山廊道向西穿越了河西走廊,跨过秦岭和祁连山,到达敦煌的玉门关。从楼兰/哈密,沿着天山的南麓和北麓,到达中亚七河地区的伊犁河、楚河和塔拉斯河河谷,连接了驱动丝绸之路贸易的两大政权中心。沿着长安—天山廊道分布的 33 个遗产提名点,集合了各个帝国和汗国的都市宫殿、贸易聚点、佛教石窟寺、古道、驿站、关隘、烽燧、长城的部分、军事城堡、陵墓和宗教建筑。由中华帝国兴建的驿站和烽燧的官方体系促进了贸易,七河地区的政权兴建的堡垒、客栈和路站也起到同样的作用。

从西边的龟兹(今库车县)到东边的洛阳,分布着一系列的佛塔和巨大而复杂的石窟寺,记录了佛教从印度途径喀喇昆仑地区向东传播,以及在吸收了本土思想后佛塔在建筑设计上的演化过程。其他宗教建筑反映了沿着廊道许多宗教(以及许多少数族裔)的共存状态,这些宗教包括袄教,七河地区粟特人的主要宗教;摩尼教,分布于楚河和塔拉斯河河谷,以及高昌城和洛阳;景教,同样见于高昌城,以及新疆、长安附近;伊斯兰教,见于布拉纳。

大规模的商贸活动哺育了大型、繁华、兴旺的城镇,反映了定居社会和游牧社会之间以多种方式进行的交流。

对于城镇、贸易聚点、堡垒和驿站的繁荣而言,多样化和大型的水管理系统是必不可少的,农业的支撑也不可或缺,例如极度干旱的吐鲁番盆地中广泛存在的坎儿井地下水渠,许多至今仍在使用,曾给高昌城供水;以及亚尔城内的深井水补给;沿着河西走廊分布的大规模的露天水渠和沟渠,把河水引入到锁阳城周围 90 千米的定居点;在七河地区,运河和管道将河水汇集起来,储存于水库之中。除了货物和人员的输送外,丝绸之路还是思想、信仰和技术创新的交流通道,比如与农业和城镇规划相关的知识,改变了城市空间和人们生活的许多基本方面。

标准Ⅱ:巨大的大陆路网,持久的沿用时间,丰富的各类遗存及其相互间的内在动态关联,丰富的文化交流内容,联系和途经的多样地理环境,清晰地展现出公元前 2 世纪至公元 16 世纪期间亚欧大陆上,发生在不同文化区域间的广泛互动,特别是在游牧的草原文明与定居的农耕、绿洲或畜牧文明之间。

这些互动和影响深刻地揭示了沿着丝绸之路分布的各个地区在建筑和城市规划、宗教信仰、城市文化和习俗、商品贸易和民族关系方面的发展。

长安—天山廊道作为一个世界历史上的杰出范例,展示了一个横跨欧亚大陆、连接了各个文明和文化的动态通道,如何实现了文明与文化间广泛和持久的互动。

标准Ⅲ:长安—天山廊道是公元前 2 世纪至公元 16 世纪期间欧亚大陆经济和文化交流以及社会发展交流和互动传统的优秀见证。

贸易对于定居点景观结构产生了深远影响,体现在把游牧社区和定居社区结合在一起的村镇和城市的发展,体现在支撑那些定居点的水管理系统,体现在接纳旅客和保障安全的城堡、烽火台、驿站、客栈构成的广泛网络,体现在一系列的佛教圣地和石窟寺,还体现在其他宗教例如琐罗亚斯德教、摩尼教、景教和伊斯兰教上,体现在因高价值的商贸活动而组织起来并获益的国际化的多民族社会。

标准Ⅳ:长安—天山廊道是高价值的长途商贸活动促进规模城镇与城市发展的方式的杰出范例。这些城镇由精巧而复杂的水管理系统支持,从河流、水井和地下泉中截取水,供给居民、旅客和农作物灌溉之用。

标准Ⅵ:长安—天山廊道与张骞出使西域有直接的联系,这是欧亚大陆上人类文明和文化交流历史上具有里程碑意义的事件。它同样深刻地反映了佛教进入古代中国所带来的实际影响。佛教给东亚文化带来了显著影响,而景教(公元500年传入中国)、摩尼教、祆教和早期伊斯兰教的传播给古代中国同样带来了显著影响。沿着长安—天山廊道分布的村镇和城市也反映了与利用水能、建筑和城镇规划有关的知识沿着丝绸之路传播带来的出人意料的影响。

完整性:该遗产提名清晰地表明,为什么系列遗产地作为一个整体应该被视作是完整的,并通过详细的分析说明每一个单独的遗产点也能够被视作具有整体性。

整个系列遗产地充分反映了长安—天山廊道的显著特征,以及村镇和城市、更小的贸易聚点、运输和防御设施、宗教场所和墓地以及水管理设施的突出普遍价值的属性。一个应该得到加强的方面是那些维系了正常贸易,反映了线路的日常用途的中转站、灯塔、瞭望塔、客栈的组合。虽然它们都是很重要的,但是它们并没有充分展现出提供给商贸和旅者的官方支持的程度。数量众多的烽火台和戍堡遗迹位于河西走廊和天山山麓间,还需更深入的调查和研究,以识别这些可能会增补入系列遗产点的遗迹。同样,七河地区的官方体系也需要更深入的识别和研究工作。

就各个遗产点而言,尽管人们已经认识到,其中一些在面对城市化、乡村发展、基础设施建设、旅游或农业实践变革的压力时是脆弱的,这些压力的大部分已经得到充分确认。还需确保的是,新的介入因素比如一些遗产提名点按照传统方式修建的屏幕墙不要干扰考古记录。

对于某些遗产点,为了全面理解城市区域和它们周边的沙漠景观之间的关系,特别是贸易线路的关系,还需要对周边地区进一步地实地调研或遥感研究。

广泛分布且完善的水管理系统对于生存是必需的,目前一些系统位于某些遗产提名点的边界之外,某些地点超出了缓冲区的边界。需要考虑这些水管理系统对于遗产提名点的完整性的意义。

真实性:整个系列遗产点包括了足够的遗产点,能够全面表达长安—天山廊道的独特优势和特点。各个遗产提名点的真实性是令人满意的。

如若这些遗产点的全部价值得到清晰的表达,那么还需要更多的调查、研究和解释,以展示这些遗产点与联络它们的线路的关系是怎样的,对于那些定居点,应展示它们如何通过复杂的水管理技术,在沙漠地区生存下来。

在七河地区,所有的11处考古遗址都被回填和覆盖,以保护和控制恶化,此举对于目前缺少合适的手段来保持暴露在外的建筑的稳定性来说,至关重要。对这些遗址的重要性的全面理解是困难的,需要探索新颖的手段,来揭示城市功能的规模和范围。

二、保护与管理现状

(一)保护和管理要求

整个丝绸之路的政府间协调委员会成立于 2009 年。这是一个丝绸之路廊道所有涉及提名的缔约国都参与的指导委员会。ICOMOS 国际保护中心——西安(IICC - X)是委员会的秘书处。该委员会监督由 ICOMOS 丝绸之路主题研究所确定的跨国的廊道系列提名地。就管理而言,这个委员会的目的,是在共识的基础上建立一个协调管理体系,提供保护原则、方法和管理方面的指导。

对于长安—天山廊道,由于三个缔约国之间签署了一份特殊协议,所有参与缔约国之间的正式协议已经得到加强,特别是对于廊道上的遗产提名点的协调管理。2012 年 5 月,三个缔约国之间的第一份协议签署,2014 年 2 月一份更详细的协议也签署了。这些协议启动了管理机制,确定了原则,规范了保护管理。

协议还制定了关于保护、解释、演示和宣传方面交流和合作的建议。丝绸之路的指导委员会由副部长级官员组成。还有一个包括了每个缔约国两名专家和一名政府官员在内的工作组,以及一个秘书处——IICC - X。三个缔约国定期举行会议。通过设在 IICC - X 的在线平台,三国合作获得支持。平台使用三种语言——英语、俄语和汉语,收集和发布丝绸之路沿线的保护倡议的信息。

由于 33 处遗产点大多数都是考古遗址,因此需要有价值的信息,帮助理解这些遗址的布局、功能和历史,为什么它们如此重要,特别是它们与丝绸之路线路的关系,与对生存、贸易不可或缺的水源和水管理的关系,以及它们彼此之间的关系。许多遗址都有出色的发现物,但是它们往往存入博物馆中,与遗址有一定的距离。而且这些博物馆往往不提供关于丝绸之路和发现物与遗址关系的专门信息。由于长安—天山廊道的规模和范围,以及许多遗产点相距遥远,因此需要新颖的技术来提供所需的信息和解释。

丝绸之路廊道的体量、遗产点的数量、许多遗产点的相对脆弱性和彼此间巨大的距离,使得监控成为一项艰巨的任务。然而监控(包括适当的实体保护)是至关重要的工具。在中国,所有遗产点都升级了新的监控设备。监测数据如何分析和使用成为关键问题,围绕这些监控任务建设更多设施也很有必要。在哈萨克斯坦的一些偏远地点,经过培训人员的定期监控,监测数据还不充足(或技术上不可行),需要采取其他方式来得到加强。在此条件下,当地社区的参与应该得到鼓励。

因此,值得尝试一些最新的遥感和视频连接手段,它们可以用于支持哈萨克斯坦和吉尔吉斯斯坦的地面工作人员。

（二）丝绸之路世界遗产监测预警平台

由于丝绸之路分布范围广，遗产类型丰富，各遗产地原来的监测工作散落在不同的部门，基本没有监测分析报告，很难从宏观的角度来了解遗产地的情况，系统建设必须以丝绸之路遗产保护管理的需求作为出发点，深化需求分析。丝绸之路世界遗产监测预警平台包含五大标准规范体系：要素分类、监测规范、预警标准、遗产评估和跨部门协同工作规范；五大基础数据库：遗产信息、遗产 GIS、监测预警、评估决策和公共信息；四大功能：遗产 GIS 展示、遗产监测预警管理、评估决策管理和信息资料管理。

丝绸之路遗产监测涉及多个管理部门，为此，各个遗产地的平台都需要协同相关各部门共同展开工作，提供相关的监测数据，例如西安市气象局提供气象数据、机勘院提供历年来大小雁塔的变形监测数据，同时，通过系统设置用户权限，可以让相关部门自行登录系统上传并修改信息。

像丝绸之路这样大尺度、多维度、包含多种内容的线性遗产，阐释难度较大，应利用先进的数字技术，建立完备的信息数据库，解决线性遗产整体展示难的问题。

（三）交河故城文物保护技术

在勘查交河故城暴露出的城墙的时候，经常会发现城墙的根基部分被掏蚀严重，独立的单体建筑就容易形成随时可能倒塌的"蘑菇"形状，成群的墙体就可能因此而大面积垮塌。在交河故城防洪工程、安全防范系统，以及崖体和本体的保护技术中，运用了新型的技术和保护材料。除了采用楠竹加筋、土坯砌补、表面防风化处理，要着重提出的就是表面防风化处理的 PS 试剂的使用。维修专家首先采取土坯砌补的方法解决垮塌问题，然后在这些本体表面加入一种试剂——PS 试剂。这种溶剂通过线管，直接通过本体的缝隙渗透到墙体中。在表面形成一层可透气但不易破坏的保护层，以防范吐鲁番太阳暴晒、风沙大、夏季短时降水强等因素造成的对土遗址的破坏。

（四）克孜尔尕哈烽燧保护

遗址地处荒野戈壁地带，保存完好。针对风蚀和风化等遗存保存面临的主要影响因素，现已通过实施迎风面加固工程，以及表面防风化保护措施，保证了遗存的稳定性。遗产地通过规定保护区划，实现对遗址整体格局及景观环境的保护；通过修建保护围栏、专人看护等措施，避免人为干扰。对烽燧采取的迎风面保护加固措施，均遵循《国际古迹保护与修复宪章》《奈良真实性文件》的保护原则，具有可再处理性，未对真实性造成影响。

2010 年开始，对遗存本体实施稳定性综合监测措施，保障遗存的长期保护。已通过实施防洪坝和崖体加固工程，消除了洪水的威胁。2011 年，完成克孜尔尕哈烽燧掩体抢险加固和保护围栏建设；同年修建了通往克孜尔尕哈烽燧的专用公路，在注重文物保护的同时,充分发挥文物的社会价值。

三、利用与发展探索

由于历史的原因,中亚和中国西部地区经济发展相对落后,这使得共建丝绸之路经济带工作的开展面临现实的困难。交通不畅、信息缓慢、金融难流、语言不通、情况不明,是目前开展共建丝绸之路经济带工作的主要障碍和瓶颈。

目前,我国与中亚各国的陆路交通主要有 3 条公路和 1 条铁路,道路状况陈旧,运输能力有限,维持目前我国与中亚各国的经济和文化交流已很勉强,无法支撑我国与中亚各国全面开展经济交流与合作、共建丝绸之路经济带的需求。

中亚各国目前的通讯基础设施都比较落后,互联网带宽很窄、速度很慢,用户还很不普及。这种状况使经济合作和文化交流十分困难。中亚各国的金融业尚未对外开放,目前我国各大银行尚未在中亚各国设立分支机构,这种状况严重阻碍了经济交流与合作的发展。

长远的保持和发展我国与中亚各国的友好交往关系,需要一大批了解中亚文化、掌握中亚各国语言的人才。目前我国这方面的人才奇缺,无法支撑经济合作和文化交流的正常进行,需要采取措施尽快改变。

面对这样的现实,除了加大力度,加快进行交通、通讯等丝绸之路经济带的硬件建设之外,采取"文化先行,全面推进经济合作"的方针,首先开展人才培养、文化交流和丝绸之路旅游等人心相通的工作,是目前打开共建丝绸之路经济带工作局面的切实可行的思路。

由于中亚各国的历史传统和文化背景不同于欧美和其他国家,文化交流的有效形式也不应与其他国家完全相同。目前,我国对外国的文化遗产保护援助项目还很少,但却产生了其他援助项目无法相比的重大影响。因此,援助中亚各国开展文化遗产保护和考古工作,是加强我国与中亚各国的人文交流、建立互信的最佳切入点。

丝绸之路文化遗产内涵丰富,形式多样。中国西北地区特别是新疆与中亚各国相邻,生态环境相似,历史上文化交流频繁,文化遗产的材质、形式和特征比较接近。根据多年来对新疆和中亚地区与丝绸之路相关的文化遗产状况的调查,丝绸之路文化遗产保护在当前和今后相当长的时间内应重点做好以下工作:

第一,全面系统地调查和厘清历史上丝绸之路的各条路线,发现、研究和保护与丝绸之路交通相关的古代道路、桥梁、驿站、关隘等遗存。由于时代久远,加之近现代人口规模的扩大和经济建设的迅猛发展,这类遗存许多已被湮没和破坏,急需开展抢救性的调查、发掘、研究和保护。该项工作,需要中国学者联合中亚五国学者共同进行。

第二,加强丝绸之路沿线古代城址的保护和管理工作。丝绸之路沿线的古代城址,是历史上不同时期丝绸之路交通贸易和文化交流的重要节点。多年来,多国学者对许多城址进行过考古调查和发掘,形成了一批重要的学术成果。但是,在多数城址的考古工作中,缺乏统一的规划和管理,重发掘轻保护的现象十分普遍,这样的工作方式需要尽快改变。

第三,大力开展丝绸之路古代宗教遗存的考古工作。在欧亚大陆的历史上,祆教、佛教、基督教、摩尼教、伊斯兰教等古代宗教都曾沿丝绸之路传播,并存在和谐共处、相互借鉴和影响的历史过程,留下了大量的遗存。加强对丝绸之路古代宗教遗存的研究和保护,有利于正确揭示丝绸之路上多个民族、多样文化、多种宗教交汇融合的真实历史,消除极端宗教势力的不良影响,促进当代多样文明的和平共处和友好交往。

第四,关注丝绸之路古代游牧文化遗存的研究和保护工作。在丝绸之路的历史上,古代游牧人群产生过重大的影响和作用,留下了大量的遗存。但是,在丝绸之路相关的考古工作中,古代游牧文化遗存的考古工作长期以来重视不够,工作不足。在游牧文化考古研究中,由于对游牧文化特征的偏见和误解,墓葬的发掘与研究成为主要的内容,古代游牧聚落的考古与研究被普遍忽视。在当代社会经济发展的过程中,山前、丘陵、草原等游牧人群传统的生存区域,大面积开荒发展农业的现象在中国西部和中亚地区都十分普遍。这种违反自然规律的经济发展模式,不仅使原有的植被和生态环境遭到破坏,也使古代游牧文化遗存特别是一些重要的游牧聚落遗址遭到严重的破坏和威胁。

(资料提供:新疆文物古迹保护中心、江苏瀚远科技股份有限公司;"文化先行,推进丝路经济带建设"由西北大学文化遗产学院王建新教授撰文)

(原刊于《世界遗产》2015 年 Z1 期)

丝绸之路与文明交往[*]

黄民兴

【摘 要】 文明交往是人类历史的关键问题,是人类社会发展的重要动力。丝绸之路是古代亚欧大陆文明交往的大通道,推动了以农耕帝国为标志的文明交往地域的不断扩大,成为文明创新和交往的大动脉。

文明交往论是西北大学彭树智先生提出的重要史学理论,被教育部组织出版的《中国高校哲学社会科学发展报告:1978—2008(历史学)》列为改革开放以来中国三大有影响力的世界史研究体系之一。

文明交往理论认为,人类社会的核心问题是人类文明问题,文明的生命在交往,交往的价值在文明;文明交往是人类历史、现实和未来的关键问题,是人类社会发展的动力。文明交往涉及物质文明交往、精神文明交往、制度文明交往和生态文明交往四个层面;它探讨人类在不同历史时期交往的特征、作为交往思维手段的语言文字,以及民族和国家之间、人群、集团和地区之间、战争与和平之间的相互关系。

丝绸之路是古代亚欧大陆的贸易和文化大通道,也是文明交往的大通道。本文试就丝绸之路文明交往的一些主要特点做如下分析。

一、丝绸之路反映了古代亚欧大陆农耕文明与游牧文明的关系及其历史变迁

这一关系是影响本地区整个历史的极为重要的基本线索。在上古,从中国、印度、伊朗、阿富汗、小亚到欧洲先后发展成为农耕和半农耕地带,形成欧亚大陆上一个偏南的长弧形,即亚欧大陆上的农耕世界。宜于游牧的地带基本偏北,几乎和农耕地带平行,它东起西伯利亚,经我国的东北、蒙古、中亚、咸海、里海之北、高加索、南俄罗斯到欧洲中部,形成自东而西、横亘于亚欧大陆的居中地带,即游牧世界。在农耕地带偏南也有从事游

---

* 国家社科基金重大项目(14ZDB060)资助研究成果。

作者简介:黄民兴,湖南嘉禾人,历史学博士,西北大学中东研究所所长、教授,教育部长江学者特聘教授,兼任中国世界现代史研究会副会长、中国中东学会常务理事、陕西省历史学会常务理事,主要从事中东、中亚历史研究。

牧的部族,如阿拉伯人。

游牧文明与农耕文明的关系是相当复杂的,既有和平的也有暴力的,具体的交往形式包括移民、贸易、通婚、归化、战争、征服等等。同时,游牧文明与农耕文明之间的接触无疑大大加快了游牧文明的发展。另一方面,草原帝国始终维持了对农耕帝国的军事优势,双方进行了长期的博弈。

古代亚欧地区经历了游牧世界对农耕世界的三次大冲击。第一次大冲击发生在公元前2千纪中叶以后,入侵者主要是来自北方以马拉战车为武装的游牧半游牧部族,包括印欧语系和其他语系诸民族,如赫梯、喜克索斯、加喜特、雅利安、亚述、斯基泰、乌拉尔图、胡里特、希腊人和中国的殷商。第二次大冲击发生在公元前2世纪,游牧世界与农耕世界的中国、印度和罗马等地区发生了冲突,这次冲击以建立地跨欧、亚、非三洲的阿拉伯帝国而结束。到了13世纪,又爆发了第三次游牧世界对农耕世界的冲击,这是最后一次、也是范围最广的冲击。发动这次冲击的主要是蒙古人,作为主力的还有突厥人,冲击的范围包括东亚、中亚、南亚、西亚、东欧和中欧。但是,游牧帝国最终必然同化于农耕文明,而农耕文明与游牧文明的交往是促进欧亚大陆文明发展的重要途径。

二、丝绸之路形成了连接亚欧大陆的海陆并进的庞大的立体交往网络

这一网络是在漫长的历史阶段中逐渐形成和发展的。早在张骞"凿空"西域之前,就存在从黄河流域到西域的"玉石之路",欧亚草原上的游牧民族开启的东西方商贸路线,从小亚到波斯、以贩运制作石器工具所需的黑曜石而形成的"黑曜石之路",阿拉伯半岛贯穿南北的、以贩运香料为目的的"香料之路"等。

丝绸之路正式开通后,其在东亚的主要路线包括:①沙漠绿洲丝路,为最重要的商道,从长安出发途经西域、中亚通往西亚、南亚;②北方草原丝路,从长安出发向北经欧亚草原通往西亚、欧洲;③西南夷道,途经青海、四川、云南通往印度;④海上丝路,分别通往日本、东南亚和南亚、西亚、东非。在中东,来自长安的商路经波斯的埃克巴坦那到伊拉克的塞琉西亚,而后经左格马到叙利亚的安条克;另有一条商路从塞琉西亚经叙利亚的帕尔米拉绿洲到达地中海。因此,作为一个贸易网络,丝绸之路可以无限延伸。

丝路贸易的发展经历了一个从陆上贸易向海上贸易的转变,这一转变早在古代就开始了,但真正成为主导方式是在中国的宋朝。与陆上贸易具有分程贸易的特点比较,海上贸易可以实现商船的直达,不受陆上政治局势的变化影响,尤其适合于瓷器的运输,因而发展迅猛。海上贸易的发展,意味着海洋文明的兴起,成为陆上农耕文明和游牧文明的补充。

三、丝绸之路上的文明交往以贸易为主导,形成了经济、文化、宗教、政治、军事全面交往的格局,对亚欧大陆的历史产生了深刻影响

贸易是丝路的主要功能,而贸易的商品同时承担了其他许多功能,因为它们包括了

外国的生物品种、矿物、产品、药物,反映了出口国的科技、生活习惯等。因此,国际贸易促进了各国新的农作物生产、科技传播、新的产业(造纸、丝绸、瓷器等)、医药学的发展、文化变迁,改变了民众的生活习惯(使用纸张、喝茶等),促进了宗教的传播。

文化、宗教的传播也具有广泛性,涉及许多方面,从而对各国的文化产生了重大影响。在文化方面,语言的作用尤其突出,主要表现在一些语言对其他民族语言的影响上,由此形成了个别语言或字母体系的广泛传播,随之而来的是相关民族文化的广泛传播。例如两河流域楔形文字、阿拉米语、阿拉伯语、波斯语、拉丁语、汉语的传播。宗教的传播同样具有重要意义,如世界三大宗教佛教、基督教和伊斯兰教及印度教的传播。而且,宗教与语言的传播密切相关,如梵语、巴利语与佛教,拉丁语与天主教,希腊语与东正教,阿拉伯语、波斯语与伊斯兰教,希伯来语与犹太教,汉语与儒教、道教等。因此,语言和宗教成为文明的重要承载要素。

相对于贸易和文化传播的广泛性,政治、军事上的交往一般较为有限,往往限于结盟、武装冲突,在地理上限于邻近地区。但也有例外,如蒙古人的征服波及了几乎整个亚洲大陆和部分欧洲地区,阿拉伯人的大军同样征服了西亚北非、甚至中亚和南亚局部的辽阔地域,匈奴和突厥人的迁徙具有类似的性质。

四、丝路沿线不同人群、部落、民族、国家之间交往的不断发展,促成了各种文明的持续交融和发展,推动了以农耕帝国为标志的文明交往地域的不断扩大

德国哲学家卡尔·雅斯贝斯在《论历史的起源与目标》一书中提出了一个影响广泛的命题。他宣称,公元前800至公元前200年之间,是人类文明的"轴心时代"。这一时期各个文明都出现了重大的思想创新:古希腊的文学、哲学,以色列的先知,波斯的祆教,印度的《奥义书》和佛教,中国的孔子、老子等。这些思想同化和接收了古老的高度文化并向周边传播,它们标志着人类开始意识到自身的整体存在及其局限,创造了至今人们仍在思考的基本范畴。

文明的发展是与国家形态的发展相一致的。从历史上看,世界文明发达地区古代的国家形态经历了城邦—王国—帝国—大帝国(指古代形成的横跨欧亚非三大洲的大帝国,早期的如波斯帝国、亚历山大帝国)的演变序列。上述演变序列的变化说明,随着古代政治实体治理能力的不断加强,其控制范围日趋扩大,这势必促进其版图内文明交往深度和广度的不断发展,最终形成了以帝国版图为大致范围的文明圈。在丝路沿线,上古时期大体形成了中亚、西亚、南亚、东亚、欧洲等五大文明区。到中古时期,轴心时代的文明进一步融合,形成了以地域和主要宗教为基础的五大文明区,即西亚—中亚的伊斯兰文明区、南亚的印度教文明区、东亚的儒教文明区、西欧的天主教文明区及东欧—俄罗斯的东正教文明区等。

五、丝路沿线存在若干文明交往的十字路口

丝绸之路上的文明交往尤其集中在两个地区,即小亚—叙利亚和伊朗—阿富汗。东地中海沿岸的大叙利亚(列万特,包括今黎巴嫩、巴勒斯坦—以色列、叙利亚和约旦)北联小亚、希腊,南接埃及,东邻两河流域,形成一条文明发展的"黄金海岸",其东边则是两河的"黄金水道",二者以大叙利亚为连接点形成一个坐东面西的"Y"字形,这里产生了世界最早的字母文字(腓尼基字母)和三大一神教(犹太教、基督教、伊斯兰教)。在东边的分叉点是阿富汗、波斯东部和中亚,通往东亚和南亚,构成另一个坐西朝东的"Y"字形,这里产生了祆教和大乘佛教。东西两个"Y"字形是文明交往重要的"交通环岛区",是"文明的十字路口";它们加上中间的两河流域和伊朗构成一个哑铃,即丝绸之路的西亚段,这个"金哑铃"反映出在欧亚非大陆的世界主要文明中心的分布和交往路线,成为文明创新和交往的大动脉。

丝绸之路是一部写不完的文明交往史,人类正是在不断的交往中经受挫折,同时继续发展和前进。

（原刊于《国学新视野》2016 年秋季号）

古都西安的丝路遗产*

席会东

【摘　要】　丝绸之路是人类历史上最珍贵的文化遗产。古都西安是古代丝绸之路的东方起点和核心区,拥有厚重的丝绸之路文化遗产和多元文明交往经验,是与丝路休戚与共的命运共同体。丝路遗产是西安文化魅力和国际影响力的关键。

丝绸之路是古代欧亚大陆的商贸往来和文明交往之路,促进了欧亚大陆的商品交换、物种传播、技术交流和族群融合,推动了华夏文明、印度文明、波斯—阿拉伯文明、欧洲文明、草原游牧文明的汇通和交融,是人类历史上最珍贵的文化遗产之一。

拥有三千年建城史和一千多年建都史的古城西安,孕育了周秦汉唐四大盛世王朝,形成周丰镐、秦咸阳、汉长安和隋唐长安四大都城,是中华文明和中华民族重要发祥地之一,也是中国第一大古都和世界四大古都之一。古都西安与古代丝绸之路休戚与共、命运相连,是古代丝绸之路的东方起点、策源地和核心区,拥有厚重的丝绸之路文化遗产和文明交往经验,是丝绸之路发展演变的参与者、推动者和见证者。

一、周秦西安见证丝路文化交流

欧亚大陆东西方的商贸和文化往来源远流长。早在公元前 2000 年前后,原产于西亚新月地带的小麦便传入中国黄河流域,而原产于中国黄河流域的小米也传入西域,形成了欧洲大陆间的"作物之路"。中国商代晚期安阳殷墟妇好墓出土的大量新疆田玉,表明公元前 12 世纪,新疆和中原地区就有了"玉石之路"。公元前 10 世纪,周穆王在两次西征犬戎之后,从周都宗周丰镐(今西安西南)出发,一路西行,经青海、甘肃,到达新疆,推动了中原与西域的交通联系。通过《山海经》等古籍可见,当时的中原人对于西域的山

* 国家社科基金重大项目"文明交往视野下的中亚文明史研究"(批准号:14ZDB060)、陕西省教育厅科研计划项目"丝绸之路古代地图整理与研究"(批准号:15JK1747)资助研究成果。

作者简介:席会东(1981—),男,河南巩义人,历史学博士,西北大学丝绸之路研究院副教授,复旦大学中国研究院客座研究员,主要从事地图史、城市史、丝绸之路、中外交流史研究。

川形势和风土人情已经较为了解,而考古资料也证实中原与阿尔泰地区有密切的物质文化交流。

图1 河南新野出土汉画像砖《穆天子西游》拓片

公元前7世纪,秦穆公征服西北地区的戎人之后,"秦"的声名就随着戎、狄的流动,向西方传播,"秦"的音译Cina或Sina,就逐渐成为西域众多族群及印欧语系、闪含语系诸多语言对中国的称呼,并出现在公元前3、4世纪的印度史诗《罗摩衍那》和《摩诃波罗多》中。

公元前6、5世纪,波斯帝国对西亚、中亚、非洲和欧洲东南部地区的征服与波斯御道的修筑、公元前4世纪亚历山大的东征、公元前3世纪前期秦帝国的统一、印度阿育王的扩张,都促进了西亚、欧洲、中亚、东亚、南亚之间的区域交往。公元前5世纪,欧亚大陆北方草原的俄罗斯阿尔泰巴泽雷克地区和欧亚大陆西端的欧洲都已经出现了中国丝绸,表明当时区域性丝绸之路已经存在,这为丝绸之路的全面贯通提供了坚实的基础。

公元前3世纪,秦帝国完成了统一中原的伟业,开辟了以秦都咸阳为中心的交通网络,推动了东西方文明的交流。在世界文化遗产——西安临潼秦始皇陵陪葬坑出土文物中,塑绘结合、等真大小、写实主义的兵马俑,铜锡二合金铸造、写实主义的青铜车马以及天鹅主题的青铜禽鸟,都堪称空前绝后,与中国固有风格样式与工艺迥然不同,具有明显的希腊文明和波斯文明特征,很有可能受到一个世纪前亚历山大大帝东征后传到东方的西方文明的影响,而秦始皇陵陪葬坑中印欧人遗骸的发现则为这种交流提供了直接证据,可见从公元前3世纪时丝绸之路上的东西方文化交流深刻影响并丰富了中华文明。

二、汉晋长安推动丝绸之路全线贯通

公元前139年,中国西汉王朝武帝刘彻派遣张骞出使西域,联络大月氏夹击北方的匈奴人。张骞到达中亚的大宛(今费尔干纳盆地)、康居(今哈萨克斯坦南部及锡尔河中下游)、大月氏(今乌兹别克斯坦南部)、大夏(今阿富汗北部)等地,并于公元前126年将西域中亚、西亚、南亚的各种信息带回长安。公元前119年,张骞第二次出使西域,联络乌孙(今新疆伊犁),又派副使前往大宛、康居、月氏、大夏等国。公元前115年,张骞带领

图2　西安秦始皇兵马俑博物馆临潼出土公元前3世纪秦铜车马

西域诸国使臣返抵长安。此后,汉朝和西域各国经常互派使者,促进了双方贸易的发展,正式开通了丝绸之路东段和中段,并最终促成了陆上丝绸之路的全线贯通。

图3　敦煌第323窟初唐壁画"张骞出使西域图"

　　公元前60年,汉宣帝任命郑吉为"西域都护",设都护府于乌垒城(今新疆轮台东北),统管丝路南道和北道,并在敦煌、盐泽(今罗布泊)间筑烽燧、亭障,在渠犁、轮台等地驻兵屯田,使汉王朝的政令通行西域,将新疆正式纳入中原王朝的管辖之下,并以官方力量保证了丝绸之路的畅通。在塔克拉玛克沙漠南、北两条通道上,西域诸国使者、商人在丝路上往来不绝,大量的丝帛沿丝路西运,西域各国的珍禽异兽、名贵花果也传入中原,极大促进了中西方经济文化的交流。

丝绸之路的开辟、域外物种的大量传入,一定程度上改变了汉长安城的宫苑景观。汉长安离宫别馆中广种葡萄、苜蓿,上林苑有葡萄宫,乐游苑中苜蓿遍地、天马成群。汉长安城和汉武帝茂陵都出土有希腊文的云龙纹铅饼,印证了汉长安与西域物质交流的繁荣。同时,西域的乐曲、奇技方术也在长安流行开来。西域横吹胡曲传到长安后,被音乐家李延年改造为新声二十八解,成为汉代军乐。汉武帝招邀域外宾客到长安,向其展示仓廪府库的充实,为其表演角抵、奇戏、西域胡乐和幻术,以示汉朝的繁荣昌盛。

公元1至2世纪,罗马、安息、贵霜和汉朝等四大帝国自西向东并列存在,通过丝绸之路建立起直接联系。中国的丝绸、铁器、桃子、杏等,安息帝国的葡萄、石榴、鸵鸟等,贵霜帝国的金币和犍陀罗艺术造像,罗马帝国的玻璃器等,在丝绸之路上形成流通网络。

公元3至5世纪,欧亚大陆北方的草原游牧民族纷纷南下,欧亚大陆的四大帝国相继解体,但丝绸之路并未中断,众多游牧民族被卷入丝绸之路网络之中。十六国至北朝时期的多个政权建都长安,沿用西汉长安城,并致力维持丝路贸易,长安仍是东西方丝路贸易交往的重要枢纽。

图4　西安出土北周安伽墓石门上的飞天、骆驼与祆教祭祀浮雕

丝绸之路的繁荣催生了商业族群粟特人。粟特人属于东伊朗人,中古时期在中亚撒马尔罕一带形成康、安、曹、石、史、米、何、火寻、戊地等绿洲城邦,以商团形式往来活跃于农耕文明和游牧文明、东方文明与西方文明之间。从南北朝开始,大量粟特人沿着丝绸

之路到于阗、高昌、敦煌、武威、长安、洛阳等地定居经商,从中原购买丝绸,从西域运进玉石、玛瑙、珍珠等,通过贩运、放贷赚取高额利润,控制着陆上丝绸之路贸易命脉。粟特人将中古东伊朗文化带入中原地区,其饮食、金银器、风俗、音乐、文字、信仰都在中古中国产生了深远影响。

　　佛教在西汉晚期从印度北部的贵霜帝国传入中亚、新疆地区,东汉时由西域传入中原地区,一方面西域、天竺高僧东来弘法,如东汉时安息高僧安世高、大月氏高僧支娄迦谶、支曜,康居高僧康孟详,先后来洛阳译经传法,西晋时月氏人竺法护、西域人鸠摩罗什、北周时犍陀人阇那崛多先后在长安讲法;另一方面中原高僧西去取经,东晋中原高僧法显从长安出发,经陆上丝路之路到天竺学梵书佛律,后取道海路回国。佛教高僧的弘法与取经推动了丝绸之路的发展和中印文化交流,长安也因而成为世界佛教中心之一。

图5　新疆龟兹克孜尔千佛洞前鸠摩罗什雕像

三、隋唐长安推动丝绸之路迈向鼎盛

　　隋代结束南北朝并立的局面,重新实现了统一,为丝绸之路的繁荣奠定了基础。隋文帝命宇文恺设计营建了规划严整、规模宏大的当时世界第一大城市——大兴城,唐代营建大明宫、改建长安城,并大力开拓西北疆域,推动了丝绸之路的进一步发展繁荣。唐朝一方面通过丝绸之路吸收了外来物质文明和精神文明,另一方面又通过丝路向边疆民族地区和域外地区传播了中华文化,推动了东亚汉字文化圈和儒家文化圈的形成。

　　唐代的丝绸之路贸易推动了枢纽城市的繁荣,长安、撒马尔罕、巴格达、君士坦丁堡等丝绸之路枢纽成为繁荣的国际性都会。唐长安经济发达、文化繁荣、开放包容,是当时世界上最繁华的国际化大都市,并成为当时世界先进文化和价值观的汇聚地、策源地和输出地,通过丝绸之路引领着世界历史的发展和人类文明的进步。

　　隋唐长安城本身的规划和建筑传播到东亚各地,成为渤海国上京、朝鲜半岛新罗都城庆州城、日本平城京(奈良)和平安京(京都)的规划模板。时至今日,日本京都仍保留有不少唐式建筑,并因历史核心区保留了唐代城市规划格局而成为世界文化遗产。

　　唐朝的强盛和丝绸之路的繁荣进一步推动了丝路沿线国家的商贸往来和技术传播。从唐朝开始,唐三彩等陶瓷器和茶叶成为丝路上的重要商品。丝绸、瓷器、茶叶、香料、宝石等丝路商品价格昂贵、利润丰厚,推动了相关技术的传播、模仿和改良。中亚、西亚和欧洲国家曾经竞相仿制中国的丝绸、瓷器。中国的养蚕制丝技术在唐代传入中亚和西亚之后,与当地原有的毛纺、麻纺技术相结合,创造出融合东西的特色织品,"波斯锦"、大食"蕃锦"等西亚丝织品反向流入唐朝长安。中亚的康国(今撒马尔罕一带)在唐朝时期发展成为丝绸集散地和丝织品生产中心之一。公元751年,造纸术也由中国传入中亚,并陆续传播到西亚和欧洲,使这些区域由羊皮卷时代进入纸张时代,打破了贵族和教士对知识的垄断,加速了文化的社会传播和普及。

　　唐朝还将货币、服饰、建筑传播到丝路沿线国家和地区。唐在碎叶(今吉尔吉斯托克马克)设镇后,影响了中亚传统的货币体系。7、8世纪,粟特仿唐朝货币,铸造圆形方孔的钱币,重量及大小与开元通宝接近,可见唐代对丝路流通货币体系的影响。在撒马尔罕附近的片治肯特(Panjikent)遗址出土的8世纪粟特壁画中,出现唐装女乐形象,乐人手中所持的排箫起源于中原,表明中原音乐也对中亚音乐产生了积极影响。唐代长安人杜环于天宝十年(751)在唐与大食(阿拉伯)的怛逻斯(今哈萨克斯坦江布尔城附近)之战后,因被俘而游历阿拉伯帝国,在其所著《经行记》一书中,杜环记述了流落阿拉伯帝国的唐朝绫绸工匠、金银器工匠、画匠的名字和籍贯,表现了唐代文化和技术对西亚的影响。

　　与此同时,来自中亚、西亚、南亚和欧洲的动物、植物、织物、矿物、食物、金银器等物品也大量输入中国,唐长安西市成为丝路商旅和商品集散地。动物主要有狮子、马、豹、鸵鸟、猞子等,狮子传入中国演变为祥瑞神兽。植物主要有瓜果、香料、颜料和药物,以及原产于波斯、罽宾的观赏花卉郁金香。织物主要为氍毹、越诺、舞筵等毛纺毡垫,主要用于铺设舞台。矿物主要有金、银、琉璃、玛瑙、白玉等,主要用于观赏、佩饰和入药。西安何家村出土有五彩缠丝玛瑙雕刻而成的古希腊式"来通杯"——兽首玛瑙酒杯,造型工艺极其精美。食物主要有石蜜(糖类)和葡萄酒。金银器主要有波斯粟特盛器、酒器,波斯银币、大食金币、东罗马金币。粟特人仍然是隋唐时期陆上丝绸之路商贸活动最重要的承担者。除了器物之外,萨珊波斯的金银器制作和印度的制糖技术也传入唐代中国。唐代金银器具有浓厚的萨珊风格,双翼动物和麦穗纹圆框构成的"徽章式纹样"在唐代非常流行。西安何家村出土的"飞狮六出石榴花结纹银盒"和"凤鸟翼鹿纹银盒"盒盖上的翼狮及翼鹿纹饰,就属于徽章式纹样。

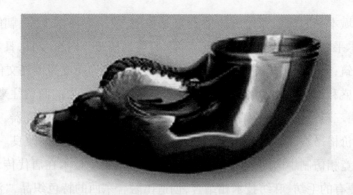

图6　陕西历史博物馆藏西安何家村出土唐《兽首玛瑙杯》

图7　陕西历史博物馆藏西安何家村出土唐代"飞狮六出石榴花结纹银盒"

图8　陕西历史博物馆藏西安何家村出土唐粟特风格"鎏金伎乐纹八棱银杯"

图 9　陕西历史博物馆藏西安何家村出土唐代拜占廷希拉克略金币

图 10　辽宁博物馆藏唐周昉《簪花仕女图》中的拂菻狗

图 11　陕西历史博物馆藏唐章怀太子墓壁画《客使图》

图12　乌兹别克斯坦撒马尔罕阿夫拉希亚卜粟特壁画中的唐代宫廷贵妇与侍女

作为欧亚大陆的国际化大都市,唐长安城中有数万胡人寓居。城中胡风弥漫,胡姬、胡服、胡乐舞盛行,"胡旋舞""胡腾舞""柘枝舞"以及马球在唐代宫廷、贵族和市井中都广为流传,构成长安城独特的文化娱乐景观。西安地区唐墓壁画和陵墓雕塑中出现的胡人形象包括蕃将与文职官员、使臣或朝贡者、胡商、传教士、胡人马夫驮夫车夫、歌舞伎、驯兽师及等类型,表现出空前的隆盛辉煌气象。

唐长安开放包容,佛教、道教、祆教、景教等各种宗教和平共处,充分体现了丝路精神。佛教是唐长安城第一大宗教,唐长安城内外有一百多座名寺,高僧云集,形成众多教派。中国汉传佛教八大宗派,除天台宗与禅宗外,三论宗、法相宗、华严宗、律宗、净土宗、密宗均创立于长安城内或城郊。长安佛教寺院不仅是僧人诵经礼佛的场所,也是文人学士游学创作、诗词唱和和民众礼佛交往的公共空间,还是中华文化与印度文化交汇融合的场域,更是中华文化东传朝鲜半岛和日本的重要源头。

除了来自印度的佛教外,源自西亚波斯和叙利亚的摩尼教、祆教、景教也沿丝绸之路传入长安,被合称为"三夷教"。唐长安有5座祆寺,多位于粟特人聚居的西市和东市附近。景教即基督教聂斯脱利派(Nestorianism),由聂斯脱利创立于东罗马帝国治下的叙利亚地区。唐贞观年间,波斯景教徒阿罗本来到长安,由唐廷资助在义宁坊建立大秦寺,留下了现藏西安碑林博物馆的《大秦景教流行中国碑》,生动反映了唐代丝绸之路多元宗教文化交流的场景。

图 13　西安碑林博物馆藏唐《大秦景教流行中国碑》

四、西安的丝路遗产与丝路愿景

宋代以来,随着世界贸易通道从陆地转向海洋、中国政治中心的东移和西北地区民族政权的分立对峙,陆上丝绸之路趋于梗阻和衰落,海上"陶瓷之路"成为东西方贸易的主要通道。经历唐末五代战乱、进入后都城时代的长安、洛阳等内陆城市相对衰落,一批沿海港口城市因海上丝路贸易日渐繁荣,广州、泉州、宁波等城市成为经济高度繁荣的国际大都会。

公元 13 世纪,蒙元帝国的建立开启了欧亚大陆的一体化进程,推动了陆上丝绸之路的复兴,此时的陆上丝绸之路主要以元大都(今北京)为东方起点。在马可·波罗笔下,京兆府城(今西安)虽然仍是一座工商繁荣、丝绸众多的壮丽大城,但仅是区域性城市,而不再是东西方丝路贸易网络的枢纽。明清时期,当年的长安和京兆被改称为"西安",降格为地方城市,虽然仍是西北的重镇和门户,但由于陆上丝绸之路进一步衰落和海上新航路的开辟,欧洲人主导了海权时代的到来和世界的近代化进程,西安日益成为远离东西方贸易大通道的内陆城市。

政治、经济地位的下降,并不意味着西安在欧亚文明体系中认同度、知名度的下降,当代西安仍是与罗马齐名的国际文化都市。堪称天然历史博物馆的西安留下了丰厚的文化遗产。截至 2015 年,西安共有 2 项 6 处世界遗产,分别是秦始皇兵马俑、大雁塔、小雁塔、兴教寺塔、大明宫、未央宫,其中后 5 处都属于"丝绸之路:长安—天山廊道路网"遗址点,而秦始皇兵马俑也是中外文化交流的结晶。这些文化遗产是西安永不消失的文化魅力所在,并成为丝绸之路沿线地区族群的集体记忆。丝路文明交往经验和丝路文化遗产是西安国际竞争力的关键,而当代"丝绸之路经济带"建设则为西安重现在丝绸之路上的繁荣和辉煌提供了契机。

作为古代丝绸之路起点、策源地和重要载体,古都西安见证了丝绸之路的开通、发展到繁荣、鼎盛,体现了不同文明的互学互鉴、不同族群的共生共赢、不同宗教和谐共处的丝路精神。作为休戚与共的命运共同体,西安和丝绸之路一起经历了辉煌,走过了低谷,留下了厚重的文化遗产和历史经验,这份遗产和经验将会镌刻历史、关照现实、启示未来、再现辉煌。

（原刊于《国学新视野》2016 年秋季号）

水脉丝路*

席会东

　　水是生命之源,也是人类文明之源。发祥于底格里斯河和幼发拉底河两河流域的古巴比伦(今伊拉克)文明,发祥于尼罗河的古埃及文明,发祥于印度河和恒河的古印度文明,发祥于黄河和长江的中华文明,并称为世界古代四大文明。发源于地中海的古希腊罗马文明和大西洋的欧洲近代文明也与水脉息息相关。

　　丝绸之路是欧亚大陆不同族群的商贸往来和文明交往之路,从亚欧大陆南边的太平洋和印度洋沿岸、中部的沙漠绿洲带、北方的草原地带,东西横贯辽阔的欧亚大陆,连接了太平洋、印度洋沿岸众多的港口和岛屿,促进了欧亚大陆不同区域的物种传播、族群融合、商品交换和技术交流,推动了华夏文明、印度文明、伊斯兰文明、欧洲文明、草原游牧文明的汇通和交融,是人类历史上最珍贵的文化遗产之一。

图1　世界丝绸之路示意图

　　* 国家社科基金重大项目"文明交往视野下的中亚文明史研究"(批准号:14ZDB060)、陕西省教育厅科研计划项目"丝绸之路古代地图整理与研究"(批准号:15JK1747)、中国博士后基金第9批特别资助项目"东西方古代丝绸之路地图研究"(编号:2016T90941)资助研究成果。

　　作者简介:席会东(1981—),男,河南巩义人,历史学博士,西北大学丝绸之路研究院副教授,复旦大学中国研究院客座研究员,主要从事地图史、城市史、丝绸之路、中外交流史研究。

水脉孕育滋养了丰富多彩的人类文明,推动着不同文明交往通道——丝绸之路的形成、发展与繁荣,并见证了欧亚大陆文明的兴衰变迁、族群的迁徙融合。文明发展和丝路繁荣也推动着人类对水脉开发利用能力的不断提升,进而不断改变自然水文形态和格局。人类围绕水脉的开发和丝路的开辟展开恢弘的世界历史长卷。一部人类文明史很大程度上就是人类与水脉之间永恒互动的历史,而一部人类文明交往史很大程度上就是丝绸之路形成发展的历史。

一、丝路水脉

丝绸之路有狭义和广义之分,广义的丝绸之路主要包括四条路线:

(1)沙漠绿洲之路,核心段落位于干旱缺水的内陆亚洲沙漠绿洲之间,从中国陕西西安或河南洛阳出发,沿渭河流域向西,越黄河经甘肃河西走廊、新疆、中亚,通往南亚、西亚,进而到达地中海沿岸直至意大利罗马,兴盛于汉唐时期。

(2)海上丝绸之路,也称"瓷器之路""香料之路""书籍之路",分别经由中国东海的泉州、宁波,南海的广州等地,浮水扬帆,向东通往朝鲜半岛、日本列岛,向南向西通往东南亚、南亚、西亚、东非和南欧,兴盛于宋元时期。

(3)北方草原之路,又称"金银之路""皮毛之路",从中国陕西长安或北京出发,向北经蒙古高原、欧亚草原,在向西通往中亚、西亚、欧洲。

(4)南方丝绸之路,又称"高山峡谷之路",是从中国四川成都,向西南到印度,再通往中亚的道路;唐代还开辟了从长安出发,向西经甘肃、青海到达西藏,进而通往印度的"唐蕃古道";另有从四川和云南出发,向南经由缅甸或西藏通往印度的"茶马古道",这些都属于南方丝绸之路。

狭义的丝绸之路主要指横贯欧亚大陆中部的沙漠绿洲之路,起源于西安和洛阳,经甘肃陇西、河西走廊、新疆进入中亚,从中亚向西经中东抵达欧洲。隋唐繁荣时期的沙漠绿洲之路以甘肃敦煌和新疆葱岭喀什为界,分为东、中、西三段。西安至敦煌间的东段分为南、北路和青海道等三条通道,敦煌至喀什间的中段分为南道、北道和新北道,喀什以西的西段也分为北道、中道和南道。

隋唐丝路繁荣时期东段南路的大体走向是从长安出发,沿渭河河谷向西,经咸阳、扶风府(今陕西凤翔)、陇州汧源县(今陕西陇县)、陇山,转而沿陇山西南行,经清水至秦州(今甘肃天水)西行,经伏羌县(今甘肃甘谷)、渭州襄武县(今甘肃陇西)、渭源县、临州(今甘肃临洮),由庄浪河北上,经广武县(今甘肃永登)、凉州昌松县(今甘肃古浪),至姑臧县(今甘肃武威)与北道合,西行经删丹(今甘肃山丹)、甘州(今甘肃张掖)、肃州(今甘肃酒泉)、瓜州(今甘肃安西)等地至敦煌。

东段北路从西安出发,沿泾河河谷向西北行进,经奉天(今陕西乾县)、邠州(陕西彬

图2 欧亚大陆地貌形态与陆上丝绸之路线路图

县)、泾州(今甘肃泾川)、平凉弹筝峡,转而向北,经原州(今宁夏固原)至石门关,由此向西,经会州(今甘肃靖远),自乌兰关渡黄河,西北行至凉州姑臧,与南道合,沿河西走廊,至甘州、肃州、瓜州、敦煌。

东段青海道从兰州或临州西行,沿洮河、湟水西进,经河州(今甘肃临夏)、鄯州(今青海乐都)、鄯城(今青海西宁市),转而西北行,渡大通河,越大雪山(祁连山),经大斗拔谷(今扁都口)至删丹县,与北道合,至甘州、肃州、瓜州、敦煌。

中段南路从敦煌沿新疆塔克拉玛干沙漠南缘绿洲向西,经楼兰(今新疆罗布泊西北岸)、于阗(今新疆和田)、莎车,穿越葱岭今帕米尔到中亚。中段北路从敦煌向西沿塔克拉玛干沙漠北缘绿洲行进,经楼兰(今新疆罗布泊西北岸)、库尔勒、龟兹(今新疆库车)、阿克苏、疏勒(今新疆喀什),穿越葱岭到中亚。中段新北道从敦煌向西到伊州(今新疆哈密)、西州(今新疆吐鲁番),沿天山北麓经巴里坤、乌鲁木齐到伊犁河,沿河谷西通中亚。

沙漠绿洲之路、北方草原之路和南方高山峡谷之路又可以统称为陆上丝绸之路,与海上丝绸之路相互呼应,共同构成人类文明交往的主要路径。四条路线或是傍水骑乘而行,或是携水乘驼跋涉,或是浮水扬帆远航,或是逐水骑马而进,将水脉所孕育的绿洲、港口串联起来,使欧亚大陆的不同文明由隔绝孤立走向交流融合,使不同族群由区域史形成相互联动的世界史。

二、水脉滋养丝路文明核心区

中华文明的核心区在黄河中下游,由汾河、伊洛河和渭河等黄河支流所滋养的晋东南、豫西北和关中平原东部是华夏文明的发源地和核心区。传说时代的三皇五帝,有明确文献和考古发现证实的夏商周三代都邑,包括尧都平阳(山西临汾陶寺)、禹都阳城(河南登封),夏都安邑(山西夏县)、商都亳殷(河南安阳)、周都丰镐(陕西西安),再到后来的秦汉隋唐首都长安、洛阳,都位于黄河中游众多支流附近的阶地或黄土台原之上,形成了绵延不绝的华夏文明。

黄河的支流洛河和渭河流域,是中华文明最为重要的发祥地之一。洛河流域的伊、洛、瀍、涧四水,滋养了河洛文明核心区,孕育了夏商、周汉、魏晋、隋唐古都洛阳。渭河流域的泾、渭、涝、沣、滈、潏、浐、灞等八水,滋养了关陇文明核心区,孕育了周秦汉唐四大统一王朝,形塑了西周丰镐、秦咸阳、汉长安、隋唐长安四大盛世都城,从而造就了丝绸之路起始端的核心区。

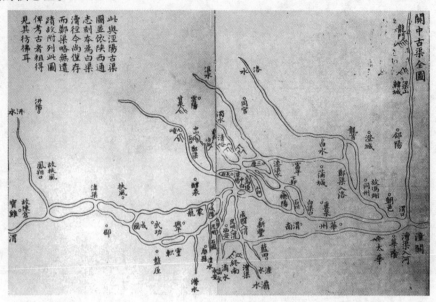

图3　清乾隆王太岳《泾渠志》(1767)之《关中古渠全图》长安八水与关中古渠

洛河流域和渭河流域是中国北方农业文明的起源地,也是水脉开发利用的核心区。周秦王朝开始大规模改造利用天然河流,兴建水利工程,开凿运河,为建立统一盛世王朝和宏伟都城奠定了经济和社会基础。秦人兴修郑国渠和都江堰,推动了为秦国经济繁荣,为统一六国的奠定了基础。西汉兴修白渠取代郑国渠,又开凿六辅渠、灵轵渠、成国渠和龙首渠,引泾水、汧水、渭水和洛水灌溉农田,依托渭河流域的天然河道,开凿西起长安城,东到渭河入黄处的漕渠,兼有漕运与灌溉双重功效,为西汉首都长安城的发展和繁荣提供了物质基础。丝绸之路全线贯通后,西汉长安城成为丝绸之路的东方起点,并逐渐发展成为国际性的大都会,与西方的罗马城并列为丝绸之路东西两端的璀璨明珠。

隋代重新实现统一后,营建了规划严整、规模宏大的大兴城,开凿横通东西、纵贯南北的大运河体系。唐代修复关中地区固有的漕渠、成国渠,将白渠扩建形成太白、中白、南白三大干渠,连同新建的虢县(今宝鸡)升原渠、高泉渠,郑县(今华县)利俗渠、罗文渠,以及华阴敷水渠、蓝田灌渠、鄠县(今户县)渼陂渠等水利工程,构建起东西横贯渭河流域关中平原的灌区体系,极大地促进了关中地区的经济繁荣。在此基础上,唐朝开拓丝路,扩建长安城,营建大明宫,奉行对外开放政策,各国使者、留学生、僧人在长安平等交往,佛教、道教、祆教、景教等各种宗教和平共处,使得长安城成为人口百万的世界第一大国际化大都市。

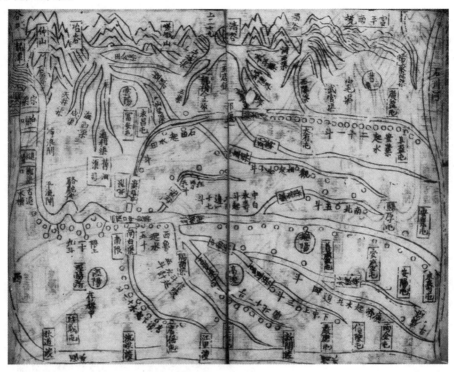

图4　元李好文《长安志图》(1345)之《泾渠总图》

汉唐丝绸之路的繁荣,推动了枢纽城市的繁荣,长安、洛阳、敦煌、撒马尔罕、伊斯法罕、大马士革、君士坦丁堡、罗马等陆上丝绸之路枢纽成为繁荣的国际性都会。

三、水脉造就丝路黄金段

河西走廊东起乌鞘岭,西至古玉门关,南北介于南山祁连山、阿尔金山和北山马鬃山、合黎山、龙首山之间,形如西北—东南走向的狭长走廊,因在黄河以西而称"河西走廊"。河西走廊历代均为中原通往西域的咽喉要道和经略西域的战略要地,汉唐以来,成为"丝绸之路"一部分,也是中国同西方进行交流的重要国际通道。

河西走廊地处干旱地带,祁连山北麓的倾斜平原和冲积平原是河西走廊绿洲主要的分布区,其余地区主要是风蚀和剥蚀形成的戈壁和荒漠。河西绿洲主要依赖祁连山积雪和冰川的融水滋养、灌溉,以黑山、宽台山和大黄山为界分为石羊河、黑河和疏勒河三大内流水系。石羊河水系位于走廊东段,滋养了武威(凉州)盆地。黑河水系介于大黄山和嘉峪关之间,孕育了张掖(甘州)、临泽、高台之间至酒泉(肃州)间的大块绿洲,是河西重要农业基地,所以自古就有"金张掖、银武威"之称。疏勒河水系位于走廊西端,中部为疏勒河中游绿洲和党河下游的敦煌绿洲,滋养了敦煌、瓜州、玉门等名城。

在祁连山冰雪融水的滋养下,河西走廊形成串珠状的绿洲名城和多彩的自然与人文景观,既有草原牧场、绿洲、沙漠、雅丹、雪山等风景名胜,又有长城烽燧、石窟壁画等人文旅游景观,还有浓郁的民族文化风情,造就了丝绸之路的"黄金段"。

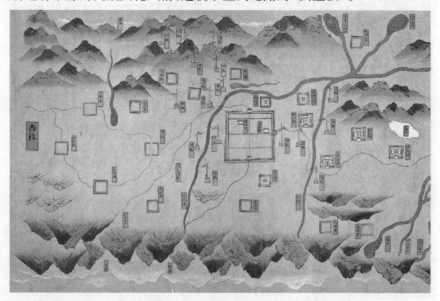

图 5　台北故宫藏明洪武(1398)《南京至甘肃驿铺图》肃州(酒泉)段丝路山水城池

四、水脉支撑丝路核心段并影响丝路走向

从河西走廊向西便进入丝绸之路中段的西域新疆。新疆地处欧亚大陆腹地,是古代丝绸之路的重要区段,也是当代中国向西开放的前沿阵地和"丝绸之路经济带"的核心区,战略位置极其重要。新疆远离海洋,干旱少雨,形成广袤的戈壁和沙漠,属于明显的温带大陆性气候,对于水资源的需求尤其迫切。

新疆的水资源主要依赖高山冰雪融水。阿尔泰山、天山和昆仑山三大山脉的积雪、冰川形成塔里木河、孔雀河等众多内陆河,伊犁河、额尔齐斯河等北冰洋水系,汇聚成罗布泊(蒲昌海)、喀纳斯湖、博斯腾湖、赛里木湖等湖泊,进而孕育了天山南北两麓的众多绿洲和草原,南疆为绿洲文化区,北疆是草原游牧文化区。发源于天山、昆仑山和葱岭的一条河流往往滋养一块或一串绿洲,而一个绿洲便养活一方人,南疆塔里木盆地南北两缘形成串珠状的绿洲城邦。西汉时塔里木盆地南北两缘以农为主兼事畜牧的绿洲城邦有 30 多个,主要有楼兰、车师(今吐鲁番)、焉耆、龟兹(今库车)、于阗(今和田)、疏勒(今喀什)等,到东汉时分合演变为 50 余国,正是这些绿洲城邦支撑着丝绸之路的畅通。

由于这些城邦长期的农牧产生,历代中原王朝派驻西域军队的屯垦,以及气候变化等原因,新疆冰川融水形成的天然河流不断发生变化,依托这些河流的绿洲城邦也随之

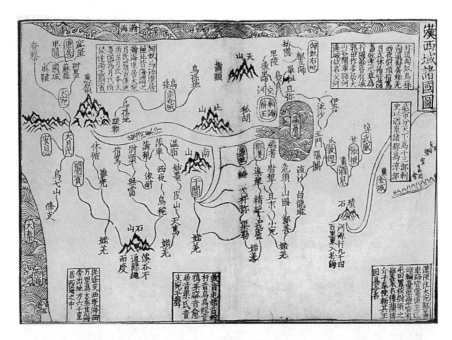

图6　南宋僧志磐《佛祖统纪》(1270)之《汉西域诸国图》

发生转移或衰落消亡,进而引起串联这些绿洲城邦的丝绸之路的改道或兴衰。

　　总体来看,汉代塔里木盆地南北两缘的绿洲中心区普遍比今天的绿洲城镇更靠河流下游,也就是绿洲在不断沿着河流来源的方向溯源迁徙,说明两千年来新疆冰川融水形成的河流相对退化,而塔克拉玛干沙漠则在不断扩展。丝路南道即塔里木盆地南缘的绿洲中,西汉时期的精绝城即今尼雅古城,现在已处于今民丰县北100多千米的沙漠之中;西汉时扞弥国即今克里雅河下游的圆沙古城,现已处在于田县北200余千米的沙漠之中。丝路北道即塔里木盆地北缘的绿洲中,汉时的轮台至渠犁一带,原是汉朝西域都护驻军屯垦区,今已深陷沙漠。拥有四千多年历史、两汉时期高度繁荣的丝路重镇楼兰(鄯善),在公元4世纪时,由于孔雀河和塔里木河河水的改道断流,罗布泊(蒲昌海)水体消失,导致楼兰人去成空,沦陷于沙漠之中。南疆绿洲大幅度的溯源位移也带来了丝路南北两道的改道和转移。

　　由于水源对新疆绿洲生存、维持戍守驻军给养和维系丝绸之路至关重要,汉唐、清朝中央政府都非常重视在新疆的水利建设。唐朝在龟兹(今库车)、焉耆、于田(今和田)、疏勒(今喀什)安西四镇驻军屯垦,并在长期设为四镇之一的李白出生地碎叶城(今吉尔吉斯斯坦托克马克)所在的碎叶川(今楚河)南岸开渠引水,垦荒屯田,维系西域稳定和丝路畅通。清代道光朝名臣林则徐在因鸦片战争而发配新疆后,积极投身北疆伊犁水利建设并勘查南疆八城水脉,留下千古佳话;清代历任伊犁将军阿桂、伊勒图、松筠、布彦泰等人都对新疆、尤其是伊犁的水利事业都做出过重要贡献。

图7 台北故宫藏明嘉靖(1542)《西域土地人物图》哈密至阿克苏段

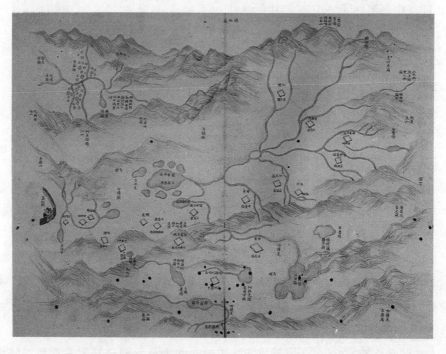

图8 中科院图书馆藏清嘉庆《伊犁总统图说》(1811)之《新疆总图》新疆水脉丝路城镇

五、水脉滋养丝路枢纽

中亚是欧亚大陆商贸往来和文明交往的十字路口,向南是印度,向北是欧亚大草原,往东是中国,向西是波斯、罗马,是丝绸之路东西南北交通的枢纽。唐代中亚粟特何国都城的门楼上,东边绘唐朝皇帝,北面画突厥可汗,南面绘印度国王,西面画拂菻(东罗马)

皇帝,生动表现了中亚地处欧亚文明十字路口和丝绸之路枢纽的地缘格局。

同新疆地缘结构相似,中亚南部主要是绿洲定居文化区,北部是草原游牧文化区,两者同样仰赖于高山冰雪融水形成的河流。滋养"河中地区"的阿姆河和锡尔河及其支流是中亚文明的母亲河,也是汉唐丝绸之路上商贸往来和文化传播的主要承担者粟特人的故乡。

阿姆河和锡尔河源自帕米尔高原,在广袤的克孜勒库姆沙漠南北两侧向西北方向流淌,在沙漠边缘形成了走廊,最终注入咸海,滋养了乌兹别克斯坦全境和哈萨克斯坦西南部一系列串珠状的绿洲,形成了碎叶(今吉尔吉斯托克马克)、撒马尔罕、布哈拉、希瓦等丝路名城。

撒马尔罕在粟特语意思是石城,地处泽拉夫尚河(意为流金河)谷地绿洲,是中亚伊斯兰化以前是粟特文化之源和康国都城,丝绸之路上重要的枢纽城市和纺织印刷业中心,连接着波斯、印度和中国三大文明,伊斯兰化以后是花拉子模、伊朗和帖木儿帝国的都城,长期是中亚第一大城市和文明中心。

图9　尚友堂题记明嘉靖"蒙古山水地图"摹绘本撒马尔罕城段

布哈拉古城的粟特语含义为"幸运之地",其周围是大沙漠,但城东面的泽拉夫善河和南面的阿姆河则为其提供了赖以生存的水源,老城中心是居民饮用和生活用水的古老蓄水池。

从布哈拉往向西,在沙漠中穿行近500千米才能到达古城希瓦。希瓦位于阿姆河汇入咸海前形成的三角洲,传说是诺亚的儿子闪(Shem)在沙漠中的清泉边所建,长期只是丝路上规模不大的中转站。16世纪,由于阿姆河改道,花拉子模旧都玉龙杰赤(今库尼亚—乌尔根奇)失去了水源,希瓦便取而代之成为汗国的都城,在其鼎盛时期是国际贸易中心之一。

中亚西边的西亚和欧洲,无论是波斯帝国、阿拉伯帝国,还是罗马帝国与东罗马帝国,其兴衰都与水脉密切相关,并与丝路形成休戚与共的命运共同体。

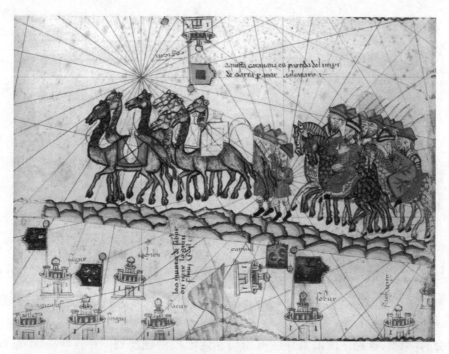

图 10　法国国家图书馆藏亚伯拉罕《加泰罗尼亚地图集》(1375)中亚段丝路城镇驼队

图 11　台北故宫藏明嘉靖(1542)《西域土地人物图》天方(麦加)至鲁迷(伊斯坦布尔)段

六、生态文明建设与丝绸之路复兴

2012 年 11 月,中共十八大做出"大力推进生态文明建设"的战略决策,描绘了生态文明建设的宏伟蓝图。2013 年 12 月,中央城镇化工作会议强调,城镇化建设,要依托现有

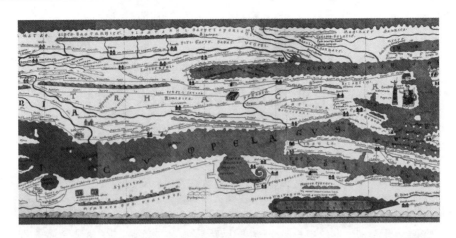

图 12　奥地利国家图书馆藏 5 世纪罗马帝国《波廷加地图》君士坦丁堡段丝路水脉

山水脉络,让城市融入大自然,让居民望得见山、看得见水、记得住乡愁。随着 2013 年国家"一带一路"战略的实施,丝路沿线的流域治理,成为国家生态文明建设和复兴丝绸之路的重要内容。

在此背景下,丝路中国段沿线区域纷纷制定流域治理规划。在古丝路起点,陕西省和西安市制定了恢复"八水润长安"的战略规划,保护秦岭,涵养水源,整治渭河及其支流,加强生态文明建设,致力再造关中大地秀美山川。在丝路黄金段,甘肃启动了敦煌绿色屏障西湖湿地保护、祁连山冰川保护、黑河、石羊河沙化盐碱化治理等流域治理工程,着力再现丝路黄金段辉煌。在"丝绸之路经济带"核心区,新疆全力推进天山、阿尔泰山天然林保护,启动伊犁河谷生态防护,实施了博斯腾湖、赛里木湖等湖泊环境治理,为重现丝路辉煌、再造大美新疆奠定了坚实基础。

作为古代丝绸之路的核心国家,中国将通过"一带一路"建设和"生态文明"建设,推动丝路沿线流域治理,为国际社会贡献中国智慧和中国力量。

（原刊于《水与中国》2016 年第 1 期）

中亚地区的丝路古城[*]

吕卓民

【摘　要】　丝绸之路催生了一批丝路沿线城市,这些城市即是丝路文化交流与经济贸易的中转站,为丝绸之路的繁荣与发展做出了贡献。丝路城市遗址保存着丰富的历史记忆,提供见证和复原历史的第一手实物资料。

丝绸之路曾为古代世界架起了一座东西方文化交流的桥梁,随之也催生了一批丝路沿线城市。这些城市即是丝路文化交流与经济贸易的中转站,为丝绸之路的繁荣与发展做出了巨大贡献。然时过境迁,一些古老的城市因地域变迁而废弃,唯留丘墟于荒野,成为历史时期的城市遗址。这些城市遗址保存着丰富的历史记忆,为我们提供见证和复原历史的第一手实物资料。本文将在实地考察的基础上,叙述重要丝路城址的历史。

一、土库曼斯坦的梅尔夫古城与尼萨古城

(一)梅尔夫古城

梅尔夫古城,位于今土库曼斯坦马雷州首府马雷市东北30千米处,即今马雷市的前身,故又称马雷古城。梅尔夫在我国古代文献中又作木鹿、穆国、朱禄国、末禄国、末国、穆尔夫、麻里兀、马鲁、马兰、谋夫、马卢、马里等名。该城兴建于公元前6世纪,至今已有2600多年的建城史。由于古城在这个位置延续发展了1800多年,又经过多次重修和改建,故遗址范围很大,总面积达11平方千米。现存遗迹主要有东西两个大的古城址、一座城堡、一座苏丹陵墓等。其中东城为早期城址,由内外两城组成。内城为圆形,占地约0.2平方千米,城内有一处高大的夯土建筑基址,昭示着昔日王室宫殿的巍峨气势。这座圆形城郭,就是梅尔夫古城最早的城市形态。200年后,即到了公元前4世纪,又在外面

　　* 国家社科基金重大项目(14ZDB060)、国家社科基金重点项目(13AZD033)、教育部重点研究基地重大项目(13JJD770019)资助研究成果。
　　作者简介:吕卓民,陕西长安人,历史学博士,西北大学丝绸之路研究院教授,西北历史研究所原所长,西安历史地理学会常务理事,主要从事西北区域历史地理、西安历史地理等方面的研究。

加筑了一座方城。方城占地面积数倍于圆城,遂构成内圆外方的重城结构。此城一直沿用至公元 12 世纪,蒙古军西征摧毁了该城。

图 1 梅尔夫古城远眺图

之后,当地人又重修了这座城市,但却没有利用和继承原城址的基础,而是在原城址的西侧另起炉灶,兴建了一座新城,是为西城,旧城遂因之称为东城。新城的规模和面积比旧城更大,而其城垣的厚度和高度均不及旧城。到了 14 世纪后期,成吉思汗的孙子帖木儿在建立帖木儿帝国的征战中,又将此城摧毁。两次毁城成了马雷地区历史上最深刻与最惨痛的记忆,也被认为是马雷城历史变迁的重要因素。

图 2 早期城市东城城墙剖面

梅尔夫主城之外,还有一座古城堡遗存,即克兹卡拉要塞。这座古城堡属公元 7 世纪萨珊王朝时期的建筑,城堡面积比较小,城墙则坚固而高大。而且城墙的筑法很特殊,即在高大城墙的外面,密集地加筑着半圆形的柱体护墙,对墙体起到加固作用。城堡的出现反映了公元七世纪时,这一地区曾面临的颇为严峻的政治军事形势。目前,该城堡遗址正在进行保护性修复。这说明该城堡遗址已构成马雷古城不可分割的重要组成部分,具有十分重要的遗存与保护价值。

图 3　公元七世纪的城堡遗址

梅尔夫古城除了高大的城墙、部分建筑遗迹外,值得一提的还有残存的佛塔以及塞尔柱王朝的苏丹墓等遗存。这里的佛塔在杜环的《经行记》中就有记录,反映了唐时这里还是佛教流行的地方。苏丹墓则是伊斯兰文化的典型代表。佛教文化遗存与伊斯兰文化遗存并见于一地,又充分反映了区域宗教信仰与宗教文化的变迁。塞尔柱苏丹墓的墓主人名桑贾尔,公元 1157 年死葬于木鹿。其陵墓为方形穹窿顶式建筑,高 38 米,其中穹窿式圆顶高 17 米,是伊斯兰建筑中最早出现的穹庐顶式,对其后的清真寺设计与造型具有重要影响,从而也奠定了在伊斯兰建筑史上的重要地位。同时,它还反映了伊斯兰文明与基督教文明在文化上借鉴关系。

目前,古城已完全废弃,周边的生态环境已严重恶化,古城遗存处于一片荒野杂草之中。关于梅尔夫新旧城址的位移,还有一种说法,即旧城原依穆尔加布河而建,后因穆尔加布河发生了改道,旧城失去了水源,便不得不放弃旧城,另择近水处重建了新城。其实,这一说法是存在合理性的,但还需要从历史地理的角度进行深入研究,从而得出令人信服的科学结论。

梅尔夫古城的兴废历史记录了马雷地区区域发展史上曾有的辉煌与衰落,是土库曼国家文明史的重要组成部分,在国家历史上具有极其重要的地位。该城于 1999 年入选

图 4　公元 12 世纪修建的苏丹墓

世界文化遗产名录。

（二）尼萨古城

尼萨古城位于土库曼斯坦首都阿什哈巴德城南约 15 千米处。该城建于公元前 3 世纪,废于公元 2 世纪,为帕提亚王朝之都城。土库曼人认为该城就是中国史书所记载的安息城。

图 5　尼萨古城之一部

古城建在一块高台地之上,四周有高大城墙环绕,整个城址的占地面积约为 0.14 平方千米。经考古发掘,揭示出了许多重要的文化遗存,特别是在大型建筑遗址中,既发现了当时的王宫所在,又发现了拜火教的祭祀场所,以及教徒的居住区等。宫室建筑与拜火教的祭祀场均是大跨度室内建筑形式,与之相应的是由大型立柱组成的间架结构。柱础与立柱遗存都是大直径的圆柱石和圆柱体,直径有 60 厘米至一米不等。支撑大型屋顶的柱体结构材料有两种,一是用条砖围砌成大直径柱体;一是用事先烧制好的扇形砖拼形垒砌而成。这反映了帕提亚时期中亚人民的智慧和建筑技术。

图 6　宫廷遗址与殿柱遗存

图 7　殿柱的另一种拼砌法

其次,尼萨古城的房屋建筑,似乎墙壁都很厚。墙体多是由未经烧制的土坯砖砌成,即类似于新疆吐鲁番的高昌古城建筑。土坯砌墙与干旱的气候条件有关。窗户也很特别,均呈现出外口很大内口狭小的特点。

城中还有一个大型洼坑遗址,据说是当时的蓄水池,是古城时期解决城市用水问题的一项措施,也是由地域环境决定的一项城市建设工程。

在古城遗址发掘中,曾出土了一大批文物,有陶器、骨器、金银器等,也包括各种造型精美的工艺品。其中最典型、最著名的出土物是现藏土库曼国家博物馆大理石雕像和角杯,既有东方风格,又呈现着明显的希腊文化因素,是因丝路所进行的文化交流产生的。大理石雕像发现了两尊,其中一尊类似于希腊的阿芙洛狄忒(Aphrodite)女神,上半身以白色大理石雕凿而成,呈裸体状;下半身用灰色大理石雕凿而成,身体侧转而双手向上。土库曼人给这尊雕像起名罗多古娜,托说其原型是一位安息公主,因有却敌护国之功而被奉为民族女神。实际上是土库曼人民对这件艺术品高度认可和喜爱,遂赋予它以精神生命。角杯为饮酒器,该遗址共出土了四十余件,其中有一件最为精致的象牙角杯,不仅质地优良,而且杯体上雕刻着精美图案,出土于宫室遗址,无疑是当时的宫廷用品。这只角杯被定为国宝,起名尼萨象牙角杯,珍藏于阿什哈巴德的土库曼国家博物馆。

图 8　尼萨古城出土的象牙角杯

尼萨古城周边环境尚可,遗址保护工作也不错,故城内地面杂草不生,遗迹遗物可一览无余。2007 年,尼萨古城入选世界文化遗产名录。

二、哈萨克斯坦的塔尔加尔古城与阿克亚塔斯古城

哈萨克斯坦主要考察塔尔加尔古城、千泉、库兰、阿克亚塔斯、克斯托别、别克托别古城。其中千泉、库兰、克斯托别、别克托别古城皆地面可看内容不多,仅可远眺其遗存轮廓,而塔尔加尔古城和阿克亚塔斯古城则有丰富的遗存。

(一)塔尔加尔古城

塔尔加尔古城位于阿拉木图市东南 23 千米处,天山支脉塔尔加尔山脚下。塔尔加尔古城兴起于公元 9 世纪西突厥时期,曾是丝绸之路上的重要城镇和驿站,从伊犁西行至此分为两道,继续西行是前往江布尔一线的丝路,西南行则是前往撒马尔罕一线的丝路。

古城的发掘工作从 20 世纪 50 年代开始,多年来,也经历了多次发掘,已有很大的收获。城市的生活居住区与手工业作坊区等陆续被揭示出来。

生活居住区有较大规模的房屋建筑遗址,房屋的基础皆用石头垒砌,故至今保存较好,房屋建筑的平面规整而清楚。围绕房屋建筑的路面亦皆用石头铺筑,路面坚固耐用,至今还保持着基本平整的状态。在手工业作坊区,可见遗落在地面上的矿石与矿渣,即是当时冶炼的原料与废弃物。这里曾出土了种类繁多的铁制工具,如铁刀、铁锥、铁环、马衔、铁掌件等,还出土了古钱币、瓷器、玻璃器和人头像等。而其铁制工具的种类与器形,与中国内蒙古一带出土的同类器物十分近似,反映了此期的冶铁制造技术在广大的北方草原一线是相互影响与相互传播的,也是草原丝绸之路把相距千余里的两地联系在了一起。

建筑居住遗址与手工业作坊遗址的地方,正处于该城的中心区域,占地面积约为 15 万平方米,而整个塔尔加尔古城的面积则大得多,约在 60 万平方米。故这座古城也是中世纪伊犁河谷地区的重要城市之一。2014 年 6 月,塔尔加尔古城入选世界文化遗产名录。

(二)阿克亚塔斯古城

阿克亚塔斯古城,又作阿克雅达斯古城,大约兴起于公元 8 世纪,是哈萨克斯坦境内又一座丝路古城,位于今江布尔州首府塔拉兹市西南 45 千米处。阿克亚塔斯古城不同于中亚地区的其他古城用夯土筑墙、土坯造屋的营建方法,而是一座完全用红色石块垒砌而成的城堡。城堡的城角部分修成圆弧状,颇类似于今西安城墙的西南角。如果今西安城墙的西南角确系元时由蒙古人所改建,则圆形城角就是草原游牧民族所喜欢用的一种建筑形式。

图 9　塔尔加尔古城生活居住区遗址

图 10　走近阿克亚塔斯古城

　　8 至 13 世纪时期,古城一带曾是原突厥部葛逻禄人的活动区域,这座古城可能就是葛逻禄人修建的可汗王庭。其建筑所用的石材皆取之于 3 千米之外的红色山体。正是由于该城全部选用石材修筑,工程量巨大,人力物力耗费亦巨大,以至迁延时日,并最终没有修成。当时修城的人们已经掌握了比较先进的开山技术和用石砌墙的技术,才有了建造这座石城的设想与规划,以及实施过程。

　　也有学者认为,此城的建造技法有波斯风格,可能有阿拉伯技师或工匠参与了该城的建造,遂落下了阿拉伯人的烙印。这也是区域间与民族间文化传播的一种方式。

　　1219 至 1221 年,长春真人丘处机赴西域拜谒成吉思汗,曾途经于此,见"一石城当

图 11　街道通往公共广场

图 12　阿克亚塔斯古城的圆形城角

路,石色皆赤",说的就是阿克亚塔斯古城。也说明阿克亚塔斯古城正位于当时西行的交通大道侧旁。2014 年 6 月,阿克亚塔斯古城也入选了世界文化遗产名录。

(三)塔吉克斯坦的片治肯特古城

塔吉克斯坦的片治肯特古城址位于今市区东南 1.5 千米处,始建于公元 5 世纪,是古代中亚粟特人修建的重要城市之一,也是丝绸之路经过的重要城市之一,7 至 8 世纪时曾繁荣一时,760 年毁于战火。城址遗存可分为宫城、内城和外城三部分,或加上墓区称为四部分。与其他中亚古城相比,该城遗存较多。城内的建筑遗迹密集,到处都是坍塌的房屋建筑基址。丰厚的遗存堆积,隐藏着片治肯特曾经辉煌的城市记忆。

图 13　片治肯特古城城内遗址保存现状

自 20 世纪 40 年代以来,考古工作者对该城进行了多次发掘,揭示出了宫殿、寺院、居民生活区等重要遗迹,并出土了大量陶器、玻璃器以及各种金属制品,包括古钱币等,还发现了大量壁画遗存和泥塑、木雕等工艺品。城内的拜火教遗址和佛教遗址都曾发现了壁画。粮商宅院遗址遗存中,既有主人的生活居室,又有多间囤积粮食的仓房等。

图 14　仓储遗址

　　在毗邻古城的遗址博物馆存储器放着古城出土的文物,有各类陶器,如各种大小不等的陶瓮、陶罐、陶壶等,其中特大型的陶瓮和特小型的陶壶是其陶器的重要特点。建筑材料有陶水管、陶花砖等,陶花砖既美观又实用,反映了当时的制陶工艺水平。城址中的出土壁画收藏在杜尚别的塔吉克国家博物馆中,其中有两幅壁画与中国有关,或认为是中国人物头像,或认为是中国题材的故事画,或认为是由中国来的画师画的。唐天宝年间,被大食军俘虏的京兆长安人杜环,曾在大食境内看到过不少中国人,其中有京兆画匠樊淑、刘泚,河东织络匠乐儇和吕礼等,即可佐证当时的片治肯特城肯定也有不少流寓于此的中国人,遂在这里留下了中国文化的印记。

图15　片治肯特古城出土的壁画

图16　片治肯特出土有龙形象的壁画

在片治肯特古城考古中,发掘了一处手工业作坊遗址,出土了一批仿中国制币技术与造型的圆形方孔钱币,钱币形制与中国古钱几无差别。而其区别仅在钱文上,即这里制造的钱币,在其正面用王者徽号,背面为王名,用粟特文书写。这种粟特钱币,无疑是东西文化交流的产物。

此外,考察团在吉尔吉斯斯坦考察的巴拉沙衮古城、碎叶古城,都是丝绸之路上的重要城市,2014 年 6 月皆得以入选世界文化遗产名录。

三、结语

上述中亚地区的丝路古城,由于地当丝路要冲,丝路的物质文化交流为之提供了发展机遇,故都曾繁荣昌盛于一时。即使后来遭废弃,其丰厚的物质遗存,仍是留给后人最珍贵的文化遗产。它既可作为区域城市昔日辉煌的见证,亦可作为人类社会历史发展的时代脚步之见证。曾经辉煌的古城沦为废墟,究其原因,主要有两条:一是毁于战争;二是由于城市周边环境趋于恶化,影响到城市的可持续发展,使古城或废弃或发生位移。两者之中,无论是何成因,都值得人类认真反思。因为我们复原过去,就是为了给今天提供一些有益历史经验与借鉴,以服务于当今社会的建设需要。

（原刊于《国学新视野》2016 年秋季号）

丝绸之路上的汉传佛教造型艺术[*]

岳 钰

【摘 要】 丝绸之路上的文明交往推动了汉传佛教的兴盛,汉传佛教促进了世界佛教造型艺术的繁荣,唐代匠艺合一造就了汉传佛教造像艺术的辉煌,宋代佛教世俗化、匠艺分离导致造像艺术衰落,中国需要汲取传统重建文化自信和艺术繁荣。

世界三大宗教都产生在亚洲,包括佛教、基督教和伊斯兰教,故可以说其是"东方智慧",而丝绸之路则是这些宗教因跨文化传播而成为世界性宗教的主要路径。其中,佛教是沿丝路传入中国,并对中华文明影响最大的外来宗教。佛教在中国留下丰富多彩的造型艺术,形成厚重的世界文化遗产,成为丝绸之路多元文化交流融合的典范和结晶。

佛教脱胎于印度的婆罗门教,在婆罗门教的沙门时代和耆那、怛特罗等宗教同时产生,婆罗门教后经改革家商羯罗吸收大乘佛教的部分教义,改革后演变成当今的印度教,而佛教从印度传出后,首先是以通用巴利文的斯里兰卡为中心,波及缅甸、泰国、老挝、柬埔寨、印尼等国的小乘上座部南传佛教;其次是以我国西域、甘肃(敦煌)、陕西(长安)、河南(洛阳)、江苏(南京)、福建(泉州)、台湾、港、澳等地区以汉语为工具,波及韩国、朝鲜、日本、越南等国的大乘大众部汉传佛教;再次是传入我国西藏地区的以藏语为主要工具,以西藏为中心,波及甘肃、青海、四川、云南、内蒙古、河北承德等地区和尼泊尔、不丹、蒙古等国家的大乘密宗藏传佛教。因为南传、汉传、藏传三个地区佛教的兴盛,中国取代了早期印度佛教的辉煌,而成为世界佛教的主体。正是由于我国人民在汉传与藏传佛教方面的巨大贡献,才使得佛教成为了世界三大宗教之一。

汉传佛教大规模在中国被广泛的信仰是秦汉以后的魏晋南北朝时期,石窟的形式是早期佛教寺院的前身,它是伴随着佛教信徒的修行而产生的,因此佛教造型艺术也随着佛教的传入而在汉语地区兴盛起来了。同时,从魏晋南北朝时开始,中国僧人释道安在公元 316 年所着的《西域记》,法显在公元 399 年所着的《佛国记》,玄奘在公元 646 年所

---

　* 作者简介:岳钰,号长安癫痴坊主,陕西西安人,西北大学宗教造型艺术研究所所长、教授,西北大学丝绸之路研究院首席艺术家、岳钰佛教美术馆馆长,主要从事佛教艺术研究和创作,作品《菩提树叶绘佛影》被作为国礼赠予印度莫迪总理。

着的《大唐西域记》等著作都从文字上对当时佛教传播状况和地区状况进行了具体而细致的记述。在丝绸之路这条连通东西方、绵延7000多千米的商贸之路上,从政治、军事、经济、商贸、文化、宗教等各个层面,都在其中的传播、演变、分化、融合、汇集过程中,又创造出许多新的文明,如丝绸之路孕育的"敦煌学"就是世界公认的国际显学。

笔者作为"背囊客"去过109个国家,参观过900多个世界著名博物馆,而在这些著名博物馆中,皆展出的有中国自汉、魏至唐以来的汉传佛教造型艺术的精品,从以上两个方面来看,截至唐代以前的汉传佛教造型艺术是全世界所公认的有创造性的原创艺术。下面我们就佛教造型艺术的具体内容来谈。

我国作为亚洲文化的文明古国,早在新时期时代的陶器、玉器上,已经有了描绘各种图案的纹饰和一定造型能力的雕塑,我们可以从仰韶彩陶的半坡与庙底沟型彩陶上看到非轮制的纹饰图案,以及马厂、马家窑类型的轮制图案,同时也可见到人形或鸟型的器皿性雕塑。不过严格地讲,这还不能算是今天意义上的雕塑与绘画。

时至商、周时代,青铜器、玉器的鸟兽型尊,以及饕餮纹,象纹、夔龙纹、凤鸟纹图案已经是较为完整的雕塑与绘画作品了。特别是战国时代的帛画已经是非常成熟的独立绘画作品,并具有原始宗教意义。时至秦汉,由于"俑殉"的人道与文明取代了"人殉"的残酷与落后,像秦兵马俑那样,与真人般大小的写实主义陶制雕塑,其人物相貌神态的刻画,造型动态的处理及模型翻制,人、马造型的烧制技术难度,都达到相当的高度。

西汉汉霍去病墓前的石雕系列作品,概括与夸张手段的合理应用,显示出中国人"天人合一"的哲学思维。这时的中国绘画与雕塑已在看似古朴粗犷的外形中充满了生命的活力,气势浩茫而浑厚,也可以说从周、秦、汉、唐开始逐渐地形成了以中国北方文化为主体的地域性特征。

从秦、汉开始,中国的神仙崇拜思想也初具雏形。在艺术表现手法方面诸如壁画、画像石、画像砖、漆画、青铜金银纹饰、石雕、陶俑、铜雕、玉雕等也日趋成熟。一个以线描为主要表现手段采用对称构图及装饰图案与色彩,表现现实生活与理想境界的艺术主流已经形成。

在中国固有艺术土壤的基础上,佛教自西向东,从印度传入我国,在亚洲地区,两个文明古国的艺术风格,在佛教信仰的大前提下交融并进了。从而汉传佛教艺术实际上是亚洲文化艺术的顶峰阶段,特别是中国人在吸收印度文化精华的同时,所创造的塑绘一体的新的艺术表现手段。泥塑是佛教传入中国后,中国工匠根据新疆天山南路石窟建造时,没有像云岗、龙门那样可雕凿的整块石材,仅有石子状的小型鹅卵石挤压在一块的地质状况,而创造出一种既有石窟的传统特征,又有中国人装饰风格纤细的雕塑处理手段。

而且,中国人又将绘与塑有机地结合在了一起,这样就在印度石刻的基础上,根据自己的地域特征,融入中国人注重装饰纤细的审美意识,在世界美术方面创造出了具有中国汉传佛教文化特色的造像艺术。在强盛国力和发达经济的支持下,民族自信心所树立的民族文化尊严,其先进的审美意识把时代文化解读的无比辉煌。

汉传佛教在宗教哲学方面宗派林立思想活跃,为这个时代亚洲乃至世界的主流文化价值观提供了样板,得到了热捧与追随,达到了普世的共识与认可。特别是在长安和敦煌汉传佛教造型艺术中所散发的那种大国文化的自信与胸怀,那种呈现在宗教造型艺术表面之上的内敛和不张扬,雍容华贵但不仗势欺人的人物气质与修养,从哪个角度来看都是今天中国文化艺术值得吸取的传统光辉典范。否则发达国家的那么多探险家,世界那么多著名博物馆也不会把这一时代的宗教艺术品,作为那个时代人类文明的典范加以尊重和示范。

可惜的是,中国自宋代以后,由于自身文化的早熟与独立,加之统治者对于汉民族文化的提升与高拔,艺术家的群体开始与工匠分离,像盛唐时代那样的大艺术家如顾恺之、阎立本、吴道子、张萱、周昉、曹仲达、张僧繇、陆探微等积极参与宗教艺术创作的学术氛围已不复存在。而汉传佛教由于宋代手工业经济的发达,使得汉传宗教造型艺术的世俗化苗头业已显现。这样一来,由于工匠文化水平所限,宗教造型艺术旨趣便游离了佛教本身,而成为中国世俗观念与封建礼教的传声筒。而且,中国文化极强的"消化性",使宋朝以降世俗化倾向愈演愈烈,世俗化发展的必然规律,便是进入到庸俗化阶段。四川大足石刻将中国石窟雕塑史延续了数百年,但在宗教造型艺术上的世俗化表现比较明显。

自宋以后汉传佛教的造型艺术,就成为世俗化与民间工匠化的代表。那种锃明瓦亮、花里胡哨的世俗之气直至今日,所有呈现在汉传佛教造型艺术方面的艺术品位已不能和唐代遗留至今的敦煌式的艺术风格相提并论了。

汉传佛教造型艺术分为雕塑与绘画两个方面,首先光从雕塑云集的石窟名称便能感觉到其兴盛的状况。早在公元前1世纪,新疆和田(古称于阗)和罗布泊(古称楼兰和鄯善)两地的居民已开始普遍信仰佛教。虽然2000多年过去,伊斯兰教已成为当地主要信仰,但至今还遗留在喀什的三仙洞,温宿的吐和拉克石窟,拜城的克孜尔千佛洞、台台尔石窟、温巴什石窟,新和的吐呼拉克依艮石窟,库车的库木土拉石窟、克孜尔朵哈、森木赛姆、玛扎伯哈石窟,焉耆的锡克沁石窟,吐鲁番的雅尔湖、吐峪沟、柏孜克里克、胜金口等石窟,还是铭刻了佛教昔日的辉煌。然进入甘肃的敦煌,文殊山、马蹄山、天梯山、武山、大象山、炳灵寺、麦积山,再到中原腹地的彬县大佛寺、云岗、天龙山、龙门、巩县石窟寺、响堂山,再到西南四川的广元、大足等,以及整个亚洲地区,都存在代表性的佛教石窟遗迹,构成丝路上的佛教艺术宝库。

佛教绘画大体上分为两类:①佛教肖像画:菩萨像画、明王像画、罗汉像画、高僧像画、曼陀罗画、天龙八部画;②佛教情景故事画:佛传故事画、佛本生故事画、经变故事画、供养人画、水陆道场画。

整个佛教艺术雕刻和绘画大格局,可以用中国古建筑格扇门上的木雕风格作比喻。印度笈多王朝以前,我国大陆和台湾故宫等汉地佛教杰出的雕塑与绘画,很像北京故宫太和殿格扇门上的木刻雕花。这一时期的佛教艺术,不光雕刻刀法技艺高超,构图饱满,金碧辉煌,雍容华贵,有大国文化厚重博大的风范,宫廷贵族之尊贵,并能将宗教精神,通过内敛的宗教造型展现出其文化的光辉。而且这种类型的佛教艺术对室内绘画与建筑之间的相互陪衬,分割有绪,远超过其他国家宗教造型艺术的格局,更重要的是通过视觉让你感受到精神与心灵的震撼,这是文学所无法达到的。

日本汉传佛教雕刻与绘画,则很像中国苏州园林中格扇门上的木本色木刻雕花,虽无宫殿的尊贵与豪华,但有文人士大夫之儒雅,有垂樱(日本宫廷中的樱花)之淡雅,缺牡丹之雍容。

藏传、南传佛教的造型艺术,虽根据民族不同而各有千秋,也融入了不同民族的审美偏爱于装饰形式,其给人的整体感受,如同云南大理大户白族人家的格扇门上的着色木雕一样。尽管刀法非常流畅,花式图案也很生动,但粉色的花,草绿色的叶子,让人感觉妖艳有余,儒雅不够。宛如桃花艳丽夺目,有大众民俗普及之感,少文化凝练升华之提纯。

汉传佛教的绘画造型艺术,有以下几点特征比较突出:①凹凸画法的起源体量描写,这可以从文献所载张僧繇为南京一乘寺作画时的描写窥见其妙:"一乘寺,梁郡陵王伦所建,寺门遍画凹凸花,远望眼晕如凹凸,近视即平,世或异之,乃名凹凸寺。"②贴身人体结构表现中的衣纹处理,中国线描和希腊画瓶的"黑绘"与"红绘"上的透视式线描不可同日而语,因为中国传统绘画透视表现是其短板,而希腊线描的"短缩法"就是早期带有透视的线描。③"秀骨清像"的人物潇洒飘逸风格的确立,陆探微是当时擅长人物肖像画的大家,谢赫在他的《古画品录》中就给予他高度评价:"字理尽性,事绝言缘,包前孕后,古今独立。"④"传神写照,正在阿睹中"的点睛传神的人物神态描写方法,张彦远在其《历代名画记》中描写顾恺之为瓦官寺所绘壁画时就展现了这种方法和境界:"长康(顾恺之的字)又曾于瓦官寺北小殿画维摩诘,画讫,光彩耀目数日。"

综其上述,丝绸之路上的文明交往丰富了中华文明,佛教沿丝绸之路传入中国逐渐中国化并被不断发扬光大。汉传佛教将中华文化和佛教文化相结合,开创了全新的佛教造型艺术格局,以石窟为代表的佛教造像艺术是厚重的中华文化遗产和艺术宝库。随着中国经济的发展和政治影响力的提升,我们需要进一步提升中国的文化软实力,而汲取包括佛教造型艺术在内的传统文化精华,则是当代中国重建民族文化自信、开创艺术盛世的关键。

(原刊于《国学新视野》2016 年秋季号)

"一带一路"概念下的文化传播与译介*

王晨佳

【摘　要】　随着"一带一路"战略的提出、规划以及实施,一带一路概念下的文化传播亟待推进。本文首先从功能对等和归化异化的角度阐释了"一带一路"概念的译介动态,随后对中国文化元素直接进入国际语言的词汇进行了梳理,提出我们需要在新机遇下发扬中华民族文化。中国文化元素通过符号化进入国际语言词汇,是中国主动与国际话语体系接轨的途径之一。人文工作者应根据翻译的语言环境与文化背景,积极传播"一带一路"文化精神。

【关键词】　一带一路;功能对等;归化与异化问题;中国文化元素;文化传播

习近平指出:"两千多年中西交往历史证明了——只要坚持团结互信、平等互利、包容互鉴、合作共赢,不同种族、不同信仰、不同文化背景的国家完全可以共享和平,共同发展"。[1]文化交流是"一带一路"顺利推进的前提保障,是经济合作的基础。季羡林认为不同国家民族之间,只要有往来就有交流的需要,就需要翻译。否则,思想就无法沟通,文化就难以交流,人类社会就难以前进。[2]由此可见,"一带一路"下中国与他国之间的文化传播、译介,任重而道远。

一、"一带一路"概念的提出和译介

"一带一路"起初被译作"The Belt and Road Initiative"。2014年APEC会议期间,"一带一路"作为推广规划被正式提出,其翻译演进为"One Belt and One Road Project",Project的字面含义是项目、规划,表明"一带一路"已由倡议阶段发展至实施准备阶段。外媒对于"一带一路"的译法与国内又不尽相同:澳大利亚前总理陆克文建议在翻译时保留"Silk Road"这个历史感强,影响大,在东西方语言中都存在的词汇;加拿大《温哥华太阳报》则提出使用复兴古代的"丝绸之路"(A Revival of the Ancient "Silk Road"),这个说法既是传统意义上的古丝路,又有复兴式、现代的丝绸之路之意。[3]

"一带一路"的翻译,一直是翻译界热议和讨论的话题。有的学者认为沿用Belt and

* 基金项目:陕西省科技厅软科学项目"文化与科技融合研究"(2012KRMl07)

Road Initiative,缩写为 BARI,特指意大利港口城市"巴立",会产生歧义。将 Belt and Road 缩写为 BAR,The Belt and Road 缩写为"TBAR",都存在指代不清的问题。OBOR(One Belt One Road)也有混淆含义,因为丝绸之路除了陆上丝绸之路、海上丝绸之路之外,还有草原丝绸之路。2015 年 5 月傅莹在芝加哥大学演讲时,将"一带一路"译为"Land and Maritime Silk Road Programs",更加注重译入语境的交际功能,成为了公众认可度较高的版本。[4] 翻译的目标是尽量使译入语的接受者与译入文本之间的关系和原文接受者与原文文本之间的关系趋同。[5] 从功能对等理论角度来审视"一带一路"的英译,就是不断寻找该词汇在英语中的对等语(Equivalence)。刘宓庆认为中文所属的汉藏语系和英文所属的拉丁语系本不同源,两者没有形态上的一致性,译者必须把意义推到前面。[6] "一带一路"最初的字对字的翻译体现了形式上统一,却未能达到最优交际。伴随"一带一路"概念的规划提出、落实、推广,这个概念的公众认知范围不断扩展,内涵也随之变化,作为译者很难用一成不变的标准去寻找其英语对等语。这就给译者提出了更高的要求——用动态对等的标准把握原文文本的动态语境变化,同时不断改进,越过文化差异造成的障碍,准确流畅地传递信息。文化工作者必须具备主动对外传播文化的意识,若仅从静态的文本出发,不持续挖掘"一带一路"这个概念的变化,就很难完成跨文化沟通,实现"一带一路"的文化传承和发扬。

进一步说,"一带一路"翻译的多样性充分体现了跨文化传播领域中归化(Domestication)和异化(Foreignization)的深层博弈。归化是指以读者的习惯和偏好为导向,减少读者对译语的陌生感。"异化"是指尽可能保留原文语言的"异域风情",也就是鲁迅所说的"洋气",由此目的语的表达规范和习惯常常会受到影响,让读者感到十分陌生,却是在传达原汁原味的原文风格。[7] 具体到"一带一路"的翻译上,就造成了"直译"和"意译"的分野:"直译"就是字对字的翻译,最大程度上保留原文的风格,"异化"策略下的翻译方法就是直译。相反,"意译"就是语意的翻译,"归化"策略下的翻译方法就是意译。落脚到"一带一路",One Belt One Road ,Belt and Road 的译法属于直译,而被普遍点赞的 Land and Maritime Silk Road Programs 和外媒的 A Revival of the Ancient "Silk Road" 属于意译。归化和异化策略在不同语境、不同场合需要灵活切换,彼此互补。2015 年 9 月 25 日,国家发改委会同外交部、商务部统一"一带一路"的翻译:全称是"The Silk Road Economic Belt and the 21st – Century Maritime Silk Road"(丝绸之路经济带与 21 世纪海上丝绸之路);简称为"B&R,The Belt and Road",即"一带一路",也可以根据场合和时间灵活处置,比如追溯谈及"一带一路"的提出和倡议,可以沿用 Initiative。[8] 由此可见,"一带一路"本身在变化,由倡议变为规划,继而成为实施方案,其公众认可度也越来越高。译法经过直译—意译,最后转化为直译的 B&R,体现了由异化到归化,又回到异化的的发展路径。长期以来,归化和异化一直是文化传播尤其是中国文化元素译介所面临的选择困境,尤其一带一路沿线各国的文化背景各不相同,在译介该词汇时一定要遵循沿线各国人民的认知规律,借鉴其英译的经验,灵活切换归化与异化策略,使"一带一路"获得最大程度的认可和接受。

二、一带一路概念下中国文化元素的译介

(一)中华文化进入全球视野——从人物称谓的翻译谈起

中华民族文化在全新的历史时期是否能够顺利传承,并在一带一路的推进中发扬光大,是一带一路政策推行的重要条件。习近平在布鲁日欧洲大学演讲时指出:在春秋战国时期中国哲学思想领域就出现过百家争鸣、百花齐放的盛况。老子、孔子、孟子、墨子等思想家上究天文、下穷地理,广泛探讨人与人、人与社会、人与自然的真谛,提出了博大精深的思想体系。如果脱离了中国的历史、文化,脱离了中国人的精神世界,是难以正确认识中国的。[9]这段话为一带一路概念下的文化传播和译介提供了重要准确的语境来源和文化生态背景.

"孔子"的英译为 Confucius,这个词是明朝传教士根据其发音——Kong Fuzi 所译,《论语》被译为 The Analects of Confucius,"儒教"的翻译 Confucianism。而"孟子"的翻译为 Mencius,"老子"的翻译也是音译——Laotzu(A Chinese Philosopher in the Spring and Autumn Period)。《道德经》的翻译是"Tao Te Ching",道教是"Taoism"。起初传教士翻译中国经典的目的是传播基督教,理雅格翻译中国的"四书五经",前后历经 20 年,在这期间他对于孔孟学说的态度发生了巨大转变:一开始他坚信"中国的孔孟之道一定会和基督教义产生极大的冲突,中国人需要抛弃心目中的圣人孔子转而相信上帝"。随后通过整理、剖析、翻译孔子的中国传统儒家理论体系,理雅格承认"越了解孔子的观点和学说,我就越尊敬孔子,孔子学说对于中国人有着非常有益的影响,甚至对于基督教教徒也有十分重要的启发"。[10]这说明以中国文化元素为载体的中华文化通过英译进入西方视野,会对西方哲学思想体系产生了一定的冲击和影响。

类似的例子很多,如秦始皇的英译为 Emperor Qin Shihuang,虽然拼音"始皇"(Shi Huang)字面很容易理解,但由于秦始皇统一六国,统一了文字、货币以及度量衡的工具,对于中华民族的发展意义重大。所以一直以来秦始皇的翻译还是部分保留其音译,并且通过添加注解来翻译:Emperor Qin Shihuang—The first Emperor of China。习近平的称谓,外媒常见译法为 Xi Dada。外媒对"习大大"翻译有两种,音译为 Xi Dada,意译则为 Uncle Xi,字面翻译为 Xi Bigbig(大大),意思就是习伯伯。[11]从翻译的功能对等角度审视,显然 Xi Bigbig 完全无法体现"大大"二字原文透出的亲切和幽默的风格,令人不解其意。"Uncle"的说法又过于普通和直白,未能表明老百姓对于"大大"的尊敬。将习大大音译为 Xi Dada,是典型的音译,并通过加脚注的方式进行说明和阐释,体现了对外文化传播的主动性和亲和性,"大大"的内涵一般有以下几点:一是由于习近平的家乡在陕西,很多陕西人

尊称自己的父亲为大大,也就是爸爸的意思;二是安徽、河北、辽宁沈阳、甘肃天水,大大是对本族直系父辈的称呼;三是在湖南嘉禾县,安徽池州、山东泰安、临沂、山西吕梁、汾阳、阳泉、大同,以及内蒙古中南部方言中,大大是父亲的意思;四是扬州、镇江、泰州、徐州的方言里,"大大"是指父亲的哥哥。从方言整理看出"大大"要么指代直系亲属父亲,要么指代伯伯,都是对于本族父辈的敬称。另外,网络文学语言中的"大大",经常用于指代知名小说的作者,字面说法从"大师"而来,有着高手和能人的意味,然而"大大"的称谓又比"大师"更接地气。

(二)中华文化核心概念译介

习近平在孔子诞辰 2565 周年儒家学说国际研讨会上提出:中国传统文化的核心内容,经历了几个历史阶段,从春秋战国时期百家争鸣、隋唐儒释道并立鼎盛发展、直至宋明的程朱理学。一路走来儒家思想保留了几个本质属性:首先儒家思想与其他学说不断碰撞、借鉴,彼此融合,和而不同,不断兼收并蓄;其次儒家文化思想内核是随着社会发展和经济进步而不断变化和更新的,由此具有长期的旺盛的生命力;最后儒家思想强调实用性,特别注重以文化人的教化功能,所谓"正心、修身、齐家、治国、平天下",将个人、社会、国家的分层治理统一在一个思想框架之下,形成有机的管理体系,相互促进。③千年朝代更迭,儒家思想与释道并立、交融、形成贯穿整个中国历史的思想价值体系,夯实了中华民族特有的文化根基。在此很有必要对于以儒家和道家为代表的中华传统文化核心概念的译介进行一个梳理。

先来看儒家文化核心概念。一是"仁"的翻译,若将其译为 Benevolence、慈爱、仁爱,这个概念就被内化、心理化了,与儒家学说中的"仁"这个广义社会化的概念所暗含的意味是有所区别的。并且"仁"的含义在不同的语境下的翻译较为多样,比较有代表性的翻译见表1。

表1 "仁"的代表性英译[12-14]

	翻译	作者	年份
1	True Manhood, Kindness	林语堂	1938 2009
2	Humanity	辜鸿铭	1898
3	Humanity	丁望道	2009
4	Benevolence, Benevolent Actions True Virtue, Perfect Virtues, Excellence	理雅格	1861 1963
5	Authoritative Conduct	安乐哲	1998
6	Humaneness	林戊荪	2003
7	Love Others	庞德	1969
8	Humanity, Goodness	西蒙·利斯	1997

从表 1 可以看出,不同时代和不同国家的译者对于"仁"的理解不同,翻译各异。总之,"仁"是儒家思想的最高标准,位居儒家思想核心概念的第一位,"论语"对于"仁"有多种解阐,如"孝悌为仁之本""仁、义、礼、智、信""仁者爱人""志士仁人",等等都是"仁"的描述和阐释,其实现的方法就是"己欲立而立人,己欲达而达人,能近取譬,可谓仁之方"。由此可见,"仁"是一个综合的概念,翻译建议用音译加注解的方式:Ren—A Collection of All Virtues Including Benevolence Goodness,Kindness,Love,Humanity and Generosity。[15]

二是"君子"的翻译。与"仁"密切相关,在论语中对于"君子"也有诸多描述,作为道德典范的"君子",满足于"仁人"的各项标准,"君子"的英译有过 Superior Man、Gentleman、A True Philosopher 等,但是均没有表达出其文化涵义。如果使用音译加注解的方式翻译"君子",就是 Junzi——A Collection of Allvirtues of A Perfect Man。

三是"礼"的翻译,在林语堂中国文化系列丛书之孔子的智慧中,"礼"的翻译也是多样的:哲学意义中的"礼",是指整个社会范围内的规则和秩序,可译作 The Principle of Social Order;当适用到个人身上时则把它译为 Moral Discipline(道德纪律);然而作为个人的礼貌和礼节时,又被译为 Propriety。就字面而言,狭义的"礼",原意指典礼和仪式——Ritual、Ceremony。广义的"礼"是指很好的修养和礼貌,即 Good Manners。[16]

四是"中庸",常见译法是 Mean,字面意为"平均的、平均值",在林语堂笔下,"中庸"被灵活处理,在对于原文准确理解的基础上有 The Central of Harmony,The Central Clue,The Golden Mean 三种译法。[17]

接下来分析道家文化核心概念。"道"又该如何翻译?字面意思就是"道路"——The Way。但早在百家争鸣时代,这个"道路"已产生了更多的含义,用以指代生活处事的原则和方法,即是 The Way of Life。道家修炼终极目的是得道飞仙,在此"得道"就是掌握了长生不老的方法,也就是 The Way of Immortal。对道的翻译选择同时包含了意译和音译两种方法,有时是 The Way,有时是 The Tao。林语堂在《老子的智慧》一书中对于经典词句的"异化"式处理方法对于翻译中国传统文化元素很有借鉴意义,"道生一,一生二,二生三,三生万物"被译为:

Out of Tao,One is Born,

Out of One,Two,

Out of Two,Three

Out of Three,the Created Universe.[18]

可以看出,这一段翻译以直译为主,从格式到语义,表达非常"中式",为了准确传达原文的风格和神韵,这些文中的重复用词在翻译中继续重复,译成英文的句式与原文一模一样。

《道德经》简洁精辟、句子的节奏感非常强。林语堂提出"最好的翻译是愚蠢的翻译"的论断,从准确忠实传达原文的角度出发,看似"愚蠢",实则"智慧",是一种大智若愚的翻译策略。林语堂翻译遵循的"中国腔调",也就是对于中国传统文化精髓部分采取的专门翻译策略,让西方更加全面真实地了解中国。[19]英译汉中反对欧化,汉译英中主张汉化,实现真正的从中国语言到中国文化的传播。林语堂所主张的翻译态度是传播中国文化,弘扬民族精神。

传统中国文化的其他特色元素还包括风水(Fengshui, The Ways to Predict Fate and Luck in Chinese People's Life. In Modem Society, Fengshui was Frequently Used in Architecture, Interior Design, the Location of Tomb, etc.[20])、功夫(Kong Ku, The Chinese Martial Arts)、阴阳(Yin and Yang)等,异化策略下的直译说法同样广为人知。

(三)一带一路同期中国特色元素的英文译写

随着中国国际影响力的不断提升,尝试用中文的词汇影响世界语言词汇,正是中国主动与国际话语体系接轨的途径,然而反观近年来进入英语词汇的中文词汇却呈现出另一种趋向。

一是以音译为代表的中国特色词汇:2013 年年初,中文热词"大妈"(Dama)登上了《华尔街日报》;"土豪"(Tuhao)一词也被收入《牛津英语词典》中。翻译理论要求译者"对语言本身需要有敏锐的感知,对于母语和外语两个语种同时精通,更重要的是深入洞察、深刻了解原文和译入语言的两种文化背景"。[21]而这种直接进入英语语言的音译词似乎逾越了翻译的种种技巧。究其本质,大妈是以在海外投资、置业、买金,出手豪放留给世界各国人民以深刻的印象;土豪的出名是在其大手笔消费奢侈品和支付豪宅豪车时。威尔斯认为衡量译者翻译是否成功,取决于译者对原文的理解,以及对译文的表达双重能力,具备两种能力要求深度把握原文和译文在意义、风格方面的相似性,原文和译文在社会文化方面的差异度。[22]应该说这种一掷千金的行为属于一种非正常的现象,当这种非常态现象反复出现的时候,由于缺乏这些词汇在译入语里的类似场景和文化共同点,找不到相应的对等语,唯有"Dama, Tuhao"才能充分体现其中文内涵。假如意译为"The Very Rich Women & Men",其效果是要大打折扣的。

二是颇具中国特色的流行语,随着民众文化自觉意识的复苏而出现的许多相对准确的跨文化翻译,比如央视英语网将"海外中国消费者"译为 Chinsumer,并非 Chinese Consumer,就是在国外疯狂购物的中国人。在城镇化发展中离开家乡常年居住在城乡结合地区的蚁族,Antizen,就是 ant + citizen 的合成词。这些词汇通过加工组合,其翻译对于外国读者而言可以做到自如传神的表达。《中国日报》英文版有一篇文章专门介绍这些中国特色词汇的翻译,标题就是 Are You Chinsumer or Antizen? 中国式消费者还是蚁族,你是哪一个?

三是有中国特色的专属词汇通过意译加注释的方式来呈现,比如农民工(Migrant

Worker, Who Leave Their Families Without Registered Hukou Thus Lack of Corresponding Education Welfare & Medical Insurance)、铁饭碗(Iron Rice Bowl, The Very Stable Job Usually Provided by the Government)、楼脆脆(Lou Cuicui, Which Means Fragile Building, Originated an Unfinished Building Collapsed in Shanghai)。"躲猫猫"在《汉英大词典》里被译为"Hide-and-seek",回译为捉迷藏,但是"躲猫猫"的真正含义也只有了解原发事件的读者才能看得懂,单看"Hide and Seek"是无法解读出暗含的有意躲避、推卸责任的意味。因此被进一步改进为 Chinese Hide and Seek, Which Means Not Take Ones Own Responsibility Deliberately。

综上,从古代的孔子、老子、秦始皇,到今天的习大大;从中国传统文化特色的儒教、道教、君子、仁人到今天的土豪、大妈、中国消费者、蚁族等,这些词汇已经成功地进入国际语言词汇,然而是否每一条词汇的直接进入都能体现中国梦背景下的文化传播目标,实现一带一路推进过程中文化传播和沟通先行的历史使命? 这种中国特色的浮躁也驱使了许多词汇在目的语文化背景缺失的情况下简单生硬地进入英语体系。裴等华认为目标语言使用者的文化认同是中国文化因子外译过程的重要前提和基础。[23]文化认同是一个长期演进的过程,"土豪""大妈"这一类词汇很快会被淘汰。随着中国社会的发展和变迁,相信"铁饭碗、蚁族、农民工、楼脆脆、APEC 蓝"这一类折射中国转型期的词汇也终将归于历史。因此,在一带一路全新的历史时期,唯有建立在文化认同基础上的中国文化核心元素才能留存下来,发扬光大。

三、一带一路概念下中华文化传播

(一)深入挖掘传统文化,主动接轨国际话语体系

古丝路的精神内核在于其包容的开放精神和平等胸怀,大国崛起背景下中国文化元素语言符号进入世界语言词汇,正是中国主动与国际话语体系接轨的重要一步。习近平在演讲中重申中国的古老文化文明溯源以及如何和世界接轨,指出诸子百家时期的许多理念——仁、义、礼、智、信等至今仍然深深影响着中国人的思维,引导中国人的为人处世。仁者爱人、中庸之道、道法自然、自强不息等理念,对于中国乃至世界有着深远的影响。[5]在中国文化精神理性回归,对外文化传播源头地位确立的时代,中国文化元素的译介,需要不断适应新的历史阶段,与时俱进。在全球化全速推进的今天,西方文化自我中心的传播方式负面影响越来愈大,欧美主流价值观在全球日渐水土不服,越来越多的有识之士将眼光投向了东方,从东方传统文化中获取新的灵感。20 世纪末几十位诺贝尔奖获得者在巴黎会议上发表观点,指出人类想要在 21 世纪更好地生活,就必须回首 2500 年前,从孔子思想中汲取营养。[24]

翻译对于促进人类文化的交流,其作用是不可忽视的。在中国历史上,传教士翻译"论语"中"天、道、命、圣人、小人"是按照西方基督教思维进行的意译:Heaven、The Way、Fate、Saint、Sinner,借基督教体系中的天国、向神之路、圣徒(基督教正式追封)以及原罪的概念以诠释论语的东方思想体系。然而随着翻译的推进和深入,东学西渐,儒学的传播对西方思想界的启蒙运动造成了一定影响:康德、黑格尔、罗素、孟德斯鸠等都从儒家理论中汲取营养。[15]中国传统文化专有词汇直接进入其他语言词汇,从古至今不胜枚举,如老子、孔子、孟子、忽必烈、习大大等。"仁、义、礼、智、信"这样体现传统文化精髓的元素完全可以直接进入英语、甚至一带一路各国语言,成为中国元素的特定符号。"归化"和"异化"的冲突与调和,不仅体现了直译和意译的方法,更关系到身份认同(Culture Identity)在不同文化体系下的分野,以及弱势文化与强势文化的碰撞,甚至是中西方文化、一带一路下的利益相关者之间的又一次交锋。中国正在积极寻求塑造国际形象,"一带一路"的提出与实施意味着中国主动靠近,力图接轨国际话语体系。中国国际影响力的提升也决定了中国已经并且将要用自己的话语影响国际话语体系,争取国际话语权。那么作为文化传播者,势必要在"归化和异化"的博弈中审时度势,游刃有余,主动传播"一带一路"概念下的中华五千年灿烂文化精神,这不仅是可以实现的,而且是应当的。

(二)传播译介的路径建议

首先,文化传播者在深入挖掘中国传统文化的基础上,需要充分领悟"和而不同""中庸之道"的翻译艺术。"君子和而不同,小人同而不和","和"是一个非常深奥的概念,是指有差别的、多样性的统一,在文化传播和思想碰撞的过程中,冲突和偏差是不可避免的,一味将自己的观点和看法强加于别人之上,是一种文化霸权主义的体现。在跨文化传播过程中,一带一路沿线各国、各地区不同的宗教信仰、多种价值体系多元并存,文化强势国家更需要进行"文化自觉"的自省,在矛盾和碰撞的基础之上,通过交流、讨论、磋商达到求同存异,共同发展。中庸之道并不是没有原则,一团和气,而是不偏不倚、公正公平。文化的形成本身是一个漫长而循序渐进的过程,而文化的传播以及翻译同样是一个渐进式的历史过程,在求同存异的求索之路上进行取舍,这也符合"中庸之道"的内在机理。

其次,根据译入语语境主动发现文化差异、灵活处理。不论是从"英语中心体系下的"反文化霸权,还是强势文化译入弱势文化的反文化侵略,翻译总是充当着不同文化间的沟通者和调和者,不论是向读者靠拢的"归化",还是向原文靠拢的"异化",并没有统一的原则,只有在特定语境下更为合适贴切的表达。不同文化体系碰撞定然会产生差异和冲突,译者不但要接受这些差异和冲突,更需要主动去寻找文化差异,才能克服不同文化产生的交流障碍,更好地表情达意。

最后,对于中国特色浓厚的词汇建议以"异化"为主,用"中式腔调"处理特色鲜明的文化元素翻译。具体可采用音译加注解的方式,比如"观音"(Kuanyin,Goddess of Mercy by Her Longer Title,The Great Spirit of Great Kindness and Great Mercy,Savings the Afflicted and Distressed)、"聘礼"(Usually Given Months Before Wedding by the Bridegroom's Family for the Bride's Family to Buy Her Trousseace With,Apart From the Actual Dresses);或者以直接音译的方式,比如"叩头(Kowtow)""拜堂(Baitang)"等。而对于非典型中国元素的处理,则建议采用"归化"策略,尽量以读者最为习惯的方式传达信息,以便最广范围内读者的接受和理解。

总而言之,译者需要灵活调整"向读者靠拢"和"向原文靠拢"的关系,在不同文化价值体系环境中不断碰撞、沟通、对话,形成文化体系间的和谐并存、良性互动,乘丝路之风,共同推进人类文明的进步。

【参考文献】

[1] 习近平倡议共建"丝绸之路经济带"[EB/OL].(2013 – 09 – 08).http://news.xinhuanet.com/mrdx/2013 – 09/08/c_132701675.htm.

[2] 季羡林,许钧.翻译之为用大矣哉[J].译林,1999(4).

[3] 王家全."一带一路"翻译:写实党 VS 写意党[EB/OL].http://dy.qq.com/article.htm? id = 20150626A00GJ300.

[4] 傅莹.中国的成长与秩序之争论[EB/OL].http://www.360doc.com/content/150521/8/ 6518186_472257512.shtml.

[5] EUGINE N. Toward a Science of Translating[M]. Shanghai:Shanghai Foreign Language Education Press, 2004.

[6] 刘宓庆,方华文.中西翻译文化对谈录[J].兰州大学学报(社会科学版),2006(5):118 – 124.

[7] 朱安博.归化与异化:中国文学翻译研究的百年流变[D].苏州:苏州大学,2007.

[8] "一带一路"的英文意思终于有了官方翻译[EB/OL].http://www.jeixun.com/ article/201509/100541.html.

[9] 习近平在布鲁日欧洲学院演讲[EB/OL].(2014 – 04 – 02).http://www.chinadaily.com.cn/language_tips/auvideo/2014/04/02/content_17400253.htm.

[10] 利玛窦,金尼阁.利玛窦中国札记[M].何高济,等译.北京:中华书局,1983.

[11] "习大大"的称呼有英文翻译啦!,Xi Bigbig?[EB/OL].http://www.i21st.cn/article/translate/6357_1.html.

[12] LEGGE J. The Four Books with English Translation and Notes[M]. Chinese Book Press, 1861.

[13] 儒风.《论语》的文化翻译策略研究[J].中国翻译,2008(5):50 – 54.

[14] 王琰.国内外《论语》英译研究比较[J].外语研究,2010(2):70 – 73.

[15] 刘白玉,扈珺,刘夏青.中国传统文化元素翻译策略探讨—以《论语》核心词"仁"英译为例[J].山东外语教学,2011(1):96 – 100.

[16] 林语堂.在美编《论语》及其他[M]//林语堂.拾遗集(下)//林语堂名着全集:第 18 卷.长春:东

北师范大学出版社,1994.

[17]　LIN Y T. The Wisdom of Confucius[M]. New York：Random House, 1938.

[18]　LIN Y T. The Wisdom of Laotse[M]. New York：Random House, 1948.

[19]　冯志强.中国智慧的跨文化传播—林语堂英文着译研究[M].上海:华东师范大学出版社,2009.

[20]　张世忠.华裔美国文学中中国传统文化元素的翻译:以《喜福会》为例[D].南宁:广西大学,2010.

[21]　廖七一.当代英国翻译理论[M].武汉:湖北教育出版社,2001.

[22]　WILSS W. Knowledge and Skills in Translator Behavior[M]. Am – sterdam Philadelphia：John Benja-min Publishing company, 1996.

[23]　裴等华.中国文化因子外译过程及其影响因素探析——基于"文化认同机制假说"的讨论[J].外语教学,2014(4):105 – 108.

[24]　GREEL H G. Confucius and Chinese Way[M]. New York：Harper Press, 1960.

（原刊于《人文杂志》2016 年第 1 期）